산업통상자원부 주관
대한상공회의소 시행

최신 출제경향 반영
합격을 위한 필수 교재

유통관리사 한권으로 끝내기

유통.물류일반관리
상권분석
유통마케팅
유통정보

: 핵심이론을 완벽하게 정리할 수 있는 최강 바이블
: 최단 기간내 고득점을 획득할 수 있는 지름길
: 단원별 실전 예상문제 및 기출문제 수록
: 3단계 학습(핵심이론 + 실전 예상문제 + 기출문제)으로 시험 완벽 대비

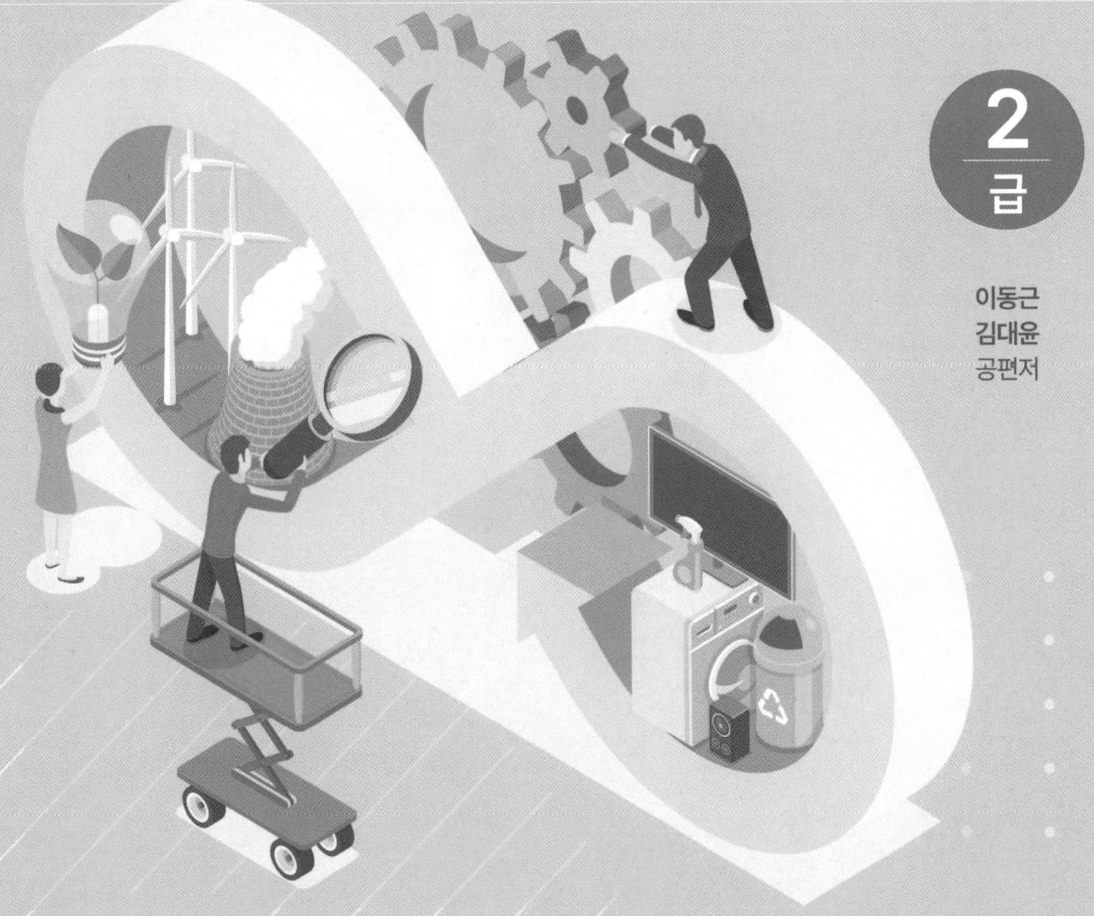

2
급

이동근
김대윤
공편저

MAINEDU

동영상 강의 mainedu.co.kr

머리말

유통관리사 2급은 국가자격 시험입니다. 기존 시험과 다른 점이라면 과목 간 내용중첩이 이루어지고 있으며, 과목별로 기본적인 개념에 대한 이해가 선행되면 아주 크게 어려움 없이 풀리는 문제들이 출제되고 있습니다. 자세히 들여다보면 1년 3회 출제에서 동일한 내용 및 부분들에 대한 출제가 이루어지고 있는 것도 특징이라고 할 수 있습니다.

그렇기에 본 교재에서는 기본개념에 주안점을 두고 현장에서 직접 강의하는 저자들의 경험을 최대한으로 반영하고자 하였습니다. 본 교재의 특징을 열거하면 다음과 같습니다.

1. 간결하면서도 반드시 기억해야 하는 핵심내용의 정리
2. 참고 내용의 보강
3. 참신한 기출문제 풀이
4. 저자 직강의 막강한 강의력

어떠한 교재라도 마찬가지지만, 타 교재와는 다르게 우리 저자들은 바뀌어진 출제기준에 맞추어 무조건적으로 책의 내용을 두껍게 하기보다는 반드시 알아야 하며 출제되는 내용에 대한 언급과 자세한 강의로 수험생 여러분들의 내용에 대한 이해를 돕는 방향으로 집필하였습니다.

수년 간의 강의경험이 고스란히 교재와 저자 직강이라는 타이틀로 여러분들에게 다가가도록 하였습니다. 비록 교재에 충분히 담지 못하는 부분들은 저자들이 직강을 진행하면서 중요 포인트 및 방향을 잡아드릴 것입니다. 또한, 저희는 막연한 문제풀이에 연연하기보다는 기본개념의 이해 및 숙지로써 저자의 이름을 걸고 수험생 여러분들에게 좋은 결과를 가져다 드릴 것을 약속드립니다. 지속적인 반복학습, 저자가 강조하는 부분, 출제연도가 표기된 내용에 대한 확실한 이해는 여러분들이 반드시 짊어져야 하는 부분입니다. 저희 집필진은 이러한 내용을 쉽게 풀어 전달해 드릴 것입니다.

저자 씀

유통관리사란?

1 유통관리사(Distribution Manager)

유통업체의 전문화, 대형화와 국내 유통시장 개방으로 판매, 유통전문가의 양성이 필수적인 시대가 되었다. 유통관리사 검정은 소비자와 생산자 간의 커뮤니케이션, 소비자 동향파악 등 판매 현장에서 활약할 전문가의 능력을 평가하는 국가자격 시험으로 이 시험에 합격한 자를 유통관리사(Distribution Manager)라 한다.

2 유통관리사 향후 전망

1990년 중반 유통분야에서 인력수요는 단순기능직 위주의 현장인력이 대부분이었지만, 이후 유통시장이 전면 개방되고, 외국유통회사에 대한 경쟁력 확보, 그리고 향후 유통시설의 기계화 · 자동화, 유통정보시스템의 구축, 유통관리기법의 고도화 등 유통분야가 지속적으로 발전함에 따라 직종별로 유통인력이 필요하게 되었다. 이러한 배경과 인식으로 체계적이고 이론적인 유통지식을 가진 고급전문가를 양성하기 위하여 유통관리사 자격증이 도입되었다.

유통관리사 자격증은 그 동안 국내유통업계의 발전에 많은 공헌을 해 온 자격증 중 하나이며, 세계유통시장 개방으로 유통시장이 전문화, 대형화됨에 따라 앞으로도 국내유통시장의 발전과 더불어 지속적인 성장 및 발전이 기대되는 자격증이다.

국가공인 자격시험에 합격한 유통관리사는 대기업, 외국계기업, 백화점, 대형 할인마트, 관공서 등을 비롯해 각 유통업체와 도매시장에서 대부분 책임자 또는 간부직원으로 근무할 수 있어 폭발적인 인기를 얻고 있다. 또한 정부가 종업원의 일정비율 이상을 고용하도록 의무화하고 있을 뿐 아니라, 관련 업체에서도 유통관리사 확보에 열을 올리고 있어 취업전망은 밝다고 볼 수 있다.

유통관리사 검정시험 개요

1 기본 정보

- 시행기관 : 대한상공회의소 자격평가사업단
- 홈페이지 : http://license.korcham.net
- 자격등급 : 1급, 2급, 3급
- 합격결정기준 : 매과목 100점 만점에 과목당 40점 이상, 평균 60점 이상

2 검정기준 개요

자격명칭		검정기준
유통관리사	1급	유통업 경영에 관한 전문적인 지식을 터득하고 경영계획의 입안과 종합적인 관리업무를 수행할 수 있는 자 및 중소유통업의 경영지도능력을 갖춘 자
	2급	유통에 관한 전문적인 지식을 터득하고 관리업무 및 중소유통업 경영지도의 보조업무 능력을 갖춘 자
	3급	유통실무에 관한 기본적인 지식과 기술을 터득하고 판매업무를 직접 수행할 수 있는 능력을 갖춘 자

2 응시자격

자격명칭	검정기준
1급	1. 유통분야에서 만 7년 이상의 실무경력이 있는 자 2. 유통관리사 2급 자격을 취득한 후 만 5년 이상의 실무경력이 있는 자 3. 「경영지도사 및 기술지도사에 관한 법률」 제3조에 따른 경영지도사 자격을 취득한 자로서 실무경력이 만 3년 이상인 자
2급/3급	• 제한 없음

4 시험과목

등급	검정방법	시험과목	총문항수	제한시간(분)	출제방법	합격기준
1급	필기 시험	유통경영 물류경영 상권분석 유통마케팅 유통정보	100	100	객관식 5지 선다형	매과목 40점 이상, 전과목 평균 60점 이상
2급	필기 시험	유통 · 물류 일반관리 상권분석 유통마케팅 유통정보	90	100	객관식 5지 선다형	
3급	필기 시험	유통상식 판매 및 고객관리	45	45	객관식 5지 선다형	

5 가산점 부여

1급	5점 가산 ○ 유통산업분야의 법인에서 10년 이상 근무 ○ 2급 자격을 취득하고 도 · 소매업 영위하는 법인에서 5년 이상 근무
2급	10점 가산 ○ 유통산업분야에서 3년 이상 근무한 자로서 산업통상자원부가 지정한 연수기관에서 40시간 이상 수료 후 2년 이내 2급 시험에 응시한 자
3급	10점 가산 ○ 유통산업분야에서 2년 이상 근무한 자로서 산업통상자원부가 지정한 연수기관에서 30시간 이상 수료 후 2년 이내 3급 시험에 응시한 자

* 채점 결과 과락이 있으면 적용치 않고 불합격
* 유통연수 지정기관(법 제 23조)
  - 대한상공회의소
  - 한국생산성본부
  - 산업통상자원부 장관이 지정한 기관(산업통상자원부 유통물류과)

  ※통신강좌는 가점혜택을 받을 수 없음

  ※각 기관별로 연수 시행 유무는 별도로 확인하시기 바랍니다.
* 구비서류
  - 유통관리사 양성교육 수료증 사본 1부
  - 유통관리사 2급 자격증(1급 응시자중 해당자에 한함)
  - 경력(재직)증명서 (상공회의소 소정 양식 별지 제25-1호 서식) 1부

목차

부록 〉

제1과목

유통 · 물류 일반관리

Chapter 01

유통의 이해

제1절 유통의 이해

1. 유통의 개념

최초의 생산단계에서 이루어진 생산물이 최후의 소비에 이르기까지 연결하는 영역을 유통이라 한다. 즉, 생산자에 의해 생산된 재화가 판매되어 소비자(수요자)에 의하여 구매되기까지의 계속적인 여러 단계에서 수행되는 활동을 말한다.

2. 유통의 분류

(1) 상적 유통

유통부문 중 재화의 이동을 동반하지 않는 현상, 즉 서류의 이동, 금전의 이동, 정보의 이동 등을 의미한다.

(2) 물적 유통(물류업)

수송 또는 보관업무만을 전문적으로 취급하는 업종이 물류업이다. 경제구조의 현대화 및 광역화로 인해 상품이 소비자에게 사용되어지기 직전의 유통단계만을 담당해주는 유통업이 발생되었는데 이것이 물적 유통이다.

<table>
<tr><td rowspan="4">유 통
(광의의 유통)</td><td rowspan="3">협의의 유통</td><td rowspan="2">물적 유통</td><td>서비스 유통</td><td>정보, 에너지</td></tr>
<tr><td>상품 유통</td><td>보관, 운송</td></tr>
<tr><td>상적 유통(상거래유통)</td><td colspan="2">도매업, 소매업</td></tr>
<tr><td>보조적 유통</td><td colspan="3">규격화, 표준화, 위험부담, 금융활동</td></tr>
</table>

3. 유통의 기능

(1) 소유권 이전 기능

구매 및 판매기능으로서 유통경로가 수행하는 기능 중 가장 본질적인 기능이다. 판매기능과 구매기능은 상호보완적이나 구매기능이 판매기능에 우선한다.

① 구 매

㉠ 의의 : 상품을 구입하기 위해 계약체결을 위한 상담을 하고 그 계약에 따라 상품을 인도받고 대금을 지급하는 활동이다.

㉡ 구매과정 : 소비자 수요에 관한 정보수집 → 구매필요 여부 결정 → 구매상품의 품종선택 → 적합성 검사 →가격, 인도시기, 지급조건에 관한 상담

② 판 매

㉠ 의의 : 예상고객이 상품이나 서비스를 구매하도록 하는 활동으로 판매기능이 수행되기 위해서는 수요창조활동(판매촉진활동)이 선행되어야 한다.

㉡ 판매과정 : 수요의 창출계획 및 활동(판촉) → 예상고객 발견 → 판매조건상담 → 소유권 이전

(2) 물적 유통 기능(운송, 보관)

생산과 소비 사이의 장소적, 시간적 격리를 조절하는 기능이다.

① **운송기능** : 장소적 격리를 극복함으로써 장소효용을 창출한다.

㉠ 운송기능은 전업화한 운송업자에 위탁수행함이 원칙이나 가끔 중간상이 직접 수행하기도 한다.

㉡ 운송관리는 운송기능이 위탁수행되는 경우에 상품의 성질, 형태, 가격, 운송거리의 장단 및 지리적 조건 등을 고려해서 수행된다.

② **보관기능** : 시간적 격리를 극복하여 시간효용을 창출한다.

㉠ 보관기능은 생산시기로부터 판매시기까지 상품을 보유하는 것이다.

㉡ 주목적은 시간적 효용을 창출해서 수요와 공급을 조절하는 것이다.

㉢ 보관기능은 전업화한 창고업자에 위탁수행되는 경우가 많다.

(3) 조성 기능

소유권 이전 기능과 물적유통 기능이 원활히 수행될 수 있도록 지원해 주는 기능이다.

① **표준화 기능** : 수요와 공급의 품질적인 차이를 조절하여 거래과정에서 거래단위, 가격, 지불 조건 등을 표준화시킨다.

② **시장금융 기능** : 생산자와 소비자 간의 경제적 격리가 클수록 상품이전과 화폐이전 간의 모순이 격화되어 마케팅의 비원활화가 발생되는 것을 방지하기 위한 기능이다. 즉, 생산자와 소비자의 원활한 마케팅기능을 도모시켜 주는 기능을 말한다.

③ **시장정보 기능** : 기업이 필요로 하는 소비자정보와 소비자가 필요로 하는 상품정보를 수집 및 제공하여 양자를 가깝게 유도하여 거래촉진을 유도하는 기능이다.

④ **위험부담 기능** : 유통과정에서의 물리적 위험과 경제적 위험을 유통기관이 부담함으로써 소유권 이전과 물적 유통 기능이 원활히 이루어지도록 해 주는 기능으로 일반적으로 보험업이 전담한다.

4. 도소매 유통기관(업태 및 시설)의 유형과 특징

(1) 유통산업의 개념

① **일반적 개념** : 상품의 이동, 보관과 판매에 관련된 상거래 유통과 물적 유통을 담당하는 산업을 말한다. 즉, 유통활동을 수행하는 도매상, 소매상, 물류기관 등 유통기구의 집합체를 통틀어 유통산업이라 한다.

② **유통산업발전법상 개념** : 농산물, 임산물, 축산물, 수산물(가공 및 조리물을 포함) 및 공산품의 도소매 및 이를 영위하기 위한 보관, 배송, 포장과 이와 관련된 정보 및 용역의 제공 등을 목적으로 하는 산업을 말한다.

(2) 유형

① **유통전문산업**

㉠ 도매상 : 생산자로부터 상품을 구입하여 다른 상인에게 판매하는 중간 유통기구이다.

㉡ 소매상 : 도매상으로부터 상품을 구입하여 최종 소비자에게 판매하는 중간 유통 기구이다.

② **유통관련 산업** : 보관업, 금융업, 보험업, 정보업

③ **유통주변 산업** : 서비스업

제2절 유통산업의 이해 및 환경

1. 유통의 발전 과정

(1) 1970년대(소매상의 근대화)

교통의 발달로 전국적인 고속도로망이 확대되고 이로 인해 도, 군, 면 단위의 중간상이 몰락하게 되었다.

(2) 1980년대

① 점포의 대형화 및 정보화의 진전으로 소형점포가 몰락하였다.

② 점포의 대형화에 맞는 바코드의 사용으로 재고관리가 간편해졌다.

③ VAN의 발달로 전국적인 점포관리가 용이해졌다.

(3) 1990년대

덤핑의 규제로 덤핑관련 중간도매상이 몰락하였다.

(4) 2000년대

① 인터넷이나 카탈로그를 이용한 무점포 · 무선 판매, 직접 판매방식으로 중간상이 설 자리를 잃게 되었다.

② POS, VAN, DB 등의 정보기기 시스템의 보급으로 점포의 대형화, 정보화가 진전되었다.

③ 여성의 사회진출 및 고령화 사회의 도래로 소비자의 구매형태가 변화되었다.

④ 인터넷상에서 새로운 형태의 점포 없는 중간상이 등장하였다.

⑤ 중간거래상을 거치지 않으므로 상품의 가격이 저렴해지고, 이로 인해 소비자의 만족은 증대되었다.

2. 유통환경의 변화와 특징

(1) 소득수준의 향상

① **1998년 외환위기** : 실질소득의 감소로 가처분소득이 낮아져 소비심리가 위축되고 판매점들의 가격파괴 경쟁이 심화되었다.

② **1999년 경기회복** : 소비의 양극화현상, 즉 중산층이 없는 고소득층과 저소득층만의 차별적인 구매패턴이 나타나게 되었다. 이로써 백화점과 할인점의 매출이 크게 증가하였다.

③ **2000년 이후 현재까지** : 사상 최대의 실업률을 기록하면서 소비심리가 더욱 위축되어 백화점을 비롯한 모든 판매점들이 불황을 맞고 있다. 반면에 인터넷을 통해 저렴한 가격으로 상품을 구매할 수 있는 전자상거래가 활기를 띠고 있다.

(2) 여성의 사회진출 확대

남녀평등 사상의 확산과 여성의 고학력화 등으로 여성의 사회진출이 증가하면서 여성관련 제품의 소비가 증가하고 구매권도 강화되었다.

(3) 가치관의 변화에 따른 소비패턴의 변화

① 소득수준의 향상, 여가증대, 자아실현의 욕구증대 등으로 인하여 소비구조가 변화되었다.

② 양보다는 질을, 물질보다는 서비스를 중시한다.

③ 대중 중심의 대량생산 및 소비 등이 소수 중심의 차별화된 다품종 소량생산으로 변화되었다.

④ 필수품 중심의 품목보다는 레저, 문화적인 품목의 소비가 증가되었다.

⑤ 외형보다는 본질, 남성보다는 여성을 중심으로 한 소비경향을 보이고 있다.

(4) 도시화 진전

인구의 도시집중, 교통의 편리화와 정보교환의 용이, 유통시설의 집중으로 상권변화, 소비 집중으로 유통기관의 대형화, 종합화, 전문화 등이 진행되었다.

(5) 정부의 유통정책 변화

① 현대화 된 유통업태의 개발지원과 물류시설 지원
② 중소 기업청을 기반으로 중소 유통업체의 활성화정책을 추진
③ 교통 혼잡, 보관시설 부족, 항만시설 부족 등을 타개하기 위한 사회간접시설 확충과 유통시설 및 유통, 물류 정보시스템의 구축
④ 유통 및 물류 관련 법규와 제도의 제정 및 개정

참고 사회문화적 측면의 변화에 의한 유통환경

① 제품의 질 및 가치 등을 동시에 추구하는 합리적인 소비문화가 등장하게 되었다.
② 정보기술의 발전으로 인해 소비자들의 목소리가 커져서 프로슈머가 등장하게 되었다.
③ 여성들의 사회경제적인 활동의 증가로 인해 즉석식품 및 편의점, 배달서비스 등이 발전하게 되었다.
④ 건강 등에 관한 관심이 증가하면서 친환경 농산물 및 이에 관련한 제품이 인기를 누리고 있다.

정리 최근 국내 유통의 변화 및 그에 따른 시사점 (2018년 2회)

① 유통업체의 대형화로 인해 유통업체 영향력이 증가하였음
② 유통업의 국제화 및 정보화가 진전되었으며 무점포 판매가 증가하고 있음
③ 제조업체, 도매업체, 소매업체, 소비자의 관계와 역할이 변화됨에 따라 전통적인 유통채널이 약화되고 있음
④ 소비자들의 다양한 구매패턴에 따라 '어느 점포, 어떤 매장을 이용할 것인가'의 선택이 중요하게 부각되고 있음

3. 유통산업 관련 정책

(1) 유통산업발전의 기본목표

① 유통산업의 효율적인 진흥 및 균형있는 발전의 도모

② 건전한 상거래질서의 확립을 통한 소비자의 보호 및 국민경제의 발전에 기여

(2) 유통산업시책의 기본방향 〈유통산업발전법 제3조〉

① 유통구조의 선진화 및 유통기능의 효율화 촉진
② 유통산업에 있어서 소비자 편익의 증진
③ 유통산업의 지역별 균형발전의 도모
④ 유통산업의 종류별 균형발전의 도모
⑤ 중소유통기업의 구조개선 및 경쟁력의 강화
⑥ 유통산업의 국제경쟁력 제고
⑦ 유통산업에 있어서 건전한 상거래질서의 확립 및 공정한 경쟁여건의 조성
⑧ 그 밖에 유통산업의 발전을 촉진하기 위하여 필요한 사항

4. 글로벌 유통산업의 동향과 추세

(1) 유통산업의 디지털화

① 유통의 모든 단계에 IT기반 시스템이 적용되어 투명하고 신속하게 처리
② RFID 기술로 유통의 제조에서 소비 반품까지의 실시간 추적

제3절 유통경제

1. 유통산업의 경제적 역할

(1) 생산자와 소비자 간 매개역할

생산자와 소비자가 직접 거래할 경우에 발생하는 제반비용을 감소시켜 주고, 양자의 중간에서 각각의 정보를 상대방에게 제공함으로써 소비자 요구에 맞는 제품을 생산할 수 있다.

(2) 산업발전의 촉매

유통부문이 신규시장을 활발히 개척하면서 제조업체에 대한 유통업의 거래 교섭력이 증가하고 있다. 이는 제조업체 간 경쟁을 촉발시키고 제조업 전체의 경쟁력이 제고될 수 있다.

(3) 고용창출

유통산업은 3차 산업 중 비중이 가장 높고 발전가능성이 많으므로, 앞으로 지속적인 성장으로 고용창출 효과가 높을 것으로 기대된다.

(4) 물가조정

유통구조가 효율화되면 제품의 최종 소비자가격은 낮아지고, 제조업의 유통경로에 대한 투자위험을 흡수할 수 있다. 또한 유통업체 간, 제조업과 유통업체 간의 경쟁을 촉진함으로써 물가를 조정하는 역할을 담당한다.

2. 교환경제와 시장경제

(1) 교환경제

인간의 경제생활이 발전하면서 생산물을 생산자 자신이 소비하는 자급자족 또는 공동체적인 경제에서 인간생활에 필요한 생활수단이나 인간사회 유지에 없어서는 안 되는 생산수단이 상호 간에 교환되는 경제관계가 자연발생적으로 생겨났다.

(2) 시장경제

① 개인 또는 공동체가 시장에서 만나 자유경쟁에 의해 형성되는 가격을 지표로하여 자유롭게 경제활동을 하는 경제체제이다.

② 자본주의 경제 체제하에서는 토지, 노동, 자본 등의 생산 요소가 대부분 사유화되어 상품으로 매매된다.

③ 생산, 교환, 분배, 소비의 모든 경제 활동이 가격기구, 즉 시장기구에 의해 이루어진다.

④ 이처럼 각 경제주체가 자기 책임 하에 자유로이 이익을 추구하는 시장경제 활동을 통해 기본적인 경제문제가 해결되도록 하는 경제체제를 시장경제라고 한다.

3. 상품생산, 소비 및 교환

자본주의 사회에서 필요한 상품을 생산하여 시장에서 소비와 교환이 이루어진다.

4. 유통비용과 이윤

시장경제의 규모가 커짐에 따라 생산자에서 소비자까지 상품이 거래되는 경우 양자 간 제반 비용이 발생하게 되었다. 또한 시장경제에서 이윤을 극대화하기 위해서 유통비용과 구조가 다양해지고 있다.

5. 시장구조와 가격

판매자의 집중도(판매자의 수), 구매자의 집중도, 제품차별화의 정도 등 어떤 시장의 내부에서 상호 간 경쟁으로 가격이 형성되며 이런 전략적인 영향을 주는 시장조직상의 특성이 시장의 구조이다.

제4절 유통경로 및 구조

1. 유통경로의 개념

유통경로는 상품이 생산자로부터 생산되어 소비자 또는 최종수요자에 이르기까지 거치게 되는 과정, 통로, 코스를 말하는 것이다. 생산자의 제품이 최종소비자나 사용자에게 전달될 때까지의 마케팅활동(생산, 운송, 보관, 시장금융, 위험부담, 소유권 이전, 표준화, 시장정보 등)을 수행하는 중간상들의 상호연결과정이다.

2. 유통경로의 유용성

(1) 교환과정의 촉진

시장경제가 복잡해질수록 교환과정 역시 복잡해지므로 교환과정에서 거래 수를 감소시키고 거래를 촉진시킨다.

(2) 제품구색 불일치의 완화

생산자는 규모의 경제를 실현하기 위해 소품종 대량생산을 하는 반면, 소비자는 다양한 제품라인을 요구함에 따라 발생되는 제품구색의 불일치를 유통경로가 완화시킨다.

(3) 거래의 표준화

제품, 가격, 구입단위, 지불조건 등을 표준화시켜 시장에서의 거래를 용이하게 해준다.

(4) 생산과 소비 연결

생산자와 소비자 사이에 존재하는 지리적, 시간적, 정보적 장애를 극복하여 거래를 용이하게 한다.

(5) 고객서비스 제공

소비자에게 애프터서비스, 제품의 배달, 설치 및 사용방법의 교육 등과 같은 서비스를 제공한다.

(6) 정보 제공

상품의 판매뿐만 아니라 소비자에게 상품정보, 유행정보 및 생활정보 등과 같은 무형적인 가치도 아울러 제공한다.

(7) 쇼핑의 즐거움 제공

점포의 위치, 설비, 인테리어, 진열, 조명 등의 물적 요인과 판매원의 친절, 봉사 등의 인적 요인이 조화를 이루어 소비자의 쇼핑동기를 충족시킬 수 있도록 해준다.

3. 유통경로의 유형

(1) 소비재의 유통경로

소매상을 통한 소비자를 대상으로 하는 유통경로로, 일반적으로 크게 4가지로 나누어 볼 수 있다.

① 생산자가 소비자에게 직접 판매하는 경우(소비재 유통경로) : 생산자 → 최종소비자
② 소매상을 경로로 하는 경우(단일 유통경로) : 생산자 → 소매업자 → 최종소비자
③ 도매상과 소매상을 경로로 하는 경우 : 생산자 → 도매업자 → 소매업자 → 최종소비자
④ 도매상・중간도매상・소매상을 경로로 하는 경우 : 생산자 → 도매상 → 중간도매상 → 소매상 → 최종소비자

(2) 산업재의 유통경로

도매상을 통한 산업사용자를 대상으로 하는 유통경로이다. 산업재는 소비자에게 직접 판매하는 것이 일반적이며, 간혹 대리인이나 산업재 공급업자들이 이용되기도 한다.

① 생산자 → 산업사용자
② 생산자 → 도매업자 → 산업사용자

(3) 복수 유통경로

① **개념** : 같은 상품에 대해 2개 이상의 경로를 동시에 활용하는 유통경로로써, 주로 가전제품의 유통경로로 이용된다.

② **채택이유** : 단일시장이라도 각기 다른 유통경로를 사용하여 세분화된 개별시장에 접근하는 것이 효율성이 크다.

③ **장단점**

㉠ 장점 : 판매범위가 넓으므로 판매량이 크게 증가한다.

㉡ 단점 : 각 유통경로 간 갈등이 심화되고, 시장의 특성에 따라 이중가격이 형성될 수 있다.

(4) 다중 유통경로

① **개념** : 동일시장을 대상으로 똑같은 제품과 서비스를 복수 이상의 경로를 통해 공급하는 것을 말한다.

② **장단점**

㉠ 장점

- 다양한 유통욕구를 충족할 수 있다.
- 동시에 여러 세분시장을 포괄할 수 있다.
- 특정 경로에 대한 의존도를 줄일 수 있다.

㉡ 단점 : 복수 유통경로보다 유통경로 간 갈등이 더 심화된다.

참고 유통경로의 기능 (2016년 1회 출제)

① 유통경로의 기능은 소비자들에게 유통 서비스를 제공하기 위해 경로구성원들이 수행하는 마케팅 활동인데, 경로구성원 중 도매상 또는 소매상을 제거할 수는 있어도 유통기능 그 자체를 제거할 수는 없다.

② 경로구성원들이 수행하는 유통기능은 서로간의 작용하는 방향에 따라 크게 3가지로 나뉜다.

③ 물적소유(보관 및 수송), 소유권, 촉진과 같은 기능 등이 제조업자로부터 최종소비자의 방향으로 흘러가며(전방흐름), 이에 대해 주문과 대금결제는 최종소비자로부터 소매상, 도매상 마지막으로 제조업자의 방향(후방흐름)으로 흘러간다.

④ 또한, 거래협상(상담), 금융, 위험부담과 같은 기능들은 서로간의 양방향 흐름으로 흘러간다.

내용을 정리하면, 전방흐름(제조업자 → 최종소비자 방향)이며, 여기에는 물적 소유(제품의 이동) 및 소유권(제품이 이동할 때 그에 따른 소유권까지 함께 이동한다) 및 촉진 등이 흘러간다. 그리고 후방흐름(최종소비자 → 제조업자 방향)으로 주문 및 그에 따른 결제가 흘러간다. 양방흐름(제조업자 ↔ 최종소비자)에는 협상(최종소비자와 소매상, 소매상과 도매상, 도매상과 제조업자가 서로 간의 상담 및 협상을 한다)과 금융(각 주체별 상호간의 금전적인 도움을 말한다) 및 위험부담(재고부담 및 반품) 등이 흘러간다.

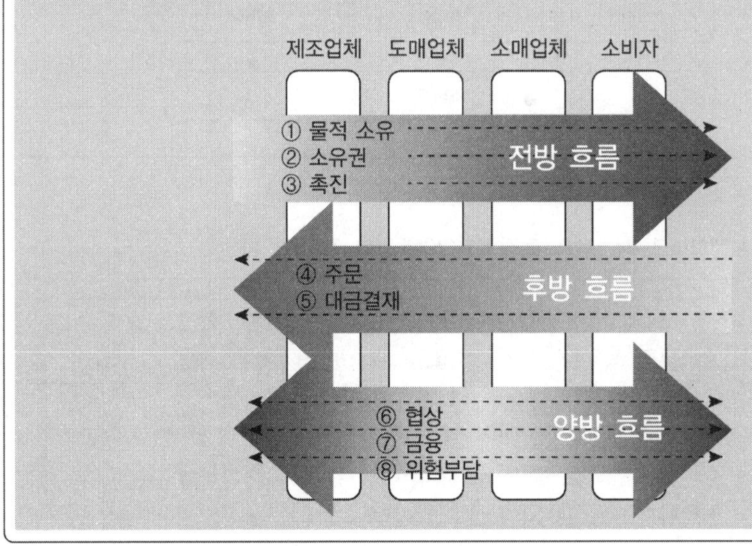

4. 유통경로의 조직

(1) 수직적 마케팅시스템(VMS; Vertical Marketing System)

① 개념 : 상품이 제조업자에게서 소비자에게로 이전되는 과정의 수직적 유통단계를 전문적으로 관리하고 집중적으로 계획한 유통경로로서, 프랜차이즈 시스템이 대표적이다.

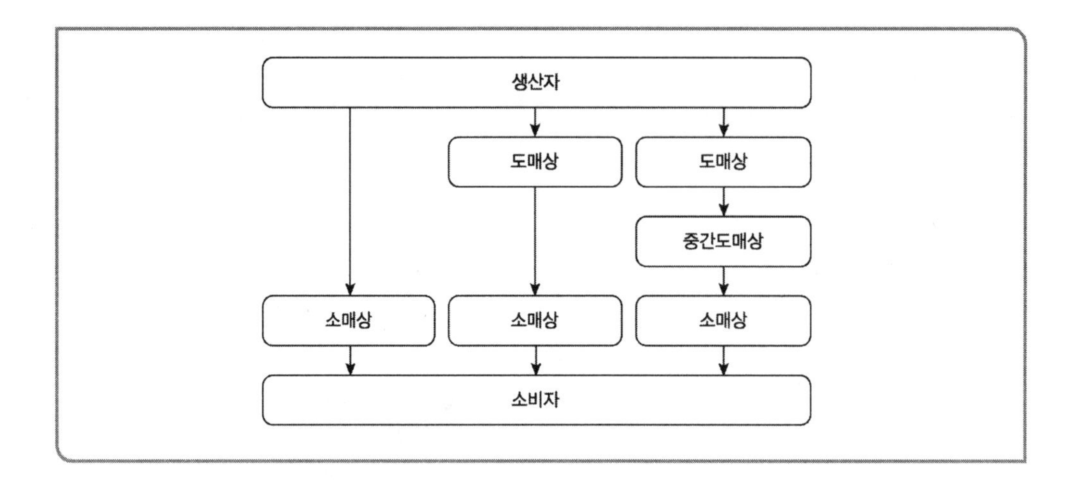

참고 프랜차이즈 시스템의 특징 (2020년 2회 출제)

프랜차이즈 가맹자에게 유리한 점	① 영업지식이나 경험이 없어도 가맹본부의 훈련계획으로 보충할 수 있다. ② 비교적 적은 자본으로 사업을 개시하여 독립한 기업주가 될 수 있다. ③ 유명한 상호나 상표 등의 영업권을 이용한다. ④ 점포의 입지선정, 내외 장식, 종업원 교육, 장비 및 물품구입 등을 포함하여 전반적으로 영업 운영상의 원조, 조언을 받는다. ⑤ 가맹본부가 실시하는 전국적인 광고나 판촉 활동의 이익을 누린다. ⑥ 가맹본부의 대량구매력이나 교섭력의 이익을 누린다. ⑦ 유능하고 경험 있는 가맹본부의 업무지도 등으로 사업 성공률이 높다. ⑧ 가맹본부로부터 시장정보나 경험을 얻을 수 있고 새로운 기법이나 개발계획을 이용할 수 있다. ⑨ 유리한 조건으로 자금을 융자받을 수 있다.
프랜차이즈 가맹자에게 불리한 점	① 가맹 본부에게 로열티 등 프랜차이즈 사용료를 정기적으로 지급해야 한다. ② 사업의 운영에 있어서 가맹본부로부터 끊임없이 통제를 받는다. ③ 가맹본부의 능력과 자질을 평가하기 어려워 손해를 입을 염려가 있다. ④ 가맹본부에 대한 의존률이 높아 자신의 노력과 무관하게 가맹본부의 영업 실적에 따라 영향을 받는다. ⑤ 프랜차이즈 영업 자체의 양도나 판매가 제한된다. ⑥ 타 가맹점의 실패로 인해 프랜차이즈 시스템 전체 영향이 미칠 수 있다.
프랜차이즈 가맹본부에게 유리한 점	① 소규모 중앙조직만으로 커다란 위험부담 없이 이윤을 획득할 수 있다. ② 지점을 설치 운영하는 경우와 달리 직접투자를 하지 않고도 자기의 상호, 상표 등을 이용하는 사업장을 마련해 사업을 확장할 수 있다. ③ 최소의 자금으로 전국적·국제적 사업확장이 가능하다.

	④ 판매점포의 사원 관리 문제가 적어진다. ⑤ 지역 사정에 밝은 자가 판매점을 관리한다.
프랜차이즈 가맹본부에게 불리한 점	① 장래의 경쟁자를 열심히 지도해 주는 상황이 될 수도 있다. ② 구체적인 사업유형에 합당한 프랜차이즈 가맹주를 모집하여야 한다. ③ 영업 기회 포착에 어두운 자를 설득하고 교육하여야 할 경우가 있다. ④ 시설, 장비의 개성에 관해 프랜차이즈 가맹자와 의견대립이 있을 수 있다. ⑤ 가맹본부의 직원과 가맹자 간에 불신이 싹틀 수 있다. ⑥ 품질이나 서비스에 관한 기준이 준수되는지를 항상 감시하여야 한다. ⑦ 당사자 간에 의사소통 상의 문제가 있을 수 있다. ⑧ 프랜차이즈 가맹자가 다른 영업도 수행할 경우에는 충성도에 있어서 미흡할 수 있다. ⑨ 수입액에 따라 프랜차이즈 사용료를 정할 경우 프랜차이즈 가맹자가 수입액을 조작하려 한다. ⑩ 프랜차이즈 가맹자는 어느 정도 경험을 축적하면 스스로 독립하려고 하므로 이에 충분히 대처하여야 한다.

② 도입배경

㉠ 대량생산에 의한 대량판매의 요청

㉡ 가격 안정(또는 유지)의 필요성

㉢ 유통비용의 절감

㉣ 경쟁자에 대한 효과적인 대응

㉤ 기업의 상품이미지 제고

㉥ 목표이익의 확보

㉦ 유통경로 내에서의 지배력 획득

③ 구분

㉠ 기업형의 수직적 마케팅시스템(corporate VMS) : 유통경로상의 한 구성원이 다음 단계의 경로구성원을 소유에 의해 지배하는 형태이다.

㉡ 계약형의 수직적 마케팅시스템(contractual VMS) : 수직적 마케팅시스템 중 가장 일반적인 형태로 유통경로상의 상이한 단계에 있는 독립적인 유통기관들이 상호 경제적인 이익을 달성하기 위하여 계약을 기초로 통합하는 형태이다.

㉢ 관리형의 수직적 마케팅시스템(administrative VMS) (2016년 1회 출제)

• 경로 리더에 의해 생산 및 유통단계가 통합되어지는 형태이다.

- 일반적으로 경로구성원들이 상이한 목표를 가지고 있으므로 이를 조정 및 통제하는 일이 어렵다.
- 동일한 자본이거나 공식적이면서 명문화된 계약 배경이 없더라도 판매망이 넓거나 점유율이 높은 제조업자 및 유통업자가 경로 리더가 되거나 또는 경로구성원들을 지배하는 형태이다.

④ 장단점

㉠ 장점

- 총 유통비용의 절감 가능
- 자원 및 원재료 등의 안정적 확보 가능
- 혁신적인 기술보유 가능
- 새로이 진입하려는 기업에게 높은 진입장벽으로 작용

㉡ 단점

- 막대한 자금 소요
- 시장이나 기술의 변화에 대하여 기민한 대응 곤란
- 각 유통단계에서의 전문화 상실

(2) 수평적 마케팅시스템(HMS; Horizontal Marketing System; 공생적 마케팅시스템)

① **개념** : 기업이 가지고 있는 자본, 노하우, 마케팅 및 자원 등을 수평적으로 결합하여 시너지 효과를 얻기 위해 통합하는 형태를 의미한다.

② **특징**

㉠ 동일한 유통경로 단계에 있는 2개 이상의 개별적인 기관들이 독자성을 유지한다.

㉡ 새로운 마케팅 기회를 개발하기 위해 무관한 개별 기업들이 재원이나 프로그램을 결합하여 합작투자하는 것이다.

(3) 복수경로 마케팅시스템

기업이 하나 이상의 고객 세분시장에 도달하기 위해 2개 또는 그 이상의 마케팅 경로를 사용하는 것을 말한다.

5. 유통경로의 믹스

(1) 유통경로의 목표설정 시 고려사항

기업의 전반적인 목표와 전략, 마케팅 목표 등과 일관성이 있어야 한다.

① 기업의 목표

㉠ 계량적 목표 : 판매증대, 이익증대 등

㉡ 질적 목표 : 소비자 만족, 사회적 책임 이행 등

② 고려사항

㉠ 기업의 특성 : 인적, 물적 및 재무적 자원

㉡ 제품의 특성 : 표준화 정도, 기술적 복잡성, 가격, 부피 등

㉢ 중간상 특성 : 중간상 유형별 장단점

㉣ 경쟁적 특성 : 경쟁자의 유통경로 믹스

㉤ 환경적 특성 : 경기의 변동, 법적 및 제도적인 환경요인

(2) 유통경로전략의 단계별 결정

① 제1단계 : 유통범위(coverage)의 결정

㉠ 전속적 유통경로전략(exclusive channel strategy) : 일정한 상권 내에 제한된 수의 소매점으로 하여금 자사상품만을 취급하게 한다.

㉡ 개방적 유통경로전략(intensive channel strategy) : 희망하는 소매점이면 누구나 자사의 상품을 취급할 수 있도록 한다.

㉢ 선택적 유통경로전략(selective channel strategy) : 개방적 유통경로와 전속적 유통경로의 중간적 형태로 일정지역 내에 일정수준 이상의 이미지, 입지, 경영능력을 갖춘 소매점을 선별하여 이들에게 자사제품을 취급하도록 한다.

참고 경로 커버리지 전략(17년 2회, 18년 1회, 18년 2회, 19년 3회 출제)

① 개방적 유통(Intensive Distribution) = 집중적 유통/집약적 유통
㉠ 자사의 제품을 누구나 취급할 수 있도록 개방하는 방식이다.
㉡ 가능한 한 많은 소매상들로 해서 자사의 제품을 취급하게 하도록 함으로서, 포괄되는 시장의 범위를 확대시키려는 전략이며 이에는 대체로 편의품이 속한다.
㉢ 장점: 충동구매의 증가 및 소비자에 대한 인지도의 확대, 편의성의 증가 등
㉣ 단점: 낮은 순이익, 소량주문, 재고 및 주문관리 등의 어려움, 중간상 통제에 대한 어려움 등

② 선택적 유통(Selective Distribution)
㉠ 일정지역에서 일정수준 이상의 자격요건을 지닌 소매점에만 자사 제품을 취급하도록 하는 방식이다.
㉡ 주로 선매품(의류, 가구, 가전 등)에 적용한다.
㉢ 판매력이 있는 중간상들만 유통경로에 포함시키므로 만족스러운 매출과 이익을 기대할 수 있으며, 생산자는 선택된 중간상들과의 친밀한 거래관계의 구축을 통해 적극적인 판매노력을 기대할 수 있다.

③ 전속적 유통(Exclusive Distribution) (2016년 1회 출제)
㉠ 자사의 제품만을 취급하는 도매상 또는 소매상을 의미하며, 주로 전문품에 적용한다.
㉡ 브랜드 충성도가 상당히 높은 제품을 생산하는 제조업체 등에 의해서 채택되어지는 경향을 보인다.
㉢ 극소수의 소매점포에서만 자사제품을 취급하도록 하는 방식이다.
㉣ 제조업체의 경우 소매점포에 대한 통제력을 강화시킴으로 인해 자사의 브랜드 이미지를 자사 전략에 맞추어서 유지 및 활용할 수 있다.
㉤ 소비자들의 경우 브랜드 충성도가 높은 브랜드를 구매하기 위해서 그들 스스로가 기꺼이 많은 노력을 기울이므로 적은 점포를 가지고도 운영이 가능하다는 이점이 있다.

② **제2단계** : 유통경로의 길이 결정요인

③ **제3단계** : 통제수준의 결정

㉠ 유통경로에 대한 통제수준이 높을수록 유통경로에 대한 수직적 통합[1)]의 정도가 강화되어 기업이 소유하게 된다.

---

1) 수직적 통합의 문제점(2016년 1회 출제)
① 유연성이 감소될 수 있다.
② 경우에 따라서는 비용구조가 증가되기도 한다.
③ 기업 조직의 비대화를 불러일으켜 관료화의 문제를 겪기 쉽다.
④ 분업에 의한 전문화의 이점을 누리기 어려워질 수 있다.

㉡ 유통경로에 대한 통제수준이 최저로 되는 경우에는 독립적인 중간상을 이용하게 된다.

㉢ 양자 사이에는 프랜차이즈나 계약 또는 합자의 방식으로 이루어지는 유사통합이 있다.

(3) 유통경로의 설계과정

① **제품 및 서비스의 가치분석** : 경쟁력이 높은 제품을 선택한다.

② **최종고객의 세분화 시장분석** : 서비스 요인의 종류(상표의 다양성, 제품의 출고, 판매원 방문 등으로 인한 지속적 관계유지, 저가격, 신뢰성 및 보수유지 지원, 제품 시연) 별로 세분화 시장을 조사한다.

③ **최종고객을 위한 점포설계** : 서비스 요인을 충족시키는 점포유형을 설계하고 콘셉트를 정한다.

④ **경로시스템의 설계** : 세분 시장에 대한 점포유형에서 고객이 원하는 서비스요인을 충족하는가의 현실적인 제약조건을 조사한다.

⑤ **기존 유통경로의 구조분석** : 기존 유통경로 시스템(경로별 물류 및 관련기능, 외부기관과 기업과의 마케팅 기능, 고객접근경로, 기존 시스템의 효율성, 경로시스템의 경제성, 시장전반 및 경쟁사의 경로시스템)을 분석한다.

⑥ **내 · 외부의 제약요인과 기회조사**

㉠ 내적 기업의 분석 : 최고경영층에서 기업의 내부사정, 위험선호도, 조직구조 등의 장점과 단점을 분석한다.

㉡ 외적 환경요인의 평가 : 기업 환경요인(거시경제지표, 국제 정도, 산업집중도, 경쟁사의 행동, 미래의 기술수준, 진입장벽, 제품의 수명주기, 사용자의 애호도, 사용자의 지리적 분산도 등)을 분석한다.

⑦ **갭 분석을 통한 경로대안 도출, 비교, 분석** : 기존시스템, 경영의 제약을 반영한 이상적 시스템, 고객지향적인 시스템을 반영한 4, 5, 6단계 경로시스템 비교 및 갭 분석으로 이상적인 시스템을 구한다.

⑧ **외부전문가의 제약요인과 목표에 대한 분석** : 외부전문가가 경영자의 편견을 평가한다.

⑨ 경로목표에 대한 재고 제약요인을 극복한다.

⑩ 최적의 경로시스템의 도출과 수행방법을 준비한다.

(4) 유통경로의 갈등관리

① **수평적 갈등** : 소매상과 소매상, 도매상과 도매상 등 같은 동일단계에 있는 경로구성원들간에 발생하는 갈등을 말한다. 수평적 갈등은 주로 서비스경쟁, 판촉경쟁, 가격경쟁 때문에 발생한다.

② **수직적 갈등**

㉠ 개념 : 제조업자와 중간상, 또는 도매상과 소매상 간의 갈등과 같이 서로 다른 단계의 경로구성원 사이에서 발생하는 갈등을 의미한다.

㉡ 유형

- 목표 불일치 : 경로구성원 간에 서로 다른 목표는 양립될 수 없다. 즉, 제조업체는 어떤 경로를 통하든 제품이 많이 판매되기를 원하지만, 유통업자들은 그 제품의 판매를 통해 자신들의 매출 및 이익증대에 도움이 되기를 원하기 때문이다.
- 영역에 대한 의견 불일치 : 경로구성원 간에 상권과 역할에 대한 의견 차이에서 발생하는 갈등이다.
- 현실인식의 차이 : 어떤 동일한 현상에 대해 서로 다르게 지각하게 되는 것이다. 이것은 상호간의 활동배경이 서로 다르고 의사소통의 전달이 제대로 이루어지지 않기 때문에 발생한다.

③ **갈등해소책**

㉠ 경로 리더의 지도력을 강화한다.

㉡ 공동목표 제시로 협력을 증대시킨다.

㉢ 커뮤니케이션 강화, 중재, 조정으로 갈등감소를 유도한다.

(5) 물적 유통믹스 결정

① **물적 유통의 본질** : 기업에게는 적절한 이윤을 보장하면서 소비자에게는 서비스 욕구를 충족시켜 주기 위하여 원산지로부터 최종소비자까지 물자와 상품의 상적 흐름을 최적화하는 활동을 말한다.

② 물적 유통의 목표

영향요인	짧은 경로	긴 경로
제품특성	• 비표준화된 중량품, 부패성 상품 • 기술적 복잡성, 전문품	• 표준화된 경량품, 비부패성 상품 • 기술적 단순성, 편의품
수요특성	• 구매단위가 큼 • 구매빈도가 낮고 비규칙적 • 전문품	• 구매단위가 작음 • 구매빈도가 높고 규칙적 • 편의품
공급특성	• 생산자 수가 적음 • 제한적 진입과 탈퇴 • 지역적 집중 생산	• 생산자 수가 많음 • 자유로운 진입과 탈퇴 • 지역적 분산 생산
유통비용구조	장기적 불안정 → 최적화 추구	장기적으로 안정적

㉠ 물적 유통 비용의 최소화

㉡ 소비자에 대한 서비스의 극대화

③ 물적 유통의 구성

㉠ 주문처리결정 : 기업과 고객은 주문처리 과정이 빠르고 정확하게 이루어질 때 상호이익을 얻을 수 있다.

㉡ 창고결정 : 기업은 보유할 최적창고 수와 창고의 위치 등을 결정하여야 한다. 보관 장소가 많다는 것은 소비자에게 신속하게 상품을 전달하여 고객서비스는 증가되나 창고비용이 증가되므로 양자 사이의 균형이 이루어지도록 하여야 한다.

㉢ 재고결정 : 최종적인 주문점은 재고부족 위험과 과잉재고의 비용 사이에 균형을 이루는 점에서 결정되어야 한다. 주문량은 주문처리 비용과 재고유지 비용이 균형을 이루는 점, 즉 단위당 주문처리 비용과 단위당 재고유지 비용의 합계인 단위당 총비용이 최소가 되는 점에서 결정되어야 한다.

㉣ 운송수단별 특징 (2018년 1회, 2020년 추가시험 출제)

① 화물자동차 운송 (육상 운송)	㉠ 장점 • Door to door 가능 • 근거리 소량운송의 경우에 유리 • 자가 운송이 용이 • 시기에 맞는 배차가 용이	 • 화물의 파손과 손실이 적음 • 일괄 운송이 가능 • 운송 도중 적재 변동이 적음 • 하역비나 포장비가 타 운송 수단에 비해 비교적 저렴
	㉡ 단점 • 장거리 운행 시 운임이 고가 • 운행 중 사고발생률이 높음	 • 교통사고, 공해로 사회적 문제 발생 • 대량화물 운송에 부적합

② 철도운송	㉠ 장점 • 중장거리, 대량운송에 유리 • 중장거리 운송 시 운임이 저렴 • 사고율이 낮아 안정성이 높음 • 전국적인 네트워크 구축 • 중량에 크게 영향을 받지 않음 • 기후의 영향을 적게 받음 • 계획운송이 가능 ㉡ 단점 • 고객별 자유로운 운송 요구에 적용하기 곤란 • 문전수송을 위해 부수적인 운송이 필요 • 적기 배차의 어려움 • 운임의 융통성이 없음
③ 해상운송	㉠ 장점 • 대량화물, 중량화물의 장거리 운송에 적합 • 대량화물의 장거리 운송 시 운임이 저렴 • 크기나 중량에 거의 제한이 없음 • 도로나 선로의 설비가 필요 없음 • 대량운송 시 전용선과 전용 하역장비에 의한 운송 및 신속한 하역작업이 가능 ㉡ 단점 • 타 운송 수단에 비해 운항 속도가 느림 • 기상 상태의 영향을 많이 받음 • 항만 시설과 하역비가 매우 비쌈 • 화물손상 사고 다발 • 포장비용이 많이 소요
④ 항공운송	㉠ 장점 • 고가, 소형 상품 운송에 유리 • 운송속도가 빠름 • 화주의 경우 재고유지비용 절감 • 물품의 손상이 적음 • 긴급화물, 유행에 민감한 상품의 운송에 적합 ㉡ 단점 • 대량, 대형 화물의 운송이 어려움 • 중량에 제한이 있음 • 이용 가능 지역 제한 • 고가의 운임 • 기상 상태의 영향이 매우 큼 • 운송의 완결성 부족
⑤ 파이프라인 운송	㉠ 장점 • 유지비 저렴 • 용지 확보에 유리 • 높은 안전성 • 연속 대량 운송 가능 • IT시스템을 활용하여 완전 자동화 가능 ㉡ 단점 • 이용제품의 한정(유류, 가스) • 특정 장소에 한정(송유관 설치 지역에 가능) • 초기 시설 투자비가 높음

6. 유통업태의 분류

(1) 소매업태

① **가격대별 분류** : 저가격 할인점, 고가격 백화점, 고급 편의점, 하이퍼마켓, 중가격 슈퍼마켓, 콤비네이션 스토어

② **점포의 유무에 따른 분류**

㉠ 점포형 : 백화점, 잡화점, 대형 쇼핑센터, 편의점, 양판점, 전문점, 재래시장, 슈퍼마켓, 상점, 상가 등

㉡ 무점포형 : 우편판매, 텔레마케팅, TV 홈쇼핑, 전자상거래(인터넷), 자동판매기판매, 방문판매 등

③ **경영규모별 분류** : 편의점, 전문점, 잡화점, 백화점, 쇼핑센터, 창고점, 양판점 등

④ **점포밀집에 의한 분류** : 주거지역, 인근쇼핑센터, 중심상가지역, 아울렛 몰, 지역쇼핑센터 등

⑤ **점포의 통제에 따른 분류** : 프랜차이즈, 거상(브로커), 기업 연쇄점, 소매상협동조합, 소비자협동조합 등

참고 점포도매상

① **전문점(Specialty Store)**

㉠ 전문점에서는 취급제품의 범위가 한정되고, 전문화되어 있다.

㉡ 전문점은 취급상품에 관한 전문적 지식과 전문적 기술을 갖춘 경영자나 종업원에 의해 가공수리도 하며, 품종의 선택, 고객의 기호, 유행의 변천 등 예민한 시대감각으로 독특한 서비스를 제공함으로써 합리적 경영을 실현하고 있다.

② **편의점(Convenience Store)**

㉠ 편의점은 보통 접근이 용이한 지역에 위치하여 24시간 연중무휴 영업을 한다.

㉡ 재고회전이 빠른 한정된 제품계열(식료품 및 편의품)을 취급한다.

㉢ 또한 편의점은 가격에 있어 생필품을 취급하는 타 소매업체보다 다소 높은 가격을 유지하고 있지만, 이는 위치적 효용과 24시간 구매가 가능하다는 시간상의 편리성이 이를 상쇄하는 역할을 하고 있으며, 통상적으로 매장면적이 60m^2 이상 230m^2 이하의 소매점이다.

③ **슈퍼마켓(Supermarket)**

㉠ 주로 식료품, 일용품 등을 취급하며, 염가판매, 셀프서비스를 특징으로 하는 소매 업태를 의미한다.

㉡ 식료품을 중심으로 일용잡화류를 판매하는 셀프서비스 방식의 대규모 소매점이다.

㉢ 미국의 경우 1930년대 이후 크게 발달하였다.

④ 백화점(Department Sore)

㉠ 하나의 건물 안에 의식주에 관련된 여러 가지 상품을 부문별로 진열하고 이를 조직적으로 판매하는 근대적 대규모 소매상을 말한다.

㉡ 여러 종류의 상품, 부문별 조직에 의한 합리적 경영, 집중적 대경영 등을 백화점의 특징으로 들 수 있다.

㉢ 또한, 백화점이 각 부문에 상품관리자를 두고 어느 정도의 자주성과 판매책임을 지우고는 있으나, 전체가 하나의 기업에 소속되어 경영되는 것이 백화점의 특징이다.

㉣ 여러 종류의 상품을 취급한다는 점에서는 잡화점과 비슷하다. 하지만, 부문별 조직에 의한 매입, 판매, 관리를 함으로써 다양한 제품의 판매 업무를 과학적 및 합리적으로 처리할 수 있는 점과 경영규모면에서 잡화점과는 다르다.

㉤ 또한 슈퍼마켓이 경영규모에서 비슷한 점이 있는데 그렇지만 슈퍼마켓의 취급품목이 식료품 위주로 한정되어 있으며, 부문별 조직도 백화점처럼 고도화되지 않았다는 점에서 백화점과는 그 뜻을 달리한다.

⑤ 할인점(Discount Store)

㉠ 할인점은 셀프서비스에 의한 대량판매방식을 이용하여 시중가격보다 20~30% 낮은 가격으로 판매하는 유통업체를 의미한다.

㉡ 철저한 셀프서비스에 의한 대량판매방식을 활용하여 시중가격보다 20~30% 저렴하게 판매하는 가장 일반적인 유통업체로 '종합할인점'이라고도 한다.

㉢ 신세계백화점의 'E 마트', 그랜드백화점의 '그랜드마트', 대한통운의 '코랙스 마트', 롯데백화점의 '롯데마트' 등이 대표적인 할인점의 예이다.

⑥ 양판점(GMS: General Merchandising Store)

㉠ 양판점은 보통 어느 정도 깊이의 구색을 갖춘 다양한 제품계열을 취급하는 점포를 말한다.

㉡ 제품구성 면에서는 백화점과 슈퍼마켓의 중간이면서, 가격 면에서는 백화점과 할인점의 중간정도의 위치를 차지한다.

㉢ 제품구색 면에서도 양판점은 식료품에서 더 나아가 중저가의 생활 소모품을 취급하는 구성을 가진다. 가격 면에 있어서도 체인화를 통해 대량구매의 장점을 활용하여 저렴한 가격으로 제품을 구입한다. 고객 면에 있어서는 양판점은 중산층에 초점을 맞추며, 입지에 있어서도 부도심에 입지한다.

㉣ 또한, 교통난을 해소하기 위해 주차장을 확보하는 것이 일반적이다. 양판점은 비용절감을 위해 PB[2)] 제품을 개발하는 데 주력하고, 제품에 대한 위험은 자체적으로 부담하는 형식을 지닌다.

⑦ 회원제 도매클럽(MWC : Membership Wholesale Club)

㉠ 회원제 도매클럽은 메이커로부터의 현금 일괄 구매에 따른 저비용 제품을 구비해서, 회원제로 운영되는 창고형 도매상을 의미한다. (2016년 1회, 2회 출제)

ⓛ 회원제 도매클럽의 특징은 다음과 같다.

- 일정한 회비를 정기적으로 내는 회원들에게만 물건을 구매할 수 있는 자격을 제공한다. 이렇듯, 회원제로 운영되는 이유는 안정적인 매출 확보를 위해서이다.
- 법인회원과 개인으로 구분되어 있다.
- 거대한 창고형의 점포에서 30~50% 정도의 할인된 가격으로 정상적인 상품을 판매한다.
- 실내 장식이 거의 없는 거대한 창고 형태로 점포를 운용함으로써 할인점보다 더 저렴한 가격으로 제품을 판매하고 구매 빈도, 보존성 그리고 소모 빈도가 높은 품목을 다량으로 일괄적으로 구입하여 총 이익률을 높인다.
- 상자 및 묶음 단위로 판매한다.

⑧ 하이퍼마켓(Hypermarket)

㉠ 식품, 비식품을 풍부하게 취급하며, 대규모의 주차장을 보유한 매장면적 2,500m^2 이상의 소매점포를 의미한다.

ⓛ 주요 고객층은 자가 승용차를 소유하고 있는 중간소득층과 소득수준이 낮은 가격 반응형 구매자이며, 생활리듬과 새로운 쇼핑분위기를 원하는 다수의 질적인 구매자도 포함된다. 입지에서는 지대가 높은 도심이나 주거지역은 피하고 지대가 저렴한 지역인 대도시 근교에 독자적으로 입지를 선택하는 것이 일반적이다.

㉢ 제품구색은 슈퍼마켓에서 판매하는 식품과 생활필수품 등으로 나뉘어져 있는데, 식품과 비식품의 구성비는 대략 6:4 정도이다.

⑨ 상설할인매장(Factory Outlet)

㉠ 제조업자가 소유 또는 운영하는 염가매장으로 제조업자의 잉여제품이나 단절제품, 기획재고제품을 주로 취급하는 형태를 취한다.

ⓛ 이들은 보통 소매가격보다 30~50% 정도 저렴한 가격으로 판매한다.

⑩ 카탈로그 쇼룸(Catalog Showroom)

㉠ 일반적으로 마진이 높고 제품회전율이 빠른 유명상표들을 할인된 가격으로 판매하며, 이를 취급하는 제품의 구색이 비교적 다양하다.

ⓛ 이들이 주로 취급하는 제품은 보석, 전기공구, 가방, 스포츠용품 등이 있다.

⑪ 전문 할인점(Special Discount Store : 카테고리 킬러)

㉠ 한 가지 또는 한정된 제품을 깊게 취급하며, 할인점보다 저렴하게 판매하는 소매업태이다.

ⓛ 깊이 있는 제품구색과 우수한 고객서비스, 고가격의 점포 특성을 가지는 전문점과 일정 정도의 깊이를 가진 여러 제품군을 취급하는 할인점 및 양판점과 차별화되는 점포형태이다.

---

2) 편의점 및 대형할인점들이 PB 상품에 주력하는 근본적인 이유(2016년 2회 출제)
① 점포의 차별화
② 편의성 극대화
③ 수익성의 개선
④ 상품개발의 용이성

(2) 도매업태

① **제품에 대한 소유권 유무에 따른 분류**

㉠ 소유권 있는 도매상 : 브로커, 수수료 상인, 판매회사, 체인본부 등

㉡ 소유권 없는 도매상 : 경매회사, 수출 · 판매 · 구매 대리점 등

② **성격상 분류** : 제조업자 도매상, 상인 도매상, 대리점, 브로커 등

③ **기능별 분류** : 도매상, 잡화업자, 중개업자, 분산업자, 중앙도매시장, 기능 중간상 등

④ **유통상 위치에 따른 분류** : 대규모 도매상, 중규모 도매상, 소규모 도매상 등

⑤ **취급상품의 전문성에 따른 분류** : 일반도매상, 일반계열 도매상, 전문품 도매상 등

⑥ **특정기능에 따른 분류** : 현금 무배달 도매상, 직송 도매상, 통신판매 도매상, 트럭 배달 도매상, 선반진열 도매상 등

⑦ **경영주체에 따른 분류** : 독립도매상, 제조도매상, 공동도매상, 도소매상, 연쇄도매상 등

⑧ **서비스의 범위에 따른 분류** : 완전기능 도매상, 한정기능 도매상 등

참고 한정서비스 도매상 (2019년 2회, 2019년 3회, 2020년 추가시험 출제)

한정서비스 도매상 : 거래 고객들에게 소수의 전문적 서비스만을 제공하는 도매상을 말한다.

㉠ 현금거래 도매상 : 재고 회전이 빠른 한정된 계열의 제품만을 소규모 소매상에게 현금 지불을 조건으로 판매를 하며 배달은 하지 않는다. 예를 들어, 농수산물 소매업자가 도매상에 직접 가서 현금 지불을 하고 소량의 농수산물을 구매하는 경우가 있는데 이러한 형태가 도매상이 현금거래 도매상의 한 예이다.

㉡ 트럭도매상 : 트럭 중개상이라고도 하며 거래소매상들에게 직접 제품을 수송한다. 이들은 과일, 야채 등 부패성이 강한 식료품을 취급하며, 슈퍼마켓, 병원, 호텔 등을 순회하면서 현금판매를 한다.

㉢ 직송도매상 : 주로 석탄, 목재, 중장비 등의 대용량 상품시장에서 주로 활동한다. 이들은 상품을 구매하고자 하는 소매상 고객들과 협상을 통해 계약을 체결하며, 제조업자가 고객에게 직접 제품을 선적 · 운반한다. 이들은 상품에 대한 소유권은 갖지만 직접 재고를 유지하지는 않는다. 직송도매상은 상품의 소유권을 가지므로 적극적인 판매활동을 하지 않는다면 손실을 입게 된다.

㉣ 진열도매상 : 소매상들에게 매출 비중이 높지 않은 상품들을 주로 공급한다. 이러한 상품들은 이익과 매출 비중은 낮지만 회전율이 높다. 진열도매상은 슈퍼마켓이나 식료품점들에게 잡화 및 전문품들을 주로 공급하는데, 캔디, 껌, 건강 미용용품들이 그 예이다. 일반적으로 소매상들은 매출 비중이 낮은 이러한 품목들에 대한 직접적인 진열과 주문을

귀찮아하므로 진열도매상은 점포까지 직접 트럭 배달을 해주며, 거래소매상을 대신하여 상품을 진열대에 진열하거나 재고관리를 해주며, 필요하면 진열대를 공급하는 등 다양한 서비스를 제공한다.

참고 온라인 쇼핑 환경 (2018년 1회)

- 고객중심으로 채널을 융합하는 옴니채널로의 전환이 확산되고 있음
- 오프라인과 온라인을 넘나드는 O2O 서비스가 증가하고 있음
- e-커머스는 식료품을 포함한 일상소비재 시장으로 확산되어가는 추세임
- 방대한 데이터를 바탕으로 개인이 원하는 서비스를 큐레이션하여 제공함

Chapter 01

유통의 이해 출제예상문제

01 **다음 중 경로 커버리지의 한 형태인 집약적 유통에 관한 사항으로 가장 거리가 먼 것을 고르시오.**

① 시장의 범위를 확대시키는 전략이라고 할 수 있다.

② 이러한 유통형태에 대해 소비자들은 제품을 구매함에 있어 특별히 많은 노력을 기울이지 않는다.

③ 주로 편의품(라면, 세제, 껌, 스타킹 등)이 이에 속한다고 할 수 있다.

④ 중간상 통제가 상당히 용이하다.

⑤ 편의성이 증가하는 경향이 강하다.

해설❯ 집약적 유통은 다른 말로 개방적 유통이라고도 하며, 가능한 한 많은 소매상들로 하여금 자사의 제품을 취급하게 하도록 함으로서, 포괄되는 시장의 범위를 확대시키려는 전략을 의미한다. 제품의 인지도를 알리는 것으로는 효율적이지만, 편의품(껌, 세제, 사탕) 등의 마진이 적은 제품을 취급하기에 순이익이 낮다는 단점이 있다.

02 **다음은 프랜차이즈 시스템에 관한 설명이다. 이 중 가장 바르지 않은 것은?**

① 통상적으로 상호, 특허 상표 등의 노하우를 지닌 자가 계약을 통해서 타인에게 상표의 사용권, 제품의 판매권, 기술 등을 제공하고 그 대가로 가맹금, 보증금, 로열티 등을 받는 것을 프랜차이즈 시스템이라고 한다.

② 상호, 상표 등의 노하우를 가진 자를 프랜차이지(Franchisee)라고 하는데 본부, 본사라고 하며, 이들로부터 상호의 사용권, 제품의 판매권, 기술, 상권분석, 점포 디스플레이, 관계자훈련 및 교육지도 등을 제공받는 자를 프랜차이저(Franchisor)라고 하는데 보통 가맹점으로 표현된다.

③ 프랜차이저는 대량구매에 의한 규모의 경제달성이 가능하다.

④ 프랜차이지는 처음부터 소비자에 대한 신뢰도를 구축할 수 있다.

⑤ 프랜차이지는 스스로의 문제해결 및 경영개선의 노력을 등한시할 수 있다.

해설 ❯ 상호, 상표 등의 노하우를 가진 자를 프랜차이저(Franchisor)라고 하는데 우리말로는 본부, 본사로 표현되고, 이러한 프랜차이저로부터 상호의 사용권, 제품의 판매권, 기술, 상권분석, 점포 디스플레이, 관계자훈련 및 교육지도 등을 제공받는 자를 프랜차이지(Franchisee)라고 하는데 이는 일반적으로 가맹점이라 표현된다.

03 **다음 중 프랜차이즈 가맹자에게 불리한 점이 아닌 것은?**

① 사업의 운영에 있어서 가맹본부로부터 끊임없이 통제를 받는다.
② 타 가맹점의 실패로 인해 프랜차이즈 시스템 전체 영향이 미칠 수 있다.
③ 프랜차이즈 영업 자체의 양도나 판매가 제한된다.
④ 비교적 적은 자본으로 사업을 개시하여 독립한 기업주가 될 수 있다.
⑤ 가맹 본부에게 로열티 등 프랜차이즈 사용료를 정기적으로 지급해야 한다.

해설 ❯ ④번은 프랜차이즈 가맹자에게 유리한 점에 대한 내용이다.

04 **다음 유통기능에 관한 내용 중 생산자와 소비자의 원활한 마케팅 기능을 도모시켜 주는 기능은?**

① 위험부담 기능
② 시장정보 기능
③ 시장금융 기능
④ 표준화 기능
⑤ 비표준화 기능

해설 ❯ 시장금융기능은 생산자와 소비자 간의 경제적 격리가 클수록 상품이전과 화폐이전 간의 모순이 격화되어 마케팅의 비원활화가 발생되는 것을 방지하기 위한 기능을 의미한다.

01. ④ 02. ② 03. ④ 04. ③ 정답

05 **다음 중 유통산업시책의 기본방향으로 가장 적절하지 못한 것은?**

① 유통산업의 종류별 균형발전의 도모
② 유통산업의 국제경쟁력 제고
③ 유통산업의 지역별 균형발전의 도모
④ 유통산업에 있어서 공급자 편익의 증진
⑤ 유통구조의 선진화 및 유통기능의 효율화 촉진

해설 ❯ 유통산업에 있어서 소비자 편익이 증진되어야 한다.

06 **다음 중 철도운송에 대한 것으로 옳지 않은 것은?**

① 중량에 크게 영향을 받지 않는다.
② Door to door가 가능하다.
③ 사고율이 낮아 안정성이 높다.
④ 중장거리 운송 시 운임이 저렴하다.
⑤ 계획 운송이 가능하다.

해설 ❯ ②번은 화물자동차 운송에 관한 설명이다.

05. ④ 06. ② **정답**

Chapter 02 유통경영전략

제1절 유통경영 환경 분석

1. 유통경영전략의 필요성과 이해

(1) 의의

변동하는 기업 환경 속에서 기업의 유지 및 성장을 위해서 외부환경의 변화에 대해 기업 전체로서 적응 또는 대응하기 위한 방향의 설정과 그 수단의 선택에 관한 의사결정이다.

(2) 필요성

제품의 수명주기가 단축되고 기술수준이 높아지고 있는 환경 속에서 경쟁우위를 위해서는 경영전략의 수립이 필요하다.

2. 유통경영의 비전과 목표

(1) 유통경영의 비전

- 유통의 국제화
- 기술혁신과 생산성 향상
- 소비자 욕구변화의 대응

(2) 유통경영의 목표

기업의 발전 여부는 경영전략에 있으며, 기업경영의 생명선은 전략적 결정의 합리성 여부에 따라 좌우된다. 또한, 유통경영에 있어서도 제품의 수명주기가 단축되고 기술수준이 높아가고 있는 경제 환경에서 치열한 경쟁을 뚫고 성장하기 위함이다.

3. 유통경영의 외부적 요소 분석

외부적 환경요인이 기업에 미치는 영향은 기업의 기회 또는 위협의 요인이 될 수 있다.
→ 기업은 지속적으로 외부적 요소를 분석하여 기회 요인과 위협 요인을 발견하여 미래를 바라보는 경영전략을 수립해야 한다.

참고 마이클 포터의 산업 경쟁구조 분석 모델

① 기존 경쟁자 간의 경쟁 정도
② 대체재의 위험성
③ 잠재적 경쟁업자의 진입 가능성
④ 구매자의 협상력
⑤ 판매자의 협상력

4. 유통경영의 내부적 요소 분석

유통경영의 내부적 요소 분석은 기업이 보유하고 있는 능력을 파악하는 것이다.

(1) 보유자원 분석 : 자금, 기술, 설비, 노하우 등을 분석

(2) 조직구조 분석 : 기업문화, 기업 내 부서간의 관계 등을 분석

(3) 내부적 요소 분석의 유형

① **기능적 분석** : 기업의 자원과 기술(재무, 생산, 마케팅, 연구개발 등)
② **요소별 분석** : 기업의 조직구조, 기업의 자원, 기업 조직문화 등

제2절 유통경영전략의 수립과 실행

1. 유통기업의 사업방향 결정

(1) 개요

기업의 사업방향 결정은 기업이 이윤과 목표를 이루기 위해 다양한 영향요인들을 분석하여 명확히 하는 작업이 필요하다. 특히 유통기업의 사업방향 결정은 경쟁사와 고객, 유통의 정확한 분석이 필요하다.

(2) 유통기업의 사업방향 결정

① **유통기업의 사명** : 현실적이며 구체적인 비전을 제시해야 하고 구성원들에게 동기부여가 필요하다.

② **유통기업의 목표** : 시장 점유율, 매출, 재무적 성과, 사회적 목표, 개인적 목표 등이 제시된다.

③ **유통기업의 경영전략** : 유통기업이 급변하는 경제 환경에서 생존과 목표를 이루기 위해 사업의 목표와 자원분배 및 기능별 전략이 요구되는 반드시 필요한 전략이다.

2. 기업수준의 경영전략, 사업부수준의 경영전략, 기능별 경영전략

(1) 기업수준의 경영전략

① 변동하는 기업 환경 속에서 기업이 유지 및 성장하기 위해 경쟁하는 시장과 산업의 범위를 결정하는 가장 상위의 경영전략이다.

② 내적 통합, 다각화, 기업 인수합병, 해외사업 진출 등을 결정하고 각 사업 분야에 경영자원 분배, 신규 사업의 진출, 기존 사업 탈퇴와 같은 결정을 의미한다.

(2) 사업부수준의 경영전략

① 기업이 시장에서 경쟁하는 과정에서 보다 구체적으로 결정하는 전략으로 기업수준의 하위전략이다.

② 경쟁우위 전략 : 원가우위 전략, 차별화 전략, 집중화 전략 등

(3) 기능별 경영전략

기능별 경영전략은 사업부수준의 경영전략을 효과적으로 실행하기 위한 역할을 한다. 즉, 회사의 한정된 자원을 효과적으로 활용할 것인가의 문제를 다룬다.

정리 경영전략의 수준

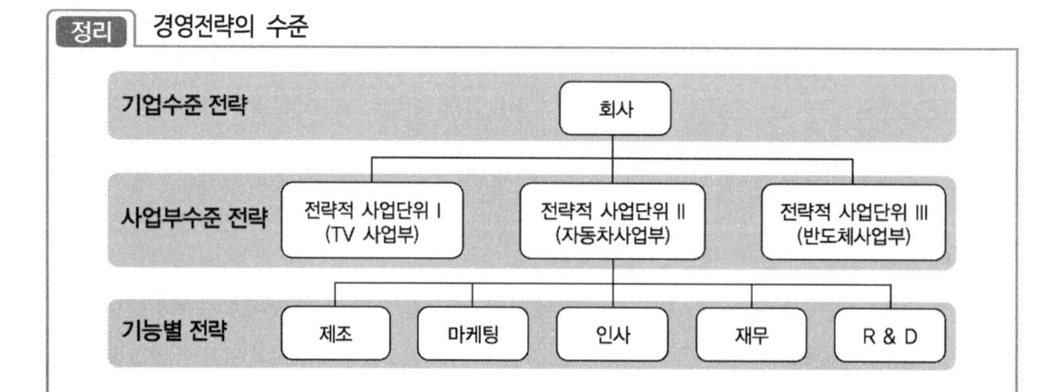

① 전사적 전략(기업수준 전략)
- ㉠ 사업의 영역을 선택하고, 이를 기반으로 사업을 어떻게 효과적으로 관리할 것인가의 문제를 다루는 전략이다.
- ㉡ 기업의 사업 분야를 기업 전체의 관점에서 어떻게 효과적으로 운영할 것인가의 문제에 초점을 맞춘다.
- ㉢ 수직적 통합이나 전략적 제휴, 사업의 다각화, 인수합병 등의 문제를 다룬다.

② 사업부 전략(사업부수준 전략) : 특정한 사업 영역 내에서 여러 타사에 비해 어떻게 경쟁우위를 확보하고, 이를 효과적으로 유지해 나가는지에 대한 방법의 문제를 다룬다.

③ 기능별 전략(기능수준 전략)
- ㉠ 사업부 전략으로부터 도출되고, 상위의 전략을 효과적으로 실행하기 위한 하나의 수단으로서 그 역할을 한다.
- ㉡ 기업의 생산, 마케팅, 재무, 인사 등 경영의 주된 기능 내에서 어떻게 하면 기업에게 주어진 자원을 효과적으로 이용할 것인가의 문제를 다루는 역할을 한다.

3. 경쟁우위와 경쟁전략

(1) **경쟁우위** : 기업의 제품이 시장에서 우선적으로 선택될 수 있도록 하는 것이다.

① **원가우위 전략** : 경쟁사보다 저렴하게 만들어 경쟁하는 전략이다.

② **차별화 전략** : 경쟁사의 제품과 가격이 비슷하나 품질, 서비스 등이 우수하게 차별화를 둔 전략이다.

(2) **경쟁전략** : 기업의 이익을 높이기 위해 또는 기업이 경쟁기업과의 경쟁에서 공격 혹은 방어적인 행동을 취하는 것이다.

4. 경영혁신

(1) **기존의 업무방법이나 계획을 새롭게 구성하여 실천하는 것을 말한다.**

(2) **경영혁신 기법 (2021년 1회 출제)**

① **고객만족 경영** : 고객이 제품 또는 서비스에 대해 원하는 것을 기대 이상으로 충족시킴으로써 고객의 재구매율을 높이고 고객의 선호가 지속되도록 하는 것을 말한다. 결국 상품의 품질뿐만 아니라 제품의 기획, 설계, 디자인, 제작, 애프터서비스 등에 이르는 모든 과정에 걸쳐 제품에 내재된 기업문화 이미지와 더불어 상품 이미지, 이념 등 고차원적인 개념까지 고객에게 제공함으로써 소비자들에게 만족감을 제공하는 것을 말한다.

② **벤치마킹** : 제품, 서비스, 프로세스 등을 산업의 선두 기업과 비교하여 평가하는 지속적이고 체계적인 과정을 말한다.

③ **고객관계관리** : 기업이 고객과 관련된 각종 자료를 분석하고 통합하여 고객 중심의 자원을 극대화함으로써, 이를 바탕으로 고객의 특성에 맞게 판촉 활동을 계획하고 지원하며 평가하는 것을 말한다.

④ **구조조정** : 기술혁신, 경쟁 격화의 외부 환경변화와 기업이 영위하고 있는 기존 사업이나 제품의 성장성, 수익성이 둔화되는 내부 환경변화에 적절히 대응하여 미래의 환경변화를 예측하고 인원 감량, 신규 사업의 진출, 주력사업 교체, 중복사업의 통폐합 및 축소를 행함으로써 경쟁력 있는 사업구조로 사업을 재구축하고 장기적으로

경쟁력 우위를 확보할 수 있는 과정을 말한다.

⑤ **아웃소싱** : 기업의 부수적 업무를 외부의 전문 업체에 의존하는 것을 의미하는데, 이를 이용하면 전문화된 서비스를 제공받을 수 있는 동시에 저비용을 실현하는 것을 말한다.

⑥ **전략적 제휴** : 두 개 또는 다수의 경쟁기업이 서로의 이익을 위하여 상호 협력하여 기술, 생산, 판매, 자본 등 기업 기능의 전 부분에 걸쳐 제휴하는 경영전략이다. 기업 규모와는 관계없이 여러 분야에서 이루어지는 것으로 전략적 제휴가 성공하려면 유능하고 실질적인 도움이 되는 협력파트너를 선정해야 하고, 신뢰를 바탕으로 대등한 협력관계를 구축해야 하며, 제휴의 목적을 명확히 하고 조직의 운영규칙, 이익분배, 손실 분담 등 협력사업을 명확히 해야 한다.

⑦ **전사적 자원관리**[3] : 회사의 모든 정보뿐만 아니라 공급사슬관리, 고객의 주문정보까지 포함하여 통합적으로 관리하는 시스템이다. 경영, 인사, 재무, 생산 등 기업의 전반적인 시스템을 하나로 통합함으로써 효율성을 극대화하는 경영전략이다.

---

3) 전사적 자원관리(ERP)

(1) 전사적 자원관리(ERP)의 필요성

기업 조직의 시스템은 대부분 각 사업분야나 업무에 맞게 개별적으로 구축되어 사용되었다. 이로 인해 업무의 효율성은 떨어지게 되었으며 빠른 의사결정도 어려웠다. 또한, 기업의 모든 업무는 서로 유기적으로 연계되어 있기 때문에 기업의 전사적 업무는 통합해 처리될 필요가 있다. 기업의 이러한 통합적 연계 필요성을 해결하기 위해 ERP가 등장하게 되었다.

(2) ERP의 역할

① 기업 내부의 정보 인프라 구축 역할
② 인터넷 비즈니스 구현 기반 역할
③ 기업의 경쟁력을 강화시켜 주는 역할

(3) ERP의 목표

① ERP 시스템의 구축
② 통합정보시스템의 구축, 선진 비즈니스 프로세스의 도입
③ 잘못된 관행 제거, 비부가가치 업무의 제거, 단순화, 표준화
④ 재고비용감소, 납기단축, 정보공유, 매출액 증대 등
⑤ 투명경영이 가능
⑥ 글로벌 경쟁체제에 적절히 대응
⑦ 경쟁력의 강화
⑧ 고객만족 및 이윤 극대화의 실현

5. 다각화 전략, 통합 전략과 아웃소싱 전략

(1) 다각화 전략[4)]

기존 사업에서 새로운 별도의 사업을 내부에서 새로 만들거나 외부에서 영입하는 전략이다. 현재의 제품과 관련이 있는 수평적 다각화와 현재의 제품과 관련이 없는 새로운 신제품을 추가하는 복합적 다각화가 있다.

(2) 통합 전략

현재 진행하고 있는 사업부분과 관계가 있는 사업부분에 진입하는 전략을 말한다. 시장지배력이 좋아지는 장점이 있지만 경영의 관점에서 기업업무가 가중되는 단점도 있다.

(3) 아웃소싱 전략

사업부분을 외부 전문가나 기업에 위탁하여 기업의 효율을 높이는 전략이다. 비용절감과 핵심사업부분에 집중할 수 있고 노동조합의 문제가 원만해진다는 장점이 있다. 하지만 고객에 대한 충성도 하락과 근로자들의 고용불안 등의 문제가 발생할 수 있다.

6. 전략적 제휴, 합작 투자, 인수합병 전략

(1) 전략적 제휴

서로 경쟁관계에 있는 기업들이 일정부분에서 한시적인 협력관계를 맺는 전략이다. 자원의 공유, 기술개발비 절약, 시간의 절약, 기술의 표준화 등을 제공한다.

(2) 합작 투자

2개 이상의 기업이 특정 기업의 공동 소유권을 가지고 경영과 운영에 참여하는 방식이다. 위험부담의 축소와 기술교환 등 상호경쟁 완화 효과가 있다.

---

4) 다각화 전략의 성공요건
① 진입 비용이 잠재수익을 초과하지 않아야 한다.
② 다각화를 하기 위해 선택한 산업이 구조적으로 매력이 있거나 또는 가능성이 있어야 한다.
③ 다각화를 통해 진입하는 새로운 사업이 회사 사업 간 경쟁우위를 확보하는 데 있어 기여할 수 있어야 한다.

(3) 인수합병 전략

급변하는 경제상황 속에 기업의 대응전략으로 기업 간의 매수와 합병을 하는 전략이다. 다양한 시너지 효과를 볼 수 있고 시장점유율을 높일 수 있다.

7. 유통기업의 글로벌화 전략

기업의 글로벌화는 기업의 세계화 성장과 타국의 기업 현지화 설립으로 효율성(인건비, 운송비, 기타 투입비용 절감)을 높이고 국가별 차별성이 아닌 동질성으로 범세계적인 통합 전략이다.

제3절 유통경영전략의 평가 및 통제

1. 전략의 평가

- 현재 경영전략의 계획, 운용을 바탕으로 시행하고 있는 전략이 실제로 일치하고 있는지 평가분석하는 작업이다. 이러한 평가를 통해서 해당 전략이 타당했는지 또한 전략 과정에서의 문제점은 없었는지 판단한다.
- **평가를 위한 분석자료** : 생산 및 판매 실적, 연구개발 실적 등

2. 전략의 통제

(1) **전략적 통제** : 조직 전체와 장기적 측정에 중심을 둔 통제, 기업의 전략방향 통제

(2) **전술적 통제** : 시장점유율, 프로그램 이행 등의 중기적 측정에 중점을 둔 통제, 전략계획의 실행을 주 내용으로 함.

(3) **운영적 통제** : 단기적 측정에 중점을 둔 통제로 단기적으로 달성해야 할 과업 중심이다.

3. 성과의 환류(Feedback)

여러 가지 경영전략으로 기업에 성과가 나타난다. 그 성과는 지속적인 개선과 관리가 필요하게 되므로 결국 환류작업을 수행하게 된다. 이러한 환류는 성과 평가의 결과를 활용하여 새로운 전략 개선의 역할을 수행하기도 한다.

Chapter 02

유통경영전략 출제예상문제

01 마이클 포터의 산업 경쟁구조 분석 모델의 요소로 바르지 않은 것은?

① 잠재적 경쟁업자의 진입 가능성

② 중간상의 협상력

③ 기존 경쟁자 간의 경쟁 정도

④ 판매자의 협상력

⑤ 구매자의 협상력

해설〉 마이클 포터의 산업 경쟁구조 분석 모델은 다음과 같다.

① 기존 경쟁자 간의 경쟁 정도

② 대체재의 위험성

③ 잠재적 경쟁업자의 진입 가능성

④ 구매자의 협상력

⑤ 판매자의 협상력

02 경영전략의 수준에 관한 내용 중 수직적 통합이나 전략적 제휴, 사업의 다각화, 인수합병 등의 문제 등을 다루는 영역은?

① 기능 전략 ② 사업부 전략

③ STP 전략 ④ 4P's 전략

⑤ 전사적 전략

해설〉 전사적 전략은 사업의 영역을 선택하고, 이를 기반으로 사업을 어떻게 효과적으로 관리할 것인가의 문제를 다루는 전략이며 주로 기업의 사업 분야를 기업 전체의 관점에서 어떻게 효과적으로 운영할 것인가의 문제에 초점을 맞추고 있다.

03 기업 조직에 있어 비용절감 및 핵심사업 부분에 집중할 수 있고 노동조합의 문제가 원만해진다는 장점이 있는 반면에 고객에 대한 충성도 하락과 근로자들의 고용불안 등의 문제가 발생할 수 있는 전략은?

① 아웃소싱 전략
② 기능 전략
③ 사업부 전략
④ 통합 전략
⑤ 인수합병 전략

해설❯ 아웃소싱 전략은 사업부분을 외부 전문가나 기업에 위탁하여 기업의 효율을 높이는 전략을 의미한다. 그럼으로써 조직의 핵심역량에 집중할 수 있다는 이점을 가져온다.

04 통상적으로 유통경로가 존재하는 이유는 생산자와 소비자 사이의 여러 불일치가 존재하기 때문인데, 다음 중 아래 박스 안의 내용과 관련이 깊은 것은?

국내 쌀은 통상적으로 가을에 생산되는데, 이러한 쌀소비는 1년 내내 지속적으로 발생한다.

① 역할의 불일치
② 장소의 불일치
③ 구색의 불일치
④ 시간의 불일치
⑤ 경로의 불일치

해설❯ 쌀의 생산시점 및 소비시점 즉, 시간의 불일치를 말하고 있는 것이다. 시간의 불일치는 생산시점과 소비시점의 불일치를 의미한다.

05 다음은 경로갈등에 관한 설명이다. 이 중 부적절한 항목은?

① 수직적 갈등은 서로 다른 단계의 경로 사이에서 갈등이 발생되어지는 것을 말한다.
② 수평적 갈등은 유통경로상의 동일한 단계에서 발생되어지는 갈등을 말한다.
③ 역기능적 갈등은 경로 성과에 있어 부정적 영향을 가져다주는 갈등을 말한다.
④ 순기능적 갈등은 경로갈등을 통해서 경로 내의 문제를 발견하고 이러한 문제들을 해결함으로써 경로성과의 향상을 가져다주는 갈등을 말한다.
⑤ 중립적 갈등은 경로성과에 영향을 끼치지 않는 것으로 경로구성원들 간 상호의존 정도가 상당히 낮을 경우에 발생하게 된다.

01. ② 02. ⑤ 03. ① 04. ④ **정답**

해설 중립적 갈등은 경로성과에 영향을 끼치지 않는 경로갈등으로 경로구성원들 간 상호의존 정도가 상당히 높을 경우에 발생하게 된다.

06 **다음은 서비스 유통경로의 기능과 그 내용을 나타낸 것이다. 이 중 가장 옳지 않은 항목은?**

① 정보기능 - 마케팅 환경 조사 및 전략 등에 필요한 정보 등을 수집하고 제공
② 접촉기능 - 잠재적인 구매자를 발견하고 커뮤니케이션을 하는 기능
③ 물적유통기능 - 서비스 재고판매 및 이익 등을 위한 재무적인 위험 부담의 기능
④ 재무기능 - 유통경로 상의 업무비용의 충당을 위한 자금의 획득 및 이를 사용하는 기능
⑤ 교섭기능 - 소유권 이전을 위한 가격, 서비스, 기타 조건 등에 동의하는 기능

해설 물적유통기능은 서비스의 배송 및 보관 등을 하는 기능을 의미하며, 서비스 재고판매 및 이익 등을 위한 재무적인 위험 부담의 기능은 위험부담기능을 말한다.

05. ⑤ 06. ③ 정답

Chapter 03

유통경영관리

제1절 조직관리

1. 조직이론

(1) 조직의 일반적인 형태

① 직능형 조직
② 라인 & 스태프형 조직
③ 사업부제 조직
④ 그리드 조직

참고 조직의 일반적인 형태

① 직능형 조직 : 라인부문과 스태프부문이 미분화된 상태의 조직을 의미한다.

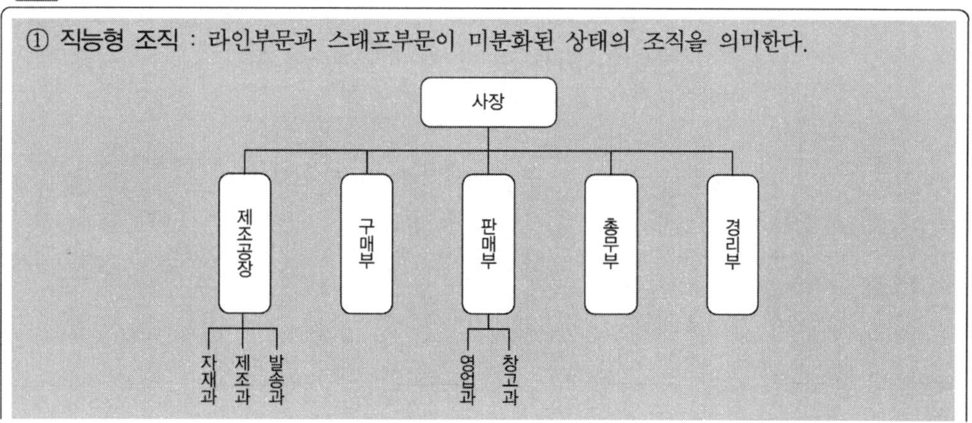

㉠ 특징

- 물류부는 총무부나 경리부 등 여타 조직과 병렬배치
- 또는 개개조직 하부에 발송과, 창고과 등과 같은 형태로 배치

㉡ 결점

- 전사적인 물류정책, 전략, 계획수립에 어려움이 있다.
- 물류활동이 부문활동 속으로 매몰된다.
- 물류의 전문집단화가 곤란하다.
- 직능형 조직 자체가 조직적으로 결점을 보유하고 있다.

② **라인 & 스태프형 조직** : 직능형 조직의 결점을 보완하고자 라인과 스태프의 기능을 분화하고 작업부문과 지원부문을 분리한 조직을 의미한다.

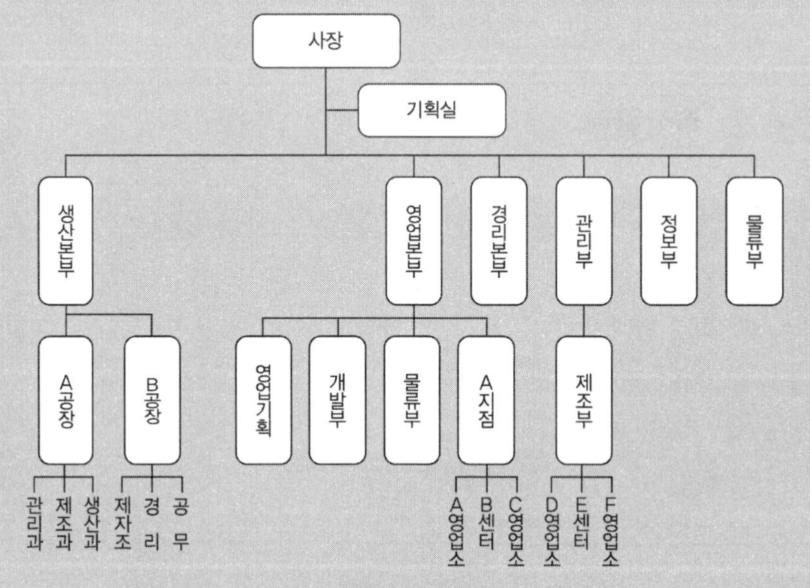

㉠ 특징

- 라인과 스태프를 분리함으로써, 실시기능과 지원기능이 명확해진다.
- 스태프에는 서비스 스태프와 제너럴 스태프가 있는데 전자는 컴퓨터, 물류, 경리부문이, 후자는 기획실이 대표적이다.
- 서비스 스태프는 전문영역의 관점에서 라인을 지원한다.
- 제너럴 스태프는 경영계획 등 기업전반의 업무를 관할한다.

㉡ 결점

- 스태프기능의 지나친 강화가능성이 항시 존재하며 이로 인해 현장과 일치하지 않는 계획입안 가능성이 있다.

③ **사업부제 조직** : 기업규모가 커지고 사장이 모든 것을 세밀하게 관리하기가 어려워짐에 따라 등장한 조직으로서 상품을 중심으로 한 상품별 사업부제와 지역을 중심으로 한 지역별 사업부제의 두 가지 유형으로 구분된다.

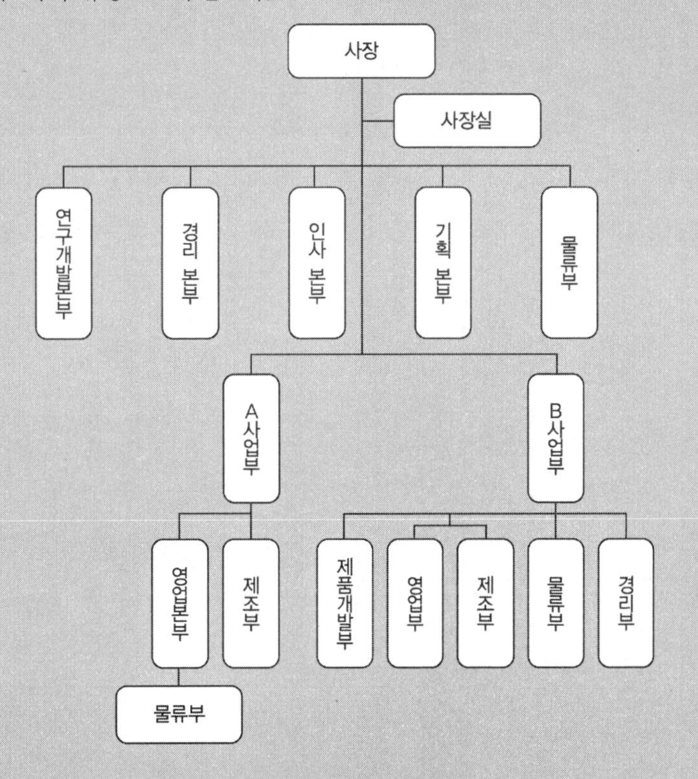

㉠ 특징

- 라인과 스태프에 의한 분권적 집권조직
- 각 사업부가 프로피트 센터로서 하나의 회사처럼 운영
- 각 사업부하에 제너럴 스태프와 서비스 스태프가 존재, 즉 물류부문의 스태프 조직이 있다 하면 본부와 사업부 쌍방에 물류부문의 스태프가 존재
- 각 사업부장은 이익책임과 경영책임이 있으며, 인재육성 측면에서 우수한 조직

㉡ 결점

- 사업부 물류조직과 본부 물류조직 간 일원적 움직임에 어려움
- 인재의 교류가 경직화되고 효율적인 활용에 어려움
- 사업부 단위 채산성이 최우선됨으로 인해 설비투자, 연구개발 등 전사적 관점의 통합성 결여로 경영효율 저해

④ **그리드 조직**

- 모회사-자회사 간의 권한이양
- 모회사의 스태프 부문이 복수 자회사의 해당부문을 횡적으로 관리, 지원하는 조직

• 다국적기업의 조직형태에서 많이 볼 수 있는 형태

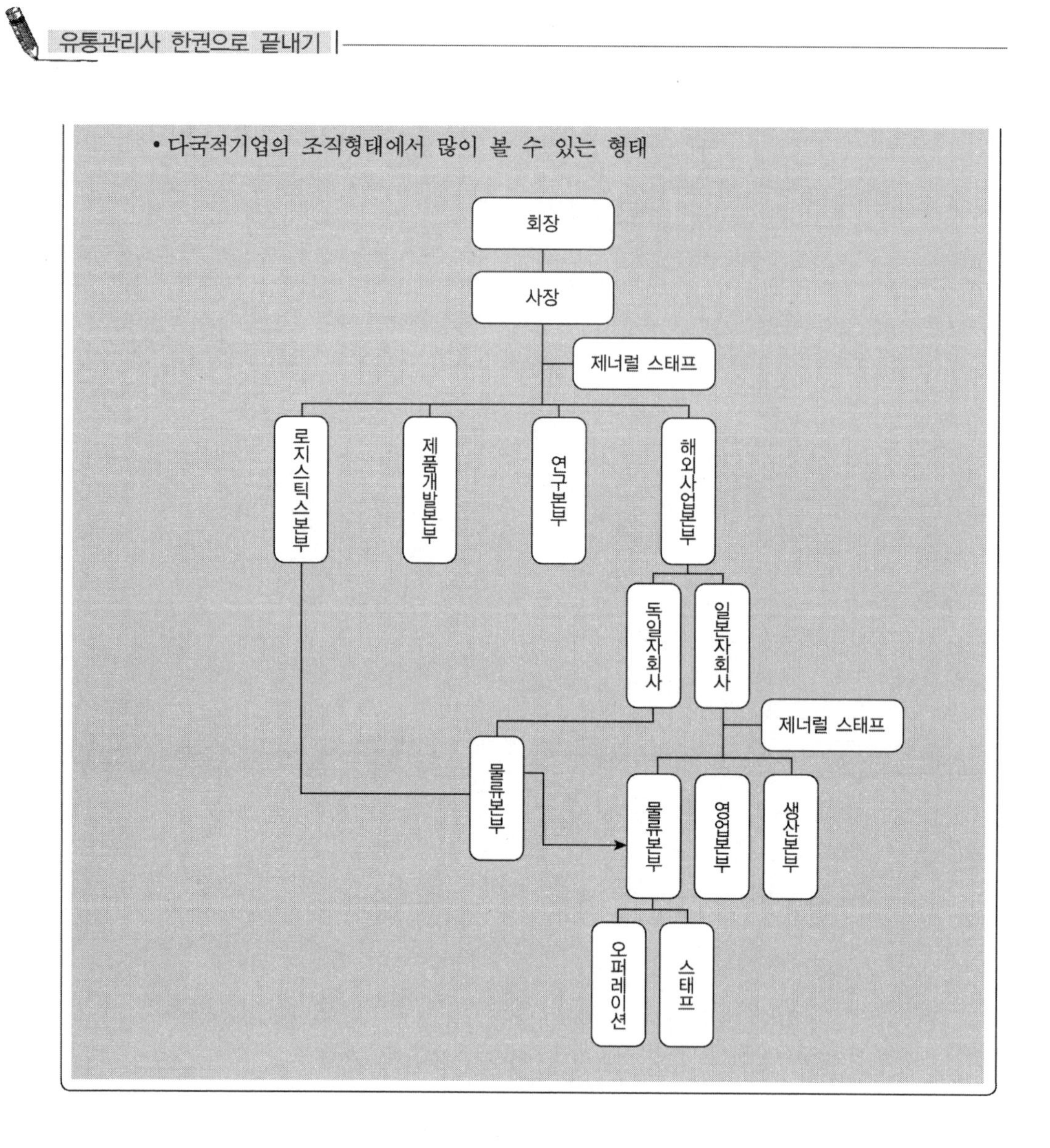

(2) 공식조직 & 비공식조직 (2021년 1회 출제)

① 공식(Formal)조직

㉠ 공적인 목표를 추구하기 위한 인위적 조직으로 제도화된 공식규범의 기반 위에 성립하고 권한의 계층, 명료한 책임분담, 표준화된 업무수행, 몰인정한 인간관계 등을 특징으로 한다.

㉡ 외면적이며 가시적이다.

㉢ 대체로 건물 또는 집무실 등을 지니고 있다.

㉣ 능률 또는 비용의 논리에 따라 구성 및 운영된다.

㉤ 피라미드의 정점으로부터 하층부에 이르기까지 전체 조직이 인식대상이다.

㉥ 지속적으로 확대되는 경향이 있다.

㉦ 공식화된 분업의 계통 및 인원의 배치, 공식적 의사소통의 경로와 권한의 배분을 보여주며 공식화된 목표달성을 위한 명확한 역할이 주어져 있다.

② 비공식(Informal)조직

㉠ 구성원 상호 간 상호작용에 의해 자연발생적으로 성립되며, 이는 혈연, 지연, 학연, 종교, 취미, 이해관계 등의 기반 위에 형성되는 조직이다.

㉡ 내면적이며 비가시적이다.

㉢ 대체로 건물 또는 집무실 등을 지니지 않고 있다.

㉣ 감정의 논리에 기반해 구성 및 운영된다.

㉤ 공식적 조직의 일부를 점유하면서 그 안에 산재(공식조직 내에서 자연발생적으로 생기는 조직이라는 의미에서 '자생조직'이라고도 함)해 있다.

㉥ 친밀한 인간관계를 조건으로 하므로 항상 소집단의 상태를 유지한다.

③ 비공식조직의 순기능 및 역기능

㉠ 순기능

- 의사소통의 원활화 : 자유로운 의사소통 및 긴밀한 협조를 가능하게 하여 공식조직의 기능을 활성화하는 작용을 실행하게 한다.
- 경영자에게 유익한 정보를 제공 : 경영자에게 구성원에 대한 유익한 정보를 제공해 준다.
- 집단 경직성의 완화 : 비공식조직의 원만한 인간관계는 법규로 운영되는 공식조직의 경직성을 완화시키는데 기여한다.
- 집단 안정화에 기여 : 비공식조직은 구성원들의 심리적인 욕구불만의 해소처가

되기 때문에 집단의 안정화에 기여하게 된다.

㉡ 역기능

- 파벌의 조성
- 공식조직의 목표달성 저해 : 비공식조직과 공식조직의 규범이 다를 시에는 공식 조직의 목표달성을 저해할 수 있다.
- 왜곡된 정보의 유통 : 왜곡된 정보가 빠르게 유통됨으로써 조직의 사기를 저해할 수 있다.

2. 조직 구조의 유형 및 설계

(1) 조직 설계

조직의 구조를 만들어 한 조직의 목표를 달성하기 위한 과정이다.

(2) 조직 구조

조직 내 각 부서들과 업무별 연계그룹을 조정하는 과정이다.

(3) 조직 구조 설계 시의 고려 요소

① 조직 구조의 기본변수(복잡성, 집권화, 공식화)

- 복잡성 : 수평적 분화(동일한 수준의 상이한 부서의 수), 수직적 분화(조직 내 계층의 수)와 지역적 분산이 있다.
- 집권화 : 조직 내 의사결정권이 한쪽에 집중되어 있는 정도를 의미한다.
- 공식화 : 조직의 직무가 표준화되어 있는가를 말한다.(조직의 절차, 규칙 등이 정의됨)

(4) 조직의 유형

① 기능별 조직

- 가장 기본적인 조직의 유형으로 조직을 인사, 생산, 재무, 회계 등의 경영기능을 중심으로 구성한 조직이다.
- 기능별 조직 유형은 부서별로 업무가 이루어져 능률이 높으며 개별부서 내의 조정이 용이하나 기업이 크게 성장하면 통제가 어려워질 수 있다는 단점도 있다.

② 사업부제 조직

- 조직을 지역별, 제품별, 시장별로 사업부를 분리하여 각 부서별로 독립경영을 하는 조직 구조의 유형이다.
- 이 조직 유형은 경영상의 독립성과 책임성을 갖게 함으로써 경영활동을 효과적으로 수행할 수 있다. 하지만 분리된 사업부 간의 이기주의로 조직 전체로는 불이익이 될 수 있다.

③ 기타 조직의 유형

- 위원회 조직, 프로젝트 조직, 매트릭스 조직 등이 있다.

3. 조직의 목표 관리

(1) MBO(Management By Objectives) : 목표에 의한 관리

① **등장배경** : 맥그리거의 Y이론적 인간관을 기초로 목표설정 시 구성원을 참여시키는 방식이다.

② **구성요소** : 목표설정 → 구성원 참여 → 피드백

(2) MBO의 장점과 단점

① **장점** : 의사소통 원활, 조직은 구성원과 능동적으로 상호작용, 목표권한이 하급자에게 있음, 목표의 질보다 양을 중시, 목표설정과 관리과정을 동시에 강조한다.

② **단점** : 모든 구성원의 참여가 현실적으로 어려움, 단기적 목표 강조, 도입 시간과 비용이 많이 든다.

4. 조직의 의사전달과 갈등관리

(1) 조직의 의사전달

- 조직 구성원들 간의 정보와 의미 등의 소통이다. 경영자에게서 효율적인 의사전달은 필수적인 요소로 경영자의 중요한 기능 중의 하나이다.
- 의사소통의 원칙

  명료성의 원칙, 일관성의 원칙, 적당성의 원칙(소통의 양이 적당한가), 적시성의 원칙(알맞은 시기), 분포성의 원칙(관련자에게 모두 전달되는가), 적응성의 원칙(수신자가

잘 적응하는가), 수락성의 원칙(전달정보에 적극적으로 반응하는가) 등이 있다.

- 의사소통 네트워크
  쇠사슬형(수직구조형), Y자형, 수레바퀴형(십자형), 원형, 리더 없는 연결형(스타형), 리더 있는 완전연결형 등이 있다.

참고 의사소통 네트워크

① Y형

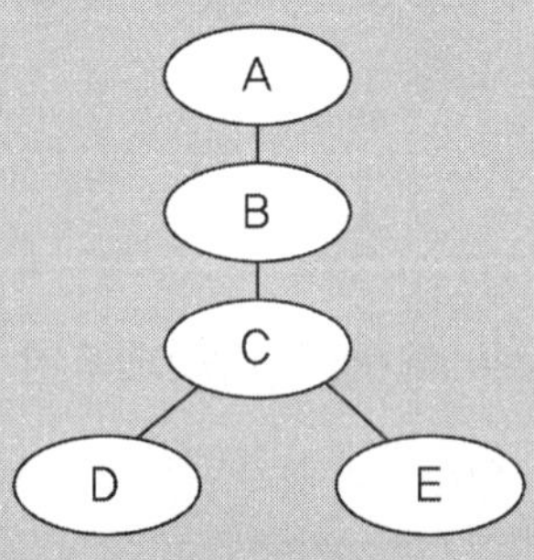

- Y형은 Y글자의 분기점에 있는 구성원이 의사소통의 중심적인 역할을 하는 형태이다.
- Y형은 확고한 중심인은 존재하지 않아도 대다수의 구성원을 대표하는 리더가 존재하는 경우에 나타나는 유형으로써, 라인 및 스태프 등이 혼합되어 있는 집단에서 흔히 나타난다.
- Y형은 주로 세력집단의 리더가 커뮤니케이션의 중심역할을 맡고, 비세력 또는 하위집단에도 연결되어 전체적인 커뮤니케이션 망을 형성하게 된다.

② 원(Circle)형

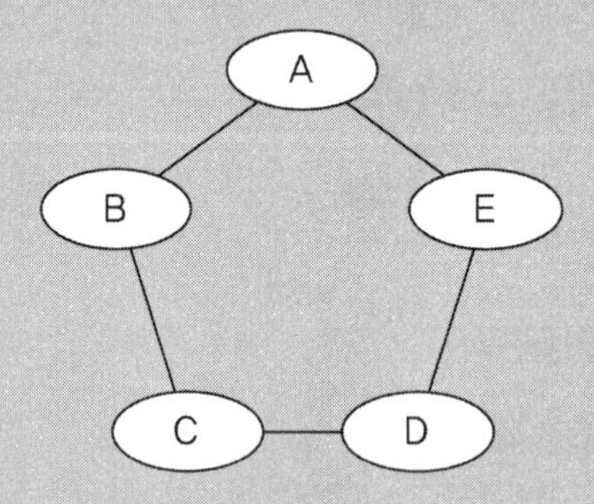

- 각 구성원들이 한쪽 방향으로 의사소통을 하게 되며, 구성원간의 상호작용이 집중되어 있지 않다.
- 원형은 집단 구성원간 뚜렷한 서열이 없는 경우에 나타나게 되는 커뮤니케이션 유형으로써 중심인물이 없는 상황에서 커뮤니케이션의 목적 및 방향 없이 구성원들 사이에 정보가 전달된다.

- 이는 지역적으로 분리되어 있거나 또는 자유방임적인 상태에서 함께 일하는 구성원 사이에서 이런 형태의 커뮤니케이션은 흔히 나타난다.
- 통상적으로 정보전달 및 수집, 종합적인 상황 파악, 문제 해결들이 가장 느리지만, 커뮤니케이션의 목적이 명백할 경우에 구성원들의 만족도는 비교적 높다.

③ 쇠사슬(Chain)형

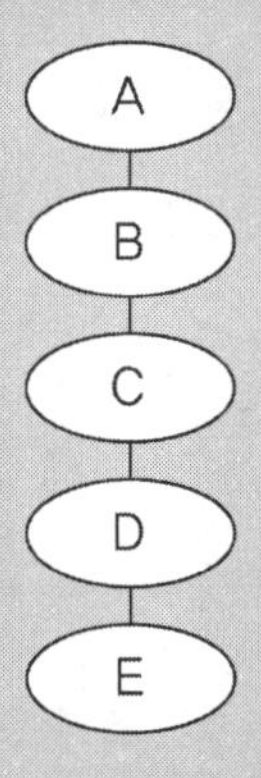

- 사슬의 중심에 있는 사람이 메시지의 통제자이다.
- 조직 내의 한 사람 이상과 의사소통을 하는 사람들이 상당 수 있는 형태이다.
- 쇠사슬형은 수직적 커뮤니케이션과 수평적 커뮤니케이션의 두 가지로 구분될 수 있다.
- 수직적 커뮤니케이션은 공식적인 계통 및 수직적인 경로를 통해 정보전달이 이루어지는 형태로써 조직의 라인이 대표적인 예라고 할 수 있다.
- 반면에 수평적 커뮤니케이션은 중간에 위치한 구성원이 중심적인 역할을 하는 경우에 해당되고, 이러한 유형은 정보수집 및 문제해결 등이 비교적 느리며 중간에 위치한 구성원을 제외하고는 주변에 위치한 구성원들의 만족감이 비교적 낮다는 평가이다.

④ 수레바퀴(Wheel)형

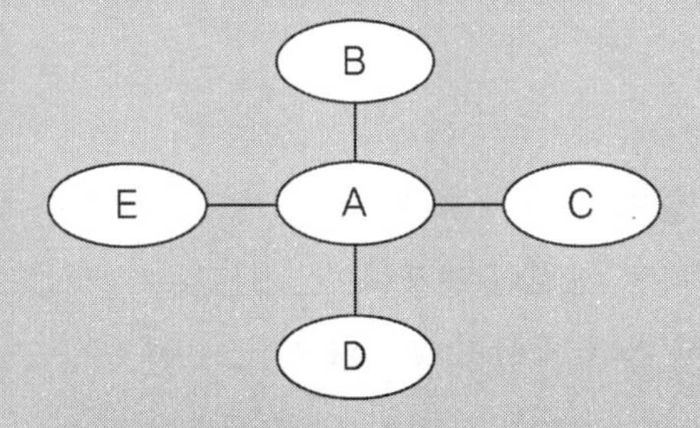

- 구성원이 한 사람의 감독자에게만 보고하며, 가운데 사람이 의사소통의 중심인물이다.
- 수레바퀴형은 집단구성원 간에 중심인물이 존재하고 있는 경우에 흔히 나타나는 커뮤니케이션 유형으로서 구성원들의 정보전달이 어느 중심인물이나 집단의 지도자에게 집중되는 패턴이다.

- 이러한 유형은 신속한 정보수집 및 중심인물 등이 정보를 종합할 수 있으므로 문제해결 시에 정확한 상황파악과 신속한 문제해결이 이루어질 수 있는 장점을 지니고 있다.
- 하지만 이는 문제의 성격이 간단하면서도 일상적일 시에만 유효하며, 문제가 복잡하면서도 어려운 때에는 그 유효성이 발휘되지 않는다.

⑤ 완전연결(All Channel)형

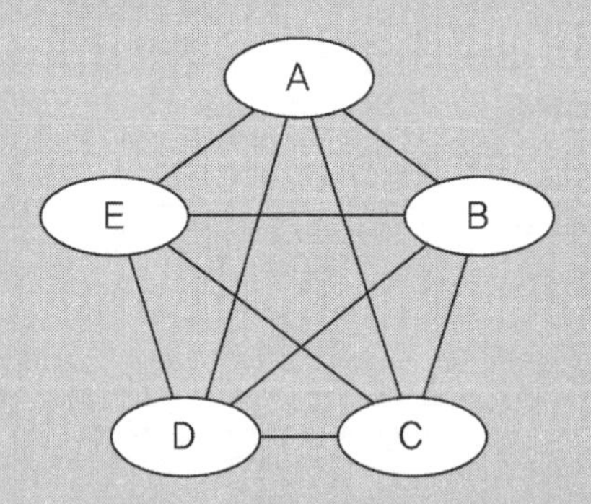

- 가장 바람직한 커뮤니케이션 유형으로써 구성원들 사이의 정보교환이 완전히 이루어지는 유형이다. 다시 말해 가장 분산화 된 네트워크로 각 구성원들이 집단의 다른 모든 구성원들과 의사소통을 할 수 있는 유형이다.
- 그레이프 바인(Grapevine)과 같은 비공식적인 커뮤니케이션 네트워크가 해당되며, 이 유형에서는 공식적, 비공식적인 리더가 없이 구성원 누구나 커뮤니케이션을 할 수 있는 유형이다.
- 구성원 모두 정보를 교환하기 때문에 수레바퀴형에 비해 종합적인 상황파악 및 실제 문제해결의 소요시간은 더 걸리지만, 상황판단에 대한 정확성이 높으며, 복잡하고 어려운 문제나 구성원의 창의성이 요구되는 문제에 가장 효과적이며, 구성원의 만족도도 가장 높게 나타난다.

(2) 조직의 갈등관리

- 여러 구성원들이 함께 일하는 조직에서 갈등은 어쩔 수 없이 발생한다. 하지만 갈등을 해결하지 못한다면 조직의 경쟁력이 저하되는 결과를 초래하게 된다. 갈등이 심하게 될 경우 구성원 간의 정신적, 육체적인 소모를 만들고 건전한 조직문화를 망칠 수도 있다. 하지만 적당한 갈등은 조직 내 긴장감을 조성해 일의 능률을 높이는 장점도 있다.
- 갈등관리 기법 : 협상과 타협, 회피, 무마, 공동목표 제시, 상급자의 강제 명령, 구조적 요인 개편 등이 있다.

5. 조직문화와 리더십

(1) 조직문화

① 조직문화의 정의 : 조직구성원 간에 공동으로 가지고 있는 가치, 규범, 신념, 전통, 지식, 이념 등 많은 것을 포괄하는 개념이다.

② 조직문화의 기능

- 조직문화는 조직구성원들에게 정체성을 심어주어 책임감을 키워준다.
- 조직문화는 집단적으로 하나됨을 만들어준다.
- 조직체계의 안정성을 높인다.

③ 조직문화의 단점

- 급변하는 환경변화에 적응이 약해질 수 있다.
- 한번 만들어진 조직문화는 조정과 통합이 어려울 수 있다.

(2) 리더십

① 리더십의 정의

어떠한 상황 속에서 어떤 집단의 이익이나 목표를 위해 개인이나 집단의 행위에 영향력을 행사하는 과정이다.

② 리더십의 기능

- 조직 활동을 통합, 통제, 조정하여 효과적인 목표달성을 이루도록 한다.
- 목표설정과 구성원의 역할과 책임을 명확히 한다.
- 인적, 물적, 정치적 자원을 지원 통제한다.
- 조직의 단합과 일체감을 만든다.
- 조직의 동기부여와 능률을 높인다.

(3) 권력의 원천

① 강압적 권력	• 강압적 권력의 기반은 '두려움'이다. • 이를테면 순응하지 않을 경우 자신에게 발생할 수 있는 부정적인 결과에 대한 두려움을 말한다. • 부정적 결과는 '신체적 고통', '이동 제한을 통한 좌절감', '생리적 욕구나 안전 욕구를 통제'하는 방식의 물리적 제재로 위협하는 경우이다. 예 연구에 따르면 권력 차이가 클수록 '성희롱'은 자주 발생한다.

② 보상적 권력	• 보상적 권력의 기반은 '이익'이다. • 지시에 순응했을 때 자신이 받게 될 보상의 크기를 결정할 수 있는 이가 권력을 가지고 있다고 지각하는 것이다. 예 임금인상·보너스를 결정하는 재무적 보상, 인정·승진·작업할당·중요부서로 발령을 결정하는 비재무적 보상
③ 합법적 권력	• 합법적 권력은 공식적 직위로부터 발생한 권력을 말한다. • 조직의 자원(인적·물적)을 통제할 수 있는 권한을 갖는다. • 이 권한에는 '강압적 권력'과 '보상적 권력'을 포함한다. • 합법적 권력의 특징은 직위 권한을 구성원들이 수용함으로써 형성된다는 점이다.
④ 전문적 권력	• 전문적 권력은 전문기술·숙련기술을 가지고 있음으로 생기는 영향력을 말한다. • 직무가 전문화될수록 전문적 권력은 더 세분화하고 다양해지는 특성이 있다.
⑤ 준거적 권력	• 준거적 권력은 매력적인 개인의 특성이나 자원을 가진 사람에게 생긴다. • 준거적 권력은 타인에 대한 숭배와 그 사람처럼 되고 싶은 소망으로부터 나온다. 예 연예인의 광고 출연료는 준거적 권력에 따라 결정한다. 예 카리스마적 역동성, 호감, 타인에 대한 감정적 영향을 끼치는 사람은 모두 준거적 권력을 가졌다고 할 수 있다.

제2절 인적자원관리

1. 인사관리의 기초와 개념

(1) 인적자원관리 개념

어떤 조직구성원의 욕구를 충족시킬 수 있는 기회를 제공하고, 구성원 스스로 조직의 활동에 적극적으로 참가시켜 구성원 개인의 발전과 조직 전체의 목표를 달성하고, 성과에 따른 보상을 주는 등 조직의 인적에 관한 총괄적인 개념이다.

(2) 인적자원관리의 목표

• 조직의 생산성 향상과 조직구성원들 간 발전적 관계 유지
• 조직의 사회 및 경제적인 효율성 추구

(3) 인적자원관리의 기능

- 직무 분석 및 설계
- 모집과 선발
- 평가 및 훈련
- 복지와 노조 관계

2. 직무분석과 직무평가

(1) 직무분석의 개념

어떤 직무의 내용과 성격을 분석하여 해당 직무가 요구하는 구성원의 지식, 책임, 능력, 숙련 등을 명확히하는 과정이다.

(2) 직무분석의 내용

직무분석의 내용은 직무내용, 직무목적, 작업 방법, 작업 시간, 필요한 기술 등과 직무수행에 필요한 전문지식, 육체적 정신적 노력, 책임 등을 분석한다.

(3) 직무분석의 목적

직무분석은 직무기술서와 직무명세서를 작성하여 직무평가를 하고자 하는 것이다. 하지만 직무분석을 통해서 얻은 정보는 인적자원관리에 쓰이는 기초가 된다.

(4) 직무평가

직무평가는 직무분석을 토대로 직무의 중요성, 난이도, 작업환경 등을 평가하여 각 직무가 가지고 있는 상대적 가치를 결정하는 것이다.

(5) 직무평가의 목적

직무체계의 개편, 보상에 활용, 평가에 활용, 육성에 활용 나아가 인적자원관리 전반의 합리화를 이루고자 한다.

(6) 직무평가의 방법

서열법, 분류법, 점수법, 요소 비교법 등

3. 인적자원의 확보와 개발

(1) 인적자원 확보

① 인적자원 계획

조직에서 직무분석을 통하여 기업의 목표달성을 위해 업무의 특성을 결정하고 그에 필요한 인적자원을 확보하기 위해 관리하는 과정이다.

② 채용관리

모집 → 선발 → 배치의 과정을 통해 기업의 필요한 인력을 필요한 부서에 배치하는 것을 말한다.

- 모집 : 기업 내 기존 종업원을 대상으로 하는 내부모집과 기업 외부로부터 모집하는 외부모집이 있다.
- 선발 : 시험과 면접 등이 있다.

(2) 인적자원 개발

경력과 경력관리, 교육훈련 관리 : 구성원이 경력을 최대한 살려 회사의 이익에 이바지하는 경력관리와 기업의 새로운 기술과 업무가 시행될 때 적절한 교육과 훈련이 필요하다. 또한 승진제도로 구성원의 업적에 적절한 보상을 한다.

4. 인적자원의 활용과 배치

(1) 인적자원의 활용

기업업무의 효율성을 높이고 기업의 성과와 목표에 맞는 구성원들을 상황에 맞게 활용하는 과정이다. 또한 기업의 잠재되어 있는 인적자원을 확보하기도 한다.

(2) 인적자원의 배치

① 인적자원 배치란 기업에서 선발을 통해 구성원을 충원하였을 때 각 부서에 선발한

인원을 적정하게 배치시키는 과정이다.

② 인적자원 배치의 목적은 구성원의 능력과 실력에 맞는 부서에 배치하는 것이다(적재적소 배치). 또한 상황변화에 의하여 타 부서 간의 이동배치도 한다.

5. 인적자원의 보상과 유지

(1) 인적자원의 보상

구성원의 노력과 노동력에 대한 회사차원의 보상이다. 이는 임금이 대표적이며 진급과 상여금, 후생복지까지 해당된다.

① **임금** : 가장 기본적인 보상으로 회사에서 구성원에게 정기적으로 지급한다.

- 임금의 종류 : 기본급, 수당, 상여금, 퇴직금 등

② **후생복지** : 기업이 구성원 또는 구성원 가족의 생활을 신체적, 정신적, 경제적으로 직접 원조하여 구성원의 만족도를 높이는 인적자원의 보상체계이다.

(2) 인적자원의 유지

인적자원의 유지는 기업 내 소중한 가치인 바로 사람의 관계를 유지 및 개선하는 과정이다.

① **여러 가지 인적자원 유지를 위한 제도들**

인사상담 제도, 고충처리 제도, 제안 제도, 의사소통 제도 등

② **노사관계**

근로자와 운영자 간의 관계로서 회사의 인적자원을 보호, 관계개선 등의 역할을 담당한다. 이는 법적으로도 보호받는다.

제3절 재무관리

1. 재무관리의 개요

(1) **재무관리** : 기업의 이익과 목표를 효과적으로 달성하기 위해 자금과 그와 관련된 투자결정에 관한 의사결정 및 관리를 말한다.

(2) **재무관리의 목표** : 기업의 원활한 자본 조달과 최적의 투자의사결정, 즉 기업의 가치와 이익을 높이는 것이다.

(3) **재무관리의 기능** : 투자 의사결정, 자본조달 의사결정, 배당 의사결정 등

2. 화폐의 시간적 가치와 현재가치 및 균형가격

(1) 화폐의 시간적 가치

시간적, 시기적 시점에 따라 물가, 환율, 이자율 등이 달라져 이로 인해 화폐의 시간적 가치는 달라진다. 특정 시점의 화폐가치를 현 시점에서의 화폐가치로 환산하기 위해 이자율을 적용하여 계산하게 되며, 이때 현 시점의 화폐가치가 현재가치가 된다.

- 현재 가치 = $\frac{\text{미래가치}}{(1+r)^n}$
- 미래 가치 = 현재가치×$(1+r)^n$ (r : 이자율, n : 시간)

(2) 균형가격

균형가격은 시장의 수요와 공급의 원리에 의해 둘 사이가 일치하는 시점에서 결정되는 가격이다. 공급이 수요보다 많으면 가격이 내려가고, 수요가 공급에 비해 많으면 가격이 올라간다.

3. 자본예산과 자본조달

(1) 자본예산

① 투자수익 효과가 장기적으로 실현되는 투자결정에 대한 총괄적인 계획과 평가 과정이다.

② 기업의 가치를 극대화하기 위해 특정 자산에 투자의사를 결정하는 과정이다.

③ 토지, 건물, 생산시설, 신제품개발, 연구개발비에 대한 투자도 포함된다.

(2) 자본예산의 중요성

① 잘못된 투자로 인하여 기업의 존립이 위협받을 수 있다.

② 기업의 투자계획은 1년 이상 장기적 경영전략과 자금조달계획, 미래에 대한 분석을 중심으로 신중하게 이루어져야 한다.

(3) 자본조달[5)]

① **자본조달 의미** : 기업의 생존을 위해 필요한 자본을 마련하는 과정. 단기적 자본조달과 장기적 자본조달로 나눈다.

② **자본조달 시장의 종류**

- 자금시장(화폐시장) : 만기가 1년 이하인 금융자산이 거래되는 시장으로 콜시장, 양도성예금증서 시장, 기업어음 시장, 환매조건부 매매시장 등이 있다
- 자본시간 : 만기가 1년 이상인 금융자산이 거래되는 시장으로 주식시장, 채권시장, 동화안정증권시상 등이 있다.

---

5) 기업의 자본조달(2016년 1회 출제)
① 팩토링 : 기업 및 기업 사이에 발생하게 되는 매출채권을 매입하는 것을 의미한다.
② 엔젤 : 신설된 벤처기업의 기업화 초기단계에서 필요로 하는 자금을 지원하며, 동시에 경영을 지도해 주는 개인 투자자를 의미한다.
③ 차입 : 은행에서의 장기차입은 대체로 시설투자를 목적으로 차입하게 되며, 단기차입은 운영자금으로 차입한다.
④ 할부금융 : 내구재를 할부 구매한 소비자들에 대한 채권매입을 의미한다.

4. 자본비용

(1) 자본비용

기업이 투자에 필요한 자금을 조달하고 그 자금에 대하여 투자자가 요구하게 되는 최소한의 수익률을 의미한다.

(2) 자본비용의 분류

- 자기자본 비용 : 주주에 대한 배당
- 타인자본 비용 : 차입금에 대한 이자, 사채이자, 채권에 대하여 발행하는 수익률 등

제4절 구매 및 조달 관리

1. 구매 및 조달 관리의 개념 및 절차

(1) 구매관리

① 구매관리

제품생산에 필요한 원재료 및 상품을 될수록 유리한 가격으로, 필요한 시기에, 적당한 공급자로부터 구입하기 위한 체계적인 관리를 말한다.

② 구매관리의 중요성

구매관리는 효과적 수행을 위해 단순히 소요자재의 구매업무 만을 취급하는 범위를 벗어나, 경영활동 전반과 연결되어 이익의 원천으로서 보다 창조적인 구매활동을 필요로 하게 된다.

③ 구매관리의 절차

구매니즈의 파악 → 공급자의 물색 → 구매조건의 협상 → 주문서 작성과 발송 → 자재입고 → 검사

(2) 조달관리

① **조달관리** : 제품생산에 필요한 원재료 및 부품을 구매를 통하여 주문한 자재를 운송하여 창고로 입하하고 공정에 투입하기까지의 과정을 의미한다.

② **조달관리의 최적화** : 재고관리, 운송체제 정비, 최상의 품질, 정확성

2. 품질관리

(1) 품질관리

수요자의 요구에 적합한 제품을 합리적으로 생산할 수 있도록 제품의 설계, 원재료 구입, 제조, 검사, 판매, 유지, 개선하는 관리적 활동의 체계이다.

(2) 품질관리의 목표

소비자가 원하는 제품을 가장 경제적이고 합리적으로 만들어 제공하는 것이다.

(3) 품질관리 기법

① **종합적 품질관리** : 최고의 품질을 위해 사내 각 부서의 활동을 전사적으로 통합 관리하는 시스템이다.

② **통계적 품질관리** : 표본을 추출하여 그들이 속한 모집단의 규격의 적합성을 추측하기 위한 기법이다.

③ **6시그마** : 제품의 설계, 제조, 서비스의 품질편차를 최소화하기 위한 운동

④ **품질관리 비용** (2021년 1회 출제)

㉠ 예방비용(prevention costs) : 불량 발생의 예방활동과 관련한 비용 즉, 품질계획 및 개선, 불량을 사전에 예방하는 활동에 소요되는 비용을 말한다. 품질정보수집, 품질설계 및 계획, 공정개선, 품질교육 및 훈련, 품질정보 체계 확립 등의 활동과 관련되는 비용이 포함된다.

㉡ 평가비용(appraisal costs) : 품질확인이나 불량이 없다는 것을 보증하는데 드는 활동비용 즉, 전 생산과정을 통하여 불량품을 가려내기 위한 활동과 관련되는 제비용을 말한다. 불량품을 가려내는 활동으로는 수입검사, 공정검사, 완제품 검사, 출하 검사 등이 있으며 이와 관련된 비용과 더불어 품질검사에 소요되는 비용을 포함한다.

㉢ 내부실패비용(internal failure costs) : 생산단계에서 발견된 실패에 수반된 비용, 즉 생산공정 및 제품이 고객에 인도되기 전에 품질수준을 충족시키지 못하여 발생하는 비용이다. 불량 분석, 재작업, 폐기, 등급저하, 기계 유휴 등과 관련되는 자재비, 노무비, 간접비가 포함된다.

㉣ 외부실패비용(external failure costs) : 고객에게 전달된 이후 발견된 불량과 관련된 제비용 즉, 제품이 고객에게 인도된 후에 품질 불만족으로 야기되는 비용을 말한다. 애프터서비스 비용, 클레임, 제품회수, 제품책임에 따른 제비용이 포함된다.

㉤ 생산준비비용(setup costs) : 특정 제품을 생산하기 위하여 생산공정의 변경이나 기계 및 공구의 교환 등으로 발생되는 비용 즉, 준비시간 중 발생되는 기계의 유휴비용, 준비 인원의 직접 노무비, 공구비용 등이다.

3. 공급자 선택 및 관리

(1) 공급자 선택

① **공급자** : 소매점에 제품을 공급하는 사람이다.(벤더, Vendor)

② **공급자 종류**

제조업자 상표 벤더, 소매업자 상표의 벤더, 라이센스 상표의 벤더, 무상표 제품 벤더

③ **공급자의 평가 기준**

제품기준, 가격기준, 유통기준, 서비스, 납기 등

(2) 공급자의 관리

① 공급자의 선정은 제품의 품질, 가격, 물량, 납기, 서비스 등 공급자의 능력을 기준으로 이루어진다.

② 공급자로 선정된 공급자는 계속 유지, 관리하며 회사 경영적 차원에서 적극적 지원이 요구된다.

4. 공급체인관리

(1) 공급체인관리(SCM; Suppiy Chain Management)

공급자 → 생산자 → 판매자 → 고객에 이르는 물류의 전체 흐름을 하나의 체인관점에서 파악하고 필요한 정보가 원활히 흐르도록 지원하는 통합관리 시스템이다.

(2) 공급체인관리의 특징

① 체인 구성원들의 통합적 관리를 통해서 전체 수급 불균형을 조절할 수 있다.
② 소비자의 요구에 대응하기 위해 생산에서 소비까지 모든 과정을 효과적으로 할 수 있다.

(3) 공급체인관리의 요건

기업의 정보화, 공동책임 인식, 교환정보의 표준화, 공동참여 업체 간 신뢰성 유지 등

5. 구매실무 : 원가계산, 구매가격, 구매협상, 구매계약, 재고관리

(1) 원가계산

① 기업이 생산하는 제품의 원가를 산출하는 과정으로, 구매에서는 구매원가를 산정한다. 제조원가는 재료비, 경비, 노무비를 기본으로 산출한다.
② 원가계산은 판매가격 결정에 큰 영향을 미치고 경영효율의 향상에 목적을 두고 있다.

(2) 구매가격

제품의 생산 + 판매 + 이익의 관점에서 본 비용 중심적 가격결정과 소비자가 인지하고 있는 제품의 가치에 이익을 고려한 소비자 중심적 가격결정, 그리고 경쟁업체 간의 가격을 고려한 경쟁자 중심적 가격결정이 있다.

(3) 구매협상과 구매계약

구매협상은 판매자와 소비자 간 구매를 위해 서로 협상하는 과정으로 적당한 가격으로 협상이 이루어지면 구매계약단계로 간다.

(4) 재고관리

① **재고관리** : 상품이나 상품 생산에 필요한 원재료를 얼마만큼의 양을 확보하여야 하는지를 결정하고 보관과 관리 등을 하는 업무를 말한다.

② **재고관리의 목적** : 업무의 효율화, 생산과 판매의 안정화, 원자재 비용절감 등

③ **적정재고 유지 조건** : 수요예측, 상품투하자금, 재고비용의 경제성 등

④ **재고회전율**
- 회사의 재고자산이 생산이나 판매를 통하여 일정기간 동안 회전되는 주기
- 재고회전율이 빠를수록 수익이 증대되고 자금흐름이 원활해진다.

6. 글로벌 구매 및 조달 관리

구매와 조달이 국내에 한정하지 않고 전 세계적으로 확대되어 구매원가 절약과 판매수익 증대라는 장점을 가지고 있는 세계화 전략이다. 하지만 구매와 조달에 있어서 거리와 시간 그리고 국가 간 법규를 잘 이해하고 감안하여 신중하게 관리하여야 한다.

Chapter 03 유통경영관리 출제예상문제

01 **다음 조직의 형태 중 라인과 스태프에 의한 분권적 집권조직이며, 각 사업부 하에 제너럴 스태프와 서비스 스태프가 존재, 즉 물류부문의 스태프 조직이 있다 하면 본부와 사업부 쌍방에 물류부문의 스태프가 존재하는 형태의 조직은?**

① 팀제 조직
② 직능형 조직
③ 그리드 조직
④ 라인 & 스태프형 조직
⑤ 사업부제 조직

해설 사업부제 조직은 기업규모가 커지고 사장이 모든 것을 세밀하게 관리하기가 어려워짐에 따라 등장한 조직으로서 상품을 중심으로 한 상품별 사업부제와 지역을 중심으로 한 지역별 사업부제의 두 가지 유형으로 분류되어진다.

02 **다음 중 MBO(Management By Objectives)에 대한 설명으로 가장 거리가 먼 것은?**

① 조직은 구성원과 능동적으로 상호작용한다.
② 목표권한이 하급자에게 있다.
③ 도입 시간과 비용이 타 방식에 비해 가장 적게 든다.
④ 의사소통이 원활하다.
⑤ 목표설정과 관리과정을 동시에 강조한다.

해설 MBO(Management By Objectives)는 상사와 하급자 간의 의견조율을 통해 업무량을 결정하고 진행하는 방식으로 이를 효율적으로 운용하기 위해서는 많은 시간 및 비용이 들어가게 된다.

01. ⑤ 02. ③ 정답

03 **다음 의사소통의 형태 중 원(Circle)형에 대한 내용으로 바르지 않은 것은?**

① 구성원간 서열이 없을 시에 나타나는 형태이다.
② 구성원들 사이의 정보교환이 완전히 이루어지는 유형이다.
③ 주로 태스크포스 팀에서 볼 수 있는 유형이다.
④ 커뮤니케이션 목적이 분명할 경우에는 구성원들의 만족도가 높다는 이점이 있다.
⑤ 상황판단 및 문제해결이 느린 것이 단점이다.

해설 이러한 유형은 지역적으로 분리되어 있거나 또는 자유방임적인 상태에서 함께 일하는 구성원 사이에서 이런 형태의 커뮤니케이션은 흔히 나타나는데, 그 예로 태스크포스 팀을 들 수가 있다. ②번의 구성원들 사이의 정보교환이 완전히 이루어지는 유형은 완전연결(All Channel)형이다.

04 **공식 조직에 대한 내용으로 가장 적절하지 않은 것은?**

① 건물 또는 집무실 등을 지니고 있다.
② 몰인정한 인간관계 등을 특징으로 한다.
③ 소집단의 상태를 유지한다.
④ 비용의 논리에 따라 구성된다.
⑤ 지속적으로 확대되는 경향이 있다.

해설 ③번은 비공식 조직에 대한 설명으로 비공식조직은 친밀한 인간관계를 조건으로 하므로 항상 소집단의 상태를 유지한다.

05 **다음 리더십의 기능으로 옳지 않은 것은?**

① 인적, 물적 자원을 지원 통제한다.
② 조직의 단합과 일체감을 만든다.
③ 조직의 동기부여와 능률을 낮춘다.
④ 목표설정과 구성원의 역할과 책임을 명확히 한다.
⑤ 조직 활동을 통합, 통제, 조정하여 효과적인 목표달성을 이루도록 한다.

해설 조직에서는 리더의 리더십으로 인해 조직의 동기부여와 능률을 높인다.

06 다음 커뮤니케이션 네트워크 형태 중 "Y형"에 대한 설명으로 옳은 것은?

① 지역적으로 분리되어 있거나 또는 자유방임적인 상태에서 함께 일하는 구성원 사이에서 이런 형태의 커뮤니케이션은 흔히 나타난다.
② 문제의 성격이 간단하면서도 일상적일 시에만 유효하며, 문제가 복잡하면서도 어려운 때에는 그 유효성이 발휘되지 않는다.
③ 정보수집 및 문제해결 등이 비교적 느리며 중간에 위치한 구성원을 제외하고는 주변에 위치한 구성원들의 만족감이 비교적 낮다는 평가이다.
④ 구성원들 사이의 정보교환이 완전히 이루어지는 유형이다.
⑤ 주로 세력집단의 리더가 커뮤니케이션의 중심적인 역할을 맡고, 비세력 또는 하위집단 등에도 연결되어 전체적인 커뮤니케이션 망을 형성하게 된다.

해설 ❯ Y형에서 확고한 중심인은 존재하지 않아도 대다수의 구성원을 대표하는 리더가 존재하는 경우에 나타나는 유형으로써, 라인 및 스태프가 혼합되어 있는 집단에서 흔히 나타난다.

07 전문기술 · 숙련기술을 가지고 있음으로 인해 생기는 권력은 무엇인가?

① 합법적 권력
② 준거적 권력
③ 보상적 권략
④ 전문적 권력
⑤ 강압적 권력

해설 ❯ 전문적 권력은 전문기술 · 숙련기술을 가지고 있음으로 생기는 영향력을 말하는 것으로 직무가 전문화될수록 전문적 권력은 더 세분화하고 다양해지는 특성이 있다.

03. ② 04. ③ 05. ③ 06. ⑤ 07. ④ 정답

Chapter 04 물류경영관리

제1절 도소매물류의 이해

1. 물류의 의의

(1) 물류의 정의

① **미국 마케팅협회(AMA)** : 제품의 생산단계에서 소비단계에 이르기까지 재화에 대한 흐름을 취급 및 관리하는 것을 의미한다.

② **미국 물류협의회(NCPDM)** : 제품의 완제품 단계(생산라인의 최종 시점)부터 소비자 만족에 이르기까지 이동하는 단계의 넓은 의미로 정의할 수 있으며, 원자재의 공급으로부터 생산라인의 시작지점까지라고 할 수 있다.

③ **R.H. Ballon** : 수요욕구를 충족시킬 대상에 따라 시간과 공간을 극복한 비용과 제품이 최종 생산되기까지의 모든 활동을 통제 및 감시하는 것을 의미한다.

④ **J.N. Arbury** : 수주(受注)를 충족시키기 위해 필요한 정보와 완성품의 흐름에 영향을 주는 모든 상황을 의미하며, 단순히 수주를 충족시키는 데 그치지 않고 고객의 욕구(Needs)를 만족시키는 데 필요한 행동을 포함한다.

⑤ **마케팅 핸드북** : 원재료와 중간제품, 완제품의 흐름을 계획하고 이행을 관리하기 위한 2가지 이상의 통합 활동을 말한다.

(2) 물류와 유사한 용어

① **로지스틱스(Logistics)** : 조달, 생산, 판매, 유통, 소비, 폐기, 환원, 회수 등 전 분야를

포함하며 기업의 물자활동에 국한되지 않고 소유권 이전 후의 단계인 유통, 소비, 폐기, 환원, 회수의 광범위한 분야를 총괄한다.

② 로크레매틱스(Rhocrematics) : '공장 및 물류시설의 배치 등을 어떻게 합리적으로 할 것인가'하는 문제를 하드웨어 측면에서 관리하는 물류공학으로, 브루어 교수는 '조달물류를 포함한 물(物)의 흐름을 정보의 흐름과 관련시킨 시스템을 관리하는 과학이다'라고 정의하고 있다.

2. 물류의 중요성[6]

(1) 일반적 차원

① 물자수송, 보관, 하역, 포장, 재고관리 및 물류정보처리 등 물류관련 경제활동 비중이 GNP나 매출액에서 차지하는 비용이 증대되고 있다.

② 물류의 고객만족을 위한 가치창조, 마케팅의 중요원칙으로서 유연생산체제(FMS)에 걸맞는 차세대 전략요소 또는 제3의 이익원으로서의 잠재력이 충분한 부문이다.

③ 소매업 입장에서는 수송경로, 창고관리, 화물취급, 상품흐름의 통제와 같은 물류정보 상 흐름과 관련된 활동에 직면해 있고, 치열한 경쟁에서 생존을 위한 독특한 물류전략 개발이 긴요하다.

④ 국가경제에서도 물류는 기업의 생산성, 에너지 효율개선에 영향을 미치며 물가안정, 고용증대 등 거시경제효과와 밀접한 관계에 있다.

(2) 기업적 차원

① 기업의 생산비 절감은 한계점에 이르고 있다.

② 물류비는 꾸준한 증가추세에 있다.

③ 고객서비스의 개선과 향상을 위해서는 기업물류의 혁신이 불가피하다.

④ 기업이윤의 원천은 물류의 근대화에 의존한다.

⑤ 미래 기업경쟁의 승패는 물류혁신에 달려 있다.

---

6) 물류의 중요성(2016년 1회 출제)
① 다양화 된 고객니즈
② 생산부문 생산성 증가의 정체
③ 긴급 배송에 대한 의뢰의 증가
④ 경쟁전략의 하나의 수단으로서 비교우위를 지니기 위한 전략적인 필요성

⑥ 고객지향적인 시스템 구축이 요구되고 있다.

3. 물류의 기본원칙

(1) 물류관리

① **물류관리의 제요인** : 물류관리는 화물의 집화, 포장, 단위화, 검수, 수송 등으로 구성된다.

② **물류관리에 포함되는 기능** : 고객서비스, 주문처리, 통신, 재고통제, 수요예측, 교통 및 수송, 창고 및 저장, 상품의 취급, 조달, 부품 및 서비스지원, 포장, 폐품의 재생 및 폐기, 반송품의 취급 등이다.

(2) 물류활동

① **효과적인 물류활동의 수행**

㉠ 물류시스템, 조직, 정보관리체계 및 개별 물류활동 간의 연계가 필요하다.

㉡ 상호교류가 가능한 기술, 정보, 경영조직을 구축하고 활용할 수 있어야 한다.

② **물류활동의 구성**

㉠ 재료관리(내향물류) : 원재료를 공급처에서 제조공정까지 원활히 흐르게 하는 제반활동을 말한다.

㉡ 물적 유통(외향물류) : 생산된 제품을 최종소비자에게 옮기는 활동관리이다.

㉢ 수송

(3) 물류비용

① **고객서비스 유지비용**

㉠ 고객서비스를 일정한 수준으로 유지하기 위한 비용은 개념적인 것으로는 구체적인 산정이 어렵다. 그러나 고객서비스 수준과 관련된 비용은 그로 인해 상실될 수 있는 매출액의 기회비용(손실)으로 이해될 수 있다.

㉡ 고객서비스 수준은 실제로 계산해 내기 어렵기 때문에 나머지 비용들의 합을 최소화시키는 방향으로 관리가 주로 행해지고 있다.

② **운송비용** : 물류활동에 소용되는 제 비용들 중에서 많은 부분을 차지하는 비용이다. 일반적으로 운송비용은 총 물류비의 약 35%를 차지한다.

③ **보관비용** : 처리비용, 즉 특정시장에서 창고 입·출고를 통해 제품을 판매하는 것과 관련된 비용을 의미하며, 일반적으로 총 물류비용 중 창고, 보관과 관련된 비용은 약 20%이다.

④ **주문처리 및 정보 비용** : 주문의 전달, 수납, 처리와 관련된 활동으로부터 발생되는 비용을 말한다. 일반적으로 전체 물류비 중에서 10% 정도를 차지한다.

⑤ **로트(lot)량 변화비용** : 특정기업이 보유하고 있던 물류시스템의 로트량을 변화시킬 경우 발생되는 생산관련 혹은 구입 및 획득 비용을 의미한다.

⑥ **재고유지비용** : 재고의 유지량에 따라 발생하는 비용으로 총 물류비의 30% 정도를 차지하고 있다.

참고 역물류(RL : Reverse Logistics)

① 개념(2016년 2회 출제)

물류활동을 통해 소비자에게 전달된 제품이 고객이 더 이상 필요로 하지 않는 상황이 발생했을 때, 그 제품을 회수하여 상태에 따라 최적의 처리를 수행하는 프로세스를 의미한다.

② 역물류의 구분

- 반품물류 : 고객이 제품 구입 후 교환, 환불, 수리 등의 이유로 구입한 제품을 판매자 또는 공급자에게 되돌려 보내면서 발생하는 물류활동을 의미한다.
- 회수물류 : 고객의 신제품 구입에 따라 이전에 사용하던 구제품의 적절한 처리 목적으로 발생하는 물류활동을 의미한다.
- 폐기물류 : 고객이 일정기간 사용 후 폐기한 제품으로 회수물류 대상이 되지 못해 길거리에 방치되거나 버려진 제품들을 적절한 처리목적으로 발생하는 물류활동을 의미한다.

(4) 물류의 시스템화

① 물류시스템을 구성하고 있는 기능

㉠ 고객서비스 수준의 결정요인 : 수송형태, 주문처리, 창고입지와 수, 재고관리 등이 있다.

㉡ 부수적 요인 : 구매, 판매예측, 자재관리, 포장, 정보처리, 생산계획 등이 있다.

② **총체적 시스템의 도입**

㉠ 물류시스템을 구성하고 있는 요소들은 부분 최적화보다는 총체적 관점에서 전사적인 시스템의 최적화가 필요하다.

㉡ 최적화를 위해서는 고객서비스 수준의 결정, 제반 물류활동들이 시너지 효과(synergy effect)를 발휘할 수 있도록 물류시스템의 구성요소들이 통합 및 조정되어야 한다.

참고 크로스도킹(Cross Docking) (2016년 2회 출제)

① 개요

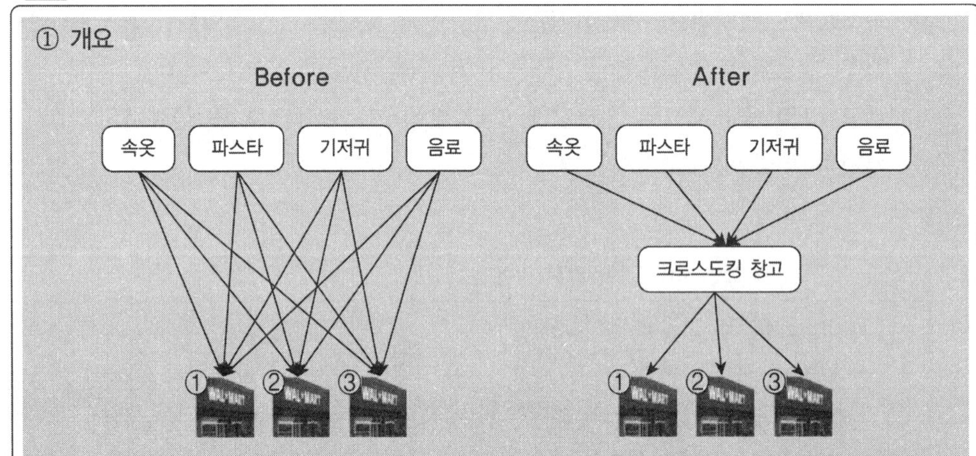

㉠ 창고나 물류센터로 입고되는 상품을 창고에 보관하는 것이 아니라, 분류 또는 재포장의 과정을 거쳐 곧바로 다시 배송하는 물류 시스템을 의미한다.

㉡ 물류센터는 상품 이동 중개 기지의 역할을 수행하며, 창고에 입고되는 상품을 보관하는 것이 아니라 곧바로 소매점포에 배송하게 된다.

㉢ 크로스도킹은 입고 및 출고를 위한 모든 작업 간 긴밀한 동기화를 필요로 한다.

② 크로스도킹의 분류

㉠ 파레트 크로스도킹 : 한 종류의 상품으로 적재된 파레트별로 입고되며 소매점으로 직접 배송되는 형태로 가장 단순한 형태의 크로스도킹이며, 아주 많은 양의 상품에 적합한 방식이다.

㉡ 케이스 크로스도킹 : 보다 보편화된 크로스도킹으로써. 한 종류의 상품으로 적재된 파레트 단위로 소매업체의 물류센터로 입고된다. 또한, 파레트 단위로 입고된 상품은 각각의 소매점포별로 주문수량에 따라 피킹되어지고, 남은 파레트 상품은 익일 납품을 위해 잠시 보관된다.

㉢ 사전 분류된 파레트 크로스도킹 : 사전에 제조업체가 상품을 피킹 및 분류해 납품할 각각의 점포별로 파레트에 적재해 배송하게 된다. 이러한 경우에는 제조업체가 각각의 점포별 주문사항에 대한 정보를 사전에 알고 있어야 한다. 따라서 이런 방식의 크로스도킹은 제조업체에서 추가적인 비용을 발생시킬 수 있기 때문에 매우 드물게 사용되는 방법이다.

 참고 수송 및 배송의 효율적 관리

- 공동수배송은 일정지역 내에 있는 기업이 협업함으로써 이루어질 수 있음
- 소화물 수송과 비교하면 대형화물로 만들어 수송하는 경우 단위당 고정비가 절감되어 수송비가 적게 듬
- 배송계획의 개선에 의해서 배송시간과 주행거리를 최소한으로 통제하며 화물량의 평준화를 가능하게 해야 함
- 공동배송이 실시되기 위해서는 물류에 대한 기존의 통제권을 제3자에게 넘겨 줄 수 있는 제조업체의 인식전환이 필요함

(5) 물류의 7R (2019년 1회 출제)

① Right Commodity - 적절한 상품
② Right Quantity - 적량
③ Right Quality - 적절한 품질
④ Right Time - 적시
⑤ Right Price - 적정 가격
⑥ Right Impression – 좋은 인상
⑦ Right Place - 원하는 장소

4. 물류의 종류

(1) 기업물류

① **의의** : 효율적인 물류활동을 하기 위해서 필요한 물류시스템의 설계, 물류작업 능률의 향상, 물류관리 효율의 향상 등의 활동을 가리킨다.

② **기업물류의 중요성** : 생산부문의 합리화로 인한 생산비절감의 필연성과 물류비 자체의 증가, 고객욕구의 다양화 및 전문화에 따른 서비스 향상, 기업들간의 치열한 경쟁으로 말미암아 물류작업기술과 정보통신의 발전이 가속화되고 있다.

③ **기업물류의 역할** : 물류판매의 기능 촉진, 제3이윤으로서의 물류 인식, 재고량의 삭감과 적정재고량 유지에 기여한다.

(2) 국제물류

① **의의** : 생산단계에서 소비단계에 이르기까지 2개국 이상에 걸쳐 이루어지는 경우를 일컫는데, 시공간적인 차이를 초월하기 위한 유형(有形) 및 무형(無形)의 재화에 대한 물리적인 국제 활동이다.

② **국제물류의 중요성** : 생산에서 소비단계에 이르는 일련의 과정이 원활하게 흐름으로써 경제효용의 극대화를 이룰 수 있다.

③ **국제물류의 역할**

㉠ 마케팅상의 상적 유통과 동일한 위치에서 국내물류의 배송시스템이나 운송시스템의 단축, 제품의 조기인도 등과 같은 물리적 고객서비스의 필요성을 제기한다.

㉡ 소비자에 대한 서비스 활동을 향상시킴으로써 신뢰감과 판매촉진을 도모한다.

㉢ 총비용이라는 경제적인 측면에서 제3의 이윤과 운송비의 절감을 추구하여 국제경쟁력 강화에 기여한다.

㉣ 상품의 조기선적과 운송기간 단축으로 인한 재고량의 감소로 운영자금을 원활하게 하여 금융비용을 절감시킨다.

④ **국제물류의 특성**

㉠ 서류가 국내물류에 비해 복잡하고 방대하여 관련 서류를 잘못 기입했을 경우 분쟁의 소지가 있기 때문에 전문기술을 지닌 사람이 필요하다.

㉡ 화물주인과 수송업자 사이에 중개인(운송인)이 물품서류 취급, 운송업자 선정 등의 업무를 대신 수행한다.

㉢ 시공간의 차이로 인해 상품의 다량주문이 본사의 생산 공정분야에서 복잡해질 우려가 있다.

㉣ 국내물류와 국제물류의 기능 상의 차이가 현저하다.

5. 도소매물류의 고객서비스

(1) 고객서비스 : 제품의 주문에서부터 배송 및 애프터서비스를 포함하여 고객의 요구와 건의사항을 만족시키는 서비스이다.

(2) 고객서비스의 요소

품목의 가용성, 판매 후 서비스와 백업, 주문의 편의성, 오류 및 클레임 처리, 신뢰성, 커뮤니케이션 등

(3) 고객서비스의 유형

① **마케팅 서비스** : 가격서비스, 고객만족 상품 서비스, 애프터서비스, 마케팅 관련 서비스 등

② **물류 서비스** : 납품 서비스, 시간 만족 서비스, 재고 서비스 등

③ **경영 및 기술 서비스** : 기업의 전반적인 기술 서비스 등

(4) 고객서비스의 요소(2016년 2회 출제)

① **거래 전 요소** : 고객서비스 정책, 고객의 접근 용이성, 고객서비스의 구조, 경영관리 서비스 등

② **거래 시 요소** : 재고 가용율, 배송의 신뢰성, 주문의 편리성, 정보시스템의 정확성 등

③ **거래 후 요소** : 설치, 수리, 서비스 부품, 고객불만의 처리, 제품수명 보증 등

참고 **최근 물류환경의 변화 (2018년 2회)**

① 물류기업 및 물류시장의 경쟁범위가 글로벌화 되었음
② 적정물류 서비스에 대한 고객의 욕구가 점점 증가하고 있음
③ 빠른 배송, 짧은 리드타임 요구 등 시간 단축의 중요성이 커지고 있음
④ 아웃소싱을 통한 물류비 절감효과가 커졌음

제2절 도소매물류 관리

1. 수요 예측

(1) 수요 예측[7)]

수요분석을 기초로 각종 예측조사와 시장조사의 결과를 종합해 장래의 수요를 예측하는 일이다. 예측기간에 따라 장기예측, 중기예측, 단기예측 등으로 나누어진다. 수요예측은 산업이나 회사의 활동의 기본이 되며 구입, 생산, 자금, 판매 등의 계획에 없어서는 안 된다.

(2) 수요 예측의 유형

① **기간에 따른 분류** : 단기(6개월 이내), 중기(6개월에서 2년), 장기(2년 이상) 예측
② **예측 기법에 따른 분류** : 정량적 기법, 정성적 기법 등

---

7) 수요 예측 기법
(1) 정성적 예측방법 : 예측자의 주관적인 판단에 의하여 예측하는 판단적 예측방법이다.
① 전문가 의견법 : 전문가들이 의견을 자유롭게 교환하여 일치된 예측결과를 얻는 기법
② 시장조사법 : 앙케이트를 통해 조사하는 방법을 말한다. 시간과 비용이 소요되고, 정성적 기법 중 가장 수리적인 예측법이다.
③ 수명주기 유추법 : 신제품과 비슷한 기존제품의 제품수명주기 단계에서의 수요변화에 관한 과거의 자료를 이용하여 수요의 변화를 유추해보는 방법을 말한다. 중장기 수요예측에 적합하며 비용이 저렴하나 어떤 제품을 선정하느냐에 따라 결과가 변화된다.
④ 델파이법 : 설계된 절차의 앞부분에서 어떤 일치된 의견으로부터 얻어지는 정보와 의견의 피드백을 중간 중간 삽입하여 연속적으로 질문 적용하는 기법을 말한다. 생산용량을 위한 장기적 수요예측, 기술혁신이 발생하였을 때 적용한다.(2021년 1회 출제)
(2) 정량적 예측방법 : 예측하고자 하는 상품의 수요량이 과거 일정기간 동안 어떤 수요의 형태나 패턴으로 이루어졌는지 분석방법이다.
① 시계열 예측법 : 장기추세/ 순환변동 / 계절변동 / 불규칙변동(사건들)(2021년 1회 출제)
② 인과형 예측기법 : 수요를 종속변수로, 수요에 미치는 요인을 독립변수로 설정하여 양자 간의 수요에 미치는 영향. 즉, 인과관계에 있는 요인들을 분석하여 수요를 예측하는 방법이다.
(3) 기타 예측법
① 회귀분석법 : 인과예측기법의 대표기법, 종속변수와 독립변수의 관계를 방정식으로 예측, 과거 수요 자료와 변수와의 선형관계를 통해 미래의 수요를 예측하는 방법이다.
② 이동평균법
• 단순이동평균법 : 최근 몇 기간 동안의 시계열 관측치의 평균을 내어 다음기간의 예측치로 활용한다.(2016년 1회 출제)
• 가중이동평균법 : 단기예측에 유용. 최근 값에 가장 많은 가중치를 두고 예측한다.

2. 재고관리(구매 및 조달 포함)

(1) 재고관리 : 기업의 능률적이고 계속적인 생산 활동을 위해 필요한 원재료 · 반제품 · 제품 등의 최적보유량을 계획 · 조직 · 통제하는 기능이다.

(2) 재고관리 기법

① **EOQ모형**[8] : 경제적 주문량(EOQ : Economic Oder Quantity) 모형은 기본 가정 하에서 재고유지비용과 재고주문비용을 더한 연간 재고비용의 최적화를 위한 1회 주문량을 결정하는 데 사용된다.

참고 경제적 주문량 기본가정

- 단위구입비용이 주문수량에 관계없이 일정하다.
- 계획기간 중 해당 품목의 수요량은 항상 균등하며, 알려져 있다.
- 연간 단위재고유지비용은 수량에 관계없이 일정하다.
- 주문량이 일시에 입고된다.
- 조달기간이 없거나 일정하다.
- 1회 주문비용이 수량에 관계없이 일정하다.

② **ABC기법** : 모든 품목에 동일한 재고관리 노력을 기울이는 비합리적인 사고에서 출발한다. 즉 가짓 수와 금액상의 비율을 고려하지 않고 같은 방식으로 관리한다.

---

8) 경제적 주문량 (EOQ) 구하는 공식(2016년 1회 출제)

EOQ = $\sqrt{\dfrac{2C_oD}{C_h}}$

= C_h : 연간 단위재고비용

= C_o : 주문 당 소요비용

= D : 연간 수요량

= Q : 1회 주문량

(Q) 재고관리와 관련하여 아래와 같이 자료를 준비하였다. EOQ를 산출해 보시오.

(주어진 자료)

연간 사용량 = 5,000kg (연중사용량은 안정적이고 평준화되어 있음)

구입단가 = 1,000원/kg, 주문비용 = 20,000원/회, 재고유지비용 = 200원/kg/년

EOQ = $\sqrt{\dfrac{2C_oD}{C_h}}$ 를 적용하면, ⇒ EOQ = $\sqrt{\dfrac{2(20,000)(5000)}{200}}$ 정답 : 1,000

• ABC 그룹 분류 : A그룹은 금액의 구성비율이 높은 소수의 품목으로 이루어지는 제품집단이므로 중점 관리한다. C그룹은 금액의 구성비율이 낮은 다수의 품목으로 이루어지는 제품집단이므로 간편한 관리방식을 채택한다. (16년 1회 출제)

분류	품목구성비율	금액구성비율
A	5~10%	70~80%
B	10~20%	15~20%
C	70~80%	5~20%

A그룹 = 소수 고액품목으로 이루어지는 제품집단
C그룹 = 다수 저액품목으로 이루어지는 제품집단
B그룹 = 그 중간적 성격을 갖는 제품집단

③ **안전재고** : 안전재고는 일반적으로 수요와 공급의 변동에 따른 불균형을 방지하기 위해 유지하는 계획된 재고수량을 의미한다.

안전재고량 = $Z \cdot \sqrt{L} \cdot \sigma_d$
• Z = 서비스율에 따른 정규분포지수(서비스율 95% → Z= 1.64),
• $\sqrt{L} = \sigma_L$ 조달기간 중 수요의 표준편차,
• σ_d = 1일 수요의 표준편차

④ **고정량 주문 시스템** : 재고수준이 재주문점에 오면 고정량을 발주하는 방식(가격과 중요도가 낮은 품목과 수요변동 폭이 적은 품목에 적합)

⑤ **정기 주문 시스템** : 재고량을 정기적으로 파악하여 기준재고량과 현재고량의 차이를 발주하는 방식이다.(가격과 중요도가 높은 품목과 수요변동의 폭이 큰 품목에 적합)

3. 운송, 보관 및 하역(창고관리 포함)

(1) 운송활동

① **공동수배송** : 각 기업이 개별적으로 배송하는 것보다 저렴한 비용으로 배송서비스를 향상시키는 데 목적을 둔다.

② **공동수배송의 효과**

㉠ 수배송의 공동화는 운송의 생산성을 높이는 데 큰 효과가 있으며 운송비용의 절약, 노동력 절감, 운송서비스의 향상 등 화주와 고객이 모두 이익을 볼 수 있다.

㉡ 화주 측면

- 수배송 업무의 효율화
- 운송횟수 감소로 배송비용의 절감
- 차량 및 시설투자 증가의 억제
- 교통량의 감소로 환경보전
- 영업활동의 효율화

㉢ 고객 측면

- 납품빈도 증가로 상품구색의 강화(식료품의 경우 신선도 향상)
- 검사 등 일선업무의 효율화
- 재고보유의 감소

㉣ 공동수배송의 전제조건

- 일정지역 안에 공동수배송에 참여하는 다수 업체가 존재하여야 함
- 배송지역의 일정구역 안에 분포되어야 함
- 대상 기업의 배송조건이 비슷하여야 함
- 대상 화물의 공동 배송조건이 유사하여야 함
- 공동수배송을 주도하는 중심업체나 주도업자가 있어야 함
- 공동수배송에 대한 이해가 일치하여야 함
- 물류표준화가 선행되어야 함

③ 공동수배송의 유형

㉠ 집적배송

- 제품을 1차 거래선에서 집적시킨 후 그 곳에서 특정 지역의 배송을 담당하게 한 후 지역별 점포로 배송하는 방법이다.
- 배송거리와 시간을 단축하며 배송 차량의 수를 줄일 수 있다.

㉡ 공동배송

- 여러 회사의 제품들을 공동배송센터로 집결시킨 다음, 각 점포별로 배송하는 방법이다.
- 다른 업체의 상품을 한 대의 차량에 혼재하는 방식이 가능하다.
- 동일업종을 중심으로 배송효율의 제고, 공동으로 물류센터와 물류기지 등을 운영한다.

㉢ 다이어그램 배송

- 배송범위가 좁고 배송빈도가 높은 경우에 적용하는 방법이다. 고객에 대한 도착시간을 정시화하여 순회서비스를 제공하는 배송이다.
- 주행루트 → 배송순서 → 타임스케줄 → 계획배송의 순서에 따라 배송이 이루어진다.

④ 복합운송

㉠ **복합운송** : 일괄운송 시스템을 말한다. 즉 한 운송인이 화주에게 일관된 책임을 지고 하나의 운임청구서만으로 선박과 철도, 선박과 항공기와 같이 서로 다른 운송수단을 이용하여 화주의 문전에서 수하인의 문전까지 운송을 담당하는 것을 말한다.

㉡ 복합운송의 특징

- 복합운송인이 전 구간에 걸쳐 책임을 지고 이에 대한 증거서류로 복합운송증권을 발행하는데, 운송수단을 중간에 바꿔야 하므로 환적이 불가피하며, 환적할 때 편의를 위해 화물형태가 단위화되는 특징을 가진다.
- 복합운송은 일괄된 운송책임과 통일된 운임의 설정, 복합운송증권의 발행이라는 원칙이 필요하다.

㉢ 복합운송의 결합 형태(2021년 1회 출제)

- 버디백 시스템(Birdy Back System) : bird(항공운송)와 back(도로운송)이 연결된 것을 의미한다.
- 피기백 시스템(Piggy Back System) : 트럭 또는 컨테이너를 화차에 양하역하여 수송하는 시스템으로 일명 '어부바 수송방식'을 의미한다.
- 피시백 시스템(Fishy Back System) : 해상운송+철도운송이 연결된 것을 의미한다.
- 스카이쉽 시스템(Sky-Ship System) : 항공운송+해상운송이 연결된 것을 의미한다.
- 트레인쉽 시스템(Train-Ship System) : 철도운송+해상운송이 연결된 것을 의미한다.

⑤ 소화물 일괄운송

㉠ **소화물 일괄운송** : 개인 또는 기업의 화주로부터 소형 · 소량의 화물운송을 의뢰받아 송화주의 문전에서 수화주의 문전으로 배달물품의 접수 · 포장 · 운송 · 배

달에 이르기까지 신속 · 정확하게 운송서비스를 제공하는 운송체제이다.

ⓛ 소화물 일괄운송의 등장배경

- 다품종 소량생산
- 물류환경의 변화(인터넷 쇼핑, TV홈쇼핑)
- 다빈도 소량주문
- 물류의 합리화
- 전자상거래의 확산

ⓒ 소화물 일괄운송의 장점

- 안전성 : 운송의 전체 과정을 특정업체가 처리함으로써 물품의 분실, 훼손 등 위험을 최소화할 수 있다. 또한 책임소재가 분명하다.
- 경제성 : 집화비, 배달비, 교통비, 인건비, 전화요금, 출장비 등 제반비용을 최소화할 수 있다.
- 신속성 : 발송에서 도착까지의 전 과정이 하나의 흐름으로 이루어지므로 화주가 직접 탁송하는 경우보다 신속한 운송이 이루어진다.
- 편리성 : 소비자는 전화 한 통화로 집화에서 배달까지 모든 운송과정을 대행함으로써 편리하게 상품을 구매할 수 있다.
- 확실성 : 발송된 물품이 배송되는 즉시 송장에 배달시간, 인수인 등이 기재되고 별도관리되므로 언제라도 확인이 가능하다.

참고

파렛트 선정기준

① 국가 표준파렛트의 규격채택 여부
② 수송장비 적재함 규격과의 적합성
③ 하역의 작업성
④ 포장모듈치수와의 적합성
⑤ 기존장비 시설과의 적합

일관파렛트 시스템의 효과

① 상하차 시 하역인원 감축
② 하역시간 단축
③ 트럭의 대기시간 단축, 운행효율 향상
④ 포장비 절감
⑤ 보관능력의 향상
⑥ 재고 감축

일관파렛트화를 위한 해결책

① 파렛트 풀 시스템(Pallet Pool System) 구축
② 파렛트에 대한 표준규격의 통일화와 운송수단의 규격통일화가 필요
③ 표준파렛트 사용을 위한 관계기관의 홍보
④ 관련업체간의 긴밀한 협조와 정부의 지원 필요

(2) 보관활동

① **보관활동** : 재화를 물리적으로 보존하고 관리하는 것이다. 물품의 생산과 소비의 시간적 거리를 조정하여 궁극적으로 시간적 효용을 창조하는 활동이다.

② **보관의 원칙**

- 높이쌓기의 원칙 : 제품을 고층으로 다단 적재하기 위해 지게차 및 파렛트[9] 등을 활용하게 되며, 공간효율(용적률)을 향상시킨다.
- 선입선출의 원칙(FIFO : First In First Out) : 먼저 보관한 물품을 먼저 끄집어내는 원칙으로 제품 라이프사이클이 짧은 경우에 많이 활용된다. 그 중에서도 유통기한을 중요시 하는 식품류에 있어서는 선입선출이 필수적이고, 그 외의 제품에 있어서도 선입선출을 원칙으로 보관하여야 한다. 또한, 선입선출에 가장 효율적인 랙은 슬라이딩 랙으로써 이는 뒤에서 제품을 보충하고 앞에서 피킹을 하는 방식을 취한다.
- 통로대면 보관의 원칙 : 제품의 피킹을 용이하게 하면서 효율적으로 보관하기 위해 통로면에 보관하는 것이 물류센터 레이아웃의 기본원칙이 된다.
- 명료성의 원칙 : 시각적으로 제품을 식별하기 용이하도록 보관한다는 원칙으로 눈으로 보이는 물류를 추구하여야 한다.

---

9) • 파렛트 활용 시의 이점
① 하역시간의 단축
② 인건비의 절감
③ 재고조사의 편의성 증대
④ 수송비용의 절감
⑤ 작업능률의 향상
⑥ 화물파손의 방지
⑦ 재고조사의 편의성 증대
⑧ 운송효율의 향상
⑨ 물류비용 감소에 기여
⑩ 물류표준화에 기여

• 파렛트 활용 시의 단점
① 작업이 일시적으로 끊어짐 현상이 발생할 우려가 있다.
② 운반거리에 따라 작업효율의 저하 우려가 있다.
③ 지게차 등을 사용하기 때문에 넓은 통로가 필요하다.
④ 면을 고르게 유지해야 한다.
⑤ 파렛트 관리가 번잡하고 비용이 많이 소요된다.
⑥ 파렛트 하역용 기계구입이 필요하다.
⑦ 화물 무너짐 방지대책이 필요하다.
⑧ 다품종을 동일 파렛트에 실으면 효율이 저하된다.

- 회전대응 보관의 원칙 : 제품의 회전율, 즉 입출하의 빈도에 따라서 보관의 장소를 결정하는 것을 의미하며, 입출하의 빈도가 높은 제품을 출입구에 가까운 장소에 보관하게 되는데, 이는 제품의 출하량 관련 ABC 분석에 의한 제품의 차등 관리를 말하는 것이다.
- 위치표시의 원칙 : 제품의 보관 장소와 랙의 번호 등을 표시함으로써 업무의 효율을 증대시킨다는 원칙으로 로케이션코드에 대한 지식과 방법론을 잘 인지해야 한다.
- 중량특성의 원칙 : 제품의 중량에 따라 보관 장소를 결정해야 한다는 원칙으로 중량물은 보관 랙의 하단에 경량물은 랙의 상단에 보관하게 되는 방식이다.
- 동일성 및 유사성의 원칙 : 동일한 품종은 동일한 장소에 보관하고 유사품은 근처의 가까운 곳에 보관한다는 원칙으로써 입고 및 재고관리를 편리하게 하는 방식이다.
- 네트워크 보관의 원칙 : 관련성이 있는 품목을 한 장소에 보관하여 피킹 작업이 용이 하도록 한다는 원칙을 말하는 것으로 피킹 효율을 극대화시키기 위한 방안이다.
- 형상특성의 원칙 : 제품 형상의 특성에 따라 보관방법을 결정한다는 원칙으로써 보관 랙 및 보관박스의 선정을 제품특성에 맞게 선정하는 것을 의미한다.

4. 포장관리

(1) 유통가공

물품 자체의 기능을 변화시키지 않고 간단한 가공이나 조립, 상표부착, 재포장, 주문에 따른 소분작업 등의 부가가치를 부여하는 것을 말한다. 고객의 요구에 합리적인 대응을 하고 유통의 효율을 촉진하는 것이다. 또한 이러한 작업에는 재포장 작업이나 소비자포장 및 라벨부착 등의 작업이 있다.

(2) 포장

포장은 요즘 들어 제품전략의 중요한 역할을 차지하고 있다. 포장의 근본적인 목적은 절도, 파손 등의 각종 위험으로부터 제품을 보호하기 위한 것이다. 그래서 최근의 마케팅 경향은 포장 또한 제품구매에 영향을 미치므로 포장은 소비자의 마음에 들게 만들어야 한다.

① **포장의 개념** : 포장이란, 물품을 수송 및 보관함에 있어서 이에 대한 가치나 상태 등을 보호하기 위하여 적절한 재료나 용기 등에 탑재하는 것을 말한다. 동시에, 상표

에 대해 소비자로 하여금 바로 인지하게 하는 역할을 수행하게 하는 것이다.

② **포장의 목적**

㉠ 제품의 보호성 : 제품의 보호성은 포장의 근본적인 목적임과 동시에, 제품이 공급자에서 소비자로 넘어가기까지 운송, 보관, 하역 또는 수배송을 함에 있어서 발생할 수 있는 여러 위험요소로부터 제품을 보호하기 위함이다.

㉡ 제품의 경제성 : 유통상의 총비용을 절감한다.

㉢ 제품의 편리성 : 제품취급을 편리하게 해 주는 것을 말한다. 제품이 공급자의 손을 떠나 운송, 보관, 하역 등 일련의 과정에서 편리를 제공하기 위해서이다.

㉣ 제품의 촉진성 : 타사 제품과 차별화를 시키면서, 자사 제품 이미지의 상승효과를 기하여 소비자들로 하여금 구매충동을 일으키게 하는 것을 말한다.

㉤ 제품의 환경보호성 : 이는 포장이 공익성과 함께 환경 친화적인 포장을 추구해 나가는 것을 의미한다.

③ **포장의 종류**

㉠ 낱포장(개별포장) : 제품의 상품가치를 높이거나, 물품 특징을 보호하기 위해서 그에 적합한 용기 등을 물품에 시공한 상태를 말한다.

㉡ 속포장(내부포장) : 포장된 화물의 내부포장을 말하며, 물품에 대한 수분, 습기, 열 또는 충격을 막아주며 그에 적합한 재료나 용기 등을 물품에 시공한 상태를 말한다.

㉢ 겉포장(외부포장) : 포장된 화물의 외부포장을 말하며, 물품에 상자, 포대, 또는 나무통 및 금속 등의 용기에 넣거나 아니면 용기를 이용하지 않고 그대로 묶어서 함을 이용한 방법 또는 시공한 상태를 말한다.

④ **라벨** : 포장과정의 한 부분인데, 상품에 대한 상품명 및 상품에 대한 여러 가지 사항을 표시한 종이를 말한다. 보통, 사람들이 즐겨 찾는 음료수나 과자 등이 대표적인 예이다. 라벨의 근본적인 목적은 소비자들의 비교 구매를 도와주는 것이다.

참고 라벨의 기능

- 제품이나 상표 등을 확인시켜주는 기능을 한다.
- 제품에 대한 정보를 제공해준다.
- 소비자에게 어필 가능한 그래픽 디자인을 통하여 고객들로 하여금 제품에 대한 선호도를 높이는 기능을 수행한다.

참고 포장물류의 모듈화가 지체되는 이유 (2018년 1회)

- 수배송, 보관, 하역 등에 있어서는 물품의 거래단위가 한 포장단위가 안 되는 소화물인 경우가 많기 때문임
- 포장의 모듈화를 위해서는 기존의 생산설비 및 물류설비를 변경하여야 하는 문제가 있기 때문임
- 포장물류 모듈화의 필요성에 대한 인식이 아직은 다른 물류분야에 비하여 낮기 때문임
- 물품형태가 모듈화에 적합하지 않은 것이 많기 때문임

5. 물류관리를 위한 정보기술

(1) **물류정보** : 종합적인 물류활동의 원활화를 도모하는 데 있어서 필요한 것으로 생산에서 소비에 이르기까지 물류활동을 구성하고 있는 운송, 보관, 하역, 포장 등의 물류기능을 수행하는 데 관련된 다양한 정보를 의미한다.

(2) 물류정보 시스템의 구성

구분	내용
재고관리시스템	주문량에 따라 적정재고를 유지하면서 불필요한 재고를 억제하는 것은 비용절감에 도움을 준다. 또한 재고가 다품종이거나 재고관리가 다단계·다거점일 경우에 재고계획의 공학적인 접근이 필요하다.
주문처리시스템	주문처리는 거래의 출발점이며, 주문정보는 물류활동의 기초가 된다. 주문처리시스템은 수주부에서 본사와 각 지점, 물류거점에 이르기까지 주문의 진행상황을 통합, 관리하는 시스템이다.
수배송시스템	주문에 대한 배송체제의 확립, 최적운송계획의 수립, 수배송 비용의 절감을 위한 출하계획서 작성, 출하서류의 전달, GPS를 이용한 화물 및 차량추적, 최적배송경로의 설정, 차량적재효율의 분석, 명확한 운임계산 등을 컴퓨터와 통신기기로 처리한다.
창고관리시스템	최저의 비용으로 창고의 공간, 작업자, 하역설비 등을 유효하게 활용하여 서비스 수준을 제고시키는 데 목적이 있다.
물류정보통제시스템	주문에서 배송에 이르기까지 전 과정을 계획, 실시, 평가, 통제하는 시스템으로 각 분야의 관리가 가장 효율적으로 수행되도록 물류시스템 전반을 관리하는 시스템이다.

(3) 물류관리 정보기술

① 자동발주시스템(EOS; Electronic Ordering System)

㉠ 컴퓨터나 통신회선을 이용하여 발주정보를 수집하는 장치를 가리킨다. 식품, 슈퍼 등의 체인점이 점포마다 상품의 보충 발주업무를 치르기 위해서 사용하는 경우가 많다.

㉡ 매장별로 재고를 조사하고 이 데이터를 점포의 단말기로부터 통신회선을 통해 본부의 주 컴퓨터로 송신하면, 본부는 발주전표 겸 납품전표를 출력하여 메이커나 도매상에 넘긴다.

㉢ 발주업무의 생력화, 스피드화 등에 효과가 크며, 본부의 주 컴퓨터와 메이커의 컴퓨터를 연동시키면 더욱 앞선 자동발주시스템이 된다.

㉣ 자동발주시스템의 목적으로는 제품의 품절 예방, 재고의 적정화 등이 있다.

② 전자문서교환(EDI; Electronic Data Interchange)

㉠ 거래업체간에 상호 합의된 전자문서표준을 이용하여 인간의 작업을 최소화한 컴퓨터와 컴퓨터 간의 구조화된 데이터의 전송을 의미한다.

㉡ 기존의 서류시스템은 소요시간이 오래 걸리고 오류의 가능성이 많으며 많은 노동력이 필요했으나, EDI는 소요시간이 단축되고 정확하며 노동력을 최소화할 수 있어서 기업 조직의 업무효율을 높일 수 있다.

③ 위성추적 시스템(GPS; Global Positioning System)

㉠ GPS는 미국 국방부에서 군사목적으로 개발되어 활용한 위치측정 시스템이다. 이 시스템을 이용하면 회사에서 자사의 차량이 어느 위치에 있는지 여부를 자동으로 확인할 수 있어 효율적인 차량운영이 가능하다.

㉡ GPS 시스템에서는 인공위성, 배달차량, 배달센터와의 통신망을 구성해서 중앙컴퓨터에서 인식된 배송 차량의 위치, 배송진행과정, 목적지까지의 치적경로, 배달예정시간, 각종 편의정보 등을 고객들에게 실시간으로 제공한다.

④ 부가가치 통신망(VAN; Value Added Network)

㉠ 회선을 직접 보유하거나 통신사업자의 회선을 이용하여, 단순한 전송기능 이상의 부가가치(정보의 축척, 가공, 변환처리)를 부여한 음성 또는 데이터 정보를 제공하는 광범위한 복합 서비스의 집합이라고 할 수 있다.

㉡ VAN은 EDI를 수행하는 네트워크를 제공해주는 기능을 하는 수단 또는 도구라고 할 수 있다.

⑤ 광속상거래(CALS)

㉠ 제품의 생산에서부터 폐기에 이르는 전 과정 동안에 발생하는 모든 정보를 실시간으로 디지털 정보기술의 통합을 통해 구현하는 산업정보화 전략을 말한다.

㉡ 또한 광속상거래는 통합 판매, 물류, 생산 시스템이라고도 하는데, 1982년 미국 국방성의 병참 지원체제로 개발되어 최근에는 민간에까지 급속도로 확산되어 산업정보화의 마지막 무기이자 제조, 유통, 물류산업의 인터넷이라고 평가받고 있다.

⑥ RFID(Radio Frequency IDentification)

㉠ 물품에 붙이는 전자태그에 생산, 수배송, 보관, 판매, 소비의 전 과정에 관한 정보를 담고, 자체 안테나를 통하여 리더로 하여금 정보를 읽고, 인공위성이나 이동통신망과 연계하여 정보를 활용하는 기술을 의미한다.

㉡ 기존의 바코드는 저장용량이 적고, 실시간 정보 파악이 불가할 뿐만 아니라 근접한 상태(수 cm 이내)에서만 정보를 읽을 수 있다는 단점이 있다.

㉢ 하지만 RFID는 완제품 상태로 공장 문 밖을 나가 슈퍼마켓 진열장에 전시되는 전 과정을 추적할 수 있다. 소비자가 이 태그를 부착한 물건을 고르면 대금이 자동 결제되는 것은 물론, 재고 및 소비자 취향관리까지 포괄적으로 이뤄진다.

㉣ 또한 RF판독기는 1초에 수백 개까지 RF태그가 부착된 제품의 데이터를 읽을 수 있다. 대형 할인점에 적용될 경우 계산대를 통과하자마자 물건가격이 집계되어 시간을 대폭 절약할 수 있다. 그리고 정보를 수정하거나 삭제할 수 있는 점도 바코드와 다르다.

⑦ LAN(Local Area Network)

㉠ 어떤 기업의 내부, 공장단지, 건물 안 등에서 컴퓨터, 팩스, 프린터 등 여러 가지 멀티미디어 기기를 유기적으로 연결하여 다량의 각종 정보를 신속하게 교환하는 통신망이다.

㉡ LAN의 특징

- 고속데이터 채널을 구성함으로써 전송로의 효율성을 높인다.
- LAN은 상대적으로 좁은 지역 내에서 분산된 여러 장치들을 연결하여 정보를 공유하거나 상호 교환한다.
- 사무자동화, 공장자동화 등의 여러 분야에 활용이 가능하다.
- 기존의 통신망 및 다른 시스템과의 연결을 통하여 ISDN(종합정보통신망)의 일부분이 된다.

⑧ **종합정보통신망(ISDN; Integrated Services Digital Network)**
ISDN은 디지털 종합정보통신망으로서 화상회의, 원격감시, 컴퓨터통신, 인터넷연결, 전화통신, 팩시밀리 등을 연결하는 안정된 디지털망을 활용해 영상, 음성, 문자 등을 주고받을 수 있는 종합형 멀티미디어 통신이다.

6. 물류비

(1) 물류비

원재료의 조달에서부터 생산과정을 거쳐 완성된 제품이 거래처에 납품되고, 소비자로부터 반품, 회수, 폐기 등에 이르기까지 포장, 운송, 보관, 하역, 정보 및 관리 등의 물류활동에 소요되는 모든 비용을 의미한다.

(2) 물류비 산정 지침

① 물류비의 정확한 계산과 관리의 합리성 제고를 위한 기준을 제공함으로써, 기업물류의 효율화를 통한 원가의 절감과 경쟁력 강화를 위해, 기업물류비의 계산에 관한 표준화된 절차와 방법을 정하는 지침의 필요성을 인식하게 되었다.
② 물류비 산정기준으로는 한국생산성본부(KPC)의 기업물류비 계산준칙과 대한상공회의소(KCCI)의 기업물류비 산정 및 활용 매뉴얼 등이 있다.

(3) 물류비 산정 지침의 특징

① 정부차원에서 물류회계기준의 표준화
② 긍정적으로 물류비 절감에 기여할 수 있는 포괄적인 목적 설정
③ 기업실무를 중시한 계산기준의 탄력성 부여
④ 기업회계 정보의 공유성 확대
⑤ 기업회계시스템에 준거한 물류비 인식기준의 제시
⑥ 기존 계산기준과의 연관성 및 독자성 고려

(4) 물류비 절감방안

① **물류경로의 단축** : 물류경로를 단축함으로써 물류비를 절감할 수 있다. 예를 들어

상, 물 분리를 완전하게 실연한다든지, 창고나 배송센터 등의 물류거점을 신설하는 것도 방안일 것이다.

② **재고량의 적정화** : 물류비의 관점에서 보면 재고량은 적으면 적을수록 좋은 것이 사실이다. 그러나 재고라는 것이 고객의 서비스를 전제로 하여 보관하는 것이기 때문에 배용만으로 판단할 문제는 아니다.

③ **수송로트의 확대** : 화물의 로트(lot)화는 물류경로의 단축과 함께 효과가 큰 방법이지만, 이 방법은 고객서비스 수준에 미치는 영향이 크기 때문에 판매부문과 조정이 필요한 부분이다.

④ **물류작업의 생력화** : 생력화란 인력에 의존하던 작업을 기계로 대체하는 것에 의해 가능하게 된다. 물류의 경우 포장 및 하역작업 등에서 많은 인력과 시간을 필요로 하기 때문에 기계화하는 것은 현재와 같이 인건비의 상승이 현저한 때에는 물류비의 절감에 있어 효과가 있는 방법이다. 생력화의 대표적인 방법으로서 유닛로드 시스템[10], 자동창고, 자동포장기계 등이 있다.

7. 물류 아웃소싱과 제 3자 물류

(1) 물류 아웃소싱

물류 아웃소싱은 한 기업이 자사가 수행하는 다양한 경영활동 중 핵심역량을 지닌 분야에 기업의 인적 및 물적 자원을 집중시키고, 이외의 분야에 대해서는 기획에서부터 운영까지 일체를 해당 분야의 전문업체 등에 위탁함으로써 기업의 경쟁력을 높이려는 전략을 의미한다.

---

10)유닛로드 시스템 도입의 전제조건
① 포장단위치수 표준화
② 파레트 표준화
③ 거래단위 표준화
④ 하역장비 표준화
⑤ 보관설비 표준화
⑥ 운송장비 적재함 규격표준화

참고 물류 아웃소싱의 성공전략 (2019년 1회, 2020년 2회 출제)

① 물류 아웃소싱이 성공하려면 반드시 최고경영자의 관심과 지원이 필요하다.
② 지출되는 물류비용을 정확히 파악하여 아웃소싱 시 비용절감효과를 측정해야 한다.
③ 물류 아웃소싱의 궁극적인 목표는 현재와 미래의 고객만족에 있음을 잊지 말아야 한다.
④ 물류 아웃소싱의 목적은 기업 전체의 전략과 조화로워야 한다.
⑤ 전반적인 기업물류비용의 절감, 고객 제공 물류서비스 수준의 향상, 기업 고유의 핵심역량의 집중

(2) 아웃소싱의 효과

① 물류공동화와 물류표준화[11]가 가능하다.
② 제조업체가 물류 아웃소싱을 추구할 때, 그 업체는 전문화의 이점을 살려 고객욕구의 변화에 대응하여 주력사업에 집중할 수 있다.
③ 물류시설 및 장비를 이중으로 투자하는 데 따르는 투자위험의 회피가 가능하다.
④ 기업의 경쟁우위 확보 및 사회적 비용의 절감과 국가경쟁력 강화에 이바지할 수 있다.

참고 물류공동화

- 현 교통의 혼잡, 주차문제, 인력난 등으로 인해 공동수송과 공동배송을 모색하게 됨
- 독자적으로 운송하던 기업의 운송물량이 적어 운송 및 배송의 효율성이 떨어짐으로 인해 이를 개선키 위해 나타난 개념이다.
- 이점으로는 연료비의 절감, 물류비의 절감, 환경에 대한 악영향의 감소 등이 있다.
- 제조업자, 도매상, 소매상 등이 주체가 되어 실행하는 경우와 수송업자가 주체가 되어 실행하게 되는 유형으로 분류할 수 있다.

---

11)물류표준화의 추진 원칙
① 체계적 물류표준화 계획 수립이 필요하다.
② 물류표준화는 관계자의 상호협력 속에 추진한다.
③ 일관되고 지속적인 개선이 필요하다.
④ 제품의 다양성 및 사양 등에 대한 적절한 대응이 필요하다.
⑤ 표준화 규정은 주기적인 검토 및 개정이 필요하다.

(3) 제3자 물류(3PL) (2016년 1회 출제, 2021년 1회 출제)

① **제3자 물류**[12] : 제3자 물류(3PL, PTL; third party logistics)에서 제3자는 물류경로 내의 다른 주체와 일시적이거나 장기적인 관계를 가지고 있는 물류경로 내의 대행자 또는 매개자를 의미하며, 제3자 물류는 화주와 단일(혹은 복수)의 제3자가 일정기간 동안, 일정한 비용으로, 일정한 서비스를 상호 합의하에 수행하는 것을 의미하다.

② **제3자 물류와 물류 아웃소싱의 차이**

구분	제3자 물류	물류 아웃소싱
화주와의 관계	전략적 제휴, 계약기반	수·발주관계, 거래기반
관계의 특징	협력적 관계	일시적 관계
서비스의 범위	종합 물류서비스 지향	수송, 보관 등 기능별서비스 지향
정보 공유	필수적	불필요
도입결정 권한	최고경영자	중간관리자
도입방법	경쟁계약	수의 계약
관리형태	통합관리형	분산관리형
운영기간	중·장기	단기, 일시
자산특성	무자산형 가능	자산소유 필수

③ **제3자 물류 도입의 기대효과**

㉠ 물류산업의 합리화에 의한 물류비용의 절감

㉡ 종합적인 물류서비스의 활성화

㉢ 고품질 물류서비스의 제공으로 화주기업의 경쟁력 강화

㉣ 공급사슬관리의 도입, 확산의 촉진

④ **제3자 물류가 주는 혜택**

㉠ 여러 기업들의 독자적인 물류업무 수행으로 인한 중복투자 등 사회적 낭비를 방지할 뿐만 아니라 수탁업체들의 경쟁을 통해 물류효율을 향상시킬 수 있다.

---

12) 제3자 물류의 유형
① 자산기반 물류업체 : 트럭, 선박, 창고 등의 자산을 소유하고 물류서비스를 제공한다.
② 관리기반 물류업체 : 자산 등을 보유하지 않으면서 DB 시스템을 통해 물류서비스를 제공(컨설팅)한다.
③ 통합 물류업체 : 자산 등을 보유하면서 이러한 자산의 이용에는 제한을 받지 않고 필요에 따라 다른 물류업자와 계약이 가능하다.
④ 경영관리기반 물류업체 : 운임지급과 같은 경영관리적인 서비스를 제공하는 형태이다.

㉡ 물류 관련 비용을 절감하기 위해 생산을 제외한 물류 전반을 특정 물류 전문업체에 위탁하는 것으로 생산자와 판매자의 물류를 제3자를 통해 처리하는 것 즉, 전문화된 3PL 업체에 아웃소싱(위탁)을 함으로써 물류서비스의 리드타임의 단축, 물류 업무를 효율화시킬 수 있다.

㉢ 기업들은 핵심 부문에 집중하고 물류를 전문업체에 아웃소싱하여 규모의 경제 등 전문화 및 분업화 효과를 극대화할 수 있다.

㉣ 아웃소싱을 통해 제조 · 유통업체는 자본비용 및 인건비 등이 절감되고, 물류업체는 규모의 경제를 통해 화주기업의 비용을 절감해 준다.

㉤ 경쟁력 강화를 위해 IT 및 수송 등 전문업체의 네트워크를 활용하여 비용절감 및 고객서비스를 향상시킬 수 있다.

(4) 제4자 물류

① **제4자 물류**[13] : 다양한 조직들의 효과적인 연결을 목적으로 하는 통합체로 공급사슬의 모든 활동과 계획 및 관리 등을 전담한다는 의미를 지니고 있다. 즉, 제4자 물류서비스 공급자는 광범위한 공급사슬의 조직을 관리하고 기술, 능력, 정보기술, 자료 등을 관리하는 공급사슬 통합자이다. 현재는 제3자 물류가 일반적으로 받아들여지고 있지만 최근에 들어 제4자 물류가 점차 확산되고 있다.

② **제4자 물류의 등장배경**

㉠ 세계화된 기업은 경영자원을 핵심역량에 투입하고 비핵심적 활동인 물류활동을 아웃소싱[14] 함으로써 경쟁우위 확보의 필요성을 인식하게 되었다.

---

13) SCM과 제4자 물류의 관계
① 다수의 물류업체가 연합하여 원 스톱 시스템으로 화주기업의 공급체인 전반을 관리한다.
② 기술발전 및 전자상거래의 확산에 따라 SCM의 통합을 위해 제4자 물류가 등장했다. 즉, 제4자 물류는 SCM의 아웃소싱을 말한다.
③ 물류의 인소싱 및 아웃소싱의 효과를 극대화하기 위한 조직으로, 대부분 제조 또는 유통업체와 물류기업이 합작 또는 제휴하여 생성된다.
④ 위탁자의 경영자원, 능력 및 기술 등 인 소싱과 수탁자의 아웃소싱을 결합하여 SCM 전반을 관리한다.

14) 아웃소싱 추진 시 고려해야 할 사항 (2016년 1회 출제)
① 아웃소싱 파트너와의 깊은 협력은 필수적이다.
② 경로구성원들이 가치창출을 하기 위해서라면 모든 각 기능들에 대한 아웃소싱 가능성을 고려할 수 있다.
③ 열위에 놓여 있는 분야를 어떠한 방식으로 아웃소싱해야 할지 고민해야 한다.
④ 아웃소싱하는 기능과 기업 조직이 직접적으로 수행하는 기능이 가치창출의 관점에서 효율적, 효과적인 통합이 중요하다.

㉡ 최근에 들어 물류업무를 여러 업체에 분할 위탁하지 않고 한 번의 계약으로 공급체인 전반의 물류업무를 일괄 위탁하는 기업들이 늘어나고 있다.

㉢ 경영활동 중에서 전자상거래의 비중이 확대되어 물류효율화를 통한 빠른 고객대응이 기업경쟁력의 필수적인 요소로 부각되고 있다.

㉣ 기업 간 가치로 인한 네트워크 구축 시 효율적인 물류서비스 제공에 대한 중요성이 부각되고 있다.

③ **제4자 물류의 특징**

- 제4자 물류는 제3자 물류보다 범위가 넓은 공급사슬 역할을 담당한다.
- 제4자 물류는 전체적인 공급사슬에 영향을 주는 능력을 통하여 가치를 증식시킨다.
- 합작투자 및 장기간의 제휴형태를 띠고 있다.
- 여러 기업들이 일종의 파트너로써 참여하는 혼합조직이다.

8. 국제물류

(1) 국제물류 : 원료의 조달에서부터 생산 및 가공활동, 판매활동이 2개국 이상에서 일어나는 것이며, 세계적으로 분산된 거점들을 효과적으로 네트워크화하여 원재료, 부품, 완제품의 물자 흐름을 효율화하고 지속적으로 관리하는 것을 말한다.

(2) 국제물류의 목적 : 적절한 물품을 적절한 품질과 적절한 양으로 적절한 시기에 적절한 장소로 신속하게 이동시키는 것을 목적으로 한다.

(3) 국제물류의 특징

① 장거리 시스템

② 로지스틱스 환경과 활동의 다양성

③ 서류 처리에 있어서의 양과 복잡성 증가

④ 문화의 중요성

Chapter 04

물류경영관리 출제예상문제

01 다음 중 기업적 차원에서의 물류 중요성으로 옳지 않은 것은?

① 미래의 기업경쟁의 승패는 물류혁신에 달려 있다.
② 기업이윤의 원천은 물류의 근대화에 의존한다.
③ 기업지향적인 시스템의 구축이 요구되고 있다.
④ 물류비는 꾸준한 증가추세에 있다.
⑤ 기업의 생산비 절감은 한계점에 이르고 있다.

해설〉 고객지향적인 시스템의 구축이 요구되고 있다.

02 다음 중 괄호 안에 들어갈 말로 가장 적합한 것은?

( )로 인해 물류센터는 상품 이동 중개 기지의 역할을 수행하며, 창고에 입고되는 상품을 보관하는 것이 아니라 곧바로 소매점포에 배송하게 된다.

① 역물류
② QR
③ JIT
④ 컨테이너
⑤ 크로스도킹

해설〉 크로스도킹은 창고나 물류 센터로 입고되는 상품을 창고에 보관하는 것이 아니라, 분류 또는 재포장의 과정을 거쳐 곧바로 다시 배송하는 물류 시스템을 의미한다.

03 공동수배송의 전제조건으로 바르지 않은 것은?

① 배송지역의 일정구역 안에 분포되어야 되어야 한다.
② 물류표준화가 선행되어야 한다.
③ 일정지역 안에 공동수배송에 참여하는 한 곳의 업체가 존재하여야 한다.
④ 대상 기업의 배송조건이 비슷하여야 한다.
⑤ 공동수배송에 대한 이해가 일치하여야 한다.

해설 일정지역 안에 공동수배송에 참여하는 다수 업체가 존재하여야 한다.

04 다음 고객서비스의 요소 중 나머지 넷과 다른 하나를 고르면?

① 고객의 접근 용이성
② 경영관리서비스
③ 고객서비스 정책
④ 고객불만의 처리
⑤ 고객서비스의 구조

해설 ①②③⑤번은 거래 전 요소에 속하며, ④번은 거래 후 요소에 속한다.

05 다음 중 EOQ 기본가정으로 바르지 않은 것은?

① 연간 단위재고유지비용은 수량에 관계없이 일정하다.
② 주문량이 일시에 입고된다.
③ 계획기간 중 해당 품목의 수요량은 항상 균등하며, 알려져 있지 않다.
④ 조달기간이 없거나 일정하다.
⑤ 단위구입비용이 주문수량에 관계없이 일정하다.

해설 경제적 주문량에서는 계획기간 중 해당 품목의 수요량은 항상 균등하며, 알려져 있다.

01. ③ 02. ⑤ 03. ③ 04. ④ 05. ③ **정답**

06 **다음 공동수배송에 대한 내용 중 화주 측면의 효과로 보기 어려운 것은?**

① 영업활동의 효율화
② 교통량의 감소로 환경보전
③ 수배송의 업무의 효율화
④ 운송횟수 감소로 배송비용의 절감
⑤ 납품빈도 증가로 상품구색의 강화

해설 ❯ ⑤ 고객 측면에서의 효과를 나타낸다.

06. ⑤ 정답

Chapter 05

유통기업의 윤리와 법규

제1절 | 기업윤리의 기본개념

1. 기업윤리의 기본개념

기업경영이라는 상황에서 나타나는 행동이나 태도의 옳고 그름을 체계적으로 구분하는 판단기준이다. 기업윤리는 경영의 활력을 제공하는 본질적 요소이다.

2. 유통기업의 사회적 책임

기업의 사회적 책임(CSR; Corporate Social Responsibility)

① **사회적 책임** : 예측적이면서 적극적이고 사전예방 행동까지 포함한 개념이다.
② **사회적 의무** : 기업의 법적 및 경제적인 책임감을 반영한 기업의 행동이다.
③ **사회적 반응** : 조직의 행동에 직접 이해관계가 있는 집단이 요구하는 행동이다. 사회의 규범, 가치관, 기대 등에 대응하는 것을 의미한다.
④ UNGC(UN Global Compact)의 기업의 사회적 책임에 대한 지지와 이행을 촉구하기 위해 만든 자발적 국제협약 (2021년 1회 출제)

인권, 노동, 환경과 반부패에 관한 유엔 글로벌 콤팩트 UNGC(UN Global Compact)의 10대 원칙은 세계적인 협의 과정으로 다음과 같다.

㉠ 인권(Human Rights)

- 원칙 1 : 기업은 국제적으로 선언된 인권 보호를 지지하고 존중해야 한다.
- 원칙 2 : 기업은 인권 침해에 연루되지 않도록 적극 노력한다.

㉡ 노동규칙(Labour Standards)

- 원칙 3 : 기업은 결사의 자유와 단체교섭권의 실질적인 인정을 지지한다.
- 원칙 4 : 모든 형태의 강제노동을 배제한다.
- 원칙 5 : 아동노동을 효율적으로 철폐한다.
- 원칙 6 : 고용 및 업무에서 차별을 철폐한다.

㉢ 환경(Environment)

- 원칙 7 : 기업은 환경문제에 대한 예방적 접근을 지지한다.
- 원칙 8 : 환경적 책임을 증진하는 조치를 수행한다.
- 원칙 9 : 환경친화적인 기술의 개발과 확산을 촉진한다.

㉣ 반부패(Anti-corruption)

- 원칙 10 : 기업은 부당 취득 및 뇌물 등을 포함하는 모든 형태의 부패에 반대한다.

3. 유통기업 윤리프로그램의 도입과 관리

최고경영자의 확신	최고경영자가 기업윤리 수준 향상의 필요성을 느끼고, 윤리 수준을 향상시키는 것이 기업을 위해 꼭 필요하다는 것을 인식하여야 한다.
기업윤리의 제정	최고경영자의 확신을 기업윤리헌장, 기업윤리강령, 종업원 행동준칙 등의 형태로 구체적, 공식적으로 회사 내, 외부에 공표하여야 한다.
경영계획에 윤리 포함	행동준칙이나 윤리강령을 종업원이 지킬 수 있도록 전략목표의 수립이나 경영계획 또는 인적자원관리 등에 윤리를 포함시켜야 한다.
윤리교육과 윤리의 기업문화화	경영계획에 윤리를 포함시킴과 동시에 사내의 구성원들에게 윤리교육을 시키고, 신입사원의 채용에도 반영하여야 한다. 이와 함께 평상시에도 기업윤리가 기업문화로 정착될 수 있도록 하여야 한다.
윤리담당 조직과 윤리감사	종업원 활동의 윤리문제에 대한 조언을 하고, 윤리 프로그램을 실행에 옮기며 윤리감사를 실시할 수 있도록 윤리담당부서를 설치하고 윤리담당 임원을 임명하는 것이 바람직하다.
대내외 홍보	이러한 내용을 대외적으로 홍보하여 윤리프로그램이 기업 활동의 일부분이라는 것을 확인하여야 한다. 이러한 홍보는 기업 내 윤리 활동을 강화 및 유지시키는 효과가 있다.
평가와 통제	마지막으로 윤리감사 결과와 윤리프로그램의 실행결과를 평가하고 필요한 경우 윤리프로그램을 수정하고 앞으로의 집행관계를 조정한다.

참고 종업원 평가 및 피드백 (2016년 1회 출제)

① 평가를 통한 피드백은 종업원들의 실력을 향상시킬 수 있다.
② 종업원들은 평가의 방식 등에 대해 인지하고 있을 시에 진정한 의미의 평가라고 여기게 된다.
③ 편견 등을 지니고 판단하지 않도록 평가에 대한 오류를 감소시키기 위해 노력해야 한다.
④ 공식적 평가 및 비공식적 평가 등을 함께 활용하는 것이 좋다.

4. 기업 환경의 변화와 기업윤리

(1) 기업지배구조에 대한 인식의 변화

① 내부거래, 불법대출, 부실경영 등의 문제에 대한 사회적 인식이 높아지면서 기업윤리에 대한 관심이 증대되고 있다.

② 주주와 경영진에 의한 기업지배구조가 소액주주와 사회에 부정적인 영향을 미치는 일이 자주 생겼다.

(2) 삶을 중시하는 경향

삶의 질에 대해 종업원들의 관심이 높아지는 경향에 대비하려면 기업윤리 수준의 향상이 필수적이라는 것을 기업들이 인식하기 시작하였다.

(3) 여러 가지 대내 환경의 변화

기업의 비윤리적 행위로 인한 막대한 배상금 지급, 여론과 시민단체의 영향력 증대, 기업 스스로의 각성 등으로 기업윤리가 중요하다는 것을 인식하기 시작하였다.

5. 시장구조와 윤리

- 기업윤리의 제도화라는 측면에서 지배관계 자체를 일종의 갈등구조로 환언해서 볼 때 갈등 조정의 문제가 생긴다.
- 그러므로 앞으로 갈등관계의 개선을 위해 이해관계자 집단과의 갈등 조화가 필요하다.

제2절 유통관련 법규

1. 유통산업발전법

(1) 유통산업발전법

유통산업의 효율적인 진흥과 균형있는 발전을 꾀하고, 건전한 상거래 질서를 세움으로써 소비자를 보호하고 국민경제의 발전에 이바지하기 위해 제정한 법을 말한다.

(2) 대규모점포의 종류

구 분	내 용
백화점	용역의 제공 장소를 제외한 매장면적의 합계가 3,000m² 이상인 점포의 집단이다. 다양한 상품을 구매할 수 있도록 현대적 판매시설과 소비자 편익시설이 설치된 점포로서 직영의 비율이 30% 이상인 점포의 집단이다.
대형마트[15]	용역의 제공 장소를 제외한 매장면적의 합계가 3,000m² 이상인 점포의 집단으로서 식품, 가전 및 생활용품을 중심으로 점원의 도움 없이 소비자에게 소매하는 점포의 집단이다.
전문점	용역의 제공 장소를 제외한 매장면적의 합계가 3,000m² 이상인 점포의 집단으로서 의류, 가전 또는 가정용품 등 특정품목에 특화한 점포의 집단이다.
복합 쇼핑몰	용역의 제공 장소를 제외한 매장면적의 합계가 3,000m² 이상인 점포의 집단으로서 쇼핑, 오락 및 업무기능 등이 한 곳에 집적되고, 문화, 관광시설로서의 역할을 하며, 1개의 업체가 개발과 관리 및 운영하는 점포 집단이다.
쇼핑센터	용역의 제공 장소를 제외한 매장면적의 합계가 3,000m² 이상인 점포의 집단이다. 다수의 대규모점포 또는 소매점포와 각종 편의시설이 일체적으로 설치된 점포로서 직영 또는 임대의 형태로 운영되는 점포의 집단이다.

15) 대형마트가 성장정체기를 겪고 있는 이유(2016년 2회 출제)
① 포화상태에 이른 매장의 수
② 장기적 경기침체로 인한 소비의 위축
③ 온라인 쇼핑몰의 지속적인 성장
④ 근거리, 소량구매의 소비 트렌드

(3) 체인사업의 구분

구 분	내 용
조합형 체인사업	같은 업종의 소매점들이 중소기업협동조합법 제3조에 따른 중소기업협동조합, 협동조합기본법 15조에 따른 협동조합, 동법 71조에 따른 협동조합연합회, 동법 85조에 따른 사회적 협동조합, 동법 114조에 따른 사회적 협동조합연합회를 설립하여 공동구매, 공동판매, 공동시설활용 등 사업을 수행하는 형태의 체인사업이다.
임의가맹점형 체인사업	체인본부의 계속적인 경영지도 및 체인본부와 가맹점 간의 협약에 의하여 가맹점의 취급품목 및 영업방식 등의 표준화사업과 공동구매, 공동판매, 공동시설활용 등 공동사업을 수행하는 형태의 체인사업이다.
프렌차이즈 체인사업	독자적인 상품 또는 판매와 경영기법을 개발한 체인본부가 상호, 판매방법, 매장운영 및 광고방법 등을 결정하고, 가맹점으로 하여금 그 결정과 지도에 따라 운영하는 형태의 체인사업이다.
직영점형 체인사업	체인본부가 주로 소매점포를 직영하되, 가맹계약을 체결한 일부 소매점포에 대하여 상품의 공급 및 경영 지도를 계속하는 형태의 체인사업이다.

(4) 용어

① "유통산업"이란 농산물 · 임산물 · 축산물 · 수산물 및 공산품의 도매 · 소매 및 이를 경영하기 위한 보관 · 배송 · 포장과 이와 관련된 정보 · 용역의 제공 등을 목적으로 하는 산업을 말한다.

② "매장"이란 상품의 판매와 이를 지원하는 용역의 제공에 직접 사용되는 장소를 말한다.

③ "임시시장"이란 다수의 수요자와 공급자가 일정한 기간 동안 상품을 매매하거나 용역을 제공하는 일정한 장소를 말한다.

④ "체인사업"이란 같은 업종의 여러 소매점포를 직영하거나 같은 업종의 여러 소매점포에 대하여 계속적으로 경영을 지도하고 상품 · 원재료 또는 용역을 공급하는 사업을 말한다.

⑤ "상점가"란 일정 범위의 가로(街路) 또는 지하도에 대통령령으로 정하는 수 이상의 도매점포 · 소매점포 또는 용역점포가 밀집하여 있는 지구를 말한다.

⑥ "전문상가단지"란 같은 업종을 경영하는 여러 도매업자 또는 소매업자가 일정 지역에 점포 및 부대시설 등을 집단으로 설치하여 만든 상가단지를 말한다.

⑦ "무점포판매"란 상시 운영되는 매장을 가진 점포를 두지 아니하고 상품을 판매하는 것으로서 산업통상자원부령으로 정하는 것을 말한다.

⑧ "유통표준코드"란 상품 · 상품포장 · 포장용기 또는 운반용기의 표면에 표준화된 체계에 따라 표기된 숫자와 바코드 등으로서 산업통상자원부령으로 정하는 것을 말한다.
⑨ "유통표준전자문서"란 전자문서 중 유통부문에 관하여 표준화되어 있는 것으로서 산업통상자원부령으로 정하는 것을 말한다.
⑩ "판매시점 정보관리시스템"이란 상품을 판매할 때 활용하는 시스템으로서 광학적 자동판독방식에 따라 상품의 판매 · 매입 또는 배송 등에 관한 정보가 수록된 것을 말한다.
⑪ "물류설비"란 화물의 수송 · 포장 · 하역 · 운반과 이를 관리하는 물류정보처리활동에 사용되는 물품 · 기계 · 장치 등의 설비를 말한다.
⑫ "도매배송서비스"란 집배송시설을 이용하여 자기의 계산으로 매입한 상품을 도매하거나 위탁받은 상품을 허가를 받은 자가 수수료를 받고 도매점포 또는 소매점포에 공급하는 것을 말한다.
⑬ "집배송시설"이란 상품의 주문처리 · 재고관리 · 수송 · 보관 · 하역 · 포장 · 가공 등 집하(集荷) 및 배송에 관한 활동과 이를 유기적으로 조정하거나 지원하는 정보처리활동에 사용되는 기계 · 장치 등의 일련의 시설을 말한다.
⑭ "공동집배송센터"란 여러 유통사업자 또는 제조업자가 공동으로 사용할 수 있도록 집배송시설 및 부대업무시설이 설치되어 있는 지역 및 시설물을 말한다.

2. 전자문서 및 전자거래 기본법

전자문서 및 전자거래의 법률관계를 명확히 하고 전자거래의 신뢰성과 안정성을 확보하며 전자거래의 촉진을 위한 기반을 조성함으로써 국민경제의 발전에 이바지함을 목적으로 제정한 법률이다.

(1) 용어

① "전자문서"란 정보처리시스템에 의하여 전자적 형태로 작성 · 변환되거나 송신 · 수신 또는 저장된 정보를 말한다.
② "정보처리시스템"이란 전자문서의 작성 · 변환, 송신 · 수신 또는 저장을 위하여 이용되는 정보처리능력을 가진 전자적 장치 또는 체계를 말한다.
③ "작성자"란 전자문서를 작성하여 송신하는 자를 말한다.

④ "수신자"란 작성자가 전자문서를 송신하는 상대방을 말한다.
⑤ "전자거래"란 재화나 용역을 거래할 때 그 전부 또는 일부가 전자문서 등 전자적 방식으로 처리되는 거래를 말한다.
⑥ "전자거래사업자"란 전자거래를 업(業)으로 하는 자를 말한다.
⑦ "전자거래이용자"란 전자거래를 이용하는 자로서 전자거래사업자 외의 자를 말한다.
⑧ "공인전자주소"란 전자문서를 송신하거나 수신하는 자를 식별하기 위하여 문자 · 숫자 등으로 구성되는 정보로서 등록된 주소를 말한다.
⑨ "공인전자문서중계자"란 타인을 위하여 전자문서의 송신 · 수신 또는 중계를 하는 자로서 인증을 받은 자를 말한다.

3. 소비자 기본법

소비자의 권익을 증진하기 위하여 소비자의 권리와 책무, 국가 · 지방자치단체 및 사업자의 책무, 소비자단체의 역할 및 자유시장경제에서 소비자와 사업자 사이의 관계를 규정함과 아울러 소비자정책의 종합적 추진을 위한 기본적인 사항을 규정함으로써 소비생활의 향상과 국민경제의 발전에 이바지함을 목적으로 한다.

(1) 소비자의 기본적 권리

① 물품 또는 용역으로 인한 생명 · 신체 또는 재산에 대한 위해로부터 보호받을 권리
② 물품 등을 선택함에 있어서 필요한 지식 및 정보를 제공받을 권리
③ 물품 등을 사용함에 있어서 거래상대방 · 구입장소 · 가격 및 거래조건 등을 자유로이 선택할 권리
④ 소비생활에 영향을 주는 국가 및 지방자치단체의 정책과 사업자의 사업활동 등에 대하여 의견을 반영시킬 권리
⑤ 물품 등의 사용으로 인하여 입은 피해에 대하여 신속 · 공정한 절차에 따라 적절한 보상을 받을 권리
⑥ 합리적인 소비생활을 위하여 필요한 교육을 받을 권리
⑦ 소비자 스스로의 권익을 증진하기 위하여 단체를 조직하고 이를 통하여 활동할 수 있는 권리
⑧ 안전하고 쾌적한 소비생활 환경에서 소비할 권리

Chapter 05

유통기업의 윤리와 법규 출제예상문제

01 UNGC(UN Global Compact)의 자발적 국제협약 중 노동규칙(Labour Standards)의 내용에 해당하지 않는 것은?

① 기업은 결사의 자유와 단체교섭권의 실질적인 인정을 지지한다.
② 고용 및 업무에서 차별을 철폐한다.
③ 환경적 책임을 증진하는 조치를 수행한다.
④ 아동노동을 효율적으로 철폐한다.
⑤ 모든 형태의 강제노동을 배제한다.

해설❯ ③번은 환경(Environment)에 해당하는 내용이다.

02 거래관계에 있어서 의사소통의 평가에서 비롯되는 정의는?

① 통합적 정의
② 분배적 정의
③ 상호작용 정의
④ 절차적 정의
⑤ 과정적 정의

해설❯ 상호작용 정의는 거래관계에 있어서 의사소통의 평가에서 비롯된다. 정확한 정보를 가지고 개인이 기업조직과 관계를 갖도록 하고 의사소통에 있어서 공정성을 가지는 것이다.

01. ③ 02. ③ 정답

03 **소비자단체의 역할 및 자유시장경제에서 소비자와 사업자 사이의 관계를 규정함과 아울러 소비자정책의 종합적 추진을 위한 기본적인 사항을 규정한 법률은?**

① 방문판매 등에 관한 법률
② 전자문서 및 전자거래 기본법
③ 소비자 기본법
④ 소방기본법
⑤ 식품위생법

해설 ❯ 소비자 기본법은 소비자의 권익을 증진하기 위하여 소비자의 권리와 책무, 국가 · 지방자치단체 및 사업자의 책무, 소비자단체의 역할 및 자유시장경제에서 소비자와 사업자 사이의 관계를 규정함과 아울러 소비자정책의 종합적 추진을 위한 기본적인 사항을 규정함으로써 소비생활의 향상과 국민경제의 발전에 이바지함을 목적으로 한다.

03. ③ 정답

제2과목

상권분석

Chapter 01

유통상권조사

제1절 상권의 개요

1. 상권의 정의와 특성

(1) 상권의 정의

① 상권(Trading Area)이란 개별점포가 재화와 서비스의 제공을 통하여 고객을 유인할 수 있는 지역적 범위를 의미한다.

② 상권은 한 점포가 고객을 흡인하거나 흡인할 수 있는 지역으로 다수의 상업시설이 고객을 흡인하는 공간적 범위를 말한다.

③ 상권은 시장지역 또는 배후지(背後地)라고도 부르며, 점포와 고객을 상행위와 관련하여 흡수할 수 있는 지리적 영역이고 경쟁자의 출현은 상권을 차단하는 중요한 장애물이며 고객밀도는 상권 내의 인구밀도와 밀접한 관련이 있다.

④ 상권은 상권 내 거주하는 고객의 구매력 추정, 점포에서 취급하는 상품에 대한 예상 매출액을 구하는 데 필요한 데이터 제공, 판촉활동의 범위를 결정하는 데 필수적인 데이터를 제공한다.

(2) 상권의 유사개념

① 상권은 주로 파는 쪽에서 본 것이기 때문에 소비자의 경우에는 생활권이라고 하는데, 일반적으로는 소매상권을 가리키는 경우가 많다.

② **상권의 유사개념**

㉠ 거래권 : 거래상대방인 고객의 소재지를 기준으로 하는 범위

㉡ 판매권 : 소매점이 판매대상으로 삼고 있는 지역

㉢ 상세권 : 특정 상업집단(시장, 상점가 등)의 상업세력이 미치는 지역적 범위를 말하는 것으로 복수의 점포 또는 상업집단이 고객을 끌어들일 수 있는 범위

③ 상권의 세 가지 측면

㉠ 판매자 측면 : 상권은 한 점포 또는 점포집단이 제품이나 서비스를 판매 · 제공함에 있어서 경제적인 범위가 미치는 경계를 의미

㉡ 소비자 측면 : 상권은 필요와 욕구를 충족시킬 수 있는 제품이나 서비스를 구매와 소비가 합리적으로 가능한 지역적 범위를 의미

㉢ 수요량 측면 : 상권은 소비자의 수요를 흡수할 수 있는 정도를 의미

(3) 상권의 범위와 특성

① 상권의 범위는 점포의 크기, 업종, 취급하는 상품의 종류나 상업집적도, 교통편의, 가격대, 상품구성, 마케팅 전략, 고객의 라이프스타일 등에 따라서 결정된다.

② 상권은 사회적 요인, 경제적 요인, 행정적 요인 등의 변화에 따라 항상 변할 수 있는 가변적이고 신축적인 개념이다.

③ 고객의 사회적 · 경제적 수준이 높을수록 유리하며, 교통수단이 편리할수록 유리한 상권이 된다.

④ 구매빈도가 낮은 업종일수록 넓은 상권을 가져야 하고 구매 빈도가 높은 업종일수록 좁은 상권을 가져도 된다.

⑤ 소매상권의 크기는 판매하는 상품의 종류에 따라 다르게 나타나는데, 가격이 비교적 낮고 구매빈도가 높은 편의품의 상권은 좁은 것이 일반적이며, 가격이 비교적 높으며 수요빈도가 낮은 선매품 · 전문품 · 내구소비재 등의 상권은 일반적으로 넓다.

⑥ 상권을 규정하는 가장 중요한 요인은 소비자나 판매자가 감안하게 되는 시간과 비용 요인이다.

[상권과 입지의 비교]

구분	상권(trading area)	입지(location)
개념	지점이 미치는 영향권의 범위	지점이 소재하고 있는 위치적인 조건
구성요소	유동인구, 배후인구 소비자, 자사, 경쟁사	가시성, 인지성, 접근성
키워드	BOUNDRY	POINT
분석목적	상권 전체의 성쇠 여부	개별점포의 성쇠 여부
분석방법	구매력 분석, 업종 경쟁력 분석	통행량 분석, 점포분석
평가기준	거리, 유동인구	권리금, 임대료

(4) 소규모 점포의 상권 특성

① 동일조건하에서는 지구상권이 큰 상점가에 입점하는 것이 그렇지 못한 곳보다 상권 범위가 넓어진다.

② 동일한 지구 내에 위치하더라도 점포규모, 구색 갖춤에 따라 상권은 달라진다.

③ 동일한 점포라도 개성이 강한 상품, 유명브랜드 상품에 따라 상권은 달라진다.

④ 동일업태의 점포라도 광고, 판촉활동에 따라 상권은 달라진다.

⑤ 점포의 설비, 디자인, 진열장식 등 고객서비스에 따라 상권은 달라진다.

(5) 제품 및 업종형태와 상권과의 관계

① 식품은 대부분 편의품이지만, 선물용 식품은 선매품이고 식당이 구매하는 일부 식품은 전문품일 수 있다.

② 선매품을 취급하는 소매점포는 편의품보다 상위의 소매중심지나 상점가에 입지하여 더 넓은 범위의 상권을 가져야 한다.

③ 소비자는 생필품을 구매거리가 짧고 편리한 장소에서 구매하려 하므로 생필품을 취급하는 점포는 주택지에 근접한 입지를 선택하는 것이 좋다.

④ 전문품을 취급하는 점포의 경우 고객이 지역적으로 분산되어 있으므로 그 상권은 밀도는 낮지만, 범위는 넓은 특성을 가진다.

⑤ 동일업종이더라도 점포의 규모나 품목구성에 따라 점포의 상권 범위가 달라진다.

2. 상권의 계층성 및 유형

(1) 상권 경계와 계층성

① 상권 경계는 특정 상권에 속하는 많은 무관심점을 이어놓은 라인을 말한다.

② 무관심점(point of indifference)은 특정 상권에 따른 영향력의 상관관계에 따라 그 범위가 달리 된다는 전제, 소비자가 어느 곳에서 구매하여도 상관이 없는 상권 내 지점을 말한다.

③ 소비자들이 유사한 인접점포들 중에서 선택하는 상황을 전제로 상권의 경계를 파악할 때 간단하게 활용하는 모형 중 티센다각형(Thiessen polygon) 모형이 대표적이다.

㉠ 상권에 대한 기술적이고 예측적인 도구로 활용할 수 있다.

㉡ 최근접상가 선택가설에 근거하여 상권을 설정한다. 근접구역이란 어느 점포가 다른 경쟁포보다 공간적인 이점을 가진 구역을 의미한다.

㉢ 일반적으로 티센다각형의 크기는 경쟁수준과 역의 관계를 가진다. 즉, 다각형의 크기는 경쟁수준과 반비례한다.

㉣ 시설 간 경쟁정도를 파악할 수 있다.

④ 일반적으로 상권은 계층적 구조로 형성된 것으로 볼 수 있다. 즉, 상권은 지역상권, 지구상권, 개별점포 상권 등으로 계층적으로 분류될 수 있다.

㉠ 지역 상권(GTA :General Trading Area)은 가장 포괄적이 상권범위로서 '시' 또는 '군'을 포함하는 넓은 지역범위이며, 도시 간의 흡인범위가 성립하는 범위이다.

㉡ 지구 상권(DTA : District Trading Area)은 집적된 상업시설이 갖는 상권의 범위로 '구'를 포함하는 범위이다.

㉢ 지점 상권(ITA : Individual Trading Area)은 개별점포 상권이라고 하며, 점포의 후보 입지가 가지는 상권으로 지역상권과 지구상권 내의 개별점포들은 각각의 점포상권을 형성하게 된다.

(2) 설정거리 및 흡인율에 따른 상권의 유형

① **도보를 기준으로 한 상권(편의품 취급점포)의 분류** : 도보를 기준으로 거리에 따라 1차, 2차, 3차 상권으로 분류한다. 이는 평균적인 것으로 700~800m의 거리라 해도 그 안에 철도, 하천, 간선도로, 대형 건물이 있다면 상권은 거기서 끝나게 될 수도 있다.

㉠ 1차 상권 : 도보로 500m 이내의 거리에 있는 상권이다.

㉡ 2차 상권 : 도보로 1,000m 이내의 거리에 있는 상권이다.

㉢ 3차 상권 : 도보로 1,000m 밖의 곳에 있는 상권이다.

② **교통수단을 기준으로 한 상권(선매품 취급점포)의 분류** : 버스, 택시, 지하철 등 교통수단을 기준으로 하여 1차, 2차, 3차 상권으로 분류한다. 그러나 버스로 30분 거리에 불과한 거리라도 버스운행 횟수가 하루에 3~4회에 불과할 때에는 그보다 거리가 멀더라도 버스운행 횟수가 많아 교통편이 유리한 상점으로 고객이 몰리므로 이런 요소들을 감안하여 상권을 설정하여야 한다.

㉠ 1차 상권 : 교통수단을 기준으로 하여 30분 이내의 거리에 있는 상권이다.

㉡ 2차 상권 : 교통수단을 기준으로 하여 30분~1시간 이내의 거리에 있는 상권이다.

㉢ 3차 상권 : 교통수단을 기준으로 하여 1시간 이상의 거리에 있는 상권이다.

③ **고객흡인율에 따른 상권 분류**

㉠ 1차 상권 : 점포고객 55~70%를 포괄하는 상권의 범위를 말한다. 대부분 점포에 지리적으로 인접한 지역에 거주하는 소비자들로 구성되며 고객 수나 고객 1인당 판매액상 밀도가 가장 높다.

㉡ 2차 상권 : 점포고객 15~25%를 포괄하는 상권의 범위를 말하며, 1차 상권의 외곽에 위치한다. 고객은 지역적으로 다소 분산되어 있다.

㉢ 3차 상권(한계상권) : 1차, 2차 상권에 포함되지 않는 고객을 포괄하는 상권의 범위를 말하며, 점포고객 5~10%를 포괄한다. 3차 상권 내의 점포 이용고객은 점포로부터 상당히 먼 거리에 위치하고 고객은 매우 광범위하게 분산되어 있다.

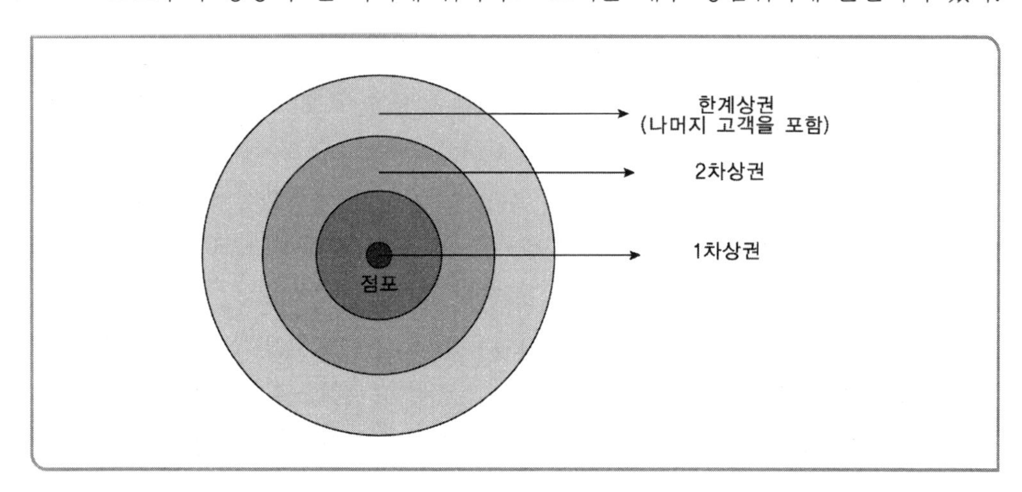

[설정거리와 고객흡인율에 따른 상권의 유형]

1차 상권 (primary trading area)	㉠ 점포를 기준으로 반경 500m 이내 지역, 즉 직경 1km 이내 지역을 말함 ㉡ 전체 점포고객의 50~70%를 흡인하는 지역을 말함 ㉢ 고객들이 지리적으로 밀집되어 분포하고 있는 곳으로 고객 1인당 매출액이 가장 높음
2차 상권 (secondary trading area)	㉠ 1차 상권 외곽에 위치하며, 전체 점포이용 고객의 20~25%를 흡인하는 지역으로 1차 상권보다는 고객이 지역적으로 넓게 분산되어 있음
3차 상권 (fringe trading area)	㉠ 한계상권이라고도 하며, 2차 상권 외곽을 둘러싼 지역범위로 2차 상권에 포함되지 않은 나머지 고객들을 흡인함 ㉡ 점포이용 고객은 점포로부터 상당히 먼거리에 위치하며, 고객들이 광범위하게 분산되어 있음

(3) 권역별 · 위계별 분류에 따른 상권 유형

① **근린형** : 소비자의 주거지역 인근에 입지하며 주민들의 생활편익을 제공하는 지역밀착형 상권이다. 상권은 주민들의 거주지가 배후이며, 중소 규모의 생활편의 소매점 · 일용품점 · 학원 등의 서비스 업종이 밀집하기보다는 독립적인 형태로 입점하는 경향이 있다.

② **지역 · 지구형**

㉠ 지역상권은 도시의 행정구역과 거의 일치하는 개념으로 시 · 군 · 구를 포함하는 범위이다. 지역상권을 결정하는 요소는 인구 규모, 행정기관 및 공공기관 밀집도, 업무 기능 밀집도, 상업 및 서비스 시설의 수 등에 의해 상권의 규모가 비례한다.

㉡ 지구상권은 밀집된 상업시설이 갖는 상권의 범위로, 행정구역으로 보면 구를 포함한다. 개념적으로 지역상권이 지구상권에 비해 규모가 크기 때문에 하나의 지역상권 내에 여러 지구상권이 포함된다.

③ **중심형** : 번화가형 상권으로 주거지에서 멀리 떨어져 있으며 일반상품 업종은 물론이고 외식업이나 오락, 유흥 등 여러 업종이 복합적으로 구성되어 있다.

㉠ 도심형 : 도심상권은 상업과 업무 기능이 가장 잘 발달된 상업구역을 의미한다. 중심상업지구(CBD: central business district)가 이에 속하며 금융, 쇼핑, 위락, 공

공시설이 밀집되어 있다.

㉡ 부도심형 : 주로 근린(동네)에서 구매할 수 없는 상품이 취급되고, 도심지보다는 규모가 작지만 도심에 비해 중소 규모 상업시설, 업무시설 등이 상업적 기능을 수행하는 공간이다. 식당이나 패스트푸드, 학원, 병원 등의 업종이 주로 밀집하며 금융시설이나 유흥시설 등의 점포도 입점하기 때문에 성업시간이 대체적으로 일정하지만, 성업시간 전·후로 영업이 한산한 것이 특징이다.

(4) 유동인구에 따른 분류와 유형

① **번화가상권** : 유동인구가 많은 것이 특징이며, 소비자들은 상품을 구매할 목적으로 이 상권의 점포를 방문하기보다는 충동적인 구매 가능성이 높은 상권이다. 이러한 상권에서는 시간대에 따라 점포 매출액이 큰 편차를 보이고 있으며, 유명 브랜드의 매장들이 많이 입점하여 다양한 연령층들을 흡인하기도 한다. 예를 들면 서울의 명동이나 홍대 주변 등이 대표적이라 할 수 있다.

② **역세권상권** : 기차역, 고속버스나 시외버스터미널, 전철역 등과 같이 대중교통을 이용하기 편리한 곳 주변에 형성되는 상권이다. 이러한 상권은 번화가상권과 같이 유동인구가 많은 특징을 갖고 있다. 그러나 번화가상권과 다른 점은 충동구매보다는 이동의 출발지나 목적지의 성격을 갖기 때문에 소비자들이 시간적인 제약을 받는다는 것이다. 따라서 상품 구매는 편의품이나 간단한 식음료 위주로 구매하는 경향이 많다. 예를 들면 서울역 주변이나 각 지방의 고속버스터미널, 시외버스터미널 등이 대표적이라 할 수 있다.

③ **대학가상권** : 대학가상권 역시 유동인구가 비교적 많은 상권으로, 소비자는 10대와 20대 학생들이나 젊은 직장인들이 주류를 이룬다. 이 상권 내에서는 패스트푸드점, 편의점, 퓨전식당, 패션 잡화점, 휴대폰 대리점, 복사 및 문구점, PC방, 오락실, 당구장 등이 주요업종이 된다. 아직 경제적으로 독립하지 못한 젊은 학생들이 많기 때문에 가격이 비교적 저렴하면서도 기존의 고정관념을 파괴하는 상품들과 점포들은 비교적 발랄한 디자인으로 구성하여 밀집되어 있다.

④ **특화상권** : 동대문과 남대문과 같이 패션의류 및 잡화에 특화되어 있는 패션 상권(패션타운), 각 지역별로 형성되어 있는 먹거리로 특화되어 있는 먹자골목, 한약이나 가구로 특화되어 있는 한약거리, 가구거리 등과 같이 특정한 상품군을 전문적으로 취급하는 점포들이 밀집되어 있다. 예를 들면 용산의 전자상가나 대전의 오토바이 거

리, 수원의 공구상가 등이 대표적이라 할 수 있다. 또한 대형 병원을 중심으로 환자와 방문객을 상대로 하는 작은 식당, 꽃가게, 의료기 취급점, 패스트푸드점 등이 밀집되어 있다.

(5) 경쟁의 정도에 따른 상권의 분류

① 포화상권(점포적정지역)

㉠ 소매점의 포화상태를 말하는 것으로 기존의 점포시설이 효율적으로 이용되고 있으며, 특정의 상품이나 서비스에 대한 고객의 욕구에 잘 적응하고 있는 상태를 말한다.

㉡ 고객에게 우수한 상품과 서비스를 제공하여, 경쟁 소매업체들이 이익을 많이 남길 수 있도록 해 주기 때문에 소매업체들은 이 지역 상권이 매력적이라고 생각한다.

② 과소상권(점포부족지역)

㉠ 시장의 점포 수가 너무 적기 때문에 고객의 욕구를 충족시키지 못하는 시장상황을 말한다.

㉡ 점포수가 적기 때문에 이 상권에서는 점포 당 평균수익률이 매우 높다.

③ 과다상권(점포과밀지역)

㉠ 과잉점포 상태에 있는 상권으로, 점포 수가 너무 많기 때문에 공정한 투자수익률을 올릴 수 있는 시장상황을 말한다.

㉡ 이에 따라 점포의 일부가 도산하거나 시장에서 퇴출되기도 한다.

④ 과점상권

㉠ 특정 상품이나 서비스를 몇 개의 점포가 과점하여 판매하고 있는 상권을 말하는 것으로 가격담합 등의 불공정 진입장벽을 특징으로 한다.

㉡ 과점상태라고 해서 다른 점포들이 폐업을 하거나 신규점포가 출점할 수 없는 상태인 것은 아니다.

(6) 공간균배 원리에 의한 상점 분류

① 공간균배 원리는 하나의 상권에 동질적인 소비자가 균등하게 분포되어 있다고 가정을 했을 때, 한 점포가 먼저 입지하고 새로운 점포가 입지할 때, 어느 위치에 입지하는 것이 유리한가를 분석하는 원리이다. 경쟁점포들은 상호경쟁을 통하여 공간을 서로 균등히 배분하여 입지한다는 이론이다.

② 공간균배 원리는 크게 네 가지로 구분할 수 있다

㉠ 집심성 점포 : 배후지의 중심부에 입지하며 재화의 도달범위가 긴 상품을 주로 취급한다. 백화점, 고급음식점, 보석 가게, 고급의류점, 대형 서점, 영화관 등이 있다.

㉡ 집재성 점포 : 업무의 연계성이 크고 상호 대체성이 큰 점포끼리 한곳에 입지한다. 가구점, 중고서점, 전자제품, 기계점, 관공서 등이 있다.

㉢ 산재성 점포 : 배후지가 작으므로 분산입지 하는 것이 유리하며 재화의 도달거리가 짧은 상품을 주로 취급한다. 잡화점, 이발소, 세탁소, 대중목욕탕, 소매점포, 어물점 등이 있다.

㉣ 국부적 집중성 점포 : 어떤 특정 지역에 동업종끼리 국부적 중심지에 입지하여야 유리 하다. 농기구점, 석재점, 비료점, 종묘점, 어구점 등이 있다.

3. 상권조사의 방법과 분석

(1) 상권조사의 의의

① 상권조사란 입지와 상권조사를 통한 사업타당성여부를 검토하기 위한 기본 분석을 의미한다.

② 소매점포가 상품이나 서비스를 제공하여야 할 유형, 예상매출액, 신점포 시설의 매장규모의 산정과 부지선정의 기초가 되는 결정을 위한 조사를 하는 것이다.

③ 초기 상권범위를 결정하려고 할 경우 일반적으로 기초자료로서 사용되는 요인으로는 인구밀도분포, 개별점포에 접근하는 교통조건, 경쟁상대의 위치를 조사해야 한다.

④ 상권조사의 원칙은 5W2H(who, when, what, where, why, how, how much)에 의거하여 조사 종류의 결정, 조사 방법, 조사 대상 및 표본수, 수집자료 분석방법, 조사 일정, 조사 예산의 수립 등에 대한 다양한 의사결정을 필요로 한다.

(2) 상권조사의 내용

① **유동인구 조사** : 유동인구는 주말이라 해도 토요일과 공휴일에 따라, 그리고 날씨에 따라 차이가 난다. 무엇보다 성별, 연령별, 시간대별, 요일별 통행객의 수를 관찰하고 통행성격과 통행객의 수준을 파악한다. 또한 주 고객이 몰리는 시간뿐 아니라 하루의 총유동인구를 조사한다.

② **고객층과 시간대별 통행량 조사** : 고객층에 따라 그 시간대가 다르므로 학생을 대상으로 할 때는 하교시간대에, 직장인을 대상으로 할 때는 퇴근시간대에, 주부를 대상으로 할 때는 오전 11시~오후 5시 사이에 정밀 조사한다.

③ **내점률 조사** : 점포 후보지의 유동인구 및 잠재력을 조사한 다음에는 점포 후보지의 내점률을 확인하여야 하는데, 이는 추정매출을 조사하기 위한 것이다. 추정매출을 조사하기 위한 방법으로 경쟁점포나 유사 업종의 매출조사, 설문조사, 전문조사업체에 의뢰하는 등의 방법이 있다.

④ **경쟁점 및 경쟁업종 조사** : 예상되는 경쟁점포의 이용객 수, 계층, 제품의 가격대, 매장 구성의 장점 및 단점을 파악한다.

경쟁점포 조사항목 사례 

① 시장지위 : 경쟁점포의 시장점유율, 매출액
② 운영현황 : 영업시간, 종업원 수
③ 상품력 : 맛, 품질, 가격경쟁력
④ 경영능력 : 대표의 참여도, 종업원관리
⑤ 시설현황 : 점포면적, 인테리어

⑤ **배후지 인구 특성 파악** : 배후지 인구의 연령대, 주요 직업군, 소득수준 파악을 통한 소비주력군의 성향을 분석한다.

⑥ **기타** : 상권형태 및 규모 파악, 통행차량 조사, 상권의 장래전망, 임대료와 권리금, 배후지 인구수의 양과 질 등을 파악하는 것이 상권조사에 있어서 중요한 체크 포인트가 될 수 있다.

(3) 상권조사 방법

상권을 조사하는 방법에는 2차 자료 조사와 1차 자료 조사가 있다. 상권분석에서 2차 자료는 기존의 자료를 수집하여 대략적인 상권의 특성을 파악하고, 1차 자료 조사는 실제로 상권을 관찰하는 것에 초점을 두어야 한다.

① 2차 자료

㉠ 2차 자료라 함은 다른 목적으로 수행된 조사자료나 정부의 인구통계자료, 세무자료, 여러 유통연구소의 발표자료 등을 의미하는 것으로 일반적으로 상권조사를 위해 가장 먼저 시작하는 조사이다.

㉡ 2차 자료는 다른 목적에 의해 수집된 자료이기 때문에 목적에 맞게 수정 및 보완이 이루어져야 한다.

② **1차 자료**

㉠ 1차 자료라 함은 당해 사업목적을 위해 직접적으로 조사하여 수집한 자료를 말하는 것으로 일반적으로 2차 자료 분석 후에 이루어진다.

㉡ 1차 자료의 수집방법으로는 관찰조사, 설문조사, 실험조사가 있다.

(4) 상권조사 절차

㉠ 상권에 대한 2차적 지역정보 수집

㉡ 지역상권에 대한 상권지도 작성

㉢ 상권 내 지역에 대한 관찰조사

㉣ 직접방문에 의한 정성조사 및 정량조사 실시

(5) 현장실사의 원칙

① **예측의 습관화 원칙** : 실사를 할 때 '이 점포는 물건을 얼마나 팔고 있을까?'를, '왜 잘 팔리고 있는가?', '왜 팔리지 않는가?'를 예측하는 습관을 항상 가져야 한다.

② **비교 검토의 원칙** : 지금 보고 있는 물건이 다른 물건에 비해서 '큰 것인가? 작은 것인가?', '많은가? 적은가?', '높은가? 낮은가? 하는 식으로 끊임없이 다른 점포와 비교함으로써 목적을 달성할 수 있다.

③ **오감(五感)의 원칙** : '결론 도출 방법'인 실사와 인간의 오감을 접목시켜야 매출 예측의 정밀도를 증가시킬 수 있다.

④ **수치화의 원칙** : 여러 점포를 실사한 후 통계적 기준을 정하는 것이 기본적 수치화 방법이다.

⑤ **가설 검증의 원칙** : 예측한 가설들을 검증해 나가야 한다.

(6) 표본조사와 전수조사

① **표본조사(sample survey)**

㉠ 표집의 추출은 관찰의 대상을 선정하는 과정

㉡ 조사의 대상자 중에서 일부만을 대상으로 하여 조사하는 방법

㉢ 모집단을 정의하고 표본의 수를 결정한 후에 표본을 추출하는 방식

㉣ 모집단의 특성을 그대로 가지는 대표성 높은 표본 선정이 관건이며, 오늘날 대부분의 조사는 표본조사에 의해 이루어지고 있음

㉤ 모집단(population)은 관심의 대상인 모든 조사 단위들의 집합

② **전수조사**

㉠ 전체 조사대상을 조사하는 방법

㉡ 이를 수행하기 위해서는 많은 비용과 시간이 소요

㉢ 조사과정 중 발생하게 되는 문제들로 인해 정확도가 떨어짐

(7) 비확률적 추출방법

비확률적 표본추출방법은 조사대상이 표본으로 추출될 확률을 모르는 상태에서 표본이 선정되는 방법으로서, 추출된 표본이 모집단을 얼마나 잘 대표하는지를 알지 못하므로 분석결과를 일반화시키는 데 한계가 있다. 비확률적 표본추출방법에는 편의표본추출(convenience sampling), 판단표본추출(judgment sampling), 할당표본추출(quota sampling)의 3가지 방법이 있다.

① **편의표본추출** : 조사자의 편의대로 표본을 선정하는 방법으로, 신제품을 테스트하기 위해서 시제품 사용에 참여하기를 원하는 지원자를 대상으로 조사를 한다든지 길거리에서 우연히 마주치는 사람에 대해 조사를 행하는 것이 이에 해당한다.

② **판단표본추출법** : 조사목적에 가장 적합할 것으로 판단되는 특정집단을 표본으로 선정하는 방법이다. 예를 들어 신제품을 출시하기 전에 제품의 시장성을 조사하기 위해서 제품의 시장잠재력을 가장 잘 반영할 것으로 판단되는 특정도시를 선택하는 것이나 경쟁회사의 영업상태를 파악하기 위해서 자사의 영업사원을 대상으로 조사하는 것 등이 판단표본추출방법의 예라고 볼 수 있다.

③ **할당표본추출** : 모집단의 특성(가령, 나이)을 기준으로 이에 비례하여 표본을 추출함으로써 모집단의 구성원들을 대표하도록 하는 추출방법이다. 예를 들면 모집단이 30세 이상과 30세 이하로 대별되고 각 집단의 구성비율에 대하여 사전정보를 가지고 있는 경우 그 비율에 따라 표본을 추출하는 것이 대표적인 예라고 할 수 있다.

(8) 확률표본 추출방법

확률적 확률표본 추출방법은 연구대상이 표본으로 추출될 확률을 미리 알 수 있는 표본추출방법으로서, 추출된 표본 및 모집단을 얼마나 잘 대표하는지를 알 수 있음으로 표

본분석결과를 일반화 할 수 있다.

① **단순무작위 표본추출** : 각 표본들이 동일하게 선택될 확률을 가지도록 선정된 표본프레임 안에서 각 표본단위들에 일련번호를 부여하여 난수표를 이용해서 선정된 번호에 따라서 무작위로 추출하는 방법이다.

② **층화 표본 추출** : 모집단을 통제변수에 의해서 서로 배타적이고 포괄적인 소그룹으로 구분한 다음 각 소그룹 별로 단순 무작위 표본을 추출하는 방법이다. 예를 들면 모집단을 성이라는 통제변수를 통해서 남성과 여성으로 분류하고 각 소그룹에 대해 다시 무작위로 표본을 추출하는 것이 그 예이다.

③ **군집표본추출** : 모집단을 동질적인 여러 소그룹으로 나눈 다음 특정 소그룹을 표본으로 추출하고 선택된 소그룹 전체를 조사대상으로 삼거나 그 소그룹의 상당부분을 표본으로 다시 추출하는 표본추출방법이다.

제2절 상권분석에서의 정보기술 활용

1. 상권정보

(1) 상권정보의 개념

① 상권정보시스템은 업종전환 및 창업을 하고자 하는 사람들의 성공을 위해 업종의 선정 과 입지 등을 지원하기 위해 종합적인 상권정보(지역별 · 업종별)를 전자지도로 제공하는 시스템이다.

② 상권정보는 지역상권 내의 라이프스타일, 시장규모 및 성향, 유사 또는 동종업종 점포 수 등이 있다.

③ 중소벤처기업부 소상공인시장진흥공단에서 제공하는 상권정보시스템(sg.sbiz.or.kr)은 예비창업자와 소상공인에게 지역, 영역, 업종 등 입력정보를 기반으로 인구, 주거형태, 주요시설, 유동인구, 매출 정보, 소득수준, 소비수준, 창업 과밀지수, 점포 이력, 평가 등 상권분석에 필요한 다양한 49종의 상권분석 정보를 무료로 제공한다.

(2) 지리정보시스템

① 지리정보시스템(GIS ; Geographical Information System)은 인간생활에 필요한 지리정보를 효율적으로 활용하기 위한정보시스템의 하나이다. 여기서 의미하는 시스템이란 인간의 의사결정능력의 지원에 필요한 지리정보의 관측과 수집에서부터 보존과 분석, 출력에 이르기까지 일련의 조작을 위한 정보시스템을 의미한다.

② 지리정보시스템은 '공간상 위치를 점유하는 지리자료(Geographic Data)와 이에 관련된 속성자료(Attribute Data)를 통합하여 처리하는 정보시스템으로서 다양한 형태의 지리 정보를 효율적으로 수집 · 저장 · 갱신 · 처리 · 분석 · 출력하기 위해 이용되는 하드웨어, 소프트웨어, 지리자료, 인적자원의 총체적 조직체'라고 정의할 수 있다.

③ 컴퓨터를 이용한 지도작성체계와 데이터베이스관리체계(DBMS)의 결합이다.

④ 지도 레이어는 점, 선, 면을 포함하는 개별 지도형상으로 구성되어 있다.

⑤ gCRM을 실현하는 데 기본적 틀을 제공할 수 있다.

⑥ 주제도작성, 데이터 및 공간조회, 버퍼링(buffering)을 통해 효과적인 상권분석이 가능하다.

⑦ 심도 있는 분석을 위해 상권의 중첩(overlay)을 표현할 수 있다.

⑧ 지역의 중심점과 경쟁점포들 간의 거리측정이 가능하고, 상권의 경계추정 및 표적고객집단을 파악할 수 있으며, IT 기술의 발전으로 GIS를 통해 매출액 추정과정을 시스템화하여 점차 확대하고 있다.

상권의 정의를 위한 기초자료 

① 고객 스포팅 : 점포나 쇼핑센터를 위해 고객의 거주지역을 파악하는 데에 고객 스포팅 기술의 목적이 있으며, 고객에 대한 구체적인 자료는 보통 신용카드, 수표구매, 고객충성도 프로그램 등을 통해 얻을 수 있다.

② 인구통계적 자료 및 지리정보시스템 제공업체 : 소매업체에게 보다 나은 입지선정을 할 수 있는 정보를 전문적으로 제공하는 사설 조사업체를 통하여 인구통계자료 및 지리정보시스템 자료를 얻을 수 있다. 지리정보시스템은 지도 형식으로 고객의 인구통계학적 특징, 구매행동, 다른 자료에 대한 정보를 시각화할 수 있도록 도와준다.

③ 인구센서스 : 가구당 가족 수, 가족관계, 성별, 나이, 결혼 여부 등을 조사한다.

④ 구매력지수 : 주어진 시장의 구매능력을 측정한 것으로 시장 전체의 잠재구매력에 대한 비율로 표현된다. 기본 구매력지수는 모든 시장에 존재하는 세 가지 중요한 요소인 총소득, 총소매매출, 총인구에 가중치를 두고 이를 결합시켜 만든다.

⑤ 경쟁척도 : 경쟁정도를 측정하는 전통적인 방법은 전화번호의 옐로 페이지(yellow page)를 통하는 것이며 경쟁을 측정하는 가장 강력한 방법 중의 하나는 인터넷을 통하는 것이다. 대부분의 웹사이트들은 현재의 모든 입지뿐만 아니라 미래의 입지도 나타내며 다른 국가에서 예상되는 매출을 측정하기 위해 직접 방문해야 할 필요성도 없애준다.

2. 상권정보수집 방법

(1) 면접법

① 방문면접법

㉠ 방문면접법은 조사원이 조사 대상자를 실제 방문하여 인터뷰 형식으로 질문을 하고 대답을 받는 방법

㉡ 이 방법은 질문의 의미를 그 자리에서 회답자에게 설명할 수 있으므로 질문의 의미를 오해하고 확답해버리는 오류를 막을 수 있는 특징이 있음

② 집단면접법

㉠ 집단면접법은 대상자를 어떤 장소에 모이게 하여 그 장소에서 질문에 대답해 받는 방법

㉡ 기업이 개발한 새로운 제품의 감상 등을 묻는 경우에 효과적으로 쓰이는 방법

㉢ 집합된 장소에서 한 번에 다수의 조사표를 회수할 수 있는 장점이 있음

㉣ 집합장소의 확보 및 집합시간과 장소의 사전연락 등의 준비작업에 있어 일손이 필요하다는 문제점을 가지고 있음

(2) 조사법

① 우편조사법

㉠ 조사표를 대상자들에게 우편으로 송부하여 대상자들에게 기입 후 반송해서 받는 방법

㉡ 조사표를 일일이 회수할 일손이 필요하지 않게 됨

㉢ 회수율이 낮은 문제점이 있음

② 유치조사법

㉠ 조사원이 대상자들에게 조사표를 배포하고 수일 후에 조사원이 돌아다니며 회수하는 방법

㉡ 회답하는데 시간을 필요로 하는 조사일 때에 효과적인 방법

③ 전화조사법

㉠ 조사원이 대상자에게 전화로 질문을 해서 대답을 받는 방법

㉡ 질문의 수를 적게 해서 상대방으로부터 시간을 빼앗지 않도록 해야 함

㉢ 가두조사법과 마찬가지로 회답해 줄 사람과 만나는 것이 어렵다는 문제가 있음

④ 가두조사법

㉠ 가두조사법을 실시할 때에는 평일에 실시할 것인가 휴일에 실시할 것인가, 오전인가, 오후인가 등 요일과 시간대의 선정에 있어서 주의할 필요가 있음

⑤ 점두조사법

㉠ 점포에서 조사원이 대기하다가 구매결정을 한 소비자에게 질문을 하는 방식

㉡ 즉 매장을 방문하는 소비자의 주소를 파악하여 자기점포의 상권을 조사하는 방법

제3절 상권설정 및 분석

1. 상권설정의 요소

(1) 상권설정의 필요성

① 구체적 입지계획을 수립하기 위하여

② 잠재적인 수요를 파악하기 위하여

③ 상권규모에 적합한 투자 및 시설규모를 결정하기 위하여

④ 새로운 상업시설을 출점하기 위해 소비자를 흡인할 수 있는 상권범위를 설정할 수 있음

⑤ 해당지역 소비자들의 특성파악을 통해 판촉방향 및 제품구색 갖춤을 파악할 수 있음

(2) 상권설정과 범위

① 일반적으로 상권의 범위는 점포의 규모에 비례한다.

② 상권의 범위는 업종의 종류, 경영전략, 사업장의 규모, 상권구분의 물리적 요소 등의 복합적 요인들에 의해 변화한다.

③ 선매품과 전문품을 취급하는 점포의 상권이 편의품을 취급하는 상권의 점포보다 크다.

④ 점포의 지명도가 높을수록 상권의 범위가 확대된다.

⑤ 교통편이 양호하고 번화가에 입지할수록 상권의 범위가 확대된다.

(3) 상권설정 요인

① **업종의 종류** : 업종과 업태에 따라 상권이 다르게 형성된다.

② **점포의 규모** : 일반적으로 사업장의 규모가 크거나 시설이 고급화될수록 상권의 범위는 넓어지고 반대일 경우에는 상권의 범위가 좁아진다.

③ **경영전략** : 점포의 경영자가 적극적인 경영전략을 실시하면 상권은 확대되고, 반면 소극적인 경영전략을 실시하면 상권은 축소된다.

④ **중심방향** : 일반적으로 중심방향 쪽으로는 상권이 좁고, 중심의 반대방향 쪽으로는 상권이 넓다.

(4) 상권설정의 요소

① **업종의 종류**

㉠ 판매업, 서비스업, 외식업, 레저업, 스포츠업으로 구분

㉡ 업태 : 슈퍼마켓, 대형마트, 백화점, 편의점에 따라 상권범위가 다르게 설정

② **사업장의 규모**

㉠ 사업장 규모가 클수록, 시설이 고급일수록 상권범위가 넓어짐

㉡ 사업장 규모가 작을수록, 시설이 저급일수록 상권범위가 좁아짐

③ **경영전략**

㉠ 적극적 경영전략 : 상권 확대

㉡ 소극적 경영전략 : 상권 축소

④ 물리적 요소

㉠ 자연지형물 : : 산, 하천, 철도, 도로 등

㉡ 대형 시설물 : 학교, 관공서, 운동장 등

㉢ 도로 상태 : 도로망의 연계 상태, 노폭, 중앙분리대, 신호등, 건널목 유무, 접도조건 등

상권설정에 영향을 주는 도로 유형 

① 생선가시형 도로 : 큰 도로를 중심에 두고 양쪽 옆으로 수없이 갈라지는 도로형태로, 소매업 경영에 좋은 형태
② 나뭇가지형 도로 : 도로가 나뭇가지처럼 사방으로 뻗쳐있는 도로형태로, 소매업 경영에 좋은 형태
③ 별(Stellar)형 도로 : 모든 도로가 특정지역으로 이어져 있는 도로형태로, 소매업 경영에 좋은 형태
④ 평행형 도로 : 여러 갈래의 도로가 평행하게 놓여있는 도로형태로, 독립된 도로 특징으로 인해 소매업 경영에 이상적인 입지

(5) 상권설정의 절차

① 1만분의 1또는 5천분의 1지도를 준비하여 계획지점을 마크한다.

② 영위하고자 하는 사업의 업종 및 업태 등을 고려하여 기본 상권의 반경범위를 원형으로 그린다.

③ 기본 상권의 범위가 그려진 상태에서 산, 하천, 도로, 철도 등 상권을 구분하는 물리적 요소들을 감안하여 현실적인 상권범위를 조정한다.

④ 조정된 상권범위에 경쟁점의 위치 및 영향권, 도로의 연계상황 등을 감안하여 보다 더 현실적인 상권범위를 확정한다.

⑤ 확정된 상권범위 내에 속하는 행정구역 단위의 인구 수, 사업체 수, 산업 통계지표 등의 자료를 통하여 상권규모를 계량화한다.

(6) 상권설정 방법

① 단순원형 상권설정법

㉠ 기본 상권의 범위를 정하는 데 초점을 둔다.

ⓒ 우선 기본 상권의 범위를 정하여 상권 내의 상권인구를 산출한 후, 이를 기초로 한 예상매출액을 산출하고 필요 시 경합 영향도를 계산하기도 한다.

② 실사 상권설정법

㉠ 단순원형 상권설정법과는 달리 현장에서 인간이 가진 오감을 활용해 상권을 파악하는 방법으로 점포에 찾아온 고객의 범위를 파악하는 것을 목적으로 한다.

ⓒ 도보에 의한 상권설정, 버스승차 조사에 의한 상권설정, 실주행 조사에 의한 상권설정이 있으며 그 입지유형이 도시형 혹은 교외형인가에 따라 다르게 적용된다.

③ 앙케이트를 이용한 상권설정법

㉠ 점포에 찾아온 고객에 대해 직접 물어보고 조사한 뒤 그 결과를 집계 · 분석하여 상권을 설정하는 방법이다. (판매지역조사법, SAS : Sales area survey)

ⓒ 판매지역조사법에 따라 응답표 작성, 조사 준비, 조사 실시, 실제 고객지수의 산출, 상권의 확정 등 5단계로 구분하여 조사한다.

④ 고객리스트를 통한 상권설정법

㉠ 특정 점포의 고객정보를 상권설정을 위한 샘플로 활용하는 방법으로, 앙케이트를 이용한 상권설정법에 비해 시간과 비용이 절감된다.

ⓒ 특정 점포의 고객정보를 활용하기에 샘플의 신선도가 낮고, 자사점포의 고객을 대표하는 샘플로 보기 어렵다는 단점이 있다.

2. 상권분석의 의의 및 절차

(1) 상권분석의 개요

① 상권분석이란 상권 전체의 성쇠를 파악하는 것으로 잠재수요를 반영하는 판매예측량을 추정 하는 데 필요하고, 상권분석을 통한 상권에 대한 올바른 인식과 파악은 고객지향적인 마케팅 전략의 수립과 전개에 필요하다.

② 상권분석은 상권 전체의 가치에 많은 영향을 주는 요인을 파악하는 것을 말한다. 상권과 입지조건 분석을 동시에 묶어 상권분석이라 한다.

③ 상권분석은 기존점포에 대한 상권분석과 신규점포에 대한 상권분석으로 구분되어진다. 기존 점포의 상권분석이 신규점포에 대한 상권분석보다 상권의 특성과 크기 등에 대해 보다 상세하게 분석될 수 있다.

④ 상권분석은 대상 점포가 있는 경우 입지조건뿐만 아니라 점포의 외형적 특성도 고려한다. 상권분석의 공간적 개념으로 원형을 가장 많이 사용한다.

(2) 상권분석의 필요성

① **판매예측** : 상권분석은 잠재수요를 반영하는 판매 예상량을 추정하는 데 필요하다.
② **마케팅 전략 수립** : 상권분석을 통한 상권에 대한 올바른 인식과 파악은 고객지향적인 마케팅 전략의 수립과 전개에 필요하다.
③ **기초자료 활용** : 상권분석은 입지의 참고자료와 상점가 재개발의 기초자료로 활용할 수 있다.

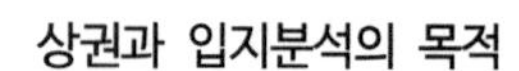

① 목표고객과 경쟁사를 파악할 수 있다.
② 마케팅 전략 수립을 위한 기초자료를 수집할 수 있다.
③ 사업의 범위를 결정할 수 있다.
④ 매출추정의 근거를 찾을 수 있다.
⑤ 사업주의 경영능력을 향상시킬 수 있다.
⑥ 투자비용 대비 수익률을 산출 할 수 있다.

(3) 상권분석 시 주요 조사항목

① **상권 내 경쟁시설물의 정보** : 경쟁시설의 개수 및 위치, 규모 및 경쟁력, 영업실태, 임대가 등
② **상권 내 행정통계** : 인구수 및 세대수, 세대별 소비지출 비용내역, 사업체수, 종업원수, 유동인구
③ **소비자 특성** : 지역별 고객분포, 지역별 점유율, 소비단가, 이용횟수, 시설물 선호도, 지역별 필요시설물 등
④ **교통 및 도로현황** : 교통량과 도로, 차량 종류, 주차장(자가, 공용), 도로상태(편도 4차선, 2차선, 1차선, 인도 등

[통행인구 및 교통량 조사]

구분	남/녀	남/녀	남/녀	남/녀	남/녀	승용차	버스	화물차	기타
	10대	20대	30대	40대	50대 이상				
주중									
주중 합계									
주말									
주말 합계									

⑤ **상권 변화** : 5㎞ 범위 내 새로운 지구나 상업지, 대형마트, 백화점, 영화관, 쇼핑센터 등의 계획행정분할, 도로확장, 지하도, 교차로, 횡단보도 등의 신설이나 폐쇄 등

(4) 상권분석 절차

① 상권후보지의 선정 ▶ 상권분석 및 상권의 선정 ▶ 입지후보지의 선정 ▶ 입지분석 및 입지의 선정 ▶ 점포활성화를 위한 전략 수립

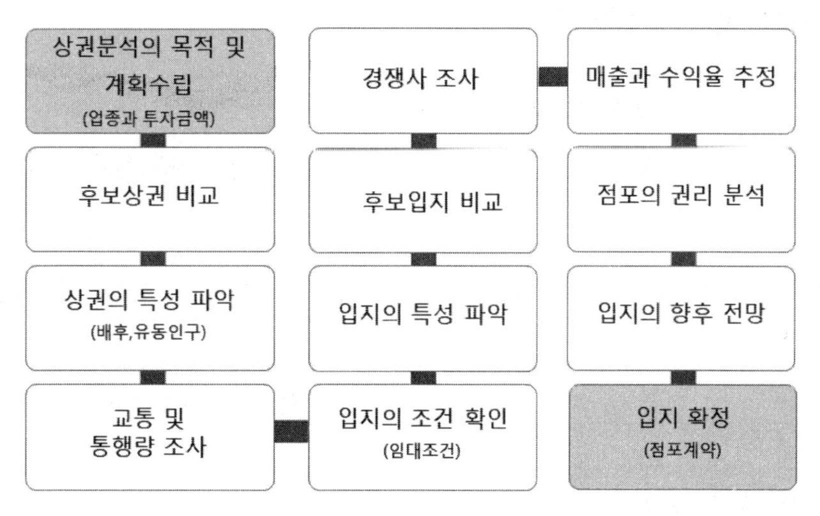

[상권분석 및 입지분석 절차]

② 일반적인 상권분석 절차

㉠ 지리적 분석 실시

㉡ 인구통계 분석 실시

㉢ 상권구조 및 취급제품 분석

㉣ 경쟁자 분석

(5) 상권분석의 구분

① 기존점포에 대한 상권분석

㉠ 기존점포의 상권은 점포 내부 자료와 기타 다른 목적으로 수행된 조사자료 등의 기업 내 2차 자료를 이용하여 측정할 수 있다. 이와 함께 정부의 인구통계자료, 세무자료, 여러 유통기관 및 연구소에서 발표된 자료들을 각 점포의 필요에 맞게 조정하여 이용할 수 있다.

㉡ 기존점포는 신용카드 이용고객과 현금사용고객의 주소를 이용하여 상권을 용이하게 추정할 수 있다.

㉢ 1차 상권, 2차 상권 및 한계상권은 다음의 2차 자료에 근거하여 추정될 수 있다. 첫째, 특정구역 내 고객들의 각 점포에서의 상품구입 빈도, 둘째, 고객의 평균 구매량(액), 특정 구역 내의 자사점포고객 중 신용카드 보유자의 비율이다.

② 신규점포에 대한 상권분석

[기존 점포와 신규 점포에 대한 상권분석방법]

기존 점포	신규 점포
㉠ 각종 뉴스나 기사자료 및 각종 유통기관에서 발표한 자료 ㉡ 경제에 관련한 연구소의 발표자료 ㉢ 정부에서 발표한 세무자료 및 인구통계자료	㉠ 서술적 방법 : 체크리스트법, 유추법, 현지조사법, 비율법 등을 사용함 ㉡ 규범적 모형 : 중심지이론, 소매중력법칙 등을 사용함 ㉢ 확률적 모형 : 허프 모형, 루스 모형, MNL 모형, MCI 모형 등을 사용함

(6) 상권분석으로 인한 장점

① 신규점포의 경우 출점 성공률을 현저히 높일 수 있다.

② 마케팅 및 촉진활동의 방향을 명확히 할 수 있다.

③ 점포의 위치가 새로운 소비자나 기존 점포의 소비자를 유인할 수 있는지 판단할 수 있다.

④ 현재 상황뿐만 아니라 미래 상권의 변화 추이를 판단할 수 있다.

상권획정기법 Point TIP

① 중심지와 배후지
- 중심지 : 점포가 존재하는 곳
- 배후지(상권) : 고객이 존재하는 곳

② 상권획정기법
- 시장침투법 : 상권이 중첩되어 경쟁이 심한 업종
  예) 백화점, 할인점, 슈퍼마켓
- 공간독점법 : 거리제한을 두거나 면허가 필요한 업종
  예) 주류판매점, 우체국
- 분산시장접근법 : 특정 수요계층을 대상으로 하는 업종
  예) 고급가구점, 외제승용차점

3. 상권분석 평가방법

(1) 소매포화지수

① 소매포화지수(Index of Retail Saturation)는 특정 시장 내에서 주어진 제품계열에 대한 점포면적당 잠재매출액의 크기를 말하며, 이것은 상권분석에 있어서 중요한 소비자 수요와 경쟁 공급량의 비율을 의미한다.

② 지역시장의 수요잠재력을 총체적으로 측정할 수 있는 지표로서 많이 이용되며, 신규개점을 위한 수요분석 시 주로 사용되는 척도이다.

③ 소매포화지수(IRS)는 소매수요가 아무리 높다고 하더라도 기존 점포들 간의 경쟁이 매우 치열한 상황이라면 지역시장의 매력도는 낮아진다.

④ IRS 값이 적어질수록 점포가 초과 공급되었다는 것을 의미하므로 신규점포에 대한 시장 잠재력은 상대적으로 낮아질 것이다.

⑤ IRS 값이 클수록 시장기회가 커진다. IRS 값은 마케팅 능력의 부족 때문에 다른 지역에서 쇼핑하는 상황을 반영 못한다.

⑥ IRS 값은 특정업태가 가지는 시장에서의 단위면적당 잠재수요로서 클수록 신규점포 개설에 유리하다.

[소매포화지수에 포함되는 요인]

① 특정제품(서비스)에 배분한 총 매장면적
② 특정제품(서비스)에 대한 특정상권 고객의 지출액
③ 특정제품(서비스)에 대한 특정상권 내의 고객수(가구수)

$$IRS = \frac{\text{수요}}{\text{특정업태의 총매장면적}}$$

$$= \frac{\text{지역시장 총가구수} \times \text{가구당 특정업태에 대한 지출비}}{\text{특정업태 총매장면적}}$$

① IRS에서는 점포가 비슷한 전통적인 슈퍼마켓 등은 적용이 용이하나 스포츠 용품 또는 가구점 등 전문화된 점포에는 적용이 어렵다.
② 경쟁의 양적인 측면만 고려되고 질적인 측면에 대한 고려가 되고 있지 않다.
③ 미래의 신규수요를 반영하지 못한다.
④ 소매포화지수 값은 마케팅 능력의 부족 때문에 거주자들의 지역시장 밖에서의 쇼핑정도와 수요를 측정·파악하기 어렵다.
⑤ 소매포화지수는 '1'에 근접할수록 좋다.
⑥ 특정상권에서 소매포화지수값이 적어질수록 점포를 출점할 때 신중한 고려가 필요하다는 의미이다.

(2) 시장 확장 잠재력(Market Expansion Potential : MEP)

① 지역시장이 미래에 신규수요를 창출할 수 있는 잠재력을 반영하는 지표로 거주자들이 지역시장 외에서의 쇼핑정도를 파악할 수 있다.

② MEP는 IRS의 단점을 보완하는 지표로서, 구체적으로는 거주자들이 지역시장 외에 다른 시장에서의 쇼핑 지출액을 추정하여 계산이 가능하다. 이 경우 다른 지역의 쇼

핑정도가 높을수록 시장 확장 잠재력은 증가하게 된다.

③ 마케터는 신규점포가 입지할 지역시장의 매력도를 평가할 때, 기존 점포들에 의한 시장 포화 정도뿐 아니라 시장 확장 잠재력(MEP)을 함께 고려해야 한다.

④ 지역시장 매력도는 IRS와 MEP를 함께 사용하여 평가될 수 있는데, 이러한 경우 시장 매력도는 네 가지 유형으로 분류하고 있다.

㉠ IRS와 MEP값이 모두 높은 지역시장이 가장 매력적이며 지금이나 미래에도 시장은 아주 좋은 지역으로 부지 가격만 적정하다면 아주 좋은 지역이다.

㉡ IRS가 높고, MEP가 낮은 지역은 지금은 시장의 매력이 높은 지역이지만 앞으로 발전가능성은 불확실한 지역이므로 지금과 미래의 중요성의 평가자의 주관에 따라 구분된다.

㉢ IRS가 낮고, MEP가 높은 지역은 지금은 비 매력적이지만 향후에 유망한 지역으로 적절한 시기에 개발한다. MEP 점수가 높은 경우는 총수요의 증가 가능성이 높다는 것을 나타낸다.

㉣ IRS와 MEP가 둘 다 낮은 경우 비매력적인 시장으로서 치열한 경쟁과 낮은 시장 성장가능성 때문에 신규점포의 진출은 어렵게 되며 검토 대상이 되지 않는다.

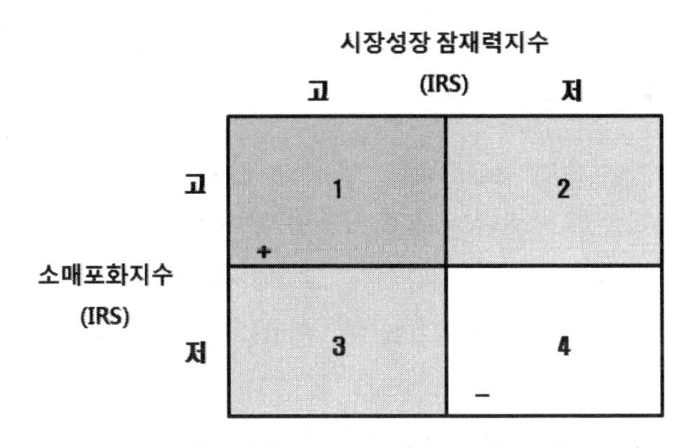

[소매포화지수(IRS)와 시장 확장 잠재력(MEP) 평가]

(3) 중심성 지수(CI : Centralization Index)

① 중심성 지수는 소매업의 공간적 분포를 설명하는 이론으로 중심지 분석에 있어 가장 중요한 요인은 인구라고 할 수 있다. 즉 어떤 지역의 소매판매액을 1인당 평균 구매액으로 나눈 값을 상업인구라하고 상업인구를 거주인구로 나눈 값을 중심성 지수라 한다.

② 소매업의 공간적 분포를 설명하는데 도움을 주는 지표로써 유출입지수라고도 하며, 어느 지역에서 중심이 되는 공간이 어디인지를 지수로 파악할 수 있다.

③ 소매업이 불균등하게 분포한다는 것은 소매업이 외곽지역보다 중심지에 밀집된 형태로 구성됨을 의미한다.

④ 중심성 지수는 상업인구가 거주인구와 동일할 때 1이 되고, 상업인구가 많으면 많을수록 1보다 큰 값이 된다. (중심성 지수 = 상업인구/거주인구)

⑤ 도시의 소매판매액을 1인당 소매구매액으로 나눈 값을 상업인구라 한다. (상업인구= 소매판매액/1인당 소매구매액)

(4) 구매력 지수(BPI ; Buying power Index)

① 소매점포의 입지분석 시 해당 지역시장의 구매력을 측정하는 기준으로서 사용되는 것으로, 그 시장에서 구매할 수 있는 능력을 나타내는 것이다.

② 이 지수를 산출하기 위해서는 다음과 같은 3가지 요소에 가중치를 곱하여 합산하는 공식을 사용한다.

> 구매력 지수(BPI)= (인구비 × 0.2)+(소매 매출액비 × 0.3)+(유효구매 소득비 × 0.5)
> * 인구비 : 총인구 대비 지역의 인구비율
> * 소매 매출액비 : 전체 소매매출액 대비 지역의 소매매출액 비율
> * 유효구매 소득비 : 지역의 가처분소득 비율

③ 구매력 지수가 높으면 높을수록 그 시장의 구매력은 크다는 것을 의미한다. 그러나 보편적인 가격으로 판매되는 대중 상품의 구매력을 추정하는 경우에는 BPI의 유용성은 높지만 상품의 성격이 대중시장으로부터 멀어질수록 보다 많은 차별요소(소득, 계층, 연령, 성별 등)를 가지고 BPI를 수정할 필요성이 높아진다.

(5) 소비 잠재 지수(SPI ; Spending Potential Index)

① 어떤 특정 상품 혹은 서비스의 가계소비를 분석하는데 사용된다.

② SPI는 '특정 제품에 대한 지역평균소비량/전국평균소비량' 로 산출된다.

③ 지수가 100이하인 경우, 제품 소비량이 전국평균보다 낮다고 해석한다.

(6) SAI(Sales Activity Index)

① 타 지역과 비교한 특정 지역의 1인당 소매 매출액을 측정하는 방법이다.

② 인구를 기준으로 해서 소매매출액의 비율을 계산하는 방식이다.

4. 서술적 방법에 의한 상권분석

(1) 체크리스트법

① 체크리스트법은 상권의 규모에 영향을 미치는 요인들을 수집하고 분석하여 시장잠재력을 측정하는 방법이다. 또한 특정 상권의 제반특성을 체계화된 항목으로 조사하고, 이를 바탕으로 신규점포의 개설 여부를 평가하는 방법이다.

② **변수** : 부지와 주변상황에 관하여 사전에 결정된 변수 리스트에 따라 대상점포를 평가하며 일반적으로 부지특성, 주변상황, 상권의 특성 등에 관한 변수가 포함되고 개별 변수에 대해서는 가중치가 부과되기도 한다.

③ **장 · 단점**

㉠ 장점 : 이해하기 쉽고 사용이 간편하며, 비용이 상대적으로 적게 든다. 또한 업종에 따라 체크리스트를 다르게 만들 수 있는 유연성이 있다.

㉡ 단점 : 변수의 선정 과정과 변수의 해석에 주관이 개입될 수 있으므로 분석 결과에 대한 신뢰성이 떨어질 수 있다.

④ **조사절차**

㉠ 상권 내 입지적 특성 조사 : 상권 내의 행정구역 상황 및 행정구역별 인구 통계적 특성, 도로 및 교통 특성, 도시계획 및 법적 · 행정적 특기사항, 산업구조 및 소매시설 변화패턴 등 상권 내의 입지적 특성을 조사한다.

㉡ 상권 내 고객들의 특성 조사 : 배후상권고객 및 직장고객, 유동고객의 특성을 조사한다.

㉢ 상권의 경쟁구조 분석 : 현재 그 상권에서 영업하고 있는 경쟁업체뿐만 아니라 현재는 그 상권에서 영업하고 있지 않지만 앞으로 점포개설을 준비하는 업체도 경쟁업체로 보고 분석한다.

(2) 유추법

① 유추법은 자사의 신규 점포와 특성이 비슷한 기존의 유사 점포를 선정하여 그 점포의 상권범위를 추정한 결과를 자사 점포의 신규 입지에서의 매출액을 측정하는 데 이용한다.

② 상권규모는 자사 점포를 이용하는 고객들의 거주지를 지도상에 표시한 후 자사 점포를 중심으로 서로 다른 거리의 동심원을 그려 파악한다.

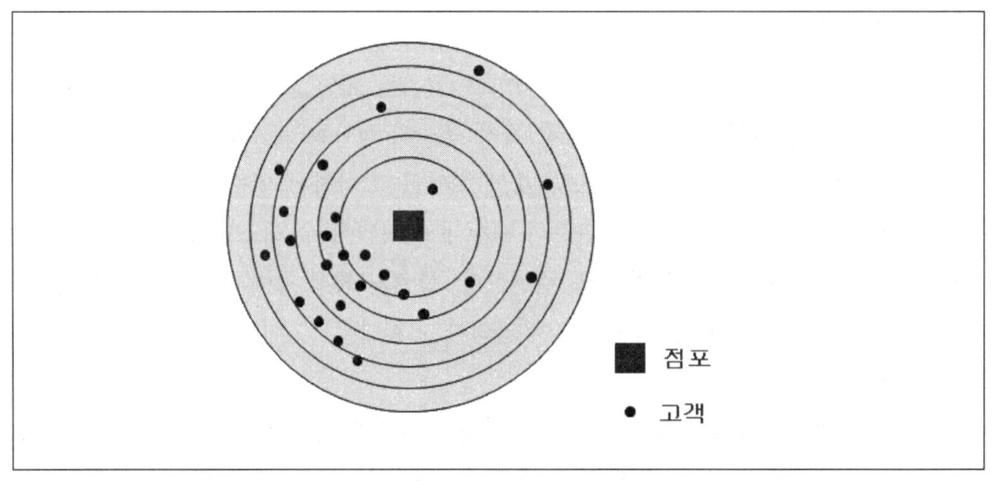

③ **유추법의 조사절차**

유사점포 선정 → 유사점포 상권범위 결정 → 구역구분 및 1인당 매출액 계산 → 예측값 계산

기존 유사 점포의 선정	신규 점포와 점포 특성, 고객의 쇼핑 패턴 및 사회적·경제적·인구통계적 특성에서 유사한 기존 점포를 선정한 다음 기존 유사 점포의 상권범위를 결정한다.
상권범위 결정	상권범위는 1차, 2차 상권으로 나누어 설정하며 유사 점포의 상권규모는 유사 점포를 이용하는 소비자와의 면접이나 실사를 통하여 수집된 자료를 토대로 추정한다.
각 구역 내에서의 1인 당 매출액 계산	전체 상권을 단위거리에 따라 소규모 구역으로 구분한 후 각 구역 내에서 유사 점포가 벌어들이는 매출액을 그 구역 내의 인구 수로 나누어 1인 당 매출액을 구한다.
예측값 계산	예정 상권 입지 내 각 구역의 인구 수에 유사 점포의 1인 당 매출액을 곱하여 각 구역에서의 예상 매출액을 구한다. 이 때 신규 점포의 예상 총매출액은 각 구역에서의 예상 매출액을 합한 값이다.

④ CST(Customer Spotting Technique)

㉠ 소비자분포기법은 상권분석이론 중 실무에서 많이 사용되는 방식으로, 윌리암 애플바움(William Applebaum)에 의해 최초로 개발되었다. 소비자분포기법이라고 하며, 유사점포접근법 또는 고객점표법 등으로 불린다.

㉡ CST란 설문을 통해 실제 점포이용고객의 주소지를 파악한 후 직접 도면에 표시하여 Quadrat Analysis 를 실시한 후 대상지 인근의 토지이용현황, 지형, 지세 등을 고려하여 상권을 파악하는 기법으로 특정 매장에 상품구입을 위하여 내방한 고객을 무작위로 선택하여 각각의 거주지 위치와 구매행태 등의 정보를 획득한다.

㉢ 고객이 얼마나 먼 거리로부터 시설까지 통행을 하는가, 고객통행의 장애요인은 무엇인가 등의 정보를 제공한다.

㉣ 점두조사는 쇼핑을 마친 고객을 면접해서 주소를 직접 물어 상권 범위를 알아내는 방법이다. 가장 기본적이고 기초가 되는 방법이며, 입지조건은 끊임없이 변화하고 있으므로 정기적으로 실시해야 한다.

㉤ CST Map 기법의 유용성

- 소비자 거주지 분포를 통해 상권의 규모파악이 가능하다.
- 고객의 특성 조사가 가능하다.
- 경쟁의 정도 측정이 가능하다.
- 광고 및 판촉전략 수립에 이용가능하다.
- 점포의 확장계획에 활용이 가능하다.

(3) 현지조사법

① **개념** : 대상부지를 보다 정확하게 평가하기 위해서 사용되며 현지조사의 내용은 대상점포나 판매제품, 조사성격에 따라 달라질 수 있다.

② **단점** : 조사자에 따라 주관적으로 조사될 가능성이 많으므로 경험이 많은 조사자가 필요할 수 있다.

(4) 비율법

① **개념** : 몇 가지 비율을 사용하여 적정부지를 선정하거나 주어진 부지를 평가한다.

② **종류**

㉠ 지역비율법 : 입지가능성이 큰 지역이나 도시를 선정하는 데 사용된다.

㉡ 상권비율법 : 주어진 점포에 대한 가능매상고를 산정하는 데 주로 사용된다.

③ **장 · 단점**

㉠ 장점 : 간단하고 자료를 손쉽게 구할 수 있으며 분석비용도 가장 저렴하다.

㉡ 단점 : 상권확정에 분석자의 주관이 많이 개입되며, 가능매상고에 대한 예측력이 떨어진다.

5. 규범적 모형에 의한 상권분석

많은 연구자들이 특정 지역시장 내에서 가장 많은 고객을 끌어들일 수 있는 이상적인 점포입지를 결정하기 위한 규범적 모형을 개발하였으며, 초기의 상권분석모형은 규범적 모형이 주류를 이루었다. 많은 규범적 모형들 중 크리스탈러(Christaller)와 뢰쉬(Losch)의 중심지 이론(central place theory)과 Reilly의 소매중력법칙(law of retail gravitation)이 대표적인 모형이다.

(1) 크리스탈러(Walter Christaller) 의 중심지이론

① 독일의 크리스탈러가 1930년대에 개발한 이론으로 그 후 한 지역 내에서 상업중심지 간의 공간구조 및 상권구조를 연구하는 데 기초이론을 제공하였다.

② 지역 내의 입지, 규모, 자연 및 공간화에 관한 이론으로서, 소매 입지의 지리적 문제에 관한 여러 가지의 개념적 기초를 제공하고 있다.

③ 중심지 이론에 의하면 한 지역의 중심지 기능의 수행정도는 일반적으로 그 지역의 인구 규모에 비례하며, 중심 지역을 둘러싼 배후 지역에 대해 다양한 상품과 서비스를 제공하고 교환의 편의를 도모해 주는 장소를 말하며, 일반적으로 모든 도시는 중심지 기능을 수행한다.

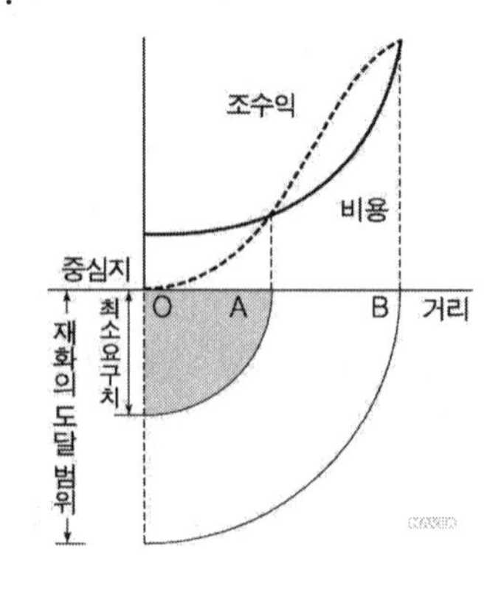

④ 중심지 이론 기본 개념

㉠ **중심지** : 주변 기역에 재화와 서비스(용역)를 공급하는 기능을 가진 지역을 의미하며, 주로 도시가 중심지의 역할을 수행한다. 왜냐하면 도시는 일반적으로 도·소매업, 행정, 금융, 교육, 병원 등을 통해 개별적인 하나의 상점을 의미할 수도 있다.

㉡ **배후지** : 중심지로부터 재화와 서비스를 공급 받는 지역을 의미한다. 즉 중심지의 영향력이 미치는 범위를 의미하는데, 도시 주변 또는 상점 주변 지역이 해당된다.

㉢ **중심지 기능의 최대 도달거리** : 중심지가 수행하는 상업적 기능이 배후지에 제공될 수 있는 최대·한계거리를 말한다.

㉣ **최소수요 충족거리** : 상업중심지의 정상이윤 확보에 필요한 최소한의 수요를 발생시키는 상권범위를 말한다.

크리스탈러 중심지이론의 전제조건 

- 지표공간은 균질적 표면으로 되어 있다.
- 한 지역 내의 교통수단은 오직 하나이다.
- 운송비는 거리에 비례한다.
- 인구는 공간상에 균일하게 분포되어 있다.
- 주민의 구매력과 소비행태는 동일하다.
- 인간은 합리적인 사고에 따라 의사결정을 하는 경제인으로 최소의 비용과 최대의 이익을 추구한다.

⑤ 최소 요구치와 재화의 도달 범위는 서로 관련된 개념으로 중심지가 그 기능을 유지하며 계속 존립하기 위해서는 최소 요구치가 항상 재화의 도달 범위 내에 있어야 하며, 최소 요구치가 재화의 도달 범위보다 크다면 그 중심지는 존재할 수 없다.

⑥ 시장이 성립하기 위해서는 최소 요구치 보다 재화의 도달 범위가 커야하지만 인구가 희박하고 교통이 발달하지 못한 과거에는 최소 요구치 보다 재화의 도달 범위가 작았기 때문에 상설 시장이 성립되지 못하였다. 따라서 넓은 지역을 정기적으로 순회함으로써 시장 유지에 필요한 최소한의 수요를 확보하는 정기 시장이 존재하였다.

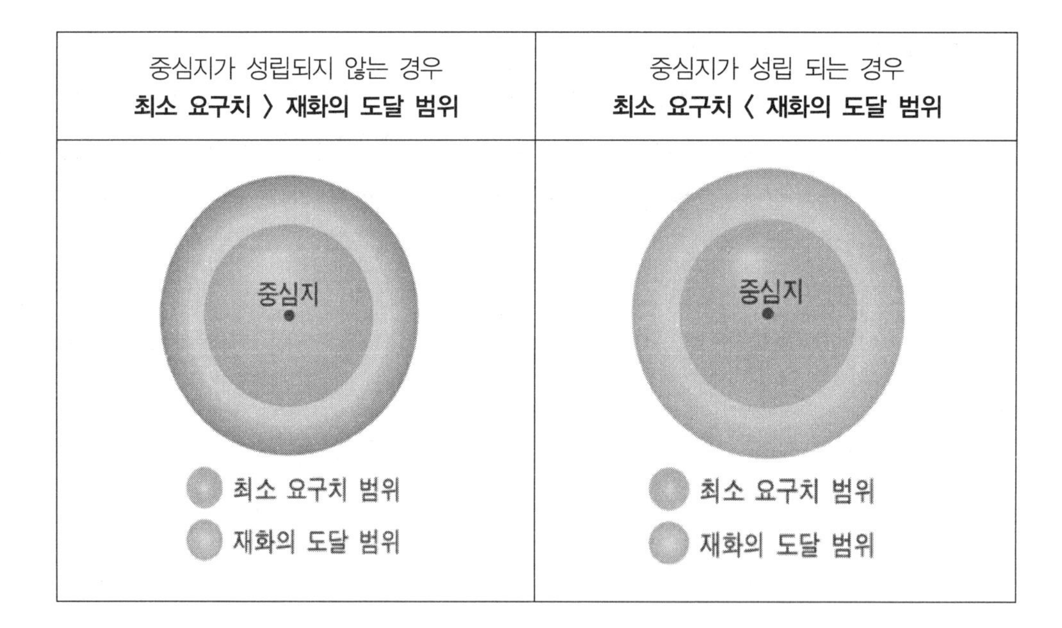

⑦ **배후지의 형태**

㉠ 재화의 도달 범위는 중심지 기능이 영향을 미치는 공간 범위로 시장 지역 또는 배후지에 해당한다. 이때 배후지의 형태는 - 등질 평야 지대이며 운송비는 중심지로부터의 거리에 비례하고 소비 인구는 중심지 주변에 균등하게 분포한다는 - 전제 조건 때문에 원형이 된다.

㉡ 원안에 사는 사람들은 한가운데에 있는 중심지를 이용하게 되고, 다른 형태가 아닌 원이 되는 것은 중심지까지 이르는 거리가 동일하기 때문이다.

㉢ 그리고 일정 공간 내에는 또 다른 중심지들이 존재하며 초기에는 서로 중복되지 않는 지점에 입지한다. 그러나 어떤 중심지로부터도 서비스를 제공받지 못하는 공간이 존재하므로 더 많은 중심지들이 새로이 형성되고, 배후지가 서로 중첩되어 중심지들이 서로 경쟁하게 된다.

㉣ 이와 같은 상황 하에서 가장 합리적인 해결 방안으로 크리스탈러는 가장 원형에 가까우면서도 여백과 중복이 없는 배후지로 정육각형을 고안했다. 즉 동일 계층의 중심지가 여러 개 분포할 경우, 중심지 상호간의 경쟁을 최소화하기 위해 정육각형의 배후지가 형성된다.

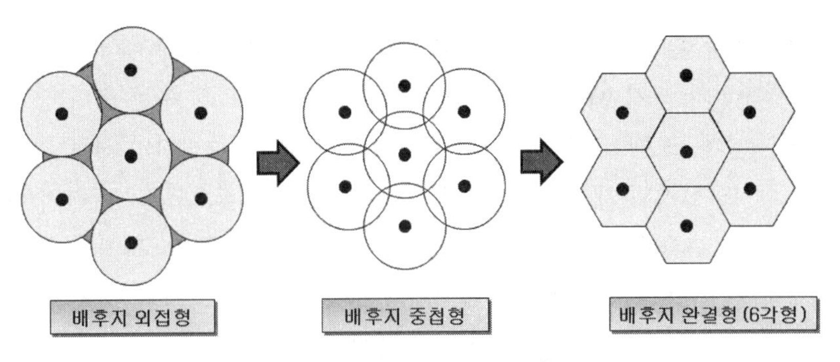

[이상적인 배후지 모형]

⑧ 중심지 간의 상권규모의 차이는 중심지들 간에 계층적 구조를 발생시킨다. 이때 중심성이 큰 기능을 보유한 중심지를 고차(또는 상위)중심지(Higher Order Central Place), 작은 기능을 보유한 중심지를 저차(또는 하위)중심지(Lower Order Central Place)라 한다. 고차의 중심지는 저차의 중심지가 보유한 유통기능을 모두 포함할 뿐만 아니라 자기 특유의 기능을 추가로 보유한다.

㉠ 저차위 재화 : 매우 작은 면적의 상권을 나타내는 재화(빵, 채소 등)

㉡ 고차위 재화 : 넓은 면적의 상권을 나타내는 재화(백화점, 종합병원 등)

⑨ **중심지의 계층과 포섭원리**

㉠ 소비자들이 요구하는 재화와 용역은 매우 다양하며 각각의 재화와 용역은 각기 다른 최소 요구치와 재화의 도달 범위를 가지고 있으며, 각 기능의 특성에 따라 중심지 범위가 다르게 나타난다.

㉡ 예를 들면 약국을 이용하는 고객은 가까운 거리에 사는 사람들이지만 병원은 멀리 사는 사람들도 이용하기 때문에 약국이 중심지로서 영향을 미치는 범위는 좁고, 병원 약국보다 그 범위가 훨씬 넓다. 따라서 병원의 세력권 안에 같은 기능을 가진 약국은 여러 개 존재할 수 있으나 병원은 여러 개가 존재할 수 없다. 또한 값이 싸고 자주 구입하는 빵이나 음료와 같은 생필품은 동네 가게에서 구입할 수 있다.

㉢ 저차위 재화를 제공하는 상점의 수는 매우 많아서 도처에서 쉽게 찾아볼 수 있지만 고차위 재화일수록 그 재화를 제공하는 상점 수는 적다. 이러한 저위 재화뿐만 아니라 고위 재화까지 제공하는 중심지가 고차위 계층의 중심지이며, 저차위 재화만을 제공하는 중심지는 저차위 계층의 중심지이다.

㉣ 고위 계층의 중심지일수록 중심지 존립을 위한 최소 요구치가 크고 중심 기능의 도달거리가 크기 때문에 시장 지역(배후지)이 넓고 그 수는 적어 중심지간의 간격은 넓다. 또한 고위 중심지의 시장 지역은 저위 중심지의 시장 지역을 포함한다. 반면에 저위 계층의 중심지는 최소 요구치가 작으므로 시장 지역(배후지)은 좁고 그 수가 많아 중심지간의 간격은 좁다. 예를 들면, 도시의 규모가 클수록 그 수는 적고 도시간 거리는 멀어지며 기능도 많다. 도시의 규모가 작으면 그 수는 많으며 도시간 거리는 가깝고 기능은 적다.

㉤ 크리스탈러는 중심지계층의 포함원리를 K-value체계를 가지고 설명한다. K=3체계의 공간구조에서 보면 6개의 차하중심지와 그 배후상권에 사는 소비자들은 가장 짧은 거리에 위치한 차하의 중심지기능을 이용할 것이다. 이론상 이들은 차하의 3개 상업중심지로부터 등거리에 위치해 있기 때문에 각각 1/3씩 분할되어 거리상 가장 가까운 고차중심지의 상품을 구매할 것이다. 따라서 고차의 중심지의 6각형 상권 내에는 1/3씩 분할 포함된 6개의 차하 배후상권과 완전히 포함된 1개의 차하 배후상권이 있다.

㉥ 규모가 다른 중심지 간의 공간포함원리는 한 지역 내의 각 하위중심지가 상위계층의 중심지에 계층적으로 포함됨을 말하는데, 크리스탈러는 중심지 간의 공간적 계층구조를 K-value의 3개 체계, 즉 K = 3, K = 4, K = 7의 3가지 경우에 있어서의 중심지 간의 포함관계를 설명하였다.

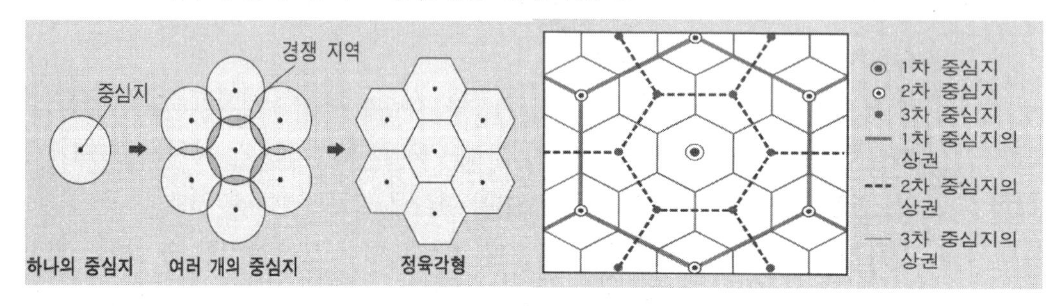

(2) 뢰쉬(Losch)의 수정 중심지이론

① 크리스탈러의 중심지이론에 몇 가지 수정을 가한 이론으로, 소매입지를 분석하기 위한 미시경제학적 접근방법을 채택하였다.

② 무엇보다 뢰쉬의 모형에서는 저차 상업중심지는 고차 상업중심지가 보유하지 않은 특화된 상업기능을 가질 수 있고 이러한 점에서 뢰쉬의 중심지이론이 크리스탈러의

중심지이론보다 대도시지역의 공간구조를 보다 잘 설명한다고 볼 수 있다.

③ 수정 중심지이론의 주요내용

㉠ 상품의 현재 가격은 거리에 따라 증가하므로 수요량은 이에 상응하여 감소한다.

㉡ 거리에 따른 수요의 변화는 공간적 수요 원뿔을 발생시키며 수요 원뿔로부터 공간적 시장에서 기업의 총판매가 계산되어질 수 있다.

㉢ 경제적으로 존속할 수 있는 입지는 총판매가 적정수익률을 제공하는 곳이다.

④ 차이점

㉠ 크리스탈러는 최상위 중심지의 육각형 상권구조에 하위중심지들을 포함하는 하향식 도시공간구조를 제시한 반면에, 뢰쉬는 가장 보편적인 최하단위의 육각형 상권구조에서 출발하여 상위계층의 상업중심지로 진행하는 상향식 도시공간구조를 제시하였다.

㉡ 크리스탈러는 고차 상업중심지가 저차 상업중심지의 유통기능을 전부 포함할 뿐만 아니라 별도의 추가기능을 더 보유하는 것으로 본 반면에, 뢰쉬는 고차 상업중심지가 저차 상업중심지의 모든 상업기능을 반드시 포함하지는 않는 것으로 보았다.

구 분	크리스탈러 중심지이론	뢰쉬의 수정 중심지이론
이론의 전개	고차중심지에서 저차중심지로의 하향식 포섭의 원리	저차중심지에서 고차중심지로의 상향식 도시공간구조
K-value 체계	K=3, K=4, K=7의 3가지	K-value를 3개 이상으로 확장
중심지 기능	고차중심지는 저차중심지 기능을 모두 포함	고차중심지라도 모든 기능을 포함하는 것은 아님

(3) 레일리 소매인력법칙(Reilly's law of retail gravitation)

① 소비자들의 구매 이후 행위가 점포까지의 거리보다 점포가 보유하는 흡인력에 의하여 결정된다는 이론이다.

② 소매인력이론의 내용

㉠ 두 경쟁도시가 그 중간에 위치한 소도시의 거주자들을 끌어들일 수 있는 상권의 규모는 인구에 비례하고 각 도시와 중간도시 간의 거리의 제곱에 반비례한다.(도시크기(인구)에 비례, 거리의 제곱에 반비례하여 형성)

㉡ 보다 많은 인구를 가진 도시가 더 많은 쇼핑기회를 제공할 가능성이 많으므로

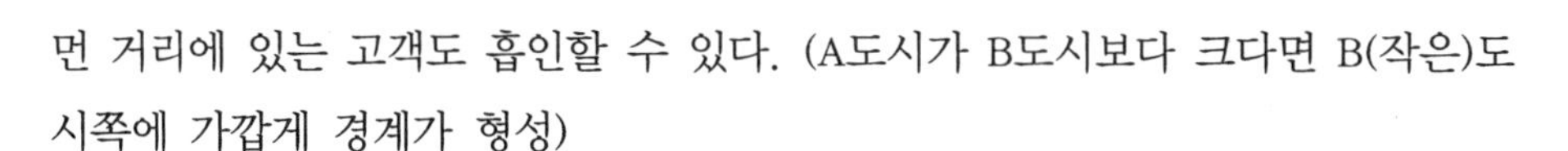

먼 거리에 있는 고객도 흡인할 수 있다. (A도시가 B도시보다 크다면 B(작은)도시쪽에 가깝게 경계가 형성)

레일리 이론의 공식 : $\frac{B_a}{B_b} = \left(\frac{P_a}{P_b}\right)\left(\frac{D_b}{D_a}\right)^2$

- B_a : A시의 상권영역(중간도시로부터 도시 A가 흡인하는 소매흡인량)
- B_b : B시의 상권영역(중간도시로부터 도시 B가 흡인하는 소매흡인량)
- P_a : A시의 인구(거주)
- P_b : B시의 인구(거주)
- D_a : A시로부터 분기점까지의 거리
- D_b : B시로부터 분기점까지의 거리

레일리 소매인력 법칙 계산 예 

- 레일리의 소매인력법칙을 적용하여 C 도시 인구의 A 도시로 유인규모, B 도시로의 유인 규모를 구하여라. (C도시 인구 중 비구매자는 없고 A시, BC에서만 구매활동한다고 가정)

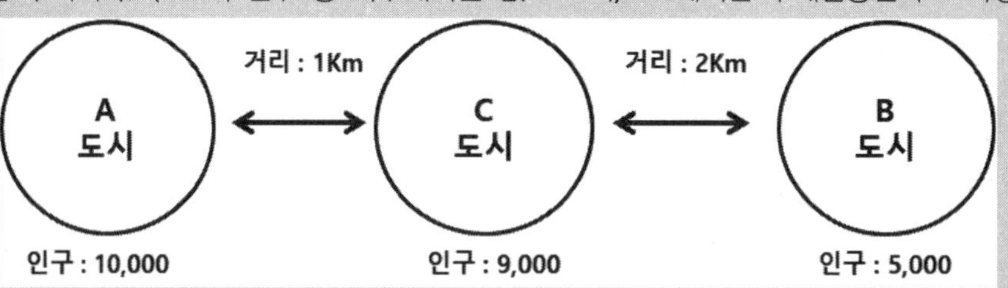

☞ 풀이) A도시로의 인구 유인 비율(B_a) = 10,000/1^2 = 10,000
B도시로의 인구 유인 비율(B_b) = 5,000/2^2 = 1,250
B_a / B_b = 10,000/1,250 = 8
비례식으로 나타내면 B_a : B_b = 8 : 1
따라서 A도시로 8,000명이 가고, B도시로 1,000명이 간다.

③ 레일리 소매인력법칙의 가정

㉠ 소비자들은 주요 도로에 두 지역을 통하여 똑같이 접근할 수 있다.

㉡ 두 지역의 상점들은 똑같이 효과적으로 운영된다.

㉢ 위 두 요인 이외의 것은 일정하다고 가정한다.

④ 소매인력이론의 한계

㉠ 특정 상업지구까지의 거리는 주요 도로를 사용하여 측정된다. 그러나, 소비자들이 간선도로나 샛길을 이용하는 경우에는 거리는 보다 길지만 여행시간이 짧게 걸릴 수 있으므로 특정 상업지구까지의 거리보다 여행시간이 더 나은 척도가 될 수 있다.

㉡ 소비자에게 편의성 및 서비스가 낮고 혼잡한 점포는 보다 쾌적한 환경의 점포보다 고객에게 생각되는 거리가 더 길 수 있기 때문에 실제거리는 소비자가 생각하는 거리와 일치하지 않을 수도 있다.

㉢ 3가지 이상의 상권을 설정할 시에는 적용이 어렵다.

㉣ 편의품, 선매품, 전문품 등의 상품유형별 차이를 고려하지 않았다.

(4) 컨버스(Converse) 수정 소매인력법칙

① 컨버스는 두 도시 혹은 두 쇼핑센터 간의 구매영향력이 같은 분기점의 위치를 구하는 방법을 제시할 수 있도록 레일리의 중력모형을 수정하였다. 컨버스의 원리에 의하면 두 상권의 분기점에서의 두 점포에 대한 구매지향력은 같다는 것이다.

② 두 도시 사이의 거래가 분기되는 중간지점의 정확한 위치를 결정하기 위해서 레일리의 소매인력이론을 수정하여, 거리가 멀어짐에 따라 구매이동이 줄어드는 현상을 거리－감소함수로 파악하여 거리와 구매빈도 사이의 관계를 역의 지수함수의 관계로 도출하였다.

③ **컨버스의 제1법칙** : 경쟁도시인 A와 B에 대해서 어느 도시로 소비자가 상품을 구매하러 갈 것인가에 대한 상권분기점을 찾아내는 것으로 주로 선매품과 선문품에 적용되는 모델이다.

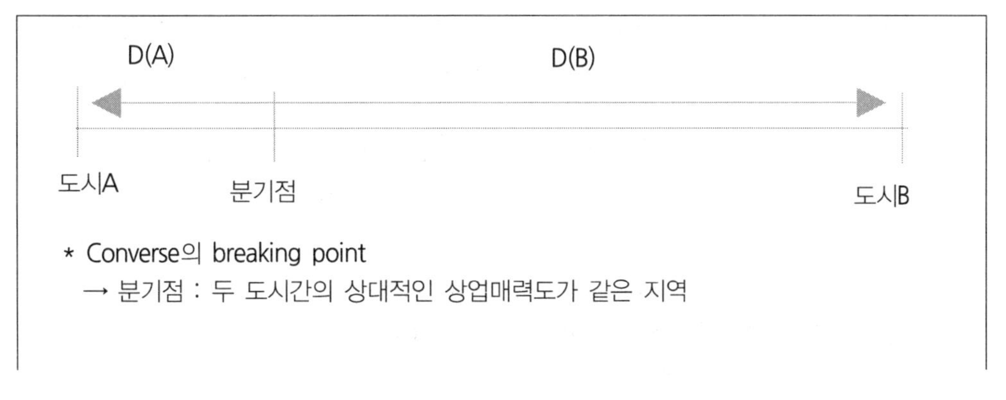

$$D_a = \frac{D_{ab}}{1+\sqrt{\frac{P_b}{P_a}}} \text{ or } D_b = \frac{D_{ab}}{1+\sqrt{\frac{P_a}{P_b}}}$$

(단, B_a / B_b = 1일 경우 적용 가능)

- D_a : A시로부터 분기점까지의 거리
- D_b : B시로부터 분기점까지의 거리
- D_{ab} : AB 두 도시 (지역) 간의 거리
- P_a : A시의 인구
- P_b : B시의 인구

컨버스 제1법칙(분기점) 예 

Converse 제1법칙을 적용했을 때 A, B 도시의 상권분기점은 A 도시로부터 얼마나 떨어져 있는지 구하시오. (인구는 A: 360,000명, B: 40,000명이며 A와 B 사이의 거리는 12km이다).

☞ 풀이)

$$D_a = \frac{D_{ab}}{1+\sqrt{\frac{P_b}{P_a}}} \text{ or } D_b = \frac{D_{ab}}{1+\sqrt{\frac{P_a}{P_b}}}$$

$$D_a = \frac{12}{1+\sqrt{\frac{40,000}{360,000}}} = 9km$$

④ **컨버스의 제2법칙** : 소비자가 소매점포에서 지출하는 금액이 거주도시와 경쟁도시 중 어느 지역으로 흡수되는가에 대한 것으로, 중소도시의 소비자가 선매품을 구입하는 데 있어 인근 대도시로 얼마나 유출되는지를 설명해주는 모델이다.

$$\frac{Q_a}{Q_b} = \left(\frac{P_a}{H_b}\right)\left(\frac{4}{d}\right)^2 \text{ or } Q_b = \frac{1}{\left(\frac{P_a}{H_b}\right)\left(\frac{4}{d}\right)^2+1}$$

- Q_a : 외부의 대도시로 유출되는 중소도시 X의 유출량(%)
- Q_b : 중소도시 X에서 소비되는 양(%), 즉 X의 체류량
- P_a : 외부 대도시 Y의 인구

- H_b : 당해 중소도시 X의 인구
- d : 대도시 Y와 중소도시 X와의 거리(mile)
- 4 : 관성인자로(4mile≒6.4km) 적용평균치

(5) 케인의 흡인력모델

① 케인의 흡인력모델은 매장면적 비율과 매출액 비율은 동일하다는 발상에 근거하고 있다.

② 레일리와 컨버스의 법칙에서는 인구와 거리를 요소로 고려한 것이지만, 이에 비해 케인은 여기에 매장면적 합계라는 요소를 추가시킨 것이다.

구 분	도시 A	비율	도시 B	비율
인 구	8,000명	1.0	35,000명	4.4
시 간	10분	1.0	5분	2.0
매 장 면 적	200평	1.0	800평	4.0
비 율 합 계	-	3.0	-	10.4

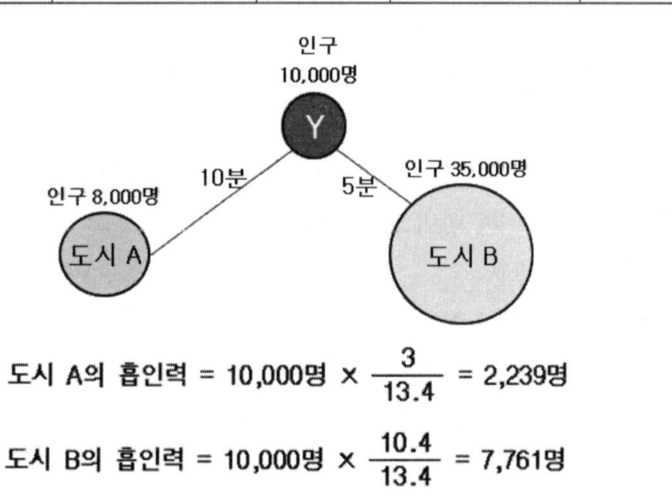

$$\text{도시 A의 흡인력} = 10{,}000\text{명} \times \frac{3}{13.4} = 2{,}239\text{명}$$

$$\text{도시 B의 흡인력} = 10{,}000\text{명} \times \frac{10.4}{13.4} = 7{,}761\text{명}$$

6. 확률적 모형에 의한 상권분석

(1) 확률적 모형 개요

① 확률적 모형은 목표상권내에서 구매를 하는 소비자의 공간이용(spatial behavior)패턴을 실증 분석하는 데 이용된다. 즉, 확률적 모형은 해당상권내의 경쟁점포들에 대한 소비자의 지출패턴이나 소비자의 쇼핑여행패턴을 반영함으로써 특정점포의 매출액과 상권규모의 보다 정확한 예측을 가능하게 한다.

② 확률적 점포선택 모델에는 여러 가지가 있는데 소비자의 점포선택이 결정적(deterministic)이 아니라 확률적인 현상으로 보고 있는 점이 공통적이다. 즉, 특정점포에 대한 애호도(loyalty)가 높은 고객이라고 하더라도 항상 한 점포만을 이용하는 것은 아니고, 경쟁점포의 마케팅 전략에 영향을 받아 다른 점포를 방문하기도 한다는 사실을 모형에 반영하고 있다.

③ 확률적 점포선택 모델에서는 특정점포의 효용(Utility) 또는 매력도(attraction)가 다른 경쟁점포보다 높을수록 그 점포가 선택될 확률이 높다고 가정한다. 확률적 점포선택 모델은 수리심리학에서 널리 알려진 Luce의 선택공리(Luce choice axiom)에 이론적 근거를 두고 개발되었다.

④ 확률적 모형은 해당 상권 내의 점포들에 대한 소비자의 지출 패턴이나 소비자의 쇼핑 · 여행 패턴을 반영함으로써 특정점포의 매출액과 상권규모를 보다 더 정확하게 예측할 수 있다.

⑤ 확률적 모형은 한 상권 내에서 특정점포가 끌어들일 수 있는 소비자 점유율은 점포까지의 방문거리에 반비례하고 해당 점포의 매력도에 비례한다는 가정 아래 이루어진 것이다.

⑥ 소매인력의 법칙이 확률적 모형의 효시라고 할 수 있지만 그것과 달리 확률적 모형은 상권의 크기를 결정하는 데 있어 소비자의 행동은 고려하지 않는다.

⑦ 규범적 접근방법에서 효용함수의 모수(a, b)값이 사전에 결정되는 반면, 확률적 모형에서는 소비자의 효용함수를 결정하기 위하여 실제 소비자의 점포선택 행동을 이용한다는 점에서 차이가 있다.

(2) 허프(Huff)의 확률모형

① 미국의 UCLA 대학의 경제학자인 데이비드 허프(David L. Huff)에 의하여 주창된 이

론으로 소비자가 특정 점포에 흡인될 수 있는 확률은 소비자가 구매하려고 하는 점포의 크기와 특정 점포까지의 거리에 의하여 영향을 받는다는 이론이다.

② 허프의 확률모형은 소비자들의 점포선택과 소매상권의 크기를 예측하는데 널리 이용되어 온 확률적 점포선택 모형으로 거리가 가깝고 매장면적이 큰 점포가 큰 효용을 준다는 이론이다. 이는 효용의 상대적 크기를 상업집적의 면적규모와 소비자의 거주지로부터의 거리에 따라 결정되는 것으로 전제하여 모형을 작성하였다.

③ Huff 모델에서 특정 점포를 선택할 확률의 결정 요인은 점포규모, 거리, 시간이다.

$$P_{ij} = \frac{U_{ij}}{\sum_{j=1}^{n} U_{ij}} = \frac{\frac{S_j}{T_{ij}\lambda}}{\sum_{j=1}^{n} \frac{S_j}{T_{ij}\lambda}}$$

- U_{ij} : 점포 j가 i지구에 있는 소비자에 대해 갖는 흡인력
- P_{ij} : 거주지구 i에 있는 소비자가 점포 j에 구매하러 가는 확률
- S_j : 점포 j의 규모 또는 특정의 상품계열에 충당되는 매장면적
- T_{ij} : 소비자의 거주지구 i로부터 점포 j까지의 시간 · 거리
- n : 점포의 수
- λ : (특정 상품 구입에 대해) 점포방문 소요시간 · 거리가 쇼핑에 어느 정도 영향을 주는지를 나타내는 매개변수, 종류별 구매출향(고객이 타지역에서 물품을 구입하는 경향)에 대한 이동시간의 효과를 반영하는 경험적 확정매개변수

④ 허프모델식의 의미

㉠ i지구의 소비자가 점포 j를 선택하는 확률은 이용 가능한 점포 각각의 매력도 총합 중에 점하는 매력도의 비율로 나타난다.

㉡ i지구의 소비자에 대해서 갖는 점포 j의 매력도 U_{ij}는 비율 j의 규모와 ij간의 시간거리의 2개의 변수에 의해 결정된다

㉢ U_{ij} 는 비율 $\frac{S_j}{T_{ij}\lambda}$에 정비례하는 것으로 된다.

⑤ 확률모형의 내용

㉠ 도시 내 소비자의 공간적 수요이동과 각 상업중심지가 포괄하는 상권의 크기를 측정하기 위해 거리변수 대신 거주지에서 점포까지의 교통시간을 이용하여 전개하였다.

㉡ 허프의 모형을 통해 상업시설간 경쟁구조의 파악이 가능하고, 최적의 상업시설

또는 최적의 매장면적에 대한 유추가 가능하다.

㉢ 이웃도시들 간의 상권의 경계를 결정하는 데 주로 이용되는 레일리의 소매인력 이론과는 달리 개별 소매점의 고객흡인력을 계산할 수 있다.

⑥ **허프 확률모형의 한계** : 허프모형은 특정 점포의 매력도를 점포의 크기만으로 측정하는 데 문제가 있다. 즉, 허프모형은 점포매력도가 점포 크기 이외에 취급상품의 가격, 판매원의 서비스 등 다른 요인들로부터 영향을 받을 수 있다는 점을 고려하지 않는다.

⑦ **Huff모델을 활용한 예상매출액 추정 과정** : 신규점포가 각 지역(zone)으로부터 얻을 수 있는 예상 매출액은 각 지역(zone) 거주자의 신규점포에 대한 쇼핑확률에다 각 지역(zone)의 인구수 및 1인당 점포의 지출비(특정기간)를 곱하여 구할 수 있다.

(3) 수정 허프모델

① 허프모델은 복수의 상업시설의 고객흡인율을 계산할 수 있으므로 실용성이 크다. 특히 기존 상가 근처에 대규모 상업시설을 계획할 때 고객흡인 가능성을 예측하는 데 유용하다.

② 그러나 허프모델은 매우 어려워 그대로 이용하기 힘들다. 그중에서도 파라미터 λ 는 일일이 시장조사를 하지 않으면 산출되지 않는다. 이를 실용성 있게 고친 것이 수정 허프모델인데 여기서는 $T\lambda$ 대신에 레일리 법칙의 '거리의 제곱에 반비례한다'를 대입한 것이다.

③ 수정 허프모델은 일본의 통산성이 고안하여 상업 조정에 실제로 이용되고 있는데 이는 '소비자가 어느 상업지에서 구매하는 확률은 그 상업 집적의 매장면적에 비례하고 그곳에 도달하는 거리의 제곱에 반비례한다'는 것을 공식화한 것이다.

$$P_{ij} = \frac{\dfrac{S_j}{D^2_{ij}}}{\displaystyle\sum_{j=1}^{n} \frac{S_j}{D^2_{ij}}}$$

- P_{ij} : i지점의 소비자가 j상업집적에 가는 확률
- S_j : j상업집적의 매장면적
- D_{ij} : i지점에서 j까지의 거리

허프의 확률모형 

① 소비자는 가장 가까운 곳에서 상품을 선택하려는 경향이 있지만, 적당한 거리에 고차중심지가 있으면 인근의 저차중심지를 지나칠 가능성이 커진다.
② 고밀도시가지(대도시) 내부의 구매중심점은 소비자의 기호와 소비자의 행태를 고려하여 선택된 상품(전문품) 등을 판매하여야 상권이 형성된다는 경험적인 확률이론을 제시
③ 허프의 상권분석모형에 따르면, 소비자가 특정 점포를 이용할 확률은 경쟁점포의 수, 점포와의 거리, 점포의 면적에 의해 결정된다.

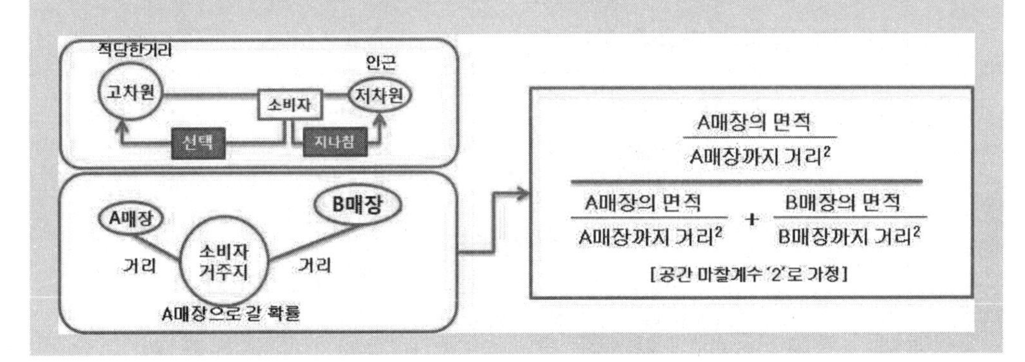

(4) MNL(Multinomial Logit) 모형

① 루스의 선택공리이론에 근거한 모델로, 소비자의 집합적 선택자료를 이용하여 공간선택의 행동을 설명하려는 것이다. 이 모형은 허프모형과 더불어 1980년대 이후 소비자의 점포 선택행위와 특정 점포의 시장점유율을 예측하는 데 많이 이용되고 있다.

② MNL모형은 상권 내 소비자들의 각 점포에 대한 개별적인 쇼핑여행에 관한 관측자료를 이용하여 각 점포에 대한 선택확률의 예측은 물론 각 점포의 시장점유율 및 상권의 크기를 추정할 수 있다.

③ 소비자의 점포선택행위는 대체적 점포가 갖는 특성 중에서 소비자가 알고 있는 결정적 요소와 무작위적 요소에 대한 평가로 결정된다.

④ MNL모형의 전제조건

㉠ 특정 점포 안에 대한 효용은 결정적 요소와 무작위 요소로 구성된다.

㉡ 소비자는 고려 중인 점포 대안들 중에서 가장 효용이 높은 점포를 선택한다.

㉢ 무작위 요소는 서로 독립적이며, 극단치 분포를 갖는다.

(5) MCI(Multiplicative Competitive Interaction) 모델

① MCI 모델은 경쟁적 상호작용모델로 허프모델을 근간으로 해서 개발된 모델이다.

② 점포의 효용을 측정하는 데 있어서 점포의 크기와 점포까지의 거리뿐 아니라 다양한 점포관련 특성을 포함하고 있다.

③ MCI 모델의 유인변수로써 점포 규모 외에도 상품구색, 가격, 분위기, 점포 장식 등과 같은 변수를 추가하고 저항변수에는 교통시간 외에도 교통비용, 교통안전도, 이동 중의 안락감, 교통편의도 같은 질적 특성을 포함하고 있다.

④ MCI 모델 공식은 다음과 같다.

$$Pa = Pa = \frac{P^{a1}AS^{a2}AD^{b}A}{\sum_{j=1}^{3} P^{a1}jS^{a2}D^{b}j}$$

$$Pa = \frac{\text{점포 A의 효용치}}{\text{점포 A의 효용치 + 점포 B의 효용치 + 점포 C의 효용치}}$$

D : 점포선택시 점포까지의 거리

P : 점포의 상품구색

S : 점포 판매원의 서비스

P^{a1}j : j점포의 제품 구색에 대한 효용치

S^{a2}j : j 점포에 대한 판매원 서비스에 대한 효용치

D^{b1} : j 점포까지의 거리에 대한 효용치

⑤ MCI 모델을 이용한 매력도 분석 사례를 살펴보면 다음과 같다.

구분	점포구색에 대한 효용치	판매원 서비스에 대한 효용치	잠포까지의 거리에 대한 효용치	각 점포의 효용치
점포 A	4	3	10	120
점포 B	5	4	5	105
점포 C	2	4	7	56

☞ 풀이) 점포 A의 매력도

$$Pa = \frac{120}{120+105+56} = 0.43$$

⑥ MCI 모델은 확률적 인력법칙인데 비해 공간수요의 결정에 유관하게 작용한다고 생각되는 중요변수의 수를 증대시킴으로써 심도 깊게 설명하려고 노력하였다.

⑦ 하지만 변수들의 증가로 변수들 사이의 공통성을 제거하고 이에 대한 설명력을 높이려는 시도에 불과하다는 비판과 매장면적과 거리 이외에 변수를 추가하고 있으나 지역 간 선택요인과 점포선택을 구별하지 못한다는 한계성도 가지고 있다.

Chapter 01

유통상권조사 출제예상문제

01 **상권분석방법으로 소비자들의 구매 이후 행위가 점포까지의 거리보다 점포가 보유하는 흡인력에 의하여 결정된다는 이론으로 옳은 것은?**

① 컨버스의 법칙
② 레일리의 소매인력이론
③ 허프의 확률모델
④ 수정 허프모델
⑤ 크리스탈러의 중심지이론

해설》 레일리 소매인력이론 : 소비자들의 구매 이후 행위가 점포까지의 거리보다 점포가 보유하는 흡인력에 의하여 결정된다는 이론으로, 소매인력이론에 따르면 두 경쟁도시가 그 중간에 위치한 소도시의 거주자들을 끌어들일 수 있는 상권의 규모는 인구에 비례하고 각 도시와 중간도시 간의 거리의 제곱에 반비례한다.

02 **다음 중 중심지이론의 전제조건으로 옳지 않은 것은?**

① 소비자는 합리적으로 의사결정을 하는 경제인이다.
② 인구는 공간상에 균일하게 분포되어 있다.
③ 한 지역 내의 교통수단은 오직 하나이며 운송비는 거리에 비례한다.
④ 주민의 구매력과 소비행태는 일치하지 않는다.
⑤ 지표 공간은 균질적 표면으로 되어 있다.

해설》 ④ 주민의 구매력과 소비행태는 동일하다.

참고 중심지이론의 전제조건

㉠ 지표 공간은 균질적 표면으로 되어 있다.
㉡ 한 지역 내의 교통수단은 오직 하나이며, 운송비는 거리에 비례한다.
㉢ 인구는 공간상에 균일하게 분포되어 있다.
㉣ 주민의 구매력과 소비행태는 동일하다.
㉤ 소비자는 합리적으로 의사결정을 하며, 최소비용과 최대의 이익을 추구하는 경제인이다.

03 개별점포의 상권 특성에 대한 설명으로 틀린 것은?

① 교통편이 좋은 곳이나 일류상가에 위치한 점포일수록 상권이 크다.
② 지명도가 낮은 상점일수록, 개성이 강한 상품을 취급하는 점포일수록 상권이 작다.
③ 점포의 규모가 클수록 그 상권은 크다.
④ 선매품, 전문품을 취급하는 점포의 상권이 편의품을 취급하는 점포의 상권보다 크다.
⑤ 점포상권을 결정하는 요소에는 배후상권의 규모, 업종, 시설, 입지력, 지구상권의 특성 및 범위 등이 있다.

해설 ❯ 지명도가 높은 상점이거나, 개성이 강한 상품을 취급하는 점포라면 상권의 범위가 넓다.

04 소비자가 어느 상업지에서 구매하는 확률은 그 상업집적의 매장면적에 비례하고, 그곳에 도달하는 거리의 제곱에 반비례한다는 것을 공식화한 것은 어느 것인가?

① 컨버스의 제1법칙
② 컨버스의 제2법칙
③ 레일리의 소매인력법칙
④ 허프모델
⑤ 수정 허프모델

해설 ❯ 수정 허프모델은 레일리 법칙의 거리의 제곱에 반비례한다를 대입한 것이다.

05 신규점포에 대한 상권분석법 중 서술적 방법에 의한 상권분석은?

① 허프모형
② 유추법
③ 중심지이론
④ 컨버스의 법칙
⑤ 소매인력이론

해설 ❯ 신규점포에 대한 상권분석법
① 서술적 방법에 의한 상권분석 : 체크리스트법, 유추법, 현지조사법, 비율법
② 규범적 모형에 의한 상권분석 : 중심지이론, 소매인력이론
③ 확률적 모형에 의한 상권분석 : 허프모형, MNL모형

01. ② 02. ④ 03. ② 04. ⑤ 05. ② 정답

06 상권을 정의하기 위한 기초자료 요소로서 가장 거리가 먼 것은?

① 고객 스포팅(CUSTOMER SPOTTING)
② 지리정보시스템 분석자료
③ 표적시장에서의 대고객이미지 분석자료
④ 구매력지수
⑤ 인구센서스

해설〉 상권의 정의를 위한 기초자료

㉠ 고객 스포팅 : 점포나 쇼핑센터를 위해 고객의 거주지역을 파악하는 데에 고객 스포팅 기술의 목적이 있으며, 고객에 대한 구체적인 자료는 보통 신용카드, 수표구매, 고객충성도 프로그램 등을 통해 얻을 수 있다.

㉡ 인구통계적 자료 및 지리정보시스템 제공업체 : 소매업체에게 보다 나은 입지선정을 할 수 있는 정보를 전문적으로 제공하는 사설 조사업체를 통하여 인구통계자료 및 지리정보시스템 자료를 얻을 수 있다. 지리정보시스템은 지도 형식으로 고객의 인구통계학적 특징, 구매행동, 다른 자료에 대한 정보를 시각화할 수 있도록 도와준다.

㉢ 인구센서스 : 가구당 가족 수, 가족관계, 성별, 나이, 결혼 여부 등을 조사한다.

㉣ 구매력지수 : 주어진 시장의 구매능력을 측정한 것으로 시장 전체의 잠재구매력에 대한 비율로 표현된다. 기본 구매력지수는 모든 시장에 존재하는 세 가지 중요한 요소인 총소득, 총소매매출, 총인구에 가중치를 두고 이를 결합시켜 만든다.

㉤ 경쟁척도 : 경쟁정도를 측정하는 전통적인 방법은 전화번호의 옐로우 페이지를 통하는 것이며 경쟁을 측정하는 가장 강력한 방법 중의 하나는 인터넷을 통하는 것이다. 대부분의 웹사이트들은 현재의 모든 입지뿐만 아니라 미래의 입지도 나타내며 다른 국가에서 예상되는 매출을 측정하기 위해 직접 방문해야 할 필요성도 없애준다.

07 상권 평가 방법에 대한 설명 중 올바르지 않은 것은??

① 시장 구매력을 측정하는 BPI(buying power index)는 인구와 소매매출, 유효소득 등에 대해 전체규모와 특정지역의 규모를 이용하여 계산하는 방법이다.
② SAI(sales activity index)는 다른 지역과 비교한 특정지역의 1인당 소매매출액을 측정하는 방법으로 인구를 기준으로 소매매출액의 비율을 계산하게 된다.
③ IRS(index of retail saturation)를 분석하면 부가적으로 비거주자의 구매력, 특정 기업체의 대량구매, 소수 거주자의 대량 구매 등을 평가할 수 있어 SAI값을 보완할 수 있다.
④ 상권에 영향을 미칠 수 있는 인구와 구매행동, 가구의 소득과 구성, 지역의 발달정도는 상권의 잠재적 수요를 파악할 때 사용할 수 있는 요소가 된다.
⑤ 점포당 면적, 종업원당 면적, 점포의 성장 등의 요소는 시장의 공급요인을 평가할 때 사용할 수 있는 지표로 매출과 연계하면 상권의 포화정도를 설명할 수 있다.

해설❯ 소매포화지수(Index of Retail Szturation)는 특정 시장내에서 주어진 제품계열에 대한 점포면적당 잠재매출액의 크기를 말하며, 이것은 상권분석에 있어서 중요한 소비자 수요와 경쟁 공급량의 비율을 의미한다. 판매활동지수(SAI) 값과는 다른 것이다.

08 괄호 안에 들어갈 학자나 내용을 가장 올바르게 순서대로 나열한 것을 고르시오.

(a) 은/는 구매의 결정이 점포까지의 거리보다는 점포가 보유하고 있는 질 높은 상품이나 상품구색의 다양성, 저렴한 가격 등과 같은 쇼핑기회에 의해 결정된다고 보았다.
(b) 은/는 소비자가 특정 쇼핑센터를 선택하는 확률은 점포로부터 얻을 수 있는 효용에 의해 결정되며, 거리가 가깝고 매장면적이 큰 소매기관의 효용이 더 크다고 보았다.
(c) 은/는 한 지역 내 소비자들의 구매이동행위는 거리에 의해 결정되며, 소비자가 상품을 구매하기 위해 기꺼이 이동하는 최대거리가 범위가 된다고 보았다.

① Reilly, Christaller, Luce
② Converse, Luce, Applebaum
③ Applebaum, Huff의 수정모형(MIC), Lösch
④ Reilly, Huff, Christaller
⑤ Christaller, Lösch, Converse

해설❯ a: 레일리의 소매인력법칙, b: 허프의 확률모형, c: 크리스탈러의 중심지이론

09 괄호 인구 20만명이 거주하고 있는 a도시와 30만명이 거주하고 있는 b도시 사이에 인구 5만명이 거주하는 c도시가 있다. a와 c도시 사이의 거리는 10km이고 b와 c도시간 거리는 20km이다. c도시 거주자들이 a, b도시에서 쇼핑한다고 할 때 레일리(Reily)의 소매중력법칙을 활용하여 a도시에서의 구매비율을 계산한 값으로 가장 옳은 것은?

① 약 25%
② 약 43%
③ 약 57%
④ 약 6%
⑤ 약 73%

06. ② 07. ③ 08. ④ 정답

해설 〉 소매인력 법칙에 의하면 두 경쟁도시가 그 중간에 위치한 소도시의 거주자들을 끌어들일 수 있는 상권의 규모는 인구에 비례하고, 각 도시와 중간 도시 간의 거리의 제곱에 반비례한다.

$$\frac{Ba}{Bb}=\frac{P(A)}{P(B)}\left[\frac{D(B)}{D(A)}\right]^2$$

$$\frac{Ba}{Bb}=\frac{20만}{30만}\left[\frac{20}{10}\right]^2=\frac{2}{3}\times 4 \fallingdotseq 2.7$$

Ba = 2.7 × Bb

Bb : Ba = 2.7 : 1

따라서, a도시에서의 구매비율은 약 73% 이다.

10 상권측정에 대한 설명으로 옳지 않은 것은?

① 고객 흡인력이나 공헌도 등을 기준으로 활용하는 것도 상권범위를 설정하는 좋은 방법이다.

② 점두조사나 방문조사, 드라이브테스트는 일종의 경험적 상권측정 방법에 속한다.

③ 경험적 상권측정을 위해 가장 중요한 것 중 하나는 실사를 통한 심층조사이다.

④ 일반적으로 상권설정에 의한 매출예측은 통계적 기법이나 유사사례 비교법에 의한 방법보다 정확도가 높을 때가 많다.

⑤ GIS를 사용하여 매출추정 과정을 시스템화하고, 이를 통해 매출액을 추정하는 상권측정 방법도 점차 확대되고 있다.

해설 〉 통계적기법이나 유사사례비교법에 의한 매출예측은 일반적으로 상권설정에 의한 방법보다 정확도가 높을 때가 많다.

09. ⑤ 10. ④ 정답

Chapter 02

입지분석

제1절 입지의 개요

1. 도매입지와 소매입지의 개요

(1) 입지의 개념

① 입지의 주체가 정한 일종의 장소이며, 이는 정적이면서도 공간적인 개념이다.

② 점포의 위치나 위치적 조건을 의미함.

③ 지점(point), 부지(site)는 입지를 표현하는 주요한 키워드이다.

④ 입지의 주요 평가 항목 : 잠재부지의 성장성, 규모 확대의 가능성, 수익성 및 접근성, 부지의 규모와 형태, 테넌트 믹스(업태 및 업종믹스), 주변도로로부터 가시성(시계성), 주차시설과 중요성

테넌트 믹스(tenant mix) 

① 최적의 테넌트(임차점포)를 선택하여 계획한 규모, 위치, 콘셉트에 맞게 적정하게 배치하는 노하우를 말한다. 테넌트 믹스는 임차인의 최적 조합 이며, 임차인의 특성을 고려하여 전체 상가 수익을 극대화 전략을 추구한다.

② 머천다이징 정책을 실현하기 위한 최적의 조합을 꾸미는 과정으로, 시설 내 테넌트 간에 끊임없이 경쟁보다는 경합대상 소매점(쇼핑센터)와의 경쟁력 강화에 초점을 맞추어야 한다.

(2) 도매입지

① 도매상은 소매상을 대상으로 영업을 하기 때문에 중심상가의 지역이 아니어도 상관 없다.

② 일반적으로 임대료가 저렴한 교외지역이나 도시변두리 지역에 입지를 선정하는 경우가 많다.

③ 도매업(상)의 입지전략

㉠ 도매업은 소매업에 비해 점포의 입지는 임대료가 저렴한 지역에 큰 시설투자없이 위치하는 경우가 많았다. 하지만 최근에는 비용절감 및 신속한 서비스의 향상 측면에서 생산구조와 소비구조의 특징에 따라 도매업의 입지유형이 분화되고 있다.

㉡ 도매업은 입지도 중요하지만 다른 유통기관에 분산(Distribution) 시키는 기능이 중요하기 때문에 상권이 더욱 중요하다.

㉢ 도매상권은 소매상권보다 면적이 넓고 한 상품의 거래량도 많다.

㉣ 영업성과에 대한 입지의 영향은 소매상보다 도매상의 경우가 더 작다.

㉤ 분산도매상은 물류의 편리성을 고려하여 입지를 결정 한다.

㉥ 수집도매상의 영업성과에 대한 입지의 영향은 매우 제한적이다.

(3) 소매입지

① 소매점은 '입지산업'이라고 할 만큼 입지조건이 중요한 전략적 결정요인이며 위치에 따라 매출이나 이익이 좌우되기 때문에 점포의 위치는 사업의 성공 여부에 중요한 역할을 한다.

② 기업이 일단 점포의 입지를 결정하게 되면 입지변경을 하기가 쉽지 않고 부적합한 입지로 인한 불이익을 극복하기 어렵다. 또한 막대한 투자를 장기적으로 하여야 하므로 선정되는 입지는 최대한의 투자수익률과 이익을 보장해 줄 수 있어야 한다.

③ 유통시설의 입지결정은 입지조건에 따라 유통전략 믹스상의 다른 요인들에도 큰 영향을 준다.

④ 한 시기에는 좋았던 장소라도 점차 좋지 않게(혹은 오히려 더 좋게) 되는 수가 있다. 입지가 현재의 기대를 만족시키고 있는지, 그리고 미래의 목적에도 부합될 수 있는 것인지 결정하기 위해서는 자주, 그리고 정기적으로 평가되어야 한다.

⑤ 입지의 효용은 영원한 것이 아니다. 한 시기의 좋았던 장소라도 시간이 흐름에 따라 나빠질 수 있다.

⑥ 입지의 중요성은 아무리 강조해도 지나치지 않다. 좋은 점포를 구하려면 상권 전체의 특성을 파악해야 되고, 상권 전체의 특성을 파악한 후에 개개 점포의 입지조건을 분석하여 입지의 좋고 나쁨을 가려야 한다.

(4) 신규출점 시 입지분석의 과정

① 소매입지 선정 절차

㉠ 거시적 입지분석으로 주민과 기존 소매점 특징과의 관련 하에 대체적인 상권을 평가한다.

㉡ 상점 내 어떠한 유형의 입지에 출점할 것인지를 결정한다.

㉢ 단독입지인지 군집입지인지 입지유형을 선정한다.

㉣ 선정된 입지유형 내 부지를 선택한다.

② 신규출점 시 입지분석의 과정

지역(Region) → 지구(Area) → 특정입지(Site)

㉠ 지역 분석 : 대형 소매점포의 시장잠재력을 조사하기 위한 지역분석

㉡ 지구 분석 : 특정 지역이 선정되면 그 후보지 내에서 최적지구선정을 위한 분석 실시

㉢ 특정입지 분석 : 구입가능한 부지들 중에서 최적의 부지를 점포입지로 선정

(5) 특정입지(부지) 선정

① 잠재적인 상권이 규정되면 소비자의 접근가능성, 교통량, 상권인구의 규모와 분포, 수입, 경제적 안전성, 경쟁 등의 요인에 의해 선택가능한 점포입지가 선정된다.

② 소매점포 입지(retail site)란 소매업을 하는 소매점포의 구체적인 지리적 위치를 의미한다.

③ 점포입지의 가치는 점포들에 대한 선호와 입지 근처에 고객들의 자유로운 이동을 방해하는 자연적 또는 인위적 장벽의 존재 여부에 영향을 받는다. 소매업 입지는 소매점의 표적세분시장에 도달하는 데 결정적인 역할을 한다.

④ 점포입지의 대안으로는 다른 소매점들과 지리적으로 격리되어 있는 독립입지(isolated site)와 지리적으로 인접하거나 밀집되어 있는 군집입지(clustered site) 등이 있다.

⑤ 일반적으로 의류, 구두, 가구 등의 선매품을 판매하는 점포들은 군집입지에 위치하여야 하나, 전문품을 판매하는 점포는 독립입지에 위치하여도 매출에 큰 영향을 받지 않는다.

(6) 입지선정 분석시 입지영향요인

① **상권요인** : 상권규모, 상권 내 인구수, 통행량 규모, 경쟁상황, 법적 · 행정적 규제요인, 지역 주민의 구매력, 영업력 등
② **지역요인** : 지역 내 산업의 동향 및 수명주기, 경기변동 사이클(Cycle), 고용의 변동
③ **특정 입지요인** : 가시성, 접근성, 인지성, 점포의 위치, 유도시설, 동선, 주변 도로상태 등

(7) 입지대안 평가기준 – 입지매력도 평가원칙

① **점포밀집원칙** : 유사업종의 밀집성은 유사하고 상호보완적인 점포들이 무리지어 있다면 고객을 유인하기에 용이하다는 설명이다. 다만 너무 많은 점포가 밀집되어 있으면 오히려 고객유인을 저해하는 요인이 된다.
② **입지의 경제성** : 점포의 입지를 결정할 때 점포의 생산성과 성장잠재성을 고려하여 초기의 투입비용과 비교한 후 일정수준의 경제성이 확보되어야 점포입지가 용이하다는 설명이다.
③ **보충가능성의 원칙** : 유사하거나 상호보완적인 제품, 또는 관계를 가지고 있는 점포가 인접해 있으면 고객을 공유할 가능성이 높아져 고객을 유인할 수 있다는 점을 설명하는 개념이다.
④ **접근가능성** : 어떤 위치에 도달하는데 소요되는 시간적 · 경제적 · 거리적 · 심리적 부담과 관련되는 개념이다. 접근성은 점포로의 진입과 퇴출의 용이성을 의미한다. 접근성을 평가하려면 도로구조, 도로상태, 주도로로의 진입과 퇴출, 교통량과 흐름, 가시도, 장애물 등은 물론 심리적으로 느끼는 불편함 등을 고려해야 한다.
⑤ **고객차단원칙** : 사무실밀집지역, 쇼핑지역 등은 고객이 특정 지역에서 타 지역으로 이동시 점포를 방문하게 한다.
⑥ **동반유인원칙** : 유사하거나 보충적인 소매업이 흩어진 것보다 군집해서 더 큰 유인잠재력을 갖게 한다.

입지선택의 주요 원칙 

① 사람이 운집한 곳을 선호하는 인간집합의 원칙
② 득실을 따져 득이 되는 쪽을 선택하는 보증실현의 원칙
③ 위험하거나 잘 모르는 길을 지나지 않으려는 안전추구의 원칙
④ 목적지까지 최단거리로 가려고 하는 최단거리 추구의 원칙
⑤ 자신의 자아이미지에 가장 합당한 공간을 추구하는 자아일치의 원칙

(8) 입지적 장점과 단점

① 입지가 좋으면 임대료가 상대적으로 비싸다.
② 핵점포(anchor stores)에 가까운 입지일수록 임대료가 비싸다.
③ 목적점포(destination stores)에 가까운 입지일수록 임대료가 비싸다.
④ 충동구매품목의 판매비중이 높은 점포는 유동인구가 많은 입지적 장점을 기준으로 입지를 선택해야 한다.
⑤ 목표 소비자와 특정 점포사이의 거리가 증가할수록 특정 점포에서의 구매가능성이나 빈도가 감소하게 된다.
⑥ 점포의 입지선정이 잘못되면 고객확보를 위하여 광고나 판매촉진과 같은 추가적인 노력이 필요하다.
⑦ 소비자의 접근이 용이한 위치에 점포의 입지가 있어야 점포의 수익성이나 시장점유율이 높아진다.
⑧ 일반적으로 점포에 가까울수록 고객의 밀도가 높고, 점포로부터 멀어 질수록 고객의 밀도가 낮아지는 경향을 보인다(거리감소 효과).

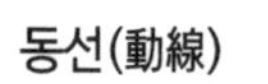 

① 동선이란 고객들의 이동궤적을 의미하는데 자석(Customer Generator)과 자석을 연결하는 선으로 나타나기도 한다.
② 동선은 주동선, 부동선, 접근동선, 출근동선, 퇴근동선 등 다양한 기준으로 분류할 수 있다.
③ 접근동선이란 동선으로의 접근정도를 가리키는 말이다.
④ 경제적 사정으로 많은 자금이 필요한 주동선에 입지하기 어려운 점포는 부동선(副動線)을 중시한다.

⑤ 주동선이란 자석입지(magnet)와 자석입지를 잇는 가장 기본이 되는 선을 말한다. 고객흡입시설인 <역>, <대규모 소매점>, <대형 교차점> 등을 연결하는 선을 주동선이라고 말한다.
⑥ 복수의 자석입지가 있는 경우의 동선을 복수동선(複數動線)이라 한다.

(9) 동선의 심리법칙

① **최단거리 실현의 법칙** : 인간은 최단거리로 목적지에 가려는 심리가 있다. 여기서 안쪽 동선이라고 하는 뒷길이 발생한다. 뒷길을 이용하는 고객들은 미리 파악하지 못한 채 언뜻 보기에 동선이라고 생각되는 큰 길을 선택해서 입지 선정에 실패한 사례가 많다.

② **보증실현의 법칙** : 인간은 먼저 득을 얻는 쪽을 택한다. 길을 건널 때에도 최초로 만나는 횡단보도를 이용하려는 성향이 있다.

③ **안전 증시의 범칙** : 인간은 본능적으로 신체의 안전을 지키기 위해 위험하거나 모르는 길, 다른 사람이 잘 가지 않는 장소도은 가려고 하지 않는다.

④ **집합의 법칙** : 대부분의 사람들은 군중 심리에 의해 사람이 모여 있는 곳에 모인다. 군중 사이에서는 자신의 독립적인 이성보다는 전체의 분위기에 이끌리는 경우가 많기 때문에 소비행동도 쉽게 유발된다.

2. 업태 및 업종과 입지

(1) 도심형 입지(CBD : Central Business District)

① 중추관리기능 즉, 권력 · 자본 · 정보가 대량 집적되는 장소이다.
② 관청, 상사, 은행, 보험, 신문, 잡지, 방송, 광고 등 매스미디어업무 건물이다.
③ 주간은 교통 및 인구이동 활발, 야간은 인구격감 및 조용한 지역으로 변모한다.
④ 하나이상의 주력 백화점과 전문점 및 편의점 등 업태 · 업종이 결집되어 있다.
⑤ 도심은 방문주기가 빈번하지 않기 때문에, 방문 시 체류하는 시간이 비교적 길다.

(2) 부도심 소매중심지(SBD : Secondary Business District)

① 도심의 기능을 분담하는 도시의 한 지역이다. 부도심은 역세권을 중심으로 형성되는 경향이 있다.

② 부도심이 나타나는 경우는 크게 두 가지인데 시가지가 넓어서 도심으로의 접근성이 떨어지는 지역을 위해 또는 도심에 시설들이 과도하게 집중되어서 당국에서 그걸 다른 지역으로 분담도 시키고 지역도 개발하는 차원에서 신도시를 만드는 경우에 생긴다.

③ 도시규모 확장으로 여러 지역으로 인구가 분산 · 산재되어 생긴 지역이다.

④ 하나의 도시에 하나의 지역백화점, 일용잡화점, 소규모점포 등이 산재해 있다.

⑤ 부도심은 업종간 연계성이 높은 편이고, 업종간의 집단화도 이루어진다.

(3) 형태별 입지

① 생활형 입지

㉠ 생활형 입지는 주로 식당 등이 대부분에 해당되므로 접근성이 쉬우며, 도보나 차량을 이용하는 고객 모두를 흡수할 수 있어야 한다.

㉡ 일상적인 생활을 주로 하는 고객들이 편리하게 이용하는 입지로서 아파트나 주택 등 지역 주민들이 이용하는 곳을 말한다.

② 목적형 입지

㉠ 목적형 입지는 주로 특정한 테마에 따라 고객이 유입되므로 차량을 이용한 접근이나 주차장 등의 시설물 이용에 불편이 없어야 한다.

㉡ 고객은 단순하게 그 점포에 접근하는 것이 아니고 특정한 목적이 있는 경우에만 그곳에 와서 이용하는 입지를 말한다.

③ 적응형 입지

㉠ 적응형 입지에서는 주로 패스트푸드나 판매형 아이템사업 등이 유리하므로 도보객이 접근하기 쉬운 출입구, 시설물, 계단 등 가시성이 좋아야 한다.

㉡ 일상적인 거리에서 통행하는 유동인구에 의해서 그 점포의 매출이 커다란 영향을 받고, 입지 유형 중 거리에서 통행하는 유동인구에 의해 영업이 좌우되는 입지를 말한다.

(4) 소매집적(retail cluster)

① 소매집적(小賣集積)이란 대형, 소형 또는 다른 업종과 상이한 업태의 여러 소매기관이 공통의 목표하에 상호간에 관련을 가지면서 한 장소에 모인 소매시스템을 의미한다. 소매집적을 분류하면 자연발생적 소매집적, 사후 통합적 집적 및 계획적 소매집적으로 나누어진다.

② 일정한 어떤 구역에 있어서 한 소매점의 매출액 점유율은 그 지역 전체의 소매매장면적에 대한 해당 점포의 매장면적의 비율에 직접적으로 비례할 것이라는 가정 하에서 수행하는 것을 점포공간 매출액 비율법이라고 한다.

③ 이러한 소매집적은 입지의 집체적 편의성(aggregate convenience)을 높여주기 때문에 고객의 흡인력을 증가시켜 주며, 따라서 단독입지의 경우보다 유리한 효과를 올리게 하여 준다.

(5) 소매점 지리적 입지 특성

① 유통서비스업(소매점)의 거점은 지리적 규모 등에 따라 계층선을 갖는다.

② 수요자가 재화와 서비스를 제공받는 공간으로서의 각종상권 또는 서비스권이 형성된다.

③ 수요자는 재화와 서비스를 공급받기 위해 이동하며 이동범위에 한계가 있고 이동비용에도 제약을 받는다.

④ 유통서비스산업(소매점)은 대부분 최종 소비자와 결부된 경제활동으로 개개의 소비가 분산되어 있어 거시적으로 보면 인구 또는 사업체의 분포와 대응관계가 있다.

(6) 입지(location)측면에서의 업태전략

① 업태전략과 관련하여 입지의 문제는 상권의 결정과 함께 분산 · 고립된 지역에 입지하느냐 또는 상업집적이 이루어진 장소에 입지할 것인가 매우 중요하다.

② 분산 · 고립된 유형의 상권전략의 활용에 의해 전략을 전개할 수 있으나 집적된 경우에는 그 집적의 양상과 유형에 의해 업태전략이 다르게 전개된다.

③ 소매집적은 그 위치상으로 크게 도심(downtown)형, 부심(terminal)형, 교외(suburban)형으로 분류되는데 그 업종의 구성내용이 매우 다양하다. 즉 세운상가와 같이 전자제품 전문점의 집적으로 이루어 진 경우가 있는가 하면 새로 개점한 롯데월드와 같은

여러 업종의 집적으로 형성된 것도 있다.

④ 이에는 자연발생적인 것과 계획적인 집적의 두 가지로 구분하여 생각할 수 있는데 상점가와 일용품소매시장은 자연발생적인 경우이고 쇼핑센터의 경우 계획적인 집적으로 볼 수 있다.

3. 물류와 입지

(1) 물류와 입지전략

① 물류

㉠ 원래 물적유통의 줄임말이며 생산자로부터 소비자까지의 물류의 흐름을 가리킨다.

㉡ 생산 단계에서부터 소비 또는 그 이용에 이르기까지 상품의 이동 및 취급을 관리하는 것이다.

② 입지

㉠ 입지결정은 수송비용과 고객에 대한 서비스에 영향을 준다.

㉡ 창고나 유통센터 등의 입지는 운송비용과 고객서비스에 영향을 미친다.

㉢ 공장의 입지는 원자재 수송비 및 완제품의 수송비에 영향을 미친다.

(2) 의사결정 나무 분석(Decision Tree Analysis)

① 의사결정나무는 의사결정규칙을 나무구조로 도표화하여 분류와 예측을 수행하는 분석방법이다. 이것은 의사결정자가 결정을 내리는데 도움을 주기 위하여 현실 상황을 계량적이고 논리적으로 표현한 것이다. 의사결정분석에서는 주로 의사결정나무를 사용하여 의사결정 문제를 표현한다.

② 이 방법은 분류 또는 예측의 과정이 나무구조에 의한 추론규칙에 의해서 표현되기 때문에 따른 방법들(예: 신경망, 판별분석, 회귀분석등)에 비해서 분석자가 그 과정을 쉽게 이해하고 설명할 수 있다는 장점을 가지고 있다.

③ 보관하역 시설계획과 관련하여 한번의 의사결정으로 끝나지 않고 몇 개의 연속된 다단계의 의사결정 과정을 요할 때에는 의사결정나무분석을 사용한다. 성과치에 확률값을 적용하여 기대수익을 계산하고 이을 기초로 의사결정을 하게 된다.

[의사결정 나무 예시]

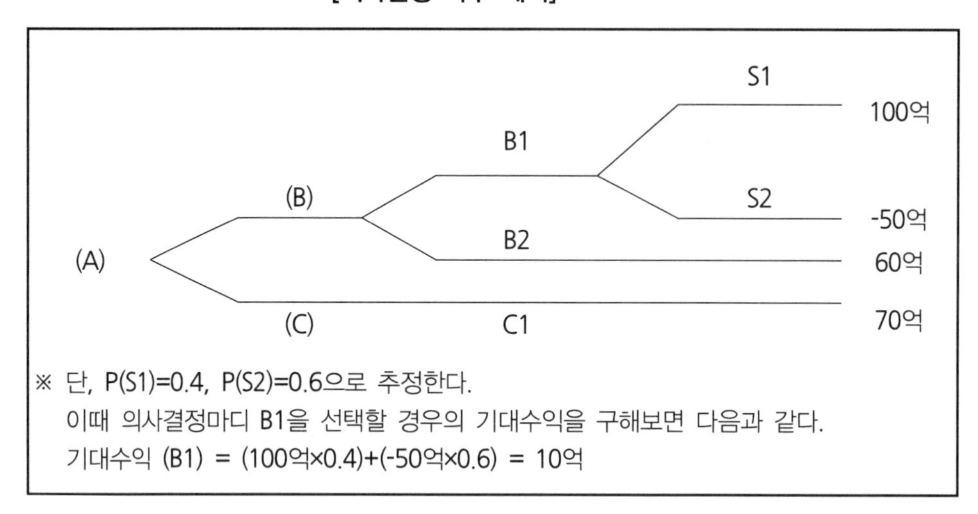

제2절 입지별 유형

1. 지역공간구조

(1) 지역공간구조

① 지표면은 여러가지의 지표로 구성되어 있고, 주택은 기둥, 벽, 지붕 등의 각 부분이 다른 역할을 하지만 이들이 모여서 주택이라는 전체를 이루듯이 복수의 부분지역들이 모여서 각각의 역할을 다하여 큰 전체지역을 구성하여 또 다른 기능을 발휘하게 될 경우 이를 지역구조 (Regional structure)라고 한다.

② 지역구조는 단순한 자연적, 사회적, 역사적기능의 결합관계에 있는 통합체가 아니라 이들이 기능적으로 서로 연계되어 하나의 새로운 기능을 수행할 때 이를 지역구조라고 한다. 이와 같은 지역구조를 구성하는 부분지역은 등질지역과 결절지역으로 나눌 수 있다.

(2) 도시공간구조

① **파크의 자연지역이론** : 도시공간구조의 생태학적 유형이 물리적인 특성에 의해 자연스럽게 구획되는 형태로 자리잡히며, 그에 따라 인간집단의 사회 · 문화적 활동도 유형별로 구분된다는 이론이다.

② **호이트의 선형이론** : 도심으로부터 새로운 교통로가 발달하면 교통로를 축으로 도매 · 경공업 지구가 부채꼴 모양으로 확대된다. 그리고 인접하여 사회 계층이 다른 주민들의 주거 지역이 저급 → 중급 → 고급 순으로 발달함으로써 도시 교통의 축이 거주지 분화를 유도한다고 보는 것이다.

③ **버제스의 동심원지대이론** : 도시의 구조를 ㉠ 중심 비즈니스지대, ㉡ 추이지대, ㉢ 자립근로자 거주지대, ㉣ 중산층 거주지대, ㉤ 통근자 거주지대의 5종으로 분류하고, 이들 지대는 동심원적 구조를 이루어 제각기 외측에 인접한 지대를 잠식하면서 팽창해가는 것이다.

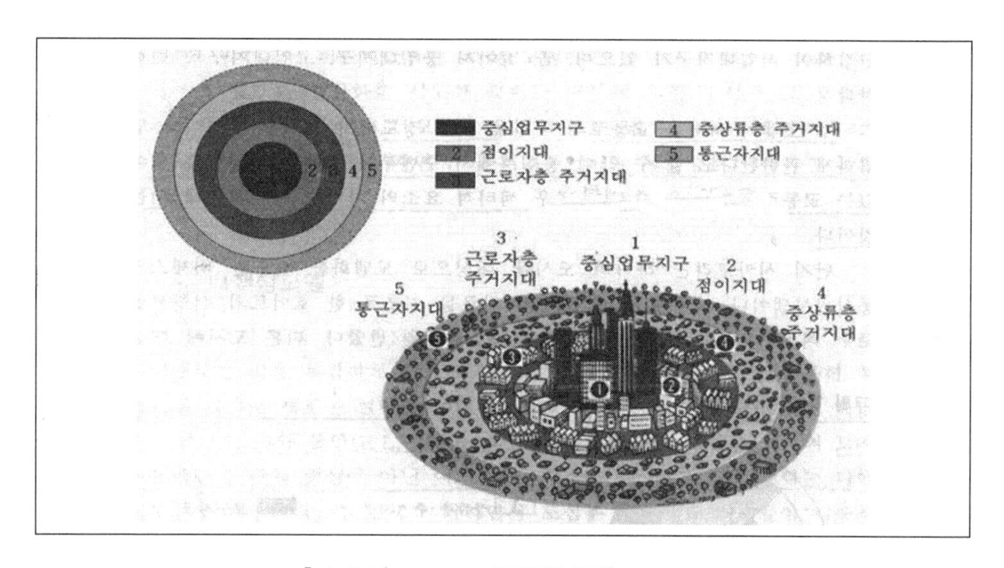

[버제스(Burgess 동심원이론]

④ **해리스와 울만의 다핵형이론** : 현대의 대부분의 도시를 여러 개의 핵을 기초로 해서 형성됨이 주요한 특징을 이루고 있다.

도시공간구조 이론의 특성 

① 동심원이론에 따르면 저소득층 주거지역은 공장노동자나 단순기능인과 같은 근로자가 거주하는 지역이며, 천이지대에 살다가 옮겨온 사람들이 많다. 또한 저소득층 주거지역은 고소득층 주거지역과 점이지대 사이에 입지하고 있다. 또한 저소득층일수록 고용기회가 많은 도심과 접근성이 양호한 지역에 주거를 선정하는 경향이 있다.
② 선형이론에 의하면 고소득층의 주거지는 주요 교통노선을 축으로 하여 접근성이 양호한 지역에 입지하는 경향이 있다.
③ 동심원이론에 의하면 점이지대는 고소득층 주거지역보다 도심에 가깝게 위치한다.
④ 다핵형이론에서 도시는 하나의 중심지가 아니라 몇 개의 중심지들로 구성된다.
⑤ 동심원이론은 도시의 공간구조를 도시생태학적 관점에서 접근하였다.

2. 도심입지

(1) 도심입지

① 중심상업지역(Central Business Districts : CBD)이라고도 하며, 대도시나 소도시의 전통적인 도심 상업지역을 말한다.
② 중심상업지역은 전통적인 도심 상업지역이며 계획성보다는 무계획성으로 인하여 밀집되어 있는 것이 특징이다.
③ 다양한 상업활동으로 인해 많은 사람들을 유인하며 접근성이 높은 지역이다.
④ 지가(地價)와 임대료가 비싸다.
⑤ 대중교통의 중심지이고 도보통행량이 많다. 또한 교통이 혼잡하다.
⑥ 건물의 고층화, 과밀화로 토지 이용이 집약적이다.

(2) 상업입지

① 상업활동이 이루어지는 장소 또는 그 범위를 말하는 것으로 요즈음에는 상권이나 시장의 세력권과 관련해서 파악하게 되어 그 의미가 확대되었다. 그리고 관광사업 등에 대해서는 관광입지라고 해서 별개로 받아들이는 경우가 많다.
② 상업입지 대상은 도매업에서 소매업까지 백화점, 대형 슈퍼마켓에서 구멍가게까지 다양하다.

③ 상품현물을 취급하지 않는 보험업, 증권업, 광고업이나 공적 성격의 거래소 또 각종 대리점의 입지도 포함한다.

④ 상업입지 조건은 그 땅의 사회적 · 경제적 성격, 상업 집적(集積)상태, 배후지의 인구와 경제력, 소비자의 생활상태, 교통편의, 자연적 · 기후적 조건, 장래의 개발 계획 등이다.

⑤ 입지의 좋고 나쁨에 따라 이용자, 구매자의 행동의향이 직접 좌우될 뿐 아니라 그 지역의 성쇠에도 영향을 주므로 적정한 배치가 필요하다. 또 입지조건은 시간에 따라 변하므로 현재 상황만이 아니라 장래를 예견해서 선정해야 한다.

3. 쇼핑센터

(1) 쇼핑센터의 의의

① 도시 주민의 교외로의 이동, 즉 이른바 산업화에 따른 도시화로 도시가 확산되는 현상인 스프롤 현상과 더불어 자가용의 보급에 따라 제2차 세계대전 후 미국에서 발전한 집합형 소매상점가이다.

② 도시 근교에 광대한 토지를 확보하여, 한 점포만 들러도 필요한 모든 상품을 구입할 수 있는 원스톱 쇼핑이 가능하도록 계획적으로 만들어진 대규모 상점가를 말한다.

③ 일반적으로 쇼핑센터는 하나의 개발업자가 도시 근교에 대규모 토지를 확보하여 의도적인 개발계획하에 대규모 커뮤니티 시설로 만들어진다.

(2) 쇼핑센터의 분류

① 입지에 따른 분류

㉠ 교외형 쇼핑센터

- 특정 상권의 사람들을 구매층으로 한다.
- 대규모의 주차장을 갖고 있으며 비교적 저층으로 이루어져 있다.

㉡ 도심형 쇼핑센터

- 불특정 다수의 사람들을 구매층으로 한다.
- 지가가 높은 지역에 입지하기 때문에 주차공간이 집약되어 있으며 고층으로 이루어진 경우가 많다.

② 규모에 따른 분류

㉠ 근린형 쇼핑센터 : 소규모 쇼핑센터로 일용품 위주이다.

㉡ 커뮤니티형 쇼핑센터 : 중규모 쇼핑센터로 실용품 위주이다.

㉢ 지역형 쇼핑센터 : 대규모 쇼핑센터로 레저 및 스포츠 시설이나 여러가지 서비스 기능이 갖추어져 있다.

쇼핑센터의 유형별 핵점포 

- 근린형 쇼핑센터는 슈퍼마켓이나 드럭스토어(Drugstore)로 편의품에 중점을 둠
- 커뮤니티 쇼핑센터는 양판점 또는 종합할인점으로 편의품 및 일부 선매품에 중점을 둠
- 지역형 쇼핑센터는 하나 혹은 두개의 백화점으로 일부 선매품 및 일부 전문품에 중점을 둠
- 초광역형 쇼핑센터는 다수의 백화점으로 선매품 및 전문품에 중점을 둠

(3) 쇼핑센터의 유형

① 스트립 쇼핑센터

㉠ 네이버후드 센터 : 소비자들의 일상적 욕구를 만족시키기 위한 편리한 쇼핑장소를 제공하도록 설계되어 있다.

㉡ 커뮤니티 센터 : 네이버후드 센터보다 다양한 범위의 의류와 일반 상품을 제공하도록 설계되어 있다.

㉢ 파워 센터 : 할인백화점이나 할인점, 창고형 클럽 등을 포함하는 일부 대형 점포들로 구성되어 있다.

② 쇼핑몰

㉠ 지역 센터 : 일반 상품과 서비스를 다양하고 매우 깊이 있게 제공한다.

㉡ 슈퍼지역 센터 : 지역 센터와 비슷하나, 큰 규모로 인하여 보다 많은 고객이 유인되며 보다 깊이 있는 제품구색을 갖춘다.

㉢ 아웃렛 센터 : 유통업자 상표제품을 할인판매 한다.

㉣ 패션/전문 센터 : 고급 의류점, 선물점 등으로 주로 구성되며 선별된 패션이나 품질이 우수하고 값비싼 독특한 제품을 판매한다.

㉤ 테마/페스티벌 센터 : 일반적으로 건물 디자인에서부터 상품에 이르기까지 통일된 테마를 갖고 있으며 특히 관광객에게 큰 매력을 준다.

(4) 범위에 따른 쇼핑센터

① 편의형(Convenience type) 쇼핑센터

㉠ 규모가 가장 작은 5~10개의 입주점으로 구성되며 은행 · 세탁소 · 주류점 · 식당 · 서비스점이 동시에 입주하고 있다.

㉡ 핵점포는 대개 편의점이며 주로 통행량이 많은 거리를 따라 형성된다.

② 분산적 근린형(Neighborhood type) 쇼핑센터

㉠ 고객의 구매 관습과 동기는 쇼핑센터의 위치가 가깝고 편리하여 매일 구매하고 고객의 욕구 분류는 생활 조건의 욕구로서 구입 상품은 주로 실용품이다.

㉡ 상업 형태는 체인스토어, 생업적 상점, 분산적 상점이며 업종 구성은 선매품 30%, 편의품 20%, 음식점 30%, 기타 서비스점 20%로 구성된다.

③ 집결적 근린형(Neighborhood type) 쇼핑센터

㉠ 고객의 구매 관습은 주 2~3회 정도이다. 근거리, 편리성, 친밀성에 의해 규격품과 신도심 상품을 선호하고 욕구 분류는 생활의 합리성 욕구이다.

㉡ 상업 형태는 재래시장, 집합점포, 선매품점 등이며 약 80여 개 이상의 점포가 집결하고, 업종 구성은 선매품점 40%, 편의품점 20%, 음식점 30%, 기타 서비스점 10%로 구성된다.

(5) 쇼핑센터의 입지전략

① 자동차를 이용하여 도달할 수 있는 소요거리 및 소요시간이 중요하다.

② 쇼핑센터를 구성하는 중심상점, 몰, 코트(Court), 전문상가, 사회 · 문화시설 등의 연계체계를 세심하게 검토하여야 하며 고객을 위한 다양한 공간의 제공을 고려하여야 한다.

③ 쇼핑센터의 특징적인 요소인 보행자 지대와 몰(Mall)의 계획이 중요하다. 보행자 지대와 몰은 쇼핑센터 내의 주요동선으로 고객을 각 점포에 균등하게 접근할 수 있도록 하며 고객에게 다양한 공간과 휴식공간의 기능도 동시에 제공하여야 할 것이다.

④ 쇼핑센터의 위치결정은 이용객의 주거지로부터 쇼핑센터에 이르기까지의 소요거리(운전시간)가 중요한 요인이 된다.

⑤ 테넌트 믹스(Tenant Mix) : 머천다이징 정책을 실현하기 위한 최적의 조합을 꾸미는 과정으로, 시설 내 테넌트 간에 끊임없이 경쟁보다는 경합대상 쇼핑센터와의 경쟁력 강화에 초점을 맞추어야 한다.

앵커테넌트 & 마그넷 스토어 

- 앵커 테넌트(Anchor Tenant)' : 키 테넌트(Key Tenant)라고도 불린다. 앵커는 '닻'을, 테넌트는 임대계약을 맺고 입점해 영업을 하는 '우량 임차인'을 말하며, 이들은 건물의 가치를 올려주고 임대수익도 안정적으로 지켜준다. 예) 스타벅스
- 마그넷 스토어(Magnet Store) : 핵상점이라고 한다. 쇼핑센터의 핵으로서 고객을 끌어 들이는 기능을 갖고 있으며, 일반적으로 백화점이나 종합 슈퍼마켓이 이에 해당된다.

4. 기타 입지

(1) 노면 독립입지

① 노면 독립입지의 의의

㉠ 다른 소매업체와 연결되지 않은 소매입지를 말하며, 통상적으로 독립입지 소매점포의 경우 다른 소매업체들과 고객을 공유하지 않는다.

㉡ 규모와 형태에 관한 자체 운영규칙에 의하여 특정 규모의 토지와 형태가 요구되는 경우 및 저비용·저가격 정책을 실시해야 하는 경우, 점포 디자인과 주차장을 자유로이 활용할 필요가 있는 경우 등에 적합하다. 그 예로 하이퍼마켓, 대형할인점, 회원제 창고형 할인점 등이 흔히 독립입지를 선택한다.

㉢ 일반적으로 전문품의 경우에는 독립입지가 바람직할 수도 있지만 선매품의 경우에는 여러 점포를 통해 상품을 비교한 후 구매하므로 독립입지는 바람직하지 않다.

② 노면 독립입지의 구분

㉠ 독자적 상권개척의 경우 : 점포 신설 지역에서 창업품목이나 업종에 대해 새로운 경영환경을 창조하고, 고객층을 새로 형성시키기 위한 공격적 마케팅 전략을 수립하여 확장 위주의 경영계획을 추진하여야 한다.

㉡ 기존 상권에 진입하는 경우 : 이미 형성되어 있는 상권의 분위기에 적절히 대응하고 고객의 기호와 요구에 적응하기 위한 마케팅을 통해 기존 고객을 신설 점포로 흡인하는 전략이 중심이 되므로 신설 점포의 차별성을 부각시키기 위한 점포의 면적, 점포간의 거리는 물론 광고, 홍보 전략도 달리해야 한다.

③ 노면 독립입지의 장 · 단점

㉠ 장점

- 임대료가 낮다.
- 가시성이 크다.
- 직접 경쟁업체가 없다.
- 주차공간이 넓다.
- 확장이 용이하다.
- 고객을 위한 편의성이 크다.
- 영업시간, 제품, 간판에 대한 규제가 적다.

㉡ 단점

- 고객을 유인하기 위해 상품, 가격, 판촉, 서비스 등을 차별화해야 한다.
- 마케팅 비용이 많이 든다.
- 다른 점포와의 시너지 효과를 기대할 수 없다.

(2) 복합용도개발지역

① 복합용도개발지역의 의의

㉠ 복합용도개발(Mixed-use Developments : MXDs) 지역이란 쇼핑센터, 오피스타워, 호텔, 주상복합건물, 시민회관, 컨벤션 센터 등 하나의 복합건물에 다양한 용도를 결합시킨 것을 말한다.

㉡ 복합용도개발은 Gurney Breckenfeld(1972년)가 처음으로 사용한 용어로 주거와 상업, 업무, 문화, 위락 등 다양한 기능을 밀접하게 연관시켜 편리성과 쾌적성을 제고시킨 건물 또는 건물군의 개발을 이르는 말이다.

② 복합용도개발지역의 특성

㉠ 많은 쇼핑객들을 점포로 유인할 수 있어 소매업체에게 인기가 있다.

㉡ 공간을 생산적으로 사용할 수 있어 개발업체들이 선호한다.

㉢ 도심지에 주거기능을 도입함으로써 도시 내에서 살고자 하는 사람이나 살 필요가 있는 사람들에게 양질의 주택공급이 가능하며 이로 인하여 도심공동화 현상 방지 및 도심지가 생동감 넘치고 다양한 삶의 장소로 바뀔 수 있다.

㉣ 직장과 주거지와의 거리가 단축됨으로써 출퇴근 시 교통비용 및 시간을 절약할 수 있고, 교통혼잡에 따른 사회적 비용을 줄일 수 있다.

㉤ 도심지 중에서 저밀도로 이용되고 있는 지역을 재개발함으로써 토지이용의 효율성을 제고한다.

③ 복합화의 의미와 특징

㉠ 복합화의 의미 : 서로 연관성 있는 인프라, 시설, 기능, 기술, 소프트를 효과적으로 결합하고 이들 간에 서로 유기적인 상승효과를 내도록 하여 경쟁력과 효율을 극대화하는 것을 의미한다.

㉡ 복합화의 특징

- 상호 연관성 : 시설 이나 기능 같은 동질적인 것 사이의 연관성 뿐만 아니라 시설, 인프라 기술, 서비스 기능, 소프트 등과 같은 이질적인 것 사이의 연관성도 포함하고 있다.
- 유기적 결합 : 상호 관련성이 있는 것을 유기적으로 결합하여 개별 기능을 최대한 발휘할 수 있도록 융합시키는 것을 의미한다.
- 시너지 효과 : 시 · 공간의 비용절감, 집적이익 발생, 패키지화에 따른 이용자 편리성 증대 등을 들 수 있으며 복합화를 통하여 시너지 효과를 극대화함으로써 경쟁우위(경쟁력) 및 효율극대화(효율성)를 달성할 수 있다.

④ 복합공간의 구분

㉠ 업무 중심의 복합화

- 개념 : 하나의 건물 내에 상이한 기능을 수용하는 유형으로, 단일 건물 내에서 일정한 기능을 수용함으로써 고층화한다.
- 특징
  - 지역의 랜드마크적인 역할을 수행한다.
  - 사람과 물자의 이동을 건물 내에서 수직 동선으로 처리하여 교통혼잡 문제가 해결된다.
  - 비교적 소규모 부지에도 적용이 가능하다.
- 문제점
  - 주변지역에 일조권, 통풍권의 환경문제를 발생시킬 우려가 있다.
  - 건물 구조물이 고정화되어 미래에의 적응력이 약화된다.
  - 여러 가지 기능이 동일 건물 내에서 운영됨으로 인해 건물 내의 혼잡이 극심할 우려가 있다.

㉡ 다발층 콤플렉스

- 개념 : 상이한 건물을 가진 몇 개의 건물을 배치하고, 이를 상업용도의 저층 기단부로 묶어 그 하부에 공공지원시설, 주차시설 등을 구획하는 유형이다.
- 특징 : 복합용도개발에 있어서 주거기능과 여러 기능이 혼합됨으로써 발생하는 문제들을 해결하여 주거기능의 정주성이 향상된다.
- 문제점
  - 기능이 건축적으로 분리되어 즉시 이용하는 측면에서는 불편이 있다.
  - 동일한 규모의 부지에서 같은 용적률을 적용할 때 오픈스페이스의 면적이 감소한다.

㉢ 도시블럭 연계성

- 개념 : 중 · 저층 건축물들을 한 개 층 시설을 중심으로 연결 · 배치하고, 기능배치는 층별로 중첩시키거나 인접도로의 성격에 따라 분산배치하는 형태이다.
- 특징
  - 도시규제가 매우 강한 유럽의 도심지역에서 추진된 방식이다.
  - 쉽게 재건축이 가능하므로 환경변화에 신속한 대응이 가능하다.
- 문제점 : 도시의 랜드마크적 역할에는 미흡하다.

[복합공간의 기능]

구분	주기능	주 연계기능	보조 연계기능
업무 중심의 복합화	오피스	• 전문 몰, 판매시설 • 비즈니스 호텔 • 금융기관 • 정보 · 통신 센터	전문 식당가, 패스트푸드점, 근린생활시설, 스포츠 센터, 국제회의장, 전시장, 오피스텔 · 주상복합아파트
상업기능 중심의 복합화	• 백화점 • 양판점 • 전문점 • 디스카운트 스토어	• 커머셜 호텔 • 비즈니스 호텔 • 스포츠 센터 • 도시형 레저랜드 • 오락장	물류, 유통관련 오피스, 이벤트홀, 문화교양센터, 극장, 영화관, 주상복합아파트, 오피스텔, 국제회의장, 전시장, 면회장, 예식장, 전문병원, 분수광장, 도시공원
엔터테인먼트 중심의 복합화	• 테마파크 • 레저랜드 • 오락장	• 백화점, 전문점 • 전문 식당가, 주점 • 리조트 호텔, 콘도미니엄, 레저형 스포츠 시설	국제회의장, 연회장, 예식장교육, 연수원, 전시장, 미술관, 이벤트홀, 잔디광장, 도시공원, 휴양형 병원, 노인병원

(3) 의류패션 전문점(fashion specialty stores)

① 패션전문점(fashion specialty stores)의 상품구색에서 가장 비중이 높은 상품유형은 선매품이다.

② 의류점의 경우 선매품으로 고객이 여러 점포를 다니면서 가격이나 디자인, 색감이나 품질 등을 비교하여 구매하는 특성을 지녔기 때문이다.

③ VMD(Visual Merchandising) 전략과 SPA(Speciality retailer of Private Apparel) 전략이 대표적인 입지전략이다.

④ 많은 사람을 유인하고 여러 점포에서 비교 · 구매할 수 있어야 하므로, 중심상업지역(CBD)이나 중심상업지역 인근 쇼핑센터가 노면독립입지보다 유리하다.

⑤ 쇼핑몰 내에서는 핵점포(Anchor Store)의 통로 및 출입구 근처가 좋다.

⑥ 구체화된 점포가 있는 곳이 유동 고객을 유인할 수 있는 지역인지 고객이 편리하게 모든 시설 등을 이용할 수 있는 지역인지 오락과 즐거움을 제공할 수 있는지를 고려하여 결정한다.

(4) 제조직매형 의류전문점(SPA ; Speciality retailer of Private label Apparel)

① SPA란 미국 청바지 회사 'GAP'이 1986년 도입한 개념으로서 '전문점(Speciality retailer)'과 '자사상표(Private label)' 및 '의류(Apparel)'라는 의미를 합친 합성어로, 번역하자면 '제조 직매형 의류전문점'이라고 할 수 있다.

② 의류를 축으로 하여 기획?개발에서부터 자사의 라벨에 의한 생산과 모든 소매활동에 이르기까지 일괄된 시스템을 전개하는 기업을 말한다.

③ SPA는 기획에서부터 판매에 이르기까지 하나로 연결되어 있기 때문에 이곳에서는 이미 판매하여 소비자들에게 검증된 상품만을 제고하여 판매가 이루어진다.

④ 비용의 절감을 통하여 소비자의 부담을 줄이는 합리적인 패션유통의 한 형태이기 때문에 소비자가 원하는 스타일을 파악해 신속한 기획과 생산, 반품과 매장관리가 이루어져 재고부담이 적다.

⑤ 트랜드가 즉시 반영되어 생산과 유통이 이루어지는 '빠른 패션(Fast Fashion)'이다.

⑥ 소비자들이 그때 그때 원하는 디자인을 부담 없는 가격으로 구입 할 수 있다.

⑦ 리미티드, 에스프리, 베네통, 망고, GAP, ZARA, 유니클로, H&M 등이 대표 브랜드다.

제3절 입지선정 및 분석

1. 입지선정의 의의

(1) 입지선택의 의의

① 입지는 점포가 소재하고 있는 위치적인 조건으로 일반적으로 상권의 크기, 교통망, 고객층, 점포의 지세 및 지형과 밀접한 관련이 있다. 입지선택이란 동적 및 공간적 개념으로 입지주체가 추구하는 입지조건을 갖춘 토지를 발견하는 것을 의미한다.

② 입지선택의 과정에서는 보다 유리한 이용을 하려는 입지경쟁이 전개되고 그 결과는 토지이용의 집약화, 토지의 단위면적당 노동과 자본의 투자비율 증가로 나타난다. 입지선택이 잘못될 경우에는 경영관리상 노력의 낭비를 가져와 결국 사업 실패를 초래하게 된다.

(2) 입지선택 시 고려사항

① **안정성** : 사업장의 투자규모와 수익성과의 관계이며, 사업 아이템이나 수익성이 장기적으로 안정적인 궤도를 유지하는 것을 의미한다.

② **균형성** : 주변 경쟁점과의 관계이며, 경쟁점포와의 균형성을 측정하기 위한 기본적 기준으로는 점포의 규모, 상품의 가격, 고객의 접근성 정도, 인테리어 상태 등이 있다.

③ **조화성** : 예비창업자의 선택 아이템과 주변 상권과의 관계이며, 예비창업자가 입지선택 및 상권분석과 관련한 조화성 부분에서 가장 주의를 기울여야 할 전략으로는 차별화 전략을 들 수 있다.

(3) 입지조건

구분	내용
주거지	• 주변 환경의 쾌적성, 직장 및 기타의 교통조건 등의 편리성, 다른 지역으로의 접근가능성
상업지	• 수익성
공업지	• 생산지와 소비지 사이의 운송경로에 있는 거리를 조건으로 하여 생산비와 수송비의 절약
농·임업지	• 기상 상태나 토양이 양호하고 생산성이 높은 곳

(4) 넬슨(R.L Nelson)의 소매입지 이론

① 오늘날 소비자의 욕구가 다양화·개성화·전문화하는 추세에서 소매점도 이에 대응하여 대형화·시스템화·전문화되고 있다.

② 넬슨은 소매인력법칙을 보완하여 매장면적과 거리 외 점포의 물리적 속성에 해당되는 다른 요인도 흡인력에 영향을 미치고 있다고 보았다.

③ 넬슨은 최대의 이익을 얻을 수 있는 매출고를 확보하기 위하여 점포가 어디에 위치하고 있어야 하며, 어디에 입지해야 하는지를 알기 위하여 입지 선정을 위한 8가지 평가 원칙을 제시하였다.

④ 넬슨(R.L Nelson) 입지선정 8가지 평가방법

구 분	내 용
잠재력	• 현재 관할상권내에서 취급하는 상품, 점포 또는 유통단지의 수익성 확보 가능성
접근 가능성	• 관할상권에 있는 고객을 자점으로 끌어들일 수 있는 가능성
성장 가능성	• 인구증가 또는 소득수준 향상으로 시장규모 또는 자점 또는 유통단지의 매출액이 성장할 가능성
중간 저지성	• 기존점포 또는 유통단지가 고객과의 중간에 위치하여 기존 점포로 접근하는 고객을 중간에서 차단할 수 있는 정도
누적적 흡인력	• 점포가 많이 몰려있어 고객을 끌어들일 수 있는 가능성 • 사무실, 학교, 문화시설 등이 인접해 있어 고객을 끌어들일 수 있는 가능성
양립성	• 상호보완관계가 있는 점포가 위치하고 있어 고객이 흡일 될 가능성
경쟁 회피성	• 경쟁점의 입지, 규모, 형태 등을 감안하여 자점이 기존점포과의 경쟁에서 우위를 확보할 수 있는 가능성 • 장래 경쟁점이 신규 입점하므로써 자점에 미칠 영향 정도
경제성	• 입지의 가격 및 비용 등으로 인한 수익성 및 생산성 정도

2. 입지영향인자

(1) 인구통계, 라이프스타일 특성

① **가구, 인구, 가구당 인구, 연령별 구조의 파악** : 배후 인구의 통계적 특성을 파악하기 위해서는 시 · 구 통계연보를 시청이나 구청, 동사무소에서 구해야 하며 도 · 소매업 조사보고서, 서비스업 조사보고서 등을 통하여 그 지역주민들의 생활상을 파악할 수 있다.

② 대체로 인구가 증가하고 있는 지역이 인구가 감소하는 지역에 비해 소매업체들이 성공한다. 총인구의 증가는 개인의 소득증가와 더불어 유통업 전체의 계속적인 발전 가능성을 나타내므로 특정 지역에서 소매점을 개설하는 경우에는 그 지역 내의 총인구의 변화를 면밀히 파악해야 한다.

③ 가족의 규모와 구성도 소매업체의 성공을 결정짓는 중요 요인이 될 수 있다. 가족의 규모가 소형화되어 감에 따라 부모들의 자식에 대한 평균 투자액은 계속 늘어나고 있으며 어린이용품에 대한 수요는 점점 고급화되어 가고 있다.

④ 라이프스타일은 개인이나 가족의 가치관 때문에 나타나는 다양한 생활양식 · 행동양식 · 사고양식 등 생활의 모든 측면의 문화 · 심리적 차이를 전체적인 형태로 나타낸 말로서 최근에는 마케팅과 소비자의 행동 연구 분야에서 관심을 가지게 되었다.

⑤ 라이프스타일이란 "소비자가 그러한 자금과 시간을 어떻게 소비하는가(활동), 자신의 환경 내에서 무엇에 관심을 갖고 있는가(관심), 자신과 주변환경에 관하여 어떠한 의견을 갖고 있는가(의견)의 측면에서 묘사되는 생활양식"으로 정의된다.

⑥ 라이프스타일 특성은 인구통계적 특성과는 달리 연구자의 조사목적에 따라 상이한 차원에서 측정되어야 한다. 따라서 연령 또는 소득, 직업과 같이 표준적으로 고정된 차원이 없으며 라이프스타일을 반영해 주는 AIO의 목록을 직관적으로 개발하여 적용하거나 소비자의 구매목록을 확인하여 라이프스타일을 추론함으로써 측정될 수 있다.

⑦ 라이프스타일은 흔히 활동(Activity)과 관심(Interest), 의견(Opinion)을 기준으로 분류되는데, 그 머리글자를 따서 AIO분석이라고 한다. 즉, 소비자가 어떻게 시간 보내고 어떤 일을 중시히며 어떤 견해를 갖고 있는가를 척도로 나타내어 수치화하는 것이다.

[AIO분석(Activity, Interest, Opinion)]

활동(Activity)	관심(Interest)	의견(Opinion)
일	가정	자기 자신
취미	친구	사회문제
공동체 활동	이웃	정치
쇼핑	유행	경제
레저	음식	제품
스포츠	매체	문화

(2) 비즈니스 환경

① 경영자가 의사결정 시 고려해야 할 조직 외부요인들을 말한다.
② 이곳에 입지해야 하는지 저곳에 입지해야 하는지의 판단은 그 기업의 총 매출과 기업의 운명에 지대한 영향을 주기 때문에 최고경영자의 신중한 판단이 요구된다.
③ 일반적인 환경요인은 기후나 지형 같은 자연적인 조건과 정치, 경제, 사회, 문화, 기술, 국제 환경으로 나눌 수 있다.
④ 구체적 환경요인은 경쟁업체, 소비자, 유통업체, 공급업체 등과 같이 조직활동과 밀접한 관련을 맺고 있는 기업의 이해당사자들로 구성되어 있다.

(3) 접근성

① 어떤 한 지점이 주위의 다른 지점들로부터 얼마나 쉽게 접근할 수 있는가를 나타내는 것으로 입지 시 점포의 입구, 건널목 상태, 고객의 주요 유동방향 등이 고객흡인에 용이하도록 되어 있는가 확인한다.
② 접근성의 분석요소
㉠ 미시적 분석요소 : 미시적 분석은 개별 점포에 대한 분석과 쇼핑센터 내의 위치에 대한 분석을 말하며 점포의 외관(가시도), 교통량, 도로 및 주차장에의 진입과 퇴출, 쇼핑센터의 접근성, 쇼핑센터 내의 점포 배열 등을 고려한다.
- 가시도 : 가시도란 고객들이 멀리서도 점포를 쉽게 찾을 수 있는 정도이며 유동고객에 대한 의존도가 높은 경우일수록 매우 중요한 요소이다.
- 교통량 및 교통의 흐름 : 교통량이 많은 곳에 입지하면 성공하느냐 하는 것은 점포가 처한 상황에 따라 다르며 교통의 흐름은 빈번하되 혼잡이 일어나지 않는 지역이 유리하다. 출퇴근 시간에 교통 혼잡이 발생하는 것은 일반적 현상이므로 별 문제가 되지 않으나 학교 주변 또는 대형 트럭이 자주 다니는 지역은 교통 흐름의 측면에서 볼 때 불리하다.
- 도로 및 주차장에의 진입과 퇴출 : 점포에서 도로 및 주차장에의 진입과 퇴출은 쉬울수록 좋다.
- 쇼핑센터의 접근성 평가 : 쇼핑센터에 입주할 경우에는 우선 쇼핑센터의 접근성을 평가하고 센터 내 위치도 평가되어야 한다.
- 쇼핑센터 내의 점포 배열 : 표적 고객층이 비슷한 종류의 점포들은 서로 인근에 위치하는 것이 좋다.

㉡ 거시적 분석요소 : 거시적 분석은 기본 상권에 대한 분석을 말하며 거래 지역 내 점포와 연결되는 주요 도로의 구조, 도로의 상태, 장애물의 존재 여부 등을 고려한다.

• 도로의 구조 및 상태 분석 : 도로의 구조 분석이란 거래지역 내에서 점포로 연결되는 주도로의 존재 여부 등을 알아보는 것을 의미하고, 상태 분석이란 차선이나 신호등 수, 혼잡도, 교차로 등을 알아보는 것이다. 주도로의 접근이 쉬울수록 유리하다.

• 장애물의 존재 여부 : 산이나 강, 인조 조형물, 철로, 공원 등의 존재 및 지역 내의 소득의 차이 등은 점포입지의 장애물로 작용할 수 있다.

단차(段差) 

• 실외공간이나 실내공간에서 단차(段差)는 층계나 계단의 사이에서 볼 수 있는 높고 낮음의 차이인 고저차를 의미하는 말이다. 다시 말해 단차(段差)는 바닥의 면이 평평하지 않고 층(層)이져서 약간 상하로 서로 어긋남을 표현하는 말이다.

• 단차(段差)에 해당하는 몇 가지의 사례를 들어보면 다음과 같다.
  ▸ 도로에서 차도(車道)와 인도(人道)간 높낮이의 차이
  ▸ 지형에서 차도(車道)와 집터(地相)간 높낮이의 차이
  ▸ 집터에서 마당(庭園)과 현관(玄關)간 높낮이의 차이
  ▸ 상가에서 점포 입구와 현관(玄關)간 높낮이의 차이

(4) 경쟁상황

① 경쟁상황 분석

㉠ 업종 분석

• 상권 내의 업종별 점포 수, 업종 비율, 업종별 · 층별 분포를 파악한다.

• 업종별로는 판매업종(식품류, 의류, 신변잡화류, 가정용품류 등)과 서비스업종(외식서비스, 유흥서비스, 레저 · 오락서비스, 교육서비스, 의료서비스 등)으로 구분할 수 있는데, 이들의 구조를 파악하여 경쟁상황을 인지한다.

㉡ 점포 분석

• 건물의 층별 점포구성을 분석한다.

• 대체로 건물의 1층 구성비가 높으면 상권이 나쁘고, 구성비가 고르면 상권이 좋다.

㉢ 브랜드 분석

• 입점하고 있는 브랜드를 분석한다.

• 우리나라 소비자는 브랜드 선호도가 높으므로 유명브랜드가 많이 입점되어 있으면 좋은 입지이다.

② **경쟁우위의 구축** : 단순히 좋은 소매시장의 기회를 발견한 것만으로는 경쟁우위가 확보되는 것은 아니고 주어진 시장기회에 대하여 유지가능한 경쟁우위를 구축하여야만 장기적 이익을 실현할 수 있다.

㉠ 가격우위 전략 : 업계에서 생산비용이 가장 낮은 경쟁자가 되도록 노력하는 전략을 말하며, 가격우위 전략을 실행하기 위해서는 규모의 경제 · 독점적인 자원을 활용할 수 있거나 독보적인 기술이나 노하우 · 비용절감 가능성 등을 보유하고 있어야 한다.

㉡ 차별화 전략 : 경쟁자들은 보유하고 있지 않으나 소비자들은 가치 있다고 보는 점포의 속성으로서 비싼 가격을 보상하려는 전략을 말하며, 차별화 대상으로는 서비스 점포이미지 및 위치, 디자인 등이 있다.

㉢ 집중화 전략 : 경쟁범위를 매우 좁게 하여 전체 시장의 극히 일부분을 집중적으로 공략하여 경쟁자보다 우위에 서는 전략을 말하며, 표적시장이 전체 시장과 큰 차이가 없거나 경쟁자가 표적시장에서 보다 좁은 집중화 전략을 펼칠 경우에는 집중화 전략의 성공가능성은 희박해진다.

(5) 시너지 효과

① 동종 업종이 집적되어 있으면 초기 투자비가 높다. 예컨대, 명동처럼 판매업종이 집중된 지역이나 백화점, 할인점에 외식업을 출점하면 시너지 효과를 최대한 확보할 수 있으며, 서비스 업종이 집중된 음식점이나 유흥 · 위락단지, 숙박업, 학원, 극장 등 같은 업종끼리 집중되면 시너지 효과가 극대화된다.

② 특정 시설에 의존하는 입지를 선택하며, 소매점 판매업은 가급적 피하는 것이 좋다. 호텔이나 백화점, 시장, 대형 오피스, 대형 상가, 대형 복합빌딩 등의 바로 옆이나 영향권에서 벗어난 지역에 입점해야 한다.

(6) 다점포 경영(Chain-store Operation)

① 각 지역의 발전성이나 상권 자체가 갖고 있는 이점 등을 자사의 이익과 연계시키기 위한 수단으로서, 각 해당지역에 자사의 지점포를 출점하게 하는 이른바 '다점포화 정책'에 따라 만든 각 체인점의 영업활동에 대한 경영관리를 말한다.

② 매입 및 판매활동의 기능을 각기 분할하여 본점이 전 지점의 매입을 통괄적으로 담당하고, 지점은 오로지 판매활동만을 담당하도록 한다. 즉, 본점을 통한 '대량매입'과 각 지점을 통한 '대량판매'의 동시실현을 목표로 하는 경영체제이다.

(7) 법적 조건 체크

① **용도지역(用途地域)** : 합리적, 경제적으로 국토를 이용하기 위해, 정부에서 미리 지정해 둔 토지의 용도를 말한다. 토지의 이용 및 건축물의 용도 · 건폐율 · 용적률 · 높이 등을 제한함으로써 토지를 경제적 · 효율적으로 이용하고 공공복리의 증진을 도모하기 위하여 서로 중복되지 않게 도시 · 군관리계획으로 결정하는 지역을 말한다.

교육환경 보호에 관한 법률(약칭: 교육환경법) 

- 교육감은 학교경계 또는 학교설립예정지 경계(이하 "학교경계등"이라 한다)로부터 직선거리 200미터의 범위 안의 지역을 다음 각 호의 구분에 따라 교육환경보호구역으로 설정 · 고시하여야 한다.
- 학교환경위생정화구역은 학교의 보건이나 위생 및 학습 환경을 보호하기 위해 설정하는 구역을 의미한다. 교육환경 보호에 관한 법률에 의해 지정하며, 지정권자는 시도 교육감이다.
- 절대보호구역 : 학교출입문으로부터 직선거리로 50미터까지인 지역(학교설립예정지의 경우 학교경계로부터 직선거리 50미터까지인 지역)
- 상대보호구역 : 학교경계등으로부터 직선거리로 200미터까지인 지역 중 절대보호구역을 제외한 지역

② **용적률 & 건폐율**

㉠ 용적률이란 땅 대비 총 건축 가능평수 즉, 부지면적에 대한 건축물 연면적의 비율로 산출한다.

㉡ 건폐율이란 건물을 땅바닥에 앉히는 면적비 즉, 대지면적에 대한 건축면적의 비율을 말한다. 용도지역에 따라서 건폐율과 용적률은 많은 차이가 있으므로 유의해야 한다.

㉢ 예를 들어, 대지면적이 100평이라고 할 때 건폐율이 60%라고 한다면 최대 60평까지 건물을 지을 수 있고, 건폐율이 40%라면 40평까지 지을 수 있는 것이다.

㉣ 용적률과 건폐율은 입지결정시 해당 지역의 개발밀도를 가늠하는 척도로 활용한다.

㉤ 용적률과 건폐율의 최대한도는 관할 구역의 면적과 인구 규모, 용도지역의 특성 등을 고려하여 「국토의 계획 및 이용에 관한 법률」에서 정한다.

㉥ 용적률을 산정할 때는 지하층의 면적, 지상층의 주차용으로 쓰는 면적, 초고층 건축물의 피난안전구역의 면적은 제외한다.

㉦ 계산 공식

$$■건폐율 = \frac{건축면적}{대지면적} \times 100$$

$$■용적률 = \frac{연면적}{대지면적} \times 100$$

용적률 계산 예 **Point TIP**

• 대형소매점을 개설하기 위해 대지면적이 1,000㎡인 5층 상가건물을 매입하는 상황이다. 해당 건물의 지상 1층과 2층의 면적은 각각 600㎡이고 3~5층 면적은 각각 400㎡이다. 단, 주차장이 지하1층에 500㎡, 1층 내부에 200㎡, 건물외부(건물부속)에 300㎡ 설치되어 있다. 건물 5층에는 100㎡의 주민공동시설이 설치되어 있다. 이 건물의 용적률을 계산하시오.

☞ 풀이) 연면적 : (2×600)+(3×400)-200-100=2,100㎡
대지면적 : 1,000㎡

$$용적률 = \frac{연면적}{대지면적} \times 100$$

$$용적률 = \frac{2,100}{1,000} \times 100 = 210\%$$

3. 업태별 입지 개발방법

(1) 백화점

① 의류, 가정용 설비용품, 신변잡화류 등의 각종 상품을 부분별로 구성하여 소비자들이 일괄 구매할 수 있도록 한 대규모 소매점포이다.

② 도심지와 부도심지 중심상업지역에서 목적 점포의 입지 전략을 펼쳐야 한다.

③ 소비자 흡인율을 높이고, 집객력이 높은 층을 고려한 마케팅 전략이 필요하다.

(2) 아울렛 스토어

① 경미한 하자가 있거나 잘 팔리지 않는 상품, 과잉 생산된 상품, 재고품 등을 처분할 목적으로 정상가보다 할인된 가격으로 저렴하게 판매하는 직영소매점을 가리키며, 도심형과 교외형 매장으로 구분된다.

② 제조업체가 중간 유통과정을 거치지 않고 직영한다 하여 팩토리 아울렛(factory outlet)이라고도 부르는데, 최근에는 아울렛 스토어만을 모아놓은 쇼핑센터가 증가하고 있다.

(3) 할인점

다양한 상품으로 구색을 갖춘 소매점. 다양성에서는 백화점과 비슷하지만 저가격, 저수익, 고회전율, 저비용 경영을 추구한다.

(4) 카테고리 킬러

일종의 전문품 할인점이라고 하며 다음과 같은 특징이 있다.

① 체인화를 통한 현금 매입과 대량 매입

② 목표 고객을 통한 차별화된 서비스 제공

③ 체계적인 고객 관리

④ 셀프 서비스와 낮은 가격

4. 경쟁점 분석

(1) 경쟁점의 의의

① 경쟁점을 다른 말로 정의하자면 대체성이다.
② 과연 그 점포를 대신할 수 있는 것에는 어떤 것이 있는가의 질문에 답할 수 있다면 그 점포는 경합성이 있다고 말할 수 있다.
③ 경합에는 여러 가지 경우가 있지만 가장 큰 경합은 동일 업종 간에 발생하는 경우이다.

(2) 경쟁점과 창업

① 점포 경영자가 대체성을 판단하기란 쉽지 않다. 이는 입장이 크게 다르기 때문이다.
② 상품, 가격, 기능이 전혀 다른 것이라면 이러한 대체성의 원리는 영향을 미치지 못하게 된다.
③ 자신이 창업하고자 하는 점포의 주력품목의 대체성은 어느 정도이며 주변 점포와의 경쟁점은 어느 정도인가를 잘 생각해야 한다.

(3) 경쟁점의 영향

경쟁점의 영향 정도를 결정하는 요소에는 시장규모, 입지특성(경쟁점과의 거리, 시계성, 동선), 건물구조(건물규모 및 제약요인), 영업력, 브랜드 파워 등이 있다.

① 시장규모
㉠ 경쟁점의 영향 정도를 결정하는 요소 중 가장 기본이 되는 요소이다.
㉡ 시장규모가 큰 경우 경쟁점의 출점 및 퇴점에 따른 영향은 작은 반면, 시장규모가 작은 경우 경쟁점의 출점 및 퇴점에 따른 영향도는 크다.
㉢ 경쟁점이 북적거리며 영업을 하고 있는 경우 이는 충분히 판매가 가능할 정도로 시장규모가 존재한다는 증거가 된다. 또한, 이들 점포는 모두 손익분기점을 넘어 많은 이익까지 낼 수 있게 된다.

② 입지특성
㉠ 거리가 가까우면 경쟁점의 영향력이 크다.
㉡ 같은 동선상이라면 단지 어느 쪽이 중심상권에 가까운가 하는 점으로 우열이 나뉜다.

㉢ 시계성이 좋은 쪽이 강한 경쟁력을 갖는 등 기타 요소로 우열을 가리게 된다.

③ **건물구조** : 점포 규모가 큰 쪽이 유리하다.

④ **브랜드 파워에 따른 출점 및 퇴점** : 경쟁점보다 브랜드 파워가 높은 경우와 낮은 경우에 따라 출점 및 퇴점의 형태가 크게 달라진다.

㉠ 브랜드 파워가 다른 경쟁점보다 높은 경우

- 적극적으로 출점해야 한다. 다시 말해, 공격적으로 파고드는 출점이다.
- 브랜드 파워가 높다면 출점에 따라 경쟁점의 매출을 빼앗을 수 있는 기회가 있는 것이고, 최종적으로는 경쟁점을 문닫게 하는 것도 가능하다.
- 단, 중요한 것은 입지특성과 건물구조가 상대보다 뛰어나야 한다.

㉡ 브랜드 파워가 다른 경쟁점보다 낮은 경우

- 시장 규모를 고려해서 출점을 재검토해야 한다.
- 브랜드 파워가 높은 경쟁점이 신규로 출점해 온 경우에는 내부수리를 포함해서 시계성 등 입지특성을 재확인하는 것이 대처방법이다.
- 건물구조에 대한 수리, 즉 점포면적, 주차장을 상대보다 크게 하는 것이 최대의 경쟁점 대책이다.
- 어설픈 판매촉진 수단은 일시적인 효과에 그칠 뿐이다.
- 경쟁점보다 모든 사항이 열위일 경우에는 과감히 퇴점하는 것도 현명한 결정일 수 있다.

5. 경쟁점 조사

(1) 경쟁점 조사의 의의

① 경쟁점을 조사하는 것은 경쟁점포의 인지도, 매장규모, 취급상품의 성격, 영업시간, 하루 내점고객 수 등을 조사하여 경쟁점보다 우월한 차별화 전략을 세우기 위해서이다.

② 인근의 다른 점포와 동일 업종으로 장사를 하고 있더라도 차별화 전략을 통해 자기 점포만의 전문성을 확보하여 세분화 된 고객층에 맞는 특징있는 상품과 서비스를 갖추면 경쟁점을 이길 수 있다.

③ 경쟁점 조사는 조사의 목적에 따라 시기가 달라질 수 있으므로 적절한 시점에 시행하여야 효과를 볼 수 있다. 예컨대, 원인 없이 매출이 하락할 경우에는 즉시 시행한다.

(2) 경쟁점 조사절차

① 조사의 포인트를 결정한다. 이 경우 조사 포인트는 가급적 세분화하여 진행한다.
② 조사의 목적을 수립한다.
③ 자기 점포의 문제점 등을 정리한다.
④ 판촉아이템 방법, 계산대 접객요령 등 세부 조사항목을 결정한다.
⑤ 사실에 근거하여 현장조사를 실시한다.
⑥ 각 항목별로 기록유지 및 사진자료를 첨부하여 조사결과를 정리한다.
⑦ 자기 점포와의 비교 검토를 통해 개선점을 파악한다.
⑧ 개선점을 명문화하여 교육한 후 점포에 반영한다.
⑨ 시행결과에 대해 평가한다.

(3) 경쟁점 조사방법

① **입점객 조사**
㉠ 입점객 조사는 통행량 조사와 방법이 같다.
㉡ 입점객을 성별, 연령별, 시간대별, 교통 수단별로 구분하여 조사한다. 단, 각 구분을 모두 교차하여 조사해야 한다.
㉢ 간략법 : 계산대의 영수증 이용법과 일부 시간대의 조사방법이 있다.
㉣ 고객단가
- 각 계산대의 정산금액을 매출이 집중된 몇 개의 시간대로 나누어 관찰하여 평균금액을 기초로 고객단가를 추정한다.
- 동일 업태인 경우 규모를 고려해서 동 업태 평균단가를 참고할 수도 있다.

② **상품력 조사**
㉠ 경쟁점과의 공통 상품에 대해서는 같은 규격의 선반 등에 진열되어 있는 경우에는 상품별로 점유하고 있는 선반의 길이를 측정하고 선반의 규격 및 진열방법이 다른 경우에는 용적을 측정해서 비교한다.
㉡ 전 상품에 대해서 측정하는 것은 어려우므로 자기 점포의 전략상품을 고려해서 조사할 상품을 선택하는 것이 좋다.
㉢ 상품구색에 대해서는 관찰조사를 중심으로 한다.
㉣ 상품구성 및 배치상태는 업종 · 업태 및 점포규모에 따라 다르지만, 상품 구성에 대해서는 간단하게 타 점포와의 상대적 평가를 할 수 있다.

㉤ 상품가격

㉥ 상품 관리력

• 상품 관리상황의 관찰에 의해 추정한다.

• 사용 중인 계산대, 계산대 주변 및 진열 선반의 상황, 창고의 이용, 주문과 상품 인수의 진행상황 등을 확인하며 파악한다.

③ **점포와 영업상황 조사** : 점포시설과 영업상황 등에 대해서는 실측과 청취 및 관찰에 의해 조사한다.

④ **매출액 추정** : 입점객 조사 및 상품력 조사, 점포와 영업상황 조사결과를 기초로 하여 1일 매출액을 추정한다. 이 경우 추정 1일 매출액은 추정 고객단가에 추정 고객수를 곱하여 계산한다.

⑤ **경쟁점 평가표 작성**

㉠ 기본 경쟁점의 조사항목을 경쟁점 평가표에 정리함으로써 종합 경쟁력을 파악할 수 있다.

㉡ 각 전략상품이 진열된 선반의 면적 또는 체적을 비교함으로써 상품전략의 방향을 파악할 수 있다.

(4) 경쟁점 분석 및 대책

① **경쟁점 분석**

㉠ 상권의 계층적 구조에 입각하여 경쟁업체를 분석하는 것이 필요하며, 잠재적인 경쟁업체를 고려하여야 한다.

㉡ 경생점에 관한 분석내용

• 경쟁점의 분포 : 경쟁관계에 있는 업자의 수, 소재지, 명칭, 규모에 관한 정보이다.

• 경쟁점의 시장지위 : 동일 상권 내에 있는 경쟁점의 시장점유율, 매출액 순위 등 상대적인 힘의 관계를 파악하기 위한 정보이다.

• 경쟁점의 전략 : 상품전략, 가격전략, 광고전략 등 경쟁점의 전략의 특징에 관한 정보이다.

• 경쟁점의 구매유인 : 경쟁점에서 고객이 상품을 구매하는 이유에 관한 정보이다.

② **경쟁점 대책**

㉠ 경쟁점 대책을 위한 필요사항

- 상권은 소매사업을 할 경우에 가장 중요하게 점검을 해야 하는 외부 환경요인으로, 경쟁점 대책을 위해서는 상권의 변화에 민감해야 한다.
- 경쟁점의 출현에 민감해야 하며, 특히 신규 경쟁점포가 출현한다는 정보는 신속히 파악하여 경쟁점이 개점하기 전에 이에 따른 영업방침 및 판촉행사 등을 기획해 놓아야 한다.
- 주변의 업종 변동상황 및 경기 흐름을 파악해야 한다.
- 외부환경의 변화로 인한 위기는 소매점의 생존 가능 여부를 결정짓는 중요한 상황이므로 이를 빨리 파악하여 소매점의 영업방향의 전환 및 체질 개선으로 활용한다면 또다른 도약을 위한 기회요인이 될 수 있다.

㉡ 경쟁점 출현과 대응방안

- 경쟁점이 출현하기 어렵도록, 상권에 대한 장악력을 가져야 한다.
- 매장규모가 경쟁점보다 크다면 다양성을, 작다면 전문성을 가져야 한다.
- 판매업의 특성은 적절한 시기에 적절한 물량을 적절한 장소에서 제공해 주어야 고객들의 신뢰를 얻을 수 있다는 것이다. 이러한 점을 매장에서 효과적으로 활용하여 유통에 대한 장악력을 키워야 한다.
- 새로운 판촉행사에 대응할 만한 판촉대안을 만들어야 한다. 단기적으로 가격을 인하하거나, 할인행사를 하는 것은 점포 상호간의 경쟁관계만 힘들게 할 뿐, 이익을 가져오기 어렵다.
- 업종이 같다고 하여 모두 경쟁업체가 되는 것은 아니다. 상품분석을 세분화했을 때, 상호 간에 주력상품이 다르다면 이는 양립할 수 있는 업체로 볼 수 있으며, 이를 통해 소매업의 집적효과를 노릴 수도 있다. 또한, 더 나아가 중심상권을 만들 수도 있다.
- 품질은 상품구색, 가격범위 등과 더불어 점포의 특성을 나타내는 중요 요소이므로 적정 가격을 기대하고 점포를 방문하는 고객들에게 가격대비 품질의 만족 수준을 최대화할 필요가 있다.

6. 입지의 선정

(1) 입지선정 절차 및 평가요소

① **입지선정 절차** : 주민과 기존 유통업체의 관련을 고려한 상권 평가 → 정해진 상권 내에서 입지출점의 유형 결정 → 특정 집합 출점입지선정

② **입지의 평가요소**

㉠ 보행객 통행량 : 통행인 수, 통행인 유형

㉡ 차량통행량 : 차량통행 대수, 차종, 교통밀집 정도

㉢ 주차시설 : 주차장 수, 점포와의 거리, 종업원 주차의 가능성

㉣ 교통 : 대중교통 수단의 이용가능성, 주요 도로에의 근접성, 상품배달의 용이성

㉤ 점포 구성 : 상권 내 점포 수와 규모, 인근 점포와 자사 점포의 유사성, 소매점 구성상의 균형 정도

㉥ 특정 부지 : 시각성, 입지 내의 위치, 대지 및 건물의 크기와 모양, 건물의 사용연수

㉦ 점유조건 : 소유 또는 임대조건, 운영 및 유지비용, 세금, 도시계획과의 관련 여부

(2) 지리적 위치에 따른 입지의 종류

① 일면 입지

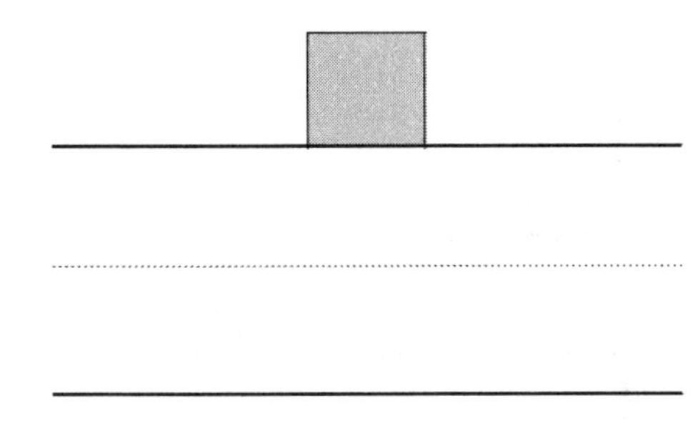

② 삼거리코너 입지

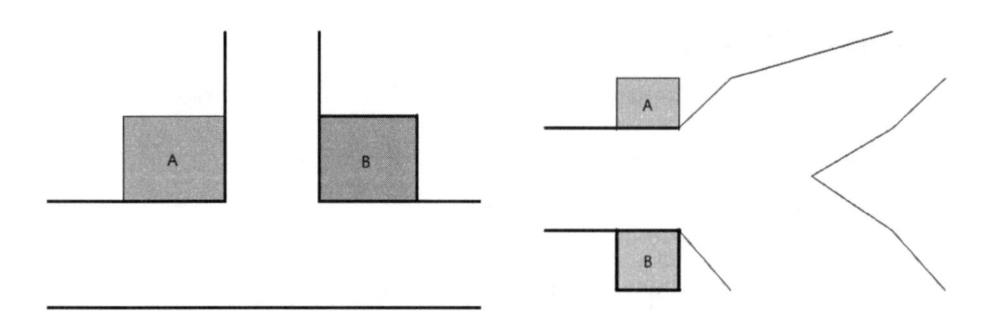

③ 사거리코너 입지

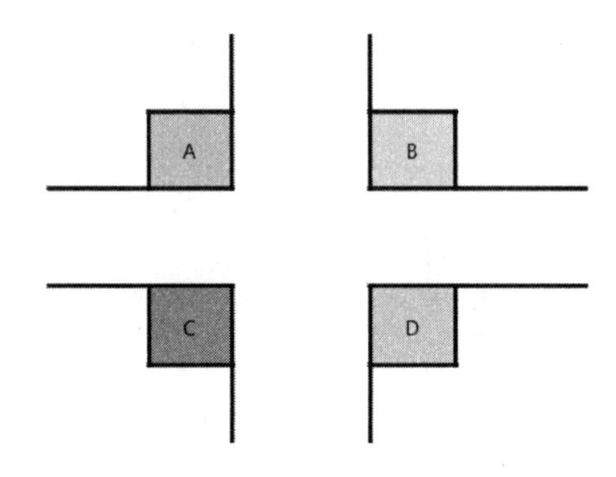

④ 오거리코너 입지

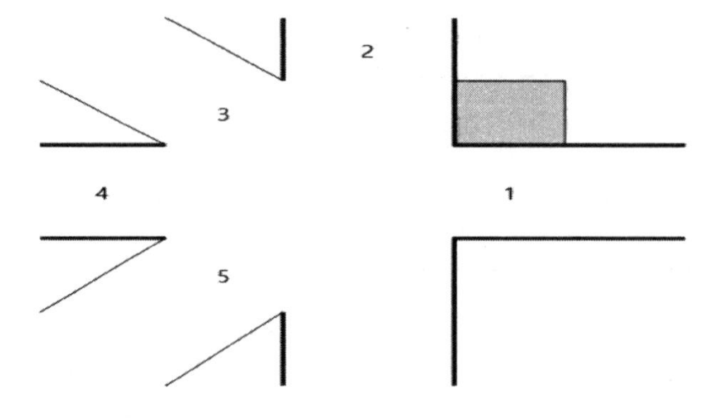

(3) 출점지역과 부지 선정시 고려사항

구 분	고려사항
출점지역 또는 상권 (거시적 요소)	• 상업지역의 인구, 지역의 발전 상황 • 잠재적 고객의 구매습관, 지역주민의 구매력 • 부의 분배상태, 경쟁 상태와 강도 • 제반 법령과 제도, 도로망의 확장계획 • 경쟁점의 확장계획
부지 (미시적 요소)	• 예상 매출액 • 취급상품의 종류와 고객의 구매습관 • 고객의 통행량 • 경쟁점포와의 위치관계 • 접근성 • 자본투자에서 얻어지는 수익 • 부지의 특징 • 부지의 유용성(임대계약조건 등) 등

(4) 소매 흡인력의 결정요인

① 시장지역 특성과 동태 : 소비자 인구 분포, 소비자 구매력 분포, 지역 내 산업구조, 지역 내 유통구조, 지역 내 소매시설 종류와 분포, 교통체계의 구조, 기상조건 등이 있다.

② 입지적 특성과 경쟁시설의 특성 : 상점가(도심, 근린 상점가) 특성, 주변점포의 종류, 비상업시설의 종류, 접근 가능성, 부근의 교통상황 및 지형, 경쟁시설 특성이 있다.

③ 개별 소비자 특성과 상황 특성적 요인 : 인구통계적 특성(성별, 연령별, 직업별 등), 사회경제적 특성, 구매욕구, 구매지식, 소비자 이미지 등이 있다.

④ 점포특성과 마케팅 요인 : 매장면적과 레이아웃(Lay-out), 쾌적성 설비, 광고, 기타 판매촉진 등이 있다.

Chapter 02

입지분석 출제예상문제

01 계획된 점포 유형과 입지에 맞는 전략을 시행하기 위하여 소매상은 전략에 영향을 미치는 요소를 고려해야 한다. 이에 대한 설명으로 가장 올바르지 않은 것은?

① 전략을 수립하기 위해서 고려해야하는 상황적 요소로는 시장요소, 경쟁요소, 환경요소, 경쟁업체에 대해 상대적인 강점과 약점의 분석 등이 있다.
② 시장요소는 시장의 규모와 성장가능성, 매출규모 등을 고려하게 되는데, 성장중인 시장은 포화상태의 시장보다 경쟁이 적어 매출이익이 높을 수 있다.
③ 소매시장에서의 경쟁은 진입장벽, 공급업체의 교섭력, 경쟁자 등에 의해 영향을 받는데, 높은 진입장벽을 가지고 있는 시장에서 기회획득은 기선점한 기업이 더 유리하다.
④ 전문점은 편의점에 비해 시장포화도와 진입장벽은 더 낮지만 상권의 범위가 좁아 시장 불확실성이 더 높다는 특성을 가진다.
⑤ 기업이 가지고 있는 강점과 약점을 정확히 파악하는 이유는 시장을 분석하였을 때 확인할 수 있는 기회와 위협을 활용하여 기업에게 맞는 경쟁우위를 확립할 수 있기 때문이다.

해설》 ④ 전문점은 편의점에 비해 시장포화도와 진입장벽이 더 높고, 상권의 범위가 넓어 시장 불확실성에 민감하게 대응할 수 있다.

02 다음 중 백화점의 입지적 특징에 대한 설명으로 옳지 않은 것은?

① 중심상업지역과 쇼핑센터를 위한 그들만의 유동인구를 창출한다.
② 넓은 면적과 다양한 상품구색으로 많은 고객을 유인한다.
③ 노면 독립입지는 백화점 입지의 최적지이다.
④ 중심상업지역에 입지하여 그 지역에서 근무하는 사람들을 잠재고객으로 갖는다.
⑤ 중심상업지역과 쇼핑센터는 백화점의 좋은 입지이다.

해설》 ③ 백화점 입지의 최적지는 중심상업지역과 쇼핑센터이다.

참고 백화점의 입지적 특징

㉠ 보통 중심상업지역, 지역의 쇼핑센터 또는 슈퍼지역 쇼핑센터에 위치한다.
㉡ 중심상업지역에 입지함으로써 그 지역에서 근무하는 사람들을 잠재고객으로 갖는다.
㉢ 넓은 면적과 다양한 상품구색으로 많은 사람들을 유인한다.
㉣ 중심상업지역과 쇼핑센터는 백화점의 좋은 입지이다.
㉤ 중심상업지역과 쇼핑센터를 위한 그들만의 유동인구를 창출한다.

03 다음 중 VMD에 대한 설명으로 옳지 않은 것은?

① 비주얼(Visual)과 머천다이징(Merchandising)의 합성어이다.
② 머천다이징을 시각적으로 호소하는 것을 목적으로 한다.
③ 판매장소의 이용가능한 공간을 이용하여 판매촉진 효과의 향상을 목적으로 한다.
④ 대표적 기업으로는 '리미티드', '에스프리', '베네통' 등을 들 수 있다.
⑤ 고객이 상품을 쉽게 선택할 수 있도록 상품에 의한 매장구성이나 상품계획, 점포전개와 판매를 일관성 있게 수행하게 하는 것이다.

해설 ④ SPA에 대한 설명이다.

04 다음 중 지역별 구매력을 나타내는 지표로서 신규 점포의 수요예측과 기존 점포의 실적평가 시 주로 사용되는 것은?

① 구매력지수
② 소매포화지수
③ 시장확장 잠재력
④ 투자수익률
⑤ 손익분기점

해설 구매력지수(BPI)
주어진 시장의 구매능력을 측정한 것으로 기본 구매력지수는 모든 시장에 존재하는 세 가지 중요 요소인 총소득, 총소매매출, 총인구에 가중치를 두고 이를 결합시켜 만들며 각 시장 인구의 구매력을 결정하는 데 사용된다.

01. ④ 02. ③ 03. ④ 04. ① 정답

05 입지대안을 확인하고 평가하기 위한 기준에 대한 설명 중 가장 잘못된 것은?

① 유사업종의 밀집성은 유사하고 상호보완적인 점포들이 무리지어 있다면 고객을 유인하기에 용이하다는 설명이다. 다만 너무 많은 점포가 밀집되어 있으면 오히려 고객유인을 저해하는 요인이 된다.
② 입지의 경제성은 점포의 입지를 결정할 때, 점포의 생산성과 성장잠재성을 고려하여 초기의 투입비용과 비교한 후 일정수준의 경제성이 확보되어야 점포입지가 용이하다는 설명이다.
③ 보충가능성의 원칙은 유사하거나 상호보완적인 제품 또는 관계를 가지고 있는 점포가 인접해 있으면 고객을 공유할 가능성이 높아져 고객을 유인할 수 있다는 점을 설명하는 개념이다.
④ 접근가능성의 원칙은 고객이 점포를 방문하기에 용이한 물리적 특성만을 설명하는 개념이다. 고객이 심리적으로 느끼는 접근의 불편함은 객관화의 어려움으로 평가에서 제외된다.
⑤ 누적유인의 원리는 서로 직접 경쟁하는 점포들에게 적용될 수 있으며, 선매품이나 전문품 등의 목적구매품에 적용가능하고, 편의품은 누적유인의 원리와 관계가 가장 적다.

해설〉 입지대안 평가의 기준이 되는 접근가능성(accessibility)은 어떤 위치에 도달하는데 소요되는 시간적 · 경제적 · 거리적 · 심리적 부담과 관련되는 개념이다. 접근성은 점포로의 진입과 퇴출의 용이성을 의미한다. 접근성을 평가하려면 도로구조, 도로상태, 주도로로의 진입과 퇴출, 교통량과 흐름, 가시도, 장애물 등은 물론 심리적으로 느끼는 불편함 등을 고려해야 한다.

06 입지선정에 관한 설명 중 옳지 않은 것은?

① 동적 · 공간적 개념으로 입지주체가 추구하는 입지조건을 갖춘 토지를 발견하는 것을 의미한다.
② 입지주체와 시간의 경과에 따라 입지조건은 달라진다.
③ 입지선정 시 고려할 사항으로는 안정성, 균형성, 조화성을 들 수 있다.
④ 이미 보유하고 있는 용지를 어떤 용도와 규모로 이용할 것인가를 결정하는 것은 입지선정의 범위에 포함되지 않는다.
⑤ 입지선정이 잘못되면 경영관리상 노력의 낭비로 인해 사업의 실패를 초래한다.

해설〉 ④ 새로운 용지를 선정하는 것뿐만 아니라 이미 보유하고 있는 용지를 어떤 용도와 규모로 이용할 것인가를 결정하는 것도 입지선정의 범위에 포함된다.

07 **도시의 내부구조를 토지 이용 측면에서 고찰하려는 목적에서 발전한 토지이용 입지이론에 대한 설명 중 올바르지 않은 것은?**

① 토지이용은 지리적 제반여건이나 경제발전의 수준, 사회적 변화, 기술진보 등 자연적, 사회경제적, 문화적 조건에 의해 변화하고 있다.
② 도시의 토지이용유형은 현재 공간수요의 필요성을 반영한다기보다는 오랜 시간을 통해 누적된 공간수요의 필요성을 반영한다고 본다.
③ 고밀도 토지이용에 의한 높은 임대료를 부담하지 못하게 되면 해당 기능은 점차 도심의 중심부 방향으로 이동하게 된다.
④ C. Colby과 E. Hoover는 도심의 입지적 이점 중 배후지로부터의 근접용이성이 높을수록 입지경쟁을 통해 고밀도 토지이용을 유발한다고 본다.
⑤ 도시적 기능이 집중하려는 현상인 구심력에는 흡인력, 기능적 편의성, 기능적 인력, 기능상 특권, 인간적 교환관계 등의 요인이 있다고 하였다.

해설〉 고밀도 토지이용에 의한 높은 임대료를 부담하지 못하게 되면 해당 기능은 점차 도심의 중심부 방향에서 멀어지게 된다.

08 **한 지역 내에 여러 점포를 동시에 개설하는 형태인 다점포 경영에 대한 설명 중 올바르지 않은 것은?**

① 다점포 경영은 촉진과 유통 등의 과정에서 규모의 경제 효과를 얻을 수 있어 많이 사용하게 된다.
② 한 지역 내에 동일한 제품을 판매하는 점포가 많아져 개별점포에서는 판매량이 감소할 수 있다.
③ 동일 제품을 판매하는 점포들이 광고, 원자재 구입 등의 비용을 공유하여 비용절감 효과가 있다.
④ 한 지역 내에 추가적으로 입점하는 점포는 한계이익이 한계비용보다 높을 때까지 입점할 수 있다.
⑤ 동일 지역 내에 점포를 새로 개설할 때마다 점포별 신규 수요를 창출할 수 있어 효과적이다.

해설〉 동일 지역 내에 점포를 새로 개설할 때마다 점포별 신규 수요는 감소하게 된다. 왜냐하면 그 상권의 수요은 일정한데 점포수만 증가하기 때문이다.

05. ④ 06. ④ 07. ③ 08. ⑤ 정답

09 상업지 주변의 도로나 통행상황 등 입지조건과 관련된 설명으로 가장 옳지 않은 것은?

① 유동인구의 이동경로상 보행경로가 분기되는 지점은 교통 통행량의 감소를 보이지만 합류하는 지점은 상업지로 바람직하다.

② 지하철역에서는 승차객수보다 하차객수가 중요하며 일반적으로 출근동선보다는 퇴근동선일 경우가 더 좋은 상업지로 평가된다.

③ 상점가에 있어서는 상점의 가시성이 중요하므로 도로와의 접면넓이가 큰 점포가 유리하다고 볼 수 있다.

④ 건축용지를 갈라서 나눌 때 한 단위가 되는 땅을 각지라고 하며 가로(街路)에 접면하는 각의 수에 따라 2면각지, 3면각지 등으로 불린다.

⑤ 2개 이상의 가로(街路)에 접하는 각지는 일조와 통풍이 양호하며 출입이 편리하고 광고선전의 효과가 높으나 소음이 심하며 도난과 재해의 위험이 높을 수 있다.

해설 〉 두(2) 개 이상의 가로각에 접면하는 획지(비슷한 가격대로 묶여있는 토지)를 각지라고 한다. 접면하는 각의 수에 따라 2면각지, 3면각지, 4면각지 등으로 일컫는다. 이 각지는 2이상의 가로에 접하므로 접근성이 양호해 지고, 이로인해 토지의 가치가 상승하기도 한다. 하지만, 소음, 도난, 교통, 재해를 받기 쉽고, 담장 등의 건설비용이 높은 것은 단점으로 지적되고 있다.

10 다음 중 경쟁점 조사순서로 옳은 것은?

㉠ 조사의 포인트 결정	㉡ 세부 조사항목 결정
㉢ 자기 점포와 대비분석	㉣ 시행결과 피드백
㉤ 조사의 목적 수립	㉥ 현장조사 실시

① ㉠ → ㉡ → ㉢ → ㉣ → ㉤ → ㉥

② ㉠ → ㉡ → ㉤ → ㉥ → ㉢ → ㉣

③ ㉠ → ㉤ → ㉡ → ㉥ → ㉢ → ㉣

④ ㉤ → ㉠ → ㉡ → ㉥ → ㉢ → ㉣

⑤ ㉤ → ㉠ → ㉡ → ㉢ → ㉥ → ㉣

해설 〉 경쟁점 조사절차 : 조사의 포인트 결정 → 조사의 목적 수립 → 자기 점포의 문제점 정리 → 세부 조사항목 결정 → 현장조사 실시 → 조사결과 정리 → 자기 점포와 대비분석 → 교육 후 현장에 반영 → 시행결과 피드백

09. ④ 10. ③ 정답

Chapter 03

개점 전략

제1절 개점계획

1. 점포개점 의의 및 원칙

(1) 점포개점의 의의

① 창업자가 자신의 창업환경을 분석한 후 아이템을 선정하고 가장 적합한 입지를 골라 영업을 하기 위한 일련의 과정을 점포개점이라고 한다.

② 점포개점이란 경영자가 자신의 창업환경을 분석 한 후 자신이 가장 잘할 수 있는 또는 가장 하고 싶은 아이템을 선정한 후에 아이템과 가장 적합한 입지를 선정하여 영업을 하기 위한 일련의 과정으로 적합한 업종을 선택한 후에 점포를 구하는 단계를 거친다.

③ 개점에 대한 이해가 부족하거나 잘못 진행할 경우 불필요한 비용의 손실을 가져 올 뿐만 아니라 창업의 기회를 놓쳐버리는 경우가 발생하며 위험요소를 줄이기 위해서 개점 프로세스에 대한 이해가 필요하다.

④ 점포개점은 다른 말로 창업이라고 할 수 있다. 창업이란 기업가(Entrepreneur)의 능력을 갖춘 개인이나 단체가 상업의 아이디어를 가지고 사업목표를 세우고 적절한 시기에 자본, 인원, 설비, 원자재 등 경영자원을 확보하여 제품을 생산하거나 용역을 제공하는 것이다.

(2) 점포개점의 프로세스

① 1단계

㉠ 환경분석(자금, 적성, 시기)

㉡ 아이템 선정 : 적성에 맞거나 하고 싶은 일 선택

㉢ 사업계획서 작성 : 실질적인 내용 작성

㉣ 창업결정(직접, 프랜차이즈)

② 2단계

㉠ 상권분석 : 자신에게 맞는 상권과 입지 점포를 선택한다.

㉡ 입지선정 : 상권이 좋은 지역 선택

㉢ 사업타당성 분석 : 목표 매출 달성이 가능한지 따져봐야 한다.

③ 3단계

㉠ 실내 인테리어

㉡ 초도 물품준비

④ 4단계

㉠ 홍보계획 : 단기보다는 장기적인 계획으로 수립한다.

㉡ 서비스 전략 : 기본에 충실한 전략

㉢ 가격책정 : 상품별 원가나 매입가를 기준으로 측정한다.

㉣ 인력계획

⑤ 5단계

㉠ 매장운영에 필요한 교육 및 인·허가

㉡ 개점준비 및 개점

(3) 점포개점 계획 시 고려사항

① 입지 선정과 상권 분석의 단계에서 예상되는 고객의 특징과 수요량을 파악하면 그에 따라 취급할 상품을 결정한다. 상품의 종류와 재고 수준을 결정할 때에는 자본금의 액수, 점포의 크기 등의 요소도 고려하여야 한다.

② 상점의 외양을 잘 갖추는 것은 고객을 효과적으로 유인하기 위한 것이다. 상점의 외양은 고객들에게 상점의 개방성, 활기, 안정, 일관성이 있다는 인상을 줄 수 있어야 한다. 또, 외양은 목표 고객에 대하여 상점의 특별한 이미지를 전달해야 한다. 상점의 외양에서 고려해야 할 사항은 간판, 입구, 진열 창(display window), 주차장 등이다.

③ 소요인력, 내부 레이아웃, 소요자금 등도 고려해야 한다.

④ 교통문제, 소비자의 구매습관 전망 및 경쟁분석 등을 포함한 입지평가를 위한 다양한 방법들을 활용하여 소매상에 적합한 입지를 선정한다.

⑤ 상권의 수명주기가 어디에 있는지 면밀하게 분석해야 한다. 수명주기는 성장기→성숙기→쇠퇴기→천이기(과도기)→악화기의 단계를 거친다.

점포 입지조건 검토 시 분석해야 할 점포의 건물구조 

- 점포의 정면너비는 시계성 및 점포 출입의 편의성에 크게 영향을 끼침
- 도시형 점포에서는 출입구의 넓이, 층수와 계단, 단차와 장애물 등을 건물구조의 주요 요인으로 고려해야 함
- 교외형 점포에서는 주차대수, 부지면적, 정면너비, 점포입구, 주차장 입구 수, 장애물 등을 건물구조의 주요요인으로 들 수 있음
- 점포의 형태로 인해 집기나 진열선반을 효율적으로 배치하기 어려운 경우가 있는데 이때 사용하지 못하는 공간을 죽은 공간(dead space)이라 함

2. 투자의 기본계획

(1) 투자개념

① 미래에 더 큰 수익을 내기 위해서 현재 자금을 지출하는 것을 말한다.

② 투자대상의 선정기준으로 수익성, 안정성, 유동성 등이 있다.

(2) 투자 시 고려사항

① 미래의 현금흐름을 현재가치로 환산

② 기대수익

(3) 매출과 수익성 분석

① 매출이란 사전적으로 물건을 내다 파는 일로 정의하는데 매출은 판매행위로 인해 발생된 재화의 총칭이다.

② 물건을 팔고자 하는 상품과 판매자 그리고 사려는 사람인 구매자가 가격을 두고 이뤄지는 상행위의 결과로서 매출에는 상품, 판매자, 구매자, 가격, 행위의 비용이 포

함된다. 매출이 높을수록 수익성도 높을 가능성이 있지만 반드시 그런 것은 아니다.

③ 대부분의 창업자가 창업 전 단계에 많은 관심이 집중되어 있다. 그러나 매출을 발생시키는 부분은 점포운영이다. 아무리 훌륭한 사업아이템을 선정하여 최고의 상권 최상의 입지에서 오픈을 하더라도 점포운영에 차질이 생기면 성공하기 어렵다.

④ 누구나 막연하게 점포운영을 잘할 수 있다고 생각한다. 하지만 창업 후 운영의 어려움과 내·외부요인으로 인한 고통에 직면하게 된다.

⑤ 점포운영에는 매출관리, 점포 환경관리, 종업원관리, 상품관리의 요소가 있는데 전체적인 조화를 만들어 가는 것이 중요하고, 단기간에 성과를 내려고 하지 말고 시간이 오래 걸리더라도 자기 생각대로 가야 한다.

⑥ 판매상품의 가격을 결정해야 하는데 기본적으로 각 메뉴나 상품별 원가나 매입가를 기준으로 책정하면 된다. 원가에 임대료, 인건비, 기타 지출 비용, 감가상각비 등에 순이익률을 포함해서 절하는 것이 기본인데, 업종에 따라 차이가 있기 때문에 동일 상권의 경쟁 점포의 가격을 파악한 후 판매가격을 정하는 것이 좋다.

(4) 매출과 수익관계

① 일반적으로 매출이 높으면 수익도 높지만 매출이 높다고 반드시 수익성이 좋은 것은 아니다. 이럴 때에는 반드시 수익성에 영향을 미치는 요소를 점검해보고 수정 보완해 가는 지혜가 필요하다.

② 매출 상승보다 수익성 상승에 초점을 두어야 하는데 장사가 잘 되느냐 보다 얼마나 남느냐에 관심을 가질 필요가 있다.

③ 수익성이 높은 구조로 점포운영을 하면서 매출을 극대화 시키는 데 노력을 해야 한다. 매출이 없으면 지출은 있지만 수익은 전혀 존재하지 않기 때문이다. 수익의 원천은 매출이라는 것을 기억해야 한다.

④ 매출을 높이려는 노력과 동시에 수익성을 높이는 관리가 필요한데 수익성을 저해하는 부분이 어느 부분인지 파악하고 그것을 개선하면 된다. 진단하지 않고 지나갈 경우 그 결과는 예측이 가능하다.

⑤ 매출은 차별화된 상품의 가치가 주도한다. 매출의 상승은 간단히 상품을 많이 팔면 되지만 단순한 판매라기보다는 그 상품에 가치를 부여하는 기술이 필요하다. 단순하게 물건이나 서비스를 판매한다는 생각으로는 한계가 있으므로 반드시 가치를 부여하고 가치를 판다는 마음 자세가 무엇보다 중요하다.

3. 개점입지에 대한 법률규제 검토

(1) 상가건물임대차보호법

① 상가건물임대차보호법, 학교보건법 등은 개점 시 반드시 점검해야 할 법률이다.

② 상가건물의 임대차에서 일반적으로 사회적 · 경제적 약자인 임차인을 보호함으로써 임차인들의 경제생활의 안정을 도모하기 위하여 민법에 대한 특례를 규정하려는 것이다.

③ 상가건물 임대차보호법이 적용되는 상가건물 임대차는 사업자등록 대상이 되는 건물로서 임대차 목적물인 건물을 영리를 목적으로 하는 영업용으로 사용하는 임대차를 가리킨다.

(2) 권리금

① 권리금은 상가건물의 영업시설 · 비품 등 유형물이나 거래처, 신용, 영업상의 노하우(know-how) 혹은 점포 위치에 따른 영업상의 이점 등 무형의 재산적 가치의 양도 또는 일정 기간 동안의 이용대가이다.

② 기존 점포가 보유하고 있는 고객과 영업 방식을 이어받는 대가로 지급하는 돈이다. 주로 상가 등을 빌리는 사람(차주, 借主)이 빌려주는 사람(대주, 貸主)에게 내는 임차료(일시금) 외에, 빌리는 사람이 앞에 빌려서 살던 사람(전차주, 前借主)에게 내는 관행상의 금전을 말한다.

③ 권리금은 가게 등에서 흔히 있는 것으로 장사가 잘되어 돈을 버는 것을 기대하여 내는 돈이다. 전차주가 요구하는 권리금은 대싱 부동산에 부설한 설비나 개량비용, 장사가 잘되어 수익이 보장되는 보이지 않는 대가(代價) 등이 포함된다.

④ 권리금은 그곳의 영업시설 · 비품 등 유형물이나 거래처, 신용, 영업상의 노하우 또는 점포 위치에 따른 영업상의 이점 등 무형의 재산적 가치의 양도 또는 일정 기간 동안의 이용대가이다.

⑤ 해당 상권의 강점 등이 반영된 영업권의 일종으로, 점포의 소유자에게 임차인이 제공하는 추가적인 비용으로 보증금의 일부이다.

⑥ 권리금을 일정 기간내에 회복할 수 있는 수익성이 확보될 수 있는지를 검토하여야 한다.

⑦ 권리금이 보증금보다 많은 경우가 발생하기도 한다.

⑧ 바닥권리금은 장소적 이익(점포위치, 상권 등)을 토대로 형성되고, 영업권리금은 점포의 무형자산(영업노하우, 거래처, 신용 등)의 대가이며, 시설권리금은 영업시설, 비품 등 유형자산의 대가이다.

임대차시 확인해야 되는 공적서류 

① 등기사항전부증명서 : 현 소유주의 취득일과 매매과정, 압류, 저당권 등의 설정, 해당 건물의 특징 등
② 건축물대장 : 건축물의 위치, 면적, 구조, 용도, 층수 등
③ 토지대장 : 토지의 소재, 지번, 지목, 면적, 소유자의 주소, 주민등록번호, 성명 등
④ 토지이용계획확인원 : 지역·지구 등의 지정여부, 지역·지구 등에서의 행위제한내용, 확인도면 등
⑤ 지적도 : 토지의 소재, 지번, 옆 토지와의 경계, 토지의 모양 등

제2절 개점과 폐점

1. 출점 및 개점

(1) 개점을 위해 검토해야 할 내용

① 상권의 현황 파악
② 통행량 조사
③ 유동인구의 흐름 파악
④ 상품별 입지확인

(2) 피해야 할 점포입지

① 상권이 확대되는 곳
② 맞은 편에 점포가 없는 경우
③ 업종이나 주인이 자주 바뀌는 곳
④ 점포주변에 같은 업종의 큰 점포가 있는 곳

⑤ 유동인구가 그냥 흐르는 곳

(3) 점포출점 전략

① **시장력 우선전략** : 출점전략의 기본으로 시장력이 높은 지역부터 출점하도록 한다. 왜냐하면 시장력의 크기에 따라 경합의 영향도가 다르기 때문이다. 시장력이 크다면 경합의 영향도는 작고 반대로 시장력이 작으면 경합의 영향도는 크다.

② **시장력 흡수전략** : 시장의 규모에 맞는 출점을 통해 그 시장이 갖는 잠재력을 충분히 흡수하기 위한 것이다. 시장의 규모가 큼에도 불구하고 점포가 작다면 시장의 잠재수요를 효율적으로 흡수할 수 없고 성공할 기회를 상실하게 된다.

③ **인지도 확대전략** : 지역에서 인지도를 확대시키고 신규 고객을 유치하기 위해서는 상품이나 체인을 인지시키는 광고뿐만 아니라 점포 그 자체를 인지시킬 수 있도록 고객과의 접촉 횟수를 늘리려는 노력이 필요하다.

④ **도미넌트 전략** : 일정지역에 다수의 점포를 동시에 출점시켜서 경쟁자의 진입을 억제하는 다점포 전략으로서, 물류비 절감과 매장구성의 표준화를 통해 경쟁력을 유지하는 전략에 해당한다.

2. 점포개점을 위한 준비

(1) 신규출점 시 검토사항

① **인구** : 도시나 상업지구의 인구는 소매점포의 잠재적 고객의 수를 결정한다.

② **도시나 상업지역의 발전** : 한 지역의 발전은 산업의 종류 및 인구 변동추이 등과 밀접한 관련을 가진다.

③ **잠재적 고객의 구매관습** : 점포의 위치선정은 고객의 쇼핑장소 및 거리, 기호, 성향 등에 따라 영향을 받는다.

④ **주민의 구매력** : 주민의 구매력과 한 지역의 총소매판매량은 밀접한 관계가 있으며, 그 지역의 월급생활자 수와 평균급료, 은행예금 총액과 성향, 사회 복지수당 및 각종 세제금액 등을 통해 한 지역의 구매력을 알 수 있다.

⑤ **부의 분산** : 구매액과 이윤에 영향을 미치는 또 다른 요소로서, 가정의 형태와 종류, 주택을 소유한 사람의 비율, 교육수준, 전화 대수, 자동차 대수와 종류, 신용카드 보급 및 사용현황 등으로 평가한다.

⑥ **경쟁의 본질과 강도** : 경쟁점의 수나 형태, 면적, 위치는 점포를 세울 도시나 쇼핑센터의 선택에 영향을 미친다.

(2) 내점객 조사

① **의의** : 내점객 조사를 통해 상권의 범위를 파악할 수 있으며 좀 더 발전적인 운영전략 을 계획할 수 있다.

② **조사내용**

㉠ 방문빈도 및 방문사유 : 점포의 성격에 따라 방문빈도가 다르므로 자기점포에서 조사하고 싶은 방문빈도의 범위를 분류하여 조사표에 미리 기입해 두면 조사하기 쉽고, 방문사유에 대해서도 예상되는 이유를 기입해 두면 좋다.

㉡ 교통수단 : 무엇을 이용해서 점포까지 왔는가를 묻는 것으로 도보, 자전거, 버스, 자동차 등으로 구분해서 기입해 둔다.

㉢ 소요시간 : 자택에서 점포에 도달하기까지의 소요시간으로 점포의 성격 등을 고려해서 파악할 필요가 있는 시간대로 구분하여 기입해 둔다.

㉣ 만족도 : 자기 점포에 대한 만족도를 묻는 것으로 조사원의 태도와 조사 장소에 따라 답변이 다를 수 있기 때문에 주의가 필요하다. 질문사항으로는 적어도 '매우 만족', '그럭저럭 만족', '불만' 이라는 3가지가 필요하고 조사원은 답변자가 '불만' 이라는 답변도 쉽게 내릴 수 있도록 중립적인 자세를 유지해야 한다.

㉤ 만족과 불만의 이유 : 만족보다는 불만의 이유를 자세히 파악할 수 있도록 가급적 구체적인 항목을 기입해 둔다.

㉥ 의견 및 희망사항 : 자기 점포에 대한 소비자의 의견 및 희망사항을 잘 파악하면 점포 운영에 참고가 되는 것이 많다.

㉦ 조사 대상자의 특성 : 주소, 연령, 결혼 여부, 직업 등에 관한 사항을 질문하거나 관찰함으로써 파악할 수 있다.

3. 업종전환과 폐점

(1) 업종전환

① 사업자등록증상 업태와 종목을 합쳐서 업종이라는 단어로 통용되고 있다. 업종전환이란 제조업, 도 · 소매업, 서비스업 등의 업태 자체를 바꾸거나 업종을 바꾸는 경우

를 말한다.

② 이를테면 일반음식점에서 간이음식점, 삼겹살집에서 쌈밥집으로 동종업종에서 동종업종으로 바꾸는 경우와 또는 팬시문구점에서 부대찌개전문점으로 타업종으로 바꾸는 경우가 업종변경의 개념에 포함된다고 볼 수 있다.

③ 상권과 업종의 적합성이 떨어지는 경우, 경쟁점포와의 경쟁력을 상실한 경우 이를 극복하기 힘든 경우에도 새로운 업종을 탐색해야 한다.

(2) 폐점

① 강력한 경쟁점포의 등장으로 인해 현재 점포의 업태 또는 업종으로는 적응하기 어렵다고 판단되는 경우 폐점을 고려할 수 있다.

② **폐업의 결정 시 판단기준**

㉠ 시장규모와 매출규모의 평가

- 시장규모는 도시형 점포의 경우 점포를 중심으로 반경 500m 이내 1차 상권의 소매판매액으로 하고 교외형 점포의 경우에는 점포의 주간과 야간 고객 그리고 반경 3km 전후의 소매판매액으로 평가한다.
- 매출규모는 점포의 평균매출액으로 평가한다.

㉡ 시장성장성과 손익분기점 평가

- 시장성장성은 도시형 점포의 경우 점포를 중심으로 반경 500m~1km 범위의 소매판매액 성장률을 기초로 평가하고 교외형 점포의 경우에는 점포를 중심으로 반경 3km 전후 범위의 주간과 야간 인구 증가율, 세대 수 증가율로 평가한다.
- 손익분기점은 한 기간의 매출액이 당해 기간의 총비용과 일치하는 점을 말한다.

Chapter 03

개점 전략 출제예상문제

01 다음 주어진 보기를 이용하여 출점 순서대로 나열한 것은?

㉠ 창업자의 환경분석	㉡ 상권분석
㉢ 인테리어	㉣ 홍보계획, 가격책정
㉤ 개점	

① ㉠ → ㉡ → ㉢ → ㉣ → ㉤
② ㉡ → ㉢ → ㉣ → ㉤ → ㉠
③ ㉠ → ㉢ → ㉡ → ㉣ → ㉤
④ ㉢ → ㉠ → ㉡ → ㉣ → ㉤
⑤ ㉣ → ㉠ → ㉢ → ㉡ → ㉤

해설

참고 점포개점 단계

1단계 : 창업자 환경분석
2단계 : 상권분석
3단계 : 실내 인테리어 및 점포 꾸미기
4단계 : 서비스전략, 홍보계획, 가격책정
5단계 : 개점준비 및 개점

02 다음 중 출점전략의 기본방향과 거리가 먼 것은?

① 시장력 우선전략
② 시장력에 맞는 규모와 형태로 결정
③ 시장력에 맞는 출점을 통해 그 시장이 갖는 잠재력을 충분히 흡수하기 위한 것
④ 인지도 확대전략
⑤ 인지도 축소전략

해설❯  출점 전략의 기본방향

시장력 우선전략 : 시장력이 높은 지역부터 출점해야 한다.
시장력 흡수전략 : ②, ③ 내용
인지도 확대전략 : 전략 상품이나 체인을 인지시키는 광고뿐만 아니라 점포 그 자체를 인지시키는 전략으로 신규고객을 유치하는 데 도움이 된다.

03 신규출점 시 검토 사항이 아닌 것은?

① 입지환경 조사
② 상권이 확대되는 곳
③ 주민의 구매력
④ 점포의 규모
⑤ 장래성 예측조사

해설❯ 상권이 확대되는 곳은 피해야 할 점포입지를 말하는 것이다.

04 점포개점에 있어 고려해야 할 법적 요소와 관련된 설명 중 가장 옳지 않은 것은?

① 용도지역이 건축 가능한 지역인지 여부를 관련 기관을 통해 확인한다.
② 학교시설보호지구 여부와 거리를 확인한다.
③ 건폐율이란 부지 대비 건물 전체의 층별 면적합의 비율을 말한다.
④ 용적률이란 부지면적에 대한 건축물의 연면적의 비율로 부지 대비 총건축 가능평수를 말한다.
⑤ 용도지역에 따라 건폐율과 용적률은 차이가 발생하기도 한다.

해설❯ 건폐율이란 대지면적에 대한 건축할 수 있는 1층 부분의 면적, 즉 바닥 면적의 비율을 말한다. 또는 건물을 땅바닥에 앉히는 면적비를 말한다.

01. ① 02. ⑤ 03. ② 04. ③ 정답

05 **소매점 출점 형태 중 자산가치 상승과 영업에 대한 안정, 점포 내부 · 외부 외관에 대한 계획성 있는 조정 등의 장점은 있지만 초기 투자비용이 높고 상권변화에 대한 대응이 문제가 되는 형태는 무엇인가?**

① 부지매입
② 부지임차
③ 건물임차
④ 기존점포 인수
⑤ 전략적 제휴

해설 〉 점포 출점시 기본적으로 영업점부지로써의 적격성을 분석해야 한다. 부지매입을 위해서는 다양한 평가가 이루어져야 하고 인테리어·엑스테리어뿐만 아니라 향후 미래가치도 고려해야 한다.

06 **도미넌트 출점의 장점으로 가장 거리가 먼 것은?**

① 관리가 용이하다.
② 단위점포의 매장면적을 키우는데 유리하다.
③ 경쟁점의 출점을 제약시키는데 유리하다.
④ 특정상권에서 시장점유율을 확대하는데 유리하다.
⑤ 물류와 배송이 편리하다.

해설 〉 도미넌트전략은 시장력이 약한 상태에서 경비절감을 목적으로 출접입지를 특정지역으로 한정하여 그 곳에 집중적으로 점포를 개설하는 출점전략으로 관리가 용이하고, 물류와 배송이 편리하며, 경쟁점의 출점을 제약시키는데 유리하다. 또한 특정상권에서 시장점유율을 확대하는데 유리하다.

07 **점포출점이나 기존 점포의 진단시 많이 활용하는 방법 중 하나가 소비자 FGI(Focus Group Interview)기법이다. FGI에서 파악할 수 있는 내용으로 거리가 먼 것은?**

① 소비자가 어떤 점포를 가장 많이 이용하고 얼마만큼의 쇼핑빈도를 갖고 있는지 파악할 수 있다.
② 분석대상점포의 서비스 수준을 경쟁 점포와 비교할 수 있다.
③ 분석대상점포를 이용하는 소비자의 불만과 기대사항을 파악할 수 있다.
④ 경쟁점의 내점 고객수를 효과적으로 파악할 수 있다.
⑤ 소비자가 왜 분석대상점포를 이용하는지 파악할 수 있다.

해설 〉 FGI는 탐색조사로서 점포를 이용하는 소비자의 불만과 기대사항을 파악하는 것에는 한계가 있다.

05. ① 06. ② 07. ③ 정답

제3과목

유통마케팅

Chapter 01

유통마케팅 전략기획

제1절 유통마케팅 전략

(1) 시장의 세분화

① 시장세분화(market segmentation)의 개념

㉠ 전체시장을 하나의 시장으로 보지 않고, 소비자 특성의 차이 또는 기업의 마케팅 정책을 의미한다.

㉡ 전체시장을 비슷한 기호와 특성을 가진 차별화된 마케팅 프로그램을 원하는 집단별로 나누는 것이다.

② 시장세분화의 요건

㉠ 유지가능성(Sustainability) : 세분시장이 충분한 규모이거나 또는 해당 시장에서 이익을 낼 수 있는 정도의 크기가 되어야 하는 것을 의미한다.

㉡ 측정가능성(Measuraability) : 마케팅 관리자가 각각의 세분시장 규모 및 구매력 등을 측정할 수 있어야 한다는 것을 말한다.

㉢ 실행가능성(Actionability) : 각각의 세분시장에서 소비자들에게 매력있고, 이들의 욕구에 충분히 부응할 수 있는 효율적인 마케팅 프로그램을 계획하고 실행할 수 있는 정도를 의미한다.

㉣ 접근가능성(Accessibility) : 시기적절한 마케팅 노력으로 인해 해당 세분시장에 효과적으로 접근하여 소비자들에게 제품 및 서비스를 제공할 수 있는 적절한 수단이 있어야 한다는 것을 말한다.

㉤ 내부적인 동질성 및 외부적인 이질성 : 특정 마케팅믹스에 대한 반응 또는 시장 세분화 근거에 있어 동일한 세분시장의 구성원은 동질성을 보여야 하고, 다른 세분시장의 구성원과는 이질성을 보여야 함을 의미한다.

(2) 목표시장 선정 (2019년 3회 출제)

① **차별적 마케팅 전략** : 전체 시장을 여러 개의 세분시장으로 나누고, 이들 모두를 목표시장으로 삼아 각기 다른 세분시장의 상이한 욕구에 부응할 수 있는 마케팅믹스를 개발하여 적용함으로서 기업 조직의 마케팅 목표를 달성하고자 하는 것을 말한다.

- 장점 : 전체 시장의 매출은 증가한다.
- 단점 : 각 세분시장에 차별화된 제품과 광고 판촉을 제공하기 위해 비용 또한 늘어난다.
- 특징 : 주로 자원이 풍부한 대기업이 활용한다.

② **무차별적 마케팅 전략** : 전체 시장을 하나의 동일한 시장으로 보고, 단일의 제품으로 제공하는 전략을 말한다.

- 장점 : 비용을 줄일 수 있다.
- 단점 : 경쟁사가 쉽게 틈새시장을 찾아 시장에 진입할 수 있다.

③ **집중적 마케팅 전략** : 전체 세분시장 중에서 특정 세분시장을 목표시장으로 삼아 집중 공략하는 전략을 말한다.

- 장점 : 해당 시장의 소비자 욕구를 보다 정확히 이해하여 그에 걸 맞는 제품과 서비스를 제공함으로서 전문화의 명성을 얻을 수 있다.
- 단점 : 대상으로 하는 세분시장의 규모가 축소되거나 경쟁자가 해당 시장에 뛰어들 경우 위험이 크다.
- 특징 : 이 전략은 특히, 자원이 한정된 중소기업이 활용한다.

참고 소매상의 유통전략 (2018년 2회)

- 편의점들은 도시락, 커피판매, 자체 브랜드(PB) 상품과 택배 · 금융 · 사무 보조 등 생활편의 서비스를 확대하고 있음
- 점포 자체를 소비자들을 위한 놀이터의 개념으로 유통과 엔터테인먼트를 결합시킨 리테일먼트 전략을 추구하는 소매점포도 생겼음
- 대형마트는 항시 염가전략과 더불어 PB, 무상표 상품 등을 포함한 고회전 전략을 추구함
- 회원제도매클럽은 일반적으로 일정의 회비를 내는 회원들에게 할인된 정상제품을 판매하는 유통업태이었지만 비회원제로 운영하는 경우도 생겼음

제2절 유통경쟁 전략

1. 유통경쟁의 개요

백화점, 전국규모의 편의점, 또는 소형규모의 할인점 같은 다른 유통형태의 중소도시에의 진입 때보다 재래시장과 중소소매상점 등에 커다란 영향을 미치고 있다. 특히 기업의 자금력, 판매력, 구매력, 수요기반 등이 훨씬 열악한 중소도시의 상인들에게는 생존의 문제가 되고 있다. 대도시의 대형점포에서만 느낄 수 있었던 쇼핑의 다양한 측면들을 경험할 수 있게 되었다. 기존의 백화점 또는 소형규모의 할인점 같은 유통 업태들에서 경험하지 못한 저렴한 가격, 다양한 제품구색 등의 쇼핑의 실용적 측면을 동시에 즐길 수 있게 해 주었다.

참고 전문점 (2016년 2회 출제)

소매점의 제품전략은 제품구색의 폭 및 깊이를 통해서 실현되지만, 전문점의 경우에는 제품구색의 폭보다는 깊이를 더욱 강조하는 전략을 채택하는 소매업태이다.
ex) 커피전문점, 귀금속 전문점 등

2. 유통경쟁의 형태

① 독점 경쟁

㉠ 하나의 기업 조직이 한 제품 및 서비스 등을 도맡아 공급하게 되는 시장의 형태를 의미한다.

㉡ 독점기업은 한 제품의 유일한 공급자이기 때문에 해당 제품의 시장수요가 기업의 생산물에 대한 수요이다.

㉢ 또한 시장가격 결정에 어떠한 영향도 미칠 수 없는 완전경쟁 하에서의 기업과는 다르게 독점기업은 시장가격을 결정할 수 있다.

㉣ 독점기업은 이윤을 극대화하기 위해 공급량은 물론 가격도 결정하게 된다.

② 과점 경쟁

㉠ 소수 기업 조직들이 공급에 참여해서 경쟁하는 시장의 형태를 과점시장이라 한다.

㉡ 과점시장의 특징을 보면, 기업이 담합하기도 하고 각자 다른 독자적인 행동을 하기도 한다.

㉢ 소수의 비슷한 규모의 기업들이 과점 시장을 형성할 시에는 각 기업이 서로 극한 경쟁을 벌이게 되는데, 이 때 과점 기업들은 경쟁을 제한함으로써 이윤을 증대시키기 위해 서로 담합하게 된다.

③ 독점적 경쟁

㉠ 수요의 입장에서 보게 되면, 많은 기업 조직들이 조금씩 다른 제품을 공급하는 시장형태를 독점적 경쟁이라고 한다.

㉡ 각각의 기업들은 수요자들이 자사의 제품을 선택하도록 하기 위해 가격 경쟁뿐만 아니라 품질 및 서비스의 개선, 광고와 선전 등의 가격이 아닌 다른 부문에서도 경쟁을 하게 된다.

㉢ 독점적 경쟁시장에서는 제품의 차별화라는 독점적인 요소로 인해 완전경쟁 시장에 비해 제품의 가격이 다소 높아져 수요자들의 부담이 늘어나게 되는 문제점이 있다.

㉣ 독점적 경쟁에서는 수요자들이 기호에 맞춰 선택이 가능한 다양한 제품이 공급되는 이점이 있다.

④ **완전경쟁**(2016년 2회 출제)

㉠ 시장참가자가 많고 자본 및 노동 등의 이동을 방해하는 인위적 제약이 없고, 수요자와 공급자가 각기 최대의 경제적 성과를 얻으려고 행동하는 경우의 경쟁을

의미한다.

㉡ 많은 구매자 및 많은 판매자들로 구성된 시장으로 어떠한 구매자 및 판매자도 시장가격결정에 커다란 영향을 미치지 못하는 경쟁상태를 의미한다.

참고 소매 조직체

① **회사체인** : 공동으로 소유되고 통제되며, 중앙 집중식의 구매 및 머천다이징을 수행하고 비슷한 계열의 제품을 판매하는 두 개 이상의 점포를 의미한다.
② **프랜차이즈 조직** : 프랜차이즈 본부(프랜차이저) 및 프랜차이즈 가맹점[16] (프랜차이지) 간 맺어진 계약에 의해 형성된 조직을 의미한다.
③ **임의체인** : 도매상 후원의 독립 소매상 집단으로서 이는 단체구입 및 공동 머천다이징을 수행하는 점포들을 의미한다.
④ **소매상 조합** : 독립적 소매상이 결합해서 공동소유의 도매업을 운영하며 머천다이징 및 촉진활동을 공동으로 수행하는 것을 의미한다.

3. 포지셔닝 전략

(1) 포지셔닝의 개념

① 개념 : 자사 제품의 경쟁우위를 찾아 선정된 목표 시장의 소비자들의 마음 속에 자사의 제품을 자리 잡게 하는 것을 의미한다.

② 내용

㉠ 목표로 한 소비자들에게 가격, 품질, 서비스, 편리성 등을 맞추는 전략이다.

㉡ 기업 조직이 선정한 포지셔닝 전략을 시장에 활용하기 위해서는 경쟁사 대비 경쟁적 강점 파악, 적정한 경쟁우위의 선정, 선정한 포지션의 전달 과정 등을 거쳐야 한다.

㉢ 기업 조직은 갖가지 방식으로 제품을 포지셔닝시킬 수 있는데 제품의 속성. 제품의 편익, 사용상황, 사용자 집단을 위한 제품으로 포지셔닝하는 방법 등이 있다.

---

16)프랜차이즈 가맹점(프랜차이지)의 이점(2016년 2회 출제)
① 지명도가 높은 브랜드명을 활용하므로 사업 초기부터 소비자들에 대한 신뢰 확보가 가능하다.
② 본부(프랜차이저)가 개발한 사업 제품 및 경영방식으로 인해 손쉽게 사업을 시작할 수 있다.
③ 광고, 신제품개발 등을 본부가 집중적으로 관리해 주므로 가맹점의 경우에는 판매 활동에만 전념이 가능하다.
④ 본부가 지속적으로 기존 제품을 개선하고 신제품을 개발해주기 때문에 시장여건 변화에 있어 보다 더 적절하게 대응이 가능하다.

(2) 포지셔닝 전략의 종류

① **제품속성에 의한 포지셔닝** : 자사의 제품속성이 타사 제품에 비해 차별적인 속성을 지니고 있고 그에 따른 효익을 제공한다는 것을 소비자에게 인식시키는 전략이다. 또한 이 방식은 가장 널리 사용되는 포지셔닝 전략방법이다.(2019년 3회 출제)

- 치약의 경우 그 기능에 따라 충치를 예방하는 치약으로 포지셔닝 할 수도 있고 이를 하얗게 해주는 치약으로 포지셔닝
- 자동차의 경우 소음이 심했던 차를 '조용한 차'로 포지셔닝하여 자사제품의 단점에 대한 개선을 강조하는 포지셔닝
- 내의의 경우 감각적 차별성을 부여하여 따뜻함이나 편안함이 아닌 패션의 개념으로 강조하는 포지셔닝

② **사용상황에 의한 포지셔닝** : 제품 또는 점포의 적절한 사용상황을 묘사 또는 제시함으로써 이를 소비자들에게 부각(인지)시키는 방법이다.

- 동아 오츠카에서 만든 '컨피던스'는 친구들과 뛰어놀면서 마시는 '놀이음료'라는 신개념을 도입하여 자사 제품을 강조하는 포지셔닝
- 리복이 만든 구두 '락포트'는 마라톤을 완주하는 모습을 묘사함으로써 마라톤을 완주할 만큼 편안한 구두임을 강조하는 포지셔닝

③ **이미지 포지셔닝** : 이는 고급성 또는 독특함처럼 제품 및 점포가 지니는 추상적인 편익으로 소구하는 방법을 말하는 것으로, 다시 말해 제품이 지니고 있는 추상적인 편익을 소구하는 전략이다.

- 아시아나의 경우 특히나 서비스가 중요시되는 항공사의 특성을 살려 "아름다운 사람, 그녀의 이름은 아시아나" 라는 문구로 소비자들이 타 항공사와는 다르게 아시아나 항공사에 대해 좋은 느낌을 지니도록 포지셔닝

④ **제품사용자에 의한 포지셔닝** : 자사의 제품이 특정한 사용자들의 계층에 적합하다고 소비자에게 강조하여 인지시켜 포지셔닝하는 전략이다.

- 접대가 많은 비즈니스맨을 위한 숙취해소 음료임을 강조하는 포지셔닝
- 이를 닦기 싫어하는 어린이를 위한 젤 타입의 달콤한 냄새가 나는 어린이 전용 치약임을 강조하는 포지셔닝

⑤ **경쟁제품에 의한 포지셔닝** : 소비자들이 인지하고 있는 타 사의 경쟁제품들과 비교함으로써 자사 제품의 편익을 타사와 묵시적 또는 명시적으로 비교하게 해서 인지시키는 방식이다.

• 건더기가 크다는 것을 강조한 즉석카레 '레또'
• 기존 섬유린스의 탁한 헹굼물과 자사 제품의 맑은 헹굼물을 비교한 제일제당의 섬유린스 '맑은물 이야기'
• 기지국이 많다는 것을 강조한 이동통신의 광고

(3) Kotler & Armstrong의 포지셔닝 전략

㉠ More for More(우수한 혜택을 더욱 비싸게 ; 많은 이점의 고가) 전략
: 최상의 제품이나 서비스를 제공하며 높은 원가를 충족하기 위해 고가로 책정한다.(명품, 웰빙, 로얄석 등)

㉡ More for the Same(많은 이점에 같은 가격) 전략
: 비교적 좋은 품질에 많은 이점을 제공하는 제품이나 서비스를 경쟁자와 같은 가격에 제공한다.(차별화)

㉢ Same for Less(동일한 이점에 저가격) 전략
: 도서를 할인하는 온라인 서점, 홈쇼핑의 염가, 인터넷 판매 등(물류비용, 마케팅, 판매비용 등이 많이 들지 않기 때문)

㉣ Less for Much Less(적은 이점에 최저가) 전략
: 다소 낮은 성능의 제품을 저가격으로 하는 전략(천 원 하우스, southwest 항공이 기내식 폐지 후에 국내 항공료를 20% 인하)이다.

㉤ More for Less(많은 이점을 저가격으로) 전략
: 대부분의 기업이 이 방법이라고 주장하지만 지속적으로 달성하기는 어렵다.(신규 진입자, 시장침투 시)

참고 포지셔닝의 5D

㉠ 결정 : 고객에게 각인시키고자 하는 이미지 결정
㉡ 차별화 : 경쟁사와의 차별점 규명
㉢ 설계 : 차별화 설계, 마케팅믹스를 통한 전달
㉣ 실행 : 약속의 이행
㉤ 문서화 : 고객의 이익 규명

4. 소매업태의 성장과 경쟁

① **소매바퀴이론(Wheel Of Retailing Theory) (2019년 2회 출제)**

㉠ 소매시장에서 변화하는 고객들의 구매 욕구에 맞추기 위한 소매업자의 노력이 증가함에 따라 다른 소매업자에 의해 원래 형태의 소매업이 출현하게 되는 순환 과정이다.

㉡ 새로운 형태의 소매상이 처음에는 낮은 수준의 서비스와 저마진으로 저가격을 실현함으로써 시장에 등장하지만, 높은 수준의 서비스를 제공하는 기존 형태의 소매상과 경쟁하고 고객에게 추가적인 만족을 제공하기 위해 어쩔 수 없이 설비를 개선하고 서비스를 확대해야 하므로 그에 따라 가격경쟁력을 잃게 된다. 이때 다시금 낮은 서비스와 낮은 가격을 전략적 초점으로 하는 새로운 형태의 소매상이 출현하게 되는데, 이러한 현상을 '소매수레바퀴'라고 한다.

② **소매점 아코디언 이론 (2021년 1회 출제)**

㉠ 소매점의 진화과정을 소매점에서 갖춘 상품믹스를 기준으로 보는 이론이다.

㉡ 처음엔 상품믹스가 다양한 구색으로 시작되었다가 시간경과로 인해 전문화, 축소되고, 다시 다양하고 전문계열로 확대하는, 즉 확대 → 축소 → 확대되는 반복과정이 아코디언과 같다 하여 이름 붙여진 이론이다.

③ **소매수명주기 이론** : 소매점은 '도입기 → 성장기 → 성숙기 → 쇠퇴기'의 단계를 경과하게 된다는 이론이다.

④ **변증법적 과정 (2021년 1회 출제)**

㉠ 소매점의 진화과정을 변증법적 유물론으로 설명하는 이론을 말한다. 백화점이 고가격, 고마진, 고서비스, 저회전율로 도심지에 화려한 시설을 갖추고 등장하면 이에 상응하여 저가격, 저마진, 저서비스, 고회전율로 검소한 시설을 갖추고 교외에 할인점이 나타난다.

㉡ 백화점, 할인점의 장점을 취합한 제3의 할인백화점이 출현하여 평균마진, 평균회전율, 중간가격, 제한된 서비스, 보통시설을 갖추고 교외지역에 위치한 절충식 할인백화점이 출현하게 된다는 이론이다.

5. 글로벌 경쟁전략

① 온라인을 통해 소비자들이 주문한 제품을 오프라인 매장에서 입수하거나 또는 반품할 수 있게 하여 온라인 및 오프라인의 장점을 통합적으로 활용해야 한다.
② 직접적인 판매에서 벗어나서 주로 판매자와 소비자 간의 중개역할에 초점을 맞추는 정보중개형의 유통업을 수행해야 한다.
③ 온라인에서는 잠재고객 확보, 제품정보 제공, 소비자들에 대한 정보의 분석 및 사후관리 등에 초점을 맞춰 온라인으로 하여금 오프라인 사업을 지원하게 하는 역할을 해야 한다.
④ 기존의 오프라인 유통업의 경우 온라인에서는 제공하기 어려운 레저나 엔터테인먼트 기능 등을 소매업과 결합시킴으로 인해 온라인 소매와는 본질적으로 차별화해야 한다.

6. 서비스 마케팅

(1) 서비스의 개념

제품이나 물질적 재화 이외의 생산 또는 소비에 관련된 모든 경제활동을 뜻하며, 통상적으로 제품을 제외하고 학교의 수업, 이발사의 이발, 의사들의 진찰 업무 등도 이에 포함된다. 서비스는 서비스를 제공하는 기업 조직이 여러 가지로 구성할 수 있다는 장점이 있지만, 가격구조 면에서도 상당히 복잡다단하며, 서비스에 대해 소비자들이 느끼는 준거가격에 대한 책정도 어렵다는 문제가 존재하고 있다.

(2) 서비스 마케팅의 개념

서비스 마케팅은 소비자들의 니즈와 욕구를 충족시켜줌으로서, 마케팅 활동을 이루려는 기업의 활동이다.

(3) 서비스의 특성

① **무형성** : 소비자들이 제품을 구매하기 전에, 보거나, 맛보거나, 듣거나 또는 느끼거나, 냄새 등을 맡을 수 없는 것을 말한다.

② **소멸성** : 판매되지 않은 서비스는 사라지며 또한 재고로서 보관할 수 없다는 것을 의미한다. 설령, 구매되었다 하더라도 이는 1회로서 소멸하고, 더불어 서비스의 편익도 사라지게 되는 것이다. 다시 말해 서비스는 제공되는 순간 사라지고 기억만 남게 되는 것이라 할 수 있다. 동시에 서비스는 생산에 있어 시간적인 면에 기초하고, 저장이 어려운 관계로 소멸의 가능성이 무척 높다고 할 수 있다. 다음 사례는 서비스 마케팅 사례의 원인으로 작용한다. (2020년 3회 출제)

㉄ 호텔이나 리조트는 비수기동안 고객을 유인하기 위해 저가격 상품 및 다양한 부가서비스를 제공한다.

③ **비분리성** : 일반적으로 유형의 제품은 생산과 소비가 시공간적으로 분리가 가능하지만, 서비스의 경우에는 생산과 동시에 소비가 되는 서비스의 성격을 의미하며, 결과적으로 공급 및 수요 등을 맞추기가 쉽지 않고, 반품 또한 될 수 없다는 특징이 있다.

④ **이질성**[17] : 서비스의 생산 및 인도 과정에서 가변적인 요소로 인해서 서비스의 내용과 질 등이 달라질 수 있다는 것을 의미한다.

참고 서비스 마케팅과 제품 마케팅의 차이점

① 소비자들이 거래 과정에 있어 직접 참여하고, 큰 영향을 미친다.
② 서비스 마케팅은 제품 마케팅과 달리 특허를 낼 수 없다.
③ 서비스 마케팅은 종업원들이 서비스 결과에 영향을 끼치므로 분권화 경향이 높은 편이다.

17)서비스의 이질성을 해결하기 위한 활동(2016년 1회 출제)
① 서비스 시스템을 지역적으로 분산시킨다.
② 서비스 제공을 위한 물리적인 환경을 강조한다.
③ 예약 제도를 통해 사전에 수요를 파악하도록 한다.
④ 고객들의 요구를 적극적으로 수용해 서비스 프로세스를 차별화한다.

제3절 상품관리 및 머천다이징 전략

(1) 머천다이징 및 상품관리의 개요(2020년 3회 출제)

상품관리(Merchandiser Management)는 어떠한 제품이 팔리고 있는지를 통계적으로 파악해서 제품의 판매, 재고량 등을 효율적으로 관리하고자 하는 것을 말한다. 이때, 상품관리의 목적으로는 적절한 매입계획의 수립, 합리적 판매계획의 수립을 하기 위한 것이다.

① 거의 모든 상품들은 유형적인 요소와 무형적인 요소를 함께 가지고 있으며, 흔히 유형적인 상품을 제품이라 부르고 무형적 상품을 서비스라고 한다.

② 대부분의 상품들은 단 한가지의 편익만 제공하는 것이 아니라 여러 가지 편익을 동시에 제공하기 때문에 상품을 편익의 묶음이라고 볼 수 있다.

③ 일반적으로 회사는 단 하나의 상품을 내놓기보다는 여러 유형의 상품들로 상품라인을 구성하는 것이 고객 확보에 유리하다.

④ 상품 라인 내 어떤 상품을, 언제, 어떤 상황 하에서 개발할 것인지 계획하고, 실행하고, 통제하는 것이 상품관리의 핵심이다.

(2) 업태별 머천다이징 및 상품기획

① 제품라인은 유사기능을 수행하거나, 동일 유통경로를 통해 판매되거나, 동일한 소비자집단에게 판매되거나, 또는 비슷한 가격대에서 판매되는 등의 이유로 서로가 밀접하게 관련된 제품들의 집합을 의미한다.

② 라인충원전략(Line Filing)은 이전 제품라인의 범위 내에서 더 많은 품목들을 추가하는 것을 말하고 라인확대전략(Line Stretching)은 현 가격대 이상으로 제품라인의 길이를 늘리는 것을 말한다.

③ 제품라인 길이는 제품라인에 포함된 품목 수를 의미한다. 제품라인의 길이가 너무 짧게 되면, 품목의 추가로 이익을 증대시킬 수 있다. 반대로 라인의 길이가 너무 길게 되면, 품목을 제거함으로써 이익을 증대시킬 수 있다. 제품관리자의 경우 지속적으로 제품라인의 분석을 통해 제품라인을 구성하는 각 품목의 매출 및 이익 등을 평가해서 각각의 품목이 제품라인의 성과에 어느 정도로 공헌하는지를 파악해야 한다.

④ 제품믹스는 길이, 넓이, 깊이, 일관성 등의 4가지 주요차원을 지니는데 이 중에서 일관성은 다양한 제품라인들이 생산요건, 최종용도, 유통경로 등에 있어서 얼마나 밀접하게 관련성이 있는가를 의미한다.

⑤ 몇몇의 제품라인을 보유한 기업 조직들은 제품믹스를 구성하는데 제품 포트폴리오란 특정한 판매업자가 판매용으로 시장에 제공하는 제품라인 및 품목들을 합한 것을 의미한다.

⑥ 제품믹스

㉠ 상품믹스(product mix)란 기업이 판매하는 모든 상품의 집합을 말한다.

㉡ 상품믹스는 상품계열(product line)의 수에 따라 폭(width)이 정해진다.

㉢ 상품믹스는 평균 상품품목(product item)의 수에 따라 그 깊이(depth)가 정해진다.

㉣ 상품믹스의 상품계열이 추가되면 상품다양화 또는 경영다각화가 이루어진다.

(3) 단품관리[18] 전략

① 재고관리

㉠ 경제적 주문량의 공식은 간략한 수식으로 인해 제조업자 및 대형도매상에 의해 널리 활용되고 있지만, 소매업자들이 주문의사결정을 내리는 데는 그리 큰 도움이 되지 못한다.

㉡ 안전재고는 조달기간 중 불확실한 수요에 대비하기 위해서 예측된 수요 이상으로 확보하는 재고량으로써 통상적으로 보면 조달기간 중에 예상되는 최대수요에서 평균수요를 뺀 만큼으로 결정하게 된다.

㉢ 적정 재주문량이란 주문비, 재고유지비, 재고부족비 등을 함께 고려하여 결정하는데 각각의 비용항목들을 합한 총재고비용의 최소점이 최적주문량이 된다.

㉣ 재주문시점을 결정할 때는 재주문결정에서 다음 재주문결정까지의 경과시간뿐 아니라 주문의 발주로부터 인도까지의 경과시간까지도 고려해야 한다.

---

18)단품관리를 통해 기대할 수 있는 직접적 효과(2016년 2회 출제)
① 책임소재의 명확성
② 작업 및 매대 생산성의 증가
③ 인기제품의 발견 및 결품의 최소화
④ 비인기 제품의 판촉방안의 확보

 참고 단품관리 관련 이론(2019년 1회, 2021년 1회 출제)

① 단품관리 개념 : 매장이나 데이터를 통해, 고객과 종업원의 문제점을 파악하고, 그 이유까지도 생각하고 계속 개선해 나가는 것을 말하며, 이는 결과적으로 고객에게 도움이 되며, 점포에게 있어서도 이익을 내기 위한 행위이다.

② 단품 관리의 전제조건
㉠ 청결한 점포
㉡ 친절한 접객
㉢ 선도관리가 잘 됨
㉣ 상품정리가 잘 됨

③ 단품관리 관련 이론
㉠ 풍선효과(ballon) 이론 : 어떤 문제를 해결하면 다른 문제가 또 불거지는 현상을 말하는 것으로 이는 마치 풍선을 누르면 다른 쪽이 부풀어 오르는 현상과 비슷하다고 하여 생긴 표현이다. 이는 공권력이나 기타 강제적인 방법을 동원하여 합법적인 공급을 모두 차단해도, 수요가 있는 한 어떤 형식으로든 공급이 이루어지는 것을 의미한다.
㉡ 20 : 80 이론 : '전체 결과의 80%가 전체 원인의 20%에서 일어나는 현상'을 말하는 것으로 예를 들어, 20%의 고객이 백화점 전체 매출의 80%에 해당하는 만큼 쇼핑하는 현상을 설명할 때 이 용어를 사용한다.
㉢ 욕조마개(bathtub) 이론 : 품목별 진열량을 판매량에 비례하게 하면 상품의 회전율이 일정화되어 품목별 재고의 수평적 감소가 같아짐을 의미한다.

④ 단품관리의 특징
㉠ 제품을 더 이상 분류할 수 없는 최소 단위로 분류해서 관리하는 방식이다.
㉡ 인기 상품과 재고비용이 발생하는 비인기상품을 구분해나갈 수 있다.
㉢ 실적 향상 및 생산성 증가를 위해 상품 판매에 따라 매대 할당이 이루어진다.
㉣ 단품별 매출액 기여도 등과 같은 책임소재가 명확해진다.

⑤ 단품관리 전략의 기대효과(2019년 2회 출제)
㉠ 품절이 줄어든다.
㉡ 과잉 재고가 줄어든다.
㉢ 매대생산성이 증가한다.
㉣ 무리한 가격인하가 줄어든다

② 발주

㉠ 소비자들이 원하는 제품을 적시에 필요로 하는 양만큼 갖추어 품절이 발생되지 않도록 하는 활동을 말한다.

㉡ 발주방식은 크게 정량 발주방식과 정기 발주방식으로 나뉘어지는데, 냉동건조식품이나 통조림류는 정량 발주방식이, 고기 및 생식류는 정기 발주방식이 적당하다.

㉢ 발주를 잘하기 위해서는 자점, 경쟁점포, 소비자들에 대한 정보가 있어야 어떠한 제품을 얼마만큼 언제 발주할 것인지를 결정할 수 있다.

㉣ 발주행동은 점포 이미지에 큰 영향을 미치며 점포 내 작업의 능률까지 좌우하게 되므로 발주행동에 신중을 기해야 한다.

참고 재고관리

① ROP 모형에서는 수요가 불확실한 경우에 제품의 주문기간 동안 평균수요량에 안전재고를 더하여 재주문점을 결정하게 된다.

② EOQ 모형에서 경제적 주문량(EOQ)은 재고 유지비용 및 주문비용을 합한 연간 총비용이 최소가 되도록 하게 하는 주문량을 의미한다.

③ ABC 재고관리방식에서 매출액 비율 및 재고의 품목 수에 의해 아이템을 그룹핑해서 이를 집중적으로 관리하는 방법을 활용한다.

④ ROP 모형에서는 시장에서의 수요가 명확한 경우 조달기간에 1일의 수요량을 곱해서 재주문점을 결정하게 된다.

(4) 상품수명주기별 상품관리전략

① **제품수명주기의 개요** : 제품의 경우에도 인간과 비슷하게 처음 태어날 때부터 죽을 때까지 하나의 일정한 단계를 거치는데 이를 제품수명주기(Product Life Cycle)라 한다. 제품이 시장에 처음 출시되는 도입기 → 본격적으로 매출이 증가하는 성장기 → 매출액 증가율이 감소하기 시작하는 성숙기 → 매출액이 급격히 감소해서 더 이상 제품으로의 기능을 하지 못하는 쇠퇴기로 이루어진다.

참고 제품수명주기

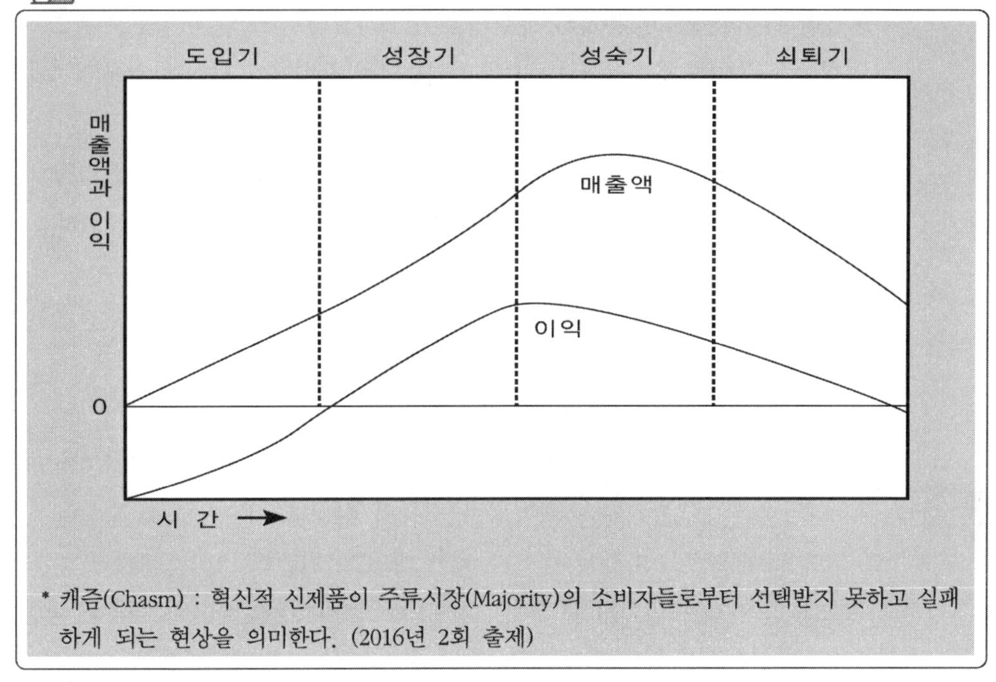

* 캐즘(Chasm) : 혁신적 신제품이 주류시장(Majority)의 소비자들로부터 선택받지 못하고 실패하게 되는 현상을 의미한다. (2016년 2회 출제)

② 상품수명주기별 마케팅 관리 전략

㉠ 도입기에서의 마케팅 전략

- 제품은 통상적으로 가동률이 낮기 때문에, 제품에 대한 원가가 높고 기술적인 문제가 해소되지 못한 상태이기 때문에, 제품개발에 투자한 높은 비용을 충당하기 위해서 제품의 가격은 일반적으로 높게 책정하는 편이다.
- 가장 중요한 것 중의 하나는 제품에 대한 소비자들의 인지 및 활용을 높이기 위한 광고와 판촉이 주가 된다.
- 기업 조직에서는 신제품에 대한 수요를 일으키려고 노력을 한다는 것으로 볼 수 있다.
- 선택적 수요보다는 기본적 수요를 자극하는 노력이 필요하다.
- 가격전략은 제품에 대한 경쟁사들이 거의 없고, 가격탄력성도 낮아 기업 조직의 입장에서는 제품 개발에 들인 높은 투자비용을 초기에 회수하기 위해 통상적으로 고소득층을 대상으로 한 초기 고가격전략을 많이 활용하고 있다.
- 초기 고가격전략은 시장진입 초기에 높은 가격을 책정하여 소비자들에게 품질 선도 기업이라는 이미지를 인지시켜 주기 위해 사용한다.

㉡ 성장기에서의 마케팅 전략

- 매출액이 급격하게 증가하므로 새로운 고객들의 수요가 기존의 초기 고객들의 재구매 수요에 덧붙여진다. 그렇게 됨으로써 구매자들 사이에서 구전효과와 지속적인 광고를 하게 되고 잠재고객들로 하여금 시험구매를 하게 되는 것이다.
- 기업은 신제품에 대한 이익을 창출하게 되는 것이다. 이 시기에 가격전략의 경우에는 가격을 내림으로써, 가격에 민감한 소비자들을 유인하는 전략을 쓰고 동시에 기존 가격을 유지하기도 한다.
- 유통전략은 자사의 제품을 많이 취급할 수 있도록 하는 방법으로 점포의 수를 늘리는 집약적 유통전략을 사용한다.(2016년 2회 출제)

㉢ 성숙기에서의 마케팅 전략(2016년 1회 출제)

- 기업은 경쟁자에 대한 시장점유율을 방어하면서, 이익을 극대화시키려고 노력하게 된다. 또한 시장을 확장하며 제품의 수정단계를 거치게 된다.
- 이러한 제품들은 시장에 출시된 지 오래되고, 기존의 소비자들에게 해당 제품에 대한 브랜드 인지도가 뚜렷이 인지되고 소비자들의 취향에 맞추어 제품개선을 지속적으로 해 오기 때문이다.
- 새로운 시장을 개척 : 기존의 제품에 소비를 증대시키기 위한 방안으로써, 기존 제품의 새로운 기능을 만들어 내고, 그 안에서도 또 다른 새로운 세분시장을 개척한다.
- 제품의 개선 : 제품의 특성이나 스타일, 품질 등의 제품이 지니고 있는 속성을 지속적으로 수정함으로써, 새로운 소비자를 유인하고, 기존 구매자의 제품에 대한 사용률을 높이려는 전략이다.
- 마케팅믹스의 수정 : 제품의 판매 시에 새로운 서비스를 제공하면서 기존 서비스를 수정해 가는 것이다. 가격 부분에 있어서도 잠재고객과 경쟁사의 고객을 끌어오기 위해 가격인하라는 방식을 실행하기도 한다.

㉣ 쇠퇴기에서의 마케팅 전략

- 비용의 절감 및 투자비의 회수가 중요한 문제로 떠오른다.
- 매출액이 부진한 품목 등을 제거해 감으로써 최소한의 이익을 유지하는 수준에서 저가격전략을 취한다.
- 유통흐름에서 취약한 중간상들을 제거해 감으로써 일정 수의 점포만 유지하는 등의 선택적 유통전략 방식으로 전환하게 된다.

제품수명주기의 단계별 마케팅전략

구 분	도입기	성장기	성숙기	쇠퇴기
원 가	높다	보통	낮다	낮다
소비자	혁신층	조기 수용자	중기 다수자	최후 수용자
제 품	기본 형태의 제품을 추구	제품의 확장, 서비스, 품질보증의 도입	제품 브랜드와 모델의 다양화	경쟁력 상실한 제품의 단계적인 철수
유 통	선택적 방식의 유통	집약적 방식의 유통	더 높은 집약적 유통	선택적 방식의 유통
판 매	낮다	높게 성장	낮게 성장	쇠퇴함
경쟁자	소수	증가	다수 → 감소	감소
광 고	조기의 소비자 및 중간상들에 대한 제품인지도의 확립	많은 소비자들을 대상으로 제품에 대한 인지도 및 관심의 구축	제품에 대한 브랜드의 차별화 및 편의를 강조	중추적인 충성 고객의 유지가 가능한 정도의 수준으로 줄임
가 격	고가격	저가격	타 사에 대응 가능한 가격	저가격
판 촉	제품의 사용구매를 유인하기 위한 고강도 판촉전략	수요의 급성장에 따른 판촉 비중의 감소	자사 브랜드로의 전환을 촉구하기 위한 판촉의 증가	최소의 수준으로 감소
이 익	손실	점점 높아진다.	높다.	감소
마케팅 목표	제품의 인지 및 시용구매의 창출	시장점유율의 최대화	이전 점유율의 유지 및 이윤의 극대화	비용의 절감

제4절 가격관리 전략

(1) 가격관리의 개요

가격은 통상적으로 공급자로부터 제공받는 재화 및 서비스에 대해 소비자가 대가로 지급하는 화폐의 양을 의미한다. 가격의 경우 기업 수익에 공헌한다는 점에서는 마케팅 비용을 발생시키는 타 마케팅 요소들과는 달리 차별적인 특징을 지닌다.

참고 제조업체가 중간상들과의 거래에서 활용하는 가격할인형태 (2016년 1회 출제)

① **계절할인** : 제품판매에서 계절성을 타는 경우에 비수기에 제품을 구입하는 소비자에게 할인 혜택을 주는 것을 의미한다. 예로써, 여행사의 경우에 소비자들을 대상으로 성수기와 비성수기의 요금을 차별적으로 정한 것도 계절할인의 예이다.
② **현금할인** : 제품에 대한 대금결제를 신용이나 할부가 아닌 현금으로 할 경우에 일정액을 차감해주는 것을 말한다.
③ **거래할인** : 유통의 기능을 생산자 대신에 수행해주는 중간상, 즉 유통업체에 대한 보상성격의 할인을 의미한다.(2019년 2회 출제)
④ **판매촉진지원금** : 소비자의 구매와 취급상의 효율성을 자극하는 것을 의미한다.

참고 가격전략의 일반적 내용 (2019년 1회 출제)

㉠ 수요탄력성이 낮은 경우 고가전략을 사용한다.
㉡ 진입장벽이 낮은 경우 저가전략을 사용한다.
㉢ 성장률 및 시장점유율 극대화를 위해서는 저가전략을 사용한다.
㉣ 가격-품질 연상효과를 극대화하기 위해서 고가전략을 사용한다.
㉤ 원가우위를 통한 생존전략을 목표로 하기 위해서는 저가전략을 사용한다.

(2) 가격설정의 방법

① 고객 커뮤니케이션의 예산수립

㉠ 손대중 방법 : 커뮤니케이션의 목표를 이루기 위해 특수한 업무수행에 요구되는 예산을 결정짓는 방식이다.

㉡ 목표-업무 방식 : 조직에 대한 운영비용과 이익 등을 산출한 후 사용 가능한 금액이 얼마인지에 따라 고객 커뮤니케이션 예산을 설정하게 된다.

㉢ 경쟁동가 방법 : 예상되는 매출액 중에서 고정비율로 고객 커뮤니케이션 예산을 설정하는 방법이다.

㉣ 판매비율 방법에서 고객 커뮤니케이션 예산 : 소매업체의 고객 커뮤니케이션의 비용 비율 및 시장점유율 등이 동일하도록 결정되는 방식이다.

② 수요에 기초한 심리적 가격결정 기법

㉠ 손실유도 가격결정[19] : 특정한 제품 품목에 대해 가격을 낮추면 해당 품목의 수익성은 악화될 수 있지만, 반면에 보다 더 많은 소비자를 유도하고자 할 때 활용하는 방식이다.(2016년 2회 출제)

㉡ 명성가격 가격결정 : 소비자들이 제품에 대한 가격을 품질 또는 사회적 지위의 상징으로 삼으므로 명품의 경우 가격이 예상되는 범위 아래로 낮아지면 오히려 제품에 대한 수요가 감소할 수 있다는 사실에 기반을 둔 방식을 의미한다.

㉢ 홀짝수 가격결정 : 소비자들이 제품에 대해 어떤 가격을 높은 가격 또는 낮은 가격으로 인지하느냐 하는 것에 기초를 두는 방식을 의미한다.

㉣ 비선형 가격결정 : 대량의 소비자가 소량의 소비자에 비해 가격 탄력적이라는 사실에 기초해서 소비자들에게 제품에 대한 대량소비에 따른 할인을 기대하도록 하여 제품의 구매량을 높이고자 하는 방식을 의미한다.

③ **재판매 가격 유지 정책(Resale Price Maintenance Policies)** : 공급자가 도매상 및 소매상과의 계약에 의해 자사 제품의 도소매가격을 사전에 설정해 놓고 이러한 가격으로 자사의 제품을 판매하게 하는 전략이다.

④ **유보가격(Reservation Price)** : 소비자가 마음속으로, 이 정도까지는 지불할 수도 있다고 생각하는 가장 높은 수준의 가격'을 의미한다.

⑤ **우수가치 상응 가격결정(Good-Value Pricing)** : 좋은 품질 및 서비스를 잘 결합하여 소비자들에게 적정가격으로 제공하는 것을 의미한다. 많은 경우 이러한 방식의 가격결정은 시장기반이 확립된 유명브랜드의 제품들이 상대적으로 저가의 제품들을 시장에 새로이 도입할 때 활용된다. 또 다른 경우로는 기존의 가격에서 더 나은 품질을 제공하거나 또는 더욱 더 저렴한 가격으로 동일한 품질을 제공하도록 기존의 브

---

19)손실유도 가격결정의 사례 : 최근 A백화점은 소비자들을 유인하기 위한 목적으로 유명 브랜드 B제품에 대한 대폭적 가격인하를 실시해서 여타 제품의 판매증가를 도모하고자 하였다.

랜드를 재설계할 때이다.

⑥ **이분가격 정책(Two Party Price Policy ; 이중요율)** : 기본가격에 추가사용료 등의 수수료를 추가하는 방식의 가격결정방식을 의미한다.(2016년 2회 출제)

예 전화요금, 택시요금, 놀이동산

⑦ **노획가격(Captive Pricing ; 종속제품 가격결정)** : 주 제품에 대해서는 가격을 낮게 책정해서 이윤을 줄이더라도 시장점유율을 늘리고 난 후 종속제품인 부속품에 대해서 이윤을 추구하는 전략을 의미한다.(2020년 추가시험 출제)

예 면도기 본체는 저렴하게 팔고 면도날은 비싸게 파는 경우

예 레이저프린터나 잉크젯프린터를 상당히 저렴하게 팔면서 카트리지나 토너는 비싸게 판매

예 휴대폰은 공짜로 제공하고 통화요금으로 수익을 올리는 경우

예 폴라로이드 카메라와 필름

예 캡슐커피기계와 커피캡슐

⑧ **묶음가격(Price Bundling)** : 자사가 제공하는 여러 개의 제품이나 서비스 등을 묶어 하나의 가격으로 판매하는 것을 의미한다.

⑨ **부가가치 가격결정(Value-Added Pricing)** : 타사의 가격에 맞춰 가격인하를 하기보다는 부가적 특성 및 서비스의 추가로 제품의 제공물을 차별화함으로써 더 비싼 가격을 정당화하는 방식을 의미한다.

⑩ **경쟁기반 가격결정(Competitive Advantage-Based Pricing)** : 경쟁자의 전략, 원가, 가격, 시장의 제공물을 토대로 가격을 책정하는 방식을 의미한다.

⑪ **제품라인 가격결정(Product Line Pricing)** : 제품계열 내에서 제품품목 간 가격 및 디자인에 차이를 두는 방식을 의미한다.

⑫ **부산물 가격결정(By-Product Pricing)** : 주력 제품이 가격에 있어 경쟁력을 지닐 수 있도록 부산물 가격을 결정하는 방식을 의미한다.

⑬ **옵션제품 가격결정(Optional Product Pricing)** : 주력 제품과 같이 팔리는 부수적 제품에 대해 소비자로 하여금 선택하게 하는 방식을 의미한다.

참고 EDLP 가격전략 (Every Day Low Price)과 High Low 가격전략

㉠ EDLP는 Every Day Low Price의 준말로, 상품의 일시적인 가격할인이 아닌 항상 저렴한 가격으로 판매하는 전략을 의미한다.
㉡ EDLP는 경쟁자와의 지나친 가격전쟁의 압박을 덜어주며 가격이 자주 변하지 않는다는 이점이 있다.
㉢ EDLP는 경쟁소매업체와 동일하거나 더 낮은 가격을 설정한다.
㉣ EDLP는 경쟁사보다 저렴하지 않은 경우 가격 차액을 환불해 주기도 한다.
㉤ EDLP는 언제나 저가격으로 소비자가 구입시점을 지연시키지 않기 때문에 판매예측이 가능하다.
㉥ EDLP는 규모의 경제, 효율적 물류시스템, 경영개선 등을 통한 저비용화가 이루어져야 실행 가능하다.
㉦ High-Low가격 전략은 일반적으로 저가격을 지향하기보다는 품질이나 서비스를 강조하는 가격정책이다.
㉧ High-Low가격 전략은 소비자들을 유인하기 위해 필요한 시기에 적극적으로 할인된 낮은 가격을 제공한다.

참고 심리적 가격결정 방법

① 단수가격(Odd Pricing)(2020년 추가시험 출제)
- 시장에서 경쟁이 치열할 때 소비자들에게 심리적으로 저렴하다는 느낌을 주어 제품의 판매량을 늘리려는 방법을 의미한다.
- 제품의 가격을 100원, 1,000원 등과 같이 현 화폐단위에 맞게 책정하는 것이 아니라, 그보다 낮은 95원, 970원, 990원 등과 같이 단수로 책정하는 방식이다.
- 단수가격의 설정목적은 소비자의 입장에서는 가격이 상당히 낮은 것으로 느낄 수 있고 비교적 정확한 세산에 의해 가격이 책정되었다는 느낌을 줄 수 있는 방식이다.

② 관습가격(Customery Pricing)
- 일용품의 경우처럼 장기간에 걸친 소비자의 수요로 인해 관습적으로 형성되는 가격을 의미한다.

③ 명성가격(Prestige Pricing ; 위신가격)
- 자신의 명성이나 위신을 나타내는 제품의 경우에 일시적으로 가격이 높아짐에 따라 수요가 증가되는 경향을 보이기도 하는데, 이를 이용하여 고가격으로 가격을 설정하는 방식을 의미한다.

④ 준거가격(Reference Pricing)
- 구매자는 어떤 제품에 대해서 자기 나름대로의 기준이 되는 준거가격을 마음 속에 지니고 있어서, 제품을 구매할 경우 그것과 비교해보고 제품 가격이 비싼지의 여부를 결정하는 방식을 의미한다.

(3) 가격설정 정책

① **단일가격 정책** : 동일한 양의 제품, 동일한 조건 및 가격으로 판매하는 정책을 의미한다.

② **탄력가격 정책** : 소비자들에 따라 동종, 동량의 제품들을 서로 상이한 가격으로 판매하는 정책을 의미한다.

③ **단일제품가격 정책** : 각각의 품목별로 따로따로 검토한 후 가격을 결정하는 정책을 의미한다.

④ **계열가격 정책** : 수 많은 제품계열이 존재할 때 제품의 규격, 기능, 품질 등이 다른 각각의 제품계열마다 가격을 결정하는 정책을 의미한다.

⑤ **상층흡수가격 정책** : 도입 초기에 고가격을 설정한 후에 고소득계층을 흡수하고, 지속적으로 가격을 인하시킴으로써 저소득계층에게도 침투하고자 하는 가격정책을 의미한다.

⑥ **침투가격 정책** : 빠르게 시장을 확보하기 위해 시장 진입초기에 저가격을 설정하는 정책을 의미한다. (2019년 1회 출제)

⑦ **생산지점가격 정책** : 판매자가 전체 소비자들에 대한 균일한 공장도가격을 적용시키는 정책을 의미한다.

⑧ **인도지점가격 정책** : 공장도 가격에 계산상의 운임 등을 가산한 금액을 판매가격으로 결정하는 정책을 의미한다.

⑨ **재판매가격유지 정책** : 광고 및 여러 가지 판촉에 의해 목표가 알려져서 선호되는 제품의 공급자가 소매상들과의 계약에 의해 자신이 결정한 가격으로 자사의 제품을 재판매하게 하는 정책을 의미한다.

(4) 업태별 가격관리

① 소매기관이 사용할 수 있는 가격관리 전략

㉠ **경쟁적 가격결정** : 경쟁업체들의 가격결정 전략에 대응하고 그들과의 가격적인 차별화를 목적으로 하는 가격결정 방식이다.

㉡ **단기수익률 극대화 가격결정** : 전체 가격정책의 목적을 판매수익으로 극대화하는데 그 목적을 두는 방식이다.

㉢ **이익극대화 가격결정** : 유통구조에 있어 합리적 개선으로 인한 경쟁우위 및 비용절감의 확보 측면에서 마케팅전략 등을 활용해서 투자의 이익률을 극대화시킬

수 있는 방식이다.

㉣ **촉진적 가격결정** : 이익보다 제품에 대한 소비자들의 구매를 조장해서 실질적인 시장점유율을 증가시키기 위한 목적으로 추진하는 방식이다.

② 인터넷상의 가격설정 전략

㉠ 인터넷 제품의 가격상승 요인으로는 소비자의 불만 및 운송에 소요되는 경비, 경매소비자끼리의 경쟁에 의한 물품가격의 상승, 무료제품 및 샘플의 제공, 웹 사이트의 개발비용 및 유지관리비, 높은 인터넷마케팅과 광고비 등이 있다.

㉡ 인터넷 제품의 가격인하에 대한 압력요인으로는 최저가격에 대한 검색기능, 브랜드 확립 우선의 가격결정, 제품의 독자성, 인터넷 판매의 낮은 경비 등이 있다.

㉢ 가격설정 전략에 영향을 미치는 요인으로는 마케팅 목표, 제품원가, 제품수요, 경쟁 환경, 정부규제에 대한 영향 등을 들 수 있다.

㉣ 기업 조직은 마케팅 목표를 달성하기 위한 전체적인 전략을 개발해야 하고 이러한 전략을 기반으로 각각의 제품군이나 시장에 대한 가격전략 등을 개발하고 이를 계획 및 조정해야 한다.

참고 직접제품비용 요소(2016년 1회 출제)

① 수송비　　② 재고비
③ 매대점유비　　④ 매장노무비

참고 오픈 프라이스 제도(2016년 2회, 2021년 1회 출제)

① 실제적인 제품 판매가보다 부풀려서 소비자가격을 책정한 뒤 할인해 주는 할인판매의 폐단을 막기 위해 도입된 제도이다.
② 제조업자의 경우에는 제품 출하가격만을 제시하고 소매업체가 자율적으로 가격을 결정하게 된다.
③ 유통업체간 경쟁을 촉진시켜 제품가격을 전반적으로 낮추는 효과를 달성하고자 하는 것이다.
④ 라면, 과자, 아이스크림 등의 편의품 또한 오픈 프라이스 제도 품목에 해당한다.

제5절 촉진관리 전략

(1) 촉진관리 전략의 개요

① 판매촉진

㉠ 광고, 인적판매 또는 타 촉진믹스 도구들과 함께 활용하는 것이 통상적인데, 중간상 판매촉진 및 영업사원 판매촉진은 주로 인적판매 과정을 지원하게 된다.

㉡ 중간상 판매촉진의 목표로는 소매상들이 공급자의 새로운 품목의 취급, 적정 재고의 유지, 넓은 공간을 할당하도록 유도, 소매환경에서의 제품을 광고하는 데 그 목적이 있다.

㉢ 영업사원 판매촉진의 목표로는 기존의 제품 및 신제품에 대한 영업사원의 노력과 지원을 훨씬 많이 확보하거나 더 나아가 영업사원으로 하여금 새로운 거래처를 개발하도록 유도하는 데 있다고 할 수 있다.

㉢ 주요 소비자 판촉도구에는 쿠폰, 샘플, 현금 환불, 프리미엄, 가격할인, 단골고객 보상, 구매시점 진열 및 시연, 추첨, 콘테스트 등이 있다.(2020년 2회 출제)

참고 판촉을 위한 도구 및 수단

① **쿠폰(Coupon)** : 구매자가 어떠한 특정의 제품을 구입할 때 이를 절약하도록 해 주는 하나의 증표를 의미한다.
② **샘플(Sample)** : 구매자들에게 제품에 대한 대가를 지불하지 않으면서 제공하는 일종의 시제품을 의미한다.
③ **프리미엄**[20] **(Premium)** : 특정 제품의 구매를 높이기 위해 무료 또는 저렴한 비용으로 제공해 주는 추가 제품을 의미한다.(2016년 2회 출제, 2019년 1회 출제)
④ **할인포장(Price Pack)** : 관련 제품을 묶음으로 해서 소비자들이 제품을 낱개로 구매했을 때보다 더욱 저렴한 방식으로 판매한다.

---

20)프리미엄(Premium)의 사례 : 소비자들로부터 제품의 구매를 유도하기 위한 하나의 인센티브로서 커피 구매 시에 머그컵, 맥주 구매 시에 맥주잔을 제공하는 것 등과 같이 구매제품과 관련된 제품을 활용하는 판촉수단

(2) 프로모션 믹스

① **광고(Advertising)** : 제품 및 서비스 또는 아이디어의 제시와 촉진 등을 위해 광고주가 비용을 지불하고 전개하는 비대면적인 커뮤니케이션의 활동을 의미한다.(2019년 1회 출제)

㉠ 대가를 지불하고 비인적 수단을 통하여 기업의 정보를 알리는 촉진 수단이다.

㉡ 짧은 시간 내에 불특정 다수의 고객에게 접근할 수 있어 단위당 비용이 비교적 저렴한 장점은 있으나, 효과 측정이 어렵다는 단점이 있다.

㉢ 소비자를 설득하기 위한 것보다는 사실 그대로의 정보제공을 통하여 소비자가 판단을 하는데 도움을 주는 방향으로 이루어져야 한다.

② **판매촉진(Sale Promotion)** : 제품 및 서비스의 활용을 독려하기 위해 단기간에 전개되는 인센티브 위주의 커뮤니케이션 활동을 의미한다.

㉠ 장점 : 단기적인 매출향상, 신제품 홍보가 용이

㉡ 단점 : 수익성에 있어서는 비효율적, 브랜드 구축에는 악영향

③ **공중관계(PR : Public Relation)** : 개별 제품 및 기업 조직 전체의 이미지 제고 또는 비호의적 평판의 완화를 목적으로 언론 매체 등을 통해 벌리는 비대면적 커뮤니케이션 활동을 의미한다.(2019년 2회, 2020년 3회 출제)

㉠ 뉴스기사, 스폰서십, 이벤트 등을 활용한다.

㉡ 다른 촉진 수단보다 현실감이 있고 믿을 수 있다는 특징이 있다.

㉢ 판매지향적인 커뮤니케이션이 아니기 때문에 판매원을 기피하는 가망고객에게도 메시지 전달이 용이하다.

㉣ 소비자뿐만 아니라 기업과 관련된 이해관계자들을 대상으로 한다.

㉤ 기업을 알리는 보도나 캠페인을 통해 전반적인 여론의 지지를 얻고자 한다.

㉥ 제품 및 서비스에 대한 호의적 태도와 기업에 대한 신뢰도 구축을 병행한다.

㉦ 기업 활동에 영향을 미치는 주요 공중과의 관계구축을 통해 호의를 얻어내고자 하는 것이다.

④ **인적판매(Personal Selling)** : 제품 및 서비스의 판매를 위해 영업사원이 잠재고객들과 일대일 대면으로 펼치게 되는 커뮤니케이션 활동을 말한다.(2020년 추가시험 출제)

㉠ 고객의 판단과 선택을 실시간으로 유도할 수 있다.

㉡ 고객의 요구에 즉각적으로 대응할 수 있다.

㉢ 고객이 될 만한 사람에게만 초점을 맞추어 접근할 수 있다.

㉣ 고객에게 융통성 있게 대처할 수 있다.

참고 영업사원의 역할 및 관리(2021년 1회 출제)

㉠ 영업사원은 제품과 서비스의 판매를 위해 구매 가능성이 높은 고객을 개발, 확보하고 접촉하는 역할을 수행한다.
㉡ 영업사원에 대한 보상체계는 성과에 따른 커미션을 중심으로 구성되는 경우가 많다.
㉢ 다른 직종의 업무에 비해 독립적으로 업무를 수행하는 경향이 있다.
㉣ 영업 분야 전문인으로서의 역할과 조직 구성원으로서의 역할 간 갈등이 발생할 수 있다.

참고 중간상 공제(2016년 2회 출제)

① **광고공제** : 소매업자가 자신의 광고물에 제조업자의 제품을 광고해 주는 일종의 대가로 제조업자가 상품대금의 일부를 공제해 주는 것을 의미한다.
② **입점공제** : 소매업자가 신제품을 취급해 주는 대가로서 입점 시에 제조업자가 제품대금의 일부를 공제해 주는 것을 의미한다.
③ **진열공제** : 소매업자가 점포 내 사람들의 눈에 잘 띄는 특정한 공간에 일정한 기간 동안 제품을 진열해 주는 대가로서 제조업자가 제품대금의 일부를 공제해 주는 것을 의미한다.
④ **중간상 공제** : 유통업자가 제조업자를 위해 어떠한 일을 해 주는 대가로서 제조업자가 제품대금의 일부를 공제해 주는 것을 의미한다.

(3) 업태별 촉진전략

① 소매업 촉진전략
㉠ 상권분석을 통한 시장성의 확인 및 시장으로의 진입
㉡ 제품 및 서비스의 차별성 확보
㉢ 고객관계 관리를 통한 고객 로열티의 강화
㉣ 시장에 적합한 제품 및 서비스를 선택하고 효율적인 촉진전략의 사용
㉤ 구성원들에 대한 교육 및 CRM 기능의 구축을 통해 고객만족도를 상승

② 도매업 촉진전략
㉠ 대체로 촉진에 관심 저조
㉡ 최근 경쟁 심화로 촉진을 중요시하는 경향 특히, 애고 소구를 위해 노력
㉢ 제조업자의 촉진 프로그램에 적극 협조 및 활용하는 한편 자체적인 촉진과 통합

하여 실행, 표준화되고 단위 당 가격이 낮은 품목 취급 도매상 : 애고 소구에 주력, 주로 카탈로그와 판매원 판매 활용, 광고를 거의 하지 않음

㉣ 고도로 차별화되거나 단위 당 가격이 높은 산업 설비품 취급 도매상 : 판매원 판매, 업계 간행물을 통한 광고와 직접 우편(DM : direct mail)을 활용

참고

* 옴니채널(Omni-Channel)

소비자가 온라인, 오프라인, 모바일 등 다양한 경로를 넘나들며 상품을 검색하고 구매할 수 있도록 소비자 관점에서 일관된 소비 경험을 제공하는 유통 서비스로서, 각 유통채널의 특성을 결합해 어떤 채널에서든 같은 매장을 이용하는 것처럼 느낄 수 있도록 한 쇼핑 환경을 말한다.

* O2O(Online to Offline)

온라인과 오프라인을 연결하여 소비 채널을 융합시키는 마케팅으로 소비자들의 구매를 활성화하는 새로운 비즈니스 모델 즉, 온라인이나 모바일에서 대금결제를 한 후, 오프라인에서 실제 서비스와 물건을 받는 소비 형태를 말한다.

* O4O(Online for Offline)

기업이 온라인에서 확보한 고객 데이터를 활용해 오프라인 상으로 사업 영역을 확대하는 것을 말한다.

(4) e-Retailing 촉진

① B2B(Business to Business) : 기업과 기업 사이에 이루어지는 전자상거래를 일컫는 것으로 기업들이 온라인상에서 상품을 직거래하여 비용을 절감하고, 시간도 절약할 수 있다는 장점이 있다.

② B2C(Business-to-Customer) : 기업이 소비자를 상대로 행하는 인터넷 비즈니스로 가상의 공간인 인터넷에 상점을 개설하여 소비자에게 상품을 판매하는 형태의 비즈니스이다.

③ G2C(Government to Customer) : 정부와 국민 간 전자상거래는 인터넷을 통한 민원서비스 등 대국민 서비스 향상을 그 주된 목적으로 하고 있다.

④ B2G(Business to Government) : 인터넷에서 이루어지는 기업과 정부 간의 상거래를 말한다.

참고 푸시 전략 & 풀 전략[21] (2020년 2회 출제)

푸시형 전략		풀형 전략	
제조회사	높은 이익률 제공 직접 광고 인적 판매	제조회사	소비자에게 직접 판촉 품질을 강조한 가격 소구 유통업체자 낮은 이익률 제공
↓ ⇩		⇧ ↓	
도매업	높은 이익률 제공 판매 지원 인적 판매	도매업	고객이 원하는 브랜드의 유용성을 찾아 소구 고객이 원하는 브랜드를 낮은 가격에 매입
↓ ⇩		⇧ ↓	
소매업	높은 이익률 제공 판매 활동 상품 선점 지원	소매업	고객이 원하는 브랜드의 유용성과 가격을 소구 고객이 원하는 브랜드의 대량 판매를 통한 이익 확보
↓ ⇩		⇧ ↓	
소비자	소매업의 상품선정과 어드바이스에 의지 편의성에 따라 구입 강력한 브랜드 선호 없음	소비자	강력한 브랜드 선호 점포보다 브랜드로 구입

→ 제품의 흐름 ⇨ 커뮤니케이션의 흐름

① 푸시 전략(Push Strategy)(2020년 3회 출제)

㉠ 푸시 전략은 제조업자가 소비자를 향해 제품을 밀어낸다는 의미로 제조업자는 도매상에게 도매상은 소매상에게, 소매상은 소비자에게 제품을 판매하게 만드는 전략인데 이는 즉 최종소비자 대신 중간상들을 대상으로 하여 판매촉진활동을 하는 것을 의미한다.

㉡ 중간상들로 하여금 자사의 상품을 취급하도록 하고, 소비자들에게 적극 권유하도록 하는 데에 있다.

㉢ 소비자들의 브랜드 애호도가 낮고, 브랜드 선택이 점포 안에서 이루어지며, 동시에 충동구매가 잦은 제품의 경우에 적합한 전략이다.

㉣ 소비자를 대상으로 촉진할 만큼 충분한 자원이 없는 소규모 제조업체들이 활용할 수 있는 촉진 전략이다.

㉤ 가격할인, 수량할인, 협동광고, 점포판매원 훈련프로그램 등을 활용한다.

㉥ 판매원의 영향이 큰 전문품의 경우에 효과적이다.

② 풀 전략(Pull Strategy)(2019년 2회 출제)

㉠ 제조업자 쪽으로 당긴다는 의미로 소비자를 상대로 적극적인 프로모션 활동을 하여 소비자들이 스스로 제품을 찾게 만들고 중간상들은 소비자가 원하기 때문에 제품을 취급할 수밖에 없게 만드는 전략을 의미한다.

㉡ 광고와 홍보를 주로 사용하며, 또한 소비자들의 브랜드 애호도가 높고, 점포에 방문 전에 미리 브랜드 선택에 대해서 관여도가 높은 상품에 적합한 전략이다.

(5) 소매정보와 촉진

① 소비자 기대

㉠ 점포에 대한 소비자들의 기대는 점포 이미지의 형성과 점포선택에 있어 많은 영향을 미친다.

㉡ 소매관리자는 소비자들이 점포로부터 기대하게 되는 것들을 명확하게 파악해서 소매마케팅 전략수립에 반영해야 한다.

㉢ 소비자 기대의 구성요소에는 점포분위기, 입지 및 시간의 편리성, 제품구색, 가격, 정보의 수집 및 사회적 상호작용, 점포서비스 등이 있다.

② 소매점포 STP 전략

㉠ 소비자들이 해당 점포로부터 기대하는 서비스의 수준은 상이하다.

㉡ 소매상들은 표적화 된 소비자들의 기대서비스 수준에 맞는 소매시장을 세분화해야 한다.

㉢ 소매시장 세분화는 성공적 경쟁이 가능한 세분시장을 찾아내는 과정이다.

③ 소매점포 믹스[22]

㉠ 소매점포 믹스의 결정은 표적세분시장 내 소비자들의 니즈에 맞춰 소매점이 통제 가능한 소매믹스 변수에 대한 최적의 조합을 찾아내는 과정이다.

㉡ 소매상들이 운영하는 점포의 업태, 제품구색, 마진 및 회전율, 촉진 등의 통제 가능한 소매믹스 변수에 대한 결정에 의해 실행된다.

참고 **소매점에서 카테고리 캡틴을 활용하는 이유 (2016년 1회 출제)**

① 해당 카테고리 품목의 타 납품업체들과의 구매협상 노력을 생략해서 비용을 절감
② 고객들에 대한 이해 증진에 협력함으로써 해당 카테고리 전반의 수익을 증진
③ 재고품절의 방지를 통한 연관된 손해의 회피와 서비스 수준의 향상
④ 가격설정, 촉진활동 등의 위임을 통한 해당 카테고리 관리의 부담 감소

---

21)풀 전략(Pull Strategy) : 소비자를 상대로 적극적인 프로모션 활동을 하여 소비자들이 스스로 제품을 찾게 만들고 중간상들은 소비자가 원하기 때문에 제품을 취급할 수밖에 없게 만드는 전략을 의미한다.(2016년 2회 출제)

22)소매점포 믹스의 구성요인 : 입지, 촉진, 제품구색, 마진 및 회전율(2016년 2회 출제)

참고 4P's와 4C's의 비교(2020년 2회 출제)

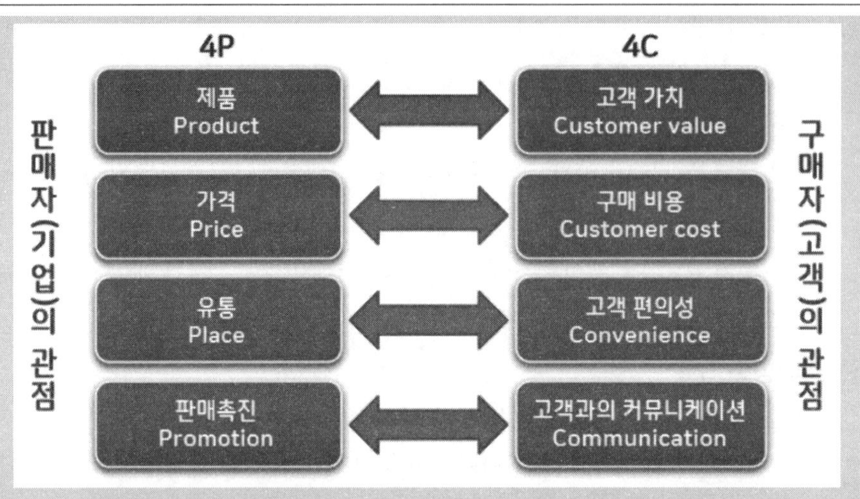

① 4P : 마케팅의 기본요소는 4가지로 Product(제품), Price(가격), Place(유통), Promotion(촉진)이다. 이 4가지의 Mix를 통해 상황분석과 전략을 도출해 내게 된다.

㉠ Product(제품선정) : 제품의 생산 공정부터 제품의 검수 그리고 제품의 질, 생산규모, 브랜드, 디자인, 포장 등과 관련된 모든 것이 포함된다.

㉡ Price(가격결정) : 경쟁사 대비 기초 가격의 책정, 할인 정책, 가격 조건, 가격 변동 등 가격과 관련된 모든 것이 포함된다. 즉, 고객 및 원가 분석에 의한 범위 내에서 경쟁사의 가격을 고려하여 가격을 결정한다.

㉢ Place(유통) : 제품은 적절한 시간에, 접근 가능한 위치에, 적절한 수량이 소비자에게 제공되어야만 의미가 있다. 참고로, 유통전략은 다른 전략과 달리 한 번 결정된 후에는 변경하는데 있어 많은 어려움이 따른다.

㉣ Promotion(촉진)

- 매체구매(media buying, 광고) : 비용을 지불하고 매체의 공간을 구매하는 것
- 홍보(publicity) : TV, 신문, 잡지, 인터넷매체 등에 자료를 제공하여 비용을 들이지 않고 사이트의 가치를 높이고 방문자를 유도하는 방법
- 판매촉진(sales promotion) : 이벤트, 경품, 쿠폰 등을 통해 고객을 유인하는 것
- 어나운스먼트(announcement) : 인터넷상에서 거의 비용을 들이지 않고 사이트를 알리고 트래픽을 증가시킬 수 있는 방법

② 4C : IMC(통합된 마케팅)에서 몇 가지의 마케팅 믹스 전략이 있는데 그 중 가장 대표적인 4C는 Customer(고객), Cost(고객이 지불하는 비용), Convenience(접근/활용 등의 편의성), Communications(의사소통)으로 정의된다.

㉠ Customer(고객) : Customer는 고객이 가지고 있는 가치(가치관)을 바탕으로 한 필요(needs)와 선호(wants)를 의미하기도 하고 또 다르게 표현하면 브랜드와 고객이 시장에

서 상호 교환하고자 하는 대상이다.

ⓛ cost : cost는 실제로 고객이 상품/서비스를 구입하는데 지불해야 하는 유형, 무형의 총비용을 의미한다.

ⓒ convenience(편의) : 유통과는 조금 다른 범주로 가치교환의 편의성을 의미한다. 예를 들면 고가의 상품 구매시 무이자 할부 서비스가 제공된다던지, 아니면 상품 사용설명서가 동영상으로 제공된다거나하는 소비자의 입장에서 구매 시의 장벽을 낮춰주는 그리고 사용상의 편의성을 높여줌으로서 가장 효율적으로 소비자 cost를 낮춰주는 전략이다.

ⓔ communication : 마케팅의 시작과 끝을 의미한다. 즉, 마케팅의 본질 자체가 의사소통이라는 의미한다. 마케팅 계획을 시작하기에 앞서 진행되는 시장조사와 소비자 필요분석부터 마케팅 활동의 마지막 단계인 고객평가까지 마케팅활동은 다양한 대상들과의 지속적인 의사소통으로 완료된다. 그리고 굳이 4C에 의사소통이 들어간 이유는 과거 4P의 Promotion과 매우 배치되는 개념이기 때문이다. 마케팅에서 의사소통은 초기 기업의 일방적 의사전달에서 점차로 양방향 의사교환으로 발전해 왔고 지금은 상호작용이 중심이 되는 의사소통 단계에 와 있다. 과거의 판매를 위한 의사전달에서 현재 IMC의 관계에 기반한 상호작용을 위한 의사소통으로의 변화를 의미한다.

Chapter 01

유통마케팅 전략기획 출제예상문제

01 **다음 경영환경 중 의미하는 바가 나머지 넷과 다른 하나는?**

① 기술 환경
② 경제적 환경
③ 정치적 환경
④ 소비자
⑤ 문화적 환경

해설❯ 경영환경에 대한 문제이다. ①②③⑤번은 거시적 환경요소이며, ④번은 미시적 환경요소에 해당하는 내용이다.

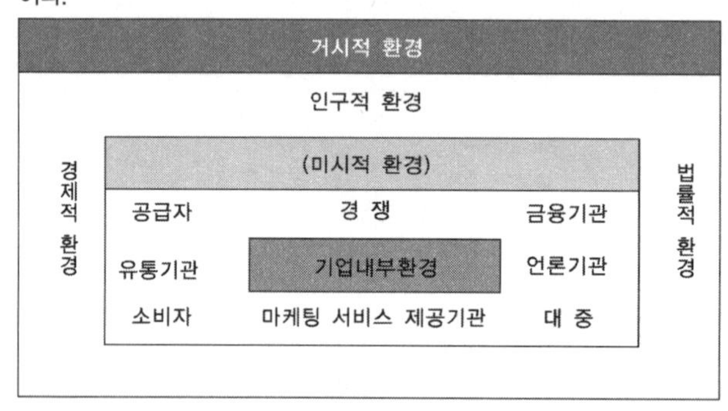

02 **다음 시장세분화의 조건으로 가장 거리가 먼 것은?**

① 측정가능성
② 접근가능성
③ 유지가능성
④ 실행가능성
⑤ 내부적 이질성 및 외부적 동질성

해설❯ 시장세분화 시에는 동일한 시장 내 구성원들은 동질성을 나타내야 하며, 타 시장의 구성원들과는 이질성을 나타내야 한다.

03 다음의 사례를 참조하여 관련한 내용으로 보기 가장 어려운 것은?

> • A사 자동차
> • 배기량에 따른 구분 : 5,000cc, 4,000cc, 3,000cc
> • 크기에 따른 구분 : 대형, 중형, 소형

① 자사의 제품 및 서비스 등에 대한 고객들의 식별 정도를 높이고, 나아가 반복 구매를 유도해 내려는 것이다.
② 제품 및 광고 판촉 등을 제공하기 위한 비용이 증가하게 된다.
③ 소비자 욕구를 보다 정확히 이해하고 그에 맞는 제품과 서비스를 제공함으로서 전문화의 명성을 얻기 위함이다.
④ 주로 자원이 풍부한 기업에 많이 쓰이는 전략이다.
⑤ 전체 시장의 매출은 증가한다.

해설 ❯ 위 문제는 차별적 마케팅 전략에 대한 내용이다. 하나의 시장을 여러 개의 세분시장으로 나누고 각기 다른 세분시장의 상이한 욕구에 부응할 수 있는 마케팅믹스를 개발하여 적용함으로서 기업 조직의 마케팅 목표를 이루고자 하는 전략이다. ③번은 집중적 마케팅 전략에 대한 내용이다.

04 기업은 자신의 업무향상에만 전력을 기울이기 때문에 고객욕구를 만족시키고 고객 관계를 구축해야 하는 마케팅의 목표의 중요성을 간과할 위험이 있는 마케팅 변천 철학은?

① 생산개념
② 제품개념
③ 판매개념
④ 마케팅개념
⑤ 사회적마케팅개념

해설 ❯ 생산개념은 생산과 유통의 효율성을 주력시키는 데 목적이 있는 '생산중심의 마케팅 철학'이다. 하지만 생산개념에 기반을 두는 기업은 자신의 업무향상에만 전력을 기울이기 때문에 고객 욕구를 만족시키고 고객 관계를 구축해야 하는 마케팅의 목표의 중요성을 간과할 위험이 있다.

01. ④ 02. ⑤ 03. ③ 04. ③ 정답

05 다음의 내용이 설명하고자 하는 것과 가장 관련성이 높은 것은?

• 치약 : 충치 예방 기능, 미백 효과의 기능

① 이미지에 따른 포지셔닝
② 경쟁제품에 따른 포지셔닝
③ 사용상황에 따른 포지셔닝
④ 제품사용자에 따른 포지셔닝
⑤ 제품속성에 따른 포지셔닝

해설 제품속성에 따른 포지셔닝은 자사의 제품 속성이 경쟁사의 제품에 비해 차별적인 속성을 지니고 있으며, 그에 따른 효익을 제공한다는 것을 소비자에게 인식시키는 포지셔닝 전략이다.

06 다음 중 서비스의 특징으로 가장 거리가 먼 것을 고르면?

① 주관성
② 무형성
③ 소멸성
④ 비분리성
⑤ 이질성

해설 서비스의 특징으로는 크게 무형성, 소멸성, 비분리성, 이질성 등이 있다.

참고 서비스의 특징

• 무형성 : 소비자가 제품을 구매하기 전 인간이 오감을 통해 느낄 수 없는 것을 의미한다.
• 소멸성 : 판매되지 않은 서비스는 사라지며 이를 재고로 보관할 수 없다는 것을 의미한다.
• 비분리성 : 서비스는 생산과 동시에 소비가 되는 서비스의 성격을 의미한다.
• 이질성 : 서비스의 생산 및 인도과정에서의 가변성 요소로 인해 서비스의 내용과 질이 달라질 수 있다는 것을 의미한다.

05. ⑤ 06. ① 정답

Chapter 02 디지털 마케팅 전략

제1절 소매점의 디지털 마케팅 전략

1. 디지털 마케팅에 대한 이해

(1) 개요

① 기존 마케팅은 신문, TV, 라디오, 전단지 등 전통 매체를 사용하여 제품이나 서비스 광고를 전달한다. 하지만, 이런 방식은 대규모 고객을 대상으로 하지만, 개인화된 접근과 효과 측정이 어렵고 지역적으로 제한될 수 있다.

② 반면에 검색 엔진, 소셜 미디어, 이메일, 웹사이트, 모바일 앱 등 온라인 채널을 통해 광고를 전달하는 디지털 마케팅은 데이터와 분석을 통해 정확한 타겟팅과 개인화된 메시지 전달이 가능하면서도 전 세계 고객과 소통할 수 있는 글로벌한 측면도 가지고 있다.

③ 기존 마케팅은 측정이 덜 정확할 수 있어 예산 사용의 효율성이 떨어질 수 있다. 반면에 디지털 마케팅의 장점 중 하나는 캠페인 성과 측정이 쉽고 빠르다. 이를 통해 기업은 더 효율적으로 마케팅 예산을 사용할 수 있다.

(2) 디지털 마케팅의 장점

① 모바일(핸드폰)로 접속이 가능하다.

② 여러 중요한 데이터를 수집할 수 있다(전환율, CTR, ROI, ROAS 등).
③ 해외 마케팅에 용이하다.
④ 상당부분 자동화 할 수 있고, 여러 기술을 활용할 수 있다.
⑤ 시간과 비용을 아낄 수 있다.
⑥ 지속(예측) 가능하다.

(3) 디지털 마케팅의 원리

① **마케팅 목표 설정**
디지털 마케팅은 광범위한 분야이다. 따라서 디지털 마케팅 캠페인 시작 전 분명한 목표를 설정하는 것이 중요하다. 정확한 목표를 설정하면 그에 맞추어 전략 및 예산을 조정하고, 마케팅 효과를 극대화할 수 있다.

② **대상 고객집단 파악**
대상 잠재고객(에지, 위치, 소득 등)에 대해 자세히 알수록 해당 대상자에 연결하는 방법을 더욱 쉽게 결정할 수 있다.

③ **최적의 마케팅 채널 및 전술 파악**
이제 누구에게 접근하고자 하는지 알고 있기 때문에 그들에게 접근하고자 하는 방법과 강도를 결정해야 한다. 고객과 연결을 시도하는 B2C 디지털 마케터의 경우라고 가정해 보면, 이러한 경우 대부분의 마케팅 노력(및 예산)을 블로그에 쏟는 대신, 특정 소셜미디어 플랫폼 광고에 집중적으로 예산을 할당할 수 있다.

④ **각 채널별 콘텐츠 및 메시지 개발과 최적화**
예를 들어, 고객이 선호하는 탐색 방법이 자신의 휴대폰과 노트북이라는 것을 알고 있다면 고객에게 보내는 컨텐츠를 모바일 보기에 최적화해야 한다. 그러나 그것만으로는 충분하지 않을 수 있다. 고객은 비선형적인 방식으로, 다양한 채널을 통해 브랜드와 상호 작용한다. 따라서 모든 콘텐츠에 일관된 브랜드 목소리와 메시지가 있는지 확인해야 한다. 이러한 일관성은 브랜드 정의와 고객에게 제공되는 가치에 대한 혼란을 방지한다.

⑤ **주요 지표들을 활용한 마케팅 캠페인 평가**
주요 지표들을 활용하여 캠페인을 평가하고, 평가 결과를 기준으로 캠페인을 재개한다.

참고 디지털 소비자의 특징

	아날로그 시대의 소비자	디지털 시대의 소비자
디지털 제품에 대한 인식	내가 가진 목적이나 효용을 달성하기 위한 도구 또는 수단일 뿐이다.	단순한 제품이나 서비스가 가지는 효용을 초월하여 애착을 가지고 의미를 부여한다.
사이버 공간에 대한 인식	현실 세계는 진짜이고 가상 세계는 가짜이다. 그럼에도 불구하고 사이버 공간에서 일어나는 일은 현실 세계의 그것과 동일한 의미를 가진다고 여긴다. 즉 게임 속에서의 PK(살인)는 현실 공간에서와 같이 공격성의 표현이라고 생각한다.	경험 자체가 중요한 것이므로 가상 세계에서의 경험도 중요하다. 사이버 공간에서 일어나는 일은 현실과 유사한 모습을 가질 수 있지만, 그 의미가 달라질 수 있다고 생각한다.
이미지에 대한 인식	물리적 실체가 있는 것만이 실재하는 것이기 때문에 이미지는 허상이다. 사이버 공간의 아바타나 아이템에 가치를 부여하거나 현금으로 거래하는 것은 적절치 못하다.	이미지는 경험되는 그 자체로 실제적인 가치를 가진다. 사이버 공간의 캐릭터는 나를 나타내는 이미지이자 분신이다.
매체에 대한 경험	매체의 내용을 그대로 정확하게 파악하는 것이 중요하다. 매체를 통한 경험을 새롭게 해석하기보다는 있는 그대로 수용하고자 한다.	매체의 기능보다는 매체를 통해 스스로 만들 수 있는 이야기가 무엇인지를 찾으려고 한다. 매체를 통해 하게 된 경험을 스스로 구성하고 의미를 부여한다.

2. 온라인 구매결정과정에 대한 이해

인터넷 소비자 구매의사결정과정은 다음과 같다.

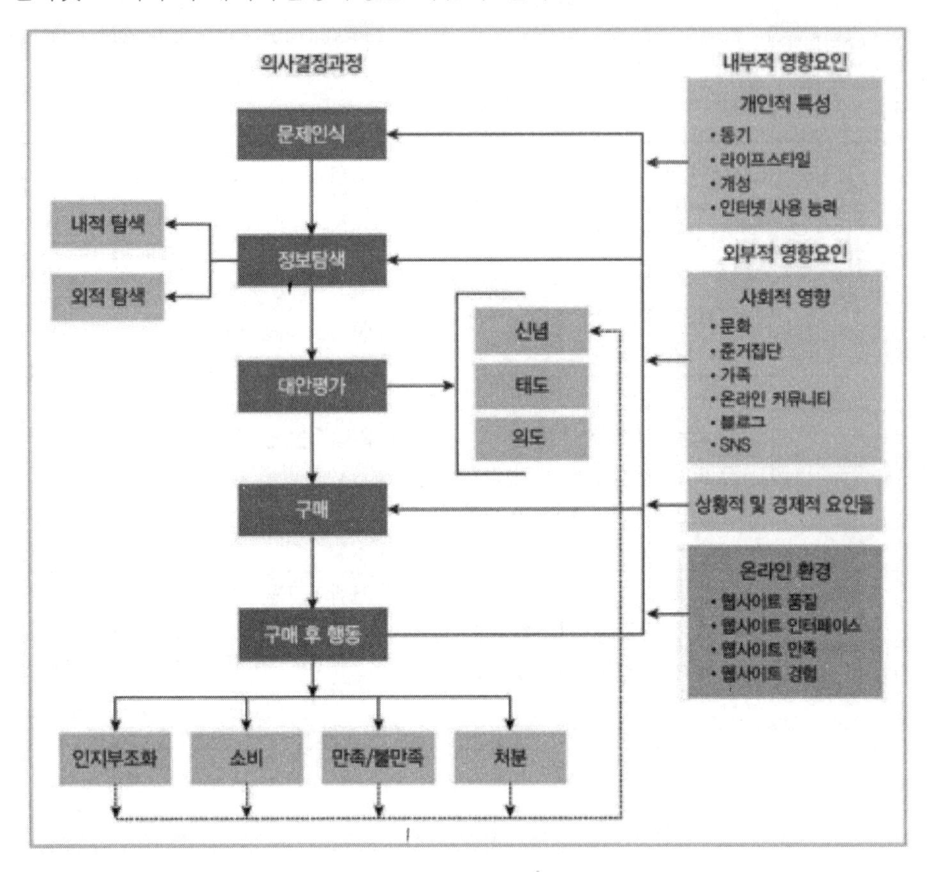

(1) 문제인식

소비자 구매에의 의사결정과정은 구매자가 문제 또는 욕구를 인식함으로써 시작되는데 구매자는 자신의 실제 상태와 바람직한 상태의 차이가 클 수록 다음단계로 빨리 진행한다.

(2) 정보탐색

정보를 탐색하는 과정은 먼저 기억 속에 내재되어 있는 정보를 회상하는 것으로부터 시작되며 이를 내적 탐색(internal search) 소비자의 관여도가 높아질수록 보다 많은 정보를 외부에서 찾기 위하여 외적 탐색(external search)을 한다.

(3) 대안평가

① 평가기준이란 여러 대안을 비교 · 평가하는 데 사용되는 제품속성을 말하고, 평가방식이란 최종적인 선택을 위하여 여러 기준에 대한 소비자의 평가를 통합 · 처리하는 방법이다.
② 소비자가 여러 대안을 평가하는 데 사용하는 평가기준은 개인에 따라 다르고 제품에 따라 다르며 상황에 따라 다르다.

(4) 구매결정

(5) 구매 후 평가

구매자의 만족은 구매자의 제품에 대한 기대(expectancy)와 그 제품에 대한 지각된 성과(performance)에 관련된 함수이다.

3. 소매점의 디지털 마케팅을 위한 목표결정

① 구체적인 용어로 작성한다.
② 계량적이고 측정 가능하게 서술한다.
③ 변화의 정도를 구체적으로 서술한다.
④ 도전 가치와 실현 가능성이 있어야 한다.
⑤ 내부적 일관성을 유지해야 한다.
⑥ 이해하기 쉽게 서술하고 문서로 작성할 수 있어야 한다.

4. 타겟 고객층 파악

디지털 역량 개선으로 마케팅 분야에서의 정확도가 혁신적으로 높아졌으며, 기업에는 새로운 성장 기회가 되고 있다. 고객집단이 더욱 세분화되고 있는데, 투자를 통해 변화하는 시장 상황을 보다 정확하고 유의미한 방식으로 감지하고 대응할 수 있는 새로운 방법이 가능해진다. 이제는 최대한 많은 고객이 아니라 정확한 고객에게 도달하는 것이 중요하다. 고객 타겟팅을 개선할 수 있는 디지털 역량으로 CMO는 효과적으로 고객층을 세분화 및 확대할 수 있다.

5. 경쟁분석과 마케팅 포지셔닝

(1) 경쟁분석

경쟁이란 고객에게 양질의 상품을 싼 가격에 공급하는 시장의 원리인 동시에 혁신의 원동력이다. 경쟁은 상품 형태에 의한 경쟁, 상품 범주에 의한 경쟁, 본원적 효익에 의한 경쟁, 고객의 예산 내에서 어느 부문에 지출하는가에 따른 경쟁 등 다양한 차원에서 이루어지며 유형에 따라 기존경쟁자, 잠재 경쟁자, 대체 경쟁자로도 나눌 수 있다.

(2) 마케팅 포지셔닝

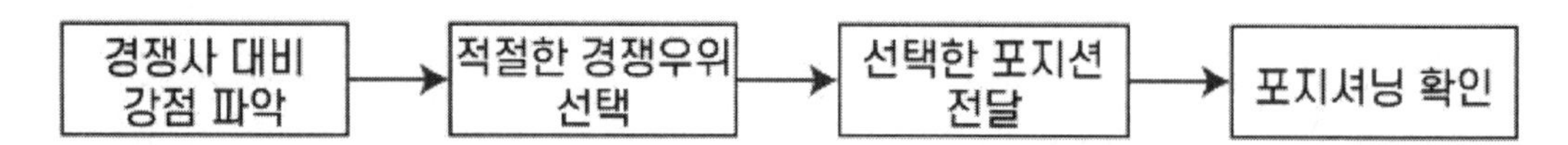

① 경쟁사 대비 강점파악

㉠ 소비자들은 일반적으로 가장 큰 가치를 전달해 주는 제품, 서비스를 선택한다. 따라서 기업이 자사의 제품과 서비스를 성공적으로 판매하기 위해 경쟁사들보다 더 큰 가치를 전달할 수 있어야 한다.

㉡ 기업은 몇 가지 차별화를 통해 경쟁사보다 높은 가치를 전달할 수 있다. 몇 가지 차별화는 다음과 같다.

ⓐ 제품 차별화

기업은 성능, 디자인 등과 같이 제품의 물리적인 특성을 가지고 차별화를 할 수 있다.

예 LG그램의 경우 초경량 노트북이라는 제품 차별화를 통해 소비자의 사랑을 받고 있다.

ⓑ 서비스 차별화

기업은 더 나은 서비스 제공을 통해 소비자에게 어필할 수도 있다.

예 SSG와 마켓컬리의 경우 신선한 식자재를 새벽 배송으로 받아볼 수 있는 배달서비스를 출시하여 경쟁우위를 달성했다.

ⓒ 인적 차별화

기업은 경쟁사들보다 직원 선발, 훈련에 있어 더 많은 노력을 기울여 경쟁우위를 달성할 수도 있다.

예 우리가 식당이나 카페를 이용 시 직원들이 친절하면 기분도 좋고 재방문하고 싶은 마음이 든다. 하지만 직원들이 불친절하다면 왠지 음식, 커피 맛도 별로인 것 같고 다시는 그 매장을 방문하고 싶지 않게 된다. 이렇게 기업은 인적 차별화를 통해 경쟁우위를 누릴 수 있다.

ⓓ 이미지 차별화

기업들이 동일한 제품을 제공하더라도 그 기업의 이미지에 따라 소비자는 다르게 반응한다.

예 커피 전문가가 아닌 이상 일반적인 소비자는 커피 맛을 확실하게 분류할 수 없다. 하지만 예쁘고 고급스럽게 브랜딩된 카페에서는 커피가 맛있게 느껴지고, 특색 없이 그냥 동네에 있는 카페에서는 커피 맛이 무난하다고 느끼게 된다.

② 적절한 경쟁우위 선택

기업이 경쟁사 대비 차별점을 파악했다면 그다음 단계는 몇 개의 차별점을 가지고 포지셔닝을 할 것인지, 어떤 차별점으로 포지셔닝을 할 것인지 결정해야 한다. 마케터는 오직 하나의 차별점을 가지고 포지셔닝할 수도 있고, 몇몇 차별점을 이용하여 많은 수의 세분시장을 한 번에 공략할 수도 있다. 차별점의 수가 결정되면 어떤 차별점으로 포지셔닝해야 할지 결정해야 한다. 모든 차별점이 기업의 포지셔닝에 적합한 것은 아니다. 기업에게 효과적인 차별점이 되기 위해선 다음과 같은 조건을 만족해야 한다.

㉠ 중요성 : 차별점은 소비자들에게 확실히 가치 있는 편익을 제공해야 한다.

㉡ 차별성 : 경쟁자들과는 확실히 다른 차별점을 제공할 수 있어야 한다.

㉢ 우수성 : 차별점은 같은 편익을 얻을 수 있는 다른 방법보다 확실히 뛰어나야 한다.

㉣ 전달성 : 차별점은 소비자에게 전달될 수 있어야 하고 보여줄 수 있어야 한다.

㉤ 선점성 : 차별점은 경쟁자들이 쉽게 모방할 수 없어야 한다.

㉥ 가격 적절성 : 차별점은 구매자들이 구입을 꺼릴 정도로 가격 인상을 초래하지 않아야 한다.

㉦ 수익성 : 차별점은 기업에게 이익을 제공할 수 있어야 한다.

③ 선택한 포지션 전달

차별점의 수와 사용할 차별점이 선택되면 이제 실행할 차례인데, 마케팅전략의 실행은 마케팅믹스를 통해 이루어진다. 포지셔닝 또한 적절한 제품, 가격, 유통, 촉진을 통해 소비자들에게 전달된다.

④ **포지셔닝 확인**
소비자들 머릿속에 자사의 제품이나 브랜드가 포지셔닝이 되면 기업은 주기적으로 포지셔닝 상태를 확인해야 한다.

제2절 웹사이트 및 온라인 쇼핑몰 구축

1. 사용자 경험(UX)에 대한 이해

(1) 개요

① 사용자가 어떤 시스템, 제품, 서비스를 직간접적으로 이용하면서 느끼고 생각하게 되는 지각과 반응, 행동 등의 총체적 경험을 말한다.
② 총체적 관점으로 그 경험의 작용 대상과 인간의 반응을 이해하는 것이다.
③ 즉, 사용자는 경험의 대상과 지각반응을 통합적으로 인지하고, 지속적으로 구매/사용한다.

(2) UX의 특징

① **주관성(subjectivity)** : 인간의 경험은 그 사람의 개인적, 신체적, 인지적 특성에 따라 주관적이다.
② **맥락성(contextuality)** : 사용자 경험이 일어나는 상황적 외적 환경에 영향을 미친다.
③ **총체성(holistic)** : 경험 시점에서 개인이 느끼는 총체적인 심리적, 감성적 결과이다.

(3) 사용자 경험(UX)의 기본 요소

① 사용자 니즈(User Needs) : UX 대상(제품/시스템/서비스)으로부터 특정한 만족감을 얻으려는 사용자들의 기대
② 사용자 동기(User Motives) : 사용자들의 행동을 불러일으키는 직접적인 발화제

③ 사용자 태도(User Attitude) : UX 대상에 대해 갖는 개인의 취향과 선호, 선험적인 믿음과 정보

④ 사용자 행위(User Behavior) : UX 대상을 사용하는 과정에서 드러나는 반복적인 행동패턴

2. 온라인 쇼핑몰의 중요성과 이점

(1) 개념

온라인으로 물건을 사고 파는 공간을 말한다. 즉, 개념적으로 인터넷 상거래를 위한 상품의 광고 및 전시가 인터넷쇼핑몰을 통해 이루어지고 서버에 여러 가지 상품에 관한 가격, 구조, 특성들의 자료를 보관하고 있다가, 웹페이지를 이동하여 멀티미디어 정보와 함께 상품에 대한 정보를 제공하는 것을 말한다.

(2) 온라인 쇼핑의 이점

① 다양한 제품 선택이 가능하다.

② 가격비교가 용이해 저렴한 상품을 찾을 수 있다.

③ 편리하고 빠른 구매과정을 경험할 수 있다.

④ 24시간 언제든지 쇼핑이 가능하다.

⑤ 배송서비스를 통해 집에서 편리하게 제품을 받을 수 있다.

⑥ 할인 이벤트와 쿠폰을 활용해 추가 혜택을 받을 수 있다.

⑦ 다양한 리뷰 및 평가 등을 통해 제품 정보를 파악할 수 있다.

⑧ 광범위한 선택 범위로 해외 제품을 구매할 수 있다.

⑨ 소셜미디어 또는 뉴스레터 등을 통해 할인 정보를 받을 수 있다.

⑩ 개인정보보호 및 안전한 결제시스템을 통해 안전한 쇼핑 환경을 제공한다.

(3) 온라인 쇼핑의 단점

① 실제 제품을 직접 보거나 터치하지 못한다.

② 배송 일정 또는 물류 문제로 인해 예상보다 시간이 걸릴 수 있다.

③ 교환 및 반품 절차가 번거롭다.

④ 사기 사이트 등의 위험 요소가 존재한다.

⑤ 특정 시기에 장애가 발생할 경우 주문 및 배송에 있어 문제가 발생할 수 있다.
⑥ 제품의 실물 품질을 확신하기 어려울 수 있다.
⑦ 실시간으로 제품을 확인할 수 없으므로 재고 부족 등의 문제가 발생할 수 있다.
⑧ 오프라인 매장에서 느낄 수 있는 직원의 도움이 부족할 수 있다.
⑨ 구매 후 지속적인 고객 서비스가 오프라인 매장에 비해 제한적일 수 있다.

참고 온라인에서 잘 거래되는 품목

- 가격정보를 알 수 있는 것
- 가격이 고가가 아닌 것
- 사이즈가 포장 및 배송에 적절한 것
- 썩지 않는 것
- 상품이 가격과 품질이 어느 정도 표준화되어 있어서 아무 곳에서나 구매해도 괜찮은 것
- 인터넷 사용자의 특성상 20~30대 취향의 물품

참고 인터넷에서 거래가 어려운 품목의 특성

- 가격정보를 알 수 없는 것
- 가격이 고가인 것
- 사이즈가 커서 포장 및 배송이 어려운 것
- 채소, 농수산물 등 부패하기 쉬운 것
- 가격과 품질이 불확실한 것

3. 온라인 쇼핑몰 기능과 결제 시스템

인터넷 상점(인터넷쇼핑몰)에서 상품과 서비스를 판매하고 그 대금을 신용카드 및 기타 결제수단을 이용하여 편리하게 결제할 수 있도록 지원하는 지불 시스템을 말한다. 전자 지불 서비스를 안정적으로 제공함으로써 구매자와 판매자, 금융기관 간 상호신뢰를 구축하여, 금융기관 및 통신사의 안전한 금융거래 네트워크를 통해 구매자의 편리성 및 전자상거래 업체의 매출 증대를 지원한다.

(1) 임대형 쇼핑몰 기능

① 기본 인력이나 장비가 부족한 상황에서, 운영자가 상품만 등록하여 쇼핑몰을 운영할 수 있도록 만든 쇼핑몰 관리 프로그램 서비스를 이용하는 형태이다.
② 월 사용료를 지불해야 하는 반면, 트렌드에 맞는 마케팅 관련 기능을 앞서서 제공한다.
③ 특정 카테고리의 상품을 구성하고 적은 인력과 비용으로 쇼핑몰을 창업하는 경우에 적합하기 때문에 독립형 쇼핑몰 구축하기 전에 시범운영으로 유리하다.

(2) 독립형 쇼핑몰 기능

① 기술 인력과 서버 장비 등의 기본 요건을 갖춰야 한다.
② 서버 구축부터 디자인과 프로그램 구축까지 모두 직접 설계하고 운영하는 방식이다.
③ 예산과 인력이 충분한 기업 형태의 판매자에게 적합한 방식이다.
④ 운영자의 특성에 맞게 최적화할 수 있는 반면, 구축 및 유지보수 비용이 높다.
⑤ 쇼핑몰 구축 시 시간지연 문제가 있어 프로젝트 관리능력이 필요하다.
⑥ 오프라인 상의 상거래에 비해 기술적 특성이 강하다.

⑦ 만들어져 있는 쇼핑몰 프로그램을 구매하여 사용할 수 있다.
⑧ 인력을 동원해서 직접 구축하는 것을 말한다.

(3) 입점형 쇼핑몰

① 인터파크, GS샵 등 거의 모든 제품을 취급하는 대형 인터넷 쇼핑몰에 개인이나 기업이 입점해 판매하는 형태이다.
② 입점형 쇼핑몰은 제작방법의 분류가 아닌 판매방식의 분류에 속한다.

4. 검색엔진 마케팅과 검색엔진 최적화(SEO)

(1) 검색엔진 마케팅

검색 엔진 마케팅(SEM)은 브랜드와 콘텐츠가 검색 엔진 결과에서 상위에 표시되도록 지원하는 광고 프로세스를 말한다.

① 장점
㉠ 노출 빈도가 높고, 클릭당 과금방식이기 때문에 적은 비용으로 높은 효과를 기대할 수 있다.
㉡ 다양한 매체로의 확장이 용이하며 다른 채널 대비 신뢰도가 높다.
㉢ 정보성 콘텐츠라는 점에서 브랜드 인지도 상승효과가 있다. 마지막으로 효율성이 검증된 방식이라 실패 확률이 낮다.

② 단점
㉠ 부정클릭 문제가 발생할 수 있으며, 경쟁사와 치열한 경쟁이 예상된다.
㉡ 실시간 모니터링이 어렵고 타겟팅 설정이 제한적이다.
㉢ 지속적인 업데이트가 필요하며 시장 상황에 따라 초기 비용보다 더 많은 지출이 발생할 수 있다.

(2) 검색엔진 최적화(Search Engine Optimization, SEO)

① 개념 : 웹 사이트를 검색엔진의 검색결과 첫페이지로 이전시키는 작업을 말한다.
② 효과
㉠ 지속적인 트래픽 유입 : 타겟 고객이 실제로 사용하는 키워드를 웹페이지에 적절

히 배치함으로써 웹사이트 메인페이지 뿐만 아니라 제품소개, 회사소개 페이지 등 모든 웹페이지를 통해 관련 트래픽이 유입되도록 한다. 또한, 검색엔진최적화의 효과는 장기적이기 때문에 지속적으로 트래픽이 유입되는 이점이 있다.

ⓛ 컨버전 상승 : 검색엔진최적화 마케팅은 잠재 고객을 웹사이트에 방문하게 만들고, 방문자들을 고객으로 만들고 나아가 이들을 충성도 높은 고객으로 육성하는 데 탁월한 효과가 있다.

ⓒ 타겟 고객에 대한 이해도 향상 : 타겟 고객에 대한 키워드 분석을 통해 향후 웹사이트에 어떤 콘텐츠를 추가해야 좋을지 아이디어를 얻을 수 있으며, 나아가 전체적인 마케팅 방향을 정립하는데에도 도움이 된다.

ⓔ 브랜드 인지도 및 이미지 상승 : 회사의 웹페이지를 검색결과 상위에 랭크하게 되면 더 많은 사람들에게 기업이 노출될 수 있고 회사의 이미지 및 인지도를 높일 수 있는 기회가 된다.

제3절 소셜미디어 마케팅

1. 소셜미디어 플랫폼에 대한 이해

(1) 소셜미디어(Social Media)의 등장 배경

① 사회적 등장 배경

㉠ 정보통신 및 멀티미디어의 기술발전에 새로운 패러다임 등장한 것이다. 주로 콘텐츠를 소비하며 동시에 생산도 하는 프로슈머(Prosumer)가 대표적인 현상이다.

ⓛ 사회가 분화하며 재통합하는 커뮤니티 문화의 진화가 이루어졌다는 것이다. 퍼스널 미디어의 등장이 소셜미디어 서비스로 확대되고 융합되었다고 할 수 있는데 국내에서는 '싸이월드(Cyworld, 1999)를 1세대 소셜미디어 서비스로 평가한다.

ⓒ 웹 기반 기술의 발달로 인해 다양한 정보공유와 네트워킹 기능이 확대되었다는 것이다. 개방, 참여, 공유의 문화로 일컬어지고 있는 웹 2.0 사상과 기술은 애플리케이션 간의 상호작용을 핵심으로 한다.

㉣ 사람들의 친화욕구 및 자기표현 등의 욕구가 증대하고 있다는 점이다. 이는 인간의 기본 욕구인 사회적인 욕구를 가장 잘 충족시켜주었기 때문이라고 할 수 있다.

(2) 소셜미디어의 특성

① 대부분의 소셜미디어는 참여자에게 해당 정보가 '공개'되어 있으며 콘텐츠 접근과 이용에 제한을 두지 않는다.

② 관심 있는 모든 사람이 직접 참여하여 콘텐츠를 생산하고 소비하는 정보 생산자이며 정보소비자이다.

③ 소셜미디어는 공통의 관심사를 가진 사람들이 빠르게 '커뮤니티'를 구성하고 네트워크를 확대할 수 있다.

④ '전통적인 미디어가 일방적으로 이야기하는 데 반해 소셜미디어는 서로 대화할 수 있는 쌍방향적 소통이라는 특징이 있다.

⑤ 다양한 멀티미디어 구성요소의 조합, 링크를 통해 콘텐츠가 풍부해지며 재생산될 수 있는 '연결'을 특징으로 한다.

(3) 소셜미디어의 5가지 속성

속성	내용
연결(connectedness)	대부분의 소셜미디어는 다양한 미디어의 조합이나 링크를 통한 연결성에서 번성한다.
공개(openness)	대부분의 소셜미디어는 피드백과 참여가 공개되어 있으며 투표, 피드백, 코멘트, 정보공유를 촉진함으로써 콘텐츠 접근과 사용에 대한 장벽이 거의 없다.
대화(conversation)	전통적인 미디어가 '브로드캐스트(Broadcast)'이고 콘텐츠가 일방적으로 오디언스에게 유통되는 반면 소셜미디어는 쌍방향성을 띤다.
커뮤니티(community)	소셜미디어는 빠르게 커뮤니티를 구성케하고 커뮤니티로 하여금 공통의 관심사에 대해 이야기하게 한다.
참여(participation)	소셜미디어는 관심 있는 모든 사람들의 기여와 피드백을 촉진하며 미디어와 오디언스의 개념을 불분명하게 한다.

(4) 소셜미디어의 종류

구분	구체적 내용	서비스 사례
비즈니스 기반	업무나 사업 관계를 목적으로 하는 전문적인 비즈니스 중심의 서비스	링크드인, 링크나우, 로켓펀치 등
프로필 기반	특정 사용자나 분야의 제한없이 누구나 참여 가능한 서비스	페이스북, 카카오 스토리 등
마이크로 블로깅	짧은 단문이 중심이 되는 서비스	트위터, 텀블러 등
협업 기반	공동 창작, 협업 기반의 서비스	위키피디아 등
블로그 기반	개인 미디어인 블로그를 중심으로 소셜 네트워킹 기능이 결합된 서비스	네이버 블로그, 다음 브런치 등
커뮤니케이션 중심	채팅, 메일, 동영상, 컨퍼러싱 등 사용자 간 연결 커뮤니케이션 중심의 서비스	네이버 밴드 등
버티컬 및 관심 주제	사진, 동영상 등의 특정 유형 또는 특정 관심 분야만 공유하는 서비스	유튜브, 핀터레스트, 인스타그램 등

참고 매스미디어 & 소셜미디어 비교

매스미디어	소셜미디어
자발성 결여	자발성 존재
단방향적	쌍방향적
개인이 관련성을 기반으로 한 커뮤니케이션	개인과의 관계를 기반으로 한 커뮤니케이션
부분적인 개방, 공유, 참여	개방, 공유, 참여 가능
높은 소통 비용	낮은 소통 비용
실시간성 및 즉시성의 부족	실시간성 및 즉시성 예델 사의 불만족접수센터)
사람 간 또는 서비스 상호 간의 연결 부재(접근성 낮음)	사람 간 또는 서비스 간 높은 연결성(접근성 높음)
입소문 창출에 시간이 필요	신속하고 수월한 입소문 효과

2. 소셜미디어 마케팅 전략과 콘텐츠 제작

(1) 콘텐츠 마케팅의 관련 개념

① **브랜드 퍼블리싱(Brand Publishing)** : 브랜드가 관심있는 토픽에 대한, 브랜드에 관련된, 브랜드의 상품에 관한 콘텐츠를 진정성 있고 매력적이며 자기 홍보적이지 않은 방식으로 스토리텔링(Lazauskas, 2014)

② **브랜드 저널리즘(Brand Journalism)** : 전통적 언론, 마케팅, PR 활동의 혼합된 형태로서 브랜드가 언론적 접근법을 사용하여 브랜드 콘텐츠를 대중에게 전달하는 커뮤니케이션 모델(Bull, 2013)

③ **네이티브 광고(Native Advertising)** : 페이지 콘텐츠와 응집력 있게 결합되어 있고, 디자인이 동화되어 있으며, 플랫폼의 구성과 일치하여 사용자가 해당 플랫폼과 이질감이 없음을 느끼게 하는 유료 광고(IAB, 2013)

④ **브랜디드 콘텐츠(Branded Contents)** : 소비자에게 엔터테인먼트 또는 교육적 부가가치를 제공하는 것을 목적으로 브랜드에 의해 제작 또는 큐레이션 되며, 상품, 서비스의 판매가 아닌 브랜드에 대한 고려와 선호도의 증가를 목적으로 디자인된 콘텐츠(Forrester, 2013)

⑤ **스폰서드 콘텐츠(Sponsored Contents)** : 네이티브 광고의 한 형태로서 브랜드의 콘텐츠를 브랜드가 소유하지 않은 매체의 공간에 노출시키기 위하여 비용을 지불할 때 발생(Lazauskas, 2014)

3. 소셜미디어 광고

(1) 소셜미디어 광고의 형태 및 특성

종류	노출형 광고 형태	전환 유도 광고 형태	간접광고 형태
형태	이미지 및 동영상으로 메시지 전달	이벤트 광고, 투표(Poll), 모바일앱 설치, 상담신청 혹은 구매, 팔로워 신청 등	해당 광고에 반응한 소셜미디어 친구의 활동 노출 등
특성	사용자 피드에 위치하며 자연스럽게 메시지 전달	사용자 참여를 유도하며 참여 결과를 바탕으로 광고효과 측정에 용이	친근감을 제공하며 공감 확보가 용이

제4절 데이터분석과 성과측정

1. 디지털 마케팅 데이터 분석의 개요

데이터 분석은 고객의 행동과 선호도, 구매 패턴 등을 파악하여 효과적인 마케팅 전략 수립에 큰 도움을 준다.

2. 효과적인 분석 도구와 측정지표

(1) 데이터 마이닝

① 데이터 마이닝은 기업의 비즈니스 프로세스에 적용되어 다양한 데이터 소스로부터 유용한 정보를 추출하는 과정입니다. 이를 통해 우리는 고객의 선호도, 우선순위, 구매패턴 등을 파악할 수 있다.

예 소셜 미디어에서의 고객의 행동 데이터를 분석하면 어떤 제품에 관심을 가지는지, 어떤 광고가 효과적인지 등을 알 수 있다.

② 데이터 마이닝을 통해 얻은 정보를 활용하여 효율적인 마케팅 전략을 수립할 수 있다.

예 특정 고객 그룹이 특정 제품에 관심이 많다면 해당 제품을 중점적으로 마케팅 활동을 진행할 수 있다. 또한, 고객의 행동 패턴과 성향을 파악하여 개인별 맞춤형 마케팅을 실시할 수도 있다.

③ 데이터 마이닝을 활용한 효율적인 마케팅 전략은 기업에 다양한 장점을 제공한다.

㉠ 시간과 비용을 절약할 수 있다.
데이터 마이닝을 통해 우리는 기존의 시장조사나 실험적인 방법보다 효율적으로 결과를 도출할 수 있다.

㉡ 정확한 고객 타깃을 파악할 수 있다.
데이터 마이닝을 통해 우리는 고객의 개인적인 특성을 파악하고 이를 기반으로 정확한 고객 타깃을 선정할 수 있다.

㉢ 고객의 만족도를 높일 수 있다.
데이터 마이닝을 통해 우리는 고객의 선호도와 요구사항을 파악하여 이를 반영한 서비스나 제품을 제공할 수 있다.

3. 사용자 데이터 수집과 분석

데이터가 가진 특징을 명확히 인지할때, 데이터를 처리할 수 있는 기술적 사항을 고려한 설계가 가능하다.

(1) 데이터의 존재론적 특징

① 존재적 특징으로 데이터를 구분하면 정성적 데이터(qualitative data)와 정량적 데이터(quantitative data)로 구분된다.

② 정성적 데이터는 데이터 자체가 하나의 텍스트(예를 들어 "환율이 내리고 있어 올해 목표한 수출 목표의 조기 달성이 가능해 보인다.")를 이루고 있기 때문에 데이터 하나하나가 함축된 정보를 가진다.

③ 정량적 데이터는 여러 속성(이름, 나이, 성별, 주소 등)이 모여 하나의 객체를 형성하고, 각 속성은 속성 하나 혹은 여러 개의 속성이 결합해 측정이나 설명이 가능하다.

구분	정성적 데이터	정량적 데이터
형태	비정형 데이터	정형, 반정형 데이터
특징	객체 하나에 함의된 정보를 가짐	속성이 모여 객체를 이룸
구성	언어, 문자 등으로 이루어짐	수치, 도형, 기호 등으로 이루어짐
저장 형태	파일, 웹	데이터베이스, 스프레드시트
소스 위치	외부 시스템(주로 소셜 데이터)	내부 시스템(주로 DBMS)

(2) 데이터의 목적론적 특징

① 인식체계에서 어떤 사실에 대해 '데이터'라고 인식하게 되는 객체가 갖고 있는 인식주체에게 필요한 존재 목적이다.

② 하나의 서비스 혹은 활용(데이터분석)을 위해 데이터가 존재하고 있다는 인식에서부터 출발한다.

③ 인식의 주체가 데이터에서 목적에 맞는 특징을 찾아내는 것이다.

④ 데이터는 인식주체의 관점에 따라 여러 종류의 데이터로 인식될 수 있다.

Chapter 02 디지털 마케팅 전략 출제예상문제

01 다음 중 디지털 마케팅의 장점으로 보기 가장 어려운 것은?

① 시간과 비용을 아낄 수 있다. ② 여러 기술을 활용할 수 있다
③ 국내 마케팅에 한정해서 용이하다. ④ 지속(예측) 가능하다.
⑤ 모바일 접속이 가능하다.

해설〉 디지털 마케팅은 시공간을 초월하기 때문에 해외 마케팅에도 용이하다

02 소매점의 디지털 마케팅을 위한 목표결정으로 바르지 않은 것은?

① 도전 가치와 실현 가능성이 있어야 한다.
② 외부적 일관성을 유지해야 한다.
③ 구체적인 용어로 작성한다.
④ 계량적이고 측정 가능하게 서술한다.
⑤ 변화의 정도를 구체적으로 서술한다.

해설〉 소매점 디지털 마케팅은 내부적 일관성을 유지해야 한다.

03 다음 중 사용자 경험(UX)의 기본 요소가 아닌 것은?

① 사용자 행위 ② 사용자 동기
③ 사용자 태도 ④ 사용자 니즈
⑤ 사용자 가격

해설〉 사용자 경험(UX)의 기본 요소에는 사용자 니즈(User Needs), 사용자 동기(User Motives), 사용자 태도(User Attitude), 사용자 행위(User Behavior) 등이 있다.

01. ③ 02. ② 03. ⑤ 정답

04 온라인 쇼핑에 대한 내용으로 가장 바르지 않은 것은?

① 광범위한 선택 범위로 해외 제품을 구매할 수 있다.
② 특정 시기에 장애가 발생할 경우에도 배송에는 큰 문제가 없다.
③ 교환 및 반품 절차가 번거롭다.
④ 배송서비스를 통해 집에서 편리하게 제품을 받을 수 있다.
⑤ 가격비교가 용이해 저렴한 상품을 찾을 수 있다.

해설〉 온라인 쇼핑은 특정 시기에 장애가 발생할 경우 주문 및 배송에 있어 문제가 발생할 수 있다.

05 독립형 쇼핑몰 기능에 대한 설명으로 적절하지 않은 것은?

① 오프라인 상의 상거래에 비해 기술적 특성이 약하다.
② 만들어져 있는 쇼핑몰 프로그램을 구매하여 사용할 수 있다.
③ 쇼핑몰 구축 시 시간지연 문제가 있어 프로젝트 관리능력이 필요하다.
④ 구축 및 유지보수 비용이 높다.
⑤ 기술 인력과 서버 장비 등의 기본 요건을 갖춰야 한다.

해설〉 독립형 쇼핑몰은 기본적으로 온라인 상에서의 기술을 요하게 되므로 오프라인 상의 상거래에 비해 기술적 특성이 강하다.

06 소셜미디어의 속성이 아닌 것은?

① 커뮤니티
② 대화
③ 참여
④ 비공개
⑤ 연결

해설〉 소셜미디어의 5가지 속성으로는 연결(connectedness), 공개(openness), 대화(conversation), 커뮤니티(community), 참여(participation) 등이 있다.

07 매스미디어와 소셜미디어에 관한 설명 중 가장 옳지 않은 것은?

① 매스미디어는 높은 소통 비용을 요하는 반면, 소셜미디어는 낮은 소통 비용을 요한다.
② 매스미디어는 즉시성이 부족한 반면, 소셜미디어는 즉시성이 좋다.
③ 매스미디어는 쌍방향인 반면에 소셜미디는 단방향이다.
④ 매스미디어는 입소문 창출에 시간이 걸리지만 소셜미디어는 빠른 입소문 효과를 볼 수 있다.
⑤ 매스미디어는 자발성이 결여된 반면 소셜미디어는 자발성이 존재한다.

해설❯ 매스미디어는 단방향적인 반면에 소셜미디어는 쌍방향적이다.

08 정량적 데이터에 대한 내용 중 바르지 않은 것은?

① 정형, 반정형의 형태를 띤다.
② 데이터베이스, 스프레드시트 형태로 저장된다.
③ 도형, 수치 등으로 이루어져 있다.
④ 속성들이 모여 객체를 이룬다.
⑤ 소스는 외부시스템에 위치해 있다.

해설❯ 정량적데이터의 소스는 내부 시스템에 주로 위치해 있다.

04. ② 05. ① 06. ④ 07. ③ 08. ⑤ 정답

Chapter 03

점포 관리

제1절 점포구성의 개요

(1) 점포구성의 개요

① 머천다이징[23]의 주요 기능은 소비자들이 갖고 싶은 것이 있는 점포를 연출하는 것이다.

② VMD 계획을 위한 기본적 업무는 스토어 콘셉트의 명확화, 머천다이징의 명확화, 대상소비자의 명확화, VP(Visual Presentation) 방법의 명확화 등이 있다.

③ VMD를 효과적으로 수행하기 위해서는 자사, 영업, 제품, 소비자 및 경쟁점포에 대한 이해가 선행되어야 한다.

④ 인테리어의 주요 기능은 소비자들이 찾아가고 싶은 점포를 연출하는 것이다.

---

23) 머천다이징(2016년 1회 출제)

① 머천다이징은 점포에 방문하는 고객들이 찾을 만한 제품을 선별해 판매하는 것을 의미한다.

② 유통활동에 있어서 객체가 될 소비자들의 수요에 적응할 수 있는 제품을 공급하고자 하는 중간상의 활동을 말한다.

③ 상품계획수립, 상품구매활동, 재고관리, 가격설정활동, 판매관리 등도 머천다이징에 포함할 수 있다.

④ 머천다이징의 결과로써 소비자들은 원하는 제품을, 원하는 가격에, 원하는 수량을, 원하는 시기에, 원하는 장소에서 구매할 수 있다.

(2) 점포의 구성과 설계

① 매장의 연출

㉠ 소비자들이 점포 공간을 쉽게 이동하도록 해야 하며, 소비자들을 점포 깊숙하게 유인하기 위해 뒤의 공간을 소비자들이 보았을 때, 매력적으로 꾸미거나 또는 그 곳에 필수품 등을 진열하는 것도 좋은 방법이다.

㉡ 점포공간을 소비자들이 순조롭게 돌아볼 수 있도록 통로를 명확하게 설정하고 계산절차를 효율적으로 만듦으로써 소비자들이 해당 점포에 대해 좋은 인상을 가지고 떠날 수 있도록 해야 한다.

㉢ 점포 연출의 첫 단계는 소비자들이 소매점을 인식하고 해당 점포 안으로 들어오게 만드는 것이며, 소비자들이 머물고 싶은 장소라는 느낌을 만들어 내야 한다. 이것은 입지, 빌딩 및 주변 환경의 미적 감각을 비롯해서 해당 회사의 로고 및 여러 가지 시각적인 장식물들에 의해서 만들어진다.

㉣ 시계를 명확하게 해야 한다. 시설물들을 적절히 배치해서 소비자들이 주요 전시물을 모두 둘러보고 해당 점포의 내부를 완전히 둘러볼 수 있도록 해야 한다.

(3) 점포 디자인

점포 디자인은 단순하게 해당 점포를 미관상으로만 꾸미는 것이 아닌 제품 소구를 통해 소비자들을 흡인하게 되는 요소로 작용하게 되므로, 소비자들이 제품을 편리하게 많이 구입할 수 있도록 체계적으로 계획되어져야 한다.

인스토어 머천다이징 (2018년 1회)

- 소비자들의 상품에 대한 구매의욕을 불러일으키기 위한 활동
- 적절한 상품준비 및 연출 등을 통해 소비자의 상기구매, 연관구매, 충동구매를 유도하기 위한 활동
- 점포의 개별 상품 및 상품구성을 가장 효과적이면서 효율적인 방법으로 소비자에게 제시함으로써 자본 및 노동의 생산성을 최대화하려는 활동

(4) 점포에서의 활동 역할에 따른 공간구성

① 판촉 공간은 판촉상품을 전시하거나 보호하는 공간이다.

② 진열 판매 공간은 상품을 진열하여 셀프 판매를 유도하는 곳이다.

③ 인적 판매 공간은 판매원이 상품을 보여주고 상담을 하기 위한 공간이다.

④ 서비스 공간은 휴게실, 탈의실과 같이 소비자의 편익을 위하여 설치되는 공간이다.

(5) 매장 외관 ; 쇼윈도(show window)

① 매장의 외관을 결정짓는 요소이며, 주된 연출공간이다.

② 수평라인보다 돌출하거나 들어가는 각진형은 소비자를 입구 쪽으로 유도한다.

③ 윈도우가 없으면 궁금해진 소비자가 매장으로 들어오는 효과가 발생하기도 한다

④ 윈도우 설치 형태에 따라 폐쇄형, 반개방형, 개방형, 섀도 박스(shadow box)형이 있다.

제2절 점포(매장) 디자인

(1) 매장 레이아웃의 개요

소비자의 본능적인 행동양식과 업태 및 업종 및 점포의 규모 등에 따라 이를 상황에 맞게 응용하여 조화를 이루도록, 점포 레이아웃의 원칙에 유의하면서 매장을 배치해야 한다.

(2) 매장의 구성과 분류

① 매장의 구성

종류	내용
품종별 배열법	가공식품 등의 품종품목이 많은 경우 상품분류 체계대로 배열. 품종별로 배열함으로써 소비자들의 제품선택 시간을 단축시키는 데 유효하다. 예로부터 가장 일반적인 분류법이다.
소재별 배열법	통조림의 경우 연어통조림, 게 통조림 등의 수산부문, 옥수수 통조림, 소시지 통조림 등의 축산부문과 같이 원료나 소재, 재료별로 배열하는 방법이다.
가격별 배열법	소비자는 제품선택 시 가격을 매우 중시한다. 따라서 가격을 어필하고자 할 때의 배열법으로 가격대별로 집합 진열해서 구입하기 쉽도록 할 때 적용한다. 선물코너에서 이 배열법은 소구력이 높다.

색채별 배열법	'Color Control '이라 하며 눈에 잘 띄도록 하여 접객율을 높이기 위해 시도한다. 청과코너나 곤도라 엔드의 단일색인 가공잡화류의 단품소구에 효과적이다. 계절감어필에도 유효한 수단이다.
메뉴별 배열법	카레 같은 연중메뉴에 탕류 같은 계절 및 행사품의 메뉴, 그리고 신메뉴의 제안이나 관련 제품의 소구 시의 배열법이다. 소비자 위주의 효과적인 방법이다.
행사별 배열법	절기, 발렌타인데이, 바캉스 및 지역축제, 행사 등에 맞춰 호소하는 방법이다. 이러한 행사의 경우 단기간에 바뀌므로 적당한 아이템 선정과 연출력이 중요하다.
용도별 배열법	제품을 테마에 맞게 코너화해 배열하는 방법이다.
계절별 배열법	계절을 어필하는 제품을 중점적으로 배열하는 방법으로 소비자들의 지지가 높고 매출이나 매출이익 확보에 최대무기가 된다. 판넬이나 연출물을 활용하여 계절감 있는 구성이 중요하다. 일정 기간에 집중적인 수요가 있으므로 특설코너로 전개하는 것도 중요하다.
관련식 배열법	시즌 및 이벤트성이 없는 복수제품을 조합하여 각 제품의 소구력을 서로 높여주는 효과가 있다. 가령 커피나 크림, 커피용 설탕 등 관련성 높은 제품을 모아 배열하는 방법이다. 신선식품과 가공식품, 비식품 제품과 메뉴제안형의 소구에도 효과가 높다.

② 매장의 분류

㉠ 매장 콘셉트 : 어떠한 제품을 어떠한 방식으로 어떠한 사람에게 소구하여 판매할 것인지를 정하는 기본적 사고방식을 말한다. 제품의 구성 등을 소비자들이 인지하기 쉽도록 매장의 단위명을 붙이거나 제품을 그룹화하는 것이다.

㉡ 구색제품 : 매장에 진열되는 제품 자체를 의미한다. 매장의 목적에 의해 제품의 위치가 달라질 수 있다.

㉢ 제품분류 : 구색으로 인해 제품을 어떻게 그룹화할 것인지를 정하는 것이다. 제품분류는 매장을 구성하는 제품을 선택하는 부분에서도 중요하게 작용한다.

㉣ 진열형식 : 진열전시 및 진열보관에 의해 제품을 보기 쉽고, 잡기 쉽도록 하는 방법이다. 이러한 진열형식에는 주목효과를 중시한 특별진열형식, 일반적인 통상진열형식, 기획진열전시 등의 방법이 있다.

㉤ 진열기술 : 판매도구를 중심으로 한 진열의 방법을 의미한다.

③ 점포 내 레이아웃 관리를 위한 의사결정의 순서

상품배치 결정 ➜ 고객동선 결정 ➜ 판매방법 결정 ➜ 진열용 기구배치

(3) 매장 레이아웃 및 공간계획

① **버블계획** : 전체적으로 제품을 진열하는 매장 공간, 고객서비스의 공간, 창고 등과 같은 점포 내의 주요 기능공간의 규모 및 위치를 간단하게 보여주는 것을 의미한다.

② **블록계획** : 점포의 각 구성부문의 실제 규모 및 형태까지도 세부적으로 결정하며, 고객서비스 공간, 기능적 공간, 창고 공간 등은 기능적 필요 및 크기 등에 따라 배치하는 방식이다.

③ **플래노그램**

㉠ 제품이 점포 내에서 각각 어디에 어떠한 방식으로 진열되어야 하는지를 알려주는, 다시 말해, 진열공간의 생산성을 평가하게 해 주는 지침서를 의미한다.

㉡ 단순하게 제품을 점포의 진열대에 가져다 놓는 것만으로는 공간생산성을 최대화할 수 없기에, 특정한 제품이 속한 부서 내에서 제품의 점포 내 진열위치를 결정하기 위해서 종종 활용하는 기법이다.

㉢ 플래노그램은 점포 내 제품에 대한 진열공간의 생산성 평가 시의 수단으로 활용된다.

④ **격자형배치(2019년 2회 출제, 2021년 1회 출제)**

㉠ 기둥이 많고 기둥 간격이 좁은 상태에서도 설치의 비용을 절감할 수 있다는 이점이 있다.

㉡ 통로 폭이 동일하기 때문에 건물전체의 필요면적이 최소화된다는 특징이 있다.

㉢ 소비자들이 점포 내의 전체 제품에 노출되지 않는다는 문제점이 있다.

㉣ 소비자들은 쇼핑에 있어 많은 시간을 소비하지 않고도 소비자 스스로가 원하는 제품에 대한 위치의 파악이 용이하다는 특징이 있다.

㉤ 대다수의 슈퍼마켓 등에서 이러한 배치를 활용하고 있다.

㉥ 재고 및 안전관리를 용이하게 할 수 있다.

㉦ 타 배치에 비해 판매 공간을 효과적으로 활용할 수 있다.

㉧ 셀프서비스 점포에 필요한 일상적이면서 계획적인 구매행동을 촉진한다.

㉨ 저비용으로 인해 소비자들에게 친숙하다.

㉩ 소비자들의 이동 동선을 제한시킨다.

㉪ 주동선, 보조동선, 순환통로, 설비표준화로 비용이 절감된다.

⑤ **루프형**

㉠ 부띠크 레이아웃 또는 경주로형이라고도 부른다.

㉡ 굴곡통로로 고리처럼 연결되어 점포의 내부가 경주로처럼 뻗어나간 형태의 레이아웃을 의미한다.

㉢ 점포의 입구에서부터 소비자들이 통로를 원이나 사각형으로 배치해서 점포의 생산성을 높이기 위한 레이아웃 기법이다.

㉣ 점내에 진열된 제품을 소비자들에게 최대한도로 노출시킬 수 있다는 이점이 있다.

㉤ 주요 소비자 통로를 통해서 소비자들의 동선을 유도하며, 이러한 형태는 백화점에 주로 사용되는 방식이다.

⑥ **프리 플로형(2020년 2회 출제)**

㉠ 일련의 원형, 팔각형, 타원형, U자형의 패턴으로 비대칭적으로 배치해서 소비자들이 마음 편안히 둘러볼 수 있도록 배치한 형태의 레이아웃을 의미한다.

㉡ 공간생산성은 낮다.

㉢ 소규모의 전문매장 또는 여러 개의 점포들이 있는 대형 점포에서 주로 활용되고 있는 방식이며, 소비자들이 가장 편안히 둘러볼 수 있도록 배치하는 형태이다.

㉣ 충동구매를 유발하려는 목적의 점포 레이아웃 방식이다.

참고 구매의사결정 행동유형 (2016년 2회 출제)

① **고관여 구매행동** : 기본적으로, 구매자는 각 회사의 제품이나 서비스를 구매하는 의사결정 과정에 있어서 그 의사결정을 중요하다고 생각, 또는 지극히 개인적인 관심을 많이 갖고 있는 경우에는 신중한 의사결정을 한다. 소비자가 제품에 대해 관심을 많이 가질수록, 또는 제품의 구매가 개인적으로 중요할수록, 소비자가 처한 구매 관련 상황이 급할수록 소비자의 구매의사결정에 대한 관여도는 높아지게 마련이고, 이는 고관여 구매행동을 보이게 된다.

㉠ 복잡한 구매행동

- 일반적으로 소비자들의 제품구매에 있어, 높은 관여를 보이고 각 상표 간의 뚜렷한 차이점이 있는 제품을 구매할 경우의 구매행동은 일반적으로 매우 복잡한 구조가 된다.
- 소비자들은 제품의 가격이 비교적 높고 상표 간의 차이가 크며, 일상적으로 빈번히 구매하는 제품이 아닌 소비자 자신에게 매우 중요한 제품을 구매할 때 높은 관여를 보인다.

㉡ 부조화 감소 구매행동

- 부조화 감소 구매행동은 구매자들이 구매하는 제품에 대해 비교적 관여도가 높게 나타나고 제품의 가격이 고가에다 평소에 자주 구매하는 제품이 아니고 구매 후 결과에 대하여 위험부담이 있는 제품인 경우, 각 상표간의 큰 차이가 없을 때 일어난다.
- 이렇듯 소비자들이 스스로 상표들의 차이를 판단할 수 있는 내용이 적기 때문에 소비자들은 자신에게 효율적인 정보를 얻기 위해 여러 점포들을 방문하지만 최종적인 구매는 비교적 빨리 이루어진다.

- 일반적으로 이렇게 상표 간의 큰 차이가 없는 제품구매에 있어서 생각하는 것은 소비자들은 비교적 적당한 가격 등과 같은 내용에 먼저 반응하게 되고, 실제 제품구매를 한 뒤 구매한 제품에 대한 불만사항을 발견하거나 또는 주변으로부터 구입하지 않은 제품에 대한 긍정적인 정보나 이야기를 듣게 되면 비로소, 구매 후 부조화를 경험하게 되는 것이다.

② 저관여 구매행동

- 통상적으로 구매자들은 제품이나 서비스를 구매함에 있어 항상 높은 관여도를 보이지는 않는다. 이처럼 소비자들이 해당 제품이나 서비스에 대해서 크게 관심이 없거나, 별로 중요한 구매의사결정이라고 생각하지 않거나, 또는 제품의 구매가 당장의 긴급을 요하는 상황이 아닌 경우에는 보통 저관여 행동 양상을 보이게 된다.
- 저관여 구매행동은 다시 해당 제품의 특성에 따라 습관적 구매행동과 다양성 추구 구매행동으로 나눌 수 있다.

㉠ 습관적 구매행동

- 습관적 구매행동은 제품에 대하여 구매자가 비교적 낮은 관여도(주로 편의품 등)를 보이며 제품의 상표 간 차이가 별로 나지 않는 경우에 나타난다.
- 제품의 가격이 비교적 낮으며 일상적으로 빈번히 구매하는 저관여 제품에 대하여 일반적으로 소비자들은 습관적 구매행동을 보이는 경우가 대부분이다.

㉡ 다양성 추구 구매행동(2019년 2회 출제)

- 구매하는 제품에 대하여 비교적 저관여 상태이며 제품의 각 상표 간 차이가 뚜렷한 경우에 소비자들은 다양성 추구 구매를 하게 된다. 따라서 다양성 추구 구매를 하기 위하여 소비자들은 잦은 상표전환을 하게 된다.

(4) 매장 배치와 통로 설정

① 매장 배치

㉠ 제품의 판매율을 높이고 소비자들이 찾기 쉽고 고르기 쉬운 매장으로 만들기 위해서는 제품의 분류와 매장 내 제품배치 및 면적 배분을 효과적으로 수행해야 한다.

㉡ 바람직한 매장구성은 제품의 위치 설정, 고객 동선 조정, 시선율 향상 및 소비자들의 제품 접근율에 대한 향상, '소비자들이 머무는 것 만들기와 머무는 시간 연장' 등이 가능해야 하고, 매출과 상품회전율 향상을 도모하는 제반작업을 할 수 있어야 한다.

㉢ 매장 만들기를 위하여 가장 중요한 조건으로 인테리어와 디스플레이를 들 수 있으며, 이 두 가지는 공간, 제품 조닝, 도선, 집기계획 등의 요소별로 적절한 조화를 꾀해야 한다.

② 점포 매장의 통로 구성

㉠ 제품 진열대의 양 끝에 있는 판매대 앞은 혼잡하므로 통상적인 경우보다 더욱 많은 공간을 확보해야 한다.

㉡ 점포 계산대의 앞과 뒤는 충분한 여유 공간이 있어야 계산을 위해 대기하는 소비자들과 쇼핑하는 소비자들이 엉키지 않게 되므로 주 통로 이상의 너비를 확보해야 한다.

㉢ 소비자들이 지나다니는 고객동선 및 제품운반에 활용되는 물류동선이 서로 교차하지 않도록 설계해야 한다.

㉣ 점포 매장 안의 통로는 곡선 또는 사선이 아닌 일직선이어야 소비자들이 점포 매장의 안쪽까지 불편함 없이 진행할 수 있다.

참고 점포 출입구 및 통로 디자인

- 소비자들이 불편하지 않도록 통로 형태는 여유롭게 디자인한다.
- 통로의 경우, 일반 점포 바닥하고는 다른 마감재를 활용하는 것이 좋다.
- 대다수 소비자는 오른쪽으로 걷는 경향이 있으므로 통로도 오른쪽 방향으로 원을 그리듯 설계하는 것이 좋다.

참고 점포의 관리 (2018년 1회)

- 간판 중에서 돌출간판은 허가를 받아야 하며 기타 부착용 간판은 신고를 해야 함
- 상품 진열 · 저장을 위한 진열장, 캐비넷, 선반 등은 집기에 포함되며, 판매를 보조하는 금전등록기, 손수레 등은 장비에 포함됨
- 점포의 조명이 전체적으로 너무 밝으면 주의가 산만해져 구매의욕이 상실될 수 있으므로 적절한 스포트라이트의 활용이 필요함
- 점포의 상호는 단시간 내에 점포특성을 전달할 수 있어야 하며, 소비자들의 눈길을 끌면서도 너무 길지 않아야 함
- 쇼윈도우의 형태를 완전개방형, 반개방형, 완전폐쇄형으로 구분할 때, 고급스러운 분위기에 유리한 것은 반개방형임

제3절 점포 공간 및 환경관리

(1) 점포환경의 개요

① **색채효과** : 색채에 의해 매장을 클로즈업시키고, 활기나 쾌감을 연상시키는 연출력이 중요하다. 따라서 진열목적에 맞는 상품의 색 배합과 배경의 색 배합에 관련된 지식을 갖추는 것이 바람직하다.

㉠ 색에 대한 이미지

- 고급이미지 : 금, 은, 백색
- 저급이미지 : 자적, 황, 녹색
- 화려한 이미지 : 유자, 황, 자적
- 즐거운 이미지 : 황, 등(橙), 옥색
- 조용한 이미지 : 청자, 명회(明灰), 옥색
- 적막한 이미지 : 회(灰), 청회(靑灰), 명회(明灰)

㉡ 색 배합에 대한 이미지

- 경량감 : 밝은 명도의 색 배합
- 중량감 : 어두운 명도의 색 배합
- 침착한 색 : 다(茶) · 감(紺) 등의 배색
- 무미건조한 감 : 채도가 낮은 색상의 분리된 배합
- 따뜻한 감 : 난색과 난색
- 시원한 감 : 한색과 한색
- 세속적인 감 : 베이지색을 주제로 한 배색
- 적극적인 감 : 황 · 흑과 적 · 황 등의 배색
- 이지적인 감 : 백과 청록 등의 배색
- 생동감 : 황 · 녹 등의 배색
- 젊은 감 : 백과 선명한 적 등의 배합
- 평범한 감 : 녹(綠)과 등(橙)의 배색
- 수수한 감 : 그레이와 색상 중 더욱 선명한 색(순색)의 배색

㉢ 진열의 배경색채

- 배경색은 주역인 상품에 대해 보조적인 역할을 하므로 눈길을 끌어서는 안 된다.
- 보색관계에 있는 색이 배경색이 되는 것은 부적당하다.
- 특정 부분에 눈길을 끌기 위해 더욱 선명한 색을 사용하고자 할 때는 선명한 색을 몇 개로 나누어 각 색깔의 경계면에 백색의 라인을 넣어주면 각각의 색이 확실하게 분리되어 돋보인다.

㉣ 색채에 의한 즐거운 표현

- 밸런스 : 색에 의한 좌우 · 상하의 균형을 잡는 방법은 약한 색의 면을 크게, 강한 색의 면을 적게 하면 된다.
- 리듬 : 일반적으로 흐르는 선, 강한 색과 약한 색의 반복은 즐거운 무드를 연출시킨다.
- 악센트 : 목적에 따라서 가장 중요한 부분에 눈길을 끄는 색(상품)을 놓고 전체를 돋보이게 하는 방법이 좋다.
- 색의 대조 : 난색과 한색, 강한 색과 약한 색, 무거운 색과 가벼운 색, 즉 반대 성질을 갖는 배색은 젊은 감각과 근대적인 미감을 나타낸다.

② 조명효과

㉠ 점포조명의 의의 : 점포의 입지조건, 업종, 경쟁점, 품질 등과 같은 여러 조건을 염두에 두고 해당 점포에 알맞은 밝기를 정확히 구해야 한다.

㉡ 점포조명의 기능

- 점두(店頭)에 발을 멈출 수 있도록 한다.
- 점내로 유도힌다.
- 상품을 보다 잘 보이도록 한다.
- 구매의욕을 일으켜 사도록 유도한다. 점포 앞을 지나가는 사람에 대해서 점포가 선명하게 보일 수 있도록 한다.

참고 효과적인 조명

① **밝기를 충분히 유지할 것** : 인근 점포나 동업종 점포와 비교해서 보다 밝게 할 것
② **고루 밝게** : 극단적으로 밝은 곳이나 극단적으로 어두운 곳을 만들지 말 것
③ **눈부시게 하지 말 것** : 역광이나 반사를 피할 것
④ **적당한 음영을 만들 것** : 부드러운 음영을 만들어 상품의 진열효과를 높일 것
⑤ **퇴색성을 고려할 것** : 심한 열이나 빛은 상품을 퇴색시키므로 주의할 것
⑥ **빛의 심리적 효과를 이용할 것** : 원활한 상품구성의 조화를 위해 빛의 심리적 효과를 이용할 것
⑦ **미적인 효과를 겨냥** : 기구의 미적 감각을 살릴 것
⑧ **설비비, 유지비를 고려** : 경제적인 것을 선택할 것

(2) 매장 내외부 환경관리

① 구매빈도가 높은 제품을 점포의 입구에 진열하게 되면 소비자들을 점내로 유도할 뿐만 아니라 더 나아가 해당 점포에 대한 방문이 빈도가 높아지므로 매출 증대를 위해 중요하게 고려해야 할 사항이다.

② 점포환경 중에서 소비자들이 강하게 느끼는 곳은 바닥 또는 조명이므로 바닥의 청결과 조명의 관리에 주의해야 한다.

③ 제철에 나오는 과일은 점포의 입구에 두어 발생 가능한 불쾌한 냄새를 차단하고 신선한 향기로 소비자들을 맞이할 수 있도록 해야 한다.

④ 즉석 베이커리 코너 같이 고소한 향이 발산되는 제품을 점포의 안쪽에 놓으면 소비자들을 점포의 안쪽까지 유인할 수 있으므로 이를 고객동선 계획에 활용하는 것이 바람직하다.

⑤ 점포의 주체적 기능은 판촉이므로 조명은 진열에 대해 상품을 부각시켜 고객을 유인하는 효과적인 역할을 한다.

⑥ 소매상에서는 색채 배색과 조절을 통해 고객의 주의를 끌어들이면서 구매의욕을 환기시킨다.

⑦ 여성을 상대로 하는 사업은 흰색과 파스텔 톤을, 어린이가 주 고객인 유치원이나 장난감 가게 등은 노랑, 빨강과 같은 원색을 사용하는 것이 좋다.

⑧ 벽면에 거울을 달거나 점포 일부를 계단식으로 높이면 실제 점포보다 넓어 보일 수 있다.

 참고 점포환경의 긍정적인 역할

① 점내 직원들의 업무효율성을 높이는 데 기여한다.
② 해당 점포의 이미지를 전달하고 이를 시각화한다.
③ 점포 내에 소비자들의 쇼핑활동에 대한 편리성을 증대시킨다.
④ 소비자들에게 타 점포와의 차별성을 부여하고 이를 강화시키는 역할을 한다.

(3) 매장 구성요소와 관리 및 통제

① 매장의 구성요소

- 통상적인 소매업에서는 객단가 및 객수의 구조요소들을 주요 요소로 하고 있다.
- 더불어서 강력한 차별화도 소비자들에게 강한 인상을 심어주게 된다.

② **관리 및 통제** : 조직의 성립은 기업목적이 고도화하면 할수록 필요한 활동의 양과 질이 확대되어 혼자서는 수행하기가 불가능해져 다른 사람의 힘을 빌리게 될 때 이루어지게 된다. 또한 기업 조직의 목적이 고도화하면 조직의 규모도 커지게 될 뿐 아니라 종업원 수도 증가하게 된다. 이러한 많은 사람의 활동을 총괄하여 전체의 효율을 높이기 위해서는 전체 활동을 합리적으로 체계화해야 한다. 따라서 조직을 편성할 때에는 기업목적을 달성하기 위한 활동을 일정한 기준에 의거하여 수평적인 분업을 함과 동시에 수직적인 분업을 시행한다.

조직은 이러한 수평적 분업과 수직적 분업에 의해서 편성되고 통일성과 능률성을 확보하는 것이다. 대표적인 조직편성의 유형에는 라인조직, 기능조직, 라인과 스태프조직이 있다.

㉠ **라인조직** : 명령계통은 명확하지만 각 관리자는 부하에 대하여 전면적인 책임과 지휘를 하여야 한다.

㉡ **기능조직** : 관리자가 전문적 기능에 따라 관리하는 것이나 명령계통의 혼란이나 책임의 소재가 확실치 않은 단점이 있다.

㉢ **라인과 스태프조직** : 전문적 기능을 살리고 명령계통을 확실케 한 것이다. 스태프란 현재 대부분의 기업조직에 받아들여지고 있는 것으로, 집행할 권한은 갖지 못하나 라인에 전문적 입장에서 조언이나 협력을 하는 것을 말한다.

(4) 매장 안전관리

매장에서는 제품과 관련한 소비자들의 생명 및 신체 또는 재산상의 위해를 방지하기 위해 제품의 제조 및 설계 또는 제품 상 표시 등의 결함여부에 의해 검증 및 검사 또는 평가하는 일체의 활동이다.

제4절 상품진열 및 배열기법

(1) 진열의 개요

진열은 적당량의 제품을 진열대에 가지런히 정돈하여 소비자들로 하여금 인지하기 쉽고, 만지기 쉽고, 선택하기 쉬우며, 깨끗하게 보임으로서 소비자들이 계획된 구매가 아닌 충동적인 구매를 유발하게끔 하는 기술을 말한다. 진열의 경우에는 수량, 품목, 공간, 위치, 진열 형태의 조합 등으로 표현되어진다.

(2) 진열의 기본조건

① 보기(인지하기)가 쉬워야 한다.
② 고르기가 용이해야 한다.
③ 손으로 잡기가 용이해야 한다.
④ 박력있는 진열이 되어야 한다.
⑤ 주목률을 높이는 진열이 되어야 한다.
⑥ 경제적인 진열이 되어야 한다.
⑦ 가치를 높일 수 있는 진열이 되어야 한다.
⑧ 밝고 청결한 진열이 되어야 한다.

참고 제품 디스플레이 시 고려해야 할 원칙

① 선이나 형태, 색상, 짜임 등을 통해서 통일성을 유지시키는 것이 좋다.
② 색다름의 강조를 위해서는 크기, 형태, 색채 등에 있어서 대비를 시키는 것이 좋다.
③ 중앙축을 중심으로 좌우의 무게가 서로 같아지도록 색채, 형태, 크기 등의 요소를 활용하는 것을 균형이라고 한다.
④ 선, 무게, 형태, 색채 등의 디스플레이 요소를 서로 잘 결합함으로써 소재별, 품종별, 가격별, 용도별 조화를 이룰 수 있다.

(3) 진열의 형식

① **아이디어 지향적 진열방식** : 가구진열의 경우에서 보면, 실제적으로 사용하는 가정에 배치했을 때, 소비자들에게 어떻게 보여질지를 조합되는 품목들과 함께 진열해서 사전에 소비자들에게 보여주는 점포 진열방식에 가깝다고 할 수 있다. 여성의류의 경우에도 점포의 전체적인 인상을 나타내기 위해 활용하기도 하는 방식이다.

② **스타일별, 품목별 진열방식** : 소비자들이 한 곳에서 갖가지 제품들을 쇼핑하고 싶은 니즈를 충족시키기 위해 제품 품목별로 진열하는 방식을 말하며, 통상적으로 식료품점, 할인점 등에서 많이 활용하는 방식이다.

③ **수직적 진열방식** : 소비자들 시선의 자연스런 이동에 의해 효율적으로 제품들을 진열할 수 있는 방식을 말한다. 또한, 벽과 곤돌라를 이용해 고객의 시선을 효과적으로 사로잡을 수 있는 방법은 수직적 진열에 해당한다.

④ **카테고리별 진열방식** : 비슷한 종류의 제품을 묶어 진열하는 방식을 말한다.

⑤ **전진 진열방식** : 제품이 판매될 때마다 제품을 전진 진열해서 언제나 점포의 제품이 풍부하게 보이는 진열방식을 말한다.

⑥ **전면 진열방식** : 제품의 브랜드가 서로 똑같이 보이게 진열하는 방식을 말한다. 예를 들어, 동일한 브랜드의 제품이 같은 열에 진열되어 있는데, 한 제품은 앞면이, 또 다른 제품은 뒷면이 보이면 소비자들이 제품에 대해 받는 이미지는 떨어지게 될 것이다. 또한, 서점에서 고객의 주의를 끌기 위해 게시판에 책의 표지를 따로 떼어 붙이는 것은 전면진열에 해당한다.

(4) 상품 진열 및 배열기법

① 선반 진열의 유형

㉠ 샌드위치(Sand-Witch) 진열방식 : 점포의 진열대 내에서 소비자들에게 잘 팔리는 제품 옆에 이익은 높지만 잘 팔리지 않는 제품을 진열해서 판매를 촉진시키는 진열방식이다. 또한 이 진열방식은 무형의 광고 효과가 있기 때문에 진열대 내에서 사각 공간(죽은 공간)을 무력화시키는 효율 높은 진열방법이다.(2019년 1회 출제)

㉡ 브레이크업(Break Up) 진열방식

- 제품의 진열라인에 변화를 주고, 소비자들의 시선을 유도함으로써 제품 및 점포에 대한 주목률을 높이고자 하는 진열방식이다.
- 획일적인 선반의 모습은 때로는 단조로움을 연출한다.
- 또한 진열에 있어 진열대 등판이 드러나는 것은 좋은 진열이 아니다.
- '브레이크 업' 진열은 제품에 알맞게 선반 높낮이를 조정하여 줌으로써 소비자들의 주목률을 높이려는 진열기법이다.

㉢ 라이트 업(Right Up) 진열방식 : 왼쪽보다 오른쪽에 진열되어 있는 제품에 소비자들의 시선이 머물기 용이하므로 오른쪽에 고가격, 고이익, 대용량의 제품을 진열하는 방식이다.

㉣ 전진입체 진열방식

- 제품의 인지가 가장 빠른 페이스 부분을 가능한 한 소비자에게 정면으로 향하게 하는 진열방식이다.
- 이렇게 함으로써 진열된 제품은 소비자들의 눈에 잘 띄게 되어 제품의 판매율이 높아지게 된다. 또한 적은 양의 제품을 갖고도 풍부한 진열감을 연출할 수 있다.
- 진열된 제품에 제조일자가 빠른 상품과 오래된 제품이 있으므로 오래된 제품은 앞으로 내어 진열한다.
- 셀프 서비스 점포의 경우에는 1일 1회 이상 해야 하는 작업이다.

㉤ 트레이 팩(Tray-pack) 진열방식

- 제품 등이 들어 있는 박스의 하단만 남기고 잘라 내어 그대로 쌓아 이를 대량으로 진열하는 방식이다.
- 섬 진열, 벽면 진열 모두 활용되며 일손 절감과 대량 양감 진열 등에 적합하다.
- 주로 할인점이나 슈퍼마켓 매장에서 대량으로 제품을 쌓아 진열한다.

• 통로의 폭이 확보된 점포에서 유용하다.(캔 맥주, 콜라 등 페트 음료에 효과적이다)

ⓑ 수직적 진열방식 : 소비자들의 시선에 보았을 때, 눈의 자연스러운 움직임에 따라 효과적으로 제품을 진열할 수 있는 방식이다. 또한, 소비자들이 멀리서도 제품에 대한 정보를 알 수 있는 진열방식이다.

ⓢ 아이디어 지향적 진열방식 : 특히, 여성의류의 경우 점포에 있어서의 전반적인 인상을 나타내기 위해서 사용하기도 하는 방식이다.

ⓞ 품목별 진열방식 : 의류의 경우 사이즈별로 점내에 진열을 하게 되면 소비자들이 제품을 찾기 용이한 방식이다.

ⓩ 사이드(Side) 진열방식

• 엔드 좌측 또는 우측에 밀착시켜 돌출하는 진열기법이다.

• 통상 엔드 매대 내의 주력 상품과 직 · 간접으로 관련 제품을 추가로 '갖다 붙이는 진열'로 양감 연출에 이용되기도 하는데, 유의 사항은 다음과 같다.

• 통로가 넓어야 한다.

• 병목 현상을 피해야 한다.

• 철수 및 이동이 용이하도록 바퀴 달린 캐리어를 이용해서 박스 제품을 커팅 진열하거나, 점블 바스켓 진열대를 사용하기도 한다.

• 어떤 경우에도 맨 바닥에 제품을 놓지 않는다.(깔판 등을 활용)

ⓒ 평대 진열방식

• 선반 진열과 달리 사방에서 상품에 접근이 용이한 진열방법으로 매출 효과가 크다.

• 주로 청과, 야채 등 생식품 행사용 진열대로 활용되어 왔으며 최근 공산품 가운데 행사 상품이나 기획 상품 진열에도 적극 활용되고 있다.

ⓚ 걸이 진열방식 : 점내의 제품을 효과적으로 고정시키고 진열하고, 매장 사이의 경계를 나타내는 방식을 의미한다.

② **효과적인 진열기법**

㉠ 돌출 진열방식(Extended Display)

• 매대가 튀어나온 관계로 소비자들의 눈에 잘 띄는 주목효과와 이로 인한 제품 구매율이 높은 진열방식이다.

• 진열에 있어 일부를 진열용구 및 박스 등을 사용해서 보통의 매대에 비해 소비

자들이 지나다니는 통로 쪽으로 튀어나오게 돌출시키는 진열기법이다.

- 무엇보다도 객동선 장해에 의한 소비자 통행이 불편하므로 특별한 경우 이외 금지하는 게 좋다.
- 주로 엔드 전면으로 돌출, 측면으로 사이드 진열도 이에 해당된다.
- 통로가 넓어야 하며, 제품 자체의 매출에 도움이 되지만 그 돌출로 인한 사각지대 발생으로 눈에 보이지 않는 손실은 크다.

㉡ 변화 진열방식 : 통상적인 매대에서 느껴지는 단조로움에서 탈피하여 진열대의 경사를 바꾼다던지, 또는 단의 높이를 임의로 조정하는 등과 같이 매대의 일부분에 변화를 일으켜 소비자들의 시선을 끄는 진열방식을 의미한다.

㉢ 후크 진열방식(Hook Display) : 통상적인 진열방식으로는 소비자들의 시선에 잘 띄지 않는 얇거나 가벼운 제품 등의 진열 시에 활용하는 진열방법을 의미한다.

㉣ 섬 진열방식(Island Display)(2020년 2회 출제)

- 점포 빈 공간 등에 박스를 활용해서 섬과 같은 형태로 만든 대량진열방식을 의미한다.
- 특히, 소비자들에게 신제품 등이 출시되어 행사를 할 경우에 가장 효과적이며, 동시에 무인판매 수단으로도 쓰이는 특징을 지니고 있다.
- 주통로와 인접한 곳 또는 통로 사이에 징검다리처럼 쌓아두는 진열방식으로 주로 정책상품을 판매하기 위해 활용된다.

ⓜ 점블 진열방식(Jumble Display)

- 스낵류, 즉석식품류, 통조림류에서 자주 활용되는 형태로써, 임의적으로 제품을 무질서하게 진열하는 방식을 의미한다.
- 소비자들에게 제품에 대해 깨끗하지 못한 느낌, 흐트러진 느낌을 전달해서 제품의 할인 행사를 진행한다는 것을 연상시켜 소비자들의 시선을 잡는 방식이다.
- 철제 바구니 등 진열 집기를 이용하며, 칫솔, 통조림류, 초코바류 등 주로 저가 제품 진열 등에 적합하다.

ⓑ 관련 진열방식

- 이전의 상품군들과 함께 상호 연관관계가 있는 제품들을 서로 인접하게 해서 진열하게 하는 방식을 의미한다.
- 주로 메뉴제안이나 또는 생활제안 등을 통해서 소비를 이루게 하는 제품에 활용하고 있다.

ⓢ 박스 진열방식(Box Display)

- 입점한 제품을 하나씩 즉, 낱개가 아닌 박스 채로 점포의 한 공간에 진열하는 방식을 의미한다.
- 더불어 점포 내 인력이 부족하거나 진열의 수준이 낮은 점포에서도 용이하게 사용할 수 있는 방식이며, 특히 대량판매를 목표로 하거나 제품회전율이 상당히 높은 제품의 진열에 있어서 효과적인 방법이라 할 수 있다.

ⓞ 계산대 앞 진열방식

- 소비자들이 계산하는 공간의 앞부분에 제품을 진열해서 기다리는 소비자들의 주의를 환기시키고 동시에 충동구매를 일으키게 만드는 진열방식을 의미한다.
- 그 중에서도 특히 자주 내점하는 소비자들은 계산대 앞 공간의 제품을 대부분 인지하고 있으므로 제품의 인지도를 높이는 차원에서 상당히 효과적인 방식이라 할 수 있다.

참고 엔드 매대(2020년 2회 출제)

① **개념** : 엔드 매대의 경우에는 점포에서 소비자들의 눈에 가장 잘 띄므로 정리정돈이 잘 되어 있어야 한다. 제품 또한 주기적인 교체가 이루어져야 하고 그로 인한 양감 및 계절감 등이 표현되도록 해야 한다. 또한, 3면에서 고객이 상품을 볼 수 있기 때문에 가장 눈에 잘 띄는 진열방식으로 가장 많이 팔리는 상품들을 진열할 때 많이 사용된다.

② 역할

- 연출의 장 역할을 수행한다.
- 소비자들에 대한 회유성을 높이는 역할을 한다.
- 판촉의 장 역할을 수행한다.
- 이익확보 및 매출의 장 역할을 수행한다.

③ 활용

- 소비자들의 관심 제품을 곤돌라에 진열해서 주 판매대인 곤돌라로 소비자들을 유인한다.
- 인지도가 높은 제품을 진열해서 소비자들이 점포 내를 회유하도록 유도한다.
- 광고상품, 전단, 행사제품 등을 진열해서 소비자들에 대한 판매촉진 수단으로 활용한다.
- 신학기, **데이, 명절, 계절행사, 행사테마 등을 제안하는 공간으로 활용한다.

④ 엔드 매대 기능과 효과

- 유도기능 : 마그네트(magnet) 효과
- 소구기능 : 커뮤니케이션(communication) 효과
- 판매기능 : 양판효과, 판매증대 효과 등이다.

⑤ 엔드 전개에 필요한 5가지 포인트

- 양감(박력)
- 계절감

• 소구력
• 이미지
• 설득력

⑥ 엔드 진열 기대효과
• 집객력 증대를 통해 비계획적 충동구매나 정리구매(떨이 판매)를 꾀할 수 있다.
• 텔레비전, 전단광고, POP, 가격할인 등 판촉수단과 연계시킴으로써 매출 증대를 꾀할 수 있다.
• 신제품 소개 및 도입 시 효과적이다.
• 계절과 유행에 맞는 판촉을 통해 점포 전체의 계절감 및 생활 제안을 소구할 수 있다.

⑦ 엔드 매대에 진열할 상품을 선정하기 위한 점검사항(2020년 추가시험 출제)
• 주력 판매가 가능한 상품의 여부
• 시즌에 적합한 상품의 여부
• 대량판매가 가능한 상품의 여부
• 새로운 상품 또는 인기 상품의 여부

제5절 비주얼 프리젠테이션 개요 및 기술

(1) 비주얼 프리젠테이션의 개요

소비자들의 경우에는 심한 변화 및 호기심을 지니고 있으므로 어떠한 제품을 선택했다 하더라도 타 제품으로 다른 선택을 할 수 있다. 또는 타 제품을 사용해 보고 해당 제품이 마음에 들면 그대로 사용하기도 한다. 그러므로 점포에서는 신상품 및 인기 브랜드를 소비자들에게 보여주어야 한다. 비주얼 프리젠테이션의 기본적 사고는 개개의 기업이 만들어 내는 제품이 실제 소비자들에게 어떤 생활 제안을 하는지에 그 의미가 있다.

(2) 비주얼 프리젠테이션의 기술

프리젠테이션이라는 것은 점포에 소비자들이 내점했을 시에, 느끼는 설레임과 흥분을 최대화시키도록 제품을 배치하는 것이다.

① 인지하기 쉬움의 기술

㉠ 해당 점포에서 소비자들의 욕구에 부합하는 제품을 찾도록 해 주는 프리젠테이션이 되어야 한다.

㉡ 제2자석(주 통로 및 막다른 장소)

- 제2자석의 경우 쇼핑중인 소비자들을 멈추게 하거나 점포로 끌어당기는 역할을 한다.
- 제2자석에서 중요 위치 중 하나는 에스컬레이터 하행선과 통로의 막다른 곳인데, 이러한 곳들로 소비자들을 향해 히트 제품들을 프리젠테이션 해야 한다.

② 표현하고자 하는 내용 및 방법에 대한 기술

㉠ 제1자석(주력제품)

- 자석 제품은 소비자들을 점포로 끌어들이기 위한 일종의 미끼제품을 의미하며, 제1자석 제품의 경우 소비의 빈도 및 소비량이 높은 제품이 절대적인 조건을 형성한다.
- 제1자석 제품은 해당 점포에서 주력제품인 경우가 대부분이다.

㉡ 제2자석(연출을 중요 시 하는 제품)

- 제2자석 제품은 쇼핑 중인 소비자들이 통로에 멈춰있거나 쇼핑을 진행 중인 소비자들을 자신들의 점포 안쪽으로 유도하는 역할을 하는 제품인데, 제 2자석에 있어서 중요시하게 여기는 것은 히트 제품이다.
- 제2자석의 경우 소비자들의 눈에 띄는 장소이므로, 계절성을 포현하는 연출이 있어야 하며, 제2자석 제품은 항상 조도 및 명도에 신경을 쓰고 제품의 색채에 대한 배려가 반드시 필요하다.

㉢ 제3자석(엔드 매대)

- 제3자석 제품의 목적은 내점한 소비자들에게 흥미를 주거나 밖으로 나가려는 소비자들의 주의를 자극해서 자점포에 더 오래 머무르게 하는 것이며, 엔드 진열에서 기본이 되는 품목으로는 특가품 판촉, 신제품, 스토어 브랜드 제품 등이 있다.

㉣ 제4자석

- 제4자석의 경우에는 소비자들을 기나긴 진열대 안쪽으로 흡인시키기 위한 제품이다.
- 제4자석은 홈센터, 슈퍼마켓, 드러그 스토어처럼 기다란 점포에서 활용되지만, 진열대가 짧은 홈퍼니싱, 의류 등에는 효과를 얻기 어렵다.

③ **볼륨감의 기술** : 소비자들의 입장에서 보면, 제품 등이 풍부하게 있다고 느끼게 되는 것을 의미하며, 볼륨감 또는 박력 있는 연출을 함에 있어 적합한 것은 전진입체 진열이 있다.

④ **배색의 기술**

- 컬러 스트라이프 진열은 제품의 컬러 및 패키기 컬러 등을 활용해 진열 면에 세로로 색 줄무늬를 꾸미는 방식을 말한다.
- 목적으로는 소비자들을 유인하고 제품의 매력을 높이며, 제품 자체만으로 충분히 분위기를 표현하는 데 있으며, 컬러 스트라이프 진열은 제품을 돋보이게 한다.
- 컬러 스트라이프 진열은 현장(점포)에서 매출현황을 직접 눈으로 보고, 인지할 수 있다.

⑤ **재고의 기술** : 가장 중요한 것은 소비자들이 제품을 선택하기 용이해야 하고, 동시에 소비자들이 원하는 제품이 존재해야 하는 것이다. 특히, 의류 부문의 경우 스타일이나 재질 등이 수시로 바뀌므로 가장 중요한 스킬이다.

(3) 컬러 머천다이징의 기초지식

컬러 머천다이징(Color Merchandising)은 제품의 개발에 있어 색채의 효과를 충분히 고려하여 판매활동을 하기 위한 계획을 세워 제품화를 꾀하는 것을 말한다. 이러한 디스플레이는 소비자들의 시선을 사로잡아 제품으로 이끌고 판매자의 이미지 및 스타일에 주목하게 하는 것이다. 이러한 경우에는 매장의 이미지, 브랜드, 광고 이미지 등이 포함되어야 한다.

참고 시각적 머천다이징

① 점포의 내외부 디자인도 포함하는 개념이지만 핵심개념은 매장 내 전시를 중심으로 이루어진다.
② 시각적 머천다이징의 요소로는 색채, 선, 재질, 공간, 형태 등이 있다.
③ 제품 및 판매환경을 시각적으로 나타내고 이를 관리하는 일련의 활동이다.
④ 제품과 점포 이미지가 서로 일관성을 유지할 수 있게 진열하는 것이 중요하다.

(4) POP광고 취급방법

① **POP광고의 기능** : 제품의 주위에서 구매를 자극, 촉진하여 의사 결정을 용이하도록 도와주고 제품구입을 둘러싸고 기업과 소비자 양자 간 만족을 충족시켜주는 역할을 하는 것이 POP광고이다.

② **POP광고의 특성** : POP광고는 지리적 선택성이 좋은 반면, 경쟁이 격화되는 경향이 있다. 이러한 현상은 점내의 진열 위치에 따라 광고 효과의 차이가 현저하게 나타나고 있기 때문이다. 기업은 POP광고를 가능한 한 노출이 잦은 지역에 위치시키려고 노력한다.

③ **장점**

㉠ 소비자들로 하여금 충동구매를 유발시킨다.

㉡ 구매시점에서의 또 다른 프로모션 활동을 강화시킨다.

㉢ 셀프서비스 매장에서 가장 좋은 수단이 된다.

④ **단점**

㉠ 전시 장소나 광고의 질을 통제하기 어렵다.

㉡ 상점을 설치하지 않고 제품을 판매하는 판매업자는 POP광고를 이용할 수 없다는 것이다.

㉢ 상점 협력의 한계를 들 수 있다.

⑤ **POP 광고의 특징**(2020년 추가시험 출제)

㉠ POP 광고는 판매원 대신 상품의 정보(가격, 용도, 소재, 규격, 사용법, 관리법 등)를 알려주기도 한다.

㉡ POP 광고는 매장의 행사 분위기를 살려 상품 판매의 최종단계까지 연결시키는 역할을 수행해야 한다.

㉢ POP 광고는 판매원의 도움을 대신하여 셀프 판매를 가능하게 한다.

㉣ POP 광고는 찾고자 하는 매장 및 제품을 안내하여 고객이 빠르고 편리하게 쇼핑을 할 수 있도록 도와주어야 한다.

㉤ 계산대 옆에 설치하여 각종 정보나 이벤트를 안내하기에 효과적이다.

㉥ 계절적인 특성을 살려 전체적인 분위기를 연출하기에 효과적이다.

㉦ 소비자의 주목을 끌 수 있어 효과적이다.

참고 POP의 분류

① 설치장소별 분류

㉠ 점두 POP : 소매점의 현관이나 입구에 위치하는 POP로 스탠드 간판, 여러 형태의 깃발 POP, 받침대 깃발형 POP, 브로마이드 POP, 스토어 사인 등이 있다.

㉡ 천장(ceiling) POP : 천장에서부터 아래로 내려뜨려서 설치한 POP로 멀리서도 눈에 잘 띄거나 매장의 위치를 쉽게 구별할 수 있도록 한다. 주로 점포 공간이 협소하여 POP 설치가 용이하지 않을 때 자주 이용되며, 배너광고나 행거, 모빌, 깃발 등이 이에 속한다.

㉢ 윈도우 POP : 점두의 쇼 윈도우에 설치하는 POP로서 통행인의 주목도를 높이기 위한 방법을 말한다. 하지만, 설치하는 데 있어서 공간적 제약이 있기 때문에 공간을 효율적으로 활용할 수 있게 제작하여야 한다.

㉣ 플로어 POP : 점포 내부의 바닥에 설치하여 사용하는 것으로, 주로 상품의 전시판매 기능을 보완, 강화하는 역할을 하게 된다. 하지만, 제작비가 비싸며 대형 POP가 주로 많다.

㉤ 카운터 POP

- 점포에서 구입한 상품을 계산하기 위한 카운터에 설치하는 POP로서 다목적으로 사용되며 종류도 다양하다.
- 또한, 구입물품을 정산하는 동안 고객의 시선이 머물기 쉬우며 소매점에 관한 정보 및 이벤트 행사 등을 고지, 안내하는 데 활용되고 있다.

㉥ 벽면 POP : 점포 벽면에 붙여서 사용하는 POP를 말한다. 이에는 주로 깃발류, 포스터보드, 알림 보드, 기타 장식 등이 있다.

㉦ 선반 POP : 진열된 제품 주위에 붙어 있는 소형 POP물, 아이 캐처, 가격 카드, 트레이 등이 있다.

② 목적 및 기능별 분류

㉠ 신제품 발매 프로모션 POP : 신제품 출하 시 광고캠페인과 더불어 활용되는 POP광고는 대중 매체광고와 함께 통합적으로 운영하는 것이 중요하므로 다양한 POP종류를 캠페인 기간 동안 주로 2~3개월에 걸쳐서 소비자에게 단기간에 집중적으로 소구해야 한다.

㉡ 계절 프로모션 POP : 계절별 특성을 살려 전개되는 POP를 말한다. 또한 POP광고에 의해 각 계절에 맞는 독특한 분위기를 연출하는 것으로 점포의 시각적 연출과 구매의욕을 자극하는 데 매우 효과적이다.

㉢ 프리미엄 프로모션 POP : 프리미엄을 전시하여 사용하는 POP를 말하는데, 이 POP 광고는 프리미엄의 대상이 되는 기프트, 경품 등을 상품과 함께 전시하는 방법이 많이 사용되고 있다. 이것은 프리미엄의 매력을 최대한 연출하여 상품구매로 연결될 수 있도록 한다.

㉣ 확대 판매 프로모션 POP : 기업의 마케팅계획 일환으로 일정 기간 동안 자사 상품을 취급하고 있는 유통채널, 기관을 장려하거나 지원하기 위해 활용되는 POP를 말한다.

ⓜ 데몬스트레이션용 POP : 대형 소매점을 중심으로 실증, 실연에 의한 판매에 자주 이용되는 POP방법을 말하는 것으로 시음회나 시식회 등의 이벤트 행사장이나 백화점, 슈퍼마켓의 식품매장에서 주로 활용되어지고 있다.

ⓑ 대량 진열용 POP
- 제품을 대량으로 진열한 다음, 소비자의 구매의욕을 자극시키기 위해 사용되는 POP를 의미하며, 주로 플로어 POP의 하나인 머천다이저가 사용된다.
- 특히, 점포의 POP광고 효과를 높이기 위해 눈에 잘 띄는 자극적인 색채를 많이 활용하거나 인지도가 높은 캐릭터 등을 주로 사용한다.

ⓢ 전시 즉매용 POP : 새로운 지역으로 판매를 확대하기 위해서 자사의 점포 이외의 장소에 임시로 매장을 개설할 때 이용되는 POP를 말하는 것으로 주로, 점포나 행사장 전체를 이벤트 분위기로 연출하는 데 효과적이다.

ⓞ 진열용 프로모션 POP : 광고 캠페인에 맞추어 모든 소매 유통점에 전개되는 POP를 통일하여 진열하는 방식으로 화장품 등의 패션제품이나 시계, 카메라와 같은 전문품을 전시할 경우에 많이 활용되어지고 있다. 하지만, 고급 분위기를 살리기 위해 재질과 제작기법에 많은 주의가 요구되고 있다.

ⓙ 점두 활성화 POP : 자사제품을 점두에서 집중적으로 홍보, 판매하기 위해 사용하는 POP를 말하는 것으로 통행인의 시선을 끌 수 있어야 하며 점포 안으로 유도할 수 있으면 더욱 바람직하다. 하지만, 장기적으로 사용하기 때문에 상품관리 및 운반의 편리성 등이 요구된다.

ⓒ 컨설팅 POP : 제품에 대한 필요한 정보 및 샘플을 전시함으로서 POP 자체가 소비자에게 제품의 해설자 역할을 하게 되는 것을 말하는 것으로 종류 및 색채가 다양한 상품의 샘플을 전시하여 소비자에게 직접 소구할 때 주로 활용된다.

(5) 디스플레이 웨어

① **피라미드형 배열** : 바닥은 넓고 점점 상위로 올라갈수록 좁아지게 되는 일종의 삼각형의 모습과 같은 형태로 제품을 배열하는 방식이다.

② **단계형 배열** : 제품 및 제품의 구성품들을 상향식 또는 하향식 방향의 연속적인 단계로 배열하는 방식이다.

③ **반복형 배열** : 일반적으로 특성이 비슷한 제품의 품목에 활용되며 공간, 무게 또는 각도 등을 명확하고 동일하게 배열하는 방식이다.

④ **지그재그형 배열** : 제품을 매대의 꼭대기에 쌓아 올리지 않는 것을 제외하고는 대체로 피라미드 배열과 유사한 방식이다.

참고 POP 및 그 유형별 활용방안 (2018년 3회)

- 광고 POP는 소비자를 유인하는 수단이 될 뿐만 아니라 광고를 상기시키는 역할을 함
- POP는 소비자가 구매하는 시점에서 판매를 촉진하는 수단으로서, 소비자에게 보다 직접적인 커뮤니케이션 메시지를 전할 수 있다는 장점이 있음
- 상품 POP는 헤드라인, 보디 카피, 그리고 그래픽으로 구성됨
- 판촉 POP의 메시지는 알기 쉽고 명확해야 하며, 디자인도 복잡하지 않아야 함

제6절 머천다이징(Merchandising)

(1) 머천다이징의 개요(2019년 1회 출제)

① **개념** : 상품화 계획 또는 상품 기획이라고도 불린다. 머천다이징은 적절한 제품이나 시기, 장소, 가격, 수량으로 판매하기 위한 일종의 계획적인 활동이다. 소비자들의 수요에 부응하기 위한 제품을 만들기 위해 시장조사 자료를 바탕으로 한 신제품의 개발, 품질, 디자인, 색채 등을 검토하게 된다.

② **내용**

㉠ 최적의 이익을 얻기 위해 제품의 관리, 매입, 판매의 방식 등에 관한 계획을 세우는 마케팅 활동이다.

㉡ 통상적으로 도매업자 및 소매업자 등의 활동을 의미하는 제품의 선정 및 관리 등을 지칭하며 제조업자의 경우에는 제품의 계획 그 자체라고 말할 수 있다. 또한 제조업자 및 중간상이 그들의 제품을 시장의 수요에 부응할 수 있도록 시도하는 되는 각종 활동을 포함한다.

㉢ 머천다이징은 도매업뿐 아니라 백화점 등 소매업에서 널리 채택되고 있는 방식이다.

㉣ 제품에 매입 및 판매를 연결하게 되는 시장성이 있는 제품을 만들어 내기 위한 기법으로 어떤 특정 제품 및 서비스 등을 기업 조직의 마케팅 목표에 따라 가장 효과적으로 실현할 수 있는 장소나 시기, 가격, 수량 등으로 제공하는 것에 대한 계획과 관리의 과정이다.

ⓜ 조직의 마케팅 목표를 달성하기 위해 특정 제품 및 서비스를 가장 효과적인 장소, 가격, 시점 및 수량으로 제공하는 일에 대한 전반적인 계획과 관리이다.
ⓑ 소매업 제품정책의 중심적인 활동이며 제품의 시기적절한 매입과 점포 내 진열을 하기 위한 계획 및 활동이다.
ⓢ 제품을 매입하고 이를 어떠한 방식으로 관리하며 더불어 이를 어떻게 판매하는 것이 기업의 입장으로서는 최적의 이익을 얻을 수 있는 것인가에 대해서 계획을 세우는 일종의 마케팅 활동이라 할 수 있다.
ⓞ 머천다이저(merchandiser)는 소매점의 특정 카테고리의 상품을 담당하고 있다. 그렇기 때문에 머천다이저를 카테고리 매니저라 부르기도 한다.
ⓙ 머천다이징은 구매, 진열, 재고, 가격, 프로모션 등 광범위한 활동을 포함한다.
ⓒ 머천다이징의 성과를 평가하는 대표적인 지표 중 하나는 재고총이익률(GMROI)이다.

(2) 머천다이징 기획

① 좋은 제품을 원활하게 조달하기 위한 지속적인 바이어의 관리와 협력
② 효율적인 적정의 재고수준 결정과 판매에 대비한 재고수준의 관리
③ 사회경제적인 환경, 경쟁의 상황 및 시장 트렌드의 파악
④ 향상된 머천다이징을 위한 당 회기의 성과평가와 이후 회기를 위한 제품의 선정

참고 비주얼 머천다이징(VMD)

① 비주얼 머천다이징(Visual Merchandising)의 개념
㉠ 점포에 제품진열의 시각적 호소력이 자점포의 매출에 상당한 영향을 주는 사실을 전제로 하는 개념을 말한다.
㉡ 제품을 효율적으로 표현해서 소비자들의 구매를 자극한다.
㉢ 더욱 적극적으로 제품을 판촉하기 위한 전략적인 제반 활동이다.
㉣ 제품 및 판매환경을 시각적으로 만들고 관리한다.
㉤ 주요 요소로는 색채, 형태, 재질, 공간 등이 있다.
㉥ 점포의 내·외부 모두를 포함하지만, 본질은 매장 안의 전시를 기반으로 이루어진다.

② 비주얼 머천다이징의 구성요소
㉠ VP(Visual Presentation) : 점포의 콘셉트를 표현하기 위한 점포 토탈 이미지화 작업
㉡ PP(Point of sale Presentation)

• 제품진열계획에 있어서의 포인트 전략이다.
• 소비자들의 시선이 머물러 있는 곳에 볼거리를 제공한다.
• 소비자들이 해당 쇼핑몰에 흥미를 가질 수 있도록 유도한다.

③ IP(Item Presentation)
• 제품에 대한 신선한 정보를 지속적으로 제공한다.
• 판매촉진을 도모하는 작업이다.

④ 포장(Packing)은 VMD의 구성요소에 해당하지 않는다.

(3) 머천다이징과 브랜드

전체적인 기획과 운영을 책임지는 일을 하는 머천다이징의 역할은 기업의 중추신경과 같다. 이러한 머천다이징은 제품의 기획에서부터 디자인, 생산, 판매에 이르는 활동을 전체적인 관점에서 계획을 수립하고 관리하는 일이다.

(4) 상품 카테고리 계획과 관리

카테고리는 소비자들이 대체할 수 있다고 생각하는 제품의 품목들을 모아놓은 것을 말하고, 더 나아가 카테고리의 매출 및 수입을 극대화한다는 목표하에 소매를 관리하는 과정을 상품 카테고리 관리과정이라 한다.

(5) 상품 매입과 구매계획

① **매입의 개념** : 매입은 소비자들을 만족시킬 수 있는 제공물, 즉 제품으로 만드는 과제를 수행하는 활동이다. 또한, 매입은 취급하는 제품별로 예상판매량을 결정하고 부족 및 초과량의 수준을 감안하여 적정한 재고량을 산출한 다음 이 자료를 바탕으로 점포에서 필요한 양을 구매함으로써 당초에 목표했던 수익률과 기타 재무관련 목표들을 달성하는 일련의 과정이다.

② **매입관리의 목적**

㉠ 매입관리는 경영에 있어서 원재료나 상품의 조달에 관한 기획 · 통제 · 판매 · 생산 활동의 합리적인 운영을 위해서 적격품을 적시 · 적량 · 적가로 적정한 공급자로부터 구입하는 것을 목적으로 한다.

㉡ 구매대상으로서는 원재료와 기초적 생산설비가 있는데 이들은 최종적인 소비를 목적으로 하지 않으며 재생산의 수단이 되는 것이다.

㉢ 매입의 주요 목적이 되는 원재료에 대상을 한정한다면 그 매입활동과 생산 활동의 관련은 재고품을 매개로 해서 성립된다.

㉣ 회전율과 재고의 상호관련성도 중요하다. 회전율은 납입 후 출고까지의 고정기간, 즉 1회전에 필요한 기간이다.

㉤ 소비량이 일정할 때 회전율을 높이려면 매입량을 낮게 조정할 수 있도록 주문점을 매입에 요하는 기간의 최대필요량에 맞추고, 상한점을 최대잔고와 신규입하량과의 합계에 맞추고, 하한점을 주문점과 평균 필요량과의 차에서 구한다.

㉥ 발주와 입하의 완전한 1회전 후에 다음 발주가 행하여지는 것을 전제로 한다.

③ **구매계획(Consumers Plan)** : 생산에 필요한 재료 · 부품 · 소모품 등의 자재를 구입하기 위한 계획이며, 재료의 보유량을 결정하고 생산 계획의 실시에 충분한 양을 확보하며, 품절이나 과잉 재고가 되지 않도록 한다.

Chapter 03

점포 관리 출제예상문제

01 다음 매장의 분류에서 구색으로 인해 제품을 어떻게 그룹화할 것인지를 정하는 것은?

① 구색제품
② 진열기술
③ 제품분류
④ 매장콘셉트
⑤ 진열형식

해설 제품분류는 매장을 구성하는 제품을 선택하는 부분에서도 중요하게 작용하는 요소이다.

02 다음이 설명하고 있는 것은?

> 이것은 제품에 대하여 구매자가 비교적 낮은 관여도를 보이며 제품의 상표간 차이가 별로 나지 않는 경우에 나타난다.

① 부조화 감소 구매행동
② 다양성 추구 구매행동
③ 복잡한 구매행동
④ 부조화 증가 구매행동
⑤ 습관적 구매행동

해설 습관적 구매행동은 제품의 가격이 비교적 낮으며 일상적으로 빈번히 구매하는 저관여 제품에 대하여 일반적으로 소비자들은 습관적 구매행동을 보이는 경우가 대부분이다.

01. ③ 02. ⑤ 정답

03 **다음 중 진열의 기본요건에 해당하지 않는 것을 고르면?**

① 주목률을 높이는 진열이 되어야 한다.
② 밝고 청결한 진열이 되어야 한다.
③ 보기가 쉬어야 한다.
④ 가격을 높일 수 있는 진열이 되어야 한다.
⑤ 손으로 잡기 용이해야 한다.

해설 〉 단순하게 고가격을 지향하기보다는 소비자들의 입장에서 보았을 때 가치를 높일 수 있는 진열이 되어야 한다.

04 **다음 선반진열의 여러 가지 형태 중 무형의 광고 효과가 있으므로 진열대 내에서 사각 공간을 무력화시키는 효율 높은 진열방법은?**

① 트레이 팩 진열방식
② 전진입체 진열방식
③ 샌드위치 진열방식
④ 라이트 업 진열방식
⑤ 브레이크 업 진열방식

해설 〉 샌드위치 진열방식은 흔히 쓰이는 진열방식으로 점포의 진열대 내에서 소비자들에게 잘 팔리는 제품 옆에 이익은 높지만 잘 팔리지 않는 제품을 진열해서 판매를 촉진시키는 진열방식을 말한다.

05 **다음 진열방법 중 소비자들에게 제품에 대해 깨끗하지 못한 느낌, 흐트러진 느낌을 전달해서 제품의 할인 행사를 진행한다는 것을 연상시켜 소비자들의 시선을 사로잡는 진열방식을 무엇이라고 하는가?**

① 후크 진열방식
② 점블 진열방식
③ 섬 진열방식
④ 관련 진열방식
⑤ 변화 진열방식

해설 〉 점블 진열방식은 스낵류, 즉석식품류, 통조림류에서 자주 활용되는 형태로써, 임의적으로 제품을 무질서하게 진열하여 소비자들로부터 시선을 잡기 위한 진열방식이다.

06 Visual Merchandising에 관한 설명으로 바르지 않은 것은?

① 제품을 효율적으로 표현해서 소비자들의 구매를 자극한다.
② 주요 요소로는 색채, 형태, 재질, 공간 등이 있다.
③ 점포의 내·외부 모두를 포함하지만, 본질은 매장 안의 전시를 기반으로 이루어진다는 것이다.
④ 제품 및 판매환경을 시각적으로 만들고 관리하는 것이다.
⑤ 소극적으로 제품을 프로모션하기 위한 활동이다.

해설〉 Visual Merchandising은 소비자들을 대상으로 적극적으로 제품을 판촉하기 위한 전략적인 제반 활동을 말한다.

07 매장 내외부 환경관리의 내용으로 옳지 않은 것은?

① 소비자들이 강하게 느끼는 곳은 바닥 또는 조명이므로 바닥의 청결과 조명의 관리에 주의해야 한다.
② 즉석 베이커리 코너 같이 고소한 향이 발산되는 제품을 점포의 안쪽에 놓으면 소비자들을 점포의 안쪽까지 유인할 수 있다.
③ 구매빈도가 낮은 제품을 점포의 입구에 진열하게 되면 소비자들을 점내로 유도할 수 있다.
④ 벽면에 거울을 달거나 점포 일부를 계단식으로 높이면 실제 점포보다 넓어 보일 수 있다.
⑤ 제철에 나오는 과일은 점포의 입구에 두어 발생 가능한 불쾌한 냄새를 차단하고 신선한 향기로 소비자들을 맞이할 수 있도록 해야 한다.

해설〉 구매빈도가 높은 제품을 점포의 입구에 진열하게 되면 소비자들을 점내로 유도할 뿐만 아니라 나아가 해당 점포에 대한 방문이 빈도가 높아지므로 매출 증대를 위해 중요하게 고려해야 할 사항이다.

03. ④ 04. ③ 05. ② 06. ⑤ 07. ③ 정답

Chapter 04 상품판매와 고객관리

제1절 상품판매

(1) 상품판매의 개요

상품판매는 소비자들의 상품구매에 대한 부족한 동기나 무관심 또는 제안된 행동에 반감을 가지는 소비자를 향해 구매동기를 유발해 상품이나 서비스의 구매를 장려하는 데 목적을 둔 활동이다

(2) 판매서비스

① 고객본위의 접객기술

㉠ 소비자에 대한 어프로치의 비결은 소비자들이 구입하고 싶어하는 제품의 특성 다시 말해, 소비자들의 취미 및 가치관 등을 빠르게 알아내는데 있다.

㉡ 소비자가 제품의 선택을 자유롭게 할 수 있는 소비자공간을 확보할 필요가 있으며 소비자들의 시야를 차단해서는 안 된다.

㉢ 언제든지 소비자들을 맞이할 수 있는 준비 및 마음가짐이 되어 있어야 하며 쾌적한 점포 공간을 유지 및 보존해야 한다.

(3) 고객서비스

① **고객접점(MOT : Moment of Truth)**

㉠ '결정적 순간'이란 소비자들이 기업조직에 있어 어떠한 측면과 접촉하게 되는 순간을 말하며, 해당 서비스의 품질에 대해서 받게 되는 무언가의 인상을 통해 얻을 수 있는 순간을 의미한다.

㉡ 이를 효과적으로 수행하기 위해서는 고객접점에 있는 서비스요원들에게 권한을 부여하고 강화된 교육이 필요하고, 소비자들과의 상호적용에 의해 제공되는 서비스가 소비자들에게 빠르게 제공될 수 있는 서비스 전달시스템을 갖추고 있어야 한다.

㉢ 고객접점의 최일선에 있는 서비스요원은 책임 및 권한을 지니고 소비자들의 선택이 가장 좋은 선택이었다는 사실을 소비자들에게 보여줄 수 있어야 한다.

㉣ 서비스 제품을 구매하는 동안의 전체적인 소비자 접점 순간을 관리하면서 소비자들을 만족시킴으로써 지속적으로 소비자를 유지하고자 하는 방법이 고객접점 마케팅이다.

② **고객 접객에서의 서비스품질 증진을 위한 차이모델**

㉠ 인도 차이는 명시된 서비스의 표준과 실제 수행된 서비스 사이의 차이

㉡ 서비스품질의 차이는 소비자의 서비스 기대치와 지각된 서비스 간의 차이

㉢ 표준 차이는 소매업체의 소비자 기대치 인식과 고객 서비스 표준 간에 존재하는 차이

㉣ 커뮤니케이션 차이는 실제 고객에게 수행된 서비스와 소매업체의 광고에 약속된 서비스 간에 존재하는 차이

(4) 판매사원의 상품판매과정의 7단계(2020년 2회 출제)

가망고객 발견 및 평가 → 사전접촉(사전준비) → 접촉 → 설명과 시연 → 이의처리 → 계약(구매 권유) → 후속조치

제2절 고객관리

(1) 고객관리의 개요

고객관리(customer relations)는 생산업체나 상사회사 등이 거래처인 판매점에 대하여 행하는 관리활동이다. 과거에는 고객관리에 있어 고객대장이나 고객 카드 등을 작성하였는데, 컴퓨터의 보급에 따라 그 기억장치와 분석력에 기대하는 일이 많아졌다. 이렇듯 고객의 이용 상황이나 기호 등의 정보를 모아서 관리하고, 여러 가지의 서비스의 실현이나 마케팅에 이용하는 것을 의미한다.

(2) 고객정보의 수집과 활용

① 고객정보의 수집

㉠ 고객정보의 필요성을 강하게 인식한다.
- 세일즈 매니저 자신이 우선 확실히 고객정보의 필요성에 대해서 인식해 두는 게 가장 중요하다.

㉡ 구체적인 고객정보 내용을 명확히 한다.
- 고객 정보는 다양하다. 고객의 구매동기, 경영전략, 재무상황 등 여러 가지이다.

㉢ 고객정보의 수집처 및 방법을 구체적으로 파악해 둔다.
- 구체적인 고객정보 내용을 분명히 했다면 다음으로 그 고객정보는 어디에서 얻을 수 있는가, 어떤 방법으로 수집하면 좋을지를 파악하는 게 필요하다.

㉣ 수집한 고객정보의 정리 및 기록을 게을리 하지 않는다.
- 고객정보 중에는, 리얼타임으로 활용되는 것이 있는 한편, 시간을 들여 수집하고 분석함으로써 영업활동에 활용하는 것도 있다.

② 고객정보의 활용

㉠ 소비자들이 인지부조화를 느끼기 쉬운 제품이라 판단되는 경우에는 고객유지전략을 많이 사용해야 한다.

㉡ 소비자들의 제품에 대한 과거의 구매내역 및 니즈에 대한 정보를 활용하여 교차판매를 가능하게 할 수 있다.

㉢ 소비자들과의 거래를 지속적으로 기록하고 제품 구매량에 따라 인센티브를 제공함으로써 자사 제품의 구매빈도를 높이는 소비자 활성화전략을 활용할 수 있다.
㉣ 휴면소비자를 분석해서 다이렉트 메일 등을 발송함으로써 재고객화를 도모할 수 있다.

(3) 고객응대기법

① 불만족 고객의 응대 방법
㉠ 불만 고객들이 거리낌 없이 그들의 불만을 털어놓도록 잘 경청하는 태도를 유지한다.
㉡ 신속한 문제해결을 위해 불만 고객에 응대하는 종업원을 자주 교체하지 않는 것이 좋다.
㉢ 서비스 회복에 있어서 이행상의 공정성을 강조한다.
㉣ 가이드라인을 지키는 것도 중요하나 지나친 집착보다는 융통성을 발휘해야 한다.

② 소비자 컴플레인 시 서비스의 개선
㉠ 절차상의 공정성은 소비자들의 불만을 해결하기 위해 도입된 절차의 공정성을 의미한다.
㉡ 이행상의 공정성은 지불한 비용에 비해 그들이 받은 혜택에 대한 고객의 지각을 말한다.
㉢ 소비자들의 감정적인 대응을 줄이기 위해 적극적으로 소비자들의 불만을 경청한다.
㉣ 신속한 문제해결을 위해 명료한 설명을 제공한다.

제3절 CRM 전략 및 구현방안

(1) CRM의 배경 및 장점

① CRM의 배경

㉠ 소비자 구매방식의 다양화

㉡ 소비자의 라이프스타일도 정형화된 생활 방식에서 과학 및 기술의 발전으로 인해 상당히 복잡하면서도 다양하게 변화하였다.

㉢ 컴퓨터 및 IT의 발전으로 인해 소비자의 정보를 객관적이면서도 과학적인 분석기법을 활용해서 이를 영업활동에 활용할 수 있게 되었다.

㉣ 마케팅 패러다임도 불특정 다수의 소비자가 아닌 기존 수익성이 있는 거래 소비자들에게 마케팅을 전개하기 시작하였다.

참고

CRM의 등장배경

과거의 대중 마케팅, 세분화 마케팅, 틈새 마케팅과는 확실하게 구분되는 마케팅의 방법론으로 데이터베이스 마케팅의 individual marketing, One-to-One marketing, Relationship marketing에서 진화한 요소들을 기반으로 등장했다.

CRM의 성격

① 고객 수익성을 우선하여 콜 센터, 캠페인 관리도구와의 결합을 통해 고객정보를 적극적으로 활용하며, 기업 내 사고를 바꾸자는 BPR적인 성격이 내포되어 있다.
② 기업의 고객과 관련된 내외부 자료를 이용하자는 측면은 데이터베이스마케팅과 성격이 같다.
③ 고객 접점이 데이터베이스 마케팅에 비해 훨씬 더 다양하고, 이 다양한 정보의 취득을 전사적으로 행한다.
④ 고객 데이터의 세분화를 실시하여 신규고객 획득, 우수고객 유지, 고객가치 증진, 잠재고객 활성화, 평생 고객화 등과 같은 사이클을 통해 고객들을 적극적으로 관리하고 유도하며 그들의 가치를 극대화시킬 수 있는 전략을 통하여 마케팅을 실행한다.

CRM의 목적

Customer Retention(고객유지)이다. 신규고객을 확보하는 비용이 기존 고객을 유지하는 비용보다 평균적으로 다섯 배가 더 들기 때문에 고객유지가 중요한 것이다.

CRM의 추진순서

① 고객에 대한 이해로부터 시작해야 한다. 이는 자회사에 있어 중요한 고객이 누구인지 아는 것이 중요하기 때문이다.
② 고객의 주체가 정해진 뒤에는 관계에 대한 정의를 해야 한다. 먼저, 정의된 고객과는 어떠한 관계를 가져가야 하며 어떻게 유지하여야 하는지 등이 바로 그것이다.
③ 관리가 진행되어야 한다. 고객이 정의되고 관계에 대한 전략이 수립되면 이러한 활동을 보다 더 잘하기 위한 여러 가지 관리 전략 및 전술이 정의되어야 한다.

CRM의 역할

① 기업의 마케팅 부서에서 자신들의 최고 고객을 식별해내고, 명확한 목표를 가지고 최고 고객을 겨냥한 마케팅 캠페인을 추진할 수 있게 한다.
② 판매팀을 이끌기 위한 품질을 만들어내는 데 도움을 준다.
③ 다수의 직원들이 최적화된 정보를 공유하고 기존의 처리절차를 간소화함으로써, 통신판매·회계 및 판매관리 등을 개선하기 위한 조직을 지원한다.
④ 고객만족과 이익의 극대화를 꾀한다.
⑤ 회사에 가장 도움이 되는 고객들을 식별해내며, 그들에게 최상의 서비스를 제공하는 등 고객들마다 선별적인 관계를 형성한다.
⑥ 고객에 관해 알아야 하고, 고객들의 요구가 무엇인지를 이해하고, 회사와 고객기반 그리고 배송 파트너들과의 관계를 효과적으로 구축하기 위해 꼭 필요한 정보와 처리절차를 직원들에게 제공한다.

② CRM의 장점

㉠ 광고비를 절감할 수 있다.
㉡ 가격이 아닌 서비스를 통한 기업 조직의 경쟁력 확보가 가능하다.
㉢ 특정한 소비자들의 욕구에 초점을 맞춤으로써 표적화가 더욱 용이해진다.
㉣ 소비자들이 창출하게 되는 부가가치에 의해 마케팅비용의 활용이 가능하다.
㉤ 제품개발 및 출시과정에 소요되는 시간의 절약이 가능하다.
㉥ 소비자채널의 사용률을 개선시킴으로써 개별소비자와의 접촉을 최대한도로 활용할 수 있다.

(2) CRM의 도입방법 및 고려사항

① **CRM 도입방법** : CRM 도입에 있어서의 전제 조건은 CRM을 도입하기 전에 기업 조직이 정말로 CRM 도입을 필요로 하는 것인지를 분명히 해야 하는 것이다. CRM이

기업이 속한 산업 특성과 현황, 전사적 전략, 비즈니스 모델 등을 고려해서 자사에 적합한 CRM 전략을 수립해서 전략의 방향을 바탕으로 고객 전략, 제품 및 서비스 전략, 커뮤니케이션 및 채널 전략, 프로세스 및 조직 재설계, 시스템 구축 작업 등이 단계적으로 실행되어야 한다.

② CRM 도입을 위한 사전 분석 항목

구분		분석 내용
외부환경분석	고객 분석	고객 니즈, 구매 결정 요소(Key Buying Factors, KBFs) 파악
	경쟁사 분석	경쟁사의 고객 관리 활동, 고객의 경쟁사 상품 구매 요인 분석
	거시 환경 분석	거시 경제, 정책과 규제, 기술 발달, 사회문화적 환경 분석
내부환경분석	자사의 고객 지향성 분석	기업 전략, 정보시스템, 기업 문화 등의 고객 지향성을 분석하여 CRM에 있어서 자사의 기존 활동의 문제점 도출
	전략적 적합성 분석	기업 전략, 사업 전략, 마케팅 전략, 고객 관리 활동, 기업 문화 등의 적합성 분석
	외부 환경에 대한 적합성 분석	자사의 전략이나 활동이 외부 환경의 특성 및 변화 방향에 부합되는지 분석

③ CRM 도입 시의 고려사항

㉠ 단계적 구축 방법을 활용해야 한다. 단계적으로 접근해야 실현 가능한 목표를 설정할 수 있으며 문제점 발견 시에 금고 전체에 미치는 영향을 최소화할 수 있기 때문이다.

㉡ 전사적인 CRM 전략을 기획 수립하는 것이 무엇보다 중요하다.

㉢ 업무 프로세스 및 소비자에 대한 이해가 선행되어야 한다. 교차 기능적 프로젝트 팀을 구성하여 팀 내에 기술적인 인력은 물론 최종 사용자들을 포함시켜야 한다.

㉣ 기술적인 관점과 비즈니스적인 관점을 조화시켜야 한다. 프로젝트팀은 소비자 정보시스템의 성공적인 구축을 측정할 수 있는 방법을 마련해야 한다.

㉤ 기술보다 소비자에 초점을 두어야 한다. 선진국의 경우를 보면 지금까지 많은 실패 사례에서 소비자 정보시스템 구축 작업이 고객 관계에 어떤 영향을 미칠 것인가에 대한 고려가 없이 진행된 것을 확인할 수 있다.

㉥ 조직 내 최고경영자의 의지와 각 부서간의 업무 협조 및 회사 내부나 프로젝트 수행 조직에 분야별로 전문가가 있어야 한다.

㉦ CRM 시스템을 구성할 하드웨어 및 소프트웨어 벤더 선정에 있어 시장의 점유율과 포지셔닝 및 향후 업그레이드와 지원 등을 충분히 고려해야 한다.

㉧ 확장성(Scalability)을 구현해야 한다. 사용자의 수요 증가에 따라 시스템 용량을 쉽게 증가시킬 수 있어야 한다.

㉨ 개방형 기술을 선택해야 한다. 또한, 독점적 DB 및 분석 수단 등을 활용하지 말아야 한다.

㉩ 하드웨어는 가격이 내려갈 것으로 예상해야 한다. 컴퓨터 저장 매체의 가격 및 성능이 개선되고 있기 때문에 소비자 정보시스템 개발 시에 하드웨어 비용보다는 사용자의 생산성에 초점을 두어야 한다.

(3) CRM의 정의 및 필요성

① 정의

㉠ CRM은 소비자들과 관련된 기업 조직의 내 · 외부 자료를 분석 및 통합하고 고객들의 특성에 기초한 마케팅 활동을 수립할 수 있도록 지원하는 시스템을 의미한다.

㉡ 판매자와 내부고객, 유통관련업체, 최종고객과 장기적이고 효과적인 관계를 개발하여 상호간에 이득이 될 수 있도록 하고자 하는 노력이라고 볼 수 있으며, 이를 통해 고객유지를 높이고 높아진 고객유지를 가지고 기업의 성과에 크게 기여하자는 전략이다.

② 필요성

- 이전의 유치 고객이 반복적이고 지속적으로 자사제품을 구매하도록 관계를 유지한다.
- 고객생애주기는 크게 고객획득단계, 고객유지단계, 충성고객단계로 분류된다.
- 고객관계 강화를 위해 교차판매(Cross-Selling)를 통해 거래제품의 수를 증가시키도록 한다.
- 고객관계 강화를 위해 격상판매(Up-Selling)를 통해 거래액과 횟수를 증가시킨다.
- 기존 마케팅 방식은 마케팅 부서만을 위한 마케팅이었다.
- 현재 각 기업 조직의 마케팅은 소비자들의 니즈를 파악하지 못하고 있다.
- 소비자에 대한 요구를 파악할 수 있는 시스템이 이전에는 존재하지 않았다.
- 계속적으로 소비자에게 서비스를 제공할 방법이 없었다.
- 전사적으로 소비자 지향적이어야 한다.

(4) CRM의 유형

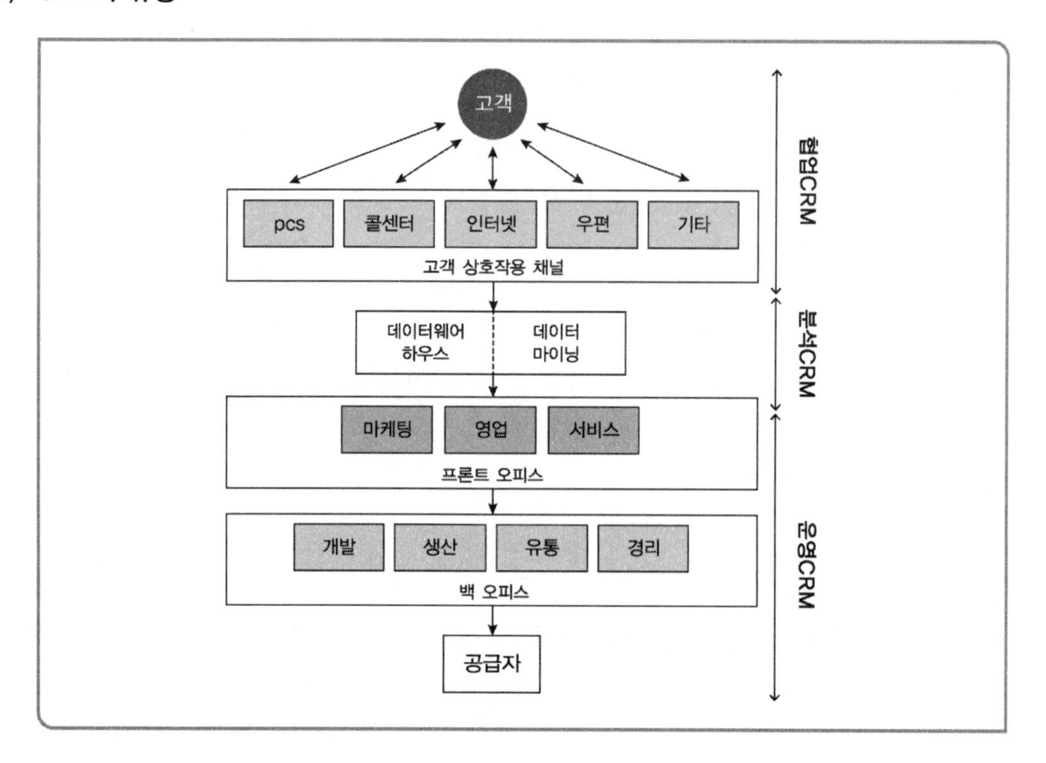

① Analytical CRM : 분석적 CRM(Extended DW, DBM)

- DW, Data Mining, OLAP를 이용하여 마케팅 의사결정을 지원하는 마케팅 DSS 시스템

② Operational CRM : 운영적 CRM(Extended ERP)

- ERP가 가지고 있는 기능(거래처리, 재무 및 인사관리 등) 중에서 고객접촉과 관련된 기능을 강화하여 ERP의 기능 확장 또는 CRM 모듈과 기존 ERP를 통합하는 것으로 주로 영업과 서비스를 위한 시스템

③ Collaborative CRM : 협업적 CRM(e-CRM)

- 인터넷을 기반으로 한 EC/포털 사이트의 급성장과 Off-line 기업의 On-line 화가 가속화되면서, 인터넷에 대응하는 신개념의 CRM

(5) 유통기업의 CRM 구축 방안

유통업에서 소비자들의 의사 결정에 가장 중요한 영향을 미치는 요인은 입지이다. 아무리 뛰어난 점포를 갖추었더라도 입지가 소비자들의 활동 지역과 다르면 소비자를 유치

하기 쉽지 않다. 그러므로 유통업의 CRM은 신규 고객 확보 측면의 노력보다는 기존 고객의 유지와 개발에 초점을 맞추는 것이 바람직하다. 한편, 지금 대부분의 오프라인 유통업체들은 e-비즈니스 채널을 운영하고 있다. 따라서, 오프라인과 온라인 채널의 통합된 CRM이 반드시 필요하다. 오프라인에서의 우량 고객이 온라인에서 천대받아서는 곤란하다. 특별한 이유가 없는 한 온라인 매장과 오프라인 매장은 일관성을 갖는 것이 바람직하다. 만일, 온라인 매장과 오프라인 매장이 각각 다른 세분 고객을 목표로 하고 머천다이징도 상이하다면, 이 때는 온라인 브랜드를 오프라인 브랜드와 다르게 설정하는 것이 혼란을 예방할 수 있는 방법이다.

Chapter 04

상품판매와 고객관리 출제예상문제

01 원모는 이번 여름휴가에 친구들이랑 강릉으로 여행을 계획하고 있다. 그러던 중 여러 가지 교통수단을 생각하게 되었다. 아래의 표를 참조하여 보완적 평가방식을 활용해 원모와 친구들이 강릉까지 이동 가능한 교통운송 수단을 고르면 어떤 대안이 선택될 수 있는가?

평가의 기준	중요도	교통운송수단에 관한 평가				
		비행기	기차	고속버스	승용차	자전거
경제성	20	4	5	4	3	9
디자인	30	4	4	5	7	1
승차감	40	7	5	7	8	1
속도	50	9	8	5	6	1

① 기차
② 비행기
③ 고속버스
④ 승용차
⑤ 자전거

해설 보완적 평가방식은 각 상표에 있어 어떤 속성의 약점을 다른 속성의 강점에 의해 보완하여 전반적인 평가를 내리는 방식을 의미한다. 한 가지 예로서 비행기의 경우 속성별 평가점수가 4, 4, 7, 9점이며, 각 속성이 평가에서 차지하는 중요도는 20, 30, 40, 50이므로, 이러한 가중치를 각 속성별 평가점수에 곱한 후에 이를 모두 더하면 930이 된다. 이러한 방식으로 계산하면 그 결과는 아래와 같다.

- 비행기 : (20×4)+(30×4)+(40×7)+(50×9) = 930
- 기차 : (20×5)+(30×4)+(40×5)+(50×8) = 820
- 고속버스 : (20×4)+(30×5)+(40×7)+(50×5) = 760
- 승용차 : (20×3)+(30×7)+(40×8)+(50×6) = 890
- 자전거 : (20×9)+(30×1)+(40×1)+(50×1) = 300

02 다음 중 CRM의 이점으로 바르지 않은 것을 고르시오

① 제품개발 및 출시과정에 소요되는 시간의 절약이 가능하다.
② 특정 소비자들의 욕구에 초점을 맞춤으로써 표적화가 더욱 용이해진다.
③ 소비자채널의 사용률을 개선시킴으로써 개별소비자와의 접촉을 최대한으로 활용이 가능하다.
④ 광고비를 줄인다.
⑤ 서비스가 아닌 가격을 통해 자사의 경쟁력 확보가 가능하다.

해설❯ CRM은 가격이 아닌 서비스를 통해 자사의 경쟁력 확보가 가능해진다.
CRM은 단순한 저가로 승부하는 것이 아닌 목표로 하는 고객들의 욕구를 충족시켜줌으로써 자사의 이익을 얻고, 고객들과 장기적으로 관계를 유지할 수 있다는 것을 기억해야 한다. 그렇게 함으로써 고객과의 관계가 돈독해지고 새로운 제품에 대한 프로모션을 하게 될 경우에도 적은 비용으로 최대의 효과를 누릴 수 있다.

03 다음 중 CRM의 목적에 대한 내용으로 가장 바르지 않은 것은?

① 기업 조직의 초점이 고객 관계 관리에 맞춰져 있다.
② 마케팅에만 역점을 두는 것이 아닌 기업 조직의 모든 내부 프로세스의 통합과 매뉴얼화를 요구한다.
③ 고객 니즈의 파악을 위해 직접적인 접촉을 통하여 쌍방향적인 커뮤니케이션을 지속한다.
④ 데이터를 효율적으로 사용할 수 있는 정보기술에 기반한 과학적인 제반 환경의 효율적 활용을 요구한다.
⑤ 고객의 생애 전체에 걸쳐서 관계를 구축하거나 거래를 유지하여, 단기적인 이윤을 추구한다.

해설❯ 고객의 생애 전체에 걸쳐서 관계를 구축하거나 거래를 유지하여, 장기적인 이윤을 추구하면서 지속적인 관계를 구축해 나간다.

01. ② 02. ⑤ 03. ⑤ 정답

04 다음 중 CRM과 관련한 내용 중 가장 바르지 않은 것을 고르시오

① 점점 더 다양해지는 고객의 니즈에 유연하게 대처함으로써 수익의 극대화를 추구하는 것이라 할 수 있다.

② 기존 고객을 유지하기 위한 대표적인 전략으로써 고객활성화전략, 애호도제고전략, 교차판매전략 등이 있다.

③ 소비자들의 행동패턴, 소비패턴 등을 통해서 그들의 니즈를 알아내야 하는 내용들이 많으므로 고도의 정보 분석기술을 필요로 한다.

④ 지속적인 피드백을 통해 고객의 니즈 및 개별특성의 파악과 더불어서 그에 맞는 상품, 서비스의 개발, 판매촉진활동을 말한다.

⑤ 신규고객의 확보를 위한 전략은 CRM의 대상이라고 할 수 없다.

해설 ❯ ⑤ 기존고객 및 잠재고객을 대상으로 하고 고객유지 및 이탈방지 전략이 비중이 높지만 신규고객의 확보 또한 CRM의 대상이 된다.

참고 CRM Marketing과 MASS Marketing 비교(2020년 2회 출제)

	CRM 마케팅	MASS 마케팅
관점	CRM 마케팅은 각 개별 고객들과의 관계를 중요시하고 있다.	MASS 마케팅은 전체 고객들에 대한 마케팅 관점을 중요시하고 있다.
성과지표	CRM 마케팅은 고객점유율을 지향하고 있다.	MASS 마케팅은 시장점유율을 지향하고 있다.
판매기반	CRM 마케팅은 고객가치를 높이는 것을 기반으로 하고 있다.	MASS 마케팅은 고객들과의 거래를 기반으로 하고 있다.
관계측면	CRM 마케팅은 고객들과의 계속적인 관계를 유지하는 것에 목표를 두고 있다.	MASS 마케팅은 신규고객개발을 더 중요시하고 있다.

05 다음 중 불만족 고객의 응대 방법으로 가장 적절하지 못한 항목은?

① 신속한 문제해결을 위해 불만 고객에 응대하는 종업원을 자주 교체하는 것이 가장 좋다.

② 서비스 회복에 있어서 이행상의 공정성을 강조한다.

③ 가이드라인을 지키는 것도 중요하나 지나친 집착보다는 상황에 따른 융통성을 발휘해야 한다.

④ 불만 고객들이 거리낌 없이 그들의 불만을 털어놓도록 잘 경청하는 태도를 유지해야 한다.
⑤ 신속한 문제해결을 위해 명료한 설명을 제공한다.

해설 ❯ ① 신속한 문제해결을 위해 불만 고객에 응대하는 종업원을 자주 교체하지 않고 문제를 해결하는 것이 좋다.

06 다음 중 CRM의 필요성으로 바르지 않은 것은?

① 고객관계 강화를 위해 격상판매를 통해 거래액과 횟수를 증가시킨다.
② 고객관계 강화를 위해 교차판매를 통해 거래제품의 수를 늘리도록 한다.
③ 고객생애주기는 크게 고객획득단계, 고객유지단계, 충성고객단계로 구분된다.
④ 전사적으로 공급자 지향적이어야 한다.
⑤ 기존 유치 고객이 지속적으로 자사제품을 구매하도록 관계를 유지한다.

해설 ❯ ④ CRM은 고객의 니즈를 찾아 이를 만족시켜 줄 수 있도록 하며, 이로 인해 고객들과의 장기적인 관계를 유지하는 데 그 목적이 있다. 그러므로 CRM은 공급자가 아닌 소비자 지향적이어야 한다.

07 CRM에 대한 일반적 내용으로 적절하지 않은 것은?

① 소비자의 라이프스타일도 정형화된 생활 방식에서 과학 및 기술의 발전으로 인해 상당히 복잡하면서도 다양하게 변화하였다.
② 기업에 대한 이해로부터 시작해야 한다.
③ 관리가 진행되어야 한다.
④ 고객만족과 이익의 극대화를 꾀한다.
⑤ 가격이 아닌 서비스를 통한 기업 조직의 경쟁력 확보가 가능하다.

해설 ❯ CRM은 고객에 대한 이해로부터 시작해야 한다. 이는 자회사에 있어 중요한 고객이 누구인지 아는 것이 중요하기 때문이다.

04. ⑤ 05. ① 06. ④ 07. ② **정답**

Chapter 05

유통마케팅 조사와 평가

제1절 유통마케팅 조사

(1) 유통마케팅 조사의 개요

① 유통마케팅 조사에 있어서의 주요대상은 매출액에 대한 예측, 시장동향의 명확화, 시장점유율에 대한 측정, 브랜드 이미지의 측정, 기업 조직의 이미지에 대한 측정, 목표고객 특징의 정확도, 제품 및 그에 따른 패키지 등에 대한 설계, 창고 및 점포 등에 대한 입지, 재고관리 및 주문처리 등이 있다.

② 유통마케팅 조사의 범위는 수요자에 대한 시장조사 및 생산물, 경로, 가격, 판매촉진에 대한 마케팅믹스의 요소 또한 환경요소로서의 경제의 상황, 기술적 및 정치적인 상황, 경쟁 및 유행 등의 유통활동에 대한 조사를 포함하고 있다.

③ 조사하고자 하는 문제를 보다 더 구체화 하고, 조사의 전망을 세우는 것으로부터 시작해서 이를 기반으로 조사목적의 명확화, 조사하고자 하는 대상의 선정 및 방법에 대한 결정, 시기와 예산 등의 결정, 마지막으로 조사 결과에 대한 보고 및 평가라는 관점으로 일련의 과정이 이루어진다.

④ 유통과정에서 정보에 대한 흐름은 제품의 구매자인 소비자 및 시장의 동향을 밝히기 위한 정보 등의 수집을 포함하는데, 이러한 내용은 마케팅조사에 의해 이루어진다.

참고 조사 설계의 종류

① 탐색조사(2020년 추가시험 출제)
- 탐색조사는 기업의 마케팅 문제와 현재의 상황을 보다 더 잘 이해하기 위해서, 조사목적을 명확히 정의하기 위해서, 필요한 정보를 분명히 파악하기 위해서 시행하는 예비조사
- 특정 문제가 잘 알려져 있지 않은 경우에 적합한 조사방법. 즉, 문제의 규명이 목적이다.
- 탐색조사의 경우, 그 자체로 끝이 나지 않으며 기술조사 및 인과조사를 수행하기 전 단계의 역할을 수행하는 경우가 많다.
- 조사자의 문제 파악을 위한 회사 내 자료, 과거의 자료, 협회지, 통계청 발표 자료 등

② 전문가 의견조사
- 기업이 당면한 문제 또는 해결책에 대한 아이디어를 찾기 위해 어떠한 산업 또는 기업에 관련한 풍부한 지식 및 경험을 갖춘 전문가를 통해 정보를 찾아내는 조사

③ 기술조사(2016년 1회 출제)
- 현재 나타나고 있는 마케팅 현상을 보다 정확하게 이해하기 위해서 수행되는 조사
- 소비자들이 느끼고, 생각하고, 행동하는 것을 기술하는 조사로 확실한 목적과 조사하려는 가설을 염두에 두고 시행하는 엄격한 조사방법
- 기술조사의 목적은 현 상태를 있는 그대로 정확하게 묘사하는 데 있다.
- 어떤 집단의 특성을 기술하려 할 때, 또는 예측하고자 할 때 사용

④ 인과조사
- 마케팅 현상의 원인이 무엇인지 밝혀내기 위한 조사
- 이러한 과정은 설문조사로는 어렵고, 실험 등을 통한 조사방법에 의해서 가능
- 이 방법은 인과 관련성을 파악하는 데 그 목적이 있다.
- "X는 Y를 초래한다."는 등의 인과관계를 밝히는 것

(2) 유통마케팅 조사의 방법과 절차

① 유통마케팅 조사의 방법

㉠ 실험법은 실제 조사대상자들에게 어떠한 반응을 하도록 시도해보고 해당 결과로부터 필요한 정보를 수집하는 방법이다.

㉡ 질문법은 가장 많이 사용되는 정보수집 방법으로 응답자에게 질문표를 이용해 직접적으로 질문해서 필요한 정보를 수집하는 것으로, 전화법 및 면접법 등이 있다.

ⓒ 동기조사는 특정 태도 및 행동 등을 유발하는 심층심리에 접근하고자 하는 것으로 'Why 리서치'라고도 하며, 이에는 심층면접법, 투영기법, 집단면접법 등이 활용된다.

ⓔ 관찰법은 조사자가 조사 대상자를 현장에서 일정 기간 동안 관찰하면서 있는 그대로의 사실을 관찰하여 필요한 자료를 수집하는 방법이다.

② 유통마케팅 조사의 절차(2021년 1회 출제)

㉠ 문제 정의 : 환경의 변화 및 기업 조직의 마케팅 조직이나 전략의 변화로 인한 마케팅 의사결정의 문제가 발생 시 이를 위해 마케팅 조사가 필요해지고 마케팅 조사문제가 정의됨

㉡ 조사 설계 : 정의된 문제에 대해 가설을 검증하는 조사를 수행하기 위한 포괄적인 계획을 의미

㉢ 자료수집 방법의 결정 : 설정된 조사목적에 대해 우선적으로 필요한 정보는 무엇인지, 다시 말해 구체적인 정보의 형태가 결정

㉣ 표본설계 : 자료수집을 하기 위해 조사의 대상을 어떻게 선정할 것인지를 결정하는 과정

㉤ 시행과 분석 및 활용 : 수집한 자료들을 정리 및 통계분석을 위한 코딩을 하고, 적절한 통계분석을 실행하고, 정보 사용자에 대한 이해 정도를 고려해서 보고서를 작성한다.

참고 마케팅 조사에서의 표본선정

① 표본추출과정은 '모집단의 설정 → 표본프레임의 결정 → 표본추출방법의 결정 → 표본크기의 결정 → 표본추출'의 순으로 이루어진다.
② 표본프레임(Sample Frame)은 모집단에 포함된 조사대상자들의 명단이 수록된 리스트를 말한다.
③ 층화표본추출은 확률표본추출로, 이는 모집단을 서로 상이한 소집단으로 나누고 이들 각 소집단들로부터 표본을 무작위로 추출하는 방법이다.
④ 비표본오류에는 자료기록 및 처리의 오류, 조사현장의 오류, 무응답 오류, 불포함 오류 등이 있다.

(3) 유통마케팅 자료분석 기법

① 조사 자료 설계 프로세스

문제파악	→	조사 THEME 확정	→	조사 실행	→	자료 정리	→	자료 활용
		• 테마 2차 선정 • 조사내용 1차 선정 • 관련기사 자료 수집 • 관련기사 자료 분석 • 조사내용 2차 정리 • 조사테마 수정 및 확정		• 조사설계 • 실지조사		• 조사자료 수집 • 조사자료 분석 • 자료결과 해석		• 자료결과 활용 • 전략, 전술 수립

② 자료분석기법

㉠ 관찰조사

- 개념 : 행동의 패턴을 기록 및 분석해서 조사대상에 대한 체계적인 지식을 취득하는 방법
- 관찰의 대상이 되는 피관찰자 자신이 관찰되는 사실을 모르게 하는 것이 중요하다.

㉡ 전화 인터뷰법

- 개념 : 면접진행자가 응답자들에게 전화를 걸어 설문지의 질문을 하고 기록하는 방식이다.
- 장점
  - 접촉의 범위가 넓다.
  - 면접진행자의 통제가 용이한 편이다.
  - 조사가 신속하게 이루어진다.
- 단점
  - 복잡하거나 긴 질문의 사용이 불가능하다.
  - 시각적인 자료의 활용이 어렵다.

㉢ 면접법

- 개념 : 면접진행자가 응답자를 직접적으로 만나서 인터뷰하는 방법
- 종류 : 몰 인터셉트 인터뷰, 방문 인터뷰
- 장점
  - 응답자들에 대한 응답률을 높일 수 있다.

– 복잡하거나 긴 질문의 사용이 가능하다.
– 시각적인 자료의 활용이 가능하다.

• 단점
– 면접진행자에 의한 오류 발생의 가능성이 있다.
– 비용이 많이 들어간다.
– 접촉범위의 한계가 있다.

㉣ 우편 조사법
• 개념 : 우편을 통해서 조사하는 방법
• 장점
– 비용이 저렴하다.
– 접촉의 범위가 넓다.
• 단점
– 응답자들에 대한 응답률이 낮다.
– 응답자들이 질문에 대한 순서를 무시할 가능성이 높다.
– 응답자들이 질문의 의도를 잘못 이해할 경우에 설명이 불가능하다.

참고 **확률표본 추출법과 비확률표본 추출법**

(1) 확률표본 추출법
① 단순임의 추출법(= 단순무작위 추출법Simple Random Sampling)(2016년 1회 출제)
㉠ 개념
단순무작위 추출법(Simple Random Sampling)이라고도 한다. 이는 모집단의 구성원들이 표본으로서 선정되어질 확률이 미리 알려져 있고 동일하며, '0'이 아니도록 표본을 추출하는 방법을 의미한다.
㉡ 특징
• 이해가 쉽다.
• 컴퓨터 프로그램에서 생성된 난수 또는 난수표 등을 활용한다.
• 모집단에 대한 모든 구성요소들에 대한 목록의 확보가 용이하지 않다.
• 자료에 대한 분석결과가 미리 정해진 허용오차 안에서 모집단에 대한 대표성을 가질 수 있다.
• 이질적인 구성요소의 집단들이 많은 관계로 집단 간의 비교분석을 필요로 하는 경우 표본이 상당히 커야 한다.

② **층화임의 추출법**(= 계층별무작위 추출법Stratified Sampling)

㉠ 개념

- 계층별무작위 추출법(Stratified Sampling)이라고도 한다. 이는 모집단을 구성하고 있는 집단에서 집단의 구성요소의 수에 비례해서 표본의 수를 할당하여 각 집단에서 단순무작위 추출방법으로 추출하는 방법이다.

㉡ 내용 및 특징

- 각각의 층은 서로 동질적인 구성요소를 지녀야 하며, 각각의 층은 서로 이질적이어야 한다.
- 모집단에 대한 표본의 높은 대표성의 확보가 가능하다.
- 표본을 구성하는 각각의 층들을 서로 비교해서 모집단을 구성하는 각 층의 차이점 추정이 가능하다.
- 높은 모집단의 대표성을 확보하기 위해서는 기준변수를 적절히 선정해야 하므로 모집단의 특성에 대한 사전 지식이 전혀 없는 상태라면 이러한 방식의 사용이 불가능하다.
- 각 층으로부터 표본을 추출하는 방식을 취한다.

③ **집락표본 추출법**(= 군집표본 추출법Cluster Sampling)

㉠ 개념

군집표본 추출법(Cluster Sampling)이라고도 한다. 이는 모집단이 여러 개의 동질적인 소규모 집단(군집)으로 구성되어 있으며, 각 군집은 모집단을 대표할 수 있을 만큼 다양한 특성을 지닌 요소들로 구성되어 있을 시에 군집을 무작위로 몇 개 추출해서 선택된 군집 내에서 무작위로 표본을 추출하는 방법이다.(2020년 3회 출제)

㉡ 내용 및 특징

- 층화임의 추출방법과는 반대가 된다. 다시 말해, 군집 내 요소들은 서로 이질적으로 다양한 특성을 가지고 있어야 하고 군집들은 서로 동질적이어야 한다.
- 비용 및 시간이 절약된다.
- 내부적으로는 이질적, 외부적으로는 동질적이라는 조건이 만족되어야 한다.
- 표적모집단을 구성하는 그룹이 여러 가지 유형인 경우 한 그룹만을 선택해서는 안 되고, 이때에는 각 유형에 해당하는 하위 그룹들 각각에서 표본을 추출함으로써 표본의 모집단 대표성을 확보할 수 있다.

④ **계통 추출법**(= 체계적표본 추출법Systematic Sampling)

㉠ 개념

이는 모집단 구성원에게 어떠한 순서가 있는 경우에 일정한 간격을 두면서 표본을 추출하는 방법이다.

㉡ 특징

- 대표성을 지니고 있는 표본을 효율적으로 추출이 가능하다.
- 표본추출 프레임이 순서가 있거나 또는 순서에 의해 표본의 추출이 가능한 경우에 사용이 가능하다.

- 주기성을 가지고 있는 경우에 문제 발생
- 비교적 용이하게 무작위성이 확보된 표본의 추출이 가능하다.
- 모집단이 어떠한 패턴을 가질 시에는 표본추출 시에 상당히 주의를 해야 하며, 모집단의 크기가 잘 알려지지 않거나 무한한 경우 표본의 추출간격을 알 수가 없다.

(2) 비확률표본 추출법

① **편의표본 추출법**(Convenience Sampling)

- 연구 조사자가 편리한 시간 및 장소에 접촉하기 쉬운 대상을 표본으로 선정하는 것을 말한다.
- 조사대상을 적은 시간 및 비용으로 확보할 수 있다.
- 표본의 모집단 대표성이 부족하다.
- 편의표본으로부터 엄격한 분석결과를 취득할 수 없지만, 조사 대상들의 특성에 대한 개괄적인 정보의 획득이 가능하다.

② **판단표본 추출법**(Judgement Sampling)(2019년 1회 출제)

- 연구 조사자가 조사의 목적에 적합하다고 판단되는 구성원들을 표본으로 추출하는 것을 말한다.
- 해당 분야에 있어서의 전문가들의 의견 등이 표적모집단의 대표성을 지닌다고 가정한다.
- 해당 분야의 전문가로 판단되어 선정된 표본들이 현실적으로 유용한 정보의 제공이 가능하다면 판단표본 추출법은 매우 유용한 방식이다.
- 판단표본이 편의표본보다 더욱 대표성을 지닐 것이라는 것은 가정 또는 기대일 뿐, 현실적으로 모집단의 대표성 정도는 평가할 수 없다.

③ **할당표본 추출법**(Quota Sampling)

- 모집단을 어떠한 특성에 따라 세분집단으로 나누고, 나누어진 세분집단의 크기 등에 비례해서 추출되어진 표본의 수를 결정하여 각 집단의 표본을 판단 또는 편의에 의해 추출하는 방법이다.
- 층화표본 추출과 비슷하지만 각각의 집단에서 무작위로 표본을 추출하지 않고, 편의에 의해 추출한다는 점에서 차이가 있다.
- 시간 및 경제적인 면에서 이점이 있다.
- 가장 널리 활용되는 표본 추출방식이다.
- 높은 수준의 대표성 확보가 가능하다.

④ **눈덩이표본 추출법**(Snowball Sampling)

- 연구 조사자가 적절하다고 판단되어지는 조사대상자들을 선정한 후에 그들로 하여금 또 다른 조사대상자들을 추천하게 하는 방식이다.
- 초반에는 연구 조사자의 판단에 의해 조사 대상자들이 선정되므로 판단표본 추출법의 일종이라 할 수 있다.
- 연구 조사자가 표적모집단의 구성원들 중 극소수 이외에 어느 누가 표본으로써 적합한지를 판단할 수 없는 경우에 활용할 수 있다.

• 연속적인 추천에 의해서 선정된 조사 대상자들에게는 동질성이 높을 수 있지만, 표적 모집단과는 상당히 유리된 특성을 지닐 수 있다.

제2절 유통마케팅 성과 평가

(1) 유통마케팅 성과 평가의 개요

마케팅 성과의 지표로는 다음과 같다.

① **혁신성** : 신제품의 개수 및 매출의 비중, 마진에 따른 지표

② **재무성과** : 마진, 매출, 영업이익

③ **타사와의 비교지표** : 타사 대비 소비자 및 제품 품질에 대한 만족도

④ **소비자행동지표** : 충성도, 소비자 수, 재구매율, 소비자 유지율

⑤ **소비자들의 주관적 태도** : 제품의 품질, 소비자 만족도, 인지도, 차별화

⑥ **유통채널에 따른 지표** : 유통점의 수

참고 **유통경로의 성과 측정[24] 중 재무적인 측면**

① 당기순이익을 순매출로 나눈 비율은 영업활동의 원가대비 가격의 효과성을 말한다.

② 제품의 회전율이 증가하거나 또는 순매출이익률이 증가하게 되면 총자산이익률도 함께 증가하게 된다.

③ 기업조직이 장단기차입금에 의존하고 있는 정도는 레버리지 비율로 표현된다.

④ 투자에 의한 배당이 얼마나 이룰 수 있는지를 판단하는 지표는 투자수익률이다.

24)유통경로의 성과를 평가하기 위한 정성적 척도 요소(2016년 2회 출제)
① 기능적 이전의 유연성
② 기능적인 중복의 정도
③ 경로리더십의 개발 정도
④ 최상위 목표에 대한 인식

(2) 유통마케팅 목표의 평가

① 공정성 원칙

- 각 관련 기업이 유통 기능의 수행에 참여한 정도와 필요 유통 서비스의 제공에 기여한 정도에 따른 비용과 성과의 분배

② 이상적 방향

- 목표시장이 요구하는 유통서비스의 파악
- 이의 제공을 위한 마케팅 기능 및 활동의 파악
- 각 기능 및 활동의 비용 파악
- 각 유통관련 기업들이 고객의 욕구를 만족시키기 위한 부가가치 창출 활동을 유도할 수 있는 보상제의 개발

(3) 유통업의 성과 평가

성과 평가의 방법이 중요하게 작용하는 이유는 각 상황별 평가의 방법에 의해 구성원(종업원)들의 행위 등이 달라지기 때문이다.

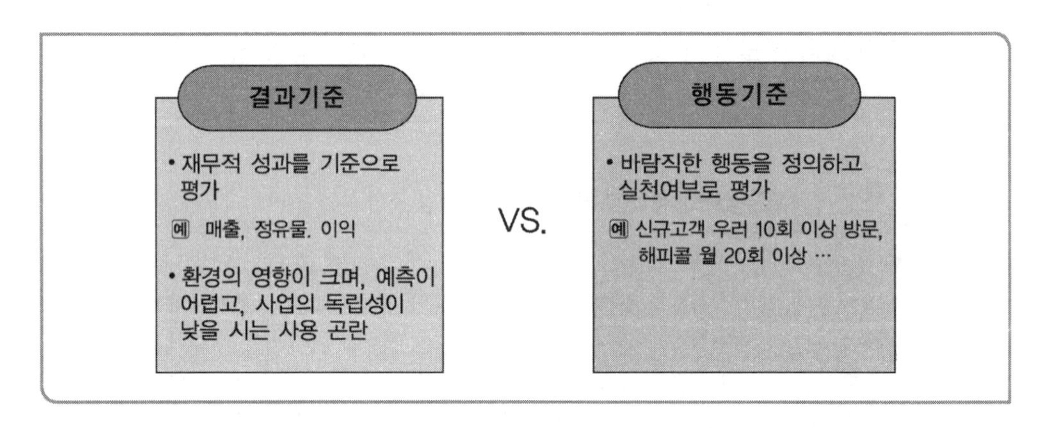

(4) 경로구성원의 평가

유통경로의 성과에 대한 평가는 학자 및 실무자들 간 둘 이상의 기업간 경로상호작용의 궁극적인 목표 및 결과로써 받아들여지고 있다. 경로성과 평가는 여러 가지 분석수준, 즉 경로시스템 관리, 유통기능 또는 흐름, 참여기관 등의 수준에서 이루어질 수 있다고 주장하고 있다.

참고 전체경로 및 개별경로 구성원들에 대한 경로성과 평가의 기준 (2016년 1회 출제)

① 시스템의 생산성 ② 시스템의 공평성
③ 시스템의 수익성 ④ 시스템의 효과성

(5) 영향력 및 갈등 평가

① 경로상 갈등의 원인
- 경로구성원간의 목표의 불일치 : 상대의 목표를 존중하지 않고 간섭하면서 발생
- 영역의 불일치 : 수행해야 할 역할에 대한 구성원간의 견해 차이에 의해 발생
- 지각의 불일치 : 보유하고 있는 의사결정 관련 정보가 다르거나 정보 분석의 능력의 차이가 나는 경우 발생

② **경로영향력의 원천**(2016년 2회 출제)

경로구성원이 가지고 있는 영향력의 원천과 다른 경로구성원에 대한 의존성의 정도에 따라 결정되며, 그 요소는 아래와 같다.

㉠ 합법력 : 규정된 행동을 준수하도록 주장할 수 있는 능력
㉡ 준거력 : 거래관계를 계속 유지하고 싶도록 할 수 있는 능력
㉢ 보상력 : 물질적, 심리적, 보호적 보상을 제공할 수 있는 능력
㉣ 강원력 : 영향력 행사에 따르지 않을 때 제재를 가할 수 있는 능력
㉤ 전문력 : 우수한 지식이나 경험 또는 정보 능력

(6) 온라인 유통마케팅의 성과지표(전환율, 노출수, CPC, CPM 등)

① CPC : 클릭 당 비용

광고 비용을 지불하는 방식 중 하나로써 코스트 퍼 클릭, 클릭 당 비용이라고 부른다. 광고가 노출된 횟수와는 관계 없이 광고가 클릭될 때마다 비용을 지불하는 방식을 말한다.

클릭이 잘 이루어지지 않는 브랜딩 광고를 진행할 때 사용하면 노출은 확보하면서 비용을 절감할 수 있기 때문에 효과적이다.

② CPM : 노출 당 비용

광고 비용을 지불하는 방식 중 하나로써 코스트 퍼 마일, 노출 당 비용이라고 부른다. 광고가 1,000회 노출될 때마다 비용을 지불하는 방식으로 클릭은 비용에 영향을

미치지 않는다. 클릭이 많이 발생할 것 같은 이벤트성 광고 소재에 적용하면 비용을 절감할 수 있다.

예 CPM이 1,000원이라고 하면 천번 노출당 1,000원, 즉 노출 1번에 1원이다.

③ CVR : 전환율 지표

디지털 마케팅에서의 주요 성과 지표 중 하나로, 고객이 우리가 목표로 하는 행동을 완료하는 것을 뜻한다. 웹사이트 유입 대비 전환 수를 나타내는 지표를 CVR이라고 하며, 실제 전환 지표보다는 전환율 지표를 주로 사용한다.

참고 유통채널 갈등과 그 시사점

① 경로갈등의 유형
- 수평적 갈등 : 동일한 계층에 있는 중간상 사이에서 발생
- 업태간 갈등 : 동일계층에 있는 상이한 업태의 중간상인들 간의 경쟁에서 발생
- 수직적 갈등 : 주로 제조업체와 유통업체 간의 갈등

② 경로갈등의 관리
- 채널간 영역중복으로 유통채널간 갈등 발생 시 채널별 제공가치의 차별화로 해결
- 힘의 불균형으로 제조업체와 유통업체 간 갈등 발생 시 제조업체 채널의 파워 유지 및 강화, 채널간 전략적 제휴, SCM[25] 등으로 해결

25) SCM(공급사슬관리)(2016년 2회 출제)
원재료의 조달에서부터 완성품의 최종 소비에 이르기까지 제품, 서비스, 정보의 흐름 등을 통합 및 관리해서 소비자들을 위한 부가가치를 향상시키는 경영프로세스를 의미한다.

Chapter 05

유통마케팅 조사와 평가 출제예상문제

01 다음 중 특정 문제가 잘 알려져 있지 않은 경우에 적합한 조사방법은?

① 의미조사
② 문헌조사
③ 탐색조사
④ 기술조사
⑤ 감각조사

해설 탐색조사는 기업의 마케팅 문제와 현재의 상황을 보다 더 잘 이해하기 위해서, 조사목적을 명확히 정의하기 위해서, 필요한 정보를 분명히 파악하기 위해서 시행하는 조사방법을 의미한다.

02 다음 마케팅조사 방법 중 하나인 면접법에 관한 사항으로 적절하지 않은 것은?

① 면접진행자가 응답자를 직접적으로 만나서 인터뷰하는 방법이다.
② 면접진행자에 의한 오류 발생은 없다.
③ 시각적인 자료의 활용이 가능하다.
④ 타 방식에 비해 응답자들에 대한 응답률을 높일 수 있다.
⑤ 복잡하거나 긴 질문의 사용이 가능하다.

해설 면접을 진행할 시에 면접진행자에 의한 오류 발생(적절치 못한 질문 등)의 가능성이 있다.

01. ③ 02. ② 정답

03 **다음 중 나머지 넷과 다른 하나는?**

① 층화임의 추출법　　② 단순임의 추출법
③ 계통 추출법　　④ 집락표본 추출법
⑤ 눈덩이 표본추출법

해설❯ ①②③④번은 확률표본 추출방식에 해당하며, ⑤번은 비확률표본 추출방식에 해당한다.

04 **다음 표본 추출방식에 관한 내용 중 주기성을 가지고 있는 경우에 문제 발생하며, 비교적 용이하게 무작위성이 확보된 표본의 추출이 가능한 것은?**

① 층화임의 추출법　　② 군집표본 추출법
③ 편의표본 추출법　　④ 계통 추출법
⑤ 할당표본 추출법

해설❯ 계통 추출법은 모집단 구성원에게 어떠한 순서가 있는 경우에 일정한 간격을 두면서 표본을 추출하는 방법을 의미한다.

05 **다음 표본추출에 관한 내용 중 각각의 층은 서로 동질적인 구성요소를 지녀야 하며, 각각의 층은 서로 이질적이어야 하는 방식은?**

① 집락표본 추출법　　② 할당표본 추출법
③ 눈덩이표본 추출법　　④ 층화임의 추출법
⑤ 계통 추출법

해설❯ 층화임의 추출법은 모집단을 구성하고 있는 집단에서 집단의 구성요소의 수에 비례해서 표본의 수를 할당하여 각 집단에서 단순무작위 추출방법으로 추출하는 방법이다.

06 **다음은 마케팅 자료분석 기법 중 전화 인터뷰법에 관한 사항이다. 이 중 가장 바르지 않은 것을 고르면?**

① 면접진행자가 응답자들에게 전화를 걸어 설문지의 질문을 하고 기록하는 방식을 의미한다.
② 접촉의 범위가 넓다.
③ 시각적인 자료의 활용이 용이하다.
④ 복잡하거나 긴 질문의 사용이 불가능하다.
⑤ 조사가 신속하게 이루어진다.

해설》 전화 인터뷰법은 전화라는 수단에 의존해야 하므로 시각적인 자료의 활용이 어렵다.

03. ⑤ 04. ④ 05. ④ 06. ③ **정답**

제4과목

유통정보

Chapter 01

유통정보의 이해

제1절 정보의 개념과 정보화 사회

1. 정보와 자료의 개념

(1) 정보의 정의

① 정보란 어떤 행동을 취하기 위한 의사결정을 목적으로 하여 수집된 각종 자료를 처리하여 획득한 의미 있고 유용한 지식이다.

② 정보는 어떤 사물, 상태 등 관련된 모든 것들에 대해 수신자에게 의미 있는 형태로 전달되어 불확실성을 감소시켜 주는 것과 같이 수신자가 의식적인 행위를 취하기 위한 의사결정, 선택의 목적에 유용하게 사용될 수 있는 데이터의 집합을 의미한다.

③ 정보는 미래의 불확실성을 감축시키는 모든 것을 의미하며, 이를 위해 방대한 자료들을 객관적 · 체계적으로 수집 · 분리 · 보관 · 전달 · 보고하기 위한 시스템을 전제로 하는 것이다.

④ 정보는 인간이 판단하고, 의사결정을 내리고, 행동을 수행할 때 그 방향을 정하도록 도와주는 역할을 하는 것이다. 따라서 정보는 미래의 불확실성을 감소시켜주는 역할을 한다.

정보단위 용어 

- 1 바이트 = 8비트
- 1 킬로바이트(Kilo Byte, KB) = 1,024 바이트
- 1 메가바이트(Mega Byte, MB) = 1,024 킬로바이트
- 1 기가바이트(Giga Byte, GB) = 1,024 메가바이트
- 1 테라바이트(Tera Byte, TB) = 1,024 기가바이트
- 1 페타바이트(Peta Byte) = 1,024 테라바이트
- 1 엑사바이트(Exa Byte) = 1,024 페타바이트
- 1 제타바이트(Zetta Byte) = 1,024 엑사바이트
- 1 요타바이트(Yotta Byte) = 1,024 제타바이트

(2) 자료의 정의

① 정보작성을 위해 필요한 데이터로 아직 특정 목적에 대하여 평가되지 않은 단순한 사실의 집합이다.

② 자료는 인간이 이해할 수 있고 유용한 형태로 처리되기 전 있는 그대로의 사실이거나 기록 이다.

③ 자료는 어떤 현상이 일어난 사건이나 사실 그대로 기록한 것으로 숫자, 기호, 문자, 음성, 그림, 비디오 등으로 표현된다.

④ 자료는 그 자체로는 의미가 없으며 이용자의 의도에 맞게 유용한 형태로 전환되고 가치를 지니고 있어야 의미를 가지게 된다.

2. 정보 · 자료 · 지식 간의 관계

(1) 자료(Data)

① 인간이나 기계로 처리하는 데 적합하도록 형상화된 사상이나 개념의 표현으로, 연구나 조사 등의 바탕이 되는 재료이다.

② 임금, 판매량, 유동인구, 출퇴근 시간 등 운용개념이 없는 사실(fact) 자체를 의미하며 숫자, 기호, 음성, 문자, 영상 등으로 표현된다.

③ 자료들을 사용자의 목적에 맞게 체계적으로 가공 · 정리된 것이 정보이다.

(2) 지식(Knowledge)

정보가 축적되어 체계화되고, 한층 더 농축된 상태로 원리적 · 통일적으로 조직되어 객관적 타당성을 요구할 수 있는 판단의 체계를 말한다.

[지식과 정보의 차이]

정보(Information)	지식(Knowledge)
㉠ 단편적 사고 : 원인 또는 결과	㉠ 종합적 사고 : 원인과 결과
㉡ 정태적 : 가치판단 및 정보체계	㉡ 동태적 : 의사결정, 행동을 통한 가치창출
㉢ 스톡 : 사고와 경험을 통해 정보체계화	㉢ 플로우 : 지식창조의 매개자료
㉣ 수동적 : 외부에서 수용	㉣ 능동적 : 주체적으로 생각, 가공, 판단

지식 포착 기법 

① 인터뷰 - 지식개발자들이 전문가의 질의에 대한 응답을 수집함으로써 지식을 포착하는 기법이다. 이는 개인의 암묵적 지식을 형식적 지식으로 전환하는데 사용한다.
② 현장관찰 - 관찰대상자가 문제를 해결하는 행동을 할때 관찰, 해석, 기록하는 프로세스이다.
③ 브레인스토밍 - 문제에 대하여 둘 이상의 구성원들이 자유롭게 아이디어를 생산하는 비구조적 접근방법이다.
④ 스토리 - 조직학습을 증대시키고, 공통의 가치와 규칙을 커뮤니케이션하고, 암묵적 지식의 포착, 코드화, 전달을 위한 뛰어난 도구이다.
⑤ 델파이 방법 - 다수 전문가의 지식포착 도구로 사용 되며, 일련의 질문서가 어려운 문제를 해결하는데 대한 전문가의 의견을 수렴하기 위해 사용된다.

(3) 정보의 특성

① **정확성** : 정확한 자료에 근거하여 주관적 편견이 개입되지 않아야 한다.
② **완전성** : 중요성이 높은 자료가 충분히 내포되어 있어야 한다.
③ **신뢰성** : 데이터의 원천과 수집방법에 달려 있다.
④ **관련성** : 의사결정자가 필요로 하는 정보를 선택하게 하는 매우 중요한 기준이다.
⑤ **경제성** : 필요한 정보를 산출하기 위한 비용과 정보이용에 따른 가치창출 사이에 균형을 유지하기 위해서는 경제성이 있어야 한다.
⑥ **단순성** : 의사결정자가 무엇이 중요한 정보인지를 결정하기 위해서는 단순해야 하고 지나치게 복잡해서는 안 된다.

⑦ **적시성** : 정보는 사용자가 필요로 하는 시간대에 전달되어야 한다.

⑧ **입증가능성** : 정보는 입증가능해야 한다. 입증가능성은 같은 정보에 대해 다른 여러 정보원을 체크해 봄으로써 살펴볼 수 있다.

⑨ **형태성** : 의사결정자의 요구에 정보가 얼마나 부합되는 형태로 제공되는지에 관한 정도를 말한다.

⑩ **접근성** : 정보를 획득하고 이해하거나 이용하는 데 쉽게 다가갈 수 있어야 한다.

(4) 정보의 집권화와 분권화

① 조직의 기본변수 가운데 하나인 집권화는 조직 내에서 의사결정이 어느 위치에서 이루어지는가에 초점을 맞춘 것으로 조직에 관한 주요 의사결정이 최고 경영층에 의해 내려질 경우 집권화(centralization)에 속하고, 하위계층의 관리자에게 의사결정의 재량권이 주어질 경우 분권화(decentralization)에 속한다.

② **정보의 집권화** : 의사결정의 권한이 조직의 상층부에 집중되어, 발생된 정보는 개별 발생처에서의 분산처리 없이 모두 중앙, 본부, 상급기관으로 모이게 되는 현상이다.

③ **정보의 분권화** : 의사결정의 권한과 책임이 하부로 위양되어 발생되는 정보는 중앙, 본부, 상급기관으로의 집중 없이 개별정보 발생처에서 분산 처리된다.

[정보의 집권화와 분권화]

요인	집권화가 유리한 조건	분권화가 유리한 조건
정보전달비용	정보의 가치에 비해 정보전달비용이 낮을 때	정보의 가치에 비해 정보전달비용이 높을 때
의사결정정보	원거리정보를 사용하는 것이 의사결정에 가치가 높을 때	원거리정보의 사용가치가 낮을 때 권한을 가진 현장관리자가 중앙정보 접근, 자체의사결정이 높을 때
신 뢰	중앙 의사결정자가 현장의 의사결정자에 대한 신뢰성이 낮을 때	중앙 의사결정자가 현장의 사결정자에 대한 신뢰성이 높을 때
동기유발	업무가 단순하고 Top-down 방식의 명령체계가 효과적일 때(전통적)	자율적 의사결정체계가 보다 자발적이고 생산적일 때(미래지향적)

3. 정보화 사회의 특징과 문제점

(1) 디지털 경제

① 디지털 통신 네트워크, 컴퓨터, 소프트웨어, 기타 정보기술에 기반을 둔 경제를 의미한다.

② 디지털 네트워킹과 통신인프라는 사람과 조직이 상호 교류하고 통신하며, 협력 및 정보를 찾기 위한 글로벌 플랫폼을 제공한다.

③ 정보와 지식에 기반한 지식기반 경제(knowledge-based economy)도 디지털경제에 포함된다.

④ 디지털경제는 새로운 경제적인 체계, 사회적 변혁, 그리고 새로운 비즈니스 모델 등이 요구된다.

⑤ 디지털경제의 특징

㉠ 범위의 경제성: 고객욕구의 다양화, 고도화로 인하여 다양한 지식과 정보기술을 활용하여, 상품의 다양성 및 생산성을 동시에 추구해야만 생존이 가능하다.

㉡ 지식기반경쟁 : 혁신이 기업 경쟁력의 원천, 글로벌화로 인한 무한경쟁 진입

① 무어(Moore's Law)의 법칙
- 반도체 칩의 정보처리 능력, 18개월마다 2배로 증가

② 멧칼프(Metcalf's Law)의 법칙
- 네트워크의 가치는 해당 네트워크 구성원수의 제곱에 비례

③ 서프의 법칙
- 데이터베이스가 인터넷에 연동되어 조회 및 입력이 가능할 때 데이터베이스의 가치가 급증

④ 단절의 법칙
- 무어의 법칙, 멧칼프의 법칙, 서프의 법칙 등이 결합되어 기존의 사회와는 전혀 다른 모습의 사회가 대두되는 상황

⑤ 길더의 법칙(Gilder's Law)
- 광섬유를 통한 데이터의 전송속도는 매 1년마다 3배로 증가

⑥ 코어스의 법칙
- 협력을 통한 거래비용의 절감과 조직 복잡성의 감소, 거래비용의 감소에 따라 기업 조직은 개별기업으로 분할되며 기업 수는 감소(거래비용 이론)

(2) 디지털 경제성장으로 인한 변화

① 인터넷을 통한 정보전달 속도 증대
② 고객에 대한 서비스의 효율성 증대
③ 인터넷을 통한 콘텐츠 전송 증대
④ 인터넷을 통한 물리적 제품의 소매 거래 감소
⑤ 영업 및 마케팅 비용 감소

(3) 정보화 사회의 개념

① 현대사회에서 정보가 지니는 가치가 물적자원에 비해 상대적으로 높아지면서 정보를 주축으로 이행된 새로운 체제를 가지게 된 시대나 사회를 의미한다.
② 일련의 정보를 중시하고 그러한 정보가 의사결정에 막대한 영향을 미치며 이러한 정보를 활용하여 생활에 적용하는 것을 말한다.

(4) 정보화 사회의 특징

① **사회적 측면에서의 특성** : 정보의 가치가 증대되고, 자유로이 이동함에 따라 정보시스템이 일반화되며, 지나치게 많은 양의 정보유입에 따른 시스템 효율저하, 질적 저하의 가능성이 있다. 이로 인해 다양화 및 분권화로 대표되는 사회는 더욱 복잡하게 변모할 것이다.
② **경제적 측면에서의 특성**
㉠ 에너지 및 자원 집약적인 하드웨어 중심의 경제구조에서 지식 및 정보중심의 자원절약형 소프트웨어 중심의 경제구조로 전환된다.
㉡ 생산방식이 기존의 소품종 대량생산 방식에서 다품종 소량생산 방식으로 전환된다.
③ **산업적 측면에서의 특성** : 제조업 중심의 산업체제에서 지적기술 및 정보를 통한 가치창출 중심의 산업체제로 전환된다.
④ **기술적 측면에서의 특성**
㉠ 지식을 바탕으로 하는 고도의 정보 · 통신기술의 진전이 가속화됨으로써 자료의 이용가치가 높아진다.
㉡ 유통되는 정보량이 증대되며 사회구성원들의 정보 접근성이 용이하게 된다.

⑤ **국제적 측면에서의 특성** : 생산요소의 자유로운 이동과 정보기술 및 네트워크 기술의 발전으로 세계화 및 개방화가 가속화됨에 따라 문화적 갈등, 경쟁, 상호의존이 더욱 심화된다.

⑥ **소비자 측면에서의 특성** : 경제성장과 정보통신매체의 발달에 따른 제품접촉 기회의 확대 등에 따라 소비패턴은 더욱 다각화·개성화되고, 소비주기가 단축되어 소비자 중심의 시장구조로 전환된다.

[산업사회와 정보화 사회의 특성 비교표]

양식	산업화 이전사회	산업사회	정보화 사회
생산양식	자원채취	제조	서비스
산업구분	1차 산업 (농업, 광업, 어업 등)	2차 산업 (생산제품, 내구재, 비내구재, 건설 등)	• 3차 산업(운송, 효용재) • 4차 산업(무역, 금융, 보험, 동산) • 5차 산업(건강, 연구, 교육, 정보, 레크리에이션)
동력원	천연동력 (바람, 물, 동물)	인위적 동력(전기, 석유, 가스, 원자력)	정보(컴퓨터 및 자료정보시스템)
전략적 자원	원재료	금융, 자본	지 식

(5) 정보화 사회의 탄생배경

① 산업사회가 성숙해짐에 따라 발생하는 개인적·사회적 욕구의 변화를 능동적으로 대처하기 위해 정보화 사회의 필요성이 증대되고, 또한 이를 위한 정보통신기술의 발달은 정보화 사회의 진전을 더욱 촉진시키게 되었나.

② 컴퓨터 공학이나 광섬유, 반도체 등의 기술발달로 인해 과거에는 매우 높은 가격이었던 컴퓨터 관련 기기들의 가격이 저렴해져서 개별기업이나 일반인들의 정보의 사용과 접근이 용이하게 되어 정보화가 급속히 진전되었다.

③ 근거리통신망(LAN), 부가가치통신망(VAN), 유선방송 등의 발달과 특히 인터넷 기술의 발달로 인해 정보를 실시간에 광역적으로 전달할 수 있게 되어, 정보의 전달에 있어서 시간과 위치의 한계를 극복할 수 있게 하였다.

④ 우리나라에서도 정보화를 촉진시키기 위해 국가초고속망을 조기에 완성시키고 벤처기업을 포함한 정보산업을 육성하고, 행정정보화, 지역정보화, 전자상거래, 가상교육 제도의 확충 등 정책적인 배려를 아끼지 않고 있다.

⑤ 정보화 사회는 필요적인 측면과 기술적인 측면 및 정책적인 측면이 서로 통합 혹은 상승작용을 하면서, 정치 · 경제 · 사회 · 교육 등 사회 전 분야에서 근본적인 변화를 일으키고 있으며, 발전의 속도가 일반적인 예상을 초월하여 빠른 속도로 일어나고 있다.

(6) 정보화에 따른 기업환경의 변화

① **글로벌 시장체제의 가속** : 기업들이 전 세계시장을 대상으로 경영활동을 수행해야 함을 의미하며, 제품 · 기술 · 자본 등과 같은 생산요소들이 국가 간에 자유로이 이동됨을 의미한다.

② **소비패턴의 다양화 · 고급화**

㉠ 정보통신기술의 발달로 네트워크 사회가 도래함에 따라 고객들은 끊임없이 정교화되면서 다양하고 고도화 된 욕구를 추구한다.

㉡ 기업 활동은 궁극적으로 고객의 구매 정도에 의해 평가되며, 고객은 직접 제품을 구매한다기보다 그 효용을 구매한다. 즉, 기업의 가장 중요한 기능은 고객을 만족시켜야 한다.

㉢ 대량생산시스템에서 소량생산시스템으로 나아가 맞춤형 생산시스템으로의 전환을 요구하고 있다.

㉣ 제품의 수명주기는 더욱 단축되고 있다. 기업들은 이러한 추세에 대응하기 위한 전략적 방안으로 신속하고 정확한 정보시스템의 구축을 추구하고 있다.

(7) 정보화 사회의 문제점

① 너무 많은 정보의 양으로 정보과잉 현상이 일어난다.

② 특정 사람만이 가지는 정보의 독점 형태가 일어난다.

③ 컴퓨터 범죄 및 사생활 침해 현상이 증가하고 있다.

④ 정보기술이 발전하지 못한 국가들은 문화적 정체성을 상실할 수 있다.

⑤ 사회 전체가 단일 네트워크로 묶이다 보니 이에 따른 사회적 위험 또한 증가하고 있다.

제2절 정보와 유통혁명

1. 유통정보혁명의 시대

(1) 유통혁명의 의의

① 유통혁명이란 상품이 유통되고 거래되는 방식이 이전과는 완전히 새롭게 변화하는 것을 말한다.

② 기존의 유통 과정은 상품이 생산자에게서 도매상과 소매상을 거쳐서 소비자에게로 이동하는 것이 일반적이었지만, 최근에는 중간 도매상이 점점 사라져 가는 방향으로 유통 과정이 바뀌어 가고 있는데, 이런 유통 혁명이 가능해진 것은 상품의 대량 생산과 대량 소비가 이루어지고, 교통과 통신 등의 시설들이 발달했기 때문이다.

③ 유통 혁명으로 인해 변화된 모습은 슈퍼마켓, 창고형 할인 매장 등에서 볼 수 있다. 유통 혁명은 이들이 중심이 되어 이루어지고 있다. 이들은 본점을 중심으로 해서 많은 점포를 집중적으로 관리하면서 중간 도매상을 거치지 않고 생산자와 소비자를 직접 연결하고 있다.

④ 유통 혁명은 운수, 포장, 보관 등에서도 이루어지고 있다. 화물을 수송할 때 컨테이너를 사용하거나 식품의 신선도를 떨어뜨리지 않고 저온으로 수송하는 방식 등을 예로 들 수 있다.

(2) 유통혁명 시대의 특성

① 정보가 빠르게 진전되고 소비자의 욕구가 증대됨에 따라 제조업 위주의 시장지배체제로부터 유통업체 위주의 시장지배체제로 전환되었다.

② 새로운 유통업체들은 고객의 요구에 능동적으로 대응함으로써 막강한 구매력을 확보하였고, 이를 통해 가격, 포장단위 등과 같은 중요한 시장지배요인을 결정하는 주도권을 확보하게 되었다.

③ 국민소득수준의 향상, 정보 · 통신기술의 진전 · 고객욕구의 다양화에 기인한 유통혁신시대에 유통업계에 요구되는 관점이다.

[유통혁명시대의 특징]

구분	유통혁명 이전시대	유통혁명 시대
관리핵심	개별기업관리	공급체인관리
기술우위요소	신제품 개발	정보와 네트워크
경쟁우위요소	비용과 품질	정보와 시간
조직체계	독립적, 폐쇄적 조직	유연하고 개방적 팀조직
이익의 원천	수익 제고	가치 창출
고객과 시장	불특정 다수	특화 고객

2. 유통업에 있어서의 정보혁명

(1) IT기술의 발전과 RFID 보급의 확대

① RFID(Radio Frequency Identification, 무선식별시스템)는 일정한 주파수 대역을 이용하여 무선 방식으로 원거리에서도 대상물을 분석, 각종 데이터를 주고 받을 수 있는 시스템을 말한다.

② 물류, 유통, 주차관리, 도서관시스템 등에서 다양하게 적용될 수 있다.

③ 스티커 형태의 라벨에 마이크로칩을 내장하여 무선주파수를 사용하기 때문에 판독을 위한 스캐닝이 필요 없다. 대형할인점의 경우 계산대를 통과하기만 해도 정확한 계산이 이루어지며 동시에 물건의 입 · 출고 정보까지 파악할 수 있다.

④ 판매 후 물건의 위치까지 추적이 가능하므로 도서관의 도서 분실, 운송업계에서의 화물 도난 방지에 혁신적이라 할 수 있고, 물건의 유통기한, 재고관리 등에도 효율적으로 사용될 수 있다. 그러나 이러한 위치 추적 기능은 심각한 사생활 침해를 가져올 수도 있다.

(2) 4차 산업과 유통

① 1차 산업은 기계장치를 통한 제품생산, 2차 산업은 전기기관의 발명으로 인한 대량생산체제 구축, 3차 산업은 정보통신기술로 인한 생산라인의 자동차, 4차 산업혁명은 AI, 빅데이터, 클라우드 등을 통한 기술융합으로 사람 · 사물 · 공간이 초연결되거나 초지능화 되는 것을 의미한다.

② 4차 산업혁명의 대표적인 핵심기술은 빅데이터(Big data), 가상현실(VR), 사물인터넷(IOT), 증강현실(VR), 인공지능(AI) 등 ICT와 접목하면서 유통산업을 포함한 다양한 분야에서도 접목시키려는 움직임이 늘어나고 있는 중이다.

③ 또한 이전에 볼 수 없는 새로운 변화를 나타나면서 물류현장까지 파급되기 시작했다. 특히 물류현장에서는 자동화 · 무인화 기술을 통한 나타내고 있는 것이다. 이들의 기술 융합으로 인해 모든 산업분야에서 새로운 변화가 일어나고 있다.

④ **4차 산업혁명**

㉠ 인공 지능, 사물 인터넷, 빅데이터, 모바일 등 첨단 정보통신기술이 경제 · 사회 전반에 융합되어 혁신적인 변화가 나타나는 차세대 산업혁명이다.

㉡ 인공 지능(AI), 사물 인터넷(IoT), 클라우드 컴퓨팅, 빅데이터, 모바일 등 지능정보기술이 기존 산업과 서비스에 융합되거나 3D 프린팅, 로봇공학, 생명공학, 나노기술 등 여러 분야의 신기술과 결합되어 실세계 모든 제품 · 서비스를 네트워크로 연결하고 사물을 지능화한다.

[4차 산업혁명 변화]

(3) 4차 산업혁명 기술

① ICBM : 인터넷으로 연결된 기기들이 서로 정보를 주고받으며 서비스를 제공하는 '사물인터넷(IoT)', 정보나 소프트웨어를 개별 컴퓨터가 아닌 인터넷상의 서버에 저장해 사용하는 '클라우드 컴퓨팅(Cloud Computing)', 디지털 환경에서 생성되는 방대한 정보인 '빅데이터(Big Data)', 휴대전화처럼 이동하면서 사용 가능한 정보통신 기기를 가리키는 '모바일(Mobile)'의 영어 머리글자를 딴 조어(造語)이다.

② **사물인터넷(IOT)** : IoT(Internet of Thing)는 사물인터넷이라고 번역하며 각종 사물이 인터넷과 연결되어 있는 상태를 의미한다. 이는 ICT 기술의 획기적인 발전으로 실현

가능해졌는데 네트워크 안에서 사물들이 서로 정보교환 및 상호제어를 하며 부가가치를 생산한다.

③ Cloud Computing : 사용자가 필요한 소프트웨어를 자신의 컴퓨터에 설치하지 않고도 인터넷 접속을 통해 언제든 사용할 수 있으며 동시에 각종 IT 기기로 데이터를 손쉽게 공유할 수 있는 사용 환경이다.

④ 빅데이터(Big data) : 기존 데이터베이스 관리 도구의 데이터 수집, 저장, 관리, 분석하는 역량을 넘어서는 데이터셋 규모를 의미하며 그 정의는 주관적이며 앞으로도 계속 변화될 것이다. 사람이 분석 불가능한 방대한 양의 데이터를 전수 분석하여 관계없어 보이는 데이터끼리의 연관 관계를 파악하고 현재의 현상을 이해하고 미래를 예측하는 것이라 할 수 있다.

⑤ 인공지능(Artificial Intelligence, AI) : 작게는 장치가 더 똑똑해져서 나의 생활 패턴을 이해하고, 스스로 알아서 동작하는 약한 인공지능부터, 생태계 전체의 생활 및 환경으로부터 최적의 해법을 제시하는 강한 인공지능을 이용하여 인간의 생산성을 최대한 올려주는 도구이다.

⑥ 블록체인(block chain) : 블록체인은 관리 대상 데이터를 '블록'이라고 하는 소규모 데이터들이 P2P 방식을 기반으로 생성된 체인 형태의 연결고리 기반 분산 데이터 저장 환경에 저장하여 누구라도 임의로 수정할 수 없고 누구나 변경의 결과를 열람할 수 있는 분산 컴퓨팅 기술 기반의 원장 관리 기술이다.

⑦ 3D 프린팅 : 3D 프린팅은 3차원 모델 데이터로부터 복잡한 형상을 가진 광범위한 구조물을 만들어내기 위해 사용하는 적층 제조(AM, additive manufacturing) 공법을 말한다. 마치 조각가가 찰흙을 잘라내듯이 재료를 가공하거나 깎아내서 물건을 만드는 대신, 3D 프린팅은 재료를 한 층 한 층 쌓아 제작한다.

3. 정보화 진전에 따른 유통업태의 변화

(1) 유통업태의 변화

유통시장이 완전 개방된 이후 슈퍼마켓 등 소규모 점포의 비중은 크게 감소한 반면 대형마트와 대형 할인점, 편의점, 복합쇼핑몰, TV홈쇼핑, 인터넷쇼핑 등 새로운 유통업태의 성장이 나타났다. 현재 온라인 유통업의 전개는 오프라인과 온라인이 혼합된 형태를 띠고 있는 점이 특징이다.

(2) 새로운 유통업태의 등장

정보 통신기술의 발전으로 기업들의 정보중심적 전략이 가능해지고, 인터넷의 확산으로 고객의 소비패턴이 변화됨에 따라 새로운 유통업태들이 등장했다.

제3절 정보와 의사결정

1. 의사결정의 이해

(1) 의사결정의 개념

① 의사결정(decision making)은 여러 대안 중에서 하나의 행동을 고르는 일을 해내는 정신적 지각활동이다.

② 모든 의사결정의 과정은 하나의 최종적 선택을 가지게 되며 이 선택의 결과로 어떤 행동 또는 선택에 대한 의견이 나오게 된다. 정보처리 관점에서 의사결정은 정보와 반응 사이의 다 대 일 대응으로 나타난다고 볼 수 있다. 즉, 대개 많은 정보를 지각하고 평가하여 하나의 선택을 하는 것이다.

③ 기업 내에서는 조직구성원에 의해 수많은 의사결정이 이루어지고 있으며, 의사결정은 기업구성원들의 중요한 문제이다. 기업경영관점에서 의사결정을 정의하면, 기업의 소유자 또는 경영자가 기업 및 경영상태 전반에 대한 방향을 결정하는 일이라고 할 수 있다.

(2) 의사결정의 과정

① 의사결정이란 기업목표의 설정과 목표를 달성하기 위해 선택 가능한 여러 대안 가운데에서 하나를 합리적으로 선택하고, 결정하는 제반활동과 행동을 나타내는 것이다. 또한 의사결정은 조직의 모든 계층에서 이루어진다.

② 의사결정은 일반적으로 '문제에 대한 인식 → 대체안의 탐색 → 대체안의 평가 → 대체안의 선택' 등의 과정을 거쳐 최종적으로 이루어지고 선택된 대체안은 실행에 옮겨진다. 그 후 실행한 결과를 평가한다. 그리고 평가결과는 피드백이 이루어져 다

음 번의 의사결정에 영향을 미친다.

(3) 의사결정의 모형

① 합리적 경제인 모형

㉠ 고전적인 합리모형으로 인간과 조직의 합리성, 완전한 지식과 정보의 가용성을 전제하는 모형이다.

㉡ 개인적 의사결정과 조직상의 의사결정을 동일시하며, 의사결정자의 전지전능성을 전제하고 있다.

㉢ 의사결정자는 문제의 복잡성, 미래상황의 불투명성, 적절한 정보의 부족 등으로 많은 장애요인을 가지고 있다.

㉣ 관련된 기법 : 선형계획, 기대행렬이론, 게임이론, 비용-편익 분석법 등이 있다.

② 관리인 모형(만족모형)

㉠ 사이몬이 제시한 인간의 제한된 합리성에 주의를 환기시키면서 합리적 모형을 수정한 모형이다.

㉡ 현실세계를 단순화시킨 모형이다.

㉢ 가치관 같은 주관적 합리성을 중시한다.

㉣ 만족스런 대안발견을 추구한다.

㉤ 만족수준에 따른 대안선택의 최저기준을 설정한다.

③ 타협모형

㉠ 의사결정에 기준을 제시할 수 있는 조직적 목적은 조직이라는 연합체를 구성하는 구성원들이 협상과 타협을 통하여 형성한다.

㉡ 조직적 목적은 단일한 것이 아니고 복수이어야 한다.

㉢ 의사결정자들의 욕구수준은 관련된 여러 목적에 비추어 받아들일 수 있는 기대수준에 따라 결정된다.

㉣ 대안의 모색은 단순하고 편견적인 것이 보통이다.

④ 점증모형

㉠ 기존의 정책이나 결정을 점진적으로 수정해 나가는 방법에 의하여 의사결정을 하는 모형으로 의사결정은 부분적 · 순차적으로 진행된다.

㉡ 목적과 대안이 함께 선택된다고 보기 때문에 목적과 수단의 구별이 없다.

㉢ 의사결정에 관련된 문제를 단순화시키는 데 과거의 해결방법과 차이가 적게 나는

대안을 고르거나, 대안의 실행결과의 일부와 그에 결부된 가치를 고려하지 않고 무시해 버린다.

⑤ 최적화모형

㉠ 계량적인 측면과 질적인 측면을 구분하여 검토하고 이를 결합시키는 질적인 모형이다.

㉡ 합리적인 요인과 초합리적인 요인을 함께 고려하는 모형이다.

㉢ 여러 대안이 가져올 기대되는 효과를 예비적으로 검토하고 점진적 전략을 채택할 것인가 아니면 쇄신적 전략을 채택할 것인가를 결정한다.

2. 의사결정의 종류와 단계

(1) 의사결정의 종류

① 문제해결의 구조화 과정에 따른 분류

㉠ 정형적(구조적) 의사결정

- 문제와 목표가 명확하여 관련된 정보를 이용하여 자명하거나 잘 알려져 있는 방안을 선택하는 유형을 말한다.
- 주로 시스템에 의해서 의사결정이 자동적으로 이루어진다.

㉡ 비정형적(비구조적) 의사결정 : 선택 관련 정보가 애매모호하거나 새롭고 이례적이기 때문에 체계적으로 조직되어 있지 않은 문제를 대상으로 이루어지는 의사결정을 말한다.

[정형적 의사결정과 비정형적 의사결정의 비교]

정형적 의사결정	비정형적 의사결정
반복적	신선함, 새로움
잘 정의된 목표	잘 정의되지 않은 목표
명확한 정보와 선택 대안들	모호한 정보화 선택 대안들
확실함	불확실함
주로 하위층	주로 고위층
관리적, 업무적 의사결정	전략적 의사결정
OR, EDPS 등	휴리스틱 기법 등

휴리스틱(heuristic) 

① 휴리스틱은 문제를 해결함에 있어 그 노력을 줄이기 위해 사용되는 고찰이나 과정을 의미하는 것으로 발견법이라고도 한다.
② 오늘날 기업이 당면한 경영환경은 매우 복잡하고 변화가 심하다. 기업이 어떤 사안의 의사를 결정하려면 다양한 변수를 고려해야 한다. 그러나 기업은 현실적으로 정보의 부족과 시간제약으로 완벽한 의사결정을 할 수 없다. 제한된 정보와 시간제약을 고려해 실무상 실현 가능한 해답이 필요하다. 이것이 바로 휴리스틱 접근법이다.
③ 휴리스틱 접근법은 가장 이상적인 방법을 구하는 것이 아니라 현실적으로 만족할 만한 수준의 해답을 찾는 것이다. 즉 의사결정을 하려면 다양한 변수를 고려해야 하지만 현실적으로 정보의 부족과 시간제약으로 완벽한 의사결정을 할 수 없기 때문에 제한된 정보와 시간제약을 고려해서 실무상 실현 가능한 해답이 필요할 때 이 방법을 사용한다.

② 경영활동의 계층에 따른 분류

㉠ 전략적 의사결정 : 조직의 목표설정, 목표달성을 위한 자원의 획득 · 사용 · 처분을 위한 방침을 결정하는 것으로, 주로 경영진에 의해 실행된다.

㉡ 관리적 의사결정 : 중간관리자가 조직의 목표를 달성하기 위해서 자원을 획득하고, 효율적 · 효과적으로 이용하기 위한 의사결정이다.

㉢ 업무적 의사결정 : 특정한 업무 또는 작업이 효율적으로 수행되도록 하는 과정으로 주로 실무자에 의한 의사결정이다.

③ 의사결정의 상황에 따른 분류

㉠ 확실성하에서의 의사결정
- 문제의 분석에 필요한 모든 자료가 확실하게 주어져 있을 경우의 의사결정으로 의사결정의 결과를 확실하게 예측할 수 있는 상황에서의 의사결정이다.
- 선형계획법(LP), 운송법, 할당법, 동적계획법, 목표계획법, 정수계획법, 비선형계획법, 손익분기분석 등의 기법이 활용된다.

㉡ 불확실성하에서의 의사결정
- 의사결정의 결과에 대해서 고도의 불확실성이 존재하는 의사결정으로 완전히 알려지지 않은 사업에 투자하는 사업가는 불확실성 아래에서의 의사결정을 하고 있는 것이다.
- 맥시맥스 기준, 맥시민 기준, 라플라스 기준, 후르비츠 기준, 미니맥스 후회기준 등의 기법이 활용된다.

㉢ 위험하에서의 의사결정

- 확실성과 불확실성의 중간으로서 결과에 대해 확률이 주어질 수 있는 상황에서의 의사결정으로 대부분의 의사결정은 위험 아래에서의 의사결정이라 할 수 있다.
- 기대화폐가치기준, EOL, EVPI, 의사결정나무, 재고관리, PERT/CPM, 시뮬레이션, 대기행렬이론, 마코브 분석 등의 기법이 있다.

㉣ 상충하의 의사결정

- 두 사람 또는 그 이상의 의사결정자가 경쟁적인 이해관계 상태에 있을 때의 의사결정이다.
- 상충하의 의사결정기법으로는 게임이론이 있다.

(2) 의사결정의 단계

① 의사결정의 4단계

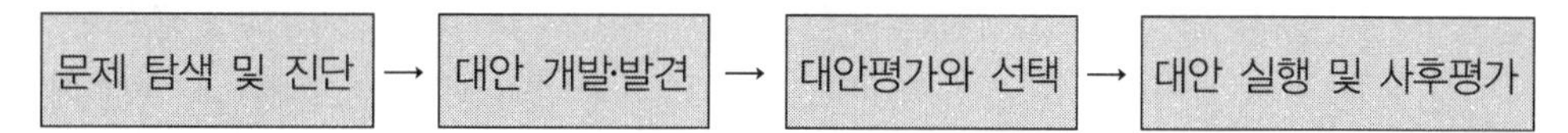

㉠ 문제 탐색 및 진단

탐색(정보수집)단계는 조직 내에 나타난 문제를 파악하고 이해하는 단계이다. 이 단계에서는 무엇이 문제이며, 왜 이러한 문제가 생기며, 이문제가 어떤 영향을 미치는가를 이해한다. 문제를 파악하기 위해서는 조직 내부 및 외부의 환경을 지속적으로 모니터를 하여야 한다.

㉡ 대안 개발(설계)

설계단계는 문제를 해결할 수 있는 가능한 대안을 개발하고 분석하는 단계이다. 경우에 따라 대안이 이미 주어져 있는 경우도 있으며 어떤 경우에는 완전히 새로운 대안을 개발하여야 한다.

㉢ 합리적인 안 선택(선택)

선택단계는 가능한 대안 중 한 가지 대안을 선택하는 단계이다. 이 단계에서는 명시적이든 암묵적이든 대안을 선택하는 기준을 마련하고 기준에 따라 각 대안을 평가한다. 설계단계에서 개발된 평가기준 즉, 은행의 경우 예상 수익률, 위험도, 환금성 등의 평가기준에 따라 주식, 채권, 대출 대안 중에서 하나를 선택하여야 할 것이다.

㉣ 수행(실행)

수행(실행)단계는 선택된 대안을 실행하는 단계이다. 이 단계에서는 선택된 대안이 제대로 효과를 거두고 있는지를 검토하고 그렇지 않으면 왜 그러한 문제가 생기는가에 대한 분석을 한다.

② 소비자의 의사결정단계

㉠ 욕구(문제)의 인식 : 소비자가 내부적 · 외부적 자극을 받아 현실적인 상태와 이상적인 상태 사이의 차이를 인식하게 되어, 그 차이를 충족시키기 위한 목표 지향적인 행동을 취하는 단계이다.

- 내부적 자극 : 개인 내면에서 나타나는 욕구(목마름, 배고픔, 성욕 등)를 말한다.
- 외부적 자극 : 외부로부터 받아들여지는 새로운 정보나 경험(TV 광고, 주위의 권유 등)을 말한다.

㉡ 정보탐색

- 욕구인식 후 소비자는 우선 자신이 이미 가지고 있는 정보가 충분한지의 여부를 결정하기 위하여 자기의 기억 내부에 저장된 정보와 경험을 검토해 보는 내부적 탐색을 수행하게 된다.
- 내부적 탐색만으로도 현재의 의사결정을 충분히 내릴 수 있다면, 의사결정은 습관적 반응행동이 된다.
- 내부적 탐색의 결과, 이미 저장되어 있는 정보나 경험이 의사결정을 위하여 충분하지 않다면 외부로부터 정보나 경험을 얻어내기 위하여 외부적 탐색을 시작하게 된다.

㉢ 대안의 평가 : 탐색 단계에서 얻은 정보를 가지고 몇 가지 해결방안을 비교 · 평가하여 우선순위를 정하는 것이다.

㉣ 구매결정 : 정해진 대안들을 종합적으로 평가하여 최선의 대안을 선택하게 된다.

㉤ 구매 후 행동

- 제품을 구입한 후, 소비자는 어떤 수준의 만족과 불만족을 경험한다.
- 만족하게 되면 다음에도 그 제품을 구매할 가능성이 높게 나타나며, 불만족하게 되면 그 제품을 버리거나 반품할 수도 있으며, 높은 가치를 확신시켜주는 다른 정보를 탐색하게 된다.

3. 의사결정상의 오류와 정보

(1) 의사결정상 오류 발생 이유

① **만족감에 도취** : 문제발생의 전조를 무시한다.

② **방어적 회피** : 의사결정자가 위험이나 기회의 중요성을 부정하거나 취해야 할 행동을 회피하는 것이다.

③ 결정을 위한 결정

④ 대안모색을 하는데 요구되는 시간과 노력, 재원마련의 부족에서 오는 한계가 존재한다.

(2) 의사결정상의 전형적인 오류들

① **문제에 대한 과소평가 오류**(Underestimating uncertainty bias) : 의사결정자가 개인 또는 조직의 운명을 좌우할 만한 환경변화가 있었는데도 이를 제대로 감지 못하는 경우이다.

② **선택적 지각 오류**(Selective perception bias) : 객관적인 사실을 인정하지 않고 의사결정자 자신의 개인적 경험과 지위에 따라 주관적인 판단을 우선하는 경향이다.

③ **동일시 오류**(Illusory correlations bias) : 의사결정자가 실제로는 다른 문제인데도 과거에 해결했던 문제와 같은 문제로 인식할 때 생길 수 있는 오류다.

④ **최근성 오류**(Recency bias) : 의사결정자는 과거로부터 축적되어온 정보보다 최근의 정보에 현혹되는 오류를 범할 수도 있다.

⑤ **정당화 추구 오류**(Search for supportive evidence bias) : 의사결정자는 해결대안을 선택하여 시행하면서 '무언가 잘못되어 가고 있다'는 느낌을 받을 수 있다. 그러나 자존감이 높은 의사결정자는 지위상실에 대한 불안감 때문에 선택한 대안이 최적안이라는 것을 증명하기 위한 정보만을 찾게 된다.

⑥ **단기적 성과지향 오류**(Preoccupation with the short term bias) : 단기적인 성과를 지향하는 의사결정자는 올바른 선택을 하고도 부정적인 결과에 민감한 나머지 섣부르게 판단하는 경우가 있다.

⑦ **실패의 외부귀인 오류** : 의사결정자가 문제해결에 실패한 경우에 운이나 다른 사람들의 탓으로 돌리는 경우이다.

(3) 의사결정의 오류와 정보

이러한 의사결정상의 다양한 오류는 인간이 제한된 합리성을 가진 존재임에도 불구하고 객관적인 정보보다는 자신의 이성이나 판단을 신뢰하기 때문에 발생한다. 그러므로 이러한 오류를 해결하기 위해서는 많은 정보를 기반으로 구축된 정보시스템을 충분히 활용해야 한다.

4. 의사결정지원 정보시스템

(1) 의사결정지원시스템(DSS ; decision support system)

① DSS란 사용자들이 기업의 의사결정을 보다 쉽게 할 수 있도록 하기 위해 사업 자료를 분석해주는 컴퓨터 응용프로그램을 말한다.

② **의사결정지원시스템을 통해 얻을 수 있는 정보**

㉠ 주간 판매량 비교

㉡ 신제품 판매 전망에 기초한 수입 예측

㉢ 어떤 환경하에서 주어진 과거의 실적에 따라 서로 다른 의사결정 대안별 결과 분석

③ 의사결정지원시스템은 정보를 도식화하여 나타내줄 수 있으며, 경우에 따라 전문가 시스템이나 인공지능 등이 포함될 수도 있다. 이를 통해 기업의 최고경영자나 다른 의사결정그룹들에게 도움을 줄 수 있다.

(2) 집단 의사결정지원시스템(GDSS ; Group Decision Support Systems)

① 조직 구성원 다수 의사결정을 지원하기 위해 의사결정에 유용한 기법, 분석 도구 등을 지원하는 의사결정 지원 시스템이다.

② 일련의 하드웨어, 소프트웨어, 물리적인 공간, 절차 등을 모두 포함한다.

③ **그룹의사결정지원시스템이 필요한 경우**

㉠ 원거리에 있는 인적자원을 활용해야 하는 경우

㉡ 팀원 중 일부를 원거리에 파견하는 경우

㉢ 지리적으로 분산된 팀원, 부서의 프로젝트 진행 시

㉣ 문화적, 지리적 차이를 극복하고 브레인스토밍을 실행해야 함

㉤ 프로젝트의 시작에서 끝까지 공동작업으로 이끌어 나가야 함

(3) 전문가시스템(ES ; Expert System)

① 전문가시스템은 생성시스템의 하나로서, 인공지능 기술의 응용분야 중에서 가장 활발하게 응용되고 있는 분야이다. 즉 인간이 특정분야에 대하여 가지고 있는 전문적인 지식을 정리하고 표현하여 컴퓨터에 기억시킴으로써, 일반인도 이 전문지식을 이용할 수 있도록 하는 시스템이다.

② **전문가시스템의 범주**

㉠ 진단(Diagnosis) 시스템 : 환자를 진단하거나 기계의 고장을 진단하는 것처럼 대상의 상태를 보고 원인을 찾아내는 시스템

㉡ 계획(Planning) 시스템 : 주어진 조건하에서 목적을 달성하는 데 필요한 행동의 순서를 찾아주는 시스템

㉢ 배치(Configuration) 시스템 : 주어진 부분들을 조건에 맞게 조합하여 문제를 해결하는 시스템으로 맞춤형 개인 컴퓨터 조립이나 여러 생산현장에서 많이 사용

㉣ 의사결정(Decision Making) 시스템 : 은행에서 대출을 결정한다든지 보험회사에서 고객의 위험도를 판단하여 보험료를 결정할 때 사용

㉤ 감시(Monitoring) 시스템 : 공장이나 기계의 작동을 실시간으로 감시하여 고장이나 이상 현상을 발견하여 주는 시스템으로 제철소나 정유공장 등에서 사용

③ **중역정보시스템(EIS ; executive information system)**

㉠ 의사결정 지원 시스템의 일종

㉡ 기업의 임원에게 핵심성공요인(Critical Success Factor, CSF) 관련된 기업 내, 외부 정보에 쉽게 접근할 수 있도록 해주는 시스템

㉢ 중역들의 전략적인 의사결정에 필요한 정보를 제공하는 시스템

㉣ 최고 경영진에게 전략적인 의사 결정에 필요한 정보를 제공하는 정보시스템

㉤ 중역들이 주요 성공요소에 관련한 기업 내·외부 정보를 쉽게 접근할 수 있도록 해주는 컴퓨터 기반의 시스템

중역정보시스템의 기능 

㉠ Drill Up(개괄정보 보기) : 요약된 정보를 중요성이 높은 순으로 정렬하여 전체적인 시간으로 개별부분들을 파악할 수 있도록 해준다.
㉡ Drill Down(상세정보 보기) : 요약된 정보를 기반으로 상세정보를 원할 때 보여주는 기능을 한다.
㉢ Exception Reporting(예외보고) : 기대성과치를 기준이하면 빨간색, 초과하는 항목은 초록색, 주의요망은 노란색을 표기하여 예외사항을 확인토록 지원한다.
㉣ Trend Analysis(추세분석) : 성과지표들의 변동하는 추세들을 정기적으로 분석한다.

5. 지식경영과 지식관리시스템

(1) 지식경영의 개념

① 지식경영은 지식을 획득하고 획득된 지식을 활용하여 새로운 부가가치를 창출하는 모든 경영 활동을 말한다. 쉽게 표현하자면, 보유 지식의 활용이나 새로운 지식의 창출을 통해 수익을 올리거나 미래에 수익을 올릴 수 있는 역량을 구축하는 모든 활동을 말한다. 즉, 지식경영의 목적은 기업이 지식을 습득하고 공유하며 창출 · 활용하는 과정을 효과적으로 운영하여 수익과 경쟁우위를 확보하는 데 있다.

② 개념적으로 본다면 지식경영 능력이란 단순히 지식의 창조에만 관련된 것이 아니라 기존의 지식을 빠르게 획득할 수 있는 능력, 지식을 관련 조직간에 잘 이전할 수 있는 능력, 그리고 여기에 조직이 투입하는 노력이 모두 관련되게 된다.

③ 지식경영은 조직이 지니는 지적자산 뿐 아니라 개개인의 지식이나 노하우를 체계적으로 발굴하여 조직 내부의 보편적 지식으로 공유하고, 이의 활용을 통해 조직 전체의 경쟁력을 향상시키는 경영이론이다.

④ 지식경영에 대한 정의는 학자나 실무가들 사이에서 조금씩 차이가 있을 수 있으나 대부분 지식의 창출과 공유 · 저장, 재활용이라는 기본적 틀을 바탕으로 조직 내의 지식활용을 극대화하여 핵심역량을 키우는데 그 초점을 맞추고 있다.

⑤ 지식경영은 환경에서 학습하고 지식을 비즈니스 프로세스에 통합하는 조직의 능력을 향상시킨다. 지식경영은 다른 정보시스템 투자와 마찬가지로 지식경영 프로젝트의 투자수익률을 극대화하기 위해 협력적 가치와 구조, 행동 패턴들을 개발해야 한다.

6. 지식경영 프로세스

(1) 지식의 변환과정

① 지식의 유형

㉠ 형식지(explicit knowledge) : 형식지는 시험답안에 옮긴 지식처럼 언어나 기호로 표현될 수 있는 지식으로 교과서에서 배우는 지식이 대표적이다.

㉡ 암묵지(tacit knowledge) : 암묵지는 기호로 표시되기가 어렵고 주로 사람이나 조직에 체화되어 있는 지식을 말한다.

② **지식의 변환과정** : 암묵지와 형식지가 서로 변환되는 과정을 의미하는 것으로 '사회화 → 외재화 → 종합화 → 내면화'의 단계를 거친다.

구분	내용
사회화	• 경험을 통해 말로 설명하기 어려운 지식을 생각 속에 공유하는 과정 • 이 과정을 통해 창출되는 지식은 상황지로, 애정 · 신뢰와 같은 감정적 지식, 제스처와 같은 신체적 지식, 열정 · 긴장과 같은 활력적 지식, 즉 흥성과 같은 율동적 지식 등
외재화	• 암묵지를 형식지로 표출하는 과정 • 이 과정을 통해 창출되는 지식은 개념지로, 기업의 브랜드 이미지, 신제품 개념, 디자인 기술서 등
종합화	• 개인과 집단이 각각의 형식지를 합쳐서 새로운 지식을 창출하는 과정 • 이 과정을 통해 창출되는 지식은 시스템지로, 제품 사양서, 기술사양서, 매뉴얼, 시장동향보고서 등
내면화	• 형식지가 암묵지로 변화되는 과정 • 이 과정을 통해 창출되는 지식은 일상지로 문화, 노하우, 기능적 스킬 등

③ 노나카는 이러한 지식변환 과정을 거쳐 나오는 지식으로 네 가지 유형을 제시했다. 네 가지 유형의 지식 중 행동론적 지식경영 접근은 상황지, 개념지, 일상지이며, 시스템지만이 시스템적 접근에 해당된다.

[지식변환 과정 후 나타나는 지식의 네가지 유형]

유형	내용
상황지	사회화 과정을 통해 창출된 암묵지로 감정적 지식, 율동적 지식 등
개념지	외재화 과정을 통하여 창출된 형식지로 브랜드 이미지, 신제품 개념, 디자인 기술서 등
시스템지	종합화 과정을 통해 창출된 형식지로 제품 프로토타입, 제품사양서, 매뉴얼, 특허 등
일상지	내면화 과정을 거쳐 창출된 암묵지로 문화, 노하우, 기능적 스킬 등

(2) 노나카 이쿠지로의 SECI모델

① 지식경영의 세계적인 대가인 노나카 이쿠지로 교수는 지식창조과정이 '나선형 프로세스(spiral process)'라고 설명하고 있다.

② 암묵지(tacit knowledge)와 형식지(Explicit knowledge)라는 두 종류의 지식이 사회화(암묵지가 또 다른 암묵지로로 변하는 과정), 표출화(암묵지가 형식지로 변환하는 과정), 종합화(형식지가 또 다른 형식지로 변하는 과정), 내면화(형식지가 암묵지로 변환하는 과정)라는 네 가지 변환 과정을 거쳐 지식이 창출된다는 이론을 제시하고 있다.

③ 그는 이러한 변환과정이 직선적으로 이루어지고 마는 것이 아니라 복합상승작용이 나타나는 '나선형 프로세스'로 다이나믹(dynamic)하게 계속된다고 설명하고 있다.

[노나카의 SECI 모델]

모델	구성	내용
암묵지 → 암묵지 / 사회화, 외부화 / 암묵지 → 형식지 / 내면화, 종합화 / 형식지 → 형식지 / 형식지 → 암묵지	사회화 Socialization	경험을 통한 지식습득
	외부화/외재화 Externalization	지식을 말이나 글로 표현
	종합화/조합화 Combination	새로운 형식지 창출, 조합
	내면화/내재화 Internalization	형식지 이해, 습득

① 철학자 폴라니가 우리는 우리가 말할 수 있는 것 이상의 것을 알 수 있다라고 한 말은 암묵지와 더 관련이 깊다.
② 암묵지는 머리 속에 잠재되어 있는 지식을 말한다.
③ 제품 사양, 문서, 데이터베이스, 매뉴얼, 화학식 등의 공식, 컴퓨터 프로그램 등의 형태로 표현되는 것은 형식지로 분류된다.
④ 암묵지는 개인, 집단, 조직의 각 차원에서 개인적 경험이나 이미지, 혹은 숙련된 기능, 조직문화, 풍토 등의 형태로 나타난다.
⑤ 형식지는 서술하기 쉽고 객관적, 논리적인 디지털 지식등이 포함된다.

(3) 지식관리시스템(Knowledge Management System)

① 지식관리시스템은 "개인과 조직이 지식을 기반으로 해서 지식의 생성 · 활용 · 축적에 이르는 일련의 활동을 원활하게 할 수 있도록 정보기술을 통해 지원하는 것"으로 정의할 수 있다.

② 지식관리시스템은 이러한 정보기술을 활용하여 개인적인 차원의 지식공유와 관리가 아닌 조직적인 차원에서의 지식 관리를 수행할 수 있도록 전체 조직원 입장에서 지식을 체계화(지식지도)하고 관리할 수 있도록 지원하게 되었다.

③ 조직의 인력 이동이 매우 심하게 나타나 인적자원이 떠나게 되면 그가 갖고 있던 지식자원도 함께 떠나가고 기업의 지적자원이 소실된다는 관점에서 지식경영의 중요성이 대두되었다.

④ 이러한 문제의식에 따라 정보기술을 활용하여 지식의 조직적 관리와 공유를 지원할 수 있도록 하기 위해 지식관리시스템이 출발하였다고 할 수 있다. 즉, 조직내외의 정형 정보만이 아닌 인적자원이 소유하고 있는 지적자산을 기업 내에 축적, 활용할 수 있도록 하자는 것이다.

(4) 지식경영 프로세스의 단계

① **지식의 창출** : 지식원천으로부터 재발견된 개인과 기업이 가지고 있는 암묵적 지식 혹은 비체계적 지식을 구체적인 관리와 활용이 가능한 명시적이고 체계적인 지식으로 변환하는 과정을 말한다. 이러한 과정은 조직 구성원 개인의 능력뿐만 아니라 그러한 능력을 극대화할 수 있는 기업의 노력이 반드시 필요하다.

② **지식의 공유** : 민주적이며 열린 조직문화가 선행되어야 한다. 수직적인 조직구조보다는 수평적 조직구조가 지식경영을 위해 바람직하며, 성과측정을 통해 개인을 평가할 수 있는 성과시스템이 연공서열에 의한 제도보다 바람직한 모델이 된다.

③ **지식의 저장** : 지식경영에서 소극적 의미의 지식관리시스템을 통해 가능하다. 지식관리시스템(KMS)은 이전의 데이터베이스 시스템과 달리 특정 목적과 단일화된 인터페이스를 제공하는 것이 아닌 이전의 경영지원 시스템을 통합하며, 각 개인 수준에서 필요로 하는 지식을 개인화할 수 있는 지능적 인터페이스를 제공해야 한다.

④ **지식의 활용** : 한 번에 그치는 것이 아닌 기업이 존재하는 동안 계속되는 영속적 활동이므로 지식의 재활용 혹은 재창출이라는 의미로 받아들일 수 있다. 즉 지식의 활용은 경제적 소모의 의미가 아닌 경제적 가치 창출의 의미를 가지게 된다.

제4절 유통정보시스템

1. 유통정보시스템의 개념과 유형

(1) 유통정보시스템의 개념

① 유통정보시스템은 기업의 유통활동 수행에 필요한 정보의 흐름을 통합하는 기능을 통해 전사적 유통(Total Marketing) 또는 통합유통(Integrated Marketing)을 가능하게 하는 동시에 유통계획, 관리, 거래처리 등에 필요한 데이터를 처리하여 유통 관련 의사결정에 필요한 정보를 적시에 제공하는 정보시스템이다.

② 정보시스템이란 특정 응용분야의 활동과 관련된 자료를 수집 · 분석 · 처리하여 의사결정자가 의사결정을 하는 데 필요로 하는 정보를 제공해 줄 수 있는 인간과 컴퓨터 시스템의 구성요소들로 이루어진 시스템을 의미한다.

(2) 유통정보시스템이 유통구조에 미치는 영향

① **기업경영의 변화** : 전자상거래의 활성화로 비용절감, 필요인원 감소 등 기업경영에 큰 변화가 나타났다.

② **기업경쟁력의 강화** : 제조와 운송 사이의 속도 증가, 비용 절감, 업무효율 향상 등으로 인하여 기업경쟁력이 강화된다.

③ **경로파워의 변화** : 유통정보의 획득으로 유통경로 파워가 제조업체에서 소매상으로 이동한다. 또한 공급자와 소비자의 직접적인 의사소통이 가능해져 중간상이 없어진다.

④ **도매상의 기능 약화** : 소매업의 대형화 · 다점포화로 인하여 도매상의 기능이 약화된다.

⑤ **진입장벽의 강화** : 시스템의 변경이나 경로구성원의 이탈이 어려워져 진입장벽이 강화되고 새로운 경쟁자의 진입이 어려워진다.

(3) 기업경영과 정보시스템

① 정보시스템 능력이 기업에게 경쟁우위를 제공하는 이유

㉠ 업무의 효율화 제고 : 정보시스템은 기업 내의 업무를 자동화, 정형화, 간소화시킴으로써 업무의 생산성을 제고한다.

㉡ 계획, 실행, 관리업무의 일관성 유지 : 정보시스템은 지속적으로 계획과 실행을 모니터링 함으로써 일관된 정책의 실행을 가능하게 한다.

㉢ 하위시스템의 조정 및 통합 : 기업목표를 달성하기 위한 하위시스템간의 중복이나 비효율을 조정 · 제거함으로써 자원의 효율적 배분을 가능하게 한다.

② 기업 내 정보시스템의 구성

㉠ 재무정보시스템 : 자금조달과 재무자원의 운용 및 평가에 관한 정보를 제공함으로써 의사결정을 지원하기 위한 시스템을 의미한다.

㉡ 생산정보시스템 : 생산기능을 구성하는 생산기획 · 작업관리 · 공정의 운영과 통제, 그리고 생산실적관리 등과 관련한 활동을 지원하는 정보시스템을 의미한다.

㉢ 인사정보시스템 : 인적자원의 모집, 고용, 평가, 복지 등과 같은 종합적인 관리를 지원하는 시스템을 의미한다.

㉣ 마케팅정보시스템 : 마케팅의 기획, 관리 및 거래 처리와 관련한 자료를 처리하며, 또한 마케팅과 관련한 의사결정에 필요한 정보를 제공하는 정보시스템을 의미하는 것으로 소매업과 가장 관련성이 깊은 정보시스템이다.

㉤ 회계정보시스템 : 기업의 회계정보를 관리하는 시스템으로 외상매출금시스템, 외상매입금시스템, 급여시스템 등으로 구성된다.

(4) 유통정보시스템의 분류

① **전략적 기획시스템** : 유통기업의 장기적인 경영전략 수립

② **전술적 · 운영적 계획시스템** : 유통믹스 등을 통한 유통업체의 기획 및 운영계획 수립

③ **통제 · 현황보고시스템** : 영업의 결과로 산출되는 각종 정보의 조작 · 이용 등 유통관리 지원

④ **거래처리시스템** : 유통업체에서 발생하는 거래자료 처리, 고객들과 일어나는 다양한 업무 처리

[유통정보시스템의 내용]

주문처리 시스템	고객의 조회에서부터 주문입력, 재고확인, 여신확인 및 주문확정까지의 정보를 처리하는 시스템
연계 시스템	유통정보시스템이 효율적으로 기능하여 유통활동의 효율성이 높아지도록 하위 시스템 사이를 연계시키는 시스템
대금관리 시스템	고객이 지불해야 하는 대금과 거래실적에 따른 여신한도 정보를 포함하는 시스템
실적관리 시스템	고객별 · 제품별 · 지역별 · 지점별 판매실적을 관리하는 시스템

2. 유통정보시스템의 운영 환경적 특성

(1) 유통활동을 효율적으로 지원하기 위해 포함되어야 하는 업무

① **계획수립업무** : 시장조사, 제품기획, 판매예측, 가격결정, 채널계획(구성원 및 네트워크), 판촉계획 등

② **거래처리업무** : 주문처리, 송장처리, 물류처리, 불만처리 등

③ **관리업무** : 판매성과, 물류성과, 소비자 분석, 경쟁자 분석, 수익성 분석 등

(2) 유통정보시스템의 구성

① **구매관리시스템** : 원자재의 구매정보, 구매선에 관련한 정보를 제공한다.
→ 재고관리시스템과 연계

② **주문처리시스템** : 고객의 조회, 주문입력, 재고확인, 여신체크 및 주문확정 시까지의 정보를 제공한다. → 출하/재고관리시스템과 연계

③ **출하/재고관리시스템** : 주문을 분류하여 출하지시서를 발급하고, 출하작업을 관리하는 정보와 갱신된 재고정보를 제공한다. → 주문처리 및 생산계획시스템과 연계

④ **실적관리시스템** : 판매실적과 광고 및 판촉실적 등 영업 전략의 핵심정보를 제공한다. → 수요예측시스템과 연계

⑤ **수요예측시스템** : 수요를 예측하여 장단기 판매 전략에 필요한 정보를 제공한다.
→ 구매 및 생산시스템과 연계

⑥ **수배송관리시스템** : 주문품의 수배송계획과 관련한 핵심정보를 제공한다.
→ 생산 및 출하/재고관리시스템과 연계

⑦ **대금관리시스템** : 고객이 지불할 대금과 거래실적에 따른 여신한도 정보를 제공한다.
→ 회계정보시스템과 연계

⑧ **연계시스템** : 효율성 제고를 위해 하위시스템간의 연계를 돕는다.

(3) 정보시스템 기술의 도입을 통한 혜택

① 공급자와 소비자가 직접 의사소통을 하므로 유통채널이 단순해진다.

② 유통비용을 절감할 수 있다.

③ 서류작업 등 업무가 간단해진다.

④ 제조, 운송 사이클의 속도를 증가시킬 수 있다.

⑤ 유통 흐름을 촉진시킬 수 있다.

Chapter 01

유통정보의 이해 출제예상문제

01 정보의 특성으로 옳지 않은 것은?

① 정확성
② 완전성
③ 신뢰성
④ 단순성
⑤ 복잡성

해설〉 정보의 특성
① 정확성 : 정확한 자료에 근거하여 주관적 편견이 개입되지 않아야 한다.
② 완전성 : 중요성이 높은 자료가 충분히 내포되어 있어야 한다.
③ 신뢰성 : 정보의 신뢰성은 데이터의 원천과 수집방법에 달려 있다.
④ 관련성 : 의사결정자가 필요로 하는 정보를 선택하게 하는 매우 중요한 기준이다.
⑤ 경제성 : 필요한 정보를 산출하기 위한 비용과 정보이용에 따른 가치창출 사이에 균형을 유지하기 위해서는 경제성이 있어야 한다.
⑥ 단순성 : 의사결정자가 무엇이 중요한 정보인지를 결정하기 위해서는 단순해야 하고 지나치게 복잡해서는 안 된다.
⑦ 적시성 : 정보는 사용자가 필요로 하는 시간대에 전달되어야 한다.
⑧ 입증가능성 : 정보는 입증가능해야 한다. 입증가능성은 같은 정보에 대해 다른 여러 정보원을 체크해 봄으로써 살펴볼 수 있다.
⑨ 형태성 : 의사결정자의 요구에 정보가 얼마나 부합되는 형태로 제공되는지에 관한 정도를 말한다.
⑩ 접근성 : 정보를 획득하고 이해하거나 이용하는 데 쉽게 다가갈 수 있어야 한다.

02 4차 산업혁명시대에 유통업체의 대응 방안에 대한 설명 으로 옳지 않은 것은?

① 유통업체들은 보다 효율적인 유통업무 처리를 위해 최신 정보기술을 활용하고 있다.
② 유통업체들은 상품에 대한 재고관리에 있어, 정보시스템을 도입해 효율적으로 재고를 관리하고 있다.
③ 유통업체들은 온라인과 오프라인을 연계한 융합기술을 이용한 판매 전략을 활용하고 있다.
④ 유통업체들은 보다 철저한 정보보안을 위해 통신 네트워크로부터 단절된 상태로 정보를 관리한다.

⑤ 유통업체들은 고객의 온라인 또는 오프라인 시장에서 구매 상품에 대한 대금 결제에 있어 핀테크(FinTech)와 같은 첨단 금융기술을 도입하고 있다.

해설 ❯ 4차산업혁명은 인공 지능(AI), 사물 인터넷(IoT), 클라우드 컴퓨팅, 빅데이터, 모바일 등 지능정보기술이 기존 산업과 서비스에 융합되거나 3D 프린팅, 로봇공학, 생명공학, 나노기술 등 여러 분야의 신기술과 결합되어 실세계 모든 제품 · 서비스를 네트워크로 연결하고 사물을 지능화한다. 따라서, 개방적으로 네트워크로 연결하여 정보를 관리한다.

03 유통업체의 지식관리 시스템 구축 및 활용과 관련된 설명으로 가장 옳은 것은?

① 기업은 지식에 대한 유지관리를 위해 불필요한 지식도 철저하게 잘 보존해야 한다.
② 지식관리 시스템을 도입하면 조직 내부의 지식관리에 대한 모든 문제를 해결할 수 있다.
③ 지식관리 시스템 활용에 있어, 직원이 보유한 업무처리 지식에 대한 공유 방지를 위해 철저하게 통제한다.
④ 지식관리 시스템 구축은 단기적 관점에서 경쟁력을 강화하기 위한 프로젝트로 단기 매출 증대에 기여 하도록 시스템을 구축해야 한다.
⑤ 성공적인 도입을 위해서 초기에는 소규모로 시스템을 도입하고, 성과가 나타나기 시작하면 전사적으로 지식 관리 시스템을 확장하는 것이 유용하다.

해설 ❯ 지식관리시스템은 개인과 조직이 지식을 기반으로 해서 지식의 생성?활용?축적에 이르는 일련의 활동을 말한다. 시스템 구축 시 초기에 대규모로 시스템을 도입하는 것은 위험이 크기 때문에 소규모로 도입하고 성과가 나타나면 전사적으로 확장하는 것이 바람직하다.

04 아래 글상자에서 암묵지에 해당하는 내용만을 모두 나열한 것으로 가장 옳은 것은?

㉠ 매뉴얼	㉡ 숙련된 기술
㉢ 조직 문화	㉣ 조직의 경험
㉤ 데이터베이스	㉥ 컴퓨터 프로그램

① ㉠, ㉢, ㉣
② ㉠, ㉢, ㉤
③ ㉡, ㉢, ㉣
④ ㉡, ㉢, ㉣, ㉥
⑤ ㉢, ㉣, ㉤, ㉥

01. ⑤ 02. ④ 03. ⑤ 정답

해설》 암묵지(tacit knowledge)는 기호로 표시되기가 어렵고 주로 사람이나 조직에 체화되어 있는 지식을 말하는데, 머리 속에 잠재되어 있는 지식을 말한다.
㉠, ㉤, ㉥은 형식지에 해당한다. 형식지(explicit knowledge)는 시험답안에 옮긴 지식처럼 언어나 기호로 표현될 수 있는 지식으로 교과서에서 배우는 지식이 대표적이다.

05 아래 글상자의 내용을 의사결정에 활용되는 시뮬레이션 절차대로 바르게 나열한 것으로 가장 옳은 것은?

㉠ 모델 설정	㉡ 문제 규정
㉢ 모형의 타당성 검토	㉣ 시뮬레이션 시행
㉤ 결과 분석 및 추론	

① ㉠-㉡-㉢-㉣-㉤
② ㉠-㉡-㉣-㉢-㉤
③ ㉠-㉢-㉡-㉣-㉤
④ ㉡-㉠-㉢-㉣-㉤
⑤ ㉡-㉠-㉣-㉢-㉤

해설》 문제 규정 → 모델 설정 → 모형의 타당성 검토 → 시뮬레이션 시행 → 결과 분석 및 추론

06 아래 글상자의 괄호안에 들어갈 용어를 순서대로 짝지은 결과로 옳은 것은?

- (㉠)은(는) 상황정보, 경험, 규칙, 가치가 포함되어 체계화된 결과로 인과, 원인관계를 형성하여 새로운 가치를 창출해 낸 또 다른 사실
- 피터드러커는 관련성과 목적성이 부여된 사실들을 (㉡)(이)라고 하였음
- (㉢)은(는) "45개의 재고가 남아있다"와 같이 구체적이고 객관적인 사실 또는 관찰 결과

① ㉠ 데이터 ㉡ 정보 ㉢ 지식
② ㉠ 지혜 ㉡ 지식 ㉢ 데이터
③ ㉠ 정보 ㉡ 지식 ㉢ 사실
④ ㉠ 지식 ㉡ 정보 ㉢ 데이터
⑤ ㉠ 지식 ㉡ 데이터 ㉢ 사실

해설》 지식과 정보, 데이터를 구분하는 문제로서, 개념을 파악해야 해결할 수 있다.

07 의사결정시스템에 대한 설명으로 옳지 않은 것은?

① 최고경영층은 주로 비구조적 의사결정에 대한 문제에 직면해 있고, 운영층은 주로 구조적 의사결정에 대한 문제에 직면해 있다.

② 운영층은 의사결정지원시스템을 이용해 마케팅 계획 설계, 예산 수립 계획 등과 같은 업무를 한다.

③ 의사결정지원시스템은 수요 예측 문제, 민감도 분석 등에 활용된다.

④ 의사결정지원시스템을 이용해 의사결정의 품질을 높이기 위해서는 의사결정지원시스템에서 활용하는 데이터의 품질을 개선해야 한다.

⑤ 의사결정지원시스템의 의사결정 품질 개선을 위해 딥러닝(dep learning)과 같은 고차원적 알고리즘 (algorism)이 활용된다.

해설❯ 운영층은 경영자원의 획득과 조직, 업무의 구조화, 인적 자원 채용과 같은 업무를 의사결정지원시스템을 이용하여 수행한다. 의사결정지원시스템을 이용한 전략수립, 예산 수립 등의 업무는 최고경영층에서 수행한다.

08 인터넷과 유통물류 등의 발달로 20:80의 집중현상에서 발생확률이나 발생량이상대적으로 적은 부분도 경제적으로 의미가 있게 되었다는 것으로, 아마존닷컴이 다양한 서적을 판매한 사례를 갖고 있는 법칙을 무엇이라고 하는가?

① 무어(Moore's Law)의 법칙
② 멧칼프(Metcalf's Law)의 법칙
③ 서프의 법칙
④ 하인리히법칙
⑤ 롱테일 법칙

해설❯ ① 무어(Moore's Law)의 법칙 : 반도체 칩의 정보처리 능력, 18개월마다 2배로 증가
② 멧칼프(Metcalf's Law)의 법칙 : 네트워크의 가치는 해당 네트워크 구성원수의 제곱에 비례
③ 서프의 법칙 : 데이터베이스가 인터넷에 연동되어 조회 및 입력이 가능할 때 데이터베이스의 가치가 급증
④ 하인리히법칙 : 1건의 치명적인 사건사고나 실패 뒤에는 29건의 같은 원인으로 발생한 작은 사건사고나 실패가 있었고, 300건의 관련된 이상 징우가 있었다는 법칙(1:29:300)

04. ③ 05. ④ 06. ④ 07. ② 08. ⑤ 정답

09 **의사결정(Decision Making)의 오류에 대한 설명으로 가장 옳지 않은 것은?**

① 과거로부터 축적되어 온 정보보다 최근의 정보에 현혹되는 오류를 '과소평가 오류(Underestimating uncertainty bias)'라고 한다.

② 정당화 추구 오류 (Search for supportive evidence bias)는 한번 자신이 선택한 대안이 최적 안이라는 것을 증명하기 위한 증거만을 찾아나서는 오류를 말한다.

③ 단기적 성과 지향 오류 (Preoccupation with the short term bias)는 올바른 선택을 하고도 부정적인 결과에 민감한 나머지 섣부르게 판단하는 경우가 있다. 즉 단기적으로 손해가 되더라도 장기적으로 이익이 되는 의사결정을 하지 못하는 것이다.

④ 객관적인 사실을 인정하지 않고 자신의 개인적 경험과 지위에 따라 주관적인 판단을 우선하는 경향이 있는 경우를 '선택적 지각 오류 (Selective perception bias)'라 한다.

⑤ 동일시 오류 (Illusory correlations bias)는 경영자가 실제로는 다른 문제인데도 과거에 해결했던 문제와 같은 문제로 인식할 때 생길 수 있는 오류다.

해설 ❯ ①은 '최근성 오류(Recency bias)'에 대한 설명이다.

10 **거래처리시스템의 특징을 설명한 것으로 가장 옳지 않은 것은?**

① 조직의 일상적인 거래처리를 행한다.

② 문제해결이나 의사결정을 지원하지 않는다.

③ 대부분 실시간으로 처리해야 하기 때문에 비교적 짧은 시간에 많은 양의 자료를 처리한다.

④ 시스템 구축 목적에 맞게 드릴다운(Drill-Down) 기법과 같은 정보제공 기능이 반드시 지원되어야 한다.

⑤ 기업의 운영현황에 관한 정보를 관리한다.

해설 ❯ 드릴다운(Drill-Down) 기능은 중역정보시스템에 제공되어야 하는 기능이다. Drill down(상세정보 보기)은 요약된 정보를 기반으로 상세정보를 원할 때 보여주는 기능이다.

11 다음 보기의 지식경영 프로세스를 올바르게 나열한 것은?

① 지식의 창출 → 지식의 공유 → 지식의 저장 → 지식의 활용
② 지식의 창출 → 지식의 저장 → 지식의 공유 → 지식의 활용
③ 지식의 공유 → 지식의 저장 → 지식의 활용 → 지식의 창출
④ 지식의 활용 → 지식의 공유 → 지식의 창출 → 지식의 저장
⑤ 지식의 저장 → 지식의 활용 → 지식의 창출 → 지식의 공유

해설 〉 지식경영 프로세스
지식의 창출 → 지식의 공유 → 지식의 저장 → 지식의 활용

12 다음 중 지식변환 양식의 과정이 바르게 나열된 것을 고르시오.

㉠ 사회화	㉡ 외재화	㉢ 내재화	㉣ 종합화

① ㉠ → ㉢ → ㉡ → ㉣
② ㉠ → ㉣ → ㉡ → ㉢
③ ㉠ → ㉢ → ㉡ → ㉣
④ ㉠ → ㉡ → ㉣ → ㉢
⑤ ㉠ → ㉡ → ㉢ → ㉣

해설 〉 지식의 변환과정 : '사회화 → 외재화 → 종합화 → 내재화'의 과정을 거친다.

13 지식관리시스템의 각 단계별 사이클에 대한 설명으로 가장 옳지 않은 것은?

① 지식 생성 : 사람들이 일하는 방식을 새롭게 바꾸고 노하우를 개발하는 과정에서 창조된다.
② 지식 포착 : 새로운 지식은 현실적으로 기여할 수 있도록 필요한 상황과 잘 연계되어야 한다.
③ 지식 저장 : 유용한 지식은 사람들이 접근할 수 있도록 합리적인 형태로 저장되어야 한다.
④ 지식 관리 : 잘 보관되어야 하고 적절성과 정확성을 입증하기 위한 검토가 수행되어야 한다.
⑤ 지식 유포 : 필요로 하는 사람이 언제 어디서든지 유용한 형태로 사용할 수 있도록 제공되어야 한다.

09. ① 10. ③ 11. ① 12. ④ 정답

해설❯ 지식 포착 : 적합한 콘텐츠를 식별하여 수집하는 것이다.

14 다음 중 지식관리 시스템에 대한 설명으로 옳지 않은 것은?

① 조직 내 지식자원의 가치를 극대화하기 위하여 통합적인 지식관리 프로세스를 지원하는 정보기술 시스템이다.
② 인적자원이 개별적으로 보유하고 있는 지식은 정형의 형태로 존재한다.
③ 지식관리 시스템은 사용자들이 지식을 창출하여 입력하고, 조회, 편집 및 활용을 할 수 있는 여러 가지 기본기능들을 내포하고 있다.
④ 지식관리 시스템은 원하는 지식을 검색하거나 전문가와 연결을 원할 때는 지식 맵을 이용하게 된다.
⑤ 지식관리 시스템은 조직구성원의 지식자산에 대한 자세, 조직의 지식평가·보상체계, 지식공유 문화 등 조직차원의 인프라와 통신 네트워크, 하드웨어, 각종 소프트웨어 및 도구 등 정보기술 차원의 인프라를 기본 전제로 하고 있다.

해설❯ 지식관리 시스템은 조직 내 지식자원의 가치를 극대화하기 위하여 통합적인 지식관리 프로세스를 지원하는 정보기술 시스템이다. 인적자원이 개별적으로 보유하고 있는 지식은 비정형의 형태로 존재한다. 즉 기업 내 각 개인들은 자신의 지식을 각종 문서 등으로 보유하고 있으며, 이를 바탕으로 관련업무 담당자와 의사교환을 하고 이러한 활동을 기반으로 최종 판단을 하게 되는 것이다.

15 기업에서의 지식경영의 중요성은 강조하고, SECI 모델 (Socialization, Externalization, Combination, Internalization Model)을 제시한 연구자는?

① 노나카 이쿠지로(Ikujiro Nonaka)
② 빌 게이츠(Bill Gates)
③ 로버트 캐플런(Robert Kaplan)
④ 마이클 포터(Michael Porter)
⑤ 마이클 해머(Michael Hammer)

해설❯ 〈노나카 이쿠지로의 SECI모델〉
지식경영의 세계적인 대가인 노나카 이쿠지로 교수는 지식창조과정이 '나선형 프로세스(spiral process)'라고 설명하고 있다. 암묵지(tacit knowledge)와 형식지(Explicit knowledge)라는 두 종류의 지식이 사회화(암묵지가 또 다른 암묵지로로 변하는 과정), 표출화(암묵지가 형식지로 변환하는 과정), 종합화(형식지가 또 다른 형식지로 변하는 과정), 내면화(형식지가 암묵지로 변환하는 과정)라는 네 가지 변환 과정을 거쳐 지식이 창출된다는 이론을 제시하고 있다.

13. ② 14. ② 15. ① 정답

Chapter 02

주요 유통정보화기술 및 시스템

제1절 바코드와 POS 구축 및 효과

1. 바코드의 개념 및 활용

(1) 바코드(Bar Code)의 개념

① 바코드는 다양한 폭을 가진 Bar(검은 막대)와 Space(흰 막대)의 배열 패턴으로, 정보를 표현하는 부호 또는 부호체계이다.

② 숫자나 문자를 나타내는 Bar(검은 막대)와 Space(흰 막대)를 특정하게 배열하여 0과 1로 바꾸어 이들을 조합하여 정보로 이용하게 된다.

③ 바코드로 정보를 표현하는 일과 표현된 정보를 해독하는 일은 바코드 장비를 통하여 가능하므로 바코드는 기계어라고 할 수 있다.

④ 정보를 바코드로 표현하는 것을 바코드 심볼로지(bar code symbology)라고 하며, 이것에는 여러 가지 방법이 있다. 또한 바코드 심볼의 구조는 코드의 종류에 따라 다르다.

⑤ 바코드 심볼로지는 그 종류가 다양해서 같은 데이터라도 심벌체계에 따라 다르게 표현될 수 있으므로 각각의 특성을 충분히 고려한 후 적절한 코드를 선택해야 한다. 바코드 심벌의 구조는 코드의 종류에 따라 다르다.

(2) 바코드 시스템의 특징

① **데이터 입력의 간소화** : 사람이 키를 직접 펀치하는 등 수작업으로 인한 번거로움에서 바코드 스캐너가 직접 정보를 입력하므로 데이터 입력이 간소하다.

② **데이터 입력 시 에러율 감소** : 키보드를 사용하여 사람이 직접 입력할 때에는 그 사람의 숙련도에 따라 에러가 발생하지만 바코드는 각각의 문자가 자체적으로 검사할 수 있도록 고안되어 있으며 정확한 입력으로 인해 에러가 거의 발생되지 않는다.

③ **자료처리 시스템의 구성이 가능** : 바코드는 그 일정한 높이 중 95%가 훼손되더라도 데이터 입력에 지장을 주지 않으므로 사용자가 손쉽게 자료를 이용할 수 있다.

④ **다양한 프린터의 사용** : 바코드는 현재 이용되고 있는 모든 프린팅 기법을 사용할 수 있다.

(3) 바코드의 해독 원리

① 바코드에 있는 정보를 읽어내는 시스템에는 스캐너, 디코더 및 컴퓨터가 포함되어 있다.

② 스캐너에는 레이저 빛을 쏘는 부분과 빛을 검출하는 부분이 있다.

③ 바코드에 빛을 쏘면(①) 검은 막대 부분은 적은 양의 빛을 반사하고, 흰 부분은 많은 양의 빛을 반사한다.

④ (②) 스캐너는 반사된 빛을 검출하여 전기적 신호로 번역되어 이진수 0과 1로 바뀌어 진다.

⑤ (③④⑤) 이는 다시 문자와 숫자로 해석되어진다.

⑥ (⑥) 이는 디코더에 의해 컴퓨터가 바코드를 수집할 수 있는 형태로 변환한 뒤에 호스트컴퓨터로 데이터를 전송하게 된다.

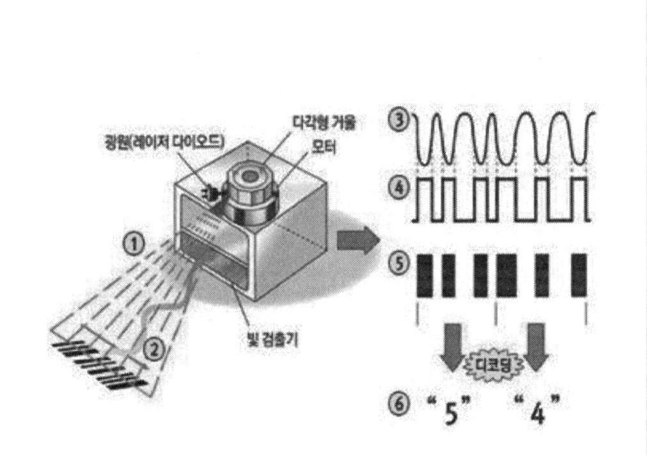

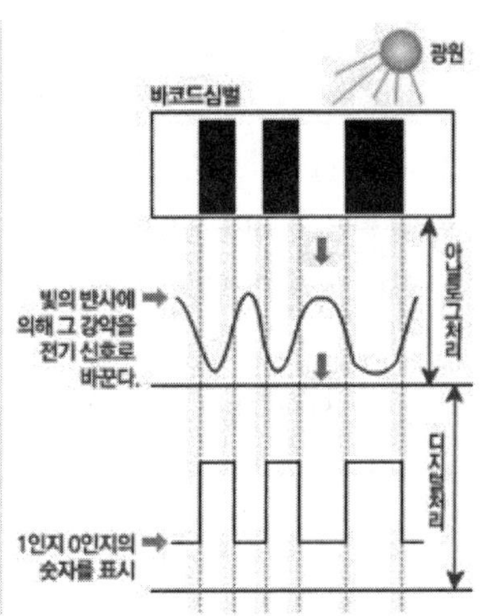

[바코드 해독 원리]

(4) 마킹(Marking)의 유형

① 소스 마킹(Source marking)

㉠ 소스마킹(source marking)은 제조업체 및 수출업자가 상품의 생산 및 포장단계에서 바코드를 포장지나 용기에 일괄적으로 인쇄하는 것을 말한다.

㉡ 소스마킹은 주로 가공식품 · 잡화 등을 대상으로 실시하며, 인스토어마킹과는 달리 전 세계적으로 사용되기 때문에 인쇄되는 바코드의 체계 및 형태도 국제적인 규격에 근거한 13자리의 숫자(KAN)로 구성된 바코드로 인쇄해야 한다.

② 인 스토어 마킹(In-store marking)

㉠ 인 스토어마킹(in-store marking)은 각각의 소매점포에서 청과 · 생선 · 야채 · 정육 등을 포장하면서 일정한 기준에 의해 라벨러를 이용하거나 컴퓨터를 이용하여 바코드 라벨을 출력, 이 라벨을 일일이 사람이 직접 상품에 붙이는 것을 말한다.

㉡ 소스마킹된 상품은 하나의 상품에 고유식별번호가 붙어 전세계 어디서나 동일상품은 동일번호로 식별되지만, 소스마킹이 안 된 제품 즉, 인 스토어마킹이 된 제품은 동일품목이라도 소매업체에 따라 각각 번호가 달라질 수 있다.

(5) 바코드의 활용

① 유통 관리 : 거래 시점에서 발생하는 판매 · 주문 · 수금 등의 업무를 즉각적으로 컴퓨터에 입력함으로써 모든 판매정보를 한눈에 알 수 있다.

② **자재 및 창고 관리** : 자재의 수급 계획부터 자재 청구, 입고, 창고 재고의 재고 파악, 완제품 입고에 이르기까지 자재에 관련된 경로를 추적·관리할 수 있다.

③ **매장 관리** : 판매, 주문, 입고, 재고 현황 등 각 매장의 정보를 신속하게 본사 호스트 컴퓨터로 전송하며 또한 POS 터미널 자체 매장관리도 할 수 있다.

④ **근태 관리** : 정확한 출퇴근 시간 및 이와 관련된 급여자료 산출, 출입에 관한 엄격한 통제가 가능하다.

⑤ **출하 선적 관리** : 제품을 출하하고 창고 입출고 시에 그 정보를 읽음으로써 제품의 수량 파악, 목적지 식별을 신속하게 할 수 있다.

2. POS의 개념 및 활용

(1) POS(point of sales)의 개념

① POS 시스템이란 판매시점정보관리시스템을 말하는데, 판매장의 판매시점에서 발생하는 판매정보를 컴퓨터로 자동 처리하는 시스템이다. POS시스템에서는 상품별 판매정보가 컴퓨터에 보관되고, 그 정보는 발주, 매입, 재고 등의 정보와 결합하여 필요한 부문에 활용된다.

② POS 시스템은 정보취득을 위해 단말기에 부착된 스캐너로 상품에 부착된 상품정보가 담긴 바코드를 읽는다.

③ POS 시스템은 단말기에서 얻은 정보를 근거리통신망(LAN)이나 공중회선을 통해 호스트컴퓨터로 전송해 제품의 전체적인 정보를 취득할 수 있기 때문에 유통업체에서는 어느 제품이 언제, 어디에서, 얼마나 팔리는가를 파악할 수 있다. 이러한 네트워크화를 통해 얻은 자료는 제품기획부터 마케팅 등에 활용하여 물 흐르듯이 유연하게 상황에 대응할 수 있다.

(2) POS 시스템 구성기기

① POS 터미널

- POS 터미널은 매장의 계산대마다 설치되어 있는 것으로 금전등록기의 기능 및 통신기능을 갖춘 컴퓨터 본체와 모니터 그리고 스캐너로 구성되어 있다. POS 터미널은 독립형과 온라인(on-line)형으로 구분하고 있다.

② 스캐너

• 스캐너는 상품에 인쇄된 바코드를 자동으로 판독하는 장치로, 고정스캐너와 핸디 스캐너가 있다.

③ 스토어 컨트롤러(Store Ccontroller : 메인서버)

• 스토어 컨트롤러는 매장의 호스트 컴퓨터로 대용량 PC나 미니컴퓨터가 사용되며, 여기에 상품 마스터 파일이 있어서 상품명, 구입처, 가격, 구입가격, 구입일자 등에 관련된 모든 정보가 저장되어 있다.

(3) POS 시스템 도입·운영

① 매장관리 : 입력착오나 고객의 대기시간을 단축시킬 수 있다.

② 상품관리 : 단품관리, 자동발주 가격표 부착작업을 절감할 수 있다.

③ 고객관리 : 고객 데이터 베이스 구축으로 고객서비스를 향상시킬 수 있다.

④ 종업원 관리 : 근무상황, 영업성적 파악, 급여계산, 교육시간단축, 등록실수를 방지할 수 있다.

⑤ 정보의 집중관리 : 수집된 정보를 데이터베이스화로 전략적 정보시스템을 구축할 수 있다. (경쟁기업과의 우위성 확립)

(4) POS 데이터의 분류

① 상품 데이터와 고객 데이터

㉠ 상품 데이터 : 얼마나 많은 양의 상품이 판매되었는가에 관한 금액자료와, 구체적으로 어떤 상품이 얼마나 팔렸는가에 대한 단품자료로 구분해서 수집 · 분석한다.

㉡ 고객 데이터 : 어떤 집단에 속하는 고객인가에 대한 계층자료와 고객 개개인의 구매실적 및 구매성향 등에 관한 개인자료로 구분하여 수정 · 분석한다.

② 점포 데이터와 패널 데이터

㉠ 점포 데이터 : 특정 점포에서 팔린 품목, 수량, 가격 그리고 판매시점의 판촉 여부 등에 관한 자료이다.

㉡ 패널 데이터 : 각 가정단위로 구매한 품목의 수량, 가격 등에 대한 자료이다.

• 고객별 자료는 구매 가정별로 구매한 제품과 관련된 자료이다. 패널 데이터를 가장 많이 활용하는 집단은 체인점들이며 이들은 "ABC 분석"이라고 불리는 기법을 가장 많이 사용한다.

• 고객별 자료는 표본 가정을 추출하여 표본 가정의 고객이 소비자 ID카드를 가지고 구매를 하게 되면 그때마다 고객의 ID번호와 바코드의 제품 고유번호가 동시에 입력되게 된다. 결과적으로 어떤 고객이 어떤 제품을 구매하는지를 분석하게 되어 점포 경영전략을 활용할 수 있게 해준다.
• 구매 내용 분석은 한번 구매로 어떤 형태의 상품이 구입되는가를 알 수 있다. 연관 상품 분석으로 어떤 상품을 구매할 때 다른 상품도 연관해서 구매하는가를 파악하고, 연관 상품이 같은 회사 제품인가를 알 수 있고, 패널 조사로서 POS 시스템을 이용한 개인별 ID카드에 의한 스캔 패널을 이용하거나 또는 패널 회원이 각 가정에서 구입한 상품의 바코드를 팬 스캐너로 스캐닝하는 홈 스캔 패널 등이 있다.

(5) POS 시스템을 통해 얻는 데이터

① **연월일, 시간대별 데이터** : 연월일, 시간대
② **상품코드별 데이터** : 상품코드, 상품명
③ **판매실적 데이터** : 판매수량, 판매금액
④ **고객별 데이터** : ID, 고객속성
⑤ **상권 · 점포 · 상품속성, 매장 · 매체 · 판촉연출, 기타** : 경합 · 입지조건, 매장면적, 취급상품, 광고자, POP, 특매, 기상
⑥ **곤돌라별 데이터** : 점포, 선반위치
⑦ **담당자별 데이터** : 매입 · 물류 · 판매 · 체크 담당자

(6) POS 데이터의 활용

① **상품정보관리** : POS 데이터를 통해 매출관리, 상품구색 계획, 진열관리, 판매촉진 계획, 발주 · 재고관리 등에 관한 상품정보의 관리가 이루어진다.
② **인력관리** : POS 데이터를 통해 작업량을 도출하여 업무할당 및 관리에 이용하면 효율적인 인력관리가 가능해지고 또한 현재 인력의 생산성 성과관리 등도 가능해진다.
③ **재고관리와 자동발주** : POS 데이터로부터 얻은 단품별 판매수량에 근거하여 매입을 하고, 단품별 재고 · 진열단위 등을 고려하여 재고를 증가시키지 않으면서 품절을 방지하는 적정 발주가 가능하다.

④ **고객관리** : POS 데이터를 통해 얻은 고객속성정보, 상품이력정보는 고객별 관리 및 판촉활동을 위한 고객정보의 확보에도 활용될 수 있다.

(7) POS 정보의 활용단계

① **제1단계(단순 상품관리단계)**

기본적인 보고서만을 활용하는 단계이다. 부문별 · 시간대별 보고서, 매출액의 속보, 품목별 · 단품별 판매량 조회 등이 이에 속한다.

② **제2단계(상품기획 및 판매장의 효율성 향상단계)**

이 단계에서는 날씨, 기온, 시간대, 촉진활동, 선반진열의 효율성, 손실, 재고회전율 등의 정보와 연계하여 판매량 분석을 통해서 상품을 관리 한다.

③ **제3단계(재고관리단계)**

내부의 재고관리를 하며, 수 · 발주시스템과 연계해서 판매정보를 분석하고, 재고관리를 하며, 발주량을 자동적으로 산출한다.

④ **제4단계(마케팅단계)**

상품정보와 고객정보를 결합해서 판매 증진을 위한 마케팅을 실시하는 단계이다.

⑤ **제5단계(전략적 경쟁단계)**

POS정보를 경영정보와 결합해서 전략적 경쟁수단으로 활용하는 단계이다.

[POS정보를 활용한 상품정보관리]

활용분야		목적	필요한 가공 · 분석
상품정보관리	상품구성계획	부문별 매출, 매출 총이익 관리, 시간대별 매출관리	시간대별 매출분석 등
	상품구색계획	PB 상품계획, 잘 팔리는 상품과 안 팔리는 상품관리, 신상품의 도입평가	PB 상품의 동향분석, ABC 분석, 신상품 추세분석 등
	진열관리	페이싱 계획, 매장 배치계획도	장바구니 분석, 매대(賣臺) 컬러차트 분석, 플래노그램 분석 등
	발주재고관리	발주권고, 자동보충발주, 판매량 예측	적정발주량 산출, 판매요인 분석 등
	판촉계획	적절한 판촉활동(매체, 라이핑, 기간), 적정매가	판촉효과분석, 매가 탄력성 분석, 판매단가 · 판매량 상관분석 등

(8) POS 정보를 활용한 ABC 분석

① ABC 분석은 재고자산의 품목이 다양할 경우 이를 효율적으로 관리하기 위하여 재고의 가치나 중요도에 따라 재고자산의 품목을 분류하고 차별적으로 관리하는 방법, 즉 각각의 상품이 현재의 유통경영성과에 기여하는 정도를 평가하는 가장 일반적인 방법으로 분류기준은 파레토분석에 의한다.

② ABC 분석과 상품관리 : 각각의 상품이 매출에 기여하는 정보를 A/B/C군으로 분류하여 A상품군을 집중 육성하고 Z상품군의 취급은 중단하여 매장의 생산성을 증대하고자 하는 것이다.

③ 결합 ABC 분석과 진열관리 : 매출에 기여하는 인기상품인 동시에 이익에도 기여하는 상품을 통해 기업의 이익을 추구하는 동시에 품절방지에 노력하고, 매출은 높으나 이익은 낮다면 미끼상품(Loss Leader)으로 활용하는 등의 전략적 활용이 필요하다.

롱 테일(The Long Tail) 법칙 

- 롱테일 현상은 파레토 법칙을 그래프에 나타냈을 때 꼬리처럼 긴 부분을 형성하는 80%의 부분을 일컫는다. 파레토 법칙에 의한 80:20의 집중현상을 나타내는 그래프에서는 발생확률 혹은 발생량이 상대적으로 적은 부분이 무시되는 경향이 있었다. 그러나 인터넷과 새로운 물류기술의 발달로 인해 이 부분도 경제적으로 의미가 있을 수 있게 되었는데 이를 롱테일이라고 한다.
- 롱테일 마케팅(long tail marketing)은 인터넷을 통해 수요가 매우 낮을 것 같은 잠재적인 고객들을 저 비용으로 찾아 마케팅 하는 것을 말한다. 수요가 낮을 것 같은 고객들을 대상으로 한다는 특징이 있다. 인터넷을 이용해 잠재 고객을 찾는데 비용이 많이 들지 않는다.

제2절 EDI와 QR 구축 및 효과

1. EDI의 개념 및 활용

(1) EDI의 개념

① EDI(Electronic Data Interchange)란 전자문서교환이라고 하며 기업 사이에 컴퓨터를 통해서 표준화된 양식의 문서를 전자적으로 교환하는 정보전달방식이다.

② 기업간 거래에 관한 data와 documents를 표준화하여 컴퓨터 통신망으로 거래 당사자가 직접 전송·수신하는 정보전달 체계이다.

③ 주문서·납품서·청구서 등 각종 서류를 표준화된 상거래서식 또는 공공서식을 서로 합의된 electronic signal(전자신호)로 변경, 컴퓨터 통신망을 통해 거래처에 전송한다. 이는 국내 기업간 거래는 물론 국제무역에서 각종 서류의 작성과 발송, 서류정리 절차 등의 번거로운 사무처리가 없어져 처리시간단축, 비용절감 등으로 제품의 주문·생산·납품·유통의 모든 단계에서 생산성을 획기적으로 향상시킨다.

④ EDI 목적은 단순히 종이서류를 추방하는 데 있는 것이 아니라, 상품의 수·발주상의 착오를 줄이고 처리시간을 단축하며, 데이터의 2중 입력이나 문서작성 등의 번거로움을 줄여 물류업무의 효율화를 기하는 데 그 목적이 있다.

(2) EDI의 필요성

① 종이서류에 의한 수작업에는 업무의 한계가 있다. EDI를 통해 서류 정리 작업에 필요한 관리자의 수와 인건비 등을 절감할 수 있다.

② EDI는 조직 내부나 조직 간에 일어나는 활동을 관리하기 용이하고 불필요한 활동을 제거함으로써 업무의 효율성을 구축할 수 있다.

③ EDI는 적절한 시기에 빠른 정보를 제공받음으로써 고객에게 서비스 제공시간을 단축할 수 있고, 판매자와 고객 사이의 반품이라든가 주문시간을 줄일 수 있다는 장점이 있다.

④ EDI는 각각의 구성원들이 지속적으로 정보를 교환함으로써 장기적이고 전략적인 동반자의 관계 구축을 실현하여 품질 향상, 부가가치의 증가라는 측면에서 중요하다.

(3) EDI의 활용 효과

① 서류작업 및 보관서류를 감소시킬 수 있다.
② 수작업 감소에 의한 업무의 정확도가 증대된다.
③ 주문과 여러 데이터관리를 신속화할 수 있다.
④ 데이터의 입력 · 보관 · 발송 등 단순관리작업을 위한 인력 및 비용을 감소시킬 수 있다.
⑤ 구매시간 감축으로 인한 기여도가 높다.
⑥ 구매업무의 감축에 따른 비용 절감효과가 높다.
⑦ 물류정보의 신속한 유통에 따른 정보관리의 강화가 가능하다.
⑧ 관련 부서간 정보공유에 따른 업무 감소 및 정확도가 증가한다.
⑨ 업무의 정확성 증대 및 주문사이클 시간의 감소에 의한 재고 감소에 도움이 된다.

2. QR의 개념 및 활용

(1) QR(Quick Response, 신속대응)의 개념

① 소비자 위주의 시장환경에 신속히 대응하기 위한 신속대응시스템으로 생산에서 유통까지 표준화된 전자거래체제를 구축하고, 기업간의 정보공유를 통한 신속 정확한 납품, 생산 · 유통기간의 단축, 재고감축, 반품손실 감소 등을 실현하는 정보시스템이다.
② 생산 · 유통 관계의 거래당사자가 협력하여 소비자에게 적절한 상품을 적절한 시기에 적절한 양을 적절한 가격으로 적정한 장소에 제공하는 것이 목표이며 소비자의 개성화나 가격지향시대에 적응하기 위해 기업의 거래선과 공동으로 실시하는 리엔지니어링 개념의 물류전략이며 섬유 · 의류산업에서의 SCM응용전략이다.
③ QR을 통하여 기업은 기업간 신뢰관계의 구축할 수 있고 공동 또는 계획성 있는 상품기획하며, 판매, 재고 Data의 공유하여 상품공급구조의 원활화를 기할 수 있다.

(2) QR 시스템 구축에 필요한 요소

① **기업의 환경장비 요소** : GS1, EDI, POS 시스템, SCM(공급사슬관리), Roll ID(원단의 속성식별 라벨) 등이 도입되어야 한다.
② **경영자의 결단력** : 경쟁사의 정보를 공유할 수 있는 용기와 초기 투자비용에 대한 경영자의 결단력이 필요하다.

(3) QR 시스템과 ECR 비교

① ECR은 회전율이 높은 상품에, QR은 회전율이 낮은 상품에 적합하다.

② ECR은 가격이 저렴한 상품에, QR은 가격이 비싼 상품에 적합하다.

③ ECR은 자동발주 연속보충 상품에, QR은 타이밍에 맞는 보충이 중요한 상품에 적합하다.

④ 수요가 예측가능하고 마진이 낮으며 제품유형이 다양하지 않은 기능적 상품의 경우에는 ECR이 QR보다 적절하다.

⑤ 제품이 비교적 혁신적이고 다양하며 유행에 민감하여 수요가 가변적인 상품은 시장에 대한 신속한 대응이 요구되므로 QR이 ECR보다 적합하다.

⑥ ECR이 운송비용을 최소화하는 관점에서 운송수단을 선택하는데 비해, QR은 소비자 욕구에 신속히 대응하기 위해 비용이 높은 항공편으로 배송하기도 한다.

⑦ ECR은 크로스도킹(Cross docking) 방식의 상품납입이 적합하고, QR은 진열된 상태에서의 상품납입(FRM)방식이 적합하다.

⑧ FRM(Floor Ready Merchandising)은 의류업체에서 사용하는 공급 방식으로 옷을 매장에 공급하기 전에 물류센터 등에서 옷걸이에 미리 걸어서 공급하며 점포에서 진열작업이 필요 없이 바로 판매할 수 있도록 하는 것이다.

[ECR과 QR 비교]

	산업	회전률	필요성	주안점	활용기술
ECR	가공식품	높다	부패성	주문리드타임 단축	Cross Docking
QR	의류/섬유	낮다	유행 (불확실성)	정보공유를 통한 수요예측의 정확성향상, 재고수준 절감	FRM

(4) QR의 활용 효과

관 점	효 과	관 점	효 과
소매업자 측면	- 매출과 수익의 증대 - 낮은 유지비용 - 고객서비스의 개선, 상품회전율 증대	제조업자 측면	- 주문량에 따라 유연생산 - 공급자수의 감축 - 높은 자산회전율
소비자 측면	- 품질의 개선 - 낮은 가격 - 상품의 다양화 - 소비패턴의 변화	시스템 측면	- 불합리성과 낭비의 제거 - 효율성 증대 - 신속성 증대

Chapter 02

주요 유통정보화기술 및 시스템

출제예상문제

01 바코드(bar code)에 대한 설명으로 옳지 않은 것은?

① EAN-8(단축형 바코드)은 단축형 상품식별코드 (GTIN-8)를 나타낼 때 사용하는 바코드이다.
② 기존 상품과 중량 또는 규격이 다른 경우 새로운 상품으로 간주하고 새로운 상품식별코드를 부여한다.
③ 바코드 스캐너는 적색계통의 색상을 모두 백색으로 감지하여 백색바탕에 적색 바코드인 경우 판독이 불가능하다.
④ 바코드 높이를 표준 규격보다 축소할 경우 인식이 불가능하다.
⑤ 해당 박스에 특정 상품 입수 개수가 다르다면 새로운 표준물류식별코드를 부여한다.

해설》 바코드 높이를 표준 규격보다 축소할 경우라도 인식이 가능하다.

02 POS(point of sales) 시스템으로부터 획득한 정보에 대한 설명으로 가장 옳지 않은 것은?

① 상품분류체계의 소분류까지 업태별, 지역별 판매금액 구성비
② 상품분류체계의 소분류를 기준으로 해당 단품의 월별 판매금액
③ 품목의 자재 조달, 제조, 유통채널 이동 이력 관련 정보
④ 품목의 현재 재고정보
⑤ 제조사별 품목별 판매 순위

해설》 POS는 판매시점에서 금액정보, 재고정보, 단품정보 등을 획득가능하다. 하지만, 조달부터 유통채널 이동간 이력정보는 획득할 수 없다.

03 POS 시스템 구성기기로 적합한 것을 모두 고르시오.

㉠ POS 터미널	㉡ 스캐너	㉢ 스토어 컨트롤러
㉣ 전자서명	㉤ USB 메모리	

① ㉠, ㉡, ㉢, ㉤
② ㉠, ㉡, ㉢, ㉣
③ ㉠, ㉡, ㉣
④ ㉠, ㉢, ㉣
⑤ ㉠, ㉡, ㉢

해설❯ POS 시스템 구성기기

(1) POS 터미널

POS 터미널은 매장의 계산대마다 설치되어 있는 것으로 금전등록기의 기능 및 통신기능을 갖춘 컴퓨터 본체와 모니터 그리고 스캐너로 구성되어 있다.

(2) 스캐너

스캐너는 상품에 인쇄된 바코드를 자동으로 판독하는 장치로, 고정스캐너와 핸디스캐너가 있다.

(3) 스토어 컨트롤러

스토어 컨트롤러는 매장의 호스트 컴퓨터로 대용량 PC나 미니컴퓨터가 사용되며, 여기에 상품 마스터 파일이 기록되어 있다.

04 식별코드와 바코드에 대한 설명으로 가장 옳지 않은 것은?

① GS1 표준 상품 식별코드는 전세계적으로 널리 사용 되는 '사실상의(de facto)' 국제 표준이다.
② 상품 식별코드 자체에는 상품명, 가격, 내용물 등에 대한 정보가 포함되어 있다.
③ 바코드는 식별코드를 기계가 읽을 수 있도록 막대 모양으로 표현한 것이다.
④ GTIN은기업에서 자사의 거래단품을 고유하게 식별 하는네 사용하는 국제표준상품코드이다.
⑤ ITF-14는 GTIN-14코드체계(물류단위 박스)를 표시하는데 사용되는 바코드 심벌이다.

해설❯ ② 상품 식별코드는 제품 분류(Product Classification)의 수단이 아니라 제품 식별의 수단으로 사용된다. 소비자에게 판매되는 소매상품이나 물류센터에서 유통되는 박스(box), 팔레트(pallet)를 정확하게 식별하기 위해 사용한다.

01. ④　02. ③　03. ⑤　04. ② 정답

05 **QR 코드에 대한 설명으로 가장 옳지 않은 것은?**

① 1994년 일본의 덴소 웨이브(DENSO WAVE)에서 데이터를 빠르게 읽는 데 중점을 두고 개발 보급한 기술이다.

② 360° 어느 방향에서나 빠르게 데이터를 읽을 수 있다.

③ 기존 바코드 기술과 비교할 때, 대용량 데이터의 저장이 가능하고, 고밀도 정보표현이 가능하다.

④ 일부 찢어지거나 젖었을 때 오류를 복원하는 기능이 포함되어 있다.

⑤ 바이너리(binary), 제어 코드를 제외한 모든 숫자와 문자를 처리할 수 있다.

해설 〉 ⑤ 기존의 바코드는 20자 내외의 숫자 정보만 X축 한 방향으로만 저장할 수 있는 반면 QR코드는 숫자, 영자, 한자, 한글, 기호, Binary, 제어코드 등 모든 데이터를 X, Y 축으로 저장할 수 있어 바코드의 수십배 ~ 수백배의 정보를 저장할 수 있다.

06 **POS시스템의 특징에 대한 설명으로 가장 옳지 않은 것은?**

① SKU별로 상품 정보를 파악할 수 있는 관리시스템 으로 상품 판매동향을 파악할 수 있다.

② 모든 거래정보 및 영업정보를 즉시 파악할 수 있으므로 정보의 변화에 즉각 대응할 수 있는 배치(batch) 시스템이다.

③ 현장에서 발생하는 각종 거래 관련 데이터를 실시간으로 직접 컴퓨터에 전달하는 수작업이 필요 없는 온라인시스템이다.

④ 고객과의 거래와 관련된 정보를 POS시스템을 통해 수집할 수 있다.

⑤ POS를 통해 수집된 정보는 고객판촉 활동의 기초자료로 사용할 수 있다.

해설 〉 ② 모든 거래정보 및 영업정보를 즉시 파악할 수 있으므로 정보의 변화에 즉각 대응할 수 있는 실시간(Real-time) 시스템이다.

07 EDI 시스템의 활용 이점에 대한 설명으로 가장 옳지 않은 것은?

① 데이터의 입력에 소요되는 시간과 오류를 줄일 수 있다.
② 주문기입 오류로 인해 발생되는 문제점 및 지연을 없앰으로써 데이터 품질을 향상시킨다.
③ 문서 관련 업무를 자동화처리함으로써 직원들은 부가가치업무에 집중할 수 있고 중요한 비즈니스 데이터를 실시간으로 추적할 수 있다.
④ EDI는 세계 도처에 있는 거래 당사자와 연계를 촉진시키는 공통의 비즈니스 언어를 제공하기 때문에 새로운 영역 및 시장에 진입을 원활하게 한다.
⑤ EDI는 전자기반 프로세스를 문서기반 프로세스로 대체함으로써 많은 비용을 절약하고 이산화탄소 배출량을 감소시켜 궁극적으로 기업의 사회적 책임을 이행하게 한다.

해설 EDI는 종이기반 프로세스를 전자문서기반 프로세스로 대체함으로써 많은 비용을 절약하고 이산화탄소 배출량을 감소시켜 궁극적으로 기업의 사회적 책임을 이행하게 한다.
전자문서교환(EDI; Electronic Data Interchange)이란 "거래업체간에 상호 합의된 전자문서표준을 이용하여 인간의 작업을 최소화한 컴퓨터와 컴퓨터 간의 구조화된 데이터의 전송"을 의미한다.

08 바코드에 대한 설명으로 가장 옳지 않은 것은?

① 유통업체의 재고관리와 판매관리에 도움을 제공한다.
② 국가표준기관에 의해 관리되고 있다.
③ 컬러 색상은 인식하지 못하고, 흑백 색상만 인식한다.
④ 스캐너 또는 리더기를 이용하여 상품 관련 정보를 간편하게 읽어들일 수 있다.
⑤ 바코드에는 국가코드, 제조업체코드, 상품품목코드 등에 대한 정보가 저장되어 있다.

해설 바코드를 인쇄할 때 흑백 색상뿐만 아니라 컬러 색상도 할 수 있다. 다만, 백색바탕에 적색 바코드와 녹색바탕에 흑색 바코드의 경우 판독이 불가능한데, Scanner가 해독시 바탕색과 바코드 구분이 안되기 때문이다.

5. ⑤ 6. ② 7. ⑤ 8. ③ 정답

09 소스마킹과 인스토어마킹에 관련된 설명으로 가장 옳지 않은 것은?

① 인스토어마킹은 소분포장, 진열 단계에서 마킹이 이루어진다.
② 소스마킹은 생산 및 제품 포장 단계에서 마킹이 이루어진다.
③ 소스마킹은 전 세계적으로 공통 사용이 가능하다.
④ 소스마킹은 과일이나 농산물에 주로 사용된다.
⑤ 인스토어마킹은 원칙적으로 소매업체가 자유롭게 표시한다.

해설 ❯ 인 스토어마킹(in-store marking)은 각각의 소매점포에서 청과·생선·야채·정육 등을 포장하면서 일정한 기준에 의해 라벨러를 이용하거나 컴퓨터를 이용하여 바코드 라벨을 출력, 이 라벨을 일일이 사람이 직접 상품에 붙이는 것을 말한다.

10 유통업체의 QR 물류시스템(Quick Response Logistics Systems) 도입효과로 가장 옳지 않은 것은?

① 공급사슬에서 효과적인 재고관리를 가능하게 해준다.
② 공급사슬에서 상품의 흐름을 개선한다.
③ 공급사슬에서 정보공유를 통해 제조업체의 효과적인 제품 생산 활동을 지원한다.
④ 공급사슬에서 정보공유를 통해 유통업체의 효과적인 상품 판매를 지원한다.
⑤ 공급사슬에서 제조업의 원재료 공급방식이 풀(pull) 방식에서 푸시(push) 방식으로 개선되었다.

해설 ❯ 제조업의 원재료 공급방식이 푸시(push : 밀어내기) 방식에서 풀(pull : 끌어당기기) 방식으로 개선되었다.

9. ④ 10. ⑤ 정답

Chapter 03

유통정보의 관리와 활용

제1절 데이터관리

1. 데이터베이스, 데이터웨어하우징, 데이터마트

(1) 데이터베이스란?

① 데이터베이스란 여러 사람들이 공유하고 사용할 목적으로 통합 관리되는 데이터들의 모임이다. 등산할 때 기반이 되는 기지를 베이스캠프라 하듯이 데이터베이스라는 용어도 1950년대 미국에서 데이터의 기지라는 뜻에서 데이터베이스라는 용어를 처음 사용했다고 한다.

② 특정 조직의 여러 응용 업무를 운용하는데 필요한 데이터를 공동으로 사용할 수 있도록 중복을 최소화하여 통합, 저장한 운영 데이터의 집합을 의미한다.

③ 데이터베이스의 특징

㉠ 데이터베이스는 통합된 데이터이다.

- 기존의 파일처리 시스템에서는 응용 프로그램들마다 데이터를 독립적으로 가짐으로써, 데이터의 중복현상이 생기고 데이터의 보안에 문제가 발생하였다.
- 데이터베이스에서는 데이터를 통합함으로써 중복을 허용하지 않고, 중복을 허용하더라도 엄격한 통제에 따라 중복을 최소화한다.

㉡ 데이터베이스는 저장된 데이터이다.

- 데이터베이스는 컴퓨터가 접근 · 처리할 수 있는 저장 장치에 저장된다.

㉢ 데이터베이스에 있는 데이터는 운영데이터이다.

- 데이터베이스에 저장되는 데이터는 특정한 조직의 운영에 있어서 없어서는 안 될 중요한 운영 데이터로 단순한 입출력 데이터나 임시 데이터를 모아 놓은 것이 아니다.

㉣ 데이터베이스는 공용데이터이다.

- 특정한 응용프로그램이나 사용자만을 위한 데이터가 아니라 조직 내 모든 사용자들이 공통으로 이용하는 데이터의 집합이다.
- 같은 데이터라도 사용자는 자신의 이용 목적에 따라 다르게 사용할 수 있다.

(2) 데이터의 분류

① **정형 데이터(structured data)** : 구조화 된 데이터는 미리 정해진 구조에 따라 저장된 데이터를 말함. 예) 엑셀의 스프레드시트, 관계 데이터베이스의 테이블

[정형 데이터 예]

	A	B	C	D
1	일자	배송 업체	배송 건수	전일대비 상승률
2	2019-03-02	빠르다 택배	100	0%
3	2019-03-02	한빛 택배	200	10%
4	2019-03-02	안전 택배	50	3%
5	2019-03-02	당일 택배	30	-10%

② **반정형 데이터(semi-structured data)** : 구조에 따라 저장된 데이터이지만 데이터 내용 안에 구조에 대한 설명이 함께 존재하고, 구조를 파악하는 파싱(parsing) 과정이 필요하며, 보통 파일 형태로 저장. 예) 웹에서 데이터를 교환하기 위해 작성하는 HTML, XML, JSON 문서나 웹 로그, 센서 데이터 등

③ **비정형 데이터(unstructured data)** : 정해진 구조어 없이 저장된 데이터. 예) 소셜 데이터의 텍스트, 영상, 이미지, 워드나 PDF 문서와 같은 멀티미디어 데이터

[반정형 데이터 예]

(3) 데이터베이스 관리시스템(DBMS)

① 데이터베이스 관리 시스템(Database Management System, DBMS)은 다수의 사용자들이 데이터베이스 내의 데이터를 접근할 수 있도록 해주는 소프트웨어 도구의 집합이다. DBMS은 사용자 또는 다른 프로그램의 요구를 처리하고 적절히 응답하여 데이터를 사용할 수 있도록 해준다.

② DBMS는 데이터의 입력, 저장, 추출, 삭제, 수정 등 데이터베이스의 관리를 위한 일반적인 기능을 수행하는 소프트웨어로 데이터베이스를 작동시키는 데 있어 엔진의 역할을 한다는 의미에서 '데이터베이스 엔진'이라고도 불리며, 데이터베이스의 운용을 지원한다는 의미에서 데이터베이스 서버(Server)라고도 불린다.

③ 데이터베이스 관리 시스템이 존재하기 이전에는 파일 시스템을 이용하여 데이터를 관리하였다. 파일 시스템은 응용 프로그램을 이용해 데이터를 파일로 관리하는 것이다. 예를 들어, 쇼핑몰의 경우 고객관리 프로그램과 주문관리 프로그램이 존재하여 각각 데이터를 파일로 저장해 관리한다. 파일을 기반으로 데이터를 관리하게 되면 데이터 중복, 데이터 불일치 등 문제가 발생한다. 이러한 파일 시스템의 단점을 보완하기 위해 데이터베이스가 생겨났다.

④ 데이터베이스는 곧 데이터베이스 관리 시스템이라 할만큼 데이터베이스 관리 시스템은 중요하다고 볼 수 있다. 데이터베이스 관리 시스템을 전문적으로 운영하는 인력을 DBA (DataBase Administrator)라 한다.

⑤ **데이터베이스 관리시스템(DBMS)의 기능**

㉠ 데이터의 독립성

- 물리적 독립성 : 데이터베이스 사이즈를 늘리거나 성능 향상을 위해 데이터 파일을 늘리거나 새롭게 추가하더라도 관련된 응용 프로그램을 수정할 필요가 없다.

• 논리적 독립성 : 데이터베이스는 다양한 응용 프로그램의 논리적 요구를 만족시켜줄 수 있다.

㉡ 데이터의 무결성 : 여러 경로를 통해 잘못된 데이터가 발생하는 경우의 수를 방지하는 기능으로 데이터의 유효성 검사를 통해 데이터의 무결성을 구현하게 된다. 예를 들면, 입력 조건에 맞지 않는 입력값은 저장할 수 없도록 방지하는 기능이 있을 수 있다.

㉢ 데이터의 보안성 : 허가된 사용자들만 데이터베이스나 데이터베이스 내의 자원에 접근할 수 있도록 계정 관리 또는 접근 권한을 설정함으로써 모든 데이터에 보안을 구현할 수 있다.

㉣ 데이터의 일관성 : 연관된 정보를 논리적인 구조로 관리함으로써 어떤 하나의 데이터만 변경했을 경우 발생할 수 있는 데이터의 불일치성을 배제할 수 있다. 또한 작업 중 일부 데이터만 변경되어 나머지 데이터와 일치하지 않는 경우의 수를 배제할 수 있다.

㉤ 데이터의 중복 최소화 : 데이터베이스는 데이터를 통합해서 관리함으로써 데이터 중복 문제를 해결할 수 있다.

(4) 데이터 웨어하우스(Data Warehouse)

① 데이터 웨어하우스란 기간 시스템의 데이터베이스에 축적된 데이터를 공통의 형식으로 변환하여 일원적으로 관리하는 데이터베이스로 기업의 각 부분에 산재해 있는 개별 시스템의 데이터들을 활용목적별로 통합하여 유연한 분석이 가능하도록 만들어 놓은, 방대한 양의 데이터를 저장할 수 있는 대형 전자창고(Electronic Warehouse)이다.

② 다양한 온라인 거래처리 프로그램들이나 기타 다른 출처로부터 모아진 데이터들은 분석적인 용도나 사용자 질의에 사용되기 위하여, 선택적으로 추출되고 조직화되어 데이터 웨어하우스 데이터베이스에 저장된다.

③ 데이터 웨어하우스는 유용한 분석이나 접근을 위해 다양한 출처로부터 데이터를 획득할 것을 강조하지만 일반적으로 특화되고 때로는 지엽적인 내용의 데이터베이스가 필요할 최종사용자나 지식 노동자의 시각으로부터 출발하지는 않는다. 후자의 경우에 있는 사람들에게 필요한 것은 흔히 데이터 마트(Data Mart)라고 알려진 바로 그것이다.

④ 데이터 마이닝이나 의사결정지원시스템(DSS)은 데이터 웨어하우스의 활용이 필요한 응용프로그램 들이다.

⑤ 데이터 웨어하우스의 구축효과

㉠ 운영시스템을 보호한다.

㉡ 사용자 질의에 신속하게 응답할 수 있다.

㉢ 여러 시스템에 산재된 데이터들을 웨어하우스로 취합 · 통합하므로 사용자는 필요로 하는 데이터를 쉽게 가져다가 사용할 수 있다.

㉣ 데이터를 웨어하우스로 옮겨오기 전에 정제 및 검증과정을 거쳐야 하므로 사용자는 양질의 데이터를 사용할 수 있다.

⑥ 데이터 웨어하우스의 특징

㉠ 주제지향성(Subject Oriented) : 데이터 웨어하우스 내의 데이터는 일정한 주제별 구성을 필요로 한다.

㉡ 통합성(Integrated) : 데이터 웨어하우스 내의 데이터는 고도로 통합되어야만 한다.

㉢ 접근가능성 : 데이터 웨어하우스는 컴퓨터시스템이나 자료구조에 대한 지식이 없는 사용자들이 쉽게 접근할 수 있으므로 조직의 관리자들은 그들의 PC로부터 데이터 웨어하우스에 쉽게 연결될 수 있어야 한다.

㉣ 관계형 : 데이터 웨어하우스는 단순한 데이터의 저장창고가 아니라 관계형 데이터베이스를 근간으로 많은 데이터를 다차원적으로 신속하게 분석하여 의사결정에 도움을 주기 위한 시스템이다.

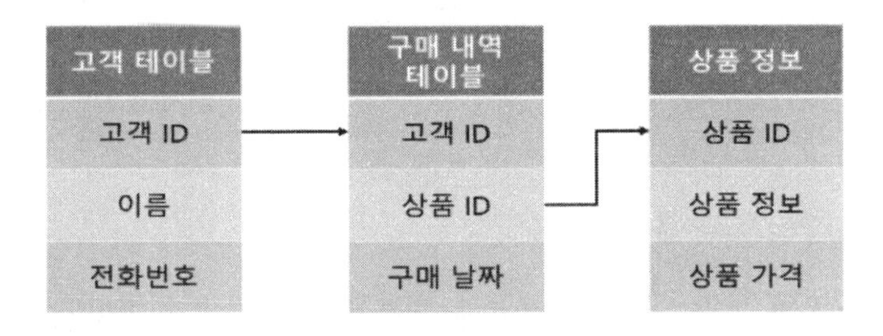

[관계형 데이터베이스모델 구조]

ⓜ 비휘발성(Non-volatile) : 데이터 웨어하우스는 두 가지 오퍼레이션(operation)을 갖는다. 하나는 데이터를 로딩(loading)하는 것이고, 다른 하나는 데이터를 읽는 것, 즉 액세스 하는 것이다.

ⓑ 시계열성(Time Variant) : 데이터 웨어하우스의 데이터는 일정한 시간 동안의 데이터를 대변한다.

(5) 데이터 마트

① 데이터를 유연하게 액세스 할 수 있도록 구축된 다차원 데이터베이스 관리 시스템으로써 다양한 방법으로 데이터를 분류할 수 있도록 하고 상세한 데이터간의 관계를 동적으로 찾아서, 매우 유연하게 데이터에 접근하도록 하는 정보시스템 구조이다.

② 데이터 마트란 데이터 웨어하우스로부터 특정한 분야와 관련된 데이터만 특별한 사용자가 이용 가능하게 분리해 놓은 것이다. 개별 부서에서 그 부서의 특징에 맞게 데이터를 검색, 가공, 분석할 수 있도록 해놓은 작은 규모의 전자저장공간이다. 필요에 따라 자주 접근하는 데이터 웨어하우스의 부분 또는 그 처리시간이 비교적 간단한 곳을 말한다.

③ 데이터 마트와 데이터 웨어하우스의 차이점

구분	데이터 마트	데이터 웨어하우스
목표	특화된 분석지원	잠재적인 모든 유형의 질의에 대처
질의유형	읽기/쓰기	읽기
응답속도	일관성, 신속성	질의 유형에 따라 가변적
자료구조	다차원적, 계층적	비정규화, 평면적
데이터량	대량, 상세	초대량, 매우 상세

(6) 데이터 웨어하우징

① 개방형 시스템 도입으로 여러 부문에 흩어져 있는 각종 기업정보를 최종사용자가 신속한 의사결정을 할 수 있도록 흩어져 있는 방대한 양의 데이터에 쉽게 접근하고 이를 활용할 수 있게 하는 기술을 말한다.

② 데이터 웨어하우징을 통해, 상황변화에 따른 신속한 의사결정이 필요하고 대량의 운용 데이터가 발생하는 분야에서, 과거 및 현재의 데이터 분석을 통해 시장변화와 미래예측까지도 가능하다.

③ 기존 데이터의 변환 · 추출 · 통합과정, 데이터 웨어하우스에 로딩 관리과정, 미들웨어, 사용자들의 액세스 과정으로 구성되어 있다.

(7) 온라인 분석 처리(OLAP ; Online Analytical Processing)

① 온라인 분석 처리(OLAP)는 의사결정 지원 시스템 가운데 대표적인 예로, 사용자가 동일한 데이터를 여러 기준을 이용하는 다양한 방식으로 바라보면서 다차원 데이터 분석을 할 수 있도록 도와준다.

② 이 기술은 기업들에게 단순한 거래처리를 넘어선 정보의 활용 가능성을 보여주었고, 이를 계기로 적극적인 데이터의 활용을 통한 의사결정의 중요성이 강조되었다.

③ OLAP란 최종 사용자가 다차원 정보에 직접 접근하여 대화식으로 정보를 분석하고 의사결정에 활용하는 과정에서 등장하였다. 사용자는 온라인상에서 직접 데이터에 접근하며, 대화식으로 정보를 분석하므로 사용자가 기업의 전반적인 상황을 이해할 수 있게 하고 의사결정을 지원하는 데 그 목적이 있다고 할 수 있다.

OLAP(Online Analytical Processing)의 분석기능 

- 피보팅 : 분석 차원을 분석자의 필요에 따라 변경해서 볼 수 있는 기능.
- 필터링 : 원하는 자료만을 걸러서 추출하기 위해서 이용되는 기능.
- 분해(slice and dice) : 다양한 관점에서 자료를 분석 가능하게 하는 기능.
- 드릴링(Drilling) : 데이터 분석 차원의 깊이를 마음대로 조정해 가며 분석할 수 있는 기능.
- 드릴업(Drill-Up) : 드릴다운과는 반대로 사용자가 정보를 분석하는 것.
- 드릴다운(Drill-Down) : 요약자료의 상세정보를 확인하게 하는 기능
- 리포팅 기능 : 리포트 작성을 지원하는 기능.

2. 데이터마이닝

(1) 데이터 마이닝(Data Mining)의 개념

① 대용량의 데이터베이스로부터 과거에는 찾아내지 못했던 데이터 모델을 새로이 발견하여 실행 가능한 유용한 지식을 추출해내는 과정을 의미한다. 이렇게 찾아낸 지식은 의사결정에 매우 유용하게 이용된다.

② 이 용어는 광산에서 광물을 캐내는 것에 비유한 것으로 금광석에 극히 미량으로 포함된 금을 여러 단계를 걸쳐 추출하듯이 수많은 데이터로부터 유용한 정보를 찾아내는 것으로 해석된다.

③ 전통적 통계기법인 연관규칙 분석이나 순차적 패턴 분석 같은 군집분석 등이 있으며 의사결정나무 모형이나 전문가시스템 모형, 신경망과 같은 인공지능형이 있다.

(2) 데이터 마이닝(Data Mining)의 프로세스

① 샘플 추출(Sampling)

㉠ 데이터 마이닝은 대체로 수십메가에서 수십기가에 이르는 대용량의 데이터를 기반으로 하지만 방대한 양의 데이터를 살피는 것은 시간의 측면에서만 보아도 많은 인내를 요하게 되는 작업이 될 수 있다. 이때 고려하여야 하는 과정이 바로 샘플링이다.

㉡ 샘플링이란 방대한 양의 데이터(모집단)에서부터 모집단을 닮은 작은 양의 데이터(샘플:표본)를 추출하는 것이다.

㉢ 샘플링 방법론 : 단순임의추출, 층화 추출 등

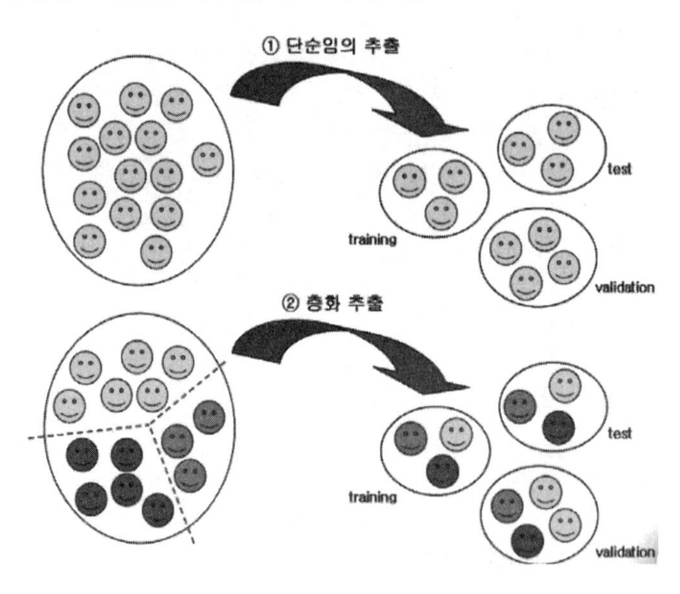

[샘플링 방법론]

② 데이터 정제 및 전처리(Data Cleansing / Preprocessing)

데이터베이스에는 일관성이 없고 불완전하며 오류가 있는 데이터가 존재할 수 있다. 따라서 데이터 정제과정을 통해 데이터의 무결성과 질을 보장해주어야 한다.

③ 탐색 및 변형 (Exploration / Transfromation)

㉠ 데이터의 탐색과정에서는 이미 알고 있는 사실들을 확인하여 수치화하는 작업을 시작으로 하여 보유하고 있는 수많은 변수들의 관계를 살펴보는 단계이다. 예를 들어, '백화점의 A 상품구매 고객들은 주로 특정요일에 집중되어 있다'거나, 'B상품의 구매고객은 주로 여자다' 등의 모르고 있던 정보 또는 기존에 현업관계자의 느낌으로만 알고 있던 사실들을 확인할 수 있게 되는 경우도 있고 또 가끔은 현업에 있는 사람들이 확신하고 있던 사실들이 틀렸다는 것도 확인할 수 있다.

㉡ 변형 : 예를 들어 한 신용카드회사의 거래정보가 있다고 하자. 그 거래정보에는 각 고객의 지난달 카드사용내역을 가지고 있을 것이다. 그러나 분석자의 요구 또는 현업 담당자의 요구에 의해 꼭 필요한 정보(각 고객의 지난 달 1회 평균 카드사용금액)는 보유하고 있지 않을 수 있다. 또한 각 고객의 연령정보는 있지만 너무 다양하여 10대, 20대, 30대 등으로 크게 나누어야 할 수도 있다. 이와 같은 정보는 기존의 변수를 이용하여 새로이 생성해야 할 변수가 된다. 이러한 작업들을 고려하는 단계가 바로 변형 및 조정 단계이다. 이 단계에서 생성 또는 수정된 변수는 차후 모형화 단계에서 아주 중요한 정보로써 활용될 수 있을 것이다.

④ 모형화(Modeling)

㉠ 데이터 마이닝 과정에서 가장 중요한 단계로서, 앞서 선행되었던 단계에서 선정된 주요한 변수를 사용하여 다양한 모형인 Neural Networks, CHAID, CART, 일반화 선형모형 등의 전통적인 통계적 모형 등을 적합해 보는 단계이다.

㉡ '신용카드의 도용방지모형은 Neural Network가 가장 적합하다' 등의 알려져 있는 모형이 있기도 하나 그렇지 않은 경우에는 다양한 모형에 적합한 후 예측력이 가장 뛰어난 모형을 선택하는 것이 일반적이다.

⑤ 보고 및 가시화(Reporting / Visualization)

㉠ 데이터 마이닝의 수행결과는 사용자들에게 보기 편하고 이해하기 쉬운 형태로 제공되어져야 한다.

㉡ 마이닝 결과를 그래프나 각종 차트 형태로 보여주는 것이 가시화이다. 가시화의 장점은 사전지식이 없이 동적인 관찰이 가능하고 인식의 한계에 대한 부담을 경감시킨다는 점이다.

(3) 데이터 마이닝(Data Mining) 기법

① 연관규칙(Association Rule)

㉠ 대규모의 데이터 항목들 중에서 유용한 연관성과 상관관계를 찾는 기법이다.

㉡ 상품 또는 서비스간의 관계를 살펴보고, 이로부터 유용한 규칙을 찾아내고자 할 때 이용한다.

㉢ 상품간의 연관성 정도를 측정하여 연관성이 많은 상품들을 그룹화하는 clustering의 일종으로서, 동시에 구매될 가능성이 큰 상품들을 찾아냄으로써 시장바구니 분석(Market Basket Analysis)에서 다루는 문제들에 적용할 수 있다.

② 군집분석(clustering analysis)

㉠ 어떤 목적변수(target)를 예측하기 보다는 고객수입, 고객연령과 같은 속성이 비슷한 고객들을 묶어서 몇 개의 의미 있는 군집으로 나누는 것을 목적으로 한다.

㉡ 숲이 너무 복잡해서 전체를 파악할 수 없을 때, 나무들부터 살펴보아야 하듯이 대용량의 데이터가 너무 복잡할 때는 이를 구성하고 있는 몇 개의 군집을 우선 살펴봄으로써 전체에 대한 윤곽을 잡을 수 있을 것이다. 클러스터링은 이런 상황에 유용하게 쓰일 수 있다.

㉢ n개의 개체들을 대상으로 p개의 변수를 측정하였을 때, 관측한 p개의 변수 값을 이용하여 n개 개체들 사이의 유사성 또는 비유사성의 정도를 측정하여 개체들을 유사성의 정도에 따라 그룹화하는 기법이다.

③ 의사결정나무(Decision Tree)

㉠ 과거에 수집된 데이터의 레코드들을 분석하여 이들 사이에 존재하는 패턴, 즉 결과값별 특성을 고객속성의 조합으로 나타내는 분류모형을 나무의 형태로 만드는 것이다.

㉡ 이렇게 만들어진 분류모형은 새로운 레코드를 분류하고 해당 결과값을 예측하는데 사용된다.

④ 신경망 분석(Neural Networks)

㉠ 인간 두뇌의 복잡한 현상을 모방하여 마디(Node)와 고리(Link)로 구성된 망구조

로 모형화하고 과거에 수집된 데이터로부터 반복적인 학습과정을 거쳐 데이터에 내재되어 있는 패턴을 찾아내는 기법이다.

㉡ 예) 신용평가, 카드도용패턴분석, 수요 및 판매예측, 고객세분화 등

⑤ 사례기반추론(Case–Based Reasoning : CBR)

㉠ 주어진 새로운 문제를 과거의 유사한 사례를 바탕으로 주어진 문제의 상황에 맞게 응용하여 해결해 가는 기법이다.

㉡ 모든 추론 (Reasoning) 은 과거에 경험한 것 또는 열심히 연습해서 받아들여진 과거의 사례에 기초해서 이루어진다는 것이다.

㉢ 자동차 정비사가 차를 수리할때 유사한 증상을 보였던 자동차를 회상하여 (recall) 해결을 시도하는 것은 Case-based reasoning 를 사용하고 있는 것이다.

3. 데이터 거버넌스

(1) 거버넌스의 개념

① 거버넌스의 어원은 그리스어 'kubernao'로 알려져 있다. '배를 조종하다'는 뜻인데, 이게 라틴어 'guberare(guide)'로 변하고, 영어 거버넌스가 됐다는 것이 일반적이다. 배가 나아가려면 선장 혼자서는 안되고 선원 등 수 많은 사람의 힘이 함께 필요하다는 의미에서 거버넌스는 '지배'가 아니라 '협력'으로 이해하는 것이 적합하다.

② 거버넌스란 국가중심의 집권적·독점적 통치 구조를 벗어나 사회 구성원 간 협력적·분권적 네트워크를 통한 분산된 통치 구조를 의미한다.

③ 거버넌스는 공동체 운영의 새로운 체제, 제도, 메커니즘 및 운영양식을 다루는 것으로 기존의 통치(governing)나 정부(government)를 대체하는 것으로 등장하고 그 개념도 점차 확대되었다.

(2) 데이터 거버넌스의 정의

① 전사 차원의 모든 데이터에 대한 정책, 지침, 표준화, 전략을 수립하고 데이터를 관리하는 조직과 프로세스를 구축함으로써 고품질의 데이터를 활용하여 기업의 가치 창출을 지원하는 체계를 말한다.

② 데이터거버넌스는 데이터 전략, 데이터 정책, 데이터 표준, 데이터 프로세스, 데이터 조직의 역할과 책임 등을 포함한다. 데이터 전략은 데이터를 통해서 얻고자 하는 가

치를 설명한다.

③ 데이터거버넌스의 대상은 조직 전체이다. 어느 특정 부서에 국한되지 않는다. 단위 조직은 전사 데이터 목표를 달성하기 위해서 권한과 책임을 갖는다.

④ 데이터거버넌스는 데이터의 가용성, 사용성, 무결성, 안전성 등을 확보하고 증진하는 데 목적이 있다.

⑤ 데이터거버넌스는 데이터자산을 효과적으로 관리하기 위한 기술, 소프트웨어, 프로세스, 데이터 인력 등을 대상으로 한다.

(3) 데이터 거버넌스 구성요소

• 구성요소(원칙, 조직, 프로세스)를 유기적으로 조합하고 효과적으로 관리하여, 데이터를 비즈니스 목적에 부합하도록 하고 최적의 정보서비스를 제공할 수 있도록 한다.

원칙[Principle]	데이터를 유지관리하기 위한 지침과 가이드 - 보안, 품질기준, 변경관리
조직[Organization]	데이터를 관리할 조직의 역할과 책임 - 데이터 관리자, 데이터베이스 관리자, 데이터 아키텍트
프로세스[Process]	데이터 관리를 위한 활동과 체계 - 작업 절차, 모니터링 활동, 측정활동

(4) 데이터 거버넌스 체계

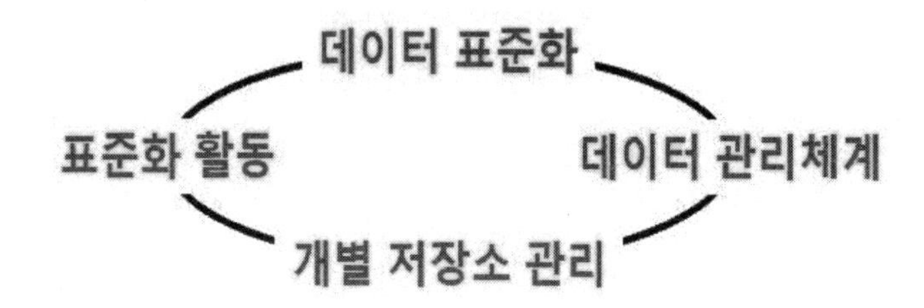

① 데이터 표준화

㉠ 데이터 표준화는 데이터 표준용어 설정, 명명 규칙 수립, Meta Data구축, 데이터 사전 구축, 데이터 생명주기 관리 등의 업무로 구성된다.

㉡ 데이터 표준 용어는 표준단어 사전, 표준 도메인 사전, 표준 코드 등으로 구성되며 사전간 상호검증이 가능하도록 점검 프로세스를 포함해야 한다.

㉢ 명명 규칙[Name Rule]은 필요시 언어별[한글, 영어 등]로 작성되어 매핑 상태를 유지해야 된다.

② 데이터 관리체계

㉠ 데이터 정합성 및 활용의 효율성을 위해 표준데이터를 포함한 메타 데이터와 데이터 사전의 관리 원칙을 수립한다

㉡ 수립된 원칙에 근거하여 항목별 상세한 프로세스를 만들고 관리와 운영을 위한 담당자 및 조직별 역할과 책임을 상세하게 준비한다.

㉢ 빅데이터의 경우, 데이터 양의 급증으로 데이터의 생명주기 관리방안(Data Life Cycle Management)를 수립하지 않으면 데이터 가용성 및 관리비용 증대 문제에 직면하게 될 수 있다.

③ 데이터 저장소 관리(Repository)

㉠ 메타데이터 및 표준데이터를 관리하기 위한 전사 차원의 저장소를 구성한다.

㉡ 저장소는 데이터관리체계 지원을 위한 워크플로우(Work flow) 및 관리용 응용 소프트웨어(Application)를 지원하고 관리 대상 시스템과의 인터페이스를 통한 통제가 이뤄져야한다.

㉢ 데이터 구조 변경에 따른 사전 영향 평가도 수행되어야 효율적으로 활용이 가능하다.

④ 표준화 활동

㉠ 데이터 거버넌스 체계를 구축한 후 표준 준수 여부를 주기적으로 점검하고 모니터링을 실시한다.

㉡ 거버넌스의 조직 내 안정성 장착을 위한 계속적인 변화 관리 및 주기적인 교육을 진행한다.

㉢ 지속적인 데이터 표준화 개선활동을 통해 실용성을 높여야 한다.

(5) 데이터 거버넌스의 목표

① 디지털화 진전에 따라 조직 내부의 데이터는 폭발적으로 증가하고 있다. 하지만 활용되는 데이터는 많지 않다. 데이터분석가들은 데이터는 많지만 활용할 수 있는 데이터는 별로 없다고 이야기한다. 또는 데이터를 활용하기 위해서 데이터를 탐색하고 정제하고 가공하는데 너무 많은 시간과 노력이 든다고 이야기한다.

② 이러한 현상은 조직 내부에 데이터 사일로가 다수 존재하기 때문이다. 데이터 사일

로를 제거하는 것이 데이터거버넌스의 궁극적 목표이다. 특정 부서 또는 사용자만이 이해할 수 있는 데이터는 전사 차원에서는 가치가 없기 때문이다.

③ 데이터거버넌스의 목표는 다음과 같다.

㉠ 데이터 규제를 준수하여, 예상되는 컴플라이언스 리스크에 대처한다.

㉡ 고객으로부터 데이터를 안전하게 처리하고 있다는 신뢰를 얻는다.

㉢ 데이터사용자들의 데이터 이해와 신뢰를 높여서, 데이터활용을 확산시킨다.

㉣ 데이터 컨텍스트를 공유함으로써, 데이터 오용을 방지한다.

㉤ 데이터 관리 기준을 정립하고 프로세스를 시스템화하여, 데이터 비용을 절감시킨다.

㉥ 데이터 자산의 훼손 및 유출 등을 방지하여, 디지털자산을 안전하게 보관한다.

㉦ 활용할 수 있는 외부데이터를 확보하고 융합하여, 데이터 경영 기회를 활용한다.

제2절 개인정보보호와 프라이버시

1. 개인정보보호 개념

(1) 개인정보

① 성명, 주민등록번호 및 영상 등을 통하여 개인을 알아볼 수 있는 정보

② 해당 정보만으로는 특정 개인을 알아볼 수 없더라도 다른 정보와 쉽게 결합하여 알아볼 수 있는 정보

③ ①또는 ②를 가명처리함으로써 원래의 상태로 복원하기 위한 추가 정보의 사용, 결합 없이는 특정 개인을 알아볼 수 없는 정보(가명정보)

④ 따라서 개인정보의 주체는 자연인(自然人)이어야 하며, 법인(法人) 또는 단체의 정보는 해당되지 않는다. 따라서 법인의 상호, 영업 소재지, 임원 정보, 영업실적 등의 정보는 「개인정보 보호법」에서 보호하는 개인정보의 범위에 해당되지 않는다.

(2) 개인정보 해당 여부 판단 기준

① 「개인정보 보호법」 등 관련 법률에서 규정하고 있는 개인정보의 개념은 다음과 같으

며, 이에 해당하지 않는 경우에는 개인정보가 아니다. 개인정보는 i) 살아 있는 ii) 개인에 관한 iii) 정보로서 iv) 개인을 알아볼 수 있는 정보이며, 해당 정보만으로는 특정 개인을 알아볼 수 없더라도 v) 다른 정보와 쉽게 결합하여 알아 볼 수 있는 정보를 포함 vi) (살아있는) 자에 관한 정보이어야 하므로 사망한 자, 자연인이 아닌 법인, 단체 또는 사물 등에 관한 정보는 개인정보에 해당하지 않는다.

② 또한, 개인을 알아볼 수 있는 정보 또는 다른 정보와 쉽게 결합하여 알아 볼 수 있는 정보를 가명처리함으로써 원래 상태로 복원하기 위한 추가 정보의 사용, 결합 없이 특정 개인을 알아 볼 수 없는 정보인 가명정보도 개인정보에 해당된다.

(3) 개인정보의 중요성

① 개인정보는 전자상거래, 고객관리, 금융거래 등 사회의 구성, 유지, 발전을 위한 필수적인 요소로서 기능하고 있다.

② 특히 데이터경제 시대를 맞이하여 개인정보와 같은 데이터는 기업 및 기관의 입장에서도 부가가치를 창출할 수 있는 자산적 가치로서 높게 평가되고 있다.

③ 그러나 개인정보가 누군가에 의해 악의적인 목적으로 이용되거나 유출될 경우 개인의 사생활에 큰 피해를 줄 뿐만 아니라 개인 안전과 재산에 피해를 줄 수 있다.

④ 유출된 개인정보는 스팸메일, 불법 텔레마케팅 등에 악용되어 개인에게 원치 않는 광고성 정보가 끊임없이 전송되는 동시에 대량의 스팸메일 발송을 위한 계정 도용, 보이스 피싱 등 범죄행위에 악용될 우려가 있다.

⑤ 이러한 문제점이 개인정보의 주체에게 미치는 정신적 · 물질적 피해 규모는 측정이 어렵다. 뿐만 아니라 한번 유출된 개인정보는 회수가 사실상 불가능하기 때문에 더욱 심각하다고 할 수 있다.

⑥ 사회가 산업사회에서 정보사회를 넘어 4차 산업혁명의 시대로 발전함에 따라 개인정보의 범위와 영역이 확장되고 있다. 또, 산업사회에서 개인정보로 인정되지 않거나, 정보항목으로 존재하지 않던 것들이 점차 기술이 발전함에 따라 개인정보의 영역에 포함되고 있습니다.

⑦ 데이터경제 시대를 맞아 개인정보 등이 포함된 데이터의 중요성도 점차 증가하고 있다.

(4) 개인정보의 종류

① 개인정보는 개인의 성명, 주민등록번호 등 인적 사항에서부터 사회 · 경제적 지위와 상태, 교육, 건강 · 의료, 재산, 문화 활동 및 정치적 성향과 같은 내면의 비밀에 이르기까지 그 종류가 매우 다양하다.

② 사업자의 서비스에 이용자(고객)가 직접 회원으로 가입하거나 등록할 때 사업자에게 제공하는 정보뿐만 아니라, 이용자가 서비스를 이용하는 과정에서 생성되는 통화내역, 로그기록, 구매내역 등도 개인정보가 될 수 있다.

(5) 개인정보보호 개념

① 개인정보보호란 근본적으로 정보주체의 개인정보 자기결정권을 철저히 보장하는 것을 의미한다.

② 개인정보보호관련 법령에서는 개인정보의 유출 · 오용 · 남용 등의 방지와 적절한 수집 및 활용을 보장하기 위하여 개인정보를 수집 · 이용 · 제공 등을 하는 자에게 일정한 개인정보 수집 · 이용 · 제공 상의 제한 및 그에 따른 의무를 준수하도록 하여 개인정보를 보호하면서 동시에 적절하게 개인정보를 수집 및 활용할 수 있도록 하고 있다.

2. 개인정보보호 정책

(1) 개인정보 보호법의 목적과 원칙

① 개인정보의 처리 및 보호에 관한 사항을 정함으로써 개인의 자유와 권리를 보호하고, 나아가 개인의 존엄과 가치를 구현함을 목적으로 한다.

② 개인정보 보호 원칙은 다음과 같다.

㉠ 개인정보처리자는 개인정보의 처리 목적을 명확하게 하여야 하고 그 목적에 필요한 범위에서 최소한의 개인정보만을 적법하고 정당하게 수집하여야 한다.

㉡ 개인정보처리자는 개인정보의 처리 목적에 필요한 범위에서 적합하게 개인정보를 처리하여야 하며, 그 목적 외의 용도로 활용하여서는 아니 된다.

㉢ 개인정보처리자는 개인정보의 처리 목적에 필요한 범위에서 개인정보의 정확성, 완전성 및 최신성이 보장되도록 하여야 한다.

㉣ 개인정보처리자는 개인정보의 처리 방법 및 종류 등에 따라 정보주체의 권리가 침해받을 가능성과 그 위험 정도를 고려하여 개인정보를 안전하게 관리하여야 한다.

㉤ 개인정보처리자는 개인정보 처리방침 등 개인정보의 처리에 관한 사항을 공개하여야 하며, 열람청구권 등 정보주체의 권리를 보장하여야 한다.

㉥ 개인정보처리자는 정보주체의 사생활 침해를 최소화하는 방법으로 개인정보를 처리하여야 한다.

③ OECD 개인정보 보호 8원칙

㉠ 수집제한의 원칙이란 꼭 필요한 개인정보만을 수집하도록 하는것으로 서비스에 꼭 필요하지 않다면 수집하지 않아야 한다는 의미이다.

㉡ 정보내용 정확성의 원칙이란 기존의 개인정보가 최신정보로 갱신되어 있어야 한다는 의미이다.

㉢ 수집목적 명확화의 원칙은 개인정보를 수집할 때에는 목적을 명시하고 명시된 목적으로만 사용되어야 한다는 의미이다.

㉣ 이용제한의 원칙이란 수집 시 동의받은 이용목적의 범위내에서만 이용되어야 한다는 것이다.

㉤ 안전확보의 원칙이란 개인정보를 수집하였다면 수집한 자가 재산권 없이 이용에 대한 동의를 받은 것에 불과하므로 정보주체의 개인정보에 대하여 철저하고 안전하게 보호하라는 의미이다.

㉥ 공개의 원칙이란 개인정보의 주체인 개개인들이 수집자가 개인정보 보호를 위해 어떠한 정책을 가지고 있는지 쉽게 확인할 수 있도록 하자는 취지이다.

㉦ 개인참가의 원칙이란 정보주체로서 자신의 개인정보에 대한 소유권한을 행사하도록 하는 것이다.

㉧ 책임의 원칙이란 개인정보 관리자는 위에서 제시한 원칙들이 지켜지도록 제반조치를 취하여야 하는 책임이 있다는 것이다.

(2) 개인정보의 기술적·관리적 보호조치 기준

① 이 기준은 「정보통신망 이용촉진 및 정보보호 등에 관한 법률」에 따라 정보통신서비스 제공자등이 이용자의 개인정보를 취급함에 있어서 개인정보가 분실 · 도난 · 누출 · 변조 · 훼손 등이 되지 아니하도록 안전성을 확보하기 위하여 취하여야 하는 기

술적 · 관리적 보호조치의 최소한의 기준을 정하는 것을 목적으로 한다.

② 정보통신서비스 제공자등은 사업규모, 개인정보 보유 수 등을 고려하여 스스로의 환경에 맞는 개인정보 보호조치 기준을 수립하여 시행하여야 한다.

③ "개인정보관리책임자"란 이용자의 개인정보보호 업무를 총괄하거나 업무처리를 최종 결정하는 임직원을 말한다.

④ "개인정보취급자"란 이용자의 개인정보를 수집, 보관, 처리, 이용, 제공, 관리 또는 파기 등의 업무를 하는 자를 말한다.

⑤ "내부관리계획"이라 함은 정보통신서비스 제공자등이 개인정보의 안전한 취급을 위하여 개인정보보호 조직의 구성, 개인정보취급자의 교육, 개인정보 보호조치 등을 규정한 계획을 말한다.

⑥ "개인정보처리시스템"이라 함은 개인정보를 처리할 수 있도록 체계적으로 구성한 데이터베이스시스템을 말한다.

(3) 개인정보 안전조치 의무와 인증제도

① 개인정보처리자는 개인정보가 분실 · 도난 · 유출 · 위조 · 변조 또는 훼손되지 아니하도록 내부 관리계획 수립, 접속기록 보관 등 대통령령으로 정하는 바에 따라 안전성 확보에 필요한 기술적 · 관리적 및 물리적 조치를 하여야 한다.

② **개인정보 보호 인증제도**

㉠ 정보보호 및 개인정보보호 관리체계 인증(ISMS-P) : 정보보호 및 개인정보보호를 위한 일련의 조치와 활동이 인증기준에 적합함을 인터넷진흥원 또는 인증기관이 증명하는 제도

㉡ 정보보호 관리체계 인증(ISMS) : 정보보호를 위한 일련의 조치와 활동이 인증기준에 적합함을 인터넷진흥원 또는 인증기관이 증명하는 제도

3. 개인정보보호 기술

(1) 비식별조치

① 특정 개인을 알아볼 수 없도록 암호화 하거나 일부분을 삭제하는 방법으로서K-익명성, L-다양성, T-접근성 기술을 통해 비식별화 수준을 평가할 수 있다.

② 데이터를 보고 특정인임을 추론할 수 없게 하거나 또는 민감한 정보의 다양성을 높이는 등의 방법으로 개인정보를 보호할 수 있다.

〈데이터 비식별화 적용기법〉

처리 방법	설명 (사례)
가명처리	[데이터]김민재, 44세, 한국대 재학 [가명처리]홍길동, 40대, 서울소재 대학 재학중
총계처리	데이터를 전체 평균을 내거나 합산하여 표현 (예, 30대 직장인 소득 평균 OOO만원)
데이터삭제	개인정보 관련 데이터를 삭제하거나 범주화하여 숨김 (예, 서울거주 40대 여성)
범주화	데이터를 범주화하여 특정 정보를 숨김 (예, 김모씨, 전라권 거주)
데이터마스킹	임의의 Noise나 공백 등으로 대체하여 개인정보를 가리는 방법 (예, 김OO, 주민번호: 1*****-*******)

③ **K-익명성** : 주어진 데이터 집합에서 준식별자의 항목이 적어도 K개가 존재하도록 데이터를 구성하는 것이다.

④ **K-다양성** : K 익명성으로 비식별화가 되더라도 일부 정보들이 모두 같은 값을 가질 경우 공격대상의 정보를 알아낼 수가 있다.

(2) 암호화

개인정보보호법에서는 고유의 식별정보나 주민번호의 암호화 적용 등의 조치를 시행할 수 있는 근거가 된다.

저장시	전송시
• 비밀번호, 고유식별번호, 바이오정보 • 계좌번호, 신용카드 정보	• 비밀번호, 고유식별번호, 바이오정보 • 개인정보, 인증정보

4. 보안시스템

(1) 보안시스템이란

① 정보시스템 보안(Information System Security) 이란 정보시스템 운영 및 관리 안정성 등에 반하는 위험으로부터, 정보시스템의 기밀성, 무결성, 가용성, 신뢰성 등을 확보하기 위한 제반 수단과 활동 체계를 말한다.

② 보안솔루션이란 접근통제, 침입차단 및 탐지 등을 수행하여 외부로부터의 불법적인 침입을 막는 기술 및 시스템을 말한다.

(2) 주요 보안시스템

① 방화벽

㉠ 기업이나 조직 내부의 네트워크와 인터넷 간에 전송되는 정보를 선별하여, 수용/거부/수정하는 기능을 가진 침입차단 시스템

㉡ 외부에서 내부로 들어오는 패킷만 엄밀히 체크하여 인증된 패킷만 통과시키며, 내부에서 외부로 나가는 패킷은 그대로 통과시킴

㉢ 해킹 등에 의한 외부로의 정보 유출을 막기 위해 사용

② 침입탐지시스템(IDS; Intrusion Detection System)

㉠ 컴퓨터 시스템의 비정상적인 사용, 오용, 남용 등을 "실시간"으로 탐지하는 시스템

㉡ 방화벽과 같은 침입차단시스템만으로는 내부 사용자의 불법적인 행동과 외부 해킹에 100% 완벽한 대처가 불가능하다는 것을 보완함

㉢ 문제가 발생한 경우 모든 내/외부 정보의 흐름을 실시간으로 차단하기 위해 해커 침입패턴에 대한 추적과 유해정보 감시가 필요

▸ 오용탐지 : 미리 입력해 둔 공격 패턴이 감지되면 이를 알려줌

▸ 이상탐지 : 평균적인 시스템의 상태를 기준으로 비정상적인 행위나 자원의 사용이 감지되면 알려줌

③ 침입방지시스템(IPS; Intrusion Prevention System)

㉠ 방화벽과 침입탐지시스템을 결합한 것(특이점 탐지 후 방화벽 가동)

㉡ 비정상적인 트래픽을 능동적으로 차단하고 격리하는 등의 방어조치를 취하는 보안솔루션

㉢ 침입탐지기능으로 패킷을 하나씩 검사한 후 비정상적인 패킷이 탐지되면 방화벽

기능으로 해당 패킷을 차단

④ **데이터유출방지(DLP; Data Leakage/Loss Prevention)**

㉠ 내부 정보의 외부 유출을 방지하기 위한 보안솔루션

㉡ 사내 직원이 사용하는 PC와 네트워크상의 모든 정보를 검색하고 메일, 메신저, 웹하드, 네트워크 프린터 등 사용자 행위를 탐지/통제해 외부로의 유출을 사전에 방지

⑤ **VPN(Virtual Private Network; 가상 사설 통신망)**

㉠ 인터넷 등 통신 사업자의 공중 네트워크에 암호화 기술을 이용하여 사용자가 마치 자신의 전용 회선을 사용하는 것처럼 해주는 보안솔루션

㉡ 암호화된 규격을 통해 인터넷망을 전용선의 사설망을 구축한 것처럼 이용하므로 비용 부담을 줄일 뿐만 아니라 원격지의 지사, 영업소, 이동 근무자가 지역적인 제한 없이 임무 수행이 가능함

⑤ **네트워크 접근 제어(NAC; Network Access Control)**

㉠ 네트워크에 접속하는 내부PC의 MAC주소(고유랜카드주소)를 IP관리 시스템에 등록한 후 일관된 보안관리 기능을 제공하는 보안솔루션

㉡ 내부PC의 소프트웨어 사용현황을 관리하여 불법적인 소프트웨어 설치를 방지

㉢ 일반적인 배포관리 기능을 이용해 백신이나 보안패치 등의 설치 및 업그레이드 수행

⑥ **스팸 차단 솔루션(Anti-Spam Solution)**

㉠ 스팸은 이메일이나 휴대폰 등 정보통신서비스를 이용하는 이용자에게 본인이 원치않음에도 불구하고 일방적으로 전송되는 영리목적의 광고성 정보를 말한다.

㉡ 일반적으로 스팸차단솔루션은 메일 서버 앞단에 위치하여 Proxy 메일 서버로 동작하며 스팸메일 차단 기능뿐 아니라 메일에 대한 바이러스 검사, 내부에서 외부로 전송되는 메일에 대한 본문 검색 기능을 통한 내부정보 유출방지등의 확장 기능을 가지고 있다.

⑦ **무선 침입 방지 시스템(WIPS; Wireless Intrusion Prevention System)**

㉠ 인가되지 않은 무선 단말기의 접속을 자동으로 탐지 및 차단하고 보안에 취약한 무선 공유기를 탐지하는 솔루션이다.

㉡ 유선 방화벽과 유사하게 외부 공격으로부터 내부 시스템을 보호하기 위해 무선랜 환경에서의 보안 위협을 탐지하고 대응하는 시스템을 말한다.

⑧ 웹방화벽(Web Firewall)

㉠ 일반 방화벽이 탐지하지 못하는 SQL 삽입공격, Cross-Site Scripting(XSS) 등의 웹 기반 공격을 방어할 목적으로 만들어진 웹서버 특화 방화벽

㉡ 웹 관련 공격을 감시하고 공격이 웹서버에 도달하기 전에 이를 차단

5. 프라이버시의 개념과 보호 정책

(1) 프라이버시의 개념

① 자신의 개인적인 영역에 대한 타인의 침범으로부터 보호받는 권리 또는 이익(the right to be let alone)이라는 의미로 사용되었다.

② '자신의 사적인 일에 대한 원치 않는 공개를 통제할 수 있는 권리' 또는 '자신에 대한 정보를 관리 · 통제할 수 있는 권리'라는 적극적인 개념으로 점차 확대되었다.

③ 개인정보 또는 개인 사생활 정보나 사용하는 IT 장치에서 생산되는 모든 정보 (위치 정보 등) 등 생산자 외에 타인으로부터 보호받아야 하는 것을 의미한다.

④ **대한민국 헌법 제 17조** : 모든 국민은 사생활의 비밀과 자유를 침해받지 아니한다. 프라이버시 보호는 인권보호라고 할 수 있다.

⑤ 디지털, 온라인 세상에 접어들면서 첨단기기에 프라이버시가 증가하였고, 프라이버시권의 침해사례가 늘어나고 있다.

(2) 프라이버시권의 침해 유형

① **사적 공간 및 생활의 침범(intrusion)**

㉠ 물리적으로 혼자 있는 상태(solitude)에 대한 부당한 침입을 의미함

㉡ 주인 동의 없이 남의 집에 무단으로 들어가는 경우, 울타리 틈 사이로 남의 집안을 엿보거나 상대방 모르게 망원 렌즈를 사용하는 경우 등도 여기에 해당

② **사적인 일의 무단 공표(public disclosure of private facts)**

- 타인의 사생활에 관계되는 일을 공표하는 행위로서 공표한 사실이 ▸ 합리적인 사람들에게는 매우 불쾌하고 ▸ 공중에게는 정당한 관심의 대상이 되지 못하는 경우

③ **공중에 오인시킬 공표(publishing Information thatt places someone in a false light)**

- 신문이나 TV 기사에 엉뚱한 사진을 곁들이거나 사진 설명을 잘못 붙인 경우도 여기에 해당

④ 무단사용(appropriation)

- 이는 남의 성명이나 초상 등을 본인의 동의 없이 상업적 목적으로 사용한 경우

(3) 프라이버시 보호 정책

① 프라이버시 보호 관련 주요 법률을 통해 보호한다.

② 개인정보 보호법, 정보통신망 이용 촉진 및 정보 보호 등에 관한 법률, 위치정보의 보호 및 이용 등에 관한 법률, 신용 정보의 이용 및 보호에 관한 법률, 통신비밀 보호법, 전자금융거래법, 성폭력범죄의 처벌 등에 관한 특례법 등이 있다.

6. 프라이버시 보호 기술[26)]

(1) 연합학습(Federated Learning)

① 연합학습(Federated Learning)은 2016년에 Google AI에서 발표된 'Communication-Efficient Learning of Deep Networks from Decentralized Data'를 통해 처음 공식화되면서 주목받기 시작했다.

② 기존의 데이터 학습과 달리 중앙에서 데이터를 모아서 학습하는 것이 아니라 모바일기기 보유자의 디바이스를 이용하여 사용자 기기에서 학습하는 '온디바이스(on-device)' 방식을 통해 생성된 모델을 중앙에서 취합하는 학습모델을 의미한다.

③ 연합학습의 경우 서로 이질적인 데이터를 학습하기 때문에 별도의 가정이 포함되지 않는다.

④ 연합학습은 하이브리드 컴퓨팅(Hybrid Computing)과 영지식증명(ZKP, Zero-Knowledge Proof)의 기술적 원리를 기반으로 운영된다.

㉠ 포그 컴퓨팅과 클라우드 컴퓨팅의 혼합개념인 하이브리드 컴퓨팅은 사용자 단말의 자원을 활용하는 포그 컴퓨팅과 학습결과를 중앙에서 수집하는 클라우드 환경을 통해 최종적인 학습모델을 생성하게 된다.

㉡ 영지식증명의 경우 원본데이터(raw data) 노출없이 추론을 돕는 기술이기 때문에 연합학습에 데이터 프라이버시 향상의 효과를 제공하게 된다.

26) https://www.igloo.co.kr, 프라이버시 보존기술(PETs, Privacy Enhancing Technologies)

(2) 재현데이터(Synthetic Data)

① 재현데이터(Synthetic Data)는 원본과 최대한 유사한 통계적 성질을 보이는 가상의 데이터를 생성하기 위해 개인정보의 특성을 분석하여 새로운 데이터를 생성하는 기법으로 원본 데이터의 포함 여부에 따라 △ 완전 재현 데이터(Fully Synthetic Data), △ 부분 재현 데이터(Partially Synthetic Data), △ 하이브리드 재현 데이터(Hybrid Synthetic Data)로 구분되기도 한다.

② 재현데이터 기법을 사용하는 대표적인 기술인 GAN(Generative AI)은 Generator(생성자)가 생성한 모조데이터(Fake Data)를 실제데이터(Real Data)와 유사하게 생성하여하는 것이 목적인 생성 모델(Generative Mode)을 통해서 주어진 트레이닝 데이터의 특성을 학습해 유사한 데이터를 생성(Generate)하여 최종적으로는 생성자는 원본데이터와 유사한 데이터 분포를 획득할 수 있게 한다.

③ 재현데이터를 사용하는 경우 정보 손실을 줄이기 위해 민감변수에 한해서만 재현데이터를 적용하는 부분 재현 데이터 기법을 적용하는 경우 재현된 부분의 원본 데이터가 남아 있지 않기 때문에 재식별위험이 높지 않지만 비민감정보 상에서는 여전히 정보노출의 위험이 존재하기 때문에 경우에 따라 차분프라이버시와 같은 추가적인 Privacy 보호기술을 적용이 필요할 수 있다.

(3) PPDM(Privacy Preserving Data Mining)

① PPDM(Privacy Preserving Data Mining)은 프라이버시 보존형 데이터마이닝으로 개인정보를 공개하지 않은 상태에서 통계적 처리나 기계학습에 사용될 수 있도록 데이터의 함축적인 지식이나 패턴을 찾아내는 기술을 의미한다.

② PPDM 기술은 크게 2가지로 구분될 수 있는데 △ 기본 데이터에 노이즈를 추가하거나 다른 종류의 랜덤화를 적용시키는 프라이버시 보존형 데이터 마이닝과 △ 모든 개체는 자신의 입력과 계산결과 이외에 어떤 정보도 얻을 수 없는 다자간 계산(SMC, Security Multi-parity Computation)으로 분류할 수 있다.

③ PPDM을 통해 데이터 공개 시에 비식별화를 수행하는 기술은 프라이버시보호모델의 k-익명성, l-다양성, t-근접성, m-불변성 이외에도 랜덤화된 응답 기반의 PPDM, 압축기반 PPDM, 교란기반 PPDM, 차등정보보호 등의 프라이버시 보존 데이터마이닝 기법들이 존재한다.

(4) 동형암호(HE, Homomorphic Encryption)

① PPDM(Privacy Preserving Data Mining)은 프라이버시 보존형 데이터마이닝으로 개인정보를 공개하지 않은 상태에서 통계적 처리나 기계학습에 사용될 수 있도록 데이터의 함축적인 지식이나 패턴을 찾아내는 기술을 의미한다.

② 동형암호(Homomorphic Encryption)의 동형(homomorphic)은 대수학(Algebra)의 준동형(homomorphism)에서 유래한 단어로 암호화(Encryption)된 데이터를 복호화(Decryption)없이 연산할 수 있는 암호문상태에서 연산한 결과가 복호화시에 평문(Plain Text)으로 연산한 결과와 동일한 값을 도출하는 4세대 암호기술을 의미한다.

③ 동형암호는 계산적인 문제를 프로그래밍 언어나 추상기계로 풀수 있는 튜링 완전성(turing completeness)의 특징을 가지고 있기 때문에 통계처리 뿐만 아니라 최근에 다양한 분야에서 활용되고 있는 기계학습에도 적용이 가능하다.

[세대별 암호 기술 발전 현황]

구분	암호기술	주요 특성
1세대 암호	암호	인증기술(Password)
2세대 암호	대칭키 암호	데이터 암호 (ID와 PW사용)
3세대 암호	공개키 암호	(Public Key, Private Key)
4세대 암호	동형 암호	NoKey암호 (암호화된 상태에서 연산이 가능함 암호)

제3절 고객충성도 프로그램

1. 고객충성도 프로그램의 개념과 필요성

(1) 고객충성도의 개념 및 의의

① 고객충성도(customer royalty)란 기업이 지속적으로 고객에게 탁월한 가치를 제공해 줌으로써 그 고객으로 하여금 해당 기업이나 브랜드에 호감이나 충성심을 갖게 함으로써 지속적인 구매활동이 유지되도록 하는 것이다.

② 높은 수준의 고객충성도로부터 초래되는 경제적 이득은 상당하며, 지속적인 고객 충성도 획득은 그 기업의 매출 및 시장점유율 향상과 고객유지비용의 감소를 가져오며 이를 통한 추가분의 이익을 이용하여 고객가치 증대나 새로운 부문에의 투자, 종업원의 보수 향상 등에 사용할 수 있게 된다.

③ 고객충성은 On-Line, Off-Line 할 것 없이 기업이 포기해서는 안 되는 가장 중요한 자산이다. 웹상에서의 고객충성은 제품가치 이외의 많은 변인의 영향을 받는다.

④ 고객충성을 형성하는 가장 중요한 두 축은 상대적 가치(Relative Value)와 관성(Inertia)이다. 상대적 브랜드 자체가 보유하고 있는 자산(Equity)과 가격(Price) 요인이 결합하여 시장 내의 여러 브랜드들과의 경쟁상황하에서 평가되는 가치를 말한다. 관성은 소비자들이 기존의 구매행동을 계속 유지하려는 힘을 의미한다.

⑤ **고객충성도의 구분**

㉠ 행동적 충성도 : 특정제품이나 서비스에 대한 소비자가 하는 실제행동. 예) 이전 구매시 제품에 대한 만족감에 의해 재구매

㉡ 태도적 충성도 : 제품이나 서비스에 대해 가지고 있는 소비자의 지각. 예) 사용중인 브랜드의 선호도, 애호도, 몰입도

(2) 고객만족도와의 관계

① 고객만족도란 생산품, 소비의 경험, 구매결정경험, 판매자, 상점, 제품이나 서비스에 대한 소비자의 태도, 사전 구매경험 등의 관점에서 본 고객의 기대에 대한 성취도를 의미한다.

② 기존에는 고객만족도로 기업의 마케팅을 평가했으나 단순한 만족만으로는 마케팅의 효과측정이 불충분하여 고객충성도 개념이 등장하게 되었다.

③ 증가된 고객만족의 즉각적인 효과는 고객불평률의 감소와 고객충성도의 증가로 나타난다. 불평이 발생할 때, 고객은 이탈(경쟁자제품, 서비스구매)을 하거나 보상을 받기 위해서 불평을 토로하는 선택권을 갖게 된다. 따라서 만족의 증가는 불평의 요소를 감소시키고, 고객충성도를 높이게 된다.

(3) 고객충성도 프로그램

① 기업의 매출에 영향을 주는 구매빈도가 높은 몇몇의 우수고객을 인식하는 것이다. 이로써 이들을 대상으로 하는 개별적이고 현실적인 마케팅 전략이 고객충성도 프로그램인 것이다.

② 우수고객은 RFM 분석을 사용하여 선정할 수 있다. RFM분석은 고객이 얼마나 최근에 구입했는가(Recency), 고객이 얼마나 빈번하게 우리 상품을 구입했나(Frequency), 고객이 구입했던 총금액은 어느 정도인가(Monetary)를 수치화 하는 것으로, 기업입장에서 가장 최근에 일정기간 동안 자주 많은 액수의 상품을 구매 하는 고객을 찾아 내기 위한 방법론이다.

③ **우수고객 보상프로그램의 적용** : 대부분의 대기업들이 줄어드는 고객을 확보하기 위해 손쉽게 쓸 수 있는 방법이 우수고객 보상프로그램이다.

㉠ 단기적으로는 효과를 볼 수 있으나 장기적으로 보면 큰 효과가 없다.

㉡ 경쟁업체가 따라 하기 쉽고 고객에게는 저렴한 마케팅 판촉으로 보일 수 있다.

㉢ 장기적으로 고객의 충성도를 높이는 방법은 신규고객 유치를 위해 가격을 인하하는 것과 다르지 않다.

④ **마일리지 프로그램** : 고객충성도를 높이는 대표적인 방법으로, 마일리지가 축적될수록 보상이 커지기 때문에 고객의 충성도를 높이는 데 아주 효과적인 방법이다.

⑤ **품질향상 전략**

㉠ 고객충성도를 위해 가장 필요한 것이 고객만족도를 높이는 것이다.

㉡ 고객만족도의 가장 기본적인 바탕이 되는 것이 제품의 품질향상이다.

㉢ 품질의 향상은 기업이 장기적으로 고객을 유지하는 필수조건이다.

(4) 고객생애가치(LTV ; Life Time Value)

① 고객생애가치는 한 고객이 고객으로 존재하는 전체 기간 동안 기업에게 제공하는 이익의 합계이다.

② LTV는 한 시점에서의 단기적인 가치가 아니라 고객과 기업 간에 존재하는 관계의 전체가 가지는 가치이다. 또 LTV는 매출액이 아니라 이익을 나타낸다. LTV를 산출함으로써 기업은 어떤 고객이 기업에게 이로운 고객인가를 판단할 수 있으며, 그 고객과 앞으로 어떤 관계를 가지도록 하는 것이 합리적인가를 파악할 수 있다.

2. 고객충성도 프로그램을 위한 정보기술

(1) CRM(Customer Relationship Management)과 정보기술

① CRM(고객관계관리)은 선별된 고객으로부터 수익을 창출하고 고객관리를 가능케 하는 고객관계 마케팅을 말한다. 즉, 고객과 관련된 기업의 내 · 외부 자료를 분석, 통합하여 고객의 특성에 기초한 마케팅활동을 계획하고 지원, 평가하는 과정으로 궁극적 목표를 고객충성도 강화에 두고 있다.

② 기업이 고객 관계를 관리해 나가기 위해 필요한 방법론이나 소프트웨어 등을 가리키는 용어이다. 현재의 고객과 잠재 고객에 대한 정보 자료를 정리, 분석해 마케팅 정보로 변환함으로써 고객의 구매 관련 행동을 지수화하고, 이를 바탕으로 마케팅 프로그램을 개발, 실현, 수정하는 고객 중심의 경영 기법을 의미한다.

③ CRM을 구현하기 위해서는 고객 통합 데이터베이스(DB)가 구축돼야 하고, 구축된 DB로 고객 특성(구매패턴 · 취향 등)을 분석하고 고객 개개인의 행동을 예측해 다양한 마케팅 채널과 연계돼야 한다. 데이터분석을 위한 기술로는 데이터베이스 관리시스템, 데이터 웨어하우스, 데이터 마이닝, 빅 데이터 분석 등이 있다.

④ 오프라인상의 CRM을 넘어 온라인상에서의 고객행동과 고객성향 등을 분석해 고객만족을 극대화하는 e-CRM이 새로이 각광받기 시작했다. 통상 CRM은 고객들의 행동패턴, 소비패턴 등을 통해 고객들이 원하는 것을 알아내야 하는 경우가 많아 고도의 정보분석 기술을 필요로 한다.

(2) 고객유지(Customer Retention)

① CRM의 목적은 고객유지이다. 신규고객을 확보하는 비용이 기존 고객을 유지하는 비용

보다 평균적으로 수배 정도 더 소요되기 때문에 고객유지에 중점을 두는 전략이다.

② 고객 유지란 더 많은 고객이 브랜드나 비즈니스에 충성하도록 만드는 전략이며, 성공적인 고객 유지 전략은 일회성 고객을 충성스러운 재구매 고객으로 탈바꿈시킨다. 탈바꿈된 고객은 더 많이 구매하고 주변에 브랜드를 추천한다. 즉, 특정 기간동안 회사 또는 제품이 고객을 유지하는 능력을 말한다. 고객 유지율이 높다면 고객은 경쟁사로 이탈하지 않고, 재방문 또는 재구입 확률이 높아진다.

③ 특히 유통환경 변화에 따른 고객의 권한증대, 기업의 전략적 변화의 필요성, 점점 더 치열해지는 가격경쟁 등으로 기업이 지속적인 영업이익을 추구하기 위해서는 기존 고객을 유지하는 전략이 필요하다.

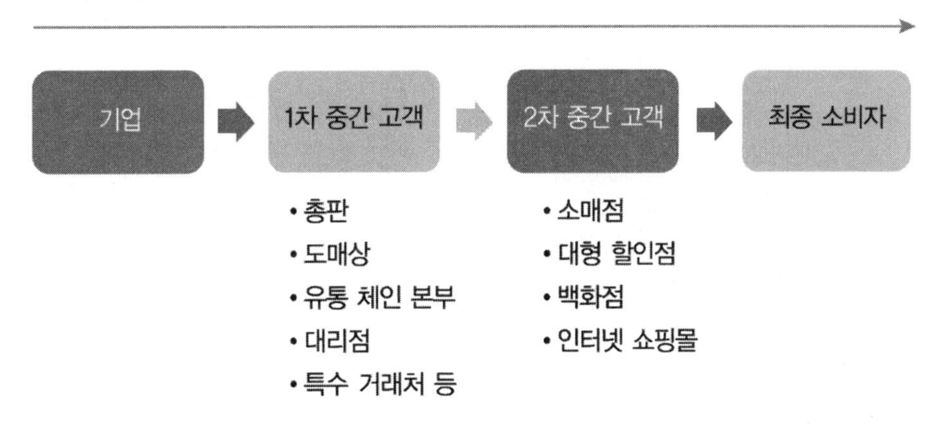

[최종 소비자에 이르기까지의 단계별 고객]

(3) 프로세스의 관점에 따른 CRM의 분류

① **분석적(analytical) CRM** : 고객에 대한 자료를 추출하고 분석하여, 이 같은 정보를 마케팅, 서비스, 판매 등에 활용하는 것을 말한다. 분석적 CRM의 핵심 기술은 웹 마이닝이다.

② **운영적(operational) CRM** : 고객접점, 채널, 프론트 오피스와 백 오피스의 통합, 즉 수평적으로 통합된 업무의 운영과정을 자동화하는 것이다.

③ **협업적(collaborative) CRM** : 분석적 CRM과 운영적 CRM의 통합을 의미하는 것으로, 고객과 기업 간의 상호작용을 촉진하기 위한 서비스, 즉 메일링, 전자 커뮤니티, 개인화된 인쇄 등 협업적 서비스의 적용이다.

(4) CRM의 활용방안

① 고객관계 측면

㉠ 기존의 고객데이터를 기반으로 하여, 기업에 이익이 되는 고객을 대상으로 관계를 지속할 수 있는 전략을 마련한다.

㉡ 고객의 장기적인 관계강화를 위한 고객관여도와 충성도를 높이는 전략을 강구한다.

㉢ 고객의 구매패턴을 파악하고, 적절한 구매시점을 발견해 구매정보를 제공한다.

㉣ 고객의 이탈을 방지하고 이탈고객을 회귀하기 위한 서비스전략이 필요하다.

② **업무 측면** : 마케팅 및 영업전략을 강화하고, 한 차원 높은 고객서비스를 통해 고객만족을 꾀한다.

데이터 마이닝 기법과 CRM에서의 활용용도 연결 

- 군집화 규칙 : 제품 카테고리
- 연관 규칙 : 상품 패키지 구성 정보
- 분류 규칙 : 고객이탈 수준 등급
- 순차 패턴 : 로열티 강화 프로그램, 연속 판매 프로그램

(5) Front-end Applications와 Back-end Applications

① Front-end Applications은 고객접점에서 이루어지는 다양한 서비스 활동부분을 지원한다. 개인별로 차별화된 1:1 마케팅을 통해 충성고객을 확보한다.

② Front-end Applications은 E-mail, 채팅, 팩스, 영업사원의 접촉, A/S방문, 고객전화 등으로 고객과 접촉하는 채널을 지원하는 애플리케이션이다.

③ Back-end Applications은 고객을 정의하고 관리기준을 설정함으로써 데이터 마이닝을 통해 고객에게 제공하는 제품과 서비스의 품질향상을 지원한다.

④ Back-end System은 전자결제시스템, 물류배송시스템, 보안 및 인증시스템, e-Biz 기반 시스템으로서 전자상거래 진행과정에서 인증, 지불, 유통, 금융 등과 관련된 시스템을 말한다.

Chapter 03

유통정보의 관리와 활용 출제예상문제

01 유통정보시스템의 하위시스템에서 데이터를 분석하는 데 사용되는 특별한 역량과 도구에 대한 설명 중 가장 적절치 못한 것은?

① 데이터 웨어하우스(Data Warehouse)는 기업 전반의 의사결정자에게 관심이 될 만한 제품 제조 및 판매에 대한 현재 및 과거 데이터를 저장하고 추출하여 사용할 수 있도록 지원하는 데이터베이스이다.

② 데이터 마트(Data Mart)는 데이터 웨어하우스의 부분집합으로 제품관리자가 항시 확인해야 하는 데이터를 요약하거나 매우 집중화시켜 제품관리자 집단을 위한 개별적인 데이터베이스를 제공한다.

③ 엄청난 양의 유통정보를 통합/분석/접근할 수 있는 도구를 통칭하여 비즈니스 인텔리전스(BI)라한다. 유통정보DB 쿼리 및 리포팅을 위한 소프트웨어, 제품군별 판매예측과 같은 요약, 다차원분석, 패턴 등을 파악하는 데이터 마이닝(DataMining) 등이 있다.

④ OLTP(OnLine Transaction Processing)는 사용자에게 제품, 가격, 비용, 지역, 기간 등 상이한 정보에 대해 각 차원을 제공함으로써 일정기간 특정지역에서 특정모델 제품의 판매량, 작년 동월대비 판매량, 예상치와 비교 등의 파악에 신속하게 답을 제공해 준다.

⑤ 데이터 마이닝에서 얻을 수 있는 정보 유형에는 연관, 순차, 분류, 군집, 예측 정보 등이 있다.

해설 ❯ OLTP(OnLine Transaction Processing)
일반적으로 은행이나, 항공사, 우편주문, 수퍼마켓, 제조업체 등을 포함한 많은 산업체에서 데이터 입력이나 거래조회 등을 위한 트랜잭션 지향의 업무을 쉽게 관리해주는 프로그램이다. OLTP는 단말기의 요청에 따라 호스트가 데이터베이스 검색 등 작업을 수행하고 그 결과를 단말기로 보내는 처리 형태로 네트워크 상의 여러 이용자가 실시간으로 데이터베이스의 데이터를 갱신하거나 조회하는 등의 단위 작업을 처리하는 방식이다.

01. ④ 정답

02 데이터 마이닝 프로세스의 순서로 알맞은 것은?

① 데이터 추출 – 데이터 탐색 – 데이터 교정 – 모형화 단계 – 모형 평가
② 데이터 추출 – 데이터 교정 – 데이터 추출 – 모형화 단계 – 모형 평가
③ 데이터 탐색 – 데이터 추출 – 데이터 교정 – 모형화 단계 – 모형 평가
④ 데이터 탐색 – 데이터 교정 – 데이터 추출 – 모형화 단계 – 모형 평가
⑤ 데이터 교정 – 데이터 주출 – 데이터 탐색 – 모형화 단계 – 모형 평가

해설 데이터 마이닝 프로세스
데이터 추출 – 데이터 탐색 – 데이터 교정 – 모형화 단계 – 모형 평가

03 다음 보기가 설명하는 것으로 가장 올바른 것은?

> 고객의 동일한 브랜드에 대한 재구매를 의미하는 순환작용이다. 즉, 지속적인 재구매의 의도와 심리적인 측면의 작용으로서, 고객만족도보다는 좀 더 지속적이고 역동적인 개념이다.

① 고객충성도 ② 판매자충성도
③ 중간상충성도 ④ 고객감동
⑤ 소비자만족도

해설 고객충성도는 고객의 동일한 브랜드에 대한 재구매를 의미하는 순환작용이다. 즉, 지속적인 재구매의 의도와 심리적인 측면의 충성도로서, 고객만족도보다는 좀더 지속적이고 역동적인 개념이다.

04 다음 중 CRM(Customer Relationship Management)의 목적은 무엇인가?

① 재고관리 ② 유통절차의 최소화
③ 고객유지 ④ 지점관리
⑤ 정보통합

해설 CRM의 목적은 고객유지(Customer Re–tention)이다. 신규고객을 확보하는 비용이 기존 고객을 유지하는 비용보다 평균적으로 5배가 더 들기 때문에 고객유지에 중점을 두는 전략이다.

05 데이터 마이닝 기법 중의 하나인 신경망모형에 대한 내용 중에서 가장 옳지 않은 것은?

① 예측보다는 명쾌하고 쉽게 이해할 수 있는 결과물을 제공함으로서 정확한 설명력을 더욱 중요하게 고려하는 경우에 이용된다.
② 인간이 경험으로부터 학습해 가는 두뇌의 신경망 활동을 모방한 것이다.
③ 고객의 신용평가, 불량거래의 색출, 우량고객의 선정 등 다양한 분야에 적용된다.
④ 자신이 소유한 데이터로부터의 반복적인 학습과정을 거쳐 패턴을 찾아내고 이를 일반화한다.
⑤ 다계층 인식인자의 신경망은 입력계층, 출력계층 그리고 은닉계층으로 구성된다.

해설 › 설명력(Comprehensibility)보다는 정확한 예측이 중요한 경우에 이용될 수 있다. 데이터 마이닝 기법 중 의사결정나무나 연관성 측정은 명쾌하고 쉽게 이해할 수 있는 결과물을 제공하는데 반해, 신경망 모형은 인간이 어떠한 현상을 인지하게 되는 것처럼 쉽게 설명되지 않는 내부적인 작업을 수행하고 이를 통해 얻어진 결과물을 제공할 뿐 어떠한 변수가 중요한지, 어떻게 상호작용이 이루어져 그러한 결과물을 주게 되는 지에 대한 설명은 하지 않는다.

06 데이터의 깊이와 분석차원을 마음대로 조정해가며 분석 하는 OLAP(online analytical processing)의 기능으로 가장 옳은 것은?

① 분해(slice & dice)
② 리포팅(reporting)
③ 드릴링(drilling)
④ 피보팅(pivoting)
⑤ 필터링(filtering)

해설 › 드릴링(Drilling) : 데이터 분석 차원의 깊이를 마음대로 조정해 가며 분석할 수 있는 기능이다.
① 분해(slice & dice) : 다양한 관점에서 자료를 분석 가능하게 하는 기능이다.
② 리포팅(reporting) : 리포트 작성을 지원하는 기능이다.
④ 피보팅(pivoting) : 분석 차원을 분석자의 필요에 따라 변경해서 볼 수 있는 기능이다.
⑤ 필터링(filtering) : 원하는 자료만을 걸러서 추출하기 위해서 이용되는 기능이다.

02. ① 03. ① 04. ③ 05. ① 06. ③ 정답

07 **고객관계관리를 위한 성과지표에 대한 설명으로 가장 옳지 않은 것은?**

① 신규 캠페인 빈도는 마케팅 성과를 측정하기 위한 지표이다.
② 고객 불만 처리 시간은 서비스 성과를 측정하기 위한 지표이다.
③ 고객유지율은 판매 성과를 위한 성과지표이다.
④ 신규 판매자 수는 판매 성과를 측정하기 위한 지표이다.
⑤ 캠페인으로 창출된 수익은 마케팅 성과를 측정하기 위한 지표이다.

해설 〉 고객유지율은 고객관점에서 고객가치창출과 차별화에 대한 성과를 측정하기 위한 지표라고 할 수 있다.

08 **고객이 기존에 구매한 상품보다 가치가 높고, 성능이 우수한 상품을 추천하는 시스템을 활용하는 것을 지칭 하는 용어로 가장 옳은 것은?**

① 클릭 앤드 모타르(click and mortar)
② 옴니채널(omnichannel)
③ 서비스 시점(point of service)
④ 크로스 셀링(cross selling)
⑤ 업셀링(up selling)

해설 〉 업셀링(upselling)은 격상판매 또는 추가판매라고도 하며 특정 상품 범위 내에서 상품 구매액을 늘리도록 업그레이드 된 상품의 구매를 유도하는 판매활동의 하나이다. 교차판매는 연결판매라고도 하며 기존 상품을 구입했던 고객이 다른 연관된 상품의 구매로 이어질 수 있도록 하는 마케팅 방법이다.

09 **(　　)는 개인이 자신의 정보에 대한 완전한 통제권을 가지는 비대면 시대에 가장 적합한 기술로 분산원장의 암호학적 특성을 기반으로 한 신뢰된 ID 저장소를 이용하여 제3기관의 통제 없이 분산원장에 참여한 누구나 신원정보의 위조 및 변조 여부를 검증할 수 있도록 지원한다. (　　　　)에 들어갈 말은 무엇인가?**

① 블록체인
② 금융권 공동인증
③ DID(Decentralized Identity)
④ PID(Personality Identity)
⑤ OID(Open Identity)

해설 〉 분산아이디 또는 DID(Decentralized Identity)는 기존 신원확인 방식과 달리 중앙 시스템에 의해 통제되지 않으며 개개인이 자신의 정보에 완전한 통제권을 가질 수 있게 하는 기술이다.

10 **고객발굴을 위해 CRM시스템의 고객정보를 활용하여 분석을 수행하고자 한다. 고객으로부터 전화문의, 인터넷 조회, 영업소 방문 등의 내용을 바탕으로 하는 분석을 지칭하는 용어로 가장 옳은 것은?**

① 외부 데이터 분석
② 고객 프로필 분석
③ 현재 고객 구성원 분석
④ 하우스-홀딩 분석
⑤ 인바운드 고객 분석

해설 〉 고객으로부터 전화문의, 인터넷 조회, 영업소 방문 등의 내용을 바탕으로 하는 분석은 '인바운드 고객 분석'이다.

07. ③ 08. ⑤ 09. ③ 10. ⑤ **정답**

Chapter 04

유통혁신을 위한 정보자원관리

제1절 전자상거래 운영

1. 전자상거래 프로세스

(1) 전자적 커뮤니케이션 단계(e-Communication)

① 구매자 또는 고객은 공급자의 사이트를 방문하여 다양한 제품정보를 얻고 전자적으로 상호 교류한다.

② 공급자가 광고, 카탈로그 등을 통해 자사의 제품과 서비스를 고객에게 알리면 고객은 필요한 제품정보를 수집하고 원하는 제품의 구매를 결정한다.

(2) 제품주문 단계(Ordering)

① 구매자 또는 고객이 전자적인 방법으로 제품 또는 서비스를 주문하는 단계로, 신청서식을 통해 사이트나 상점운영자에게 거래를 요청하는 단계이다.

② 운영자는 인증기관에 거래요청자가 본인이고 신용할 만한 사람인지 가려줄 것을 요구한다. 인증기관은 인터넷 상점 운영자와 소비자의 정당성과 신용을 법적으로 보증해 주는 곳으로 국가의 관리를 받는다.

③ 전자적인 주문처리를 위하여 설계되어진 서버를 전자상거래 시스템 또는 전자상거래 솔루션이라 부른다.

(3) 대금지불 단계(e-Payment)

① 인증기관의 소비자에 대한 신용인증이 떨어지면, 상점운영자는 소비자의 거래요청을 승낙한 뒤 대금을 지불할 것을 요구한다.

② 공급자가 제공한 제품 또는 서비스에 대한 대가를 전자적으로 지불하는 단계로, 구매자의 결제수단에는 무통장입금 방법이나 신용카드, 전자화폐, 인터넷뱅킹을 통한 자금이체, 그리고 소액지불을 위한 i-cash 등이 있다.

(4) 주문처리 및 배송 단계(Fulfillment)

① 대금이 결제된 후 상품을 구매자에게 제공하는 단계로, 물리적 제품과 디지털 제품에 따라 달라진다.

② 소프트웨어나 음악 등의 디지털 제품은 온라인상에서 주문처리가 종결된다. 또 물리적 제품은 배송업체를 통하여 소비자에게 전달된다.

(5) 사후 및 서비스 지원(Service and Support)

① 고객이 제품구매 후 서비스에 대한 추가적인 서비스 또는 지원(A/ S, 교환 및 반품 등)을 해야 한다.

② 취향이나 기호를 면밀히 파악하여 새로운 제품개발 및 신규고객 창출에 활용해야 한다.

2. 물류 및 배송 관리

(1) 전자상거래와 물류관리

① 물류관리는 제조업체로부터 최종소비자에 이르기까지 제품 및 서비스의 흐름을 관리하는 것을 의미한다.

② 전자상거래가 활성화되면서 급증한 상품배달수요 등 이에 따르는 물류부문의 역할이 커지고 있다.

③ 전자상거래의 급상승세는 기업의 물류시스템을 변화시킨다. 즉, 저렴한 가격의 직거래 방식으로 물류비용을 절감하는 것이 기업경쟁력의 핵심 요소이기 때문이다.

④ 전자상거래에서 물류의 특징

㉠ 개인별 맞춤형 제품이 많아 다수의 소량주문이 많다.

㉡ 이용고객이 매우 다양하여 불확실한 상황에서의 시간단축이 요구된다.

㉢ 배달지역이 일정하지 않다.

⑤ 통합물류의 핵심은 물류 관련 주체간 파트너쉽의 형성과 정보의 공유에 있으며, 업무재설계(BPR), 전사적 자원 관리(ERP), 신속대응(QR), 효율적 고객대응(ECR) 등과 같은 기업의 경영전략과 밀접한 관련이 있다.

(2) 물류시스템

① **정의** : 수요예측, 구매, 보관, 포장, 주문에 의한 배송, 반송과 환불, 재고처리에 이르는 전체적인 시스템을 말한다.

② **물류원칙**

㉠ 적정수요예측의 원칙 : 수요를 작게 예측하여 물량을 적게 확보하면 나중에 추가물량을 메우느라 배송기간이 길어지게 되고, 반대로 수요를 많게 예측하여 물량을 너무 많이 확보하면 시즌 이후 악성재고에 시달려야 한다. 정확하게 수요를 예측해야 창고비, 물류비 등을 절약하고 원가를 낮출 수 있다.

㉡ 배송기간 최소화의 원칙 : 소포로 보내든지 아니면 자체물류시스템을 이용하거나 전문택배회사를 아웃소싱하여 가능한 최소시간을 사용하여 소비자에게 물건을 배송하여야 한다. 어떤 형태의 배송을 선택하던 가장 시간이 짧은 시스템을 선택하여 고객이 기다리는 불편을 최소화해야 한다.

㉢ 반송과 환불시스템의 원칙 : 온라인 쇼핑은 직접 실물을 보고 구입하는 것이 아니므로 실제로 상품을 받았을 때 반송하는 비율이 높다. 고객만족을 염두에 두어 상품의 반송과 환불이 원활히 이루어져야 하며, 이 때 고객은 그 사이트에 신뢰를 가지고 지속적인 구매가 가능하게 된다.

③ **고객 중심의 물류시스템**

㉠ 당일 배달의 원칙으로 경쟁에 대처한다.

㉡ 고정비를 줄이기 위해 물류관리 대행업체를 이용한다.

㉢ 편의점, 슈퍼마켓, 주유소 등을 물류거점시설로 활용한다.

㉣ 소비자들이 배달기간, 배달조건, 물류업체들을 선택할 수 있게 한다.

(3) 전자상거래의 배송

① **배송의 정의** : 공급자의 물류거점에서 최종 소비자에게 제품을 직접 인도하는 것을 말한다.

② **상품에 따른 배송**

㉠ 무형제품의 전자적 배달

- 소프트웨어, 잡지의 기사, 주식, 항공권 등을 말하며, 디지털 형태로 인터넷을 통하여 전달한다.
- 인터넷을 통해서 배달되는 콘텐츠는 컴퓨터에 직접 입력되고, 서버에 저장되며, 독자가 웹사이트에 몇 개의 간단한 검색어를 입력하면 독자의 컴퓨터 스크린에 직접 나타나게 되므로 유통비용이 절약된다.

㉡ 유형제품의 온라인 유통

- 편리성, 제품비교의 용이성, 가격의 저렴성 등의 장점이 있다.
- 상점에 물리적인 제품을 진열하는 대신에 사진, 제품에 대한 자세한 설명, 가격 및 사이즈에 관한 정보를 담고 있는 전자 카탈로그를 준비한다.
- 택배 등의 방법으로 소비자에게 전달된다.

③ **배송의 특징**

㉠ 고객과 약속한 시간에 배송해야 하며, 24시간 무한직배시스템을 구축해야 한다.

㉡ 주문, 생산, 배달이 거의 동시에 이루어지기 때문에 보관공간이 필요 없다. 따라서 물류비용을 줄일 수 있다.

㉢ 제3자 물류 : 전문물류업체의 아웃소싱이 보편화됐다. 특히 인터넷 쇼핑업체와 물류업체의 전략적 제휴, 기업간의 전자상거래 시 물류부문의 위탁은 원가절감은 물론 경쟁력 제고 등 부수적인 이익이 있다.

㉣ 기업이나 개인 소비자의 요구에 맞추어 의뢰받은 소화물을 중량별 개당 운임에 의해 문전배송 형태로 예약관리, 집화, 포장, 수송, 배달에 이르기까지의 전 과정을 운송인의 일관 책임하에 전국 익일 운송하려는 수송체계이다.

3. 전자결제시스템

(1) 전자결제시스템의 개요

① **전자결제시스템의 정의** : 인터넷 상거래를 이용해 물품을 구입한 후, 쇼핑몰과 계약된 은행이나 카드회사의 온라인 결제를 통해서 대금이 지불되는 시스템을 말한다.

② **전자결제시스템의 장점**

㉠ 편리성 : 기존의 결제시스템이 전화나 직접지불방식을 이용하고 있는 반면, 전자결제시스템은 네트워크상에서 지불하거나 신용카드를 이용해서 손쉽게 처리할 수 있으며, 거래가 신속하게 이루어지므로 편리하다.

㉡ 안전성 : 기존의 결제방식은 고객들이 상품 구매에 대한 대금 결제를 전화나 통신망을 이용해서 상대방에게 제공함으로써 개인의 프라이버시에 관한 정보가 유출되는 경우가 있었으나 전자결제시스템은 국제적인 보안 표준인 SET(Secure Electronic Transaction)를 적용하고 있다.

㉢ 물리적·시간적 편의성 : 연 365일 24시간 거래가 형성되고, 판매자 입장에서 사업장을 늘리거나 증축할 필요가 없으며, 시간적·공간적 제한을 받지 않으므로 사업장 관리에 편리하다.

③ **전자결제시스템의 단점**

㉠ 사용자의 무지 : 사용자가 어느 정도 전자상거래에 대한 이해가 필요하며, 여러 절차 때문에 기존의 상거래에 익숙한 사용자가 불편함을 느낄 수 있다.

㉡ 간접비용의 증대 : 판매자 입장에서 시스템의 유지 및 관리, 지불처리비용 등 결제에 따른 간접비용이 증가한다. 이로 인하여 제품의 가격이나 시스템 구축에 소요되는 비용이 증대될 수 있다.

㉢ 적용범위의 제한성 : 현재 인터넷 상거래에서 이용되는 보편적인 대금결제방식은 신용카드를 이용하는 방식인데, 이것은 카드 소지자만이 이용할 수 있으므로 신용카드를 사용할 수 없는 계층, 예를 들면 청소년이나 실업자는 이용할 수 없다.

(2) 전자결제의 보안

① **전자상거래 관련 보안기능**

㉠ 기밀성(Confidentiality) : 전달내용을 제3자가 획득하지 못하도록 하는 것이다.

㉡ 인증(Authentication) : 정보를 보내오는 사람의 신원을 확인하는 것이다.

ⓒ 무결성(Integrity) : 전달과정에서 정보가 변조되지 않았는지 확인하는 것이다.

ⓓ 부인방지(Non-repudiation) : 메시지의 송신이나 수신에 대해 보내거나 받지 않았다고 부인하는 것을 방지하는 보안기술이다.

② 전자상거래 보안대책

㉠ 암호화(Encryption)

메시지의 의미를 알 수 없도록 메시지를 부호화하는 과정이다. 반대로 복호화(Decryption)는 암호화하여 변형된 메시지를 원래의 모습으로 복원시키는 과정이다. 원문 메시지를 평문(Plaintext)이라 부르는데, 이를 암호화하여 암호문(ciphertext)를 만들고 암호문을 복호화하여 원문 메시지, 즉 평문으로 복원한다. 이와 같은 암호화, 복호화 시스템을 암호시스템이라 부른다.

㉡ 전자서명(Electronic signature)

전자 문서의 위조나 변조를 방지하기 위하여 작성자를 확인할 수 있도록 해당 문서에 삽입하는 암호화된 정보 형태의 서명이다.

㉢ 은닉서명(Blind blind signature)

기본적으로 임의의 전자 서명을 만들 수 있는 서명자와 서명받을 메시지를 제공하는 제공자로 구성되어 있는 서명 방식으로, 제공자의 신원과 (메시지, 서명) 쌍을 연결시킬 수 없는 특성을 유지할 수 있는 서명이다.

㉣ 전자화폐 이중사용 방지

(3) 암호화 알고리즘(encryption Algorithm)

① 암호화 기술 용어

㉠ 암호(cryptography)

평문을 해독 불가능한 형태로 변형하거나 또는 암호화된 통신문을 해독 가능한 형태로 변환하기 위한 원리, 수단, 방법 등을 취급하는 기술이다.

㉡ 평문(plain text)

암호화의 입력이 되는 원문인 의미 있는 메시지이다.

㉢ 암호문(cipher text)

평문을 읽을 수 없는 메시지로 암호화(encryption)이다.

㉣ 복호화(decryption)

암호화의 반대로, 암호문에서 평문으로 변환된다.

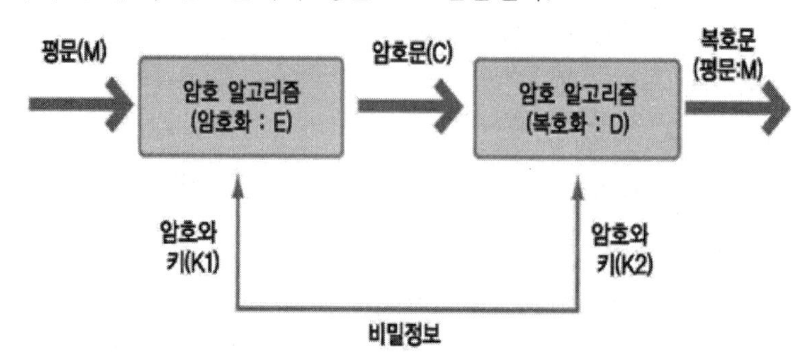

[전자상거래 암호화 기술]

② 대칭형 또는 비밀 키 암호화방식(Symmetric Key cryptosystem)

㉠ 송수신자가 암호화나 복호화를 할 때 같은 키를 쓰는 알고리즘이다. 알고리듬 내부 구조가 간단한 치환과 순열 조합으로 되어 있어, 운용이 쉽고 데이터 처리량이 높다.

㉡ 변환 방법에 따라 메시지를 일정한 크기로 나누어 각 나누어진 부분을 똑같이 되풀이하여 암호화하는 블록 암호 방식과 한 번에 한 비트(bit) 또는 한 바이트(byte)를 암호화하는 스트림 암호 방식이 있다. SEED, DES, IDEA, AES, ARIA 따위가 있다.

㉢ 암호화 키로부터 복호화 키를 계산해 낼 수 있거나, 반대로 복호화 키로부터 암호화 키를 계산해 낼 수 있는 암호화 알고리즘이다.

③ 비대칭형 또는 공개 키 방식(public key cryptosystem)

㉠ 데이터의 암호화(encryption)에는 공개키가 사용되고 복호화(decryption)에는 비밀키가 사용되는 암호 시스템이다.

㉡ 미국 스탠퍼드 대학의 헬만(M.H. Hellman) 등이 개발한 암호 시스템으로 기존의 정보 교환 분야에서 써 온 관용 암호 시스템에서는 암호화와 복호화에 동일한 키가 사용되었으나, 공개 키 암호 시스템에서는 암호화 키와 복호화 키를 분리하여 정규적인 정보 교환 당사자 간에 암호화 키는 공개하고 복호화 키는 비공개로

관리한다.

㉢ 이 시스템에서는 암호화 조작은 용이하고 복호화에는 방대한 조작이 필요하지만 어떤 복호화 키가 주어지면 용이하게 역변환이 가능하게 되는 일방향성 돌파구(trap door) 함수의 개념이 사용되고 있다.

㉣ 공개 키 암호 시스템은 다수의 정보 교환 당사자 간의 통신에 적합하고 디지털 서명(digital signature)을 용이하게 실현할 수 있는 특징이 있다. 대표적인 것으로는 RSA 공개 키 암호 방식(RSA public key cryptosystem)이 있다.

[비밀키와 공개키 비교]

비밀키	공개키
DES, IDEA	RSA
대칭키, 양방향 함수	비대칭키, 단방향 함수
암호화/복호화 속도 빠름 용량 크지 않음	암호화/복호화 속도 느림, 용량 늘어남
보안성 낮음 (비밀키의 안전한 전달이 문제)	보안성 향상

(4) 에스크로 서비스

① 에스크로(escrow)는 상거래 시에, 판매자와 구매자의 사이에 신뢰할 수 있는 중립적인 제삼자가 중개하여 금전 또는 물품을 거래를 하도록 하는 것, 또는 그러한 서비스를 말한다. 거래의 안전성을 확보하기 위해 이용된다.

② 에스크로는 구매자에 대한 보호 뿐만 아니라 판매자도 후불제를 했을 경우 구매자에게 채권추심을 하는 등의 각종 위험과 비용을 절감해 안심하고 거래를 진행할 수 있는 장점이 있다. 그렇기 때문에 비대면 거래인 전자상거래에서 구매자와 판매자 양측을 전자상거래상의 피해사고로부터 보호할 수 있다.

(5) PG(Payment Gateway) 서비스

① PG(Payment Gateway) 서비스란 쇼핑몰 등의 온라인 중소 업체와 카드사 등의 금융권 사이에서 온라인 결제 서비스를 가능케 해주는 중개 서비스이다.

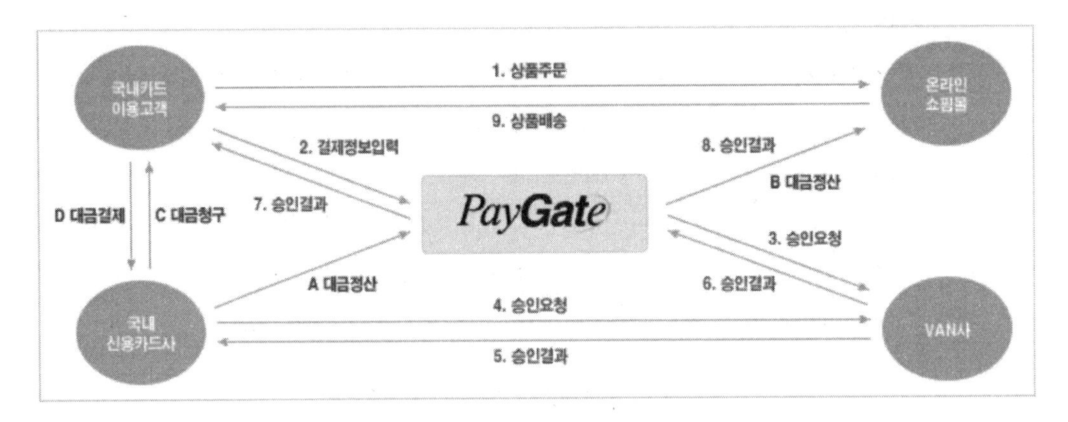

출처 : http://www.paygate.net

[PG 서비스 흐름도]

② 대표가맹점 서비스는 PG업체가 중소형 온라인 쇼핑몰을 대표하여 신용카드사와 대표가맹점계약을 체결하고 거래승인, 매입, 정산 등의 업무를 대행하는 서비스이다.

③ 자체가맹점 서비스는 온라인 쇼핑몰이 신용카드사와 가맹점 계약을 직접 체결하고 PG업체는 결제정보를 중계한다. 자체가맹점 서비스에서의 정산은 신용카드사가 온라인 쇼핑몰과 함께 직접 처리한다.

④ 온라인 쇼핑몰은 대표가맹점 서비스보다 자체가맹점 서비스를 이용할 때 보다 신속하게 판매대금을 받을 수 있다.

⑤ 쇼핑몰이 구매자의 신용카드 정보를 볼 수 없고, 직접 PG 서버에서 처리를 하기 때문에 거래의 안정성과 신뢰성이 보장된다.

제2절 ERP 시스템

1. ERP의 개념과 요소기술

(1) ERP(Enterprise Resource Planning)의 개념

① ERP는 기존 자재관리, 생산관리 기능만을 갖던 MRP Ⅱ에서 재무, 회계, 영업, 인사 등의 기업내 경영지원 기능까지 포함하여, 경영목표를 달성하기 위한 기업 내부의 모든 자원을 실시간으로 관리할 수 있도록 한 전사적 자원관리 시스템이다.

② 전사적 자원관리는 기업 전체를 최적화시키고 의사결정을 신속하게 내릴 수 있도록 지원하는 시스템이다. 이러한 정보시스템의 혁신은 업무프로세스의 혁신(BPR)과 동반하여 이루어진다.(재고관리영역 + 생산관리영역 + 경영관리영역 = 전사적 영역)

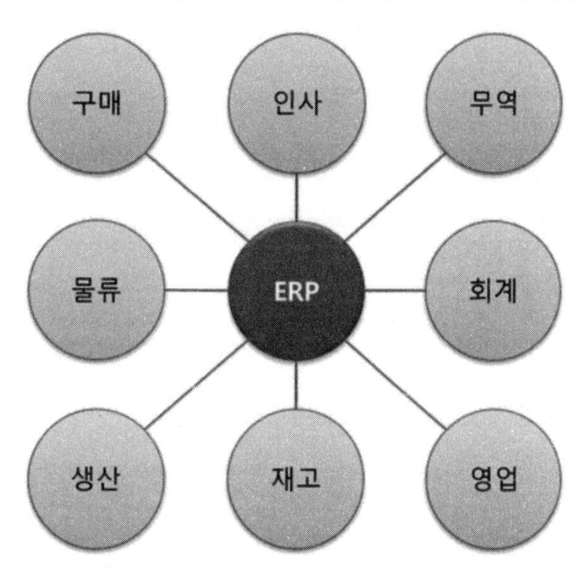

[ERP 모듈 구성]

③ ERP 시스템의 발전과정은 단계별로 발전되어 왔다.

㉠ 제1단계 : 자재소요계획(MRP; Material Requirement Planning)

㉡ 제2단계 : 제조자원계획(MRP II; Manufacture Resource Planning)

㉢ 제3단계 : 전사적자원관리(ERP; Enterprise Resource Planning)

㉣ 제4단계 : 확장형 ERP(Extended Enterprise Resource Planning)

(2) ERP 요소기술

① 4세대 언어 및 CASE

㉠ ERP 시스템은 기존의 프로그래밍 방식에서 벗어나 새로운 4세대 언어(4Generation: 4GL)와 CASE(Computer Aided Software Engineering) 도구에 의한 개발방식을 취하고 있다.

㉡ 대표적인 4세대 언어는 Visual Basic, C++, Delphi, Java 등이 있다.

㉢ CASE란 고차원적인 기능으로 구성된 기업용 애플리케이션 개발을 위한 방법론 지원 도구이다.

② 클라이언트 서버(Client/Server Environment) 시스템

㉠ ERP 시스템은 과거 중앙 집중식 메인프레임에서 모든 데이터 처리가 가능했던 정보시스템과는 달리, 다양한 규모의 시스템이 고유의 기능을 지원하는 클라이언트 서버 시스템으로 구성되어 있다.

㉡ 개별 PC를 통해 ERP 시스템과의 상호작용을 통해 업무를 처리할 수 있게 되었다.

③ 전자문서교환(EDI; Electronic Data Interchange)

㉠ ERP 시스템은 표준화된 데이터 표현양식을 사용함으로써 인터넷을 이용해 데이터의 전송, 교환, 공유가 가능하게 되었다.

㉡ 이를 통해 기업에서는 보다 정확하고, 신속하고, 혁신적으로 업무를 처리할 수 있게 되었다.

④ 객체지향기술(OOT; Object Oriented Technology)

㉠ ERP 시스템의 다양할 모듈은 각각 독립적으로 운용될 수도 있고, 통합적으로 운영될 수도 있다. 그러므로 기업에서는 다양한 ERP 시스템 모듈을 도입하기도하고, 몇 개의 ERP 시스템 모듈을 도입하기도 한다.

㉡ ERP 시스템 모듈을 핵심기능에 대한 재사용이 가능한 객체지향기술로 구현되었기 때문에 간단한 작업으로 기능을 추가할 수 있는 특징이 있다.

⑤ 관계형 데이터 베이스(RDBMS; Relational Data Base Management System)

㉠ ERP시스템은 대부분 관계형 데이터베이스 구조를 채택하고 있다. 이는 기존의 파일처리 시스템은 다양한 데이터의 독립성과 종속성에 문제가 발생하기 때문이다.

㉡ ERP 시스템에 사용되는 관계형 데이터베이스로는 오라클, 사이베이스, SQL 등이 있다.

⑥ 데이터 웨어하우스(Datawarehouse)

㉠ ERP 시스템은 많은 데이터를 처리하고 있다. 데이터웨어하우스는 다양한 데이터를 분류, 분석, 가공해주는 기능을 제공해주고 있다.

⑦ 네트워크

㉠ 클라이언트와 서버간의 연결, 동일지역 또는 원격지에 있는 동일 기종 또는 이기종 시스템간의 물리적 연결을 위해 사용된다.

⑧ 개발 지원도구

㉠ 응용프로그램을 구현하기 위한 개발 지원 도구로서 데이터 모델링, 데이터베이스 관리, 화면 및 메뉴 개발, 보고서 개발 등의 업무를 수행한다.

⑨ 웹(Web) 기술

㉠ 오늘날의 기업정보 시스템은 백오피스 뿐만 아니라 프런트 오피스의 기능이 요구된다. 그러므로 웹기술을 ERP 시스템에 적용시키는 것은 매우 중요한 기능이 되었다.

㉡ 기업에서는 웹기술을 통해 현장에 나가지 않고도 가정에서 웹을 통해 업무처리를 할 수 있게 되었다. 이를 웹기반 ERP 시스템(Wed-enabled ERP System)이라고 한다.

2. ERP 구축 및 활용

(1) ERP의 구축

① 분석(analysis)

㉠ 분석단계에서는 As-Is(현상)에 대한 현황파악을 하는 것이다. 이는 기업의 현주소를 명확히 하는 것으로서, 옷을 맞출 때 자기의 몸과 체질에 맞추는 것과 같이 ERP 패키지를 도입하기 전에 자기의 몸과 체질 등을 진단하는 과정이다.

㉡ 여기에서 중요하게 고려해야 할 사항으로는 프로젝트팀 구성, 세부 추진일정, 경영전략 및 비전도출, 주요 성공요인 도출, 목표와 범위의 설정, H/W또는 S/W 등의 시스템 설치 등이다.

② 설계(design)

㉠ 설계단계는 분석한 결과를 구축하기 위한 준비 과정이라고 볼 수 있다. 이 단계에서는 ERP 프로젝트의 핵심요인인 To-Be(신업무)프로세스를 도출해야 하며, 현재의 업무와ERP를 구축한 후의 업무내용과 잘 조화될 수 있도록 하는 것을 고려해야 한다.

㉡ 그리고 To-Be 프로세스와 ERP 프로세스와 비교하여 차이점을 발견하는 과정인 격차분석(sap analysis)이 이루어져야 한다.

③ 구축(construction)

㉠ 분석단계와 설계단계를 거치고 나서 개발단계가 필요하다.

㉡ 이 단계에서는 영업, 생산, 구매, 자재, 회계, 인사급여, 등 모든 업무에 대한 재설계를 한 결과를 가지고 ERP 패키지의 각 모듈과 비교하여 꼭 필요한 모듈만을 조합시켜 시스템으로 구축시킨 후 테스트를 해 본다.

④ 실행(implementation)

㉠ 시스템의 구축이 끝나면 실제 시스템을 운용해보게 되는데, 본격적인 시스템의 가동에 앞서 시험적으로 운영해보는 과정이 필요하다.

㉡ 만약 문제점이 발생하면 피드백을 바탕으로 개선점을 찾아 보완된 새로운 시스템을 구축하게 된다.

(2) 유통분야에서의 ERP 활용

① 식자재 업체

시스템	내 용
시스템 관리	환경설정, 프로그램관리, 사용자관리, 코드관리
인사급여	인사, 근태, 급여, 총무
회계관리	예산관리, 전표, 세무회계, 자금관리, 결산
영업관리	판매계획, 견적, 수주, 출하, 정산, 반품, 영업분석, 모바일(출고관리)
구매관리	구매요청, 발주, 가입고, 정산, 모바일(입고관리)
자재관리	입고, 출고, 재고, 실사, 결산, 모바일(재고관리)

② 소매점의 품목관리

㉠ 품목 등록 시 수량, 단가, 원가 등 다양한 정보와 우리 회사만의 품목관리 항목을 추가로 등록할 수 있다.

ⓛ 품목 리스트에서 이미지, 품목그룹, 구매처/거래처 등 원하는 품목 정보를 추가해 한눈에 확인할 수 있다.

ⓒ 제조사, 모델, 색상 등 하위그룹을 등록하여 전표 입력 및 조회 시 그룹별로 쉽게 검색할 수 있다.

ⓓ 품목을 기준으로 판매, 구매, 생산 등 모든 재고 수불 내역을 한눈에 확인할 수 있습니다.

ⓔ 품목별 재고현황 및 이력, 판매, 구매 등 입력과 조회를 페이지 이동 없이 한 화면에서 처리할 수 있다.

ⓕ 거래명세서나 재고 장부에 등록한 품목의 부가정보가 나오도록 양식을 설정할 수 있다.

품목코드 ▾	품목명 ▾	이미지	품목구분 ▾	규격정보 ▾	품목그룹 ▾	구매처명 ▾	거래처 ▾
	멀티 비타민		[제품]	80g	건강식품	미래 도소매	늘봄 약국
	레모네이드		[상품]	250ml	식음료	신비유통	하늘 식자재마트
	통조림 참치		[제품]	1box	식재료	미래 도소매	싱싱마트(본점)
	포도 주스		[상품]	250ml	식음료	신비유통	하늘 식자재마트
	콜라		[상품]	2EA	식음료	미래 도소매	싱싱마트(본점)

자료 : 이카운트

[품목 정보관리]

제3절 CRM 시스템

1. CRM의 개념과 요소기술

(1) CRM(Customer Relationship Management)의 개념

① 마케팅인식에 있어서 종전의 기업중심적인 마케팅사고에서 벗어나 database를 기초로 개별고객의 욕구를 파악하여 맞춤형 서비스를 제공함으로써 고객의 생애가치를 극대화시킬 수 있는 마케팅전략을 말한다.

② CRM(고객관계관리)은 선별된 고객으로부터 수익을 창출하고 고객관리를 가능케 하는 고객관계 마케팅을 말한다. 즉, 고객과 관련된 기업의 내·외부 자료를 분석, 통합하여 고객의 특성에 기초한 마케팅활동을 계획하고 지원, 평가하는 과정으로 궁극적 목표를 고객충성도 강화에 두고 있다.

③ 기업이 고객 관계를 관리해 나가기 위해 필요한 방법론이나 소프트웨어 등을 가리키는 용어이다. 현재의 고객과 잠재 고객에 대한 정보 자료를 정리, 분석해 마케팅 정보로 변환함으로써 고객의 구매 관련 행동을 지수화하고, 이를 바탕으로 마케팅 프로그램을 개발, 실현, 수정하는 고객 중심의 경영 기법을 의미한다.

(2) CRM 요소기술

CRM											
		백오피스		프론트 오피스				고객 상호작용 채널			
공급자	<-	개발 생산 유통 경리	<-	마케팅 세일즈 서비스	<-	데이터 웨어하우스	<-	POS 콜센터 인터넷 우편 키오스크 …	<-> <-> <-> <-> <-> <->	고객	데이터마이닝

[CRM 영역]

① 정보계

㉠ 데이터웨어하우스

- 기업이 보유하고 있는 고객과의 거래 데이터와 고객서비스, 웹 사이트, 콜센터, 캠페인 반응 등을 생성된 고객 반응정보 그리고 인구 통계학 데이터가 통합된 것
- 기업이 매출 및 이익의 극대화를 위해 필요한 의사결정을 하기 위한 정보를 제공하는 데이터의 저장소 역할

㉡ 데이터 마트

- 특정 목적을 위한 작은 규모의 데이터 웨어하우스

② 기능영역

㉠ 운영적 CRM 기능

- 고객과의 접점을 자동화함으로써 고개관리를 효율화하는 것을 목적
- 고객에게 차별화된 웹 콘텐츠를 제시하는 개인화 시스템
- 영업원의 고객 접촉 효율을 높이기 위한 모바일 컴퓨팅
- 전화를 통한 고객을 관리하는 CTI/ 콜센터
- 영업활동 자동화 시스템(SFA : Sales force automation)

㉡ 분석적 CRM 기능

- 고객 데이터를 저장하고 데이터를 분석하여 의미 있는 결과를 도출하는 데 필요한 시스템이다.
- OLAP(On line Analytical Processing)는 주로 데이터 웨어하우스 안에 구축된 자료를 대상으로 기업의 의사결정에 필요한 다양한 분석을 한다.
- 데이터마이닝이란 많은 거래 데이터 중에서 여러 계량적인 기법 또는 기계학습의 알고리즘을 사용하여 고객에 대한 지식을 찾아내는 과정을 말한다. 대용량의 데이터에 숨겨져 있는 데이터간의 관계, 패턴을 탐색하고 이를 모형화하여 업무에 적용할 수 있는 의미 있는 정보로 변환함으로써 기업의 의사결정에 적용하는 일련의 과정을 말한다.

㉢ 협업적 CRM 기능

- 인터넷을 기반으로 한 비즈니스의 성장 및 오프라인 기업의 온라인화가 가속화되면서 인터넷에 대응하는 신개념의 CRM이다.
- 협업은 분석과 운영 시스템의 통합을 의미한다. e-비즈니스 환경에서 각 고객별로 차별화된 서비스를 제공하는 웹 개인화 서비스 시스템이 대표적 예이다.

2. CRM 구축 및 활용

(1) CRM 구현 단계

① 데이터 수집

- 기업의 내부와 외부 자료를 수집하는 과정이다.

② 데이터 정제 과정

- 데이터에 존재하는 이상치나 중복성을 제거한다. 특히 누락데이터(Missing Data)와 블랭크 데이터(Blank Data)의 문제 등이 중요하다.

③ 데이터 웨어하우스 구축

- 지속적인 고객관리를 위해서 필요하다. 이때 자주 분석될 데이터에 대해서는 데이터 마트로 관리하며, 데이터 웨어하우스에 대한 비용지출이 어려울 때는 데이터 마트만 운영할 수 있다.

④ 고객분석 & 데이터 마이닝

- 고객의 선호도나 요구에 대한 분석을 바탕으로 고객 행동을 예측하고 고객별 수익성 · 가치성을 측정한다.

⑤ 마케팅채널과의 연계

- 분석된 결과를 가지고 영업부서나 고객서비스 부서 등에서 활용하여 마케팅활동의 자료로 활용할 수 있다.

⑥ Feedback 정보 활용

- 마케팅활동의 결과를 판단하여 의미 있는 정보를 마케팅 자료로 활용하기 위해 Feedback된다.

(2) CRM 구축

① 관계형성 및 신규고객 확보

㉠ 고객과의 관계를 구축하고 유지하기 위해서는 고객에게 필요한 적절한 가치(value)를 제공하고 고객이 만족할 수 있도록 여러 가지 혜택을 제공해야 한다.

㉡ 고객이 제품을 구매할 때에는 여러 가지 브랜드를 고려하게 되는데, 이러한 고려 브랜드 중에서 자신에게 가장 많은 가치나 혜택을 제공해 주는 브랜드를 선택하게 된다.

② **고객충성도 제고 및 유지**

㉠ 고객만족은 지속적인 재구매로 이어지게 된다. 재구매율이 높은 고객을 충성도(loyalty)가 높은 고객이라고 하는데, 충성도가 높은 고객은 재구매율뿐만 아니라 가격에 덜 민감하게 반응한다.

㉡ 고객충성도(customer loyalty)가 높은 고객이 많으면 많을수록 기업은 더 많은 수익을 창출할 수 있다.

③ **구매활성화 및 고객확장**

㉠ 충성도가 높은 고객을 유지하면서 구매량 또는 구입횟수를 늘리는 것도 매우 중요하다. 기업은 구매활성화, 교차판매 등을 통해 고객의 구매량 또는 구입횟수를 늘릴 수 있는 기회를 얻을 수 있다.

㉡ 구매활성화는 신상품이 출시되었을 때, 관련 정보 또는 카탈로그 등을 제공하여 고객에게 구매를 촉진시킴으로써 이루어진다.

(3) 유통분야에서의 CRM 활용

① **판매분야** : 판매자동화를 통해 콜센터를 활용한 전화판매를 지원하며, 제반적인 영업활동을 지원함(소매점 판매, 현장 판매, 통신 판매, 웹 판매)

② **마케팅 분야** : 캠페인 관리를 지원하며, 상품관리, 고객데이터관리, 판촉관리, 유통경로관리 등 지원(캠페인, 컨텐츠 개발)

③ **고객서비스 분야** : 영업사원 및 A/S사원에게 서비스 관련 내용을 지원하며, 현장에 있는 사원이 고객정보를 활용 가능하도록 지원 (콜센터, 웹서비스, 무선서비스)

④ **그 외 분야** : CRM 업무 운영을 위한 제빈적인 지원기능을 지원

제4절 SCM 시스템

1. SCM의 개념과 요소기술

(1) SCM(Supply Chain Management)의 개념

① SCM은 기업 내부 자원뿐만 아니라 자사와 연결되어 있는 공급업체, 제조업체, 유통업체, 창고업체 등을 하나의 연결된 체인으로 간주하여 이들 간의 협력과 정보교환에 기초한 확장ㆍ통합 물류와 최적 의사결정을 통한 비용절감 및 효율성 증대로 상호이익을 추구하는 관리체계를 의미한다.

② 공급사슬관리는 기업 간 또는 기업내부에서 제품의 생산자로부터 사용자에 이르는 공급체인에 대하여 불필요한 시간과 비용을 절감하려는 관리기법이다.

(2) SCM 요소기술

구분	설명
ERP	전사적 자원 관리(Enterprise Resource Planning) - 내부 기능 부서간의 운영 업무 통합
EC	인터넷 기반의 전자상거래 - 고객, 공급자 등의 트레이딩 파트너와의 거래 처리 및 의사소통
DW/DM	Datawarehouse/Data Mart - 수집되는 고객 및 거래 Data를 분석하고 의사결정을 지원
EDI	Electronic Data Interface - 서류 형태의 정보교환을 없애는 전자정보 교환
EFT	Electronic Fund Transfer - 전자대금결제를 통한, 전자당사자간 또는 거래당사자간의 은행 청구 및 지급정보를 전자적으로 교환
바코드, RFID	재고관리, 물류관리에 대한 무선 식별 시스템 연동
ABC	ABC(Activity Based Costing) - 공급망 내에 활동별 원가 유발 원인을 파악하고 분석하여 성과측정 및 분석에 활용
APS	APS(Advanced Planning and Scheduling) - APS는 MRP나 ERP와 같이 생산관리 관련 프로그램으로 생산 계획을 수행하는 프로그램을 통칭한다.

ATP	ATP(Available To Promise) - 고객주문에 대하여 공급망에 있는 모든 가용 가능한 자재와 용량을 실시간으로 분석하여 주문접수의 납기를 고객에게 확정해 주는 기능을 한다.
ASN	ASN(Advanced Shipping Notice) - 제조업체와 도매업체가 상품을 실제로 창고에서 출하한 시점에서 그 상품에 관한 자세한 정보를 전송하는 것을 말한다.
기타	4차산업혁명 기술

2. SCM 구축 및 활용

(1) SCM 구축

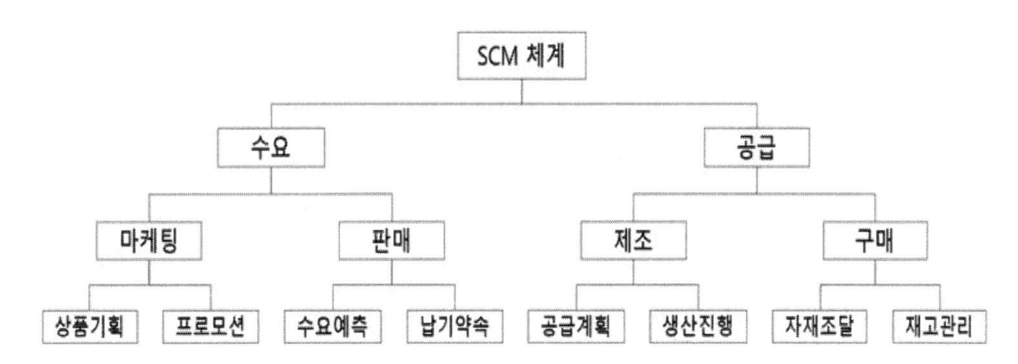

[SCM 체계]

① 전략(Supply Chain Strategy)

㉠ SCM의 최상위 레벨로 각 기업들이 전사적으로 중장기적인 물류 최적화 전략을 수립하는 단계이다. 이를 지원하는 SCM IT 솔루션으로 '공급망 설계 최적화(Supply Chain Network Optimization)'가 있다. 이 솔루션은 기업이 위치, 공장수, 센터 수와 같은 공급망 인프라들을 효율적으로 고려하여 어떤 제품이 어떤 로케이션에서 얼마만큼의 수량으로 제조되고 보관해야 하는지를 평가하고 확인해 볼 수 있다.

㉡ 기업은 해당 솔루션을 통해 물류 네트워크의 소싱, 생산, 능력, 자재, 분배 등 다양한 비용과 제약을 고려하여 주어진 고객 서비스 수준을 충족하는 최소 비용 혹은 최대 이익을 산출하기 위한 물류 네트워크의 최적화 구성을 도출할 수 있다.

㉢ 특히 Global SCM 확산, 복잡화되는 공급망, 유가 상승 같은 최근의 물류 경향에 대한 대응 방안으로 공급망 전 영역의 물류 최적화된 전략을 수립하는 Network Optimization Tool이 기업 SCM 전략으로 대두되고 있다. 이 솔루션을 구축한 회사들은 공급망 비용 절감, 매출과 수익 극대화, 자원 활용 효율 향상 같은 ROI를 얻을 수 있다.

㉣ 대표적인 예로 전 세계 영업 Channel 및 복잡한 자동차 산업의 Supply Chain을 보유하고 있는 대표적인 자동차 회사인 BMW와 같은 경우, SC Network Optimization을 통해 최적화된 Sourcing 전략을 구현해서 신제품에 대해 10% 이상의 수익성을 향상 시켰다.

② SCP(공급사슬계획)

㉠ SCP는 공급사슬 관점에서 수요와 공급의 균형을 맞추기 위한 계획을 수립하는 역할을 하며 APS(Advanced Planning and Scheduling)로 불리는 경영전략, 연간 예산, 자재조달, 수요예측, 재고계획, 생산계획 등을 스케줄링(Scheduling)을 지원하는 다양한 소프트웨어들로 구성되어 있다.

㉡ SCP는 경영전략, 연간예산, 자재조달, 수요예측, 재고계획, 생산계획 등을 주별 계획 이상의 계획(Plan)을 수립하는 영역이다. 이러한 계획의 수립을 효과적으로 지원하는 솔루션으로 생산 계획(Master Planning; MP), 수요 계획(Demand Planning;DP), 재고 보충 계획(Replenishment Planning), 판매 계획(Sales & Operation Planning ; S&OP), 비용 계획(Revenue Optimization), 협력적 예측 보충 시스템 (Collaborative Planning, Forecasting & Replenishment ; CPFR) 및 공급사 재고관리 (Vender Managed Inventory ; VMI) 등이 있다.

③ SCE(Supply Chain Execution)

㉠ SCE는 창고·보관 업무, 수·배송 관리 등 주로 현장 물류의 업무를 일별 이하의 계획을 실행하는 부분이다.

㉡ 운송 관리 시스템 (Transportation Management System; TMS), 창고 관리 시스템 (Warehouse Management System; WMS), 야드 관리 시스템 (Yard Management System; YMS) 같은 실행 시스템과 바코드, RF 등을 사용해서 물류 실행 업무를 효율화하는 데 목적이 있다.

(2) 유통분야에서의 SCM 활용

① CRP(Continuous Replenishment Programs)

㉠ 지속적인 상품보충으로서 유통공급망 내에 있는 업체들 간에 상호협력적인 관행으로써 기존의 전통적인 관행인 경제적인 주문량에 근거하여 유통업체에서 공급업체로 주문하던 방식(Push 방식)과 달리 실제 판매된 판매데이터와 예측된 수요를 근거로 하여 상품을 보충시키는 방식(Pull 방식)이다.

㉡ CRP는 적기에 필요로 하는 유통소매점의 재고를 보충하기 때문에 운영비용과 재고수준을 줄인다.

㉢ CRP에서는 POS 데이터와 이를 근거로 한 판매예측데이터를 기초로 하여 창고의 재고보충주문과 선적을 향상시킨다.

VMI와 CMI 

• **VMI(Vender Managed Inventory)**
VMI는 공급자 주도에 의한 재고관리로 소매업의 재고관리를 소매업체를 대신해서 공급자인 제조업과 도매업이 하는 것을 말한다.
• **CMI(Co-Managed Inventory)**
CMI는 공동재고관리로 전반적인 업무처리의 구조는 VMI(공급자 재고관리)와 같은 Process이나, CMI의 경우에는 제조업체와 유통업체 상호간 제품정보를 공유하고 공동으로 재고관리를 하는 것이다.

② CPFR(Collaborative Planning Forecasting and Replenishment)

㉠ 협업설계예측 및 보충이라고 하며, 유통과 제조업체가 정보교환협업을 통하여 One－number 수요예측과 효율적 공급계획을 달성하기 위한 기업간의 Work flow이다.

㉡ Internet 상에서 실시간 공유되는 판매 관련 정보와 소비자 및 시장 관련 정보는 제조업체의 생산관리 스케줄에 신속히 반영되어 Supply Chain 상에서 변화에 대한 적응력이 상당히 높아진다.

㉢ CPFR은 소매업자 및 도매업자와 제조업자가 고객서비스를 향상하고 업자들간에 유통총공급망(SCM)에서의 정보의 흐름을 가속화하여 재고를 감소시키는 경영전략이자 기술이다.

㉣ 협업적 계획수립을 위해서는 모든 거래 파트너들이 주문정보에 대한 실시간 접근이 가능해야 한다.

③ 크로스도킹

㉠ 크로스도킹(Corss-Docking)은 창고나 물류센터로 입고되는 상품을 보관하지 않고 곧바로 소매점포에 배송하는 물류시스템이다. 즉, 보관 단계를 제거하고 창고나 물류센터에서의 체류시간을 줄여 배송기간 단축은 물론 물류비용 절감과 함께 물류의 효율성을 증대시킬 수 있는 방식을 말한다.

㉡ 보관 및 피킹(Picking, 필요한 상품을 꺼내는 것)작업 등을 생략하여 물류비용을 절감할 수 있다.

㉢ 크로스도킹이 실현되기 위해서는 정확한 주문정보의 사전 입수, 출고될 수량과 상태로 출고시간 전 입고 여부, 입고 후 출고차량별 분류 및 재포장 가능성이 이루어져야 한다.

④ SCOR 모형(Supply Chain Operation Reference-model)

㉠ SCC(Supply Chain Council)의 SCOR 모형은 회사 내부의 기능과 회사 간 Supply Chain 파트너 사이의 의사소통을 위한 언어로써 공통의 Supply Chain 경영 프로세스를 정의하고, '최상의 실행', 수행 데이터 비교, 최적 소프트웨어를 적용하기 위한 과정의 표준이다.

㉡ SCOR은 공급사슬 프로세스의 모든 범위와 단계를 포괄하는 참조 모델로 공급사슬의 회사 내부의 기능과 회사간 공급사슬 파트너 사이의 의사소통을 위한 언어로써 공통의 공급사슬 경영 프로세스를 정의하고 "최상의 실행(Best Practices)", 수행 데이터 비교, 최적의 지원 IT를 적용하기 위한 표준이다.

㉢ SCOR은 계획(Plan), 조달(Source), 제조(Make), 배송(Deliver), 반품(Return)의 다섯 가지 경영관리 프로세스를 가지고 있다. SCOR 프레임워크에서 프로세스란, 공급망 관리에서 통상 발생하는 것들을 가리킨다. 기업에 따라 우선순위가 다를 수 있으며, 일부 단계는 중복되거나 기업의 목적, 목표와 부합하지 않을 수 있다.

- 계획(Plan) : 리소스와 요구사항을 결정, 파악하고, 프로세스의 커뮤니케이션 계통을 확립해 기업의 목표와 일치시키는 활동 등이 계획 수립 프로세스다. 공급망을 효율적으로 만드는 베스트 프랙티스를 개발하고, 컴플라이언스(규제 준수)와 운송, 자산, 재고, 기타 공급망 관리의 필수 요소에 대해서도 고려해야 한다.

- 조달(Source):계획한 또는 실제 시장 수요를 충족하기 위해 재화와 서비스를 획득하는 것이 조달 프로세스다. 재료 구매와 수령, 검사, 공급 및 공급 관련 계약 등이 이 프로세스와 관련이 있다.
- 제조(Make):계획한 또는 실제 시장 수요를 충족하기 위해 완제품을 만들어 시장화를 준비하는 프로세스다.
- 배송(Deliver):계획한 또는 실제 수요를 충족하기 위해 완제품과 서비스를 인도하는 프로세스다. 주문, 운송, 유통 관리가 여기에 포함된다.
- 반품(Return):반품은 공급업체에 제품을 반품하거나, 고객으로부터 제품을 반품 받는 프로세스다. 여기에는 배송 후 고객 지원 프로세스도 포함된다.

Chapter 04 유통혁신을 위한 정보자원관리 출제예상문제

01 다음 중 공개키 암호화 기술에 대한 설명으로 가장 옳지 않은 것은?

① 암호화키와 복호화키가 일치하지 않는다.
② 암호화 및 복호화 속도가 빠르다.
③ 비대칭키 암호화 기술이라고도 한다.
④ 송수신자가 비밀키를 공유할 필요가 없다.
⑤ 키관리가 용이하고 안전성이 뛰어나므로 전자서명이나 신분인증 프로토콜 등에 적용이 용이하다는 장점이 있다.

해설 암호화 방식에는 공개키 암호화 방식(비대칭키 암호화 방식)과 대칭키 암호화 방식이 있다. 공개키 암호화 방식은 그 창안자들의 이름을 따서 RSA 방식이라고 하는데 암호화 및 복호화를 할 때 다른 키를 사용하기 때문에 비대칭이라고 한다.
공개키 암호화 기술은 키관리가 용이하고 안전성이 뛰어나므로 전자서명이나 신분인증 프로토콜 등에 적용이 용이하다는 장점이 있지만, 암호화 및 복호화 속도가 느리다.

02 공급사슬관리(SCM)를 위해 활용할 수 있는 지연전략(postponement strategy)에 대한 설명으로 가장 옳은 것은?

① 지연전략은 고객의 수요를 제품설계에 반영하기 위해 완제품의 재고보유 시간을 최대한 연장시키는 전략이다.
② 주문 이전에는 모든 스웨터를 하얀색으로 생산한 후 주문이 들어오면 염색을 통해 수요에 맞춰 공급하는 것은 지리적 지연전략이다.
③ 가장 중요한 창고에 재고를 유지하며, 지역 유통업자들에게 고객의 주문을 넘겨주거나 고객에게 직접 배송하는 것은 제조 지연전략이다.
④ 컴퓨터의 경우, 유통센터에서 프린터, 웹캠 등의 장치를 조립하거나 포장하는 것은 지리적 지연전략이다.
⑤ 자동차를 판매할 때 사운드 시스템, 선루프 등을 설치 옵션으로 두는 것은 결합 지연전략이다.

해설 제품의 차별화 지연전략(Postponement)은 최대한 확실한 정보에 근거한 제품만을 생산한다는 것이다. 즉, 고객의 요구가 정확히 알려질 때까지 되도록 생산을 연기하다가 요구가 확실해졌을 때 생산하는 것이다.

03 아래 내용이 설명하는 것으로 적합한 것은?

'언제 어디에나 존재한다'는 뜻의 라틴어로써, 사용자가 컴퓨터 또는 네트워크를 의식하지 않고 장소에 상관없이 자유롭게 네트워크에 접속할 수 있는 환경을 말한다.

① LAN
② Internet
③ 유비쿼터스
④ EDI
⑤ CALS

해설 유비쿼터스는 '언제 어디에나 존재한다'는 뜻의 라틴어로써, 사용자가 컴퓨터 또는 네트워크를 의식하지 않고 장소에 상관없이 자유롭게 네트워크에 접속할 수 있는 환경을 말한다.

04 전자상거래 시스템의 구축절차로 올바른 것은?

① 시스템 구축단계 → 전자계약의 체결단계 → 전자인증단계 → 전자결제단계 → 물류, 수송 및 배송단계
② 시스템 구축단계 → 전자계약의 체결단계 → 전자결제단계 → 전자인증단계 → 물류, 수송 및 배송단계
③ 전자계약의 체결단계 → 시스템 구축단계 → 전자인증단계 → 전자결제단계 → 물류, 수송 및 배송단계
④ 시스템 구축단계 → 전자계약의 체결단계 → 전자인증단계 → 물류, 수송 및 배송단계 → 전자결제단계
⑤ 물류, 수송 및 배송단계 → 전자계약의 체결단계 → 전자인증단계 → 전자결제단계 → 시스템 구축단계

해설 전자상거래 시스템의 구축절차
시스템 구축단계 → 전자계약의 체결단계 → 전자인증단계 → 전자결제단계 → 물류, 수송 및 배송단계

01. ② 02. ⑤ 03. ③ 04. ① 정답

05 **다음 중 전자상거래 프로세스를 순서대로 바르게 나열한 것을 고르면?**

① 전자적 커뮤니케이션 단계 → 제품주문 단계 → 대금지불 단계 → 주문처리 및 배송 단계 → 사후 및 서비스 지원
② 전자적 커뮤니케이션 단계 → 대금지불 단계 → 제품주문 단계 → 주문처리 및 배송 단계 → 사후 및 서비스 지원
③ 전자적 커뮤니케이션 단계 → 제품주문 단계 → 주문처리 및 배송 단계 → 대금지불 단계 → 사후 및 서비스 지원
④ 전자적 커뮤니케이션 단계 → 대금지불 단계 → 주문처리 및 배송 단계 → 제품주문 단계 → 사후 및 서비스 지원
⑤ 전자적 커뮤니케이션 단계 → 주문처리 및 배송 단계 → 제품주문 단계 → 대금지불 단계 → 사후 및 서비스 지원

해설 전자상거래 프로세스
전자적 커뮤니케이션 단계 → 제품주문 단계 → 대금지불 단계 → 주문처리 및 배송 단계 → 사후 및 서비스 지원

06 **다음 중 전자결제시스템에 대한 설명으로 가장 거리가 먼 것은?**

① 네트워크상에서 지불하거나 신용카드를 이용해서 손쉽게 처리할 수 있다.
② 국제적인 보안 표준인 SET(Secure Electronic Transaction)를 적용하고 있다.
③ 사용자가 어느 정도 전자상거래에 대한 이해가 있어야 한다.
④ 연 365일 24시간 거래가 형성되고, 구매자 입장에서 사업장을 늘리거나 증축할 필요가 없다.
⑤ 현재 인터넷 상거래에서 이용되는 보편적인 대금결제방식은 신용카드를 이용하는 방식인데, 이것은 카드 소지자만이 이용할 수 있으므로 신용카드를 사용할 수 없는 계층은 사용이 불가능하다.

해설 연 365일 24시간 거래가 형성되고, 판매자 입장에서 사업장을 늘리거나 증축할 필요가 없다.

07 e-비즈니스 유형과 주요 수익원천이 옳지 않은 것은?

① 온라인 판매 - 판매수익
② 검색서비스 - 광고료와 스폰서십
③ 커뮤니티운영 - 거래수수료
④ 온라인광고서비스 - 광고수입
⑤ 전자출판 - 구독료

해설❯ 커뮤니티운영의 주요 수익원천은 회원들의 회비와 광고수익이다. 같은 관심사 또는 같은 속성을 가진 개인들이 모여서 상호작용 할 수 있는 디지털 환경을 제공하는 모델이다.

08 보안에 대한 위협요소별 사례를 설명한 것으로 가장 옳지 않은 것은?

① 기밀성 - 인가되지 않은 사람의 비밀정보 획득, 복사 등
② 무결성 - 정보를 가로채어 변조하여 원래의 목적지로 전송하는 것
③ 무결성 - 정보의 일부 또는 전부를 교체, 삭제 및 데이터 순서의 재구성
④ 기밀성 - 부당한 환경에서 정당한 메시지의 재생, 지불요구서의 이중제출 등
⑤ 부인방지 - 인가되지 않은 자가 인가된 사람처럼 가장하여 비밀번호를 취득하여 사용하는 것

해설❯ 부인방지(Non-repudiation) : 메시지의 송신이나 수신에 대해 보내거나 받지 않았다고 부인하는 것을 방지하는 보안기술이다.
⑤ 인가되지 않은 자가 인가된 사람처럼 가장하여 비밀번호를 취득하여 사용하는 것은 '인증'에 대한 내용이다.

09 신용카드의 PG(Payment Gateway) 서비스는 대표가맹점 서비스와 자체가맹점 서비스 2가지가 있다. 다음 중 이에 대한 설명으로 가장 옳지 않은 것은?

① 대표가맹점 서비스는 PG업체가 중소형 온라인 쇼핑몰을 대표하여 신용카드사와 대표가맹점계약을 체결하고 거래승인, 매입, 정산 등의 업무를 대행하는 서비스이다.
② 자체가맹점 서비스는 온라인 쇼핑몰이 신용카드사와 가맹점 계약을 직접 체결하고 PG업체는 결제정보를 중계한다.
③ 자체가맹점 서비스에서의 정산은 신용카드사가 온라인 쇼핑몰과 함께 직접 처리한다.

05. ① 06. ④ 07. ③ 08. ③ 09. ⑤ 정답

④ 온라인 쇼핑몰은 대표가맹점 서비스보다 자체가맹점 서비스를 이용할 때 보다 신속하게 판매대금을 받을 수 있다.
⑤ 대표가맹점 서비스는 카드결제정보가 PG 서버에서 처리됨으로써 결제의 안정성과 신뢰성에 문제가 있다.

해설》 대표가맹점 서비스는 PG업체가 쇼핑몰을 대신하여 신용카드회사와 대표가맹점 계약을 체결하고 PG업체 명의의 가맹점 번호를 이용하여 거래승인, 매입, 정산대행 등 제반업무를 수행하는 형태이다. 이 서비스를 이용하는 쇼핑몰은 별도의 시스템을 구축할 필요가 없으며 저렴한 비용으로 편리하게 운영할 수 있는 장점이 있다. 또한, 쇼핑몰이 구매자의 신용카드 정보를 볼 수 없고, 직접 PG 서버에서 처리를 하기 때문에 거래의 안정성과 신뢰성이 보장된다.

10 **CRM 시스템에 대한 설명으로 가장 옳지 않은 것은?**

① 신규고객 창출, 기존고객 유지, 기존고객 강화를 위해 이용된다.
② 기업에서는 장기적인 고객관계 형성보다는 단기적인 고객관계 형성을 위해 도입하고 있다.
③ 다양한 측면의 정보 분석을 통해 고객에 대한 이해도를 높여준다.
④ 유통업체의 경쟁우위 창출에 도움을 제공한다.
⑤ 고객유지율과 경영성과 모두를 향상시키기 위해 정보와 지식을 활용한다.

해설》 기업에서는 단기적인 고객관계 형성보다는 장기적인 고객관계 형성을 위해 도입하고 있다. CRM은 고객 데이터의 세분화를 실시하여 신규고객 획득, 우수고객 유지, 고객가치 증진, 잠재고객 활성화, 평생 고객화 등과 같은 사이클을 통해 고객들을 적극적으로 관리하고 유도하며 그들의 가치를 극대화시킬 수 있는 전략을 통하여 마케팅을 실행한다.

11 **e-SCM을 위해 도입해야 할 주요 정보기술로 가장 옳지 않은 것은?**

① 의사결정을 지원해주기 위한 자료 탐색(data mining) 기술
② 내부 기능부서 간의 업무통합을 위한 전사적 자원관리(ERP) 시스템
③ 기업내부의 한정된 일반적인 업무활동에서 발생하는 거래자료를 처리하기 위한 거래처리시스템
④ 수집된 고객 및 거래데이터를 저장하기 위한 데이터 웨어하우스(data warehouse)
⑤ 고객, 공급자 등의 거래 상대방과의 거래 처리 및 의사소통을 위한 인터넷 기반의 전자상거래(e-Commerce) 시스템

해설 › 기업 내 거래처리시스템뿐만 아니라 공급자, 협력업체, 고객과 관련된 기업 외 거래처리시스템도 필요하다.

12 고객관계관리(CRM)에 대한 접근방법으로 가장 옳지 않은 것은?

① 마케팅부서만이 아닌 전사적 관점에서 고객지향적인 전략적 마케팅활동을 수행한다.
② 전사적 자원관리(ERP) 시스템을 통해 고객정보를 파악하고 분석한다.
③ 데이터마이닝 기법을 활용해 고객행동에 내재돼 있는 욕구(needs)를 파악한다.
④ 고객과의 관계 강화를 지속적으로 모색하는 고객중심 비즈니스모델을 수립한다.
⑤ 표적고객에 대한 고객관계 강화에 집중하며 고객점유율 향상에 중점을 둔다.

해설 › ERP는 기존 자재관리, 생산관리 기능만을 갖던 MRP II에서 재무, 회계, 영업, 인사 등의 기업내 경영지원 기능까지 포함하여, 경영목표를 달성하기 위한 기업 내부의 모든 자원을 실시간으로 관리할 수 있도록 한 전사적 자원관리 시스템이다.

13 고객관계 강화 및 유지를 위한 CRM활동으로 가장 옳지 않은 것은?

① 교차판매(cross-selling)
② 상향판매(up-selling)
③ 고객참여(customer involvement)
④ 2차구매 유도(inducing repurchase)
⑤ 영업자원 최적화(sales resource optimization)

해설 › 영업자원 최적화(sales resource optimization)는 고객관계 강화 및 유지를 위한 CRM 활동과는 관련이 없다.
① 교차판매(cross–selling) : 기업이 여러 가지 제품을 생산하는 경우 고객의 데이터베이스를 이용하여 다른 제품의 판매를 촉진하는 것을 들 수 있다.
② 상향판매(up–selling) : 상향판매 또는 추가판매라고도 하며 특정한 상품 범주 내에서 상품구매액을 늘리도록 업그레이드 된 상품의 구매를 유도하는 판매활동이다.

10. ② 11. ③ 12. ② 13. ⑤ 정답

Chapter 05

신융합기술의 유통분야의 응용

제1절 신융합기술

1. 신융합기술 개요

(1) 신융합기술

① 신융합기술이란 IT가 다른 분야와 결합된 것을 말하며, IT융합이라고도 한다.

② IT(Information Technology), BT(Bio Technology), NT(Nano Technology) 등 최근 급속히 발전하는 신기술 분야의 상승적인 결합(synergistic combination)으로 서로 다른 기술들간의 융합을 통하여 신제품과 새로운 서비스를 창출하거나 기존 제품의 성능을 향상시키는 기술을 말한다.

③ 의료 · 건강 안전, 에너지 · 환경문제 등 미래 인간의 삶의 질을 향상시킬 수 있는 신기술로서 BT, NT, ET 등 독립적인 기술들을 IT 기술 및 산업과 융합하여 미래 사회에서 요구되는 산업의 고부가치화, 글로벌 경쟁력 확보 및 신산업을 창출할 수 있는 산업 원천 핵심 기술이다.

④ IT는 융합시대의 원천기술로 IT의 네트워크화, 지능화, 내재화의 특성을 통해 기술 및 산업간 융합화를 촉진시키는 역할을 수행한다.

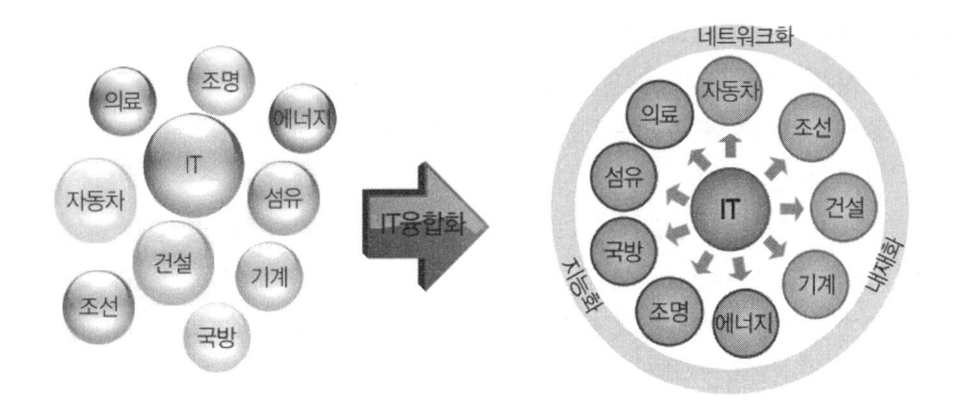

(2) 신융합기술

① IT(정보기술 : Information Technology)

㉠ IT (정보 기술)는 하드웨어, 소프트웨어, 통신 및 일반적으로 정보 전송 또는 통신을 촉진하는 시스템과 관련된 모든 것을 포함하여 컴퓨팅을 다루는 비즈니스 부문이다.

㉡ IT기술은 정보를 생성, 도출, 가공, 전송, 저장하는 모든 유통과정에서 필요한 기술을 말한다.

② BT(생명공학기술: Biotechnology)

㉠ 생명공학기술 또는 바이오테크 놀로지는 생물의 유전자 DNA를 인위적으로 재조합, 형질을 전환하거나 생체기능을 모방하여 다양한 분야에 응용하는 기술 즉, 생명 현상, 생물 기능 그 자체를 인위적으로 조작하는 기술이다.

㉡ 생물체가 가시는 유전 · 번식 · 성장 · 자기제어 및 물질대사 등의 기능과 정보를 이용해 인류에게 필요한 물질과 서비스를 가공 · 생산하는 기술을 말한다.

③ NT(나노기술: Nano Technology)

㉠ 나노(nano)는 그리스어로 난쟁이를 뜻하는 나노스(nanos)에서 유래한 말로서 10억 분의 1(10-1)을 나타내는 단위이다.

㉡ 나노기술(Nano Technology: NT)은 10억분의 1미터인 나노미터 단위에 근접한 원자, 분자 및 초분자 정도의 작은 크기 단위에서 물질을 합성하고, 조립 · 제어하며 혹은 그 성질을 측정 · 규명하는 기술을 말한다. 즉, 물체를 원자, 분자 수준(100 nm 이하)에서 분석 · 조작 · 제어하여 새로운 물질을 창조하는 기술을 말한다.

④ ST(우주항공기술: Space Technology)

㉠ 위성체 분야, 위성이용 및 우주과학분야로 나뉘는 미래산업을 이끌고 갈 첨단기술의 집합체이며 여러가지 연구분야를 종합하는 과정 및 지식 즉, 우주와 항공에 관한 모든 기술을 말한다.

㉡ 위성체, 발사체, 항공기 등의 개발과 관련된 복합기술이다.

⑤ NT(환경기술: Enviroment Technology)

㉠ 환경 오염을 예방, 저감, 복원하는 기술로서 과학 문명의 고도화가 불러온 환경 오염을 해결하는 기술로 대기 오염을 저감하는 기술, 폐기물 처리 기술, 에너지 관련 기술, 해양 환경 기술 등을 포함한다.

㉡ 차세대 성장 동력인 바이오 기술이나 나노 기술 등과 융합해 시너지 효과를 일으킬 핵심 기술 분야다.

⑥ CT(문화기술: Culture Technology)

㉠ 문화 산업 발전을 위한 기술로 문화콘텐츠 기획과 상품화, 미디어 탑재, 전달의 가치사슬 과정 등 문화상품의 부가가치를 높이기 위해 소용되는 모든 형태의 유무형의 기술이다.

㉡ 좁은 의미로 CT란 문화예술 산업의 발전을 위한 디지털 기술을 의미하고, 넓은 의미로는 문화예술분야와 인문사회분야 그리고 과학기술분야 등 이들 3분야가 융합된 새로운 개념의 학문이라고 할 수 있다.

⑦ FT(융합기술: Convergence Technology)

㉠ 다양한 기술의 접목을 통해 새로운 시스템과 부가가치를 창출하는 융합기술을 말한다.

㉡ 인지향상 융합기술(Converging Technologies for the Cognitive Enhancement of Human)이란 사람의 인지 능력을 향상하려고 사람의 감각 기관을 기기와 융합하는 기술을 말한다.

2. 디지털 신기술 현황 및 신융합 핵심기술

(1) 디지털 신기술 개요

① 신기술이란 국내에서 최초로 개발된 기술 또는 기존 기술을 혁신적으로 개선·개량한 우수한 기술로서 경제적·기술적 파급효과가 크고 상용화 시 제품의 품질과 성능

을 현저히 향상시킬 수 있는 기술을 말한다.

② 신기술은 디지털, 산업기술, 환경 · 바이오, 미래원천기술의 4개 부문으로 구분할 수 있다.

[신기술 분야]

부 문	세부 기술 분야
디지털	AI, 빅데이터, 클라우드, IoT, 메타버스, 5G·6G, 일반 SW(블록체인 포함), 사이버보안
산업기술	이차전지, 3D프린팅, 첨단소재 , 시스템 반도체, 지능형로봇 + 항공드론, 차세대디스플레이
환경·바이오	바이오헬스, 에코업, 신재생에너지
미래원천기술	수소, 양자, 우주

(2) 신융합 핵심기술

① 5세대 이동통신(5G; 5th Generation Mobile Communication)

㉠ 4세대 이동통신에서 진화된 이동통신이라는 의미로 사용되는 마케팅 명칭이며, 최대 속도가 20Gbps에 달하는 이동통신 기술이다.

㉡ 5세대 이동통신 또는 5G의 정식 명칭은 'IMT-2020'으로 국제전기통신연합(ITU)에서 정의한 5세대 통신규약을 의미한다.

㉢ 빠르게 실시간으로 대용량의 데이터와 모든 사물을 연결시키는 4차 산업혁명의 핵심 인프라로서 지금까지 불가능했던 경제 · 사회 전반의 혁신적 융합서비스와 이를 가능하게 하는 장비, 디바이스 등 제조 분야의 신산업 창출을 가능하게 하였다.

② 디지털트윈

㉠ 디지털 트윈은 가상세계에 실제 사물의 물리적 특징을 동일하게 반영한 쌍둥이를 3D 모델로 구현하고 이를 실제 사물과 실시간으로 동기화한 시뮬레이션을 거쳐 관제 · 분석 · 예측 등 해당 사물에 대한 현실 의사결정에 활용하는 기술이다.

㉡ 과거에는 개념적으로만 존재하던 기술이었으나 AI, XR, 5G 등 다양한 요소기술의 등장 이후 구현이 가속화되고 있다.

③ 모바일 바이오인식 신융합기술

㉠ 모바일 바이오인식 신융합기술은 '스마트폰, 태블릿PC, 원격의료 · 전자금융 · 치안 및 군사통신 단말기 등 민간 및 치안 · 군사용 모바일기기의 저장매체(USIM,

Micro-SD 등)에 지문 · 얼굴 · 홍채 · 정맥 인식을 위한 바이오정보를 안전하게 탑재하여 모바일기기에 대한 사용자의 신원확인 수단으로 바이오인식기술을 적용함으로써 모바일 기기에 대한 개폐(LOCK/UNLOCK) 인증 및 모바일 지급결제(금융) · 원격진료(의료) · 지능형 CCTV 영상감시(치안) · 국방 및 출입국심사(테러리스트 색출) · 민원 및 전자투표(행정) 등과 같은 다양한 주요 정보통신기반시설의 모바일 응용서비스에 대한 사용자 인증기술로 사용되는 물리융합 보안기술이다.

㉡ 스마트폰 등 모바일 단말기 제조기술, 금융 · 의료 등 모바일 응용서비스기술, 모바일 바이오 정보보호, 모바일 바이오인식 시험기술, 텔레바이오인식 응용기술 등과 결합해 구현되는 기술로 정의할 수 있다.

④ 나노바이오 융합기술

㉠ 나노 바이오 융합기술은 나노미터 수준의 크기에서 물질이 가진 물리·화학적 특성을 분석·가공하는 나노기술과 식물, 동물이 가진 DNA 등 생체특성을을 분석·가공하는 바이오 기술을 접목하여 개발되는 새로운 기술이다.

㉡ 바이오 시스템 및 이들이 나노 구조와 결합된 융합 시스템을 나노미터 크기의 수준에서 조절 및 분석하고 이를 제어하는 과학과 기술로 정의할 수 있다.

⑤ 3D 프린팅(3D printing)

㉠ 삼차원프린팅이란 삼차원형상을 구현하기 위한 전자적 정보를 자동화된 출력장치를 통하여 입체화하는 활동을 의미한다.

㉡ 3D 프린팅은 3차원 모델 데이터로부터 복잡한 형상을 가진 광범위한 구조물을 만들어내기 위해 사용하는 적층 제조(AM, additive manufacturing) 공법을 말한다.

㉢ 마치 조각가가 찰흙을 잘라내듯이 재료를 가공하거나 깎아내서 물건을 만드는 대신, 3D 프린팅은 재료를 한 층 한 층 쌓아 제작한다.

㉣ 플라스틱, 슈퍼 엔지니어링 플라스틱, 금속 등 다양한 소재와 방식을 사용한다. 이전에는 소수 산업에서만 사용했지만 현재는 식품, 바이오, 엔지니어링 산업 등 여러 분야에서 각광받고 있다.

⑥ 2차 전지(secondary battery)

㉠ 2차전지는 "충전 및 방전이 가능한 하나 이상의 전기화학 셀로 구성된 배터리이다"라고 정의하고 있다. 즉 한번 쓰고 버리는 일회용 전지가 아니고 여러 번 충전 방전이 가능하다는 게 핵심이다.

㉡ 2차전지는 외부로부터 전기에너지를 받아 화학에너지로 바꿔 저장한 뒤 필요시 전기를 만들어낸다.

㉢ 모바일, 초소형 전자기기는 물론 자동차 등에도 전지를 사용함에 따라 요구 사항도 많아졌다. 고안정성, 초소형, 플렉시블, 장기 사용 등이 대표적이다.

㉣ 리튬이온전지는 높은 에너지밀도와 우수한 출력을 자랑한다. 수명이 길다는 장점이 있어 다양한 분야에서 활용되고 있다. 리튬이온전지는 양극, 음극, 전해액, 분리막으로 나뉜다. 전지의 4대 요소다.

3. 신융합기술에 따른 유통업체 비즈니스 모델 변화

(1) 비즈니스 모델 캔버스

① 비즈니스 모델은 다양한 관점으로 정의될 수 있고, 단순히 돈을 버는 것뿐만 아니라 기업의 활동(가치 창출, 수익, 생산비용), 기업과 고객 사이에서의 활동(가치 전달, 기회 포착)을 모두 포함하고 있다.

② 비즈니스 모델이란 비즈니스를 전개하기 위해 필수적인 구성요소들을 모아놓고 상호 관계를 모델화 시켜놓은 것이다.

③ 비즈니스 모델 캔버스 (Business Model Canvas)

㉠ 알렉스 오스왈드의 논문을 기반으로 9개의 블록의 조합으로 비즈니스모델을 시각화한 것

㉡ 비즈니스 모델 캔버스는 비즈니스의 주요 구성 요소를 간략하게 설명하는 한 페이지 개요 도구

㉢ 가치 제안, 고객 세그먼트, 채널, 수익 흐름, 비용, 비즈니스의 주요 파트너 및 활동을 요약하여 새로운 비즈니스 모델을 설계하고 테스트하는 명확하고 간결한 방법을 제공

<table>
<tr><th>❽핵심 파트너</th><th>❼핵심 활동</th><th>❷가치 제안</th><th>❹고객 관계</th><th>❶목표 고객</th></tr>
<tr><td rowspan="3">농장에 도움을 주거나 함께 해야할 사람들은?</td><td>농장의 활동</td><td rowspan="3">농장의 가치는?</td><td>고객의 관리방법?</td><td rowspan="3">누구한테 팔 것인가?</td></tr>
<tr><th>❻핵심 자원</th><th>❸채널(경로)</th></tr>
<tr><td>농장의 경쟁력</td><td>유통경로는 어떻게?</td></tr>
<tr><th colspan="2">❾비용 구조</th><th colspan="3">❺수익 구조(수익원)</th></tr>
<tr><td colspan="2">사업 운영시 지출되는 비용
고정비</td><td colspan="3">수익 창출은 어떤식으로 이루어질 것인가?</td></tr>
</table>

[비즈니스 모델 캔버스 만들기]

(2) 4차산업혁명과 기술적 진화

① 4차 산업혁명의 기반기술로 고려되는 빅데이터, 인공지능, 블록체인, 보안 및 인증 등의 기술 개발이 선진국을 중심으로 빠르게 진행되고 있다. 특히 빅데이터의 활용에 필수기대수명의 연장으로 늘어난 고령 인구는 건강관리나 헬스케어 등의 시장에 더욱 관심을 가지고, 여성의 경제참여 확대는 육아나 가사 관련 서비스의 수요 증가 요인으로 고려된다.

② 1인 가구 확산의 경우 특정 업종의 수요보다 '혼술', '혼행' 등과 같이 소비행태를 변화시키고 있다. 이러한 변화는 5G, AI, 블록체인, 바이오인증 등의 기술이 산업에 적용되거나, 첨단화된 로봇이나 다양한 형태의 스마트폰 등에 활용되면서, 과거와 다른 새로운 개념의 비즈니스모델이 나타나고 있다.

③ 즉 인구 및 사회적 요인으로 인해 해당 시장규모가 변화하거나 새로운 수요시장이 형성된다면, 그에 대응한 비즈니스모델의 제공이 요구되는데, 실제로 기술적 요인이 이를 구현 가능하게 한다.

(3) 신융합기술을 활용한 혁신적 비즈니스모델

① 4차 산업혁명의 핵심기술이라고 할 빅데이터와 AI, 그리고 블록체인은 데이터의 축적과 분석을 통해 고객의 성향을 파악, 고객 맞춤형 서비스를 안전하고 신뢰 가능한 방식으로 제공할 수 있다.

② 5G 등의 네트워크와 그에 연결된 디바이스의 경우 언제, 어디서, 누구와도 연결되는 기술적 특징으로 인해, 서비스의 특성인 시간적, 또는 공간적 제약을 축소할 뿐만 아니라 비대면 방식의 서비스도 가능하게 하였다.

③ 또한 첨단화된 로봇은 AI와 연계하여 고객 맞춤형 서비스를 제공하고, 가상현실(VR), 증강현실(AR), 또는 홀로그램 등의 실감기술은 가상화를 통해 현실감이 부족한 플랫폼 기반 서비스의 약점을 보완하기도 한다.

④ 기술과 산업 간의 융 · 복합화를 통해서도 다양한 형태의 비즈니스모델이 나타나고 있다. 월마트의 예측 물류 서비스, 아마존의 아마존 고(Amazon Go), 삼성SDS의 유통 이력 관리, 소프트뱅크의 돌봄 로봇 페퍼(Pepper), 런던박물관의 스트리트 뮤지엄(Street Museum), 또는 웰스 파고(Wells Fargo)의 안구 인식 및 다중 바이오인증 등이 그 대표적인 사례이다.

(4) 유통업체의 비즈니스모델 변화

① 새로운 비즈니스모델은 제조업보다 유통업에서 주로 나타난다. 제품은 기술과의 결합을 통해 성능이 향상되거나 기능이 다양화되지만, 실제 유통서비스와 연계될 때 부가가치가 더욱 커질 수 있기 때문이다.

② 서비스산업과 연관된 이들 비즈니스모델의 혁신은 서비스산업을 과거와 다른 모습으로 변화시키고 있다. 그 변화의 흐름은 서비스업 자체 개선(α +자체 개선)이나 플랫폼 기반 비즈니스모델(플랫폼+α), 그리고 고객특화형 비즈니스모델(α +tech)로 분류할 수 있다.

㉠ 서비스업 자체개선 비즈니스 모델은 무료견적 서비스 등 새로운 서비스 제공이나 프로세스, 마케팅 등의 개선과 같이 자체적으로 이루어진 변화이다.
예) 당일특급배송서비스

㉡ 플랫폼을 기반으로 하는 비즈니스모델(플랫폼+α)은 기존 서비스에 특정 가치를 부여하여 새로운 부가가치를 창출할 수 있는 기반이다.
예) 주차공유서비스

㉢ 빅데이터나 AI 등의 기술과 결합하여 나타나는 고객특화형 비즈니스모델(α+tech)은 플랫폼 기반의 비즈니스모델과 유사하기도 하지만, 서비스업과 기술, 또는 특정 서비스업과 여타 산업 간의 융복합화를 통해 고객에게 제공되는 보다 특화된 서비스이다. 예) 상품이력관리

제2절 신융합기술의 개념 및 활용

1. 빅데이터와 애널리틱스의 개념 및 활용

(1) 빅데이터의 개념

① 맥킨지(McKinsey)는 빅 데이터를 '전통적인 데이터베이스 S/W를 통해 저장, 관리, 분석할 수 있는 규모를 초과하는 데이터'라 정의하고 있고, IDC는 '대규모의 다양한 데이터들로부터 수집, 검색, 분석을 신속하게 처리하여 경제적인 가치발굴을 수행하도록 설계된 차세대 기술 및 아키텍쳐'라고 정의하고 있다.

② 대용량 데이터를 활용, 분석하여 가치 있는 정보를 추출하고, 생성된 지식을 바탕으로 능동적으로 대응하거나 변화를 예측하기 위한 정보화 기술이다.

③ 빅 데이터는 기존과 달리 단순히 데이터를 수집·가공하는 것뿐만 아니라 엄청난 양의 데이터를 모아 한꺼번에 해석을 넘어서 새로운 사실의 발견 및 예측 또한 가능하게 한다. 한마디로 우리가 다양한 데이터들을 수집, 종합하여 그 자료들을 통해 결론을 도출해내는 것과 달리, 빅 데이터는 과거의 데이터들을 바탕으로 미래의 사건을 예측할 수 있는 것이다.

④ 빅 데이터의 특징(4V)

㉠ 크기(Volume) : 단순 저장되는 물리적 데이터 양의 증가뿐만이 아닌, 이를 분석 및 처리하는 데 어려움이 따르는 네트워크 데이터의 급속한 증가는 빅데이터의 가장 기본적인 특징이다.

㉡ 다양성(Variety) : 빅데이터를 이용한 데이터 분석은 고정된 시스템에 저장되어 있지 않은 다양한 형태의 데이터를 포함한다. 따라서, 비정형 데이터도 처리할 수 있는 능력이 요구된다.

㉢ 속도(Velocity) : 데이터의 이동, 데이터가 생산, 처리, 분산되는 속도가 지속적으로 증가하고 있으며, 데이터가 실시간으로 생성된다. 또한 스트리밍 데이터를 비즈니스 프로세스와 의사결정 과정에 도입해야하기 때문에 속도는 점점 높아지고 있다. 속도는 반응시간, 즉 데이터가 생산 혹은 수집되는 시간과 그 데이터에 접근할 수 있는 시간 사이의 격차에도 영향을 미친다.

㉣ value(가치) : 상대적으로 매우 중요한 요소로서, 전통적으로 분석을 통한 Insight에서 실행(Action)을 통한 기업 및 고객 가치 창출이 가능하다.

(2) 빅데이터 분석 방법

① 텍스트 마이닝(Text Mining) : 특허문서에 포함되어 있는 단어를 추출한 후 각 키워드별 빈도를 산출하여 그 결과를 바탕으로 유사한 문서를 클러스터로 표시하는 방식이다.

② 오피니언 마이닝(Opinion Mining) : 웹 사이트와 소셜미디어에 나타난 여론과 의견을 분석하여 실질적으로 유용한 정보로 재가공하는 기술로, 텍스트를 분석하여 네티즌들의 감성과 의견을 통계·수치화하여 객관적인 정보로 바꿀 수 있는 기술이다.

③ 소셜 네트워크 분석(Social Network Analysis) : 소셜미디어는 모든 네트워크 이용자들 사이의 소통방식에 혁신적인 변화를 일으켰다. 이런 소셜미디어에 대한 소셜 네트워크 분석은 수학의 그래프 이론에 뿌리를 두고 연결구조와 같은 연결강도 등을 바탕으로 사용자의 영향력을 측정하여, SNS 상에서 정보의 허브 역할을 하는 사용자를 찾는데 주로 활용되고 있다. 이 분석은 주로 텍스트 마이닝 기법에 의해 이루어지고 있다.

④ 웹 마이밍(Web Mining) : 인터넷상에서 수집된 정보를 기존의 데이터 마이닝 기법으로 분석·통합하는 것으로 고객의 취향을 이해하고 특정 웹 사이트의 효능을 평가하여 마케팅의 질적 향상을 도모하기 위해서 사용된다. 컨텐츠 마이닝, 구조 마이닝, 사용 마이닝 등이 여기에 해당된다.

(3) 빅데이터 활용

① 금융업

㉠ 빅데이터를 활용해 새로운 비즈니스 아이템을 발굴하는 대표 분야로 금융권을 들 수 있다.

㉡ 국내 은행 및 카드사들은 빅데이터 분석을 통해 고객의 연령, 성별대 별로 라이프 스타일을 파악하고 각각의 관심사에 맞는 금융상품을 설계해 출시하고 있다.

㉢ 보험회사 또한 보험 사례 빅데이터를 분석해 임산부나 어린 자녀를 둔 부모가 사고를 적게 낸다는 사실을 발견하고 관련 상품을 개발하였다.

② 유통업

㉠ 판매 전략은 데이터 활용이 가장 활발한 분야라고 할 수 있다. 유통업에서는 점포 위치 선정, 판매 아이템 기획 등 의사결정 단계에서 전사적으로 활용하고 있다.

㉡ 데이터 분석으로 특정 상품이나 브랜드가 잘 팔리는 위치를 선점하는 방식으로 접근한다. 이와 관련해 KT는 최근 유통업에서 활용 가능한 인공지능 빅데이터 분석 플랫폼을 출시하기도 했다. 이 플랫폼에서는 유동 인구와 소비 데이터를 융합해 인구 유입 대비 지역별 판매 현황과 향후 성장 예측도를 보여준다.

㉢ 또 다른 활용법으로는 소비자 및 구매 데이터 분석에 기반을 둔 상품 기획이 있다. 데이터를 분석해 가장 잘 팔리는 상품을 찾아내고, 이를 기반으로 새로운 상품을 개발하는 것이다.

③ 재고 관리

㉠ '수요 예측 데이터'는 재고 관리에 적극적으로 활용되고 있다. 주로 명절 같은 대목이나, 다가오는 계절의 수요를 예측해 물량을 조절하는 식으로 사용된다.

㉡ 이렇게 수요를 예측하면, 물류비 감축뿐만 아니라, 폭발적인 수요에 대응해 빠르게 판매량을 높일 수 있다는 장점이 있다.

(4) 애널리틱스의 개념

① 비즈니스의 당면 이슈를 기업 내 · 외부 데이터의 통계적 · 수학적인 분석을 이용하여 해결하는 의사결정 방법론을 의미한다.

② 전략적, 전술적, 운영적 비즈니스 의사결정문제를 통계적 · 수학적, 데이터 프로그래밍, 전문적 지식 기반 데이터 분석 역량을 이용하여 해결하려는 방법이다.

③ 사후판단(Hindsight) 단계 → 통찰(Insight)의 단계 → 예측(Foresight)·행동(Action)단계로 발전되었다.

④ 구글 애널리틱스는 웹사이트 방문자의 데이터를 수집해서 분석함으로써 온라인 비즈니스의 성과를 측정하고 개선하는 데 사용하는 웹 로그 분석 도구이다.

⑤ 소셜 애널리틱스(Social Analytics)는 소셜 네트워크 서비스(SNS)에 올라온 방대한 메시지를 신속하게 분석하는 기술을 말한다. 사람의 감정을 나타내는 단어가 나오면 앞 뒤 문맥에 따라 긍정적 또는 부정적 반응인지 판단하고, 두 단어 이상을 조합해 걸러 내는 등의 텍스트 분석 등을 활용하는 방법을 말한다.

(5) 애널리틱스의 활용

① 마케팅 애널리틱스

㉠ 마케팅 실적을 적절히 평가하고, 고객들의 구매 습관, 시장 트렌드와 니즈에 대한 통찰을 얻고, 증거 기반의 마케팅 결정을 내리는데 도움을 받기 위해 진행

㉡ 빅데이터를 통해 차별화된 경쟁력을 확보하도록 함으로써 성장을 위한 기반이며, 마케팅 최고경영자들에게 다양한 가치를 제공

㉢ 고객데이터 분석, 가격 및 프로모션 결정 등

② 인적자원(HR) 애널리틱스

㉠ HR 애널리틱스 핵심은 예측이다. '어떤 일이 발생할 것이며, 어떻게 대비해야 하는가'에 대한 통찰을 제공한다. 예측적 애널리틱스(Predictive Analytics)의 대표적 활동으로 전략적 인력계획을 꼽을 수 있다. 전략적 인력계획은 다양한 사업환경과 영향 요인을 시뮬레이션해서 미래에 필요한 인력 수요를 예측한다.

㉡ 에버랜드 방문 고객수는 계절, 날씨, 이벤트 등 여러 요소에 영향을 받는다. 들쑥날쑥한 고객 수에 맞춰 직원을 배치하는 일은 HR에게 어려운 일이다. 월트 디즈니는 테마파크의 인력운영을 최적화하기 위해 예측 애널리틱스를 활용한다. 테마파크 입장객 수, 예약된 호텔 객실 수, 지역의 날씨 등을 시뮬레이션해 향후 6주간 필요한 직원 수요를 예측하는 것이다. 예측 결과는 채용, 이동, 배치에 반영된다.

③ 생산 · 운영 애널리틱스

㉠ 제조업은 상당한 양과 다양한 데이터를 보유하고 있는 산업군에 속한다. 대부분의 데이터가 정형화되어 있고, 정형화된 데이터는 데이터 분석에 용이하다.

㉡ 텍스트 마이닝 기법으로 제품에 느끼는 느낌이나 감정을 구체적으로 파악할 수 있는 기술이 개발되고 있다.

㉢ 센서정보를 바탕으로 고객의 사용성을 실시간으로 파악해서 고객의 사용자경험을 분석한다.

2. 인공지능의 개념 및 활용

(1) 인공지능, 머신러닝, 딥러닝의 개념

① 인공지능, 머신러닝, 딥러닝의 상관관계는 아래 그림과 같다. 흔히 사용하는 인공지능(AI:Artificial Intelligence)이 가장 큰 범주이며, 머신러닝 딥러닝 순으로 작은 범주에 속하게 된다.

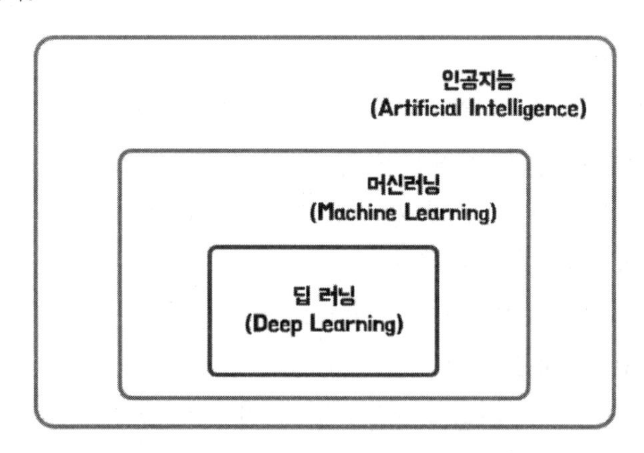

[인공지능, 머신러닝, 딥러닝의 관계도]

② 인공지능(Artificial Intelligence, AI)

㉠ 기계가 사람처럼 스스로 생각하고 판단하여 행동하도록 하는 것이다.

㉡ 전통적으로 인간 지능이 필요했던 작업들을 컴퓨터로 수행하는 것을 의미하며, 인간의 지능을 기계 등에 인공적으로 구현한 것이다.

㉢ 인간이 가지고 있는 인식, 판단 등의 지적 능력을 모델링하여 컴퓨터에서 구현하기 위해 다양한 기술이나 소프트웨어, 하드웨어, 이를 포함한 컴퓨터 시스템을 통틀어 일컫는 말이다.

③ 머신러닝(Machine Learning, ML)

㉠ 제공된 데이터를 통하여 스스로 학습하는 방법이다.

㉡ 알고리즘을 이용해 데이터를 분석, 분석을 통해 학습, 학습을 기반으로 판단과 예측을 수행한다.

㉢ 기계의 패턴인식이 반복되어 자신의 오류를 수정하고 반복하면서 정확도를 높여간다.

㉣ 의사결정 기준에 대한 구체적인 지침을 직접 코딩하는 것이 아닌, 대량의 데이터와 알고리즘을 통해 컴퓨터 스스로 학습시켜 작업을 수행하는 방법을 익히는 것이 목표이다.

④ 딥러닝(Deep Learning, DL)

㉠ 뇌의 뉴런과 유사한 정보 입출력 계층을 활용해 데이터를 학습한다.

㉡ 데이터 세트를 분류하고 데이터간 상관관계를 찾아내어 예측을 더욱 정확하게 만든다.

㉢ 이미지 분석, 언어 인식과 같은 직관적이고 고차원적인 사고를 요하는 분야에 강점이 있다.

㉣ 기본적인 신경망조차 굉장한 양의 연산이 필요하므로 병렬연산에 최적화된 GPU의 등장으로 빠르게 발전되었다.

(2) 인공지능의 활용 분야

① **이미지 · 영상 인식** : 얼굴 인식, 물체 감지, 자율 주행 자동차 등

② **번역** : 웹사이트 · 문서, 대화 번역 등

③ **예측 모델링** : 고객 행동 예측, 제품 수요 예측, 사기 예측 등

④ **데이터 분석** : 비즈니스 프로세스 최적화, 트렌드 파악 등

⑤ **사이버 보안** : 사이버 공격을 탐지하고 예방하기 위해 AI를 사용

(3) 산업 별 인공지능 활용

① 마케팅 및 금융

㉠ 퀀트, AI 주식 거래, 원자재·주식 가격 예측

㉡ 대량의 재무 데이터를 분석하고 패턴과 추세를 기반으로 거래를 수행

㉢ 고객 경험 향상, 고객 리뷰 분석, 고객 요구 사항 분석

② 교육 및 헬스케어

㉠ 단순 반복 작업의 자동화, 개인화된 학습, 스마트 콘텐츠

㉡ 의학 문헌 분석, 보조 의사의 역할

③ 자율주행과 네비게이션

㉠ 자율주행과 플랫폼 구축, 자율주행 카메라

㉡ 운전자 모니터링, CCTV

㉢ 로보틱스와 RPA

④ 물류

㉠ AI 및 기계 학습의 활용: 물류 분야에서 AI는 수요 예측, 라우팅 계획, 자동화된 창고 관리 등을 포함한 많은 영역에서 적용되며 로봇, 자율차, IoT 등 자동화 장비를 제어

㉡ AI를 활용한 물류수요 예측에 따른 최적 물류비용 산정(Uber)

- 화물 운송 분야에서 AI 기술을 활용하여 특정 시점 이후의 서비스 구간별 예상 요금을 예측하고 이를 화주에게 제공함. 화물 운송 서비스 중개가 이루어지는 과정에서 다양한 상황별 서비스 요금 데이터가 저장되며, 이 데이터를 학습하여 미래 서비스 요금 예측 활용

3. RFID와 사물인터넷의 개념 및 활용

(1) RFID의 개념

① RFID(Radio Frequency IDentification)는 자동인식기술의 하나로서 스마트카드 또는 바코드와 같은 데이터 입력장치의 일종으로 개발된 무선(RF:Radio Frequence)에 의한 인식 기술이다.

② 초소형 반도체에 식별정보를 입력하고 무선주파수를 이용해 이 칩을 지닌 물체나 동물, 사람 등을 판독, 추적, 관리 할 수 있는 기술로서 유비쿼터스 컴퓨팅 기반기술의 하나로 중요성이 커지고 있다.

③ 원거리에서도 인식이 가능하고 여러 개의 정보를 동시에 판독하거나 수정할 수 있는 장점 때문에 바코드를 대체하거나 보완할 수 있는 기술로서 현재 유통분야뿐 아니라 물류, 교통, 보안 가전 분야 등 적용분야가 나날이 확대되고 있다.

[RFID의 구성요소]

구성요소	원리
태그 (Tag)	• 데이터의 저장소 • RFID의 핵심 기능 담당 • 사물에 부착되어 사물 인식
안테나 (Antenna)	• 정의된 주파수와 프로토콜 • 무선주파수를 발사하며 태그로부터 전송된 데이터를 수신하여 리더로 전달함 • 다양한 형태와 크기로 제작 가능하며 태그의 크기를 결정하는 중요한 요소임

리더 (Reader)	• 주파수 발신을 제어하고 태그로부터 수신된 데이터를 해독함 • RFID 태그에 읽기와 쓰기가 가능하도록 하는 장치 • 용도에 따라 고정형, 이동형, 휴대용으로 구분
호스트/서버 (Host)	• 한개 또는 다수의 태그로부터 읽어 들인 데이터를 처리함 • 분산되어 있는 다수의 리더 시스템을 관리함 • 리더에서 수신된 사물에 대한 정보를 활용하여 응용 처리 수행

(2) RFID 활용

① 유통 · 물류 분야

㉠ 보관, 유통에 이르기까지 모든 상품의 유통과정이 인터넷을 통해 실시간으로 관리되기 때문에 판매량에 따른 최소 수준의 재고를 유지하면서 효율적인 관리를 할 수 있다. 그로 인해 과다 재고로 인해 발생하는 제품의 손실이나 변질 등도 미연에 방지한다.

㉡ 바코드처럼 각 제품의 개수와 검수를 위해 일일이 바코드 리더기를 가져다 댈 필요 없이 자동으로 대량 판독이 가능하기 때문에 불필요한 리드 타임을 줄일 수 있음. 또 모든 과정이 수기 대신 네트워크를 통해 자동으로 이루어지는 덕에 원격지에서도 정확한 정보를 실시간으로 확인한다.

㉢ 반품 신청을 해 두고 고객이 마냥 기다리는 것은 여간 불편한 일이 아니다. RFID를 이용하면 반품이나 불량품으로 처리된 제품의 수량과 처리 현황 등의 실시간 조회 서비스를 고객에게 제공할 수 있어 고객 만족도를 높일 수 있다.

㉣ 화물 입출고 및 환적 시간 단축 : 포장을 일일이 해체하여 안에 있는 물건을 확인할 필요가 없고 박스와 팔레트 등에 부착된 RFID 태그를 통해 입출고 파악이 자동으로 처리되는 덕에 선적(또는 환적) 시간이 단축된다.

② 건강관리 · 식품

㉠ 제약 : 시각장애인을 위해 약품용기에 처방, 투약방법, 경고 등의 정보 넣은 RFID 태그를 부착하여 판도기 통해 정보를 음성으로 변화하여 전달

㉡ 건강관리 : 제약 위 · 변조 방지와 시설이용을 위한 식별수단 제공. 알츠하이머 환자 수용시설 및 의약품·의학용 소모품에 부착

㉢ 축산업 유통관리 : 가축의 출생시점에 RFID 태그 부착을 권장하여 사육과정 및 도살 후 유통 과정의 정보를 중앙 데이터베이스에 저장

③ 기타 : 놀이공원, 보안, 지불, 교통, 도서관 등

(3) 사물인터넷의 개념

① IoT(Internet of Thing)는 사물인터넷이라고 번역하며 각종 사물이 인터넷과 연결되어 있는 상태를 의미한다. 이는 ICT 기술의 획기적인 발전으로 실현 가능해졌는데 네트워크 안에서 사물들이 서로 정보교환 및 상호제어를 하며 부가가치를 생산한다.

② 사물인터넷(IoT)은 인터넷을 통해 데이터를 다른 기기 및 시스템과 연결 및 교환할 목적으로 센서, 소프트웨어, 기타 기술을 내장한 물리적 객체(사물)의 네트워크를 의미한다.

③ 사물인터넷은 센서가 측정한 데이터가 네트워크를 거쳐 서버로 전달되어지면 그 데이터를 분석하여 최종적으로 고객에게 서비스를 전달하는 구조이다.

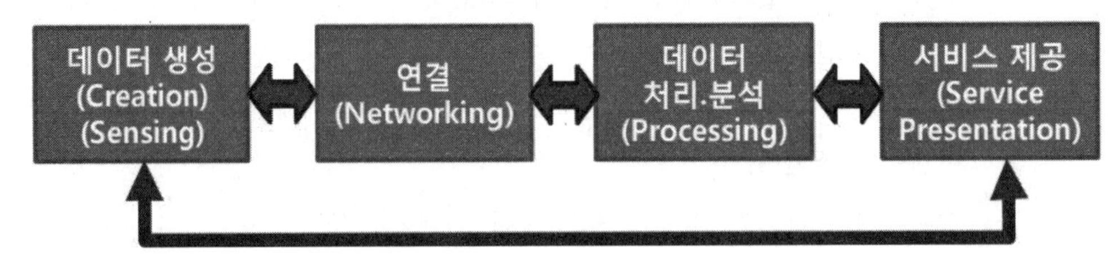

(4) 사물인터넷의 활용

① 스마트 홈(Smart Home)

㉠ 스마트 홈이란 가정에 있는 사물이나 환경 등에 대해 지속적으로 모니터링하여 원격에서 제어를 하거나 스스로 제어되는 시스템이 적용된 가정이라 할 수 있다.

㉡ 스마트 가전이나 보안 솔루션 등 가정용 디바이스들이 서로 연결되어 통신함으로써 사용자에게 편리함을 제공하고, 최적화된 생활환경을 유지하도록 한다.

② 자동차

㉠ 자동차 산업은 IoT 애플리케이션을 통해 상당한 이익을 실현하고 있다.

㉡ 생산 라인에 IoT를 적용하는 데 그치지 않고, 이미 운행 중인 차량의 임박한 장비 고장을 감지하고, 운전자에게 이와 관련된 자세한 정보 및 권장 사항을 제공한다.

㉢ IoT 기반 애플리케이션이 수집한 정보 덕분에 자동차 제조업체 및 공급자들은 자동차의 수명을 늘리고, 운전자에게 계속해서 정보를 제공할 방법을 더욱 자세히 파악할 수 있게 되었다.

4. 로보틱스와 자동화의 개념 및 활용

(1) 로보틱스의 개념

① 로보틱스는 기계 공학, 전기 공학, 컴퓨터 공학 등을 포함하는 공학 및 과학의 한 분야이다.

② 로보틱스는 로봇의 설계, 조립, 작동, 사용 및 로봇의 제어, 센서 피드백, 정보 처리를 위한 컴퓨터 시스템을 포함한다.

③ 로봇은 센서, 엑추에이터, 정보 처리를 통해서 물리적 세상과 상호작용하는 기계이다.

㉠ 로봇은 특정 작업이나 조작을 자동으로 하는 기계장치

㉡ 단순 반복, 위험한 작업과 같이 인간이 하기 힘든 작업을 로봇이 대체

④ 인공지능 로봇은 인공지능을 기반으로 외부환경을 인식하고, 스스로 상황을 판단하여 자율적으로 동작하는 로봇을 의미한다.

(2) RPA의 개념

① 로봇 프로세스 자동화 (RPA)란 Robotic Process Automation의 줄임 말로 '사람이 수행하던 규칙적이고 반복적인 업무 프로세스를 소프트웨어 로봇을 적용하여 자동화' 하는 것으로 저렴한 비용으로 빠르고 정확하게 업무를 수행하는 디지털 노동을 의미한다.

② 물리적 로봇이 아닌 Software Program으로 사람이 하는 Rule Base 업무를 기존의 IT 환경에서 동일하게 할 수 있도록 구현한 것이다.

③ 기술 수준에 따른 RPA 기술 발전은 4단계로 구분할 수 있다.

㉠ (1단계) "인간의 행동을 모방" 하는 수준

- 업무의 규칙, 패턴을 기반으로 빠른 업무처리, 오류감소 및 처리시간의 단축을 목표로 하는 단계를 의미

㉡ (2단계) "인간의 판단을 향상" 하는 수준

- 자연어 처리, 기계학습 능력, 인지 분석 및 감지 등의 기술을 활용하여 프로세스 기반으로 판단 수준 향상
- 자연어 처리를 한다는 것은 1단계의 정형 데이터 처리에서 비정형 데이터를 핸들링 가능하다는 것을 의미

㉢ (3단계) "인간 지성의 향상" 수준
- 역동적 자체적응력 및 관리기능을 기반으로 예측 결정을 내릴 수 있는 수준
- 빅데이터 분석과 예측분석(Predictive Analytics)을 활용하여 복잡한 의사결정을 내리는 수준
- 스스로 업무 프로세스를 학습하면서 더 효율적인 프로세스를 찾아 자동화

㉣ (4단계) "인간의 지성을 본뜬" 수준
- 인간과 기계를 다른 사람이 분별할 수 없는 수준

(3) 로보틱스의 활용

① 코봇

㉠ 협동 로봇 혹은 코봇이 점점 더 중요해지고 있다. 산업의 많은 분야에서 기존 산업용 로봇을 협동 로봇으로 대체하거나 보완하고 있다.

㉡ 코봇은 생산 공정에서 사람과 협력하여 일하는 로봇으로, 기존 산업용 로봇처럼 보호 장치를 사용해서 인간 작업자들과 분리되어 있지 않다.

㉢ 전통적인 산업용 로봇과 비교해서 협동 로봇은 크기가 작고 유연하게 사용할 수 있으며 쉽게 프로그래밍할 수 있다.

② 산업용 코봇

㉠ 산업용 로봇은 산업 환경에서 제품을 취급, 조립, 가공하는데 사용되는 프로그래밍이 가능한 기계이다.

㉡ 산업용 로봇은 대부분 로봇 팔, 그리퍼, 다양한 센서 및 제어 유닛으로 구성되며, 프로그래밍 된 대로 자율적으로 임무를 수행할 수 있다.

㉢ 전 세계적으로 산업용 로봇의 사용이 크게 늘어나고 있다.

③ 무인운반차(Automated Guided Vehicles / AGV)

㉠ AGV는 스스로 운전하고 자동으로 제어되는 무인운반차로서 제조 설비에서 자재를 운반할 때 주로 사용된다.

㉡ AGV를 사용함으로써 많은 공간을 차지하는 전통적인 컨베이어 벨트는 공간을 절약하는 매우 유연한 솔루션으로 발전했다.

㉢ 물류창고 또는 물류센터에서 각종 상품들을 정해진 포장 장소로 옮겨서 처리할 수 있다.

(4) RPA 활용

① 유통

㉠ 출하 검사 성적서 위한 고객 시스템 접속 및 제출

㉡ 재고관리 입력 및 승인 프로세스 자동화

㉢ POS 데이터 입력, 작업 보고서 입력 자동화

㉣ 제품, 수출입 선적 서류 처리 및 ERP 입력 자동화

㉤ 일/월 마감 업무처리 자동화

㉥ 법인카드, 출장비, 매입 세금계산서 처리 자동화

② 제조

㉠ 판매 코드 기준 데이터 집계 자동화

㉡ 자재, 생산관리 물자표(BOM) 데이터 조회 및 ERP 등록

㉢ 물품 대금 및 작업비 청구서 프로세스 자동화

㉣ 선적문서, 수출입 면장 데이터 조회 및 ERP 입력 자동화

5. 블록체인과 핀테크의 개념 및 활용

(1) 블록체인의 개념

① 블록체인(block chain)은 관리 대상 데이터를 '블록'이라고 하는 소규모 데이터들이 P2P 방식을 기반으로 생성된 체인 형태의 연결고리 기반 분산 데이터 저장 환경에 저장하여 누구라도 임의로 수정할 수 없고 누구나 변경의 결과를 열람할 수 있는 분산 컴퓨팅 기술 기반의 원장 관리 기술이다.

② 블록체인은 공공거래 장부로 불리는 데이터 분산 처리 기술로서 네트워크에 참여하는 모든 사용자가 모든 거래 내역 등의 데이터를 분산 · 저장하는 기술을 지칭한다.

③ 거래정보가 기록된 장부를 암호화 및 공유하여 편리성과 안전성(보안성)을 높인 데이터 저장 기술이며, 상품 또는 자산 거래기록을 거래 참가자에게 분산된 장부에 암호화하여 공유하는 기술이다.

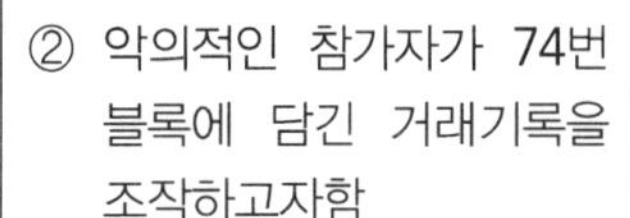 ② 악의적인 참가자가 74번 블록에 담긴 거래기록을 조작하고자함	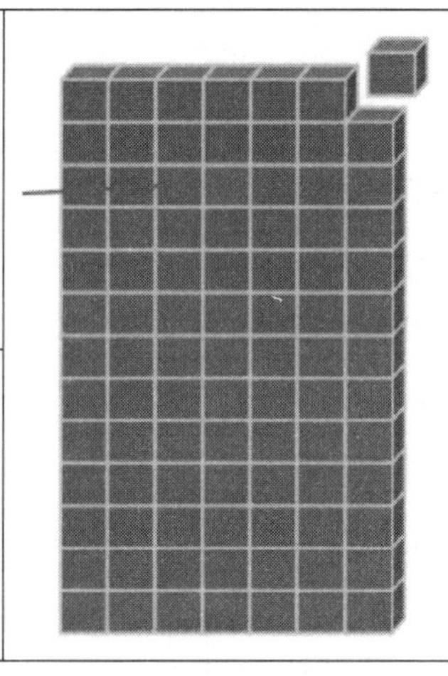	① 모든 참가자들이 91번 블록에 대한 확인 작업을 수행중이라고 가정
③ 이를 위해서는 74번부터 91번까지 총 18개의 블록을 형성해야 함		④ 다른 참가자가 91번 블록을 형성하는 10분 이전의 짧은 시간에 단독으로 18개의 블록을 형성하기는 거의 불가능함

[블록체인의 안전성 확보 원리]

(2) 블록체인의 활용

① 유통 이력 추적 시스템

㉠ 월마트는 이를 해결하기 위해 블록체인을 활용한 유통 관리 시스템을 도입했다. 월마트에 납품하는 농가부터 창고, 운송 등 모든 경로에 사물 인터넷 센서를 설치했다.

㉡ 농가에서는 무엇을 먹였는지, 보관 창고 온도나 습도 상태 등을 블록체인에 실시간 저장하고, 블록체인에서는 데이터가 중앙서버가 아닌 다수의 노드가 보관하기에 위변조가 불가능한 점을 활용해 신뢰성을 높였다.

㉢ 월마트는 돼지고기에 문제가 발생했을 때 몇 초 만에 파악할 수 있게 됐고, 실제로 상한 망고를 찾는 데에는 2.2초가 걸렸다.

② 공급망관리 시스템

㉠ 블록체인 기술을 사용하면 공급망에서 발생하는 정보의 무결성을 유지할 수 있다.

㉡ 블록체인에 거래 정보를 기록하면 정보가 변조되거나 삭제될 수 없다. 이를 통해 제조업체, 유통업체 및 소비자 모두가 제품의 원산지, 생산일자, 유통 경로 등을 추적할 수 있다. 또한 블록체인은 실시간으로 정보를 업데이트하므로 공급망의 투명성과 효율성을 향상시킬 수 있다.

③ 은행 및 금융 산업

㉠ 은행과 같은 금융기관에서는 블록체인을 활용해 거래 과정의 투명성을 높일 수 있게 되었다.

㉡ 블록체인 기술을 적용한 금융 거래는 블록체인에 기록되어 공개되므로 거래 내역을 추적하고 검증하기 쉬워진다. 이러한 특징을 활용하여 은행들은 송금 거래, 대출 심사, 계좌 개설 등의 과정을 더욱 빠르고 안전하게 처리할 수 있다.

(3) 핀테크의 개념

① 핀테크(Fintech)는 금융(Finance)과 기술(Technology)의 결합어로 금융과 ICT의 결합을 통해 새롭게 등장한 산업 및 서비스 분야를 통칭하는 용어이다. 핀테크 산업은 크게 송금 · 결제, 금융데이터 분석, 금융 소프트웨어, 플랫폼으로 분류된다.

② 국내의 대표적인 핀테크 기업 · 서비스는 카카오뱅크, 네이버, 쿠팡, 삼성페이, 배달의 민족, 토스(Toss), 업비트, 빗썸, 코빗, 8퍼센트 등이 있다.

③ 대형은행, 자산운용사, 투자자문사, 증권사, 보험사, 부동산 금융사 등과 같은 전통적인 금융업계에서도 핀테크를 도입하여 미래 성장동력으로 발전시키려고 하고 있다.

(4) 핀테크의 활용

① 디지털 결제와 송금 서비스

- 간편한 디지털 결제와 신속한 송금 서비스를 제공한다. 이를 통해 송금 시간이 단축되고 수수료까지 절감되어 더욱 효율적인 금융 거래가 가능하다.

② 대출과 투자 서비스

- 스마트폰을 통해 간단한 절차로 대출과 투자 서비스를 제공한다. 개인과 기업들은 빠르고 저렴한 이자율로 대출을 받을 수 있으며, 자동화된 투자 플랫폼을 통해 안정적이고 수익성 높은 투자 기회를 얻을 수 있다.

③ 빅데이터와 인공지능 기반 금융 서비스

- 핀테크 기업들은 빅데이터와 인공지능을 활용하여 개인의 금융 상태를 분석하고 맞춤형 금융 상품을 제공한다. 이를 통해 고객들은 더욱 효과적으로 자신에게 맞는 금융 서비스를 선택할 수 있다.

④ 보험 기술 혁신

- 테크 기업들은 보험 분야에서도 혁신을 이끌고 있다. 빅데이터와 인공지능을 활용

하여 개인의 위험 프로필을 분석하고 맞춤형 보험 상품을 개발하여 고객들에게 더욱 편리하고 경제적인 보험 서비스를 제공한다.

6. 클라우드 컴퓨팅의 개념 및 활용

(1) 클라우드 컴퓨팅의 개념

① 클라우드 컴퓨팅(cloud computing)이란 인터넷 기반(cloud)의 컴퓨팅(computing) 기술을 의미한다. Cloud Computing은 사용자가 필요한 소프트웨어를 자신의 컴퓨터에 설치하지 않고도 인터넷 접속을 통해 언제든 사용할 수 있으며 동시에 각종 IT 기기로 데이터를 손쉽게 공유할 수 있는 사용환경이다.

② 웹메일이나 웹하드 서비스 등 사용자의 메일이나 정보를 저장하는 하드디스크 공간을 웹상에 가지고 있으면서 인터넷 접속이 가능한 곳 어디서나 확인할 수 있는 서비스가 클라우드 컴퓨팅 서비스에 속한다.

③ 웹을 통해서 저장장치, 소프트웨어, 서버, 네트워크 등을 제공받아 모든 작업을 인터넷 상에서 처리 가능하다. IT 자원을 사용한 만큼 빌려 쓰고, 사용한 만큼만 비용을 제공한다.

④ **클라우드 컴퓨팅의 유형**

㉠ SaaS(Software as a Service) : "on-demand software"로도 불리며, 소프트웨어 및 관련 데이터는 중앙에 호스팅되고 사용자는 웹 브라우저 등의 클라이언트를 통해 접속하는 형태의 소프트웨어 전달 모델이다. 클라우드 기반의 응용프로그램을 서비스 형태로 제공하는 것을 말하며, 일반 사용자들이 가장 많이 접하게 되는 형태이다. 세일즈포스닷컴의 CRM, 구글 드라이브, 웹기반 개인용 스토리지 서비스 등이 대표적이다.

㉡ PaaS(Platform as a Service) : SaaS의 개념을 개발 플랫폼에도 확장한 방식으로, 개발을 위한 플랫폼 구축을 할 필요 없이 필요한 개발 요소들을 웹에서 쉽게 빌려 쓸 수 있게 하는 모델이다. 구글의 앱엔진(구글 클라우드 플랫폼)이 대표적이다.

㉢ IaaS(Infrastructure as a Service) : 서버, 스토리지, 네트워크를 가상화 환경으로 만들어, 필요에 따라 인프라 자원을 사용할 수 있게 서비스를 제공하는 형태이다. PaaS와 SaaS의 기반이 되는 가장 기본적인 클라우드 서비스의 형태이다. AWS, 구글 클라우드 등이 대표적이다.

(2) 클라우드 컴퓨팅의 활용

① 웹 호스팅

㉠ 웹 호스팅 서비스는 웹사이트를 인터넷 상에 올리는 서비스이다.

㉡ 클라우드 컴퓨팅을 활용하면 기업이나 개인은 별도의 서버나 인프라를 구축할 필요 없이 웹 호스팅 서비스를 이용하여 웹사이트를 운영할 수 있다.

② 데이터 백업 및 복원

㉠ 클라우드 컴퓨팅을 활용하면 데이터를 안전하게 백업하고 복원할 수 있다.

㉡ 기업이나 개인은 클라우드 서비스 제공업체가 제공하는 스토리지 서비스를 이용하여 데이터를 백업하고 필요할 때 복원할 수 있다.

③ 온라인 스토리지

㉠ 클라우드 컴퓨팅을 활용하면 기업이나 개인은 인터넷 상에 데이터를 저장하고 관리할 수 있다.

㉡ 클라우드 서비스 제공업체가 제공하는 온라인 스토리지 서비스를 이용하여 데이터를 저장하고 필요할 때 언제든지 접근할 수 있다.

7. 가상현실과 메타버스의 개념 및 활용

(1) 가상현실의 개념

① 가상현실(VR; Virtual Reality)이란 컴퓨터 등을 사용한 인공적인 기술로 만들어낸 실제와 유사하지만 실제가 아닌 어떤 특정한 환경이나 상황 혹은 그 기술 자체를 의미한다.

② 이때, 만들어진 가상의(상상의) 환경이나 상황 등은 사용자의 오감을 자극하며 실제와 유사한 공간적, 시간적 체험을 하게 함으로써 현실과 상상의 경계를 자유롭게 드나들게 한다.

③ 가상현실을 설명하는 데 필요한 요소는 3차원의 공간성, 실시간의 상호작용성, 몰입 등이다. 3차원의 공간성이란 사용자가 실재하는 물리적 공간에서 느낄 수 있는 상호작용과 최대한 유사한 경험을 할 수 있는 가상공간을 만들어 내기 위해 현실 공간에서의 물리적 활동 및 명령을 컴퓨터에 입력하고 그것을 다시 3차원의 유사 공간으로 출력하는 데 필요한 요소를 의미한다.

(2) 가상현실의 활용

① 스포츠

㉠ 스포츠 분야에서, VR는 관객과 플레이어의 쌍방에게 활용되고 있다. 관객으로서 VR를 활용하고 있는 것은 스포츠 관전에 특화한 "동영상 전송 플랫폼"이다.

㉡ 종래의 TV 방송이나 넷 전송의 촬영 기술과 달리, 360° 좋아하는 곳을 둘러보는 것으로, 높은 몰입감과 현장감이 맛볼 수 있다. 특정의 선수나 감독의 시점은 물론, 볼 등의 도구, 시설의 시점으로부터 시합을 관전할 수 있다.

㉢ 플레이어(선수)는, 트레이닝에 VR를 활용할 수 있다. 대응하고 있는 경기도, 야구나 골프, 스키 등 다양하다.

② 유통 · 쇼핑

㉠ 가상현실을 통해 소형매장에 가구부터 블라우스 제품을 갖춰놓지 않고도 선보일 수 있다. 또, 고객이 구매에 앞서 제품을 테스트해볼 수 있어 소비자 행동에 대한 통찰을 소매업체에게 제공한다. 가상현실 방식으로 소비자들은 집에서 편안하게 쇼핑을 할 수 있게 된다.

㉡ 쇼핑경험이 소비자에게 맞춰지고, 신체 스캔을 하면 옷을 직접 입은 것처럼 미리 보기가 가능해 진다. 가상현실 체험에 부가되는 정보와 소비자에게 제공되는 인터랙션을 통해 고객 만족도와 구매 증가의 효과를 볼 수 있다.

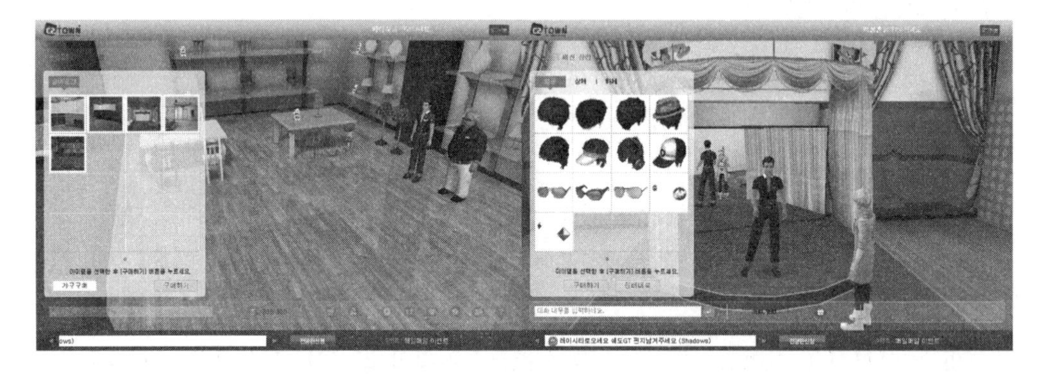

[가구상점과 패션상점의 모습]

(3) 메타버스의 개념

① 메타버스(Metaverse)란 가공, 추상을 의미하는 메타(meta)와 현실 세계를 의미하는 유니버스(Universe)의 합성어로 3차원 가상세계를 의미한다.

② 라이프로깅(Lifelogging)은 사물과 사람에 대한 일상적인 경험과 정보를 캡처하고 저장하고 묘사하는 기술이다.

③ 거울세계(Mirror Worlds)는 실제 세계를 가능한 사실적으로, 있는 그대로 반영하되 정보적으로 확장된 가상세계로 구글어스가 대표적 사례라고 할 수 있다.

④ 증강현실(Aaugmented Rreality)은 가상현실의 한 분야로 실제로 존재하는 환경에 가상의 사물이나 정보를 합성하여 마치 원래의 환경에 존재하는 사물처럼 보이도록 하는 컴퓨터 그래픽 기법이다.

⑤ 가상세계(Virtual Worlds)는 현실과 유사하거나 혹은 완전히 다른 대안적 세계를 디지털 데이터로 구축한 것으로, 3차원 컴퓨터 그래픽환경에서 구현되는 커뮤니티를 총칭하는 개념이다.

(4) 메타버스의 활용

메타버스 활용 분야는 초기 단순 구조의 게임, 생활 소통 서비스에서 초연결, 초실감 기반 소비와 생산이 공존하는 다양한 플랫폼으로 확산이 시도되고 있으며, 비대면 업무 · 교육, 공연 · 홍보, 산업 등 다양한 분야에서 활용되고 있다.

8. 스마트물류와 자율주행의 개념 및 활용

(1) 스마트물류(Smart Logistics)의 개념

① 주문, 생산, 판매, 배송의 다양한 과정에서 IoT, 빅데이터, AI, 클라우드 등 첨단 신기술과 지능화된 소프트웨어를 적용하여 물류시스템을 효율화, 최적화한 시스템을 스마트 물류라고 한다.

② 스마트물류는 신속 · 정확한 화물 추적과 예측이 가능하고 드론과 자율주행 로봇을 통한 배송이 이뤄질 수 있으며, 빅데이터 활용을 통해 공급사슬의 효율성이 증대 되고 물류 관련 위험관리가 가능해진다.

③ 스마트 물류는 운송, 보관, 하역, 포장, 시설, 장비 및 물류시스템 등 물류의 전 분야에 걸쳐 IT 기술, 센서, 정보통신 및 제어기술을 접목함으로써 물류운영의 효율화와 물류비용의 절감을 목표로 하고 있는 물류라고 할 수 있다.

④ 스마트 물류는 운송제품과 관련해 수집한 빅데이터를 토대로 분석된 결과를 국제물류 서비스분야와 택배, 제3자 물류에 제공하는 종합 물류서비스를 목표로 하며, 물류

비용 절감과 빠르게 변화하고 복잡한 물류환경에 유연하면서도 적응가능하고 선행적 대응을 가능하게 하며 고객맞춤형 서비스, 그리고 유통업이나 제조업 보다 높은 비용 절감효과와 부수적인 수입창출예상, 물류 효율화라는 다양한 장점이 있다.

(2) 스마트물류의 활용

① 다목적 물류정보 시스템(MPS)

㉠ RFID 기술을 활용한 다목적 물류정보 시스템(MPS, Multi Process System)은 입고, 출고, 재고조사 등 물류 운영 작업에 해당 상품과 수량을 자동으로 작업자에게 알려주어 업무의 정확성과 효율성을 향상시키도록 지원하는 시스템으로, MPS의 단말기(MPI, Multi Purpose Indicator)를 창고 내에 랙(Rack)에 부착하여 시스템을 통하여 작업 지시를 내리면 MPI는 자동으로 상품과 수량을 표시한다.

㉡ 기존에 물류센터에서 사용한 DPS(Digital Picking System)이나 DAS(Digital Assort System)은 유선시스템으로 선반에 고정된 형태로만 운영이 가능하였으나, MPS는 유선케이블 방식을 사용하지 않고 데이터 송수신이나 전원공급을 100% 무선환경(Optional)에서 할 수 있고, 자석을 이용한 탈부착 방식을 되어 설치나 유지보수가 훨씬 용이하여 설치 및 운영환경에 제약을 받지 않는다.

② 온습도 관제시스템(CoolGuardian)

㉠ CoolGuardian은 차량 적재함 온습도 관제, ECO Driving 관리를 위한 운행기록관제, Rule에 의한 실시간 온습도 제어, 차량 적재한 보안관리 기능을 수행하는 통합장비로 물류센터 내에서는 Cell단위 온습도 관리용으로 활용 가능하다.

㉡ CoolGuardian은 유선기반 센서를 무선으로 전환하여 Location별 온습도를 관리하는 온습도 모니터링, ODB를 활용한 무선 운행 기록 관제 및 ECO 기능을 수행하는 운행기록관제(Taco), Rule 기반의 통합 온습도 제어 시스템으로 실시간 온습도 제어 및 도착지 이외의 지점에서 차량 Lock 해제 시 이와 관련된 Event를 처리하는 차량 보안 관제(PEA) 시스템으로 구성되어 있다. SCM 프로세스 상에서 온습도에 민감한 정온관리 식품 및 어패럴을 대상으로 활용되고 있다.

③ 풀필먼트센터

㉠ 풀필먼트에서 인공지능(AI) 기술을 활용하는 사례도 증가하고 있다.

㉡ 풀필먼트(Fulfillment)는 '상품판매 이후 창고(보관)에 입고되어 소비자에게 배송을 위해 출고되는 순간까지 거치는 모든 과정을 포함하는 의미'인데, 물류센터

(보관)에 상품들이 입고되어 보관 · 출고되기까지의 전 과정을 관리하는 시스템이라고 볼 수 있다.

구분	항목	활용내용
예측	계획	• 수요 예측 및 공급량 계획
자동화	자동화 창고	• 창고 내 로봇, 결함 감지, 예지 보전
	자동화	• 화물 분류, 자율 주행 및 드론
	분석	• 가격책정, 배달 경로 최적화
	사무지원	• 자동화 사무, 고객 응대를 위한 챗봇
분석	마케팅	• 영업, 자동 이메일, 영업 및 마케팅 분석

(3) 자율주행차의 개념

① 자율주행차(Self-Driving Car, Autonomous Vehicle)는 자동차 스스로 주변환경을 인식, 위험을 판단, 주행경로를 계획하여 운전자 주행조작을 최소화하며 스스로 안전주행이 가능한 인간친화형 자동차이다.

② 자율주행차는 지능정보기술이 집약된 하나의 작은 사회이자 대표적인 사례이며, 이동수단으로써 자동차 본연의 목적을 궁극적으로 실현한 시스템이다.

③ 자율주행자동차는 센서(IoT), 통신(Mobile 및 Network) 빅데이터, 인공지능 기술이 모두 융합된 객체이다. 완전한 자율주행이 가능하기 위해서는 위 기술들이 에러와 같은 부작용이 없이 보다 긴밀하게 융합되어야 한다.

④ 자율주행은 현재 첨단 운전자 지원 시스템인 ADAS(Advanced Driver Assistance System)의 형태로 실현되어지고 있다. ADAS는 차량에 장착된 각종 센서와 카메라에서 외부환경 정보를 감지하고 이를 통해 운전자에게 적절한 조치를 취하도록 알려주거나, 차량 스스로 주행제어를 수행하며 안전한 운전환경을 제공한다.

⑤ 자율주행자동차의 시스템은 먼저 주행환경에 대한 인식을 위한 정보수집, 수집된 정보에 의한 판단과 주행전략 그리고 차량제어로 이어지는 구성으로 되어 있다.

㉠ 인지 : 센서나 카메라를 통해 환경을 인식하는 것으로 사람의 눈

㉡ 판단 : 컨트롤러를 통해 신호를 처리하거나 주변 상황에 따라 차량의 움직임을 결정하는 두뇌

㉢ 제어 : 가감속이나 조향제어 등 직접적인 움직임을 담당, 인간의 혈관이나 근육, 신경계

[ADAS 기술 '인지, 판단, 제어']

(4) 자율주행의 활용

① 자율주행 물류 운송

㉠ 고정된 노선에 자율 주행 트럭을 배차하고 물류창고에서 고객 화물을 싣고 운송하게 된다.

㉡ 지역 간 대량의 화물을 운송하는 트럭은 운전자의 안전을 확보하고 운행효율성을 향상하는 것을 목적으로 하는 지역 간 화물 운송 서비스 기술개발과 도시 내 생활 물류 서비스를 자율주행 로봇을 적용하는 생활 물류 서비스의 기술개발이 이루어지고 있다.

② 자율주행 공공서비스

㉠ 자율주행 기술은 모빌리티 서비스를 제공하기 위한 교통수단뿐만이 아니라다양한 공공 서비스를 제공하기 위한 영역으로 확장하고 있다.

㉡ 광범위한 도로의 유지보수를 위한 탐색, 인력이 투입되기에 어려운 극단적인 자연환경에서의 작업, 도시 내 노면 관리, 생활 폐기물 수거 차량 등으로 그 적용 분야가 확대되고 있다.

③ 무인자동차를 활용한 무인슈퍼마켓

㉠ 세계 최초 자율주행 무인 식료품점인 로보마트는 모바일로 주문하면 무인자동차가 사용자가 있는 위치에 식료품을 배송해주는 서비스이다.

㉡ 온디맨드 무인자동차 스토어인 로보마트는 소형자동차형태로 구성되어 있으나 한쪽면이 투명한 디스플레이로 되어 있어 야채와 과일이 진열된 선반이 탑재되어 있고, 선반에는 50~100개 정도의 제품을 진열할 수 있다.

Chapter

05 신융합기술의 유통분야의 응용

출제예상문제

01 **RFID의 특징에 대한 설명으로 가장 옳지 않은 것은?**

① 태그는 데이터를 저장하거나 읽어 낼 수 있어야 한다.
② 태그는 인식 방향에 관계없이 ID 및 정보 인식이 가능해야 한다.
③ 태그는 직접 접촉을 하지 않아도 자료를 인식할 수 있어야 한다.
④ 태그는 많은 양의 데이터를 보내고, 받을 수 있어야 한다.
⑤ 수동형 태그는 능동형 태그에 비해 일반적으로 데이터를 보다 멀리까지 전송할 수 있다.

해설》 능동형 태그는 수동형 태그에 비해 일반적으로 데이터를 보다 멀리까지 전송할 수 있다. 전원이 있는 능동형 RFID는 자체적으로 전지 및 전력공급을 받아 전파를 송신하는 것에 따라 구분하는 방식이다.

02 **RFID의 작동원리에 대한 설명으로 가장 옳지 않은 것은?**

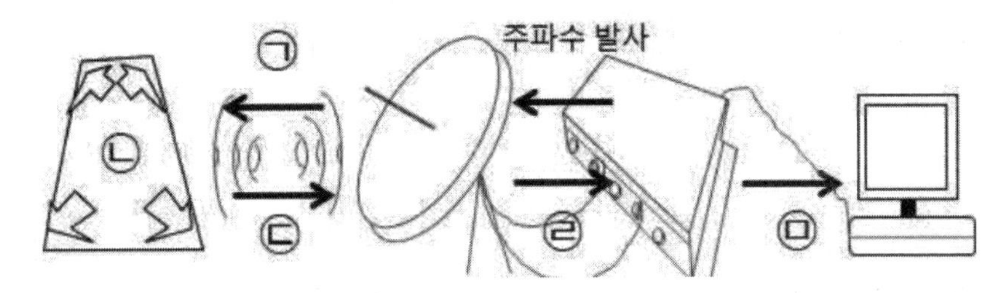

① ㉠ - 리더에서 안테나를 통해 발사된 주파수가 태그에 접촉한다.
② ㉡ - 무선신호는 태그의 자체 안테나에서 수신한다.
③ ㉢ - 태그는 주파수에 반응하여 입력된 데이터를 안테나로 전송한다.
④ ㉣ - RF 필드에 구성된 안테나에서 무선 신호를 생성하고 전파한다.
⑤ ㉤ - 리더는 데이터를 해독하여 Host 컴퓨터로 전달한다.

해설》 ㉣ – 안테나는 전송받은 데이터를 디지털 신호로 변조하여 리더에 전달한다.

03 **사용자가 필요한 소프트웨어를 자신의 컴퓨터에 설치하지 않고도 인터넷 접속을 통해 언제든 사용할 수 있으며 동시에 각종 IT 기기로 데이터를 손쉽게 공유할 수 있는 사용환경을 무엇이라고 하는가?**

① IOT
② Big data
③ Cloud Computing
④ block chain
⑤ Artificial Intelligence

해설 ① 사물인터넷(IOT) : IoT(Internet of Thing)는 사물인터넷이라고 번역하며 각종 사물이 인터넷과 연결되어 있는 상태를 의미한다.
② 빅데이터(Big data) : 기존 데이터베이스 관리 도구의 데이터 수집, 저장, 관리, 분석하는 역량을 넘어서는 데이터셋 규모를 의미하며 그 정의는 주관적이며 앞으로도 계속 변화될 것이다.
④ 블록체인(block chain) : 블록체인은 관리 대상 데이터를 '블록'이라고 하는 소규모 데이터들이 P2P 방식을 기반으로 생성된 체인 형태의 연결고리 기반 분산 데이터 저장 환경에 저장하여 누구라도 임의로 수정할 수 없고 누구나 변경의 결과를 열람할 수 있는 분산 컴퓨팅 기술 기반의 원장 관리 기술이다.
⑤ 인공지능(Artificial Intelligence, AI) : 작게는 장치가 더 똑똑해져서 나의 생활 패턴을 이해하고, 스스로 알아서 동작하는 약한 인공지능부터, 생태계 전체의 생활 및 환경으로부터 최적의 해법을 제시하는 강한 인공지능을 이용하여 인간의 생산성을 최대한 올려주는 도구이다.

04 **인간을 대신하여 수행할 수 있도록 단순 반복적인 업무를 알고리즘화하고 소프트웨어적으로 자동화하는 기술이다. 물리적 로봇이 아닌 소프트웨어프로그램으로 사람이 하는 규칙기반(rule based) 업무를 기존의 IT 환경에서 동일하게 할 수 있도록 구현하는 것을 무엇이라고 하는가?**

① RPA(Robotic Process Automation)
② 비콘(Beacon)
③ 블루투스(Bluetooth)
④ OCR(Optical Character Reader)
⑤ 인공지능(Artificial Intelligence)

해설 RPA는 컴퓨터 소프트웨어인 "로봇"에 디지털 시스템에 대한 사람의 인터랙션을 손쉽게 에뮬레이션하고 통합하여 로봇을 통해 비즈니스 업무를 실행할 수 있게 해주는 기술이다.

01. ⑤ 02. ④ 03. ③ 04. ① 정답

05 아래 글상자에서 설명하는 내용을 지칭하는 용어로 가장 옳은 것은?

> 기존 데이터베이스 관리도구의 능력을 넘어서 데이터에서 가치 있는 정보를 추출하는 기술로, 디지털 환경에서 다양한 형식으로 빠르게 발생하는 대량의 데이터를 다루는 기술이다.

① 리포팅 ② 쿼리
③ 스코어카드 ④ 대시보드
⑤ 빅데이터

해설 〉 빅 데이터는 기존과 달리 단순히 데이터를 수집·가공하는 것뿐만 아니라 엄청난 양의 데이터를 모아 한꺼번에 해석을 넘어서 새로운 사실의 발견 및 예측 또한 가능하게 한다.

① 리포팅은 사실 데이터를 취합하여 체계적인 형태로 제시하는 과정을 말한다.
② 쿼리(Query)란 데이터베이스나 파일의 내용 중 원하는 내용을 검색하기 위하여 몇 개의 코드(code)나 키(Key)를 기초로 질의하는 것을 말한다. 쉽게 말해서, 데이터베이스에 정보를 요청하는 것이다.
③ 스코어카드는 주로 핵심성과지표를 시각화하는 데 사용되며, 일부 변수는 비즈니스 또는 활동 영역의 상대적 건강 또는 실적을 측정한다. 예를 들어 스코어카드는 총 매출, 평균 이탈률, 광고 노출수, 최대 대기 시간, 최소 실패율 등을 요약할 수 있다.
④ 대시보드는 특정 목표나 비즈니스 프로세스와 관련된 핵심 성과 지표(KPI)를 지능적으로 볼 수 있는 그래픽 사용자 인터페이스의 일종이다. 대시보드는 데이터 시각화의 형태를 갖춘 일종의 '보고서'라고 할 수 있다.

06 유통업체에서 활용하는 비즈니스 애널리틱스(analytics)의 유형에 대한 설명으로 가장 옳지 않은 것은?

① 대시보드(dashboards)는 데이터 분석결과에 대한 이용자이해도를 높이기 위한 데이터 시각화 기술이다.
② 스코어카드(scorecards)는 데이터베이스로부터 정보를 추출하는 주요 매커니즘이다.
③ 데이터 마이닝(data mining)은 대규모 데이터를 분석 하여 숨겨진 상관관계 및 트렌드를 발견하는 기법이다.
④ 리포트(reports)는 비즈니스에서 요구하는 정보를 포맷화 하고 조직화하기 위해 변환시켜 표현하는 것이다.
⑤ 알림(alert)은 특정 사건이 발생했을 때 이를 관리자 에게 인지시켜주는 자동화된 기능이다.

해설 ❯ 스코어카드는 주로 핵심성과지표를 시각화하는 데 사용된다. 일부 변수는 비즈니스 또는 활동 영역의 상대적 건강 또는 실적을 측정하는데, 예를 들어 스코어카드는 총 매출, 평균 이탈률, 광고 노출수, 최대 대기 시간, 최소 실패율 등을 요약할 수 있다.

07 (　　　)은(는) 공공거래 장부로 불리는 데이터 분산 처리 기술로서 네트워크에 참여하는 모든 사용자가 모든 거래 내역 등의 데이터를 분산 · 저장하는 기술을 지칭한다. 위 괄호에 들어갈 용어로 가장 옳은 것은?

① 드론(drone)
② 블록체인(blockchain)
③ 핀테크(FinTech)
④ EDI(electronic data interchange)
⑤ 비트코인(bitcoin)

해설 ❯ 블록체인은 관리 대상 데이터를 '블록'이라고 하는 소규모 데이터들이 P2P 방식을 기반으로 생성된 체인 형태의 연결고리 기반 분산 데이터 저장 환경에 저장하여 누구라도 임의로 수정할 수 없고 누구나 변경의 결과를 열람할 수 있는 분산 컴퓨팅 기술 기반의 원장 관리 기술이다.

08 사물인터넷 통신기술을 활용해 마케팅을 하고자 할 때, 아래 글상자의 설명에 해당하는 기술로 가장 옳은 것은?

- 선박, 기차 등에서 위치를 확인하는데 신호를 보내는 기술이다.
- RFID, NFC 방식으로 작동하며, 원거리 통신을 지원한다.

① 비콘(Beacon)
② 와이파이(Wi-Fi)
③ 지웨이브(Z-Wave)
④ 지그비(ZigBee)
⑤ 울트라와이드밴드(Ultra Wide Band)

해설 ❯ 비콘은 원래 봉화나 화톳불 등 위치와 정보를 수반한 전달 수단을 가리키는 말이었고, 사전적 의미로는 등대 · 경광등 · 무선 송신소 등이지만 21세기 초부터는 주로 '무선 표식'을 지칭하는 용어이다.

05. ⑤　06. ②　07. ②　08. ① 정답

09 클라우드 컴퓨팅에 대한 설명으로 가장 옳지 않은 것은?

① 인터넷 상의 유틸리티 데이터 서버에 프로그램을 두고 그때 그때 컴퓨터나 휴대폰 등에 불러와서 사용하는 웹에 기반한 소프트웨어 서비스이다.

② SaaS, PaaS, IaaS 등으로 제공되는 특성에 따라 유형을 구분해 볼 수 있다.

③ 사용자는 제공받은 서비스와 관련 IT기술에 대한 전문적인 지식(서버관리, 소프트웨어 유지보수 등)이 반드시 있어야 하나, 자원 활용에는 매우 획기적인 성과를 준다.

④ 웹메일이나 웹하드 서비스 등 사용자의 메일이나 정보를 저장하는 하드디스크 공간을 웹상에 가지고 있으면서 인터넷 접속이 가능한 곳 어디서나 확인할 수 있는 서비스가 클라우드 컴퓨팅 서비스에 속한다.

⑤ SaaS(Software as a Service)는 "on-demand software"로도 불리며, 소프트웨어 및 관련 데이터는 중앙에 호스팅되고 사용자는 웹 브라우저 등의 클라이언트를 통해 접속하는 형태의 소프트웨어 전달 모델이다.

해설❯ IT기술에 대한 전문적인 지식 없이 쉽게 사용 가능하다.

10 데이터 바다에서 필요한 데이터를 캐내어 분석하고 활용하고 예측하는 것은?

① 데이터마이닝
② 비즈니스 인텔리전스
③ 애널리틱스
④ 클라우드 컴퓨팅
⑤ 최적화기법

해설❯ 애널리틱스란 비즈니스의 당면 이슈를 기업 내 · 외부 데이터의 통계적 · 수학적인 분석을 이용하여 해결하는 의사결정 방법론을 의미한다.

09. ③ 10. ③ 정답

부록

기출문제

유통관리사 2급 기출문제 2023년 1회

유통관리사 2급 기출문제 2023년 2회

유통관리사 2급 기출문제 2023년 3회

유통관리사 2급	# 제1회 기출문제
2023년	

〈제1과목〉 유통물류 일반관리

1. 수요의 가격탄력성 크기를 결정하는 요인과 관련된 설명으로 가장 옳지 않은 것은?

① 대체재가 있는 경우의 가격탄력성은 크고, 대체재가 없으면 가격탄력성은 작다.
② 소득에서 재화의 가격이 차지하는 비중과 가격탄력성은 반비례한다.
③ 평균적으로 생활필수품인 경우 가격탄력성은 작다.
④ 평균적으로 사치품인 경우 가격탄력성은 크다.
⑤ 재화의 용도가 다양할수록 가격탄력성은 크다.

2. 유통비용을 최소화시킬 수 있는 유통시스템 설계를 위한 유통경로의 길이 결정 시 파악해야 할 요소 중 상품요인과 관련된 것만으로 옳게 나열된 것은?

① 부피, 부패성, 기술적 특성, 총마진
② 고객에 대한 지식, 통제의 욕구, 재무적 능력
③ 비용, 품질, 이용가능성
④ 지리적 분산, 고객밀집도, 고객의 수준, 평균 주문량
⑤ 단위가치, 상품표준화, 비용, 품질

3. 조직 내에서 일반적으로 발생할 수 있는 갈등의 순기능적 역할에 대한 설명으로 가장 옳지 않은 것은?

① 향후 발생가능한 갈등을 해결할 수 있는 표준화된 방법을 개발할 수 있다.
② 갈등해결 과정에서 동맹체가 결성되는 경우 어느 정도 경로구성원 간의 힘의 균형을 이룰 수 있다.
③ 경로구성원 간의 의사소통의 기회를 늘림으로써 정보교환을 활발하게 해준다.
④ 고충처리와 갈등 해결의 공식창구와 표준절차를 마련하는데 도움을 준다.
⑤ 유통시스템 내의 자원을 권력 순서대로 재분배하게 해준다.

4. 유통산업발전법(법률 제18310호, 2021.7.20., 타법개정)에 의거하여 아래 글상자 괄호 안에 공통적으로 들어갈 단어로 옳은 것은?

> - 무점포판매란 상시 운영되는 매장을 가진 점포를 두지 아니하고 상품을 판매하는 것으로서 (　　)으로 정하는 것을 말한다.
> - 유통표준코드란 상품 · 상품포장 · 포장용기 또는 운반 용기의 표면에 표준화된 체계에 따라 표기된 숫자와 바코드 등으로서 (　　)으로 정하는 것을 말한다.

① 대통령령
② 중소벤처기업부령
③ 과학기술정보통신부장관령
④ 산업통상자원부령
⑤ 국무총리령

5. 아래 글상자의 6시그마 실행 단계를 순서대로 바르게 나열한 것은?

> ㉠ 개선된 상태가 유지될 수 있도록 관리한다.
> ㉡ 핵심품질특성(CTQ)과 그에 영향을 주는 요인의 인과관계를 파악한다.

ⓒ 현재 CTQ 충족정도를 측정한다.
ⓓ CTQ를 파악하고 개선 프로젝트를 선정한다.
ⓔ CTQ의 충족 정도를 높이기 위한 방법과 조건을 찾는다.

① ⓓ - ⓑ - ⓒ - ⓔ - ⓐ
② ⓔ - ⓓ - ⓒ - ⓑ - ⓐ
③ ⓒ - ⓐ - ⓑ - ⓓ - ⓔ
④ ⓓ - ⓒ - ⓑ - ⓔ - ⓐ
⑤ ⓒ - ⓑ - ⓐ - ⓓ - ⓔ

6. 동기부여와 관련된 여러 가지 학설에 대한 설명으로 옳지 않은 것은?

① 매슬로우는 인간의 욕구를 생리적 욕구부터 자아실현의 욕구까지 총 5단계로 구분하여 설명하였다.
② 맥클리란드는 성장, 관계, 생존의 3단계로 구분하여 설명하였다.
③ 알더퍼의 경우 한 차원 이상의 욕구가 동시에 동기부여 요인으로 사용될 수 있다고 주장하였다.
④ 허쯔버그의 동기요인에는 승진가능성과 성장가능성이 포함된다.
⑤ 허쯔버그의 위생요인에는 급여와 작업조건이 포함된다.

7. 화인 표시의 종류와 설명의 연결이 옳지 않은 것은?

① 품질 표시(quality mark)는 내용품의 품질이나 등급을 표시한다.
② 주의 표시(care mark)는 내용물의 취급상 주의 사항을 표시한다.
③ 목적항 표시(destination mark)는 선적 · 양륙 작업을 용이하게 하고 화물이 잘못 배송되는 일이 없도록 목적항을 표시한다.
④ 수량 표시(case mark)는 포장 화물 안의 내용물의 총수량을 표시한다.
⑤ 원산지 표시(origin mark)는 관세법규에 따라 표시하는 수출물품의 원산지를 표시한다.

8. 물류합리화 방안의 하나인 포장 표준화에 관한 내용으로 옳지 않은 것은?

① 재료표준화 - 환경대응형 포장 재료의 개발
② 강도표준화 - 품목별 적정 강도 설정
③ 치수표준화 - 표준 팰릿(pallet)의 선정
④ 관리표준화 - 포장재 구매 기준 및 사후관리 기준 제정
⑤ 가격표준화 - 물류여건에 대응하는 원가절감형 포장법 개발

9. 물류비를 분류하는 다양한 기준 중에서 지급형태별 물류비로만 옳게 나열된 것은?

① 조달물류비, 사내물류비, 역물류비
② 수송비, 보관비, 포장비
③ 자가 물류비, 위탁 물류비
④ 재료비, 노무비, 경비
⑤ 조업도별 물류비, 기타 물류비

10. 제품수명주기 단계 중 성숙기에 사용할 수 있는 마케팅믹스 전략으로 옳지 않은 것은?

① 브랜드와 모델의 다양화
② 경쟁사에 대응할 수 있는 가격
③ 브랜드 차별화와 편익을 강조한 광고
④ 기본 형태의 제품 제공
⑤ 집중적 유통의 강화

11. **제품이 고객에게 인도되기 전에 품질요건이 충족되지 못함으로써 발생하는 품질관리 비용으로 옳은 것은?**

① 생산준비비용　② 평가비용
③ 예방비용　④ 내부실패비용
⑤ 외부실패비용

12. **소매점에서 발생할 수 있는 각종 비윤리적 행동에 대한 대처방안으로 옳지 않은 것은?**

① 소매점의 경우 공적비용과 사적비용의 구분이 모호할 수 있기에 공금의 사적 이용을 방지하기 위해 엄격한 규정이 필요하다.
② 과다 재고, 재고로스 발생을 허위로 보고하지 않도록 철저하게 확인해야 한다.
③ 협력업체와의 관계에서 우월적 지위 남용을 하지 않아야 한다.
④ 회사명의의 카드를 개인적으로 사용하는 행위를 사전에 방지해야 한다.
⑤ 큰 피해가 없다면 근무 시간은 개인적으로 조정하여 활용한다.

13. **아래 글상자 내용 중 글로벌 유통산업 환경변화의 설명으로 옳은 것을 모두 고르면?**

> ㉠ 유통시장 개방의 가속화
> ㉡ 주요 소매업체들의 해외 신규출점 증대 및 M&A를 통한 초대형화 추진
> ㉢ 선진국 시장이 포화되어감에 따라 시장 잠재성이 높은 신규시장 발굴에 노력
> ㉣ 대형유통업체들은 해외시장 진출확대를 통해 성장을 도모

① ㉠, ㉡　② ㉠, ㉢
③ ㉠, ㉣　④ ㉡, ㉢, ㉣
⑤ ㉠, ㉡, ㉢, ㉣

14. **테일러의 기능식 조직(functional organization)에 대한 단점으로 옳지 않은 것은?**

① 명령이 통일되지 않아 전체의 질서적 관리가 문란해지는 경우가 있다.
② 각 관리자가 담당하는 전문적 기능에 대한 합리적 분할이 실제상 용이하지 않다.
③ 일의 성과에 따른 보수를 산정하기 어렵다.
④ 상위자들의 마찰이 일어나기 쉽다.
⑤ 각 직원이 차지하는 직능이 지나치게 전문화되어 그 수가 많아지면 간접적 관리자가 증가된다.

15. **유통기업에 종사하는 종업원의 권리로 옳지 않은 것은?**

① 일할 권리
② 근무 시간 중에도 사생활을 보호받을 권리
③ 근무시간 이외의 시간은 자유의사에 따라 정치활동을 체외한 외부활동을 자유롭게 할 수 있는 권리
④ 안전한 작업장에서 근무할 수 있도록 요구할 권리
⑤ 노동조합을 결성하고 파업과 같은 단체 행동을 할 수 있는 권리

16. **도매상의 혁신전략과 내용 설명이 옳지 않은 것은?**

구분	혁신전략	내용
㉠	도매상의 합병과 매수	기존시장에서의 지위확보, 다각화를 위한 전후방 통합
㉡	자산의 재배치	회사의 핵심사업 강화 목적, 조직의 재설계
㉢	회사의 다각화	유통다각화를 통한 유통라인 개선
㉣	전방과 후방통합	이윤과 시장에서의 지위 강화를 위한 통합
㉤	자산가치가 높은 브랜드의 보유	창고 자동화, 향상된 재고관리

① ㉠　② ㉡
③ ㉢　④ ㉣
⑤ ㉤

17. **유통경로 기능에 관한 설명으로 옳지 않은 것은?**

① 교환과정의 촉진
② 소비자와 제조업체의 연결
③ 제품구색 불일치의 완화
④ 고객서비스 제공
⑤ 경로를 통한 유통기능의 제거

18. **아래 글상자에서 설명하는 유통경영조직의 원칙으로 옳은 것은?**

> 조직의 공통목적을 달성하기 위하여 각 부문이나 각 구성원의 충돌을 해소하고 조직 제 활동의 내적 균형을 꾀하고, 조직의 느슨한 부분을 조절하려는 원칙

① 기능화의 원칙
② 권한위양의 원칙
③ 명령통일의 원칙
④ 관리한계의 원칙
⑤ 조정의 원칙

19. **최상위 경영전략인 기업 수준의 경영전략으로 옳지 않은 것은?**

① 새로운 시장에 기존의 제품으로 진입하여 시장을 확장하는 시장개발전략
② 기존 시장에 새로운 제품으로 진입하기 위한 제품개발 전략
③ 경쟁사에 비해 우수한 품질의 제품을 제공하려는 차별화전략
④ 기존 제품의 품질 향상을 통해 시장점유율을 높이려는 시장침투전략
⑤ 기존 사업과 연관된 다른 사업을 인수하여 고객을 확보하려는 다각화전략

20. **마이클 포터의 5가지 세력 모델과 관련한 설명으로 옳지 않은 것은?**

① 과업 환경을 분석하는 것으로 이해관계자 분석이라 할 수 있다.
② 산업 내 기업의 경쟁강도를 파악해야 한다.
③ 신규 진입자의 위협은 잠재적 경쟁업자의 진입 가능성으로 진입장벽의 높이와 관련이 있다.
④ 구매자의 교섭력과 판매자의 교섭력이 주요 요소로 작용한다.
⑤ 상호보완재의 유무가 중요한 경쟁요소로 작용한다.

21. **아래 글상자 괄호 안에 들어갈 보관 원칙 정의가 순서대로 바르게 나열된 것은?**

> - 출입구가 동일한 경우 입출하 빈도가 높은 상품을 출입구에서 가까운 장소에 보관하는 것은 (㉠)의 원칙이다.
> - 표준품은 랙에 보관하고 비표준품은 특수한 보관기기 및 설비를 사용하여 보관하는 것은 (㉡)의 원칙이다.

① ㉠ 유사성, ㉡ 명료성
② ㉠ 위치표시, ㉡ 네트워크 보관
③ ㉠ 회전대응 보관, ㉡ 형상 특성
④ ㉠ 명료성, ㉡ 중량 특성
⑤ ㉠ 동일성, ㉡ 유사성

22. **도소매 물류서비스에서 고객서비스에 영향을 주는 요인에 대한 설명으로 옳지 않은 것은?**

① 일반적으로 품목의 가용성은 발주량, 생산량, 재고비용 등을 측정하여 파악할 수 있다.
② 예상치 못한 특별주문에 대한 대처 능력은 비상조치 능력으로 파악할 수 있다.
③ 사전 주문 수량과 일치하는 재고 보유를 통해 결품을 방지하고 서비스 수준을 높일 수 있다.
④ 신뢰성은 리드타임과 안전한 인도, 정확한 주문이행 등에 의해 결정된다.
⑤ 고객과의 커뮤니케이션을 통해 고객 서비스 수준을 파악할 수 있다.

23. **유통경영환경 분석을 위한 SWOT 분석 방법의 활용에 관한 설명으로 옳지 않은 것은?**

① 기회를 최대화하고 위협을 최소화한 기업 자원의 효율적 사용이 목표이다.
② SO 상황에서는 강점을 적극적으로 활용한 시장기회 선점 전략을 구사한다.
③ WT 상황에서는 약점을 보완하기 위해 투자를 대폭 강화한 공격적 전략을 구사한다.
④ WO 상황에서는 약점을 보완하여 시장의 기회를 활용할 수 있는 전략적 제휴를 실시한다.
⑤ ST 상황에서는 시장의 위협을 회피하기 위해 제품 확장 전략을 사용한다.

24. **증권이나 상품과 같은 기업의 자산을 미리 정해 놓은 기간에 정해 놓은 가격으로 사거나 파는 권리인 옵션과 관련된 설명으로 옳지 않은 것은?**

① 행사 가격은 미래에 옵션을 행사할 때 주식을 구입하는 대가로 지불하는 금액이다.
② 매도자는 권리만 가지고 매입자는 의무만을 가지는 전형적인 비대칭적인 계약이다.
③ 일반적으로 무위험이자율이 커질수록 행사가격의 현재 가치는 작아진다.
④ 옵션의 종류로는 콜옵션과 풋옵션이 있다.
⑤ 배당금이 클수록 콜옵션의 가격은 낮아진다.

25. **모바일 쇼핑의 주요한 특성으로 옳지 않은 것은?**

① 스마트폰이 상용화되면서 모바일 쇼핑이 증가하게 되었다.
② 기존의 유통업체들도 진출하는 추세로 경쟁이 치열해 졌다.
③ 가격과 함께 쉽고 편리한 구매환경에 대한 중요성도 높아졌다.
④ 스마트폰을 통해 가격을 검색하고 오프라인 매장에서 실물을 보고 구매하는 쇼루밍(showrooming)이 증가하고 있다.
⑤ 정기적인 구매가 이루어지는 생필품은 모바일 쇼핑의 대표적인 판매 품목 중 하나이다.

〈제2과목〉 상권분석

26. 경쟁점포가 상권에 미치는 일반적 영향에 관한 설명으로 가장 옳은 것은?

① 인접한 경쟁점포는 편의품점의 상권을 확장시킨다.
② 인접한 경쟁점포는 편의품점의 매출을 증가시킨다.
③ 인접한 경쟁점포는 선매품점의 상권을 확장시킨다.
④ 산재성입지에 적합한 업종일 때 인접한 경쟁점포는 매출증가에 유리하다.
⑤ 집재성입지에 적합한 업종은 인접한 동일 업종 점포가 없어야 유리하다.

27. 상권을 규정하는 요인에 대한 설명으로 옳지 않은 것은?

① 상권이란 시장지역이라고도 할 수 있으며, 상권을 규정하는 요인에는 시간요인과 비용요인이 있다.
② 시간요인 측면에서 봤을 때, 상품가치를 좌우하는 보존성이 강한 재화일수록 오랜 운송에 견딜 수 있으므로 상권이 확대된다.
③ 재화의 이동에서 사람을 매개로 하는 소매상권은 재화의 종류에 따라 비용이나 시간사용이 달라지므로 상권의 크기가 달라진다.
④ 비용요인에는 생산비, 운송비, 판매비용 등이 포함되며 비용이 상대적으로 저렴할수록 상권은 축소된다.
⑤ 고가의 제품일수록 소비자는 많은 시간과 비용을 투입하므로 상권의 범위가 넓어진다.

28. 상권에 대한 일반적인 설명으로 가장 옳지 않은 것은?

① 업종이나 취급하는 상품의 종류는 상권의 범위에 영향을 준다.
② 사회적, 행정적 요인 등의 기준에 의한 확정적 개념이기에 초기 설정이 중요하다.
③ 가격이 비교적 낮고 구매 빈도가 높은 편의품의 경우 상권이 좁은 편이다.
④ 가격이 비교적 높고 수요 빈도가 낮은 전문품의 경우 상권이 넓은 편이다.
⑤ 소자본 상권의 경우 유동인구가 많고 접근성이 높은 곳이 유리하다.

29. 크기나 정도가 증가할수록 소매점포 상권을 확장시키는 요인으로서 가장 옳은 것은?

① 자연적 장애물
② 인근점포의 보완성
③ 배후지의 소득수준
④ 배후지의 인구밀도
⑤ 취급상품의 구매빈도

30. 신규로 소매점포를 개점하기 위한 준비과정의 논리적 순서로서 가장 옳은 것은?

① 소매믹스설계 - 점포계획 - 상권분석 - 입지선정
② 소매믹스설계 - 상권분석 - 입지선정 - 점포계획
③ 점포계획 - 소매믹스설계 - 상권분석 - 입지선정
④ 상권분석 - 입지선정 - 소매믹스설계 - 점포계획
⑤ 상권분석 - 입지선정 - 점포계획 - 소매믹스설계

31. **소매점포의 입지는 도로조건 즉, 해당 부지가 접하는 도로의 성격과 구조에 따라 영향을 받는다. 도로조건에 대한 일반적 평가로서 가장 옳지 않은 것은?**

① 도로와의 접면 – 가로의 접면이 넓을수록 유리함
② 곡선형 도로 – 곡선형 도로의 커브 안쪽보다는 바깥쪽이 유리함
③ 도로의 경사 – 경사진 도로에서는 상부보다 하부가 유리함
④ 일방통행 도로 – 가시성과 접근성 면에서 유리함
⑤ 중앙분리대 – 중앙분리대가 있는 도로는 건너편 고객의 접근성이 떨어지기 때문에 불리함

32. **점포를 이용하는 소비자나 점포 주변 거주자들로부터 자료를 수집하여 현재 영업 중인 점포의 상권범위를 파악하려는 조사기법으로 보기에 가장 적합하지 않은 것은?**

① 점두조사
② 내점객조사
③ 체크리스트(checklist)법
④ 지역표본추출조사
⑤ CST(customer spotting techniques)

33. **점포입지의 매력성에 영향을 미치는 요인들을 상권요인과 입지요인으로 구분할 수 있다. 입지요인으로 가장 옳은 것은?**

① 가구 특성 ② 경쟁 강도
③ 소득 수준 ④ 인구 특성
⑤ 점포 면적

34. **소매입지 유형과 아래 글상자 속의 입지특성의 올바르고 빠짐없는 연결로서 가장 옳은 것은?**

> ㉠ 고객흡인력이 강함
> ㉡ 점포인근에 거주인구 및 사무실 근무자가 많음
> ㉢ 점포주변 유동인구가 많음
> ㉣ 대형 개발업체의 개발계획으로 조성됨

① 백화점 - ㉠, ㉢, ㉣
② 독립입지 - ㉠, ㉡, ㉣
③ 도심입지 - ㉠, ㉢, ㉣
④ 교외 대형쇼핑몰 - ㉡, ㉢, ㉣
⑤ 근린쇼핑센터 - ㉠, ㉡, ㉣

35. **"유통산업발전법"(법률 제18310호, 2021. 7. 20., 타법개정)이 정한 "전통상업보존구역"에 "준대규모점포"를 개설하려고 할 때 개설등록 기한으로서 옳은 것은?**

① 영업 개시 전까지
② 영업 개시 30일 전까지
③ 영업 개시 60일 전까지
④ 대지나 건축물의 소유권 또는 사용권 확보 전까지
⑤ 대지나 건축물의 소유권 또는 사용권 확보 후 30일 전까지

36. **소비자가 상권 내의 세 점포 중에서 하나를 골라 어떤 상품을 구매하려고 한다. 세 점포의 크기와 점포까지의 거리는 아래의 표와 같다. Huff 모형을 이용할 때, 세 점포에 대해 이 소비자가 느끼는 매력도의 크기가 큰 것 부터 제대로 나열된 것은? (단, 소비자의 점포크기에 대한 민감도 = 1, 거리에 대한 민감도 모수 = 2로 계산)**

점포	거리(km)	점포크기(제곱미터)
A	4	50,000
B	6	70,000
C	3	40,000

① A>C>B ② B>A>C
③ B>C>A ④ C>A>B
⑤ C>B>A

37. 대형마트, 대형병원, 대형공연장 등 대규모 서비스업종의 입지 특성에 대한 아래의 내용 중에서 옳지 않은 것은?

① 대규모 서비스업은 나홀로 독자적인 입지 선택이 가능하다.
② 상권 및 입지적 특성을 반영한 매력도와 함께 서비스나 마케팅력이 매우 중요하다.
③ 주로 차량을 이용하는 고객이 많고, 상권범위는 반경 2~3km 이상이라고 볼 수 있다.
④ 경쟁점이 몰려있으면 상호보완효과가 높아지므로 경쟁력은 입지에 의해 주로 정해진다.
⑤ 대규모 서비스업은 유동인구에 의존하는 적응형 입지보다는 목적형 입지유형에 해당한다.

38. 지리학자인 크리스탈러(W. Christaller)의 중심지이론의 기본적 가정과 개념에 대한 설명으로 옳지 않은 것은?

① 중심지 활동이란 중심지에서 재화와 서비스가 제공되는 활동을 의미한다.
② 중심지에서 먼 곳은 재화와 서비스를 제공받지 못하게 된다고 가정한다.
③ 조사대상 지역은 구매력이 균등하게 분포하고 끝이 없는 등방성의 평지라고 가정한다.
④ 최소요구범위는 생산자가 정상이윤을 얻을 만큼 충분한 소비자들을 포함하는 경계까지의 거리이다.
⑤ 중심지이론은 인간의 각종 활동공간이 어떤 핵을 중심으로 배열되어 있다는 인식에서 비롯되었다.

39. 대형 쇼핑센터의 주요 공간구성요소에 대한 설명으로서 가장 옳은 것은?

① 지표(landmark) - 경계선이며 건물에서 꺾이는 부분에 해당
② 선큰(sunken) - 길찾기를 위한 방향성 제공
③ 결절점(node) - 교차하는 통로의 접합점
④ 구역(district) - 지하공간의 쾌적성과 접근성을 높임
⑤ 에지(edge) - 공간과 공간을 분리하여 영역성을 부여

40. 소매점의 상권분석은 점포를 신규로 개점하는 경우에도 필요하지만 기존 점포의 경영을 효율화 하려는 목적으로도 다양하게 활용될 수 있다. 상권분석의 주요 목적으로 보기에 가장 연관성이 떨어지는 것은?

① 소매점의 경영성과를 반영한 점포의 위치이동, 면적 확대, 면적축소 등으로 인한 매출변화를 예측할 수 있다.
② 다점포를 운영하는 체인업체가 특정 상권 내에서 운영 할 수 있는 적정 점포수를 파악할 수 있다.
③ 소매점을 이용하는 소비자들의 인구통계적 특성들을 파악하여 보다 성공적인 소매전략을 수립하는데 도움을 준다.
④ 소매점을 둘러싸고 있는 상권내외부의 소비자를 상대로 하는 촉진활동의 초점이 명확해질 수 있다.
⑤ 상품제조업체와의 공급체인관리(SCM)를 개선하여 물류 비용을 절감할 수 있는 정보를 얻을 수 있다.

41. 점포의 매매나 임대차시 필요한 점포 권리분석을 위해서 공부서류를 이용할 수 있다. 이들 공부서류와 확인 가능한 내용의 연결이 옳지 않은 것은?

① 지적도 - 토지의 모양과 경계, 도로 등을 확인할 수 있음
② 등기사항전부증명서 - 소유권 및 권리관계 등을 알 수 있음
③ 건축물대장 - 건물의 면적, 층수, 용도, 구조 등을 확인 할 수 있음
④ 토지초본 - 토지의 소재, 지번, 지목, 면적 등을 확인 할 수 있음
⑤ 토지이용계획확인서 - 토지를 규제하는 도시계획 상황을 확인할 수 있음

42. 상권분석 과정에 활용도가 큰 지리정보시스템(GIS)에 관한 설명으로서 가장 옳지 않은 것은?

① 지도작성체계와 데이터베이스관리체계의 결합으로 상권분석의 유용한 도구가 되고 있다.
② 데이터베이스와 함께 활용하기 위해 수치지도보다는 디지털지도가 필요하다.
③ 지도상에 지리적인 형상을 표현하고 데이터의 값과 범위를 지리적인 형상에 할당하고 지도를 확대·축소하는 기능을 위상이라 한다.
④ 빅데이터를 활용하는 지리정보시스템(GIS)과 고객관계 관리(CRM)의 합성어인 "gCRM"을 활용하기도 한다.
⑤ 속성정보를 요약하여 표현한 지도를 작성하며, 점, 선, 면의 형상으로 주제도를 작성하기도 한다.

43. 상권분석 과정에서 점포의 위치와 해당 점포를 이용하는 소비자의 분포를 공간적으로 표현할 때 보편적으로 관찰되는 거리감소효과(distance decay effect)에 대한 설명으로 옳지 않은 것은?

① 고객점표(CST) 지도를 이용하면 쉽게 관찰할 수 있다.
② 거리조락현상 또는 거리체증효과라고도 한다.
③ 거리 마찰에 따른 비용과 시간의 증가 때문에 나타난다.
④ 유사점포법, 회귀분석법을 이용하여 확인할 수 있다.
⑤ 점포로부터 멀어질수록 고객의 밀도가 낮아지는 경향을 말한다.

44. 아래 글상자의 내용에서 말하는 장단점은 어떤 형태의 소매점포 출점에 대한 내용인가?

장점	단점
- 직접 소유로 인한 장기간 영업 - 영업상의 신축성 확보 - 새로운 시설 확보 - 구조 및 설계 유연성	- 초기 고정투자부담이 큼 - 건설 및 인허가기간 소요 - 적당한 부지 확보 어려움 - 점포 이동 등 입지변경 어려움

① 기존건물에 속한 점포임대
② 기존건물 매입
③ 부지매입 건물신축
④ 기존건물의 점포매입
⑤ 신축건물 임대

45. 확률적으로 매출액이나 상권의 범위를 예측하는 상권분석 기법들에서 이론적 근거로 이용하고 있는 Luce의 선택공리와 관련이 없는 것은?

① 공간상호작용모델(SIM)은 소매점의 상권분석과 입지 의사결정에 이용하는 근거가 된다.

② 특정 선택대안의 효용이 다른 대안보다 높을수록 선택될 확률이 높다고 가정한다.
③ 어떤 대안이 선택될 확률은 그 대안이 갖는 효용을 전체 선택대안들이 가지는 효용의 총합으로 나눈 값과 같다고 본다.
④ 소비자가 어느 점포에 대해 느끼는 효용이 가장 크더라도 항상 그 점포를 선택하지 않을 수 있다고 인식한다.
⑤ Reilly의 소매중력모형, Huff모형, MNL모형은 Luce의 선택공리를 근거로 하는 대표적 상권분석 기법들이다.

〈제3과목〉 유통마케팅

46. 광고 매체를 선정할 때 고려해야 할 여러 가지 요인에 대한 설명으로 옳지 않은 것은?

① 도달범위(reach)란 일정기간 동안 특정 광고에 적어도 한 번 이상 노출된 청중의 수 또는 비율을 말한다.
② GRP(gross rating points)란 광고효과를 계량화하여 측정하기 위한 기준으로 보통 시청자들의 광고인지도를 중심으로 측정한다.
③ 광고스케줄링이란 일정기간 동안 광고예산을 어떻게 배분하여 집행할 것인가에 대한 결정이다.
④ 도달빈도(frequency)란 일정기간 동안 특정광고가 한 사람에게 노출된 평균 횟수를 말한다.
⑤ CPRP(cost per rating points)란 매체비용을 시청률로 나눈 비용이라 할 수 있다.

47. 매장 레이아웃(layout)에 대한 설명으로 가장 옳지 않은 것은?

① 격자형 배치는 고객이 매장 전체를 둘러보고 자신이 원하는 상품을 쉽게 찾을 수 있게 한다.
② 격자형 배치는 다른 진열방식에 비해 공간효율성이 높고 비용면에서 효과적이다.
③ 경주로형 배치는 고객들이 다양한 매장의 상품을 볼 수 있게 하여 충동구매를 유발할 수 있다.
④ 자유형 배치는 규모가 작은 전문매장이나 여러 개의 소규모 전문매장이 있는 대형점포의 배치 방식이다.
⑤ 자유형 배치는 고객들이 주 통로를 지나다니면서 다양한 각도의 시선으로 상품을 살펴볼 수 있다.

48. 전략적 CRM(customer relationship management)의 적용 과정으로서 가장 옳지 않은 것은?

① 정보관리과정
② 전략 개발과정
③ 투자 타당성 평가 과정
④ 가치창출 과정
⑤ 다채널 통합과정

49. 도매상의 마케팅믹스전략에 관한 설명으로 가장 옳지 않은 것은?

① 소매상이나 제조업자와 마찬가지로 거래규모나 시기에 따른 가격할인 또는 매출증대를 위한 가격인하 등의 가격변화를 시도하기도 한다.
② 제조업자가 제공하는 촉진물과 촉진프로그램을 적극 활용할 뿐만 아니라 자체적인 촉진프로그램의 개발을 통해 고객인 소매상을 유인하여야 한다.

③ 도매상은 소매상에게 제공해야 할 제품구색과 서비스 수준을 결정해야 한다.
④ 도매상은 최종소비자를 대상으로 영업활동을 하는 것이기 때문에 점포와 같은 물리적인 시설에 비용투자를 해야 한다.
⑤ 일반적으로 도매상은 소요비용을 충당하기 위해 원가에 일정비율을 마진으로 가산하는 원가중심가격결정법을 사용한다.

50. **소매업체들의 서비스 마케팅 관리를 위한 서비스마케팅 믹스(7P)로 옳지 않은 것은?**

① 장소(place)
② 가능 시간(possible time)
③ 사람(people)
④ 물리적 환경(physical evidence)
⑤ 과정(process)

51. **머천다이징의 개념에 관한 설명 중 가장 옳지 않은 것은?**

① 소매점포가 소비자들의 특성에 적합한 제품들을 잘 선정해서 매입하고 진열하는 것이다.
② 소매업체가 좋은 제품을 찾아서 좋은 조건에 매입해서 진열하는 것과 관련된 모든 것을 말한다.
③ 고객의 니즈를 만족시킬 뿐만 아니라 수요를 적극적으로 창출하기 위한 상품화계획을 의미한다.
④ 제품계획 혹은 상품화활동은 상품의 시장성을 향상시킬 수 있는 계획활동이다.
⑤ 제품 및 제품성과에 대한 소비자들의 지각과 느낌을 상징한다.

52. **구매자들을 라이프 스타일 또는 개성과 관련된 특징들을 근거로 서로 다른 시장으로 세분화하는 것을 지칭하는 개념으로 옳은 것은?**

① 지리적 세분화 ② 인구통계적 세분화
③ 행동적 세분화 ④ 심리묘사적 세분화
⑤ 시장형태의 세분화

53. **제품믹스(product mix) 또는 제품포트폴리오(product portfolio)의 특성 중에서 "제품라인 내 제품품목(product item)의 수"를 일컫는 말로 옳은 것은?**

① 제품믹스의 깊이(product mix depth)
② 제품믹스의 폭(product mix width)
③ 제품믹스의 일관성(product mix consistency)
④ 제품믹스의 길이(product mix length)
⑤ 제품믹스의 구성(product mix composition)

54. **아래 글상자의 (㉠)과 (㉡)에 들어갈 용어로 가장 옳은 것은?**

> 유통경로에서의 수직적 통합에는 두 가지 유형이 있다.
> (㉠)은(는) 제조회사가 도·소매업체를 소유하거나, 도매상이 소매업체를 소유하는 것과 같이 공급망의 상류 기업이 하류의 기능을 통합하는 것이다. 반면 (㉡)은 도·소매 업체가 제조기능을 수행하거나 소매업체가 도매기능을 수행하는 것과 같이 공급망의 하류에 위치한 기업이 상류의 기능까지 통합하는 것이다.

① ㉠ 후방통합, ㉡ 전방통합
② ㉠ 전방통합, ㉡ 후방통합
③ ㉠ 경로통합, ㉡ 전방통합
④ ㉠ 전략적 제휴, ㉡ 후방통합
⑤ ㉠ 전략적 제휴, ㉡ 경로통합

55. **아래 글상자의 내용과 관련하여 가장 옳지 않은 것은?**

> ㉠ 기존 자사 제품을 통해 기존 시장에서 매출액이나 시장 점유율을 높이기 위한 전략이다.
> ㉡ 두 개 이상의 소매업체 간의 자원을 공동으로 이용하여 소유권, 통제권, 이익이 공유되는 새로운 회사를 설립할 때 활용하는 전략이다.
> ㉢ 기존의 제품으로 새로운 유통경로를 개척하여 시장을 확장하는 전략이다.

① ㉠은 소매업체의 성장전략 중 시장침투 전략에 대한 설명이다.
② ㉠은 자사 점포에서 쇼핑하지 않은 고객을 유인하거나 기존 고객들이 더 많은 상품을 구매하도록 유인하는 전략이다.
③ ㉡은 위험이 낮고 투자가 적게 요구되는 전략이지만, 가맹계약 해지를 통해 경쟁자가 되는 위험을 가지고 있다.
④ ㉡은 소매업체가 해외시장에 진출할 때 활용되는 진입전략 중 하나이다.
⑤ ㉢은 새로운 시장에서 기존 소매업태를 이용하는 성장전략이다.

56. **로열티 프로그램으로 가장 옳지 않은 것은?**

① 구매액에 따라 보너스 점수를 부여하거나 방문수에 따라 스탬프를 모으게 하는 스탬프 제도
② 상품구매자를 대상으로 여러 혜택을 얻을 수 있는 프로그램에 가입하게 하는 회원제도
③ 20%의 우량고객에 집중해 핵심고객에게 많은 혜택이 부여되는 마케팅 프로그램 기획 및 운영
④ 동일 기업 내 다수의 브랜드의 통합 또는 이종기업 간의 제휴를 통한 통합 포인트 적립 프로그램
⑤ 기업의 자선활동 및 공익프로그램과의 연계를 통한 사회문제해결 및 공유가치 창출 프로그램

57. **시각적 머천다이징에 대한 아래의 설명 중에서 가장 옳지 않은 것은?**

① 점포 내외부 디자인도 포함하는 개념이지만 핵심개념은 매장 내 전시(display)를 중심으로 한다.
② 상품과 판매환경을 시각적으로 연출하고 관리하는 일련의 활동을 말한다.
③ 상품과 점포 이미지가 일관성을 유지할 수 있게 진열하는 것이 중요하다.
④ 시각적 머천다이징의 요소로는 색채, 재질, 선, 형태, 공간 등을 들 수 있다.
⑤ 상품의 잠재적 이윤보다는 인테리어 컨셉 및 전체적 조화 등을 고려하여 이루어진다.

58. **아래 글상자의 괄호 안에 들어갈 소매업 발전 이론으로 옳은 것은?**

> (　　)은 소매시스템에서 우세한 소매업태가 취급하는 상품 계열수의 측면에서 현대 상업시스템의 진화를 설명하는 이론으로 소매상은 제품 구색이 넓은 소매업태에서 전문화된 좁은 제품 구색의 소매업태로 변화되었다가 다시 넓은 제품 구색의 소매업태로 변화되는 과정을 설명하고 있다.

① 소매아코디언이론(retail accordion theory)
② 소매수명주기이론(retail life cycle theory)
③ 소매차륜이론(the wheel of retailing theory)
④ 변증법적이론(dialectic theory)
⑤ 진공지대이론(vacuum zone theory)

59. **제품에 맞는 판매기법으로 가장 옳지 않은 것은?**

① 편의품은 입지 조건에 따라 판매가 크게 좌우되므로 접근이 더 용이하도록 배달서비스 제공을 고려할 필요가 있다.

② 편의품은 보다 풍요로운 생활과 즐거움을 제공하는 제품으로 스타일과 디자인을 강조한다.

③ 선매품의 경우 고객의 질문에 충분히 답할 수 있는 판매원의 교육 훈련이 필요하다.

④ 선매품은 패션성이 강하기 때문에 재고가 누적되지 않도록 시의적절한 판촉을 수행한다.

⑤ 전문품은 전문적이고 충분한 설명을 통해 소비자의 구매의욕을 충분히 자극시켜야 한다.

60. **옴니채널(omni-channel)의 특징으로 옳지 않은 것은?**

① 독립적으로 운영되던 채널들이 유기적으로 통합되어 서로의 부족한 부분을 메워주는 보완적 관계를 갖는다.

② 채널 간의 불필요한 경쟁은 온·오프라인의 판매실적을 통합함으로써 해결한다.

③ 동일한 제품을 온라인이나 오프라인에 상관없이 동일한 가격과 프로모션으로 구매할 수 있다.

④ 온·오프라인의 재고관리 시스템을 일원화할 수 있다.

⑤ 동일한 기업으로부터 공급받은 제품을 매장별로 독특한 마케팅 프로그램을 활용하여 판매한다.

61. **고객의 개인정보보호에 관한 내용으로 가장 옳지 않은 것은?**

① 고객정보를 제3자에게 제공하거나 제공받은 목적 외의 용도로 이용해서는 안 된다.

② 고객은 개인정보수집, 이용, 제공 등에 대해 동의 철회 및 정정을 요구할 수 있다.

③ SMS 광고 전송 시 전송자의 명칭을 표시하고, 수신 거부 의사를 표현할 수 있게 해야 한다.

④ 경품응모권을 통해 수집한 개인정보는 보유 및 이용 기간의 제한이 없기 때문에 영구적인 이용이 가능하다.

⑤ 오후 9시부터 아침 8시까지는 별도의 동의 없이 광고를 전송해서는 안 된다.

62. **CRM과 eCRM을 비교하여 설명한 내용으로 가장 옳은 것은?**

① CRM과 달리 eCRM은 원투원마케팅(one-to-one marketing)과 데이터베이스마케팅 활용을 중시한다.

② CRM과 달리 eCRM은 고객 개개인에 대한 차별적 서비스를 실시간으로 제공한다.

③ eCRM과 달리 CRM은 고객접점과 커뮤니케이션 경로의 활용을 중시한다.

④ eCRM과 달리 CRM은 고객서비스 개선 및 거래활성화를 위한 고정고객 관리에 중점을 둔다.

⑤ CRM과 eCRM 모두 데이터마이닝 등 고객행동분석의 전사적 활용을 추구한다.

63. 아래 글상자의 조사 내용 중에서 비율척도로 측정해야 하는 요소만을 나열한 것으로 옳은 것은?

> ㉠ 구매자의 성별 및 직업
> ㉡ 상품 인기 순위
> ㉢ 타겟고객의 소득구간
> ㉣ 소비자의 구매확률
> ㉤ 충성고객의 구매액
> ㉥ 매장의 시장점유율

① ㉠, ㉡, ㉢　　② ㉢, ㉣, ㉤
③ ㉣, ㉤, ㉥　　④ ㉡, ㉣, ㉥
⑤ ㉢, ㉤, ㉥

64. 다단계 판매에 대한 설명으로 옳지 않은 것은?

① 고객과 대면접촉을 통해 상품을 판매하는 인적판매의 일종이다.
② 유통마진을 절감시킬 수 있다.
③ 고정 인건비가 발생하지 않는다.
④ 매출 증가에 따라 조직이 비대해지는 단점이 있다.
⑤ 점포 판매에 비해 훨씬 더 적극적으로 시장을 개척해 나갈 수 있다.

65. 소매업체 입장에서 특정 공급자의 개별품목 또는 재고관리 단위를 평가하는 방법으로 가장 옳은 것은?

① 직접제품이익
② 경로 구성원 성과평가
③ 평당 총이익
④ 상시 종업원 당 총이익
⑤ 경로 구성원 총자산 수익률

66. 아래 글상자에서 설명하는 경로 구성원들 간의 갈등이 발생하는 원인으로 가장 옳은 것은?

> 소비자 가격을 책정할 때 대규모 제조업체는 신속한 시장 침투를 위해 저가격을 원하지만, 소규모 소매업자들은 수익성 증대를 위해 고가격을 원함으로써 갈등이 발생 할 수 있다.

① 경로 구성원의 목표들 간의 양립불가능성
② 마케팅 과업과 과업수행 방법에 대한 경로 구성원들 간의 의견 불일치
③ 경로 구성원들 간의 현실을 지각하는 차이
④ 경로 구성원들 간의 파워 불일치
⑤ 경로 구성원들 간의 품질 요구 불일치

67. 원가가산법(cost plus pricing)에 의한 가격책정에 관한 설명으로 가장 옳지 않은 것은?

① 제품의 원가에 일정률의 판매수익률(또는 마진)을 가산하여 판매가격을 결정하는 방법을 말한다.
② 단위당 변동비, 고정비, 예상판매량, 판매수익률을 바탕으로 산출할 수 있다.
③ 예상판매량이 예측 가능한 경우 주로 사용하는 방법이다.
④ 생산자 입장에서 결정되는 가격이므로 소비자에게 최종적으로 전달되는 가격과는 차이가 있다.
⑤ 가격변화가 판매량에 큰 영향을 미치지 않거나 기업이 가격을 통제할 수 있는 경우에 효과적이다.

68. 아래 글상자의 내용에 해당되는 마케팅조사 기법으로 가장 옳은 것은?

> 제품, 서비스 등의 대안들에 대한 소비자의 선호 정도로부터 소비자가 각 속성에 부여하는 상대적 중요도와 속성수준의 효용을 추정하는 분석방법

① t-검증 ② 분산 분석
③ 회귀 분석 ④ 컨조인트 분석
⑤ 군집 분석

69. **매장의 내부 환경요소로 가장 옳지 않은 것은?**

① 매장의 입출구와 주차시설
② 매장의 색채와 조명
③ 매장의 평면배치
④ 매장의 상품진열
⑤ 매장의 배경음악 및 분위기

70. **종적인 공간효율을 개선시키고 진열선반의 높이가 낮을 때는 위에서 아래로 시선을 유도하는 페이싱 방법으로 가장 옳은 것은?**

① 페이스 아웃(face out)
② 슬리브 아웃(sleeve out)
③ 쉘빙(shelving)
④ 행깅(hanging)
⑤ 폴디드 아웃(folded out)

〈제4과목〉 유통정보

71. **QR 코드에 대한 설명으로 가장 옳지 않은 것은?**

① 1994년에 일본 덴소웨이브사가 개발했다.
② 숫자와 알파벳 등의 데이터를 담을 수 있다.
③ 오염이나 손상된 데이터를 복원하는 기능이 있다.
④ 국제표준이 정립되지 않아 다양한 국가에서 자체적으로 활용될 수 있다.
⑤ 모바일 쿠폰, 광고, 마케팅 등 다양한 분야에 활용되고 있다.

72. **최근 유통분야에서 인공지능 기술의 활용이 증대되면서 유통업무 혁신을 위한 다양한 가능성을 보여주고 있다. 이에 대한 설명으로 가장 옳지 않은 것은?**

① 인공지능 기술을 활용하여 유통업체에서 고객의 일상적인 문의사항에 대해 다양한 정보를 다양한 경로로 제공할 수 있다.
② 인공지능 기술은 주문이행 관련 배송경로, 재고파악 등 고객의 주문에 대한 업무와 관련된 최적의 대안을 신속하게 제공해주어 의사결정에 도움을 줄 수 있다.
③ 인공지능 기술을 활용하면 주문 데이터 패턴을 분석해서 정상적이지 않은 거래를 파악하는 등 이상 현상 및 이상 패턴을 추출하는 데 활용될 수 있다.
④ 인공지능 기술은 알고리즘을 이용해 학습수준이 강화되기 때문에 이용자의 질의에 대한 응답 수준은 갈수록 정교해질 것이다.
⑤ 챗지피티는 사전에 구축된 방대한 양의 학습데이터에서 질의에 적절한 해답을 찾아 질의자에게 빠르게 제시해 주는 인공지능 기술 기반 서비스로 마이크로 소프트사가 개발하였다.

73. **데이터 유형 분류와 그 특성에 대한 설명으로 가장 옳지 않은 것은?**

① 정형 데이터 – 관계형 데이터베이스 관리시스템(RDBMS)의 고정된 필드에 저장되는 데이터들이 포함됨
② 정형 데이터 – 데이터의 길이와 형식이 정해져 있어 그에 맞추어 데이터를 저장하게 됨
③ 반정형 데이터 – 문서, 웹문서, HTML 등이 대표적이며, 데이터 속성인 메타데이터를 가지고 있음
④ 반정형 데이터 – JSON, 웹로그 등 데이터가 해당되며, XML 형태의 데이터로 값과 형식이 다소 일관성이 없음

⑤ 비정형 데이터 – 형태와 구조가 복잡한 이미지, 동영상 같은 멀티미디어 데이터가 이에 해당됨

74. CRM을 통해 성공적으로 고객을 관리하고 있음을 추적하기 위해 사용할 수 있는 지표로 가장 옳지 않은 것은?

① 신규 고객 유치율
② 마케팅 캠페인 당 구매 건수
③ 마케팅 캠페인 당 반응 건수
④ 제품 당 신규 판매 기회 건수
⑤ 시스템 다운타임

75. 최근 개인정보보호 문제가 중요한 이슈로 대두되고 있다. 아래 글상자는 하버드 대학교 버크만 센터에서 제시한 개인정보보호 AI윤리원칙이다. ㉠과 ㉡에 해당하는 각각의 권리로 가장 옳은 것은?

> ㉠ 데이터 컨트롤러(data controller)가 보유한 정보가 부정확하거나 불완전한 경우, 사람들이 이를 수정할 권리가 있어야 함
> ㉡ 자신의 개인정보를 삭제할 수 있는 법적 강제력이 있는 권리가 있어야 함

① ㉠ 자기 결정권, ㉡ 정보 열람권
② ㉠ 자기 결정권, ㉡ 정보 정정권
③ ㉠ 정보 삭제권, ㉡ 자기 결정권
④ ㉠ 정보 정정권, ㉡ 정보 삭제권
⑤ ㉠ 정보 열람권, ㉡ 자기 결정권

76. 산업혁명에 따른 기업의 비즈니스 환경 변화에 대한 설명으로 가장 옳은 것은?

① 1차 산업혁명 시기에는 컴퓨터와 같은 전자기기 활용을 통해 업무 프로세스 개선을 달성하였다.
② 2차 산업혁명 시기에는 업무 프로세스에 대한 부분 자동화가 이루어졌고, 네트워킹 기능이 프로세스 혁신을 위해 활성화되기 시작하였다.
③ 3차 산업혁명 시기에는 노동에서 분업이 이루어지기 시작하였고, 전문성이 강조되기 시작하였다.
④ 4차 산업혁명 시기에는 전화, TV, 인터넷 등과 같은 의사소통 방식이 기업에서 활성화되었다.
⑤ 4차 산업혁명 시기에는 인공지능과 사물인터넷 등 신기술 이용을 통해 비즈니스 프로세스에 혁신이 이루어졌다.

77. 아래 글상자의 괄호 안에 공통적으로 들어갈 용어로 가장 옳은 것은?

> - (　　)은(는) 디지털 기술을 사회전반에 적용하여 전통적인 사회구조를 혁신시키는 것이다. 일반적으로 기업에서 사물인터넷, 클라우드 컴퓨팅, 인공지능, 빅데이터 솔루션 등 정보통신기술을 플랫폼으로 구축 · 활용하여 기존의 전통적인 운영방식과 서비스 등을 혁신하는 것이다.
> - (　　)은(는) 산업과 사회의 각 부문이 디지털화되는 현상으로 인터넷, 정보화 등을 뛰어넘는 초연결(hyperconnectivity) 지능화가 경제 · 사회 전반에 이를 촉발 시키고 있다.

① 디지타이제이션(digitization)
② 초지능화(hyper-intellectualization)
③ 디지털 컨버전스(digital convergence)
④ 디지털 전환(digital transformation)
⑤ 하이퍼인텐션(hyper-intention)

78. **조직에서 의사결정을 할 때 활용되는 정보와 조직 수준과의 관계에 대한 설명 중 가장 옳지 않은 것은?**

① 전략적 수준 - 주로 비구조화된 의사결정이 이루어지며, 내부 정보 외에도 외부 환경과 관련된 정보 등 외부에서 수집된 정보도 다수 활용
② 관리적 수준 - 구조화된 의사결정이 이루어지며, 새로운 공장입지 선정 및 신기술 도입 등과 같은 사항과 관련된 내외부 정보를 주로 다룸
③ 전략적 수준 - 의사결정 시 활용되는 정보의 특성은 미래지향적이며 상대적으로 추상적이고 포괄적인 정보를 주로 다룸
④ 운영적 수준 - 구조화된 의사결정이 이루어지며, 일일 거래 처리와 같이 구체적이고 상세하며 시간에 민감한 정보를 주로 다룸
⑤ 운영적 수준 - 반복적이고 재발성의 특성이 높은 의사결정들이 주로 이루어지며, 효율성에 초점을 두고 활동이 이루어짐

79. **아래 글상자의 괄호 안에 공통적으로 들어갈 용어로 가장 옳은 것은?**

- (　)은(는) 조직의 성과목표 달성을 위해 재무, 고객, 내부프로세스, 학습 및 성장 관점에서 균형 잡힌 성과 지표를 설정하고 그 성과를 측정하는 성과관리 기법을 말한다. 매우 논리적이며, 지표와 재무적 성과와의 분명한 상관관계를 보이고 있다. 다만, 외부 다른 기관의 평가와 비교하는 것은 곤란하다.
- (　)기반 성과관리시스템은 기관의 미션과 비전을 달성할 수 있도록 전략목표, 성과목표, 관리과제 등을 연계하고, 성과지표를 근거로 목표달성의 수준을 측정해서 관리할 수 있는 IT기반의 성과관리 및 평가시스템을 말한다.

① 경제적 부가가치(economic value added)
② 인적자원회계(human resource accounting)
③ 총자산이익률(return on assets)
④ 균형성과표(balanced score card)
⑤ 투자수익률(return on investment)

80. **아래 글상자의 괄호 안에 들어갈 용어로 가장 옳은 것은?**

거래처리시스템으로부터 운영데이터를 모아 주제영역으로 구축한 데이터웨어하우스는 조직 전체의 정보를 저장하고 있어 방대하다. (　)은(는) 특정한 조직이 사용하기 위해 몇몇 정보를 도출하여 사용할 수 있도록 한 사용자 맞춤 데이터 서비스를 지칭한다.

① 데이터윈도우　② 데이터마트
③ 데이터스키마　④ 데이터모델
⑤ 그룹데이터모델

81. **아래 글상자의 기사 내용과 관련성이 높은 정보기술 용어로 가장 옳은 것은?**

B**리테일이 'C*제*토한강점'을 선보였다.
C*제*토한강점은 제*토월드에서 한강공원을 검색한 뒤 C*편의점에 입장하면 자체 브랜드(PB)상품뿐만 아니라 C*제**당과 협업을 통한 일반제조사 브랜드(NB)상품을 둘러볼 수 있다.
또한 제품 위에 떠 있는 화살표를 선택하면 해당 제품을 손에 쥐는 것도 가능하다. 아바타들은 원두커피 기기에서 커피를 내리거나 한강공원 편의점 인기 메뉴인 즉석조리 라면도 먹을 수 있다.

① 가상 에이전트　② O2O
③ BICON　④ 아바타 에이전트
⑤ 메타버스

82. 산업별 표준화가 반영된 바코드에 대한 설명으로 가장 옳지 않은 것은?

① 보건복지부는 의약품 포장 단위마다 고유번호를 부여하는 '의약품 일련번호 제도'를 시행하고 있다.
② 의약품의 바코드 내에 있는 상품코드(품목코드, 포장 단위)는 건강보험심사평가원의 의약품관리종합정보센터에서 부여하는 상품식별번호이다.
③ UDI란 의료기기를 고유하게 식별할 수 있는 체계로 우리나라는 2019년 7월부터 적용되어 현재는 모든 등급의 의료기기에 UDI가 적용되고 있다.
④ 의료기기에 부여되는 UDI 코드는 기본 포장(base package)을 대상으로 모두 개별적으로 부여하므로 혼선을 방지하기 위해 상위 포장(higher levels of packages)인 묶음 포장단위에는 별도로 부여하지 않는다.
⑤ GS1 DataBar(데이터바)란 상품식별 기능만 갖는 기존 바코드와 달리 상품식별코드(GTIN) 외 유통기한, 이력 코드, 중량 등 다양한 부가정보를 넣을 수 있는 바코드를 지칭한다.

83. 아래 글상자의 괄호 안에 공통적으로 들어갈 용어로 가장 옳은 것은?

- (　)은 중앙 서버없이 노드(node)들이 자율적으로 연결되는 P2P(peer-to-peer)방식을 기반으로 각 노드에 데이터를 분산 저장하는 데이터분산처리기술이다.
- 중앙시스템이 존재하지 않는 완전한 탈중앙 시스템이며, 장부에 해당되는 (　)은 누구에게나 공유·공개되어 투명성을 보장하고, 독특한 구조적 특징에 기인하여 데이터의 무결성을 보장하며, 분산된 장부는 네트워크에 참여한 각 노드들의 검증과 합의 과정을 거쳐 데이터 일치에 도달하게 된다.

① 비트코인　　② 비콘
③ 분산블록　　④ 블록체인
⑤ 딥러닝

84. 웹 3.0과 관련된 설명으로 가장 옳지 않은 것은?

① 시맨틱 웹(Semantic Web) - 의미론적인 웹을 뜻하며 기계가 인간들이 사용하는 자연어를 이해하고 상황과 맥락에 맞는 개인 맞춤형 정보를 제공하는 웹
② 온톨로지(Ontology) - 메타데이터들의 집합, 예를 들어 사과를 떠올리면 사과의 색상, 종류 등 관련된 여러가지 정보를 컴퓨터가 이해하고 처리할 수 있는 정형화된 수단으로 표현한 것
③ 중앙집중화(centralization) - 웹 3.0에서 사용자 간 연결은 플랫폼을 중심으로 연결하여 자유롭게 소통할 수 있도록 지원, 결과적으로 플랫폼이 강력한 권한을 가지게 됨
④ 웹 3.0을 실현하기 위해서는 블록체인, 인공지능, AR·VR, 분산 스토리지, 네트워크 등의 기반 기술이 필요, 사용성을 높여야 실효성이 있을 것으로 봄
⑤ 온라인 검색과 요청들을 각 사용자들의 선호와 필요에 따라 맞춰 재단하는 것이 웹 3.0의 목표

85. 아래 글상자의 괄호 안에 들어갈 용어로 가장 옳은 것은?

(　)은(는) 전자상거래 이용 고객이 기업에서 발송하는 광고성 메일에 대해 수신거부 의사를 전달하여 더 이상 광고성 메일을 받지 않을 수 있는 것을 말한다.

① 옵트 온(opt on)
② 옵트 오프(opt off)
③ 옵트 오버(opt over)
④ 옵트 인(opt in)
⑤ 옵트 아웃(opt out)

86. **빅데이터의 핵심 특성 3가지를 바르게 나열한 것은?**

① 가치, 생성 속도, 유연성
② 가치, 생성 속도, 가변성
③ 데이터 규모, 가치, 복잡성
④ 데이터 규모, 속도, 다양성
⑤ 데이터 규모, 가치, 가변성

87. **아래 글상자에서 설명하는 서비스와 관련된 용어로 가장 옳은 것은?**

- 유통데이터를 활용한 다양한 비즈니스 모델을 수행할 수 있도록 지원하기 위해 온라인에서 생산과 소비, 유통이 한 곳에서 이루어지는 '양면시장(two-sided market)' 개념의 장(場)을 지칭하는 용어이다.
- 비즈니스에서 여러 사용자 또는 조직 간의 관계를 형성하고 비즈니스적인 거래를 형성할 수 있는 정보 시스템 환경으로 자신의 시스템을 개방하여 개인은 물론 기업 모두가 참여하여 원하는 일을 자유롭게 할 수 있도록 환경을 구축하여 참여자들 모두에게 새로운 가치와 혜택을 제공해줄 수 있는 시스템을 의미한다.

① 데이터베이스 ② 옴니채널
③ 플랫폼 ④ 클라우드 컴퓨팅
⑤ m-커머스

88. **아래 글상자는 인증방식 분류에 대한 설명이다. ㉠, ㉡에 해당하는 용어로 가장 옳은 것은?**

㉠ 전자적 형태의 문서로 어떤 사람을 특정할 수 있는 정보와 공개 키(public key), 전자서명으로 구성된다. 이 인증방식은 일단 증명서를 발급받기만 하면 주기적으로 그것을 갱신하는 것 외에는 특별히 조치할 사항이 없으므로 사용하기 편리하다는 장점이 있다.
㉡ 분산원장을 바탕으로 인증 대상이 스스로 신원을 확인하고 본인과 관련된 정보의 제출 범위와 대상 등을 정할 수 있도록 하는 인증 방식이다. 인증대상이 자신의 신원정보(credentials)에 대한 권리를 보다 적극적으로 행사 할 수 있는 것이 특징이다.

① ㉠ 비밀번호, ㉡ 분산ID
② ㉠ 디지털문서, ㉡ 분산ID
③ ㉠ 비밀번호, ㉡ 디지털문서
④ ㉠ 생체정보, ㉡ 디지털문서
⑤ ㉠ 생체정보, ㉡ 분산ID

89. **아래 글상자의 괄호 안에 공통적으로 들어갈 용어로 가장 옳은 것은?**

- ( )은(는) 마이론 크루거(Myron Krueger) 박사에 의해 제시된 개념으로 인조 두뇌 공간이라고도 한다.
- ( )에서는 3차원의 가상공간에서 사용자가 원하는 방향대로 조작하거나 실행할 수 있다.
- ( )의 특성은 영상물의 실시간 렌더링이 가능하므로 원하는 위치에 원하는 모습을 즉시 생산해낼 수 있다.

① 가상 현실 ② 증강 현실
③ UI/UX ④ 사이버 물리 시스템
⑤ 브레인 컴퓨터 인터페이스

90. 아래 글상자의 ㉠과 ㉡에 해당되는 용어로 가장 옳은 것은?

- (㉠)은(는) 종종 잘못된 제품 수요정보가 공급사슬을 통해 한 파트너에서 다른 참여자들에게로 퍼져나가면서 왜곡되고 증폭되는 것을 말한다. 예를 들면, 고객과의 최접점에서 어떤 제품의 수요가 약간 증가할 것이라는 정보가 공급사슬의 다음 단계마다 부풀려 전달되어 과도한 잉여재고가 발생하게 되는 현상이다.
- e-SCM을 구축함으로서 공급사슬의 (㉡)을 확보하여 이러한 현상을 감소시키거나 제거할 수 있게 된다.

① ㉠ 풀현상, ㉡ 가시성
② ㉠ 푸시현상, ㉡ 가시성
③ ㉠ 채찍효과, ㉡ 완전성
④ ㉠ 채찍효과, ㉡ 가시성
⑤ ㉠ 채찍효과, ㉡ 확장성

유통관리사 2급

2023년

제2회 기출문제

〈제1과목〉 유통물류 일반관리

1. 기업윤리의 중요성을 강조하기 위해 취할 수 있는 방법으로 가장 옳지 않은 것은?

① 기업윤리와 관련된 헌장이나 강령을 만들어 발표한다.
② 기업윤리가 기업의 모든 의사결정 프로세스에 반영될 수 있게 모니터링한다.
③ 윤리경영의 지표로는 정성적인 지표가 아닌 계량적인 지표를 활용한다.
④ 조직 내의 문제점을 제기할 수 있는 제도를 활성화한다.
⑤ 윤리기준을 적용한 감사 결과를 조직원과 공유한다.

2. 유통경로와 중간상이 필요한 이유에 대한 설명으로 가장 옳지 않은 것은?

① 거래의 일상화를 통해 제반 비용의 감소와 비효율을 개선할 수 있기 때문이다.
② 중간상의 개입으로 공간적, 시간적 불일치를 해소할 수 있기 때문이다.
③ 생산자의 다품종 소량생산과 소비자의 소품종 대량구매 니즈로 인한 구색 및 수량 불일치를 해소할 수 있기 때문이다.
④ 생산자와 소비자 상호간의 정보의 불일치에 따른 불편을 해소해 줄 수 있기 때문이다.
⑤ 중간상을 통해 탐색과정의 효율성을 높일 수 있기 때문이다.

3. 아래 글상자에서 설명하는 기업이 글로벌 시장에서 경쟁하기 위한 전략을 괄호 안에 들어갈 순서대로 옳게 나열한 것은?

> - (㉠)는 둘 또는 그 이상의 기업들이 맺은 파트너십으로 기술과 위험을 공유한다. 자국에서 생산된 상품만을 허용하는 국가로 진출하기 위한 전략으로 활용할 수 있다.
> - (㉡)은(는) 자사의 독자적인 브랜드 이름이나 상표를 부착하여 판매하는 방식으로 제품의 생산은 다른 기업에게 의뢰한다.

① ㉠ 전략적 제휴, ㉡ 위탁제조
② ㉠ 합작투자, ㉡ 위탁제조
③ ㉠ 전략적 제휴, ㉡ 라이선싱(licensing)
④ ㉠ 합작투자, ㉡ 라이선싱(licensing)
⑤ ㉠ 해외직접투자, ㉡ 프랜차이징(franchising)

4. 경제활동의 윤리적 환경과 조건을 세계 각국 공통으로 표준화하려는 것으로 비윤리적인 기업의 제품이나 서비스를 국제거래에서 제한하는 움직임을 뜻하는 것은?

① 우루과이라운드 ② 부패라운드
③ 블루라운드 ④ 그린라운드
⑤ 윤리라운드

5. 조직에서 경영자가 목표를 설정할 때 고려해야 할 요소들에 대한 설명으로 가장 옳지 않은 것은?

① 조직의 미션과 종업원의 핵심 직무를 검토한다.
② 목표를 개별적으로 결정하거나 외부의 투입을 고려해서 정한다.

③ 목표 진척사항을 평가하기 위한 피드백 메커니즘을 구축한다.
④ 목표 달성과 보상은 철저하게 분리하여 독립적으로 실행한다.
⑤ 가용한 자원을 평가한다.

6. 리더의 행동을 생산에 대한 관심과 사람에 대한 관심을 기준으로 구분하여 연구한 블레이크(Blake)와 무톤(Mouton)의 관리격자연구에 따른 리더십 유형에 대한 설명으로 가장 옳지 않은 것은?

① 중도형(5-5) - 절충에 신경을 쓰기 때문에 때로는 우유부단하게 비칠 수 있다.
② 팀형(9-9) - 팀의 업적에만 관심을 갖는 리더로 부하를 하나의 수단으로 취급할 수 있다.
③ 컨츄리클럽형(1-9) - 부하의 욕구나 동기를 충족시키면 그들이 알아서 수행할 것이라는 전제하에 나타나는 리더십이다.
④ 무관심형(1-1) - 리더는 업무에 대한 지시만 하고 어려운 문제가 생기면 회피한다.
⑤ 과업형(9-1) - 리더 혼자서 의사결정을 하고 관리의 초점도 생산성 제고에 맞춰진다.

7. 기업이 자금을 조달하는 각종 원천에 대한 설명으로 옳지 않은 것은?

① 단기자금 조달을 위해 신용대출을 활용하기도 한다.
② 채권발행의 경우 기업 경영진의 지배력은 유지되는 장점이 있다.
③ 주식 매각의 장점은 주주들에게 주식배당을 할 법적 의무가 없어진다는 것이다.
④ 팩토링은 대표적인 담보대출의 한 형태이다.
⑤ 채권발행은 부채의 증가로 인해 기업에 대한 인식에 악영향을 끼칠 수 있다.

8. 에머슨(Emerson, H.)의 직계·참모식 조직(line and staff organization)의 단점에 대한 설명으로 옳지 않은 것은?

① 명령체계와 조언, 권고적 참여가 혼동되기 쉽다.
② 집행부문이 스태프(staff) 부문에 자료를 신속 · 충분하게 제공하지 않으면 참모 부문의 기능은 잘 발휘되지 못한다.
③ 집행부문의 종업원과 스태프(staff) 부문의 직원 간에 불화를 가져올 우려가 있다.
④ 라인(line)의 창의성을 결여하기 쉽다.
⑤ 명령이 통일되지 않아 전체의 질서적 관리가 혼란스러워지는 경우가 발생할 수 있다.

9. 유통경로의 유형 중 가맹본부로 불리는 경로 구성원이 계약을 통해 생산-유통과정의 여러 단계를 연결시키는 형태의 수직적 마케팅 시스템(vertical marketing system)으로 가장 옳은 것은?

① 기업형 VMS
② 위탁판매 마케팅 시스템
③ 복수유통 VMS
④ 프랜차이즈 시스템
⑤ 관리형 VMS

10. 유통경로 구조를 결정하는데 있어서 유통경로 커버리지(channel coverage)에 대한 설명으로 옳은 것은?

① 유통경로에서 제조업자로부터 몇 단계를 거쳐 최종 소비자에게 제품이 전달되는가와 관련이 있다.
② 제품의 부피가 크고 무거울수록, 부패 속도가 빠를수록 짧은 경로를 선택하는 것이 바람직하다.
③ 특정한 지역에서 하나의 중간상을 전속해 활용하는 전략을 집약적 유통(intensive distribution)이라고 한다.

④ 유통경로 커버리지란 특정지역에서 자사 제품을 취급하는 점포를 얼마나 많이 활용할 것인가를 결정하는 것이다.
⑤ 유통경로를 통제하고자 하는 통제욕구가 강할수록 유통경로는 짧아진다.

11. **유통산업의 경제적 의의에 대한 설명으로 가장 옳지 않은 것은?**

① 유통산업은 국민 경제적 측면에서 생산과 소비를 연결해주는 기능을 수행한다.
② 유통산업은 국민들로 하여금 상품이나 서비스 소비를 가능하게 함으로써 생활수준을 유지 · 향상시켜 준다.
③ 유통산업은 국가경제를 순환시키는데 중요한 역할을 담당하고 있다.
④ 우리나라 유통산업은 2010년대 후반 유통시장 개방과 자유화 정책 이후 급속히 발전하여 제조업에 이은 국가 기간산업으로 성장하였다.
⑤ 유통산업은 생산과 소비의 중개를 통해 제조업의 경쟁력을 높이고 소비자 후생의 증진에 큰 기여를 하고 있다.

12. **물류의 기본적 기능과 관련한 활동에 대한 설명으로 가장 옳지 않은 것은?**

① 서로 다른 두 지점 간의 물자를 이동시키는 활동은 수송활동이다.
② 보관활동은 시간적 수급조절기능, 가격조정기능을 수행한다.
③ 상품의 가치 및 상태를 보호하기 위해 적절한 재료와 용기를 사용하는 것은 유통가공활동이다.
④ 수송과 보관 사이에서 이루어지는 물품의 취급활동은 하역활동이다.
⑤ 유통을 촉진시키기 위한 무형의 물자인 정보를 유통시키는 활동은 정보유통활동이다.

13. **조직의 구성원들에게 학습되고 공유되는 가치, 아이디어, 태도 및 행동규칙을 의미하는 용어로 옳은 것은?**

① 조직문화(organizational culture)
② 핵심가치(core value)
③ 사명(mission)
④ 비전(vision)
⑤ 조직목표(organizational goals)

14. **아래 글상자에서 전통적인 유통채널 구조가 점진적으로 변화하는 과정이 순서대로 옳게 나열된 것은?**

㉠ 전통시장단계 ㉡ 제조업체 우위단계 ㉢ 소매업체 성장단계와 제조업체 국제화단계 ㉣ 소매업체 대형화단계 ㉤ 소매업체 국제화단계

① ㉢ - ㉣ - ㉤ - ㉠ - ㉡
② ㉡ - ㉢ - ㉣ - ㉤ - ㉠
③ ㉠ - ㉡ - ㉢ - ㉣ - ㉤
④ ㉤ - ㉠ - ㉡ - ㉢ - ㉣
⑤ ㉣ - ㉤ - ㉠ - ㉡ - ㉢

15. **유통경로 상 여러 경로 기관들의 유통 흐름 유형에 대한 설명으로 옳은 것은?**

구분	유형	내용
㉠	물적 흐름	유통 기관으로부터 다른 기관으로의 소유권의 이전
㉡	소유권 흐름	생산자로부터 최종 소비자에 이르기까지의 제품의 이동
㉢	지급 흐름	고객이 대금을 지급하거나, 판매점이 생산자에게 송금
㉣	정보 흐름	광고, 판촉원 등 판매촉진 활동의 흐름
㉤	촉진 흐름	유통 기관 사이의 정보의 흐름

① ㉠ ② ㉡
③ ㉢ ④ ㉣
⑤ ㉤

16. **유통기업들이 물류에 대한 높은 관심을 가지고 이에 대한 합리화를 적극적으로 검토·실행하고 있는 원인으로 옳지 않은 것은?**

① 물류비가 증가하는 경향이 있기 때문이다.
② 생산 부문의 합리화 즉 생산비의 절감에는 한계가 있기 때문이다.
③ 기업 간 경쟁에서 승리하기 위해 물류면에서 우위를 확보하여야 하기 때문이다.
④ 고객의 요구는 다양화, 전문화, 고도화되어 고객서비스 향상이 특히 중요시되기 때문이다.
⑤ 기술혁신에 의하여 운송, 보관, 하역, 포장 기술이 발전되었고 정보면에서는 그 발전 속도가 현저하게 낮아졌기 때문이다.

17. **아래 글상자에서 설명하는 소매상 유형으로 옳은 것은?**

일반의약품은 물론 건강기능식품과 화장품, 생활용품, 음료, 다과류까지 함께 판매하는 복합형 전문점

① 상설할인매장 ② 재래시장
③ 드럭스토어 ④ 대중양판점
⑤ 구멍가게

18. **소매수명주기이론**(retail life cycle theory)**에서 소매기관의 상대적 취약성이 명백해지면서 시장점유율이 떨어지고 수익이 감소하여 경쟁에서 뒤처지게 되는 단계는?**

① 도입기 ② 성장기
③ 성숙기 ④ 쇠퇴기
⑤ 진입기

19. **유통산업발전법(법률 제19117호, 2022.12.27., 타법개정)의 제2조 정의에서 기술하는 용어 설명이 옳지 않은 것은?**

① 매장이란 상품의 판매와 이를 지원하는 용역의 제공에 직접 사용되는 장소를 말한다. 이 경우 매장에 포함되는 용역의 제공장소의 범위는 대통령령으로 정한다.
② 임시시장이란 다수(多數)의 수요자와 공급자가 일정한 기간 동안 상품을 매매하거나 용역을 제공하는 일정한 장소를 말한다.
③ 상점가란 일정 범위의 가로(街路) 또는 지하도에 대통령령으로 정하는 수 이상의 도매점포·소매점포 또는 용역점포가 밀집하여 있는 지구를 말한다.
④ 전문상가단지란 같은 업종을 경영하는 여러 도매업자 또는 소매업자가 일정 지역에 점포 및 부대시설 등을 집단으로 설치하여 만든 상가단지를 말한다.
⑤ 공동집배송센터란 여러 유통사업자 또는 물류업자가 공동으로 사용할 수 있도록 집배송시설 및 부대업무 시설이 설치되어 있는 지역 및 시설물을 말한다.

20. **조직의 품질경영시스템과 관련한 ISO9000시리즈에 대한 설명으로 가장 옳지 않은 것은?**

① 제품 자체에 대한 품질을 보증하는 것이 아니라 제품 생산과정의 품질시스템에 대한 신뢰성 여부를 판단하는 기준이다.
② 품질경영시스템의 국제화 추세에 능동적으로 대처할 수 있다.
③ 고객만족을 위한 품질경영시스템을 구축할 수 있다.
④ 품질관련부서의 직원을 중심으로 챔피언, 마스터블랙 벨트, 블랙벨트, 그린벨트의 자격이 주어진다.
⑤ 의사결정은 자료 및 정보의 분석에 근거한다.

21. 단순 이동평균법을 이용하여 아래 표의 ( )안에 들어갈 판매예측치를 계산한 것으로 옳은 것은? (단, 이동평균 기간은 2개월로 함)

구분	1월	2월	3월	4월
판매량	17	19	21	(　　)

① 17　② 18
③ 19　④ 20
⑤ 23

22. 아래 글상자의 괄호 안에 들어갈 경로구성원 간 갈등 관련 용어를 순서대로 나열한 것으로 옳은 것은?

- (㉠)은(는) 상대방에 대해 적대감이나 긴장을 감정적으로 느끼는 것이다.
- (㉡)은(는) 상대방의 목표달성을 방해할 정도의 갈등으로, 이 단계에서는 상대를 견제하고 해를 끼치기 위해 법적인 수단을 이용하며 경로를 떠나거나 상대를 쫓아내기 위해 힘을 행사하는 것이다.

① ㉠ 잠재적 갈등, ㉡ 지각된 갈등
② ㉠ 지각된 갈등, ㉡ 갈등의 결과
③ ㉠ 감정적 갈등, ㉡ 표출된 갈등
④ ㉠ 표출된 갈등, ㉡ 감정적 갈등
⑤ ㉠ 갈등의 결과, ㉡ 지각된 갈등

23. 유통 경로상에 가능하면 많은 수의 도매상을 개입시킴으로써 각 경로 구성원에 의해 보관되는 제품의 수량이 감소될 수 있다는 원칙으로 가장 옳은 것은?

① 분업의 원칙
② 변동비 우위의 원칙
③ 총거래수 최소의 원칙
④ 집중준비의 원칙
⑤ 규모의 경제 원칙

24. 가맹점이 프랜차이즈에 가입할 때 고려해야할 점으로 가장 옳지 않은 것은?

① 프랜차이즈가 갖는 투자리스크를 사전에 검토한다.
② 기존의 점포와 겹치지 않는 입지인지 검토한다.
③ 자신의 가맹점만이 개선할 수 있는 부분을 활용한 차별점을 검토한다.
④ 본사에 지불해야 할 수수료를 고려해야 한다.
⑤ 본부의 사업역량이 충분한지 검토해야 한다.

25. 물류관리의 3S 1L원칙에 해당되는 용어로 옳지 않은 것은?

① Speedy　② Surely
③ Low　④ Safely
⑤ Smart

〈제2과목〉 상권분석

26. 아래 글상자에서 설명하는 입지대안의 평가 원칙으로 가장 옳은 것은?

점포를 방문하는 고객의 심리적, 물리적 특성과 관련된 원칙이다. 지리적으로 인접해 있거나, 교통이 편리하거나, 점포 이용이 시간적으로 편리하면 입지의 매력도를 높게 평가한다고 주장한다.

① 고객차단의 원칙
② 동반유인의 원칙
③ 점포밀집의 원칙
④ 접근가능성의 원칙
⑤ 보충가능성의 원칙

27. **중심상업지역**(CBD: central business district) **의 입지 특성에 대한 설명 중 가장 옳지 않은 것은?**

① 상업활동으로도 많은 사람을 유인하지만 출퇴근을 위해서도 이곳을 통과하는 사람이 많다.
② 백화점, 전문점, 은행 등이 밀집되어 있다.
③ 주차문제, 교통혼잡 등이 교외 쇼핑객들의 진입을 방해하기도 한다.
④ 소도시나 대도시의 전통적인 도심지역을 말한다.
⑤ 대중교통의 중심이며, 도보통행량이 매우 적다.

28. **소비자 C가 이사를 하였다. 글상자의 조건을 수정허프(Huff)모델에 적용하였을 때, 이사 이전과 이후의 소비자 C의 소매지출에 대한 소매단지 A의 점유율 변화로 가장 옳은 것은?**

㉠ 소비자 C는 오직 2개의 소매단지(A와 B)만을 이용하며, 1회 소매지출은 일정하다. ㉡ A와 B의 규모는 동일하다. ㉢ 이사 이전에는 C의 거주지와 B 사이 거리가 C의 거주지와 A 사이 거리의 2배였다. ㉣ 이사 이후에는 C의 거주지와 A 사이 거리가 C의 거주지와 B 사이 거리의 2배가 되었다.

① 4배로 증가 ② 5배로 증가
③ 4분의 1로 감소 ④ 5분의 1로 감소
⑤ 변화 없음

29. **둥지내몰림 또는 젠트리피케이션**(gentrification) **에 관한 내용으로 가장 옳지 않은 것은?**

① 낙후된 도심 지역의 재건축 · 재개발 · 도시재생 등 대규모 도시개발에 연관된 현상
② 도시개발로 인해 지역의 부동산 가격이 급격하게 상승 할 때 주로 발생하는 현상
③ 도시개발 후 지역사회의 원주민들의 재정착비율이 매우 낮은 현상을 포함
④ 상업지역의 활성화나 관광명소화로 인한 기존 유통업체의 폐점 증가 현상을 포함
⑤ 임대료 상승으로 인해 대형점포 대신 다양한 소규모 근린상점들이 입점하는 현상

30. **아래 글상자에서 설명하고 있는 상권분석 기법으로서 가장 옳은 것은?**

분석과정이 비교적 쉽고 비용이나 시간을 아낄 수 있다. 특정 점포의 상대적 매력도는 파악할 수 있지만, 상권의 공간적 경계를 추정하는데는 도움을 주지 못한다.

① CST map
② 컨버스(P.D.Converse)의 분기점 분석
③ 티센다각형(thiessen polygon)
④ 체크리스트법
⑤ 허프(Huff)모델

31. **신규점포에 대한 상권분석 기법이나 이론들은 기술적, 확률적, 규범적 분석방법으로 구분하기도 한다. 다음 중 규범적 분석에 해당되는 것만을 나열한 것은?**

① 체크리스트법, 유추법
② 중심지 이론, 소매인력법칙
③ 허프(Huff)모델, MNL모형
④ 유추법, 중심지 이론
⑤ 소매인력법칙, 허프(Huff)모델

32. 상권범위의 결정 요인에 대한 설명으로 가장 옳지 않은 것은?

① 상권을 결정하는 요인에는 시간요인과 비용요인이 포함된다.
② 공급측면에서 비용요인 중 교통비가 저렴할수록 상권은 축소된다.
③ 수요측면에서 고가품, 고급품일수록 상권범위가 확대된다.
④ 재화의 이동에서 사람을 매개로 하는 소매상권은 재화의 종류에 따라 비용 지출이나 시간 사용이 달라지므로 상권의 크기도 달라진다.
⑤ 시간요인은 상품가치를 좌우하는 보존성이 강한 재화일수록 상권범위가 확대된다.

33. 소매점포의 다른 입지유형과 비교할 때 상대적으로 노면 독립입지가 갖는 일반적인 특징으로 가장 옳지 않은 것은?

① 가시성이 좋다.
② 다른 점포와의 시너지 효과를 기대하기 어렵다.
③ 임대료가 낮다.
④ 주차공간이 넓다.
⑤ 마케팅 비용이 적게 든다.

34. 점포의 상권을 설정하기 위한 단계에서의 지역특성 및 입지조건 관련 조사의 내용으로 가장 옳지 않은 것은?

① 유사점포의 경쟁상황
② 지역의 경제상황
③ 자연적 장애물
④ 점포의 접근성
⑤ 점포의 예상수요

35. 아래 글상자에 제시된 신규점포의 개점 절차의 논리적 진행순서로 가장 옳은 것은?

> ㉠ 상권분석 및 입지선정
> ㉡ 홍보계획 작성
> ㉢ 가용 자금, 적성 등 창업자 특성 분석
> ㉣ 실내 인테리어, 점포꾸미기
> ㉤ 창업 아이템 선정

① ㉠ - ㉤ - ㉢ - ㉡ - ㉣
② ㉤ - ㉠ - ㉢ - ㉡ - ㉣
③ ㉤ - ㉢ - ㉠ - ㉡ - ㉣
④ ㉢ - ㉠ - ㉤ - ㉡ - ㉣
⑤ ㉢ - ㉤ - ㉠ - ㉣ - ㉡

36. 공간균배의 원리나 소비자의 이용목적에 따라 소매점의 입지유형을 분류하기도 한다. 이들 입지유형과 특성의 연결로서 가장 옳은 것은?

① 적응형입지 - 지역 주민들이 주로 이용함
② 산재성입지 - 거리에서 통행하는 유동인구에 의해 영업이 좌우됨
③ 집재성입지 - 동일 업종끼리 모여 있으면 불리함
④ 생활형입지 - 동일 업종끼리 한곳에 집단적으로 입지하는 것이 유리함
⑤ 집심성입지 - 배후지나 도시의 중심지에 모여 입지하는 것이 유리함

37. 대지면적에 대한 건축물의 연면적의 비율인 용적률을 계산 할 때 연면적 산정에 포함되는 항목으로 가장 옳은 것은?

① 지하층의 면적
② 주민공동시설면적
③ 건축물의 부속용도가 아닌 지상층의 주차용 면적
④ 건축물의 경사지붕 아래에 설치하는 대피공간의 면적

⑤ 초고층 건축물과 준초고층 건축물에 설치하는 피난안전 구역의 면적

38. 소매업의 공간적 분포를 설명하는 중심성지수와 관련된 설명으로서 가장 옳지 않은 것은?

① 상업인구는 어떤 지역의 소매판매액을 1인당 평균 구매액으로 나눈 값이다.
② 중심성지수는 상업인구를 그 지역의 거주인구로 나눈 값이다.
③ 중심성지수가 1이라는 것은 소매판매액과 그 지역 내 거주자의 소매구매액이 동일하다는 뜻이다.
④ 중심성지수가 1이라는 것은 해당 지역의 구매력 유출과 유입이 동일하다는 뜻이다.
⑤ 소매 판매액의 변화가 없어도 해당 지역의 인구가 감소하면 중심성지수는 낮아지게 된다.

39. 허프(Huff)모델보다 분석과정이 단순해서 상권분석에서 실무적으로 많이 활용되는 수정허프(Huff)모델의 특성에 관한 설명으로 가장 옳지 않은 것은?

① 분석을 위해 상권 내에 거주하는 소비자의 개인별 구매 행동 데이터를 수집할 필요가 없다.
② 허프(Huff)모델과 같이 점포면적과 점포까지의 거리를 통해 소비자의 점포 선택확률을 계산할 수 있다.
③ 상권분석 상황에서 실무적 편의를 위해 점포면적과 거리에 대한 민감도를 따로 추정하지 않는다.
④ 허프(Huff)모델과 달리 수정허프(Huff)모델은 상권을 세부지역(zone)으로 구분하는 절차를 거치지 않는다.
⑤ 허프(Huff)모델에서 추정해야하는 점포면적과 이동거리 변수에 대한 소비자의 민감도계수를 '1'과 '-2'로 고정하여 인식한다.

40. 복수의 입지후보지가 있을 때는 상세하고 정밀하게 입지 조건을 평가하는 과정을 거치게 된다. 가장 유리한 점포 입지를 선택하기 위해 참고할 만한 일반적 기준으로 가장 옳은 것은?

① 건축선 후퇴(setback)는 상가건물의 가시성을 높이는 긍정적인 효과를 가진다.
② 점포 출입구 부근에 단차가 있으면 사람과 물품의 출입이 용이하여 좋다.
③ 점포 부지와 점포의 형태는 정사각형에 가까울수록 소비자 흡인에 좋다.
④ 점포규모가 커지면 매출도 증가하는 경향이 있으므로 점포면적이 클수록 좋다.
⑤ 평면도로 볼 때 점포가 도로에 접한 정면너비가 깊이보다 큰 장방형 형태가 유리하다.

41. 상가건물 임대차보호법(법률 제18675호, 2022. 1.4., 일부 개정)은 임대인은 임차인이 임대차기간이 만료되기 6개월 전부터 1개월 전까지 사이에 계약갱신을 요구할 경우 정당한 사유 없이 거절하지 못한다고 규정하면서, 예외적으로 그러하지 아니한 경우를 명시하고 있다. 이 예외적 으로 그러하지 아니한 경우로서 가장 옳지 않은 것은?

① 임차인이 2기의 차임액에 해당하는 금액에 이르도록 차임을 연체한 사실이 있는 경우
② 서로 합의하여 임대인이 임차인에게 상당한 보상을 제공한 경우
③ 임차인이 임대인의 동의 없이 목적 건물의 전부 또는 일부를 전대(轉貸)한 경우
④ 임차인이 임차한 건물의 전부 또는 일부를 고의나 중대한 과실로 파손한 경우
⑤ 임차인이 거짓이나 그 밖의 부정한 방법으로 임차한 경우

42. **상대적으로 광역상권인 시, 구, 동 등 특정 지역의 총량적 수요를 추정할 때 사용되는 구매력지수(BPI: buying power index)를 계산하는 수식에서 가장 가중치가 큰 변수로서 옳은 것은?**

① 전체 지역 대비 특정 지역의 인구비율
② 전체 지역 대비 특정 지역의 가처분소득 비율
③ 전체 지역 대비 특정 지역의 소매업 종사자 비율
④ 전체 지역 대비 특정 지역의 소매매출액 비율
⑤ 전체 지역 대비 특정 지역의 소매점면적 비율

43. **소매점포의 예상매출을 추정하는 분석방법이나 이론으로 볼 수 있는 것들이다. 가장 연관성이 떨어지는 것은?**

① 유추법
② 회귀분석법
③ 허프(Huff)모델
④ 컨버스(P.D. Converse)의 분기점분석
⑤ MNL모형

44. **소매포화지수(IRS)는 지역시장의 공급대비 수요수준을 총체적으로 측정하기 위해 많이 사용되는 지표의 하나이다. 소매포화지수를 구하는 공식의 분모(分母)에 포함되는 요소로 가장 적합한 것은?**

① 관련 점포의 총매출액
② 관련 점포의 총매장면적
③ 관련 점포의 고객수
④ 관련 점포의 총영업이익
⑤ 관련 점포의 종업원수

45. **지리정보시스템(GIS)을 이용한 상권정보시스템 구축과 관련된 내용으로 가장 옳지 않은 것은?**

① 개별 상점의 위치정보는 점 데이터로, 토지이용 등의 정보는 면(面) 데이터로 지도에 수록한다.
② 지하철노선, 도로 등은 선(線) 데이터로 지도에 수록하고 데이터베이스(DB)를 구축한다.
③ 고객의 인구통계정보 등은 DB로 구축하여, 표적고객 집단을 파악하고 상권경계선을 추정할 수 있게 한다.
④ 주제도 작성, 공간 조회, 버퍼링을 통해 효과적인 상권 분석이 가능하다.
⑤ 지리정보시스템에 기반한 상권분석정보는 현실적으로 주로 대규모점포에 한정하여 상권분석, 입지선정, 잠재 수요 예측, 매출액 추정에 활용되고 있다.

〈제3과목〉 유통마케팅

46. **다음 중 효과적인 시장세분화를 위한 조건으로 옳은 것을 모두 고른 것은?**

㉠ 측정가능성	㉡ 접근가능성
㉢ 실행가능성	㉣ 규모의 적정성
㉤ 차별화 가능성	

① ㉠, ㉡, ㉢, ㉣, ㉤
② ㉠, ㉢, ㉣
③ ㉡, ㉢, ㉤
④ ㉡, ㉣, ㉤
⑤ ㉢, ㉤

47. 소매경영에서 공급업체에 대한 평가 시 사용하는 ABC 분석에 대한 다음 내용 중에서 옳지 않은 것은?

① 개별 단품에 대해 안전재고 수준과 상품가용성 정도를 결정하는데 사용한다.
② 매출비중이 높더라도 수익성이 떨어지는 상품은 중요시하지 않는 것이 바람직하다.
③ 소매업체들이 기여도가 높은 상품 관리에 집중해야 한다는 관점하에 활용된다.
④ 소매업체 매출의 80%는 대략 상위 20%의 상품에 의해 창출된다고 본다.
⑤ 상품성과의 척도로는 공헌이익, GMROI(마진수익률), 판매량 등이 많이 활용된다.

48. 아래 글상자가 공통적으로 설명하는 소매상의 변천과정 가설 및 이론으로 가장 옳은 것은?

- 소매업태가 환경변화에 따라 일정한 주기를 두고 순환적으로 변화한다는 가설
- 저가격, 저비용, 저서비스의 점포 운영방식으로 시장에 진입
- 성공적인 시장진입 이후 동일 유형의 소매점 간에 경쟁이 격화됨에 따라 경쟁우위 확보를 위해 점점 고비용, 고가격, 고서비스의 소매점으로 전환
- 모든 유형의 소매업태 등장과 발전과정을 설명할 수 없다는 한계를 지님

① 자연도태설
② 소매수명주기 이론
③ 소매아코디언 이론
④ 변증법적 이론
⑤ 소매업 수레바퀴가설

49. 다음 중 소매업체가 점포를 디자인할 때 고려해야 하는 요소로 가장 옳지 않은 것은?

① 표적시장의 니즈를 만족시키기 위한 소매업체의 전략 실행
② 효율적으로 제품을 찾고 구입할 수 있도록 쾌락적 편익 제공
③ 잠재고객 방문 유도 및 방문 고객의 구매율 증가
④ 용이한 점포의 관리 및 유지 비용을 절감할 수 있도록 설계
⑤ 점포설계에 있어서 법적·사회적 요건 충족

50. 다음 중 매장의 생산성을 증대시키기 위한 유통계량조사의 내용으로 가장 옳지 않은 것은?

① 매장 1평당 어느 정도의 매출액이 일어나고 있는가를 파악하기 위한 매장생산성 조사
② 투입된 종업원당 어느 정도의 매출액이 창출되는지를 업계 평균과 상호 비교
③ 현재의 재고가 어느 정도의 상품이익을 실현하는지 알기 위한 교차비율 산출
④ 고객수 및 객단가 산출 및 이전 분기 대비 객단가 증가율 비교
⑤ 채산성을 위한 목표 매출 및 달성 가능성을 분석하기 위한 손익분기 매출액 산출

51. 상시저가전략(EDLP: everyday low price)과 비교한 고저 가격전략(high-low pricing)의 장점으로 가장 옳지 않은 것은?

① 고객의 가격민감도 차이에 기반한 가격차별화를 통해 수익증대가 가능하다.
② 할인행사에 대한 고객 기대를 높이는 효과가 있다.
③ 광고 및 운영비를 절감하는 효과가 있다.
④ 동일 상품을 다양한 고객층에게 판매할 수 있다.
⑤ 제품수명주기의 변화에 따른 가격설정이 용이하다.

52. 다음 중 경로구성원 평가 및 관리와 관련하여 옳지 않은 것은?

① 기업은 좋은 성과를 내고 고객에게 훌륭한 가치를 제공하는 중간상을 파악하여 보상해야 한다.
② 판매 할당액의 달성 정도, 제품 배달시간, 파손품과 손실품 처리 등과 같은 기준에 관해 정기적으로 경로 구성원의 성과를 평가해야 한다.
③ 경로 구성원과의 장기적인 협력관계를 맺기 위해 성과가 좋지 못한 중간상이라도 바꾸지 말아야 한다.
④ 파트너를 소홀히 다루는 제조업자는 딜러의 지원을 잃을 뿐만 아니라 법적인 문제를 초래할 위험이 있다.
⑤ 기업은 경로 구성원이 최선을 다할 수 있도록 지속적으로 관리하고 동기를 부여해야 한다.

53. 아래 글상자가 설명하는 서비스품질을 평가하는 요소로 가장 옳은 것은?

> N사는 고객의 개별적 욕구를 충족시키고자 노력하는 기업으로 포지셔닝하며 고객의 개별 선호에 맞춘 고객 응대를 실천하고 있다. 예를 들어, 양쪽 발 사이즈가 다른 고객에게 사이즈가 각각 다른 두 켤레를 나누어 팔았다. 비록 나머지 짝이 맞지 않은 두 신발을 팔 수 없더라도 고객에게 잊지 못할 감동을 주고 있다.

① 신뢰성(reliability)
② 확신성(assurance)
③ 유형성(tangibility)
④ 공감성(empathy)
⑤ 응답성(responsiveness)

54. 서비스기업의 고객관계관리 과정은 "관계구축 - 관계강화 - 관계활용 - 이탈방지 또는 관계해지"의 단계로 나누어 볼 수 있다. 관계구축 단계의 활동으로서 가장 옳지 않은 것은?

① 교차판매, 묶음판매를 통한 관계의 확대
② 고객의 요구를 파악할 수 있는 시장의 세분화
③ 시장의 요구 수준을 충족시키는 양질의 서비스 개발
④ 기업의 핵심가치제안에 부합하는 표적고객 선정
⑤ 고객 니즈를 충족시키는 차별화된 마케팅 전략 수립

55. 아래 글상자의 괄호 안에 들어갈 용어로 가장 옳은 것은?

> 제조업체가 최종소비자들을 상대로 촉진활동을 하여 이 소비자들로 하여금 중간상(특히 소매상)에게 자사제품을 요구하도록 하는 전략을 (㉠)이라고 한다. 반면에 어떤 제조업체들은 중간상들을 대상으로 판매촉진활동을 하고 그들이 최종 소비자에게 적극적인 판매를 하도록 유도하는 유통전략을 사용하는데, 이를 (㉡) 전략이라고 한다.

① ㉠ 풀전략, ㉡ 푸시전략
② ㉠ 푸시전략, ㉡ 풀전략
③ ㉠ 집중적 마케팅전략, ㉡ 차별적 마케팅전략
④ ㉠ 풀전략, ㉡ 차별적 마케팅전략
⑤ ㉠ 푸시전략, ㉡ 집중적 마케팅전략

56. 다음은 산업 구조분석 방법인 마이클 포터의 5 force model과 시장매력도 간의 관계에 해당하는 내용이다. 가장 옳지 않은 것은?

① 기업들은 새로운 경쟁자들이 시장에 쉽게 들어오지 못하도록 높은 수준의 진입장벽을 구축하기 위해 노력한다.

② 구매자의 교섭력이 높아질수록 그 시장의 매력도는 낮아진다.
③ 산업 구조분석에서 다루어지는 시장매력도는 산업 전체의 평균 수익성을 의미한다.
④ 5 force model은 누가 경쟁자이고 누가 공급자이며 누가 구매자인지 분명하게 구분된다는 것을 가정하고 있다.
⑤ 대체제가 많을수록 시장의 매력도는 높아진다.

57. **마케팅투자수익률(MROI)에 대한 설명으로서 가장 옳지 않은 것은?**

① 마케팅투자수익을 마케팅투자비용으로 나눈 값이다.
② 마케팅투자비용의 측정보다 마케팅투자수익의 측정이 더 어렵다.
③ 측정과 비교가 용이한 단일 마케팅성과척도를 사용하는 것이 바람직하다.
④ 고객생애가치, 고객자산 등의 평가를 통해 마케팅투자 수익을 측정할 수 있다.
⑤ 브랜드인지도, 매출, 시장점유율 등을 근거로 마케팅 투자수익을 측정할 수 있다.

58. **다음 중 판매촉진에 대한 설명으로 가장 옳지 않은 것은?**

① 판매촉진은 고객들로 하여금 즉각적인 반응을 일으킬 수 있고 반응을 쉽게 알아낼 수 있다.
② 판매촉진은 단기적으로 고객에게 대량 또는 즉시 구매를 유도하기 때문에 다른 촉진활동보다 매출 증대를 기대할 수 있다.
③ 판매촉진 예산을 결정할 때 활용하는 가용예산법(affordable method)은 과거의 매출액이나 예측된 미래의 매출액을 근거로 예산을 결정하는 방법을 말한다.
④ 소비자를 대상으로 하는 판매촉진의 유형 중 쿠폰(coupon)은 가격할인을 보장하는 일종의 증서로 지면에 표시된 가격만큼 제품가격에서 할인해 주는 방법이다.
⑤ 중간상의 판매촉진의 유형으로 협동광고는 제조업자가 협동하여 지역의 소매상들이 공동으로 시행하는 광고를 말한다.

59. **고객관계관리(CRM)와 관련한 채널관리 이슈에 대한 설명으로 가장 옳지 않은 것은?**

① 채널은 고객접점으로서 관리되어야 한다.
② 채널의 정보교환 기능을 활성화시켜야 한다.
③ 채널 파트너와의 협업을 관리해야 한다.
④ 채널을 차별화함으로써 발생할 수 있는 채널 간 갈등을 최소화해야 한다.
⑤ CRM을 성공적으로 수행하기 위해서 다양한 채널을 독립적으로 운영해야 한다.

60. **다음 중 소매업이 상품 판매를 효과적으로 전개하기 위해 제공하는 물적·기능적 서비스에 해당하지 않는 것은?**

① 포장지, 선물상자의 제공 등과 같은 상품 부대물품의 제공 서비스
② 할부판매, 외상 판매 등과 같은 금융적 서비스
③ 전달 카탈로그, 광고 선전 등과 같은 정보 제공 서비스
④ 고객의 선택 편의 및 구매 효율을 높이는 셀프서비스와 같은 시스템적 서비스
⑤ 상품 설명, 쇼핑 상담, 배달 등과 같은 노역 기술 제공 서비스

61. **다음 중 제품별 영업조직**(product sales force structure)**의 장점으로 가장 옳지 않은 것은?**

① 제품에 대한 지식과 전문성이 강화된다.
② 특히 다양한 제품계열을 가지고 있는 기업의 경우에 적합하다.
③ 제한된 지역을 순방하므로 상대적으로 영업비용을 줄일 수 있다.
④ 제품별 직접판매이익공헌을 평가하기가 용이하다.
⑤ 소비재 기업보다는 산업재를 취급하는 기업일수록 이런 형태의 조직이 유리하다.

62. **아래 글상자의 내용이 공통적으로 설명하고 있는 CRM 분석 도구로 가장 옳은 것은?**

- 사용자가 고객DB에 담겨 있는 다차원 정보에 직접 접근하여 대화식으로 정보를 분석할 수 있도록 지원하는 분석 도구
- 분석을 위해 활용되는 정보는 다차원적으로 최종사용자가 기업의 전반적인 상황을 이해할 수 있게 하여 의사결정을 지원
- 예를 들어 사용자가 자사의 매출액을 지역별/상품별/연도 별로 알고 싶을 경우 활용할 수 있는 분석 도구

① 데이터 마이닝(data mining)
② 데이터웨어하우징(data warehousing)
③ OLTP(online transaction processing)
④ OLAP(online analytical processing)
⑤ EDI(electronic data interchange)

63. **아래 글상자의 내용 중 격자형 레이아웃의 장점만을 나열한 것으로 옳은 것은?**

㉠ 원하는 상품을 쉽게 찾을 수 있다.
㉡ 느긋하게 자신이 원하는 상품을 둘러보기에 용이하다.
㉢ 충동구매를 촉진시킬 수 있다.
㉣ 고객이 쇼핑에 걸리는 시간을 최소화할 수 있다.
㉤ 쇼핑의 쾌락적 요소를 배가시킬 수 있다.
㉥ 통로 등의 공간이 비교적 동일한 넓이로 설계되어 공간적 효율성을 높일 수 있다.

① ㉠, ㉣, ㉤
② ㉠, ㉣, ㉥
③ ㉡, ㉣, ㉤
④ ㉢, ㉤, ㉥
⑤ ㉣, ㉤, ㉥

64. **고객생애가치 이론에 관한 설명으로 가장 옳은 것은?**

① 고객생애가치는 특정 고객으로부터 얻게 되는 이익 흐름의 미래가치를 의미한다.
② 고객 애호도가 높다는 것은 곧 고객생애가치가 높다는 것을 가리킨다.
③ 기업은 고객생애가치를 높이기 위하여 경쟁자보다 더 높은 가치를 제공해 주어야 한다.
④ 올바른 고객생애가치를 산출하기 위해서는 기업의 수입 흐름만 고려하면 된다.
⑤ 고객생애가치는 고객과의 한번의 거래에서 나오는 이익을 의미한다.

65. **비주얼 머천다이징(VMD, visual merchandising)에 대한 설명으로 가장 옳지 않은 것은?**

① 비주얼머천다이징은 상업공간에 적합한 특정의 상품이나 서비스를 조합하고 판매 증진을 위한 시각적 연출 계획으로 기획하고 상품 · 선전 · 판촉 기능을 수행한다.
② 비주얼머천다이징은 기업의 독자성을 표현하고 타 경쟁점과의 차별화를 위해 상품 진열에 관해 시각적 요소를 반영하여 연출하고 관리하는 전략적인 활동이다.
③ 비주얼머천다이징의 구성요소인 PP(point of sale presentation)는 고객의 시선이 머무르는 곳에 볼거리를 제공하여 상품에 관심을 갖도록 유도하기 위해 활용된다.
④ 비주얼머천다이징의 구성요소인 IP(interior presentation)는 실제 판매가 이루어지는 장소에서 상품구역별로 진열대에 진열하는 방식으로 주로 충동구매 상품을 배치하여 매출을 극대화하기 위해 활용된다.
⑤ 비주얼머천다이징의 구성요소인 VP(visual presentation)는 상점의 컨셉을 부각시키기 위해 쇼윈도 또는 테마 공간 연출을 통해 브랜드 이미지를 표현하기 위해 활용된다.

66. **아래 글상자에서 말하는 여러 효과를 모두 보유하고 있는 마케팅 활동은?**

㉠ 가격인하 효과	㉡ 구매유발 효과
㉢ 미래수요 조기화 효과	㉣ 판매촉진 효과

① 쿠폰　② 프리미엄
③ 컨테스트　④ 인적 판매
⑤ 리베이트

67. **아래 글상자의 설명으로 가장 옳은 것은?**

> 동일한 고객층을 대상으로 하되 경쟁업체와 다르게 그들 고객이 가장 원하는 제품과 서비스에 중점을 두거나 고객에게 제시되는 가격대에 대응하는 상품이나 품질을 차별화하는 방향을 전개하는 머천다이징 유형의 하나이다.

① 혼합식 머천다이징(scrambled merchandising)
② 선별적 머천다이징(selective merchandising)
③ 세그먼트 머천다이징(segment merchandising)
④ 계획적 머천다이징(programed merchandising)
⑤ 상징적 머천다이징(symbol merchandising)

68. **아래 글상자의 괄호 안에 들어갈 용어로 가장 옳은 것은?**

> (㉠)은 상품흐름이나 판매를 증진시키기 위해 정상가보다 낮은 가격으로 결정하는 것을 말하며, (㉡)은 특정 제품의 가격에 대해 천단위, 백단위로 끝나는 것보다 특정의 홀수로 끝나는 가격을 책정함으로서 소비자로 하여금 더 저렴하다는 느낌을 주기 위한 가격전략이다.

① ㉠ 선도가격(leader pricing),
　㉡ 수량가격(quantity based pricing)
② ㉠ 단수가격(odd pricing),
　㉡ 변동가격(dynamic pricing)
③ ㉠ 선도가격(leader pricing),
　㉡ 단수가격(odd pricing)
④ ㉠ 변동가격(dynamic pricing),
　㉡ 묶음가격(price bundling)
⑤ ㉠ 묶음가격(price bundling),
　㉡ 단수가격(odd pricing)

69. **소매점의** POS(point of sales)**시스템에 대한 설명으로 가장 옳지 않은 것은?**

① POS시스템을 통해 소매점별로 수집된 판매 제품의 품목명, 수량, 가격, 판촉 등에 관한 정보를 수집할 수 있다.
② POS시스템은 POS 단말기, 바코드 스캐너, 스토어 콘트롤러(store controller)로 구성되어 있다.
③ POS시스템을 통해 확보한 정보는 고객관계관리(CRM)를 위한 기반 데이터로 활용된다.
④ 전년도 목표 대비 판매량 분석 또는 전월 대비 매출액 변화분석과 같은 시계열 정보를 수집하고 분석하는데 한계가 있다.
⑤ POS시스템을 통해 신제품에 대한 마케팅 효과, 판촉 효과 등을 분석할 수 있다.

70. **제품수명주기**(PLC) **단계 중 성숙기에 이루어지는 판매 촉진 전략으로 옳은 것은?**

① 상표 전환을 유도하기 위한 판촉을 증대한다.
② 수요확대에 따라 점차적으로 판촉을 감소한다.
③ 매출증대를 위한 판매촉진 활동은 최저 수준으로 감소시킨다.
④ 제품의 인지도 향상을 위한 강력한 판촉을 전개한다.
⑤ 제품 가격을 높이는 대신 짧은 기간에 모든 판촉수단을 활용하는 전략을 실행한다.

〈제4과목〉 유통정보

71. **쇼핑몰의 시스템 구성에서 프론트 오피스**(front office) **요소로 가장 옳지 않은 것은?**

① 상품검색　　② 상품등록
③ 상품리뷰　　④ 상품진열
⑤ 회원로그인

72. **라이브 커머스**(live commerce)**에 대한 설명으로 가장 옳지 않은 것은?**

① 라이브 스트리밍(live streaming)과 커머스(commerce)의 합성어이다.
② 온라인 상에서 실시간으로 쇼호스트가 상품을 설명하고 판매하는 비즈니스 프로세스이다.
③ 온라인 상에서 소비자와 쇼호스트는 실시간으로 소통이 가능하지만 소비자간의 대화는 불가능하다.
④ 기존 이커머스(e-commerce)보다 소통과 재미를 더한 진화된 커머스 형태이다.
⑤ 최근 소비자들에게 인기를 얻으면서 급성장하고 있다.

73. **오늘날을 제4차 산업혁명 시기로 구분한다. 제4차 산업 혁명에 대한 설명으로 가장 옳지 않은 것은?**

① 2016 세계경제포럼에서 4차 산업혁명을 3차 산업 혁명을 기반으로 디지털, 바이오와 물리학 사이의 모든 경계를 허무는 융합 기술 혁명으로 정의함
② ICT를 기반으로 하는 사물인터넷 및 만물인터넷의 진화를 통해 인간-인간, 인간-사물, 사물-사물을 대상으로 한 초연결성이 기하급수적으로 확대되는 초연결적 특성이 있음

③ 인공지능과 빅데이터의 결합과 연계를 통해 기술과 산업구조의 초지능화가 강화됨
④ 초연결성, 초지능화에 기반하여 기술간, 산업간, 사물-인간 간의 경계가 사라지는 대융합의 시대라고 볼 수 있음
⑤ 4차 산업혁명 시대의 생산요소 토지, 노동, 자본 중 노동의 가치가 토지와 자본에 비해 중요도가 커지는 특징이 있음

74. 물류의 효율적 회전을 가능하게 하는 QR 물류시스템의 긍정적 효과로 가장 옳지 않은 것은?

① 신속한 대응　② 리드타임 증가
③ 안전재고 감소　④ 예측오류 감소
⑤ 파이프라인재고 감소

75. 디지털 공급망을 구현하는데 활용되는 블록체인 스마트 계약(blockchain smart contract) 기술에 대한 설명으로 가장 옳지 않은 것은?

① 특정 요구사항이 충족되면 네트워크를 통해 실시간으로 계약이 실행된다.
② 거래 내역이 블록체인 상에 기록되기 때문에 높은 신뢰도를 형성한다.
③ 블록체인 스마트 계약은 중개자 없이 실행될 수 있기 때문에 상대적으로 거래 비용이 낮다.
④ 블록체인 기록을 뒷받침하는 높은 수준의 암호화와 분산원장 특성으로 네트워크에서 높은 보안성을 확보하고 있다.
⑤ 블록체인을 활용하기 때문에 거래 기록에 대하여 가시성을 확보할 수 없다.

76. 경쟁력있는 수익창출 방안을 개발하는데 활용되는 비즈니스 모델 캔버스를 구성하는 9가지 요인 중에 ㉠ 가장 먼저 작성해야 하는 요인과 ㉡ 마지막으로 작성해야 하는 요인이 있다. 여기서 ㉠과 ㉡에 해당하는 내용으로 가장 옳은 것은?

① ㉠ 가치제안, ㉡ 수익원
② ㉠ 고객관계, ㉡ 고객 세분화
③ ㉠ 수익원, ㉡ 고객 세분화
④ ㉠ 고객 세분화, ㉡ 가치제안
⑤ ㉠ 고객 세분화, ㉡ 비용구조

77. 데이터마이닝 기법과 CRM에서의 활용용도를 연결한 것으로 가장 옳지 않은 것은?

① 분류 규칙 - 고객이탈 수준 등급
② 군집화 규칙 - 제품 카테고리
③ 순차 패턴 - 로열티 강화 프로그램
④ 연관 규칙 - 상품 패키지 구성 정보
⑤ 일반화 규칙 - 연속 판매 프로그램

78. 최근 정부에서 추진하고 있는 다양한 친환경 제품 관련 인증 제도 관련 설명으로 가장 옳지 않은 것은?

① 환경부 · 한국환경산업기술원에서는 같은 용도의 다른 제품에 비해 제품의 환경성을 개선한 경우 환경표지 인증을 해주고 있다.
② 농림축산식품부 · 국립농산물품질관리원에서는 유기농산물과 유기가공식품에 대한 친환경농축산물인증제도를 운영하고 있다.
③ 국토교통부와 환경부에서는 한국건설기술연구원을 통해 건축이 환경에 영향을 미치는 요소에 대한 평가를 통해 건축물의 환경성능을 인증하는 녹색건축인증제도를 운영하고 있다.
④ 한국산업기술진흥원에서는 저탄소 녹색성

장 기본법에 의거하여 유망한 녹색기술 또는 사업에 대한 녹색인증 제도를 운영하고 있다.

⑤ 환경부 · 소비자보호원에서는 소비자들의 알 권리를 위해 친환경 제품에 대한 정보를 제공하는 그린워싱(green washing)제도를 운영하고 있다.

79. **스튜어트(Stewart)의 지식 자산 특성에 대한 설명으로 가장 옳지 않은 것은?**

① 지식 자산의 유형으로 고객 자산, 구조적 자산, 인적 자산 등이 있다.
② 대표적인 고객 자산에는 고객브랜드 가치, 기업이미지 등이 있다.
③ 대표적인 인적 자산에는 구성원의 지식, 경험 등이 있다.
④ 대표적인 구조적 자산에는 조직의 경영시스템, 프로세스 등이 있다.
⑤ 구조적 자산으로 외재적 존재 형태를 갖고 있는 암묵적 지식이 있다.

80. **유통업체에서 고객의 데이터를 활용하여 마케팅에 활용하는 사례로 아래 글상자의 괄호 안에 공통적으로 들어갈 용어로 가장 옳은 것은?**

- (   )은(는) 국민이 자신의 데이터에 대한 통제권을 갖고 원하는 곳으로 데이터를 전송할 수 있는 서비스이다.
- (   )이(가) 구현되면, 국민은 데이터를 적극적으로 관리 · 통제할 수 있게 되고, 스타트업 등 기업은 혁신적인 서비스를 창출해 새로운 데이터 산업 생태계가 조성된다.

① 데이터베이스 ② 빅데이터 분석
③ 데이터 댐 ④ 데이터마이닝
⑤ 마이데이터

81. **아래 글상자에서 설명하는 개념으로 가장 옳은 것은?**

- 걷기에는 멀고 택시나 자가용을 이용하기에는 마땅치 않은 애매한 거리를 지칭한다.
- 이 개념은 유통업체의 상품이 고객의 목적지에 도착하는 마지막 단계를 의미한다.
- 유통업체는 고객 만족을 위한 배송품질 향상이나 배송서비스 차별화 측면에서 이 개념을 전략적으로 활용하고 있다.

① 엔드 투 엔드 공급사슬
② 고객만족경영
③ 배송 리드타임
④ 스마트 로지스틱
⑤ 라스트 마일

82. **아래 글상자에서 설명하는 플랫폼 비즈니스의 두 가지 핵심 특성과 관련한 현상을 순서대로 바르게 나열한 것은?**

㉠ 플랫폼에 참여하는 이용자들이 증가할수록 그 가치가 더욱 커지는 현상이 나타나고, ㉡ 일정 수준 이상의 플랫폼에 참여하는 이용자를 확보하게 될 경우, 막강한 경쟁력을 확보해서 승자독식의 비즈니스가 가능하게 되는 현상이 나타난다.

① ㉠ 메트칼프의 법칙, ㉡ 티핑 포인트
② ㉠ 팔레토의 법칙, ㉡ 롱테일의 법칙
③ ㉠ 네트워크 효과, ㉡ 무어의 법칙
④ ㉠ 규모의 경제, ㉡ 범위의 경제
⑤ ㉠ 학습효과, ㉡ 공정가치선

83. 고객 수요에 기반한 데이터의 수집과 분석을 통해 고객에게 상황에 따른 다양한 가격을 제시하는 전략을 지칭하는 용어로 가장 옳은 것은?

① 시장침투가격 전략(penetration pricing strategy)
② 초기고가 전략(skimming pricing strategy)
③ 낚시가격 전략(bait and hook pricing strategy)
④ 다이나믹 프라이싱 전략(dynamic pricing strategy)
⑤ 명성가격 전략(prestige pricing strategy)

84. 아래 글상자의 OECD 개인정보 보호 8원칙 중 옳은 것 만을 바르게 나열한 것은?

> ㉠ 정보 정확성의 원칙 - 개인정보는 적법하고 공정한 방법을 통해 수집되어야 한다.
> ㉡ 수집 제한의 법칙 - 이용 목적상 필요한 범위 내에서 개인정보의 정확성, 완전성, 최신성이 확보되어야 한다.
> ㉢ 목적 명시의 원칙 - 개인정보는 수집 과정에서 수집 목적을 명시하고, 명시된 목적에 적합하게 이용되어야 한다.
> ㉣ 안전성 확보의 원칙 - 정보 주체의 동의가 있거나, 법 규정이 있는 경우를 제외하고 목적 외 이용되거나 공개될 수 없다.
> ㉤ 이용 제한의 원칙 - 개인정보의 침해, 누설, 도용 등을 방지하기 위한 물리적, 조직적, 기술적 안전 조치를 확보해야 한다.
> ㉥ 공개의 원칙 - 개인정보의 처리 및 보호를 위한 정책 및 관리자에 대한 정보는 공개되어야 한다.
> ㉦ 책임의 원칙 - 정보 주체의 개인정보 열람/정정/삭제 청구권은 보장되어야 한다.
> ㉧ 개인 참가의 원칙 - 개인정보 관리자에게 원칙 준수 의무 및 책임을 부과해야 한다.

① ㉠, ㉡ ② ㉠, ㉧
③ ㉡, ㉣ ④ ㉢, ㉥
⑤ ㉤, ㉦

85. 아래 글상자의 비즈니스 애널리틱스에 대한 분석과 설명 중 옳은 것만을 고른 것은?

> ㉠ 기술분석(descriptive analytics): 과거에 발생한 일에 대한 소급 분석함
> ㉡ 예측분석(predictive analytics): 특정한 일이 발생한 이유를 이해하는 데 도움을 제공
> ㉢ 진단분석(diagnostic analytics): 애널리틱스를 이용해 미래에 발생할 가능성이 있는 일을 예측함
> ㉣ 처방분석(prescriptive analytics): 성능개선 조치에 대한 대응 방안을 제시함

① ㉠, ㉡ ② ㉠, ㉢
③ ㉠, ㉣ ④ ㉡, ㉢
⑤ ㉡, ㉣

86. 유통업체에서 활용하는 블록체인 기술 중 하나인 대체 불가능토큰(NFT)의 장점으로 가장 옳지 않은 것은?

① 블록체인 고유의 특성을 기반으로 하기 때문에 희소성을 보장할 수 있고, 위조가 어렵다.
② 블록체인 고유의 특성으로 투명성이 보장되며, 추적 가능하다.
③ 부분에 대한 소유권이 인정되어 각각 나누어 거래가 가능하다.
④ 정부에서 가치를 보증해서 안전하게 거래할 수 있다.
⑤ NFT 시장에서 자유롭게 거래할 수 있다.

87. 각국 GS1 코드관리기관의 회원업체정보 데이터베이스를 인터넷을 통해 연결하여 자국 및 타 회원국의 업체 정보를 실시간으로 검색할 수 있게 해주는 서비스로 가장 옳은 것은?

① 덴소 웨이브(DENSO WAVE)
② 코리안넷

③ 글로벌 바코드 조회서비스(Global Bar-code Party Information Registry)
④ 글로벌 기업정보 조회서비스(Global Electronic Party Information Registry)
⑤ GS1(Global Standard No.1)

88. 아래 글상자의 괄호 안에 들어갈 용어를 순서대로 바르게 나열한 것은?

- (㉠)은(는) 데이터의 정확성과 일관성을 유지하고 전달 과정에서 위변조가 없는 것이다.
- (㉡)은 정보를 암호화하여 인가된 사용자만이 접근할 수 있게 하는 것이다.

① ㉠ 부인방지, ㉡ 인증
② ㉠ 무결성, ㉡ 기밀성
③ ㉠ 프라이버시, ㉡ 인증
④ ㉠ 무결성, ㉡ 가용성
⑤ ㉠ 기밀성, ㉡ 무결성

89. 아래 글상자의 구매-지불 프로세스를 바르게 나열한 것은?

㉠ 재화 및 용역에 대한 구매요청서 발송
㉡ 조달 확정
㉢ 구매주문서 발송
㉣ 공급업체 송장 확인
㉤ 대금 지불
㉥ 재화 및 용역 수령증 수취

① ㉥ - ㉤ - ㉣ - ㉢ - ㉡ - ㉠
② ㉠ - ㉤ - ㉣ - ㉢ - ㉥ - ㉡
③ ㉠ - ㉡ - ㉢ - ㉣ - ㉤ - ㉥
④ ㉠ - ㉡ - ㉢ - ㉥ - ㉣ - ㉤
⑤ ㉥ - ㉤ - ㉠ - ㉢ - ㉣ - ㉡

90. 기업활동과 관련된 내·외부자료를 영역별로 각기 수집·저장관리하는 경우 자료의 활용을 위해, 목적에 맞게 적당한 형태로 변환하거나 통합하는 과정을 거쳐야 한다. 수집된 자료를 표준화시키거나 변환하여 목표 저장소에 저장할 수 있도록 도와주는 기술로 가장 옳은 것은?

① OLTP(online transaction processing)
② OLAP(online analytical processing)
③ ETL(extract, transform, load)
④ 정규화(normalization)
⑤ 플레이크(flake)

유통관리사 2급	제3회 기출문제
2023년	

1. **특정 업무를 수행하는 데 소요되는 비용이 가장 낮은 유통경로기관이 해당 업무를 수행하는 방향으로 유통경로의 구조가 결정된다고 설명하는 유통경로구조이론으로 가장 옳은 것은?**

① 대리인(agency)이론
② 게임(game)이론
③ 거래비용(transaction cost)이론
④ 기능위양(functional spinoff)이론
⑤ 연기-투기(postponement-speculation)이론

2. **아래 글상자의 자료를 토대로 계산한 경제적주문량(EOQ)이 200이라면 연간 단위당 재고유지비용으로 옳은 것은?**

- 연간제품수요량 : 10,000개
- 1회당 주문비용 : 200원

① 100　② 200
③ 300　④ 400
⑤ 500

3. **운송과 관련한 설명 중 가장 옳지 않은 것은?**

① 해상운송의 경우 최종목적지까지의 운송에는 한계가 있기에 피시백(fishy back) 복합운송서비스를 제공한다.
② 트럭운송은 혼적화물운송(LTL: less than truckload) 상태의 화물도 긴급 수송이 가능하고 단거리 운송에도 경제적이다.
③ 다른 수송형태에 비해 철도운송은 상대적으로 도착시간을 보증할 수 있다.
④ 항공운송은 고객이 원하는 지점까지의 운송을 위해 피기백(piggy back) 복합운송서비스를 활용한다.
⑤ COFC는 철도의 무개화차 위에 컨테이너를 싣고 수송하는 방식이다.

4. **자본잉여금의 종류로 옳지 않은 것은?**

① 국고보조금　② 공사부담금
③ 보험차익　④ 예수금
⑤ 자기주식처분이익

5. **기업이 e-공급망 관리(e-SCM)를 통해 얻을 수 있는 효과로 가장 옳지 않은 것은?**

① 고객의 욕구변화에 더욱 신속하게 대응하게 되고 고객만족도가 증가한다.
② 공급자와 구매자 간의 정보 공유로 필요한 물량을 자동으로 보충해서 재고 감축이 가능하다.
③ 거래 및 투자비용을 절감할 수 있다.
④ 공급망 자동화를 통해 전체 주문 이행 사이클 타임의 단축이 가능하다.
⑤ 구매자의 데이터를 분석하여 그들의 개별 니즈를 충족시킬 수 있는 표준화된 서비스 제공이 가능해졌다.

6. **서비스 유통의 형태인 플랫폼 비즈니스(platform business)에 대한 설명으로 가장 옳지 않은 것은?**

① 플랫폼을 통해 사람과 사람, 사람과 사물을 연결함으로써 새로운 유형의 서비스가 창출된다.
② 정보통신기술의 발달은 사람 간의 교류를 더 빠르고 효율적으로 실현시키면서 플랫폼 비즈니스 성장에 긍정적인 영향을 미치고 있다.

③ 플랫폼 비즈니스의 구성원은 크게 플랫폼 구축자와 플랫폼 사용자로 나뉜다.
④ 플랫폼은 정보, 제품, 서비스 등 다양한 유형의 거래를 가능하게 해주는 일종의 장터이다.
⑤ 플랫폼 비즈니스 사업자는 플랫폼을 제공해주는 대가를 직접적으로 취할 수 없으므로, 광고 등을 통해 간접적으로 수익을 올리는 비즈니스 모델이다.

7. **아래 글상자에서 설명하는 개념으로 옳은 것은?**

> 제품에 대한 최종소비자의 수요 변동 폭은 크지 않지만, 소매상, 도매상, 제조업자, 원재료 공급업자 등 공급사슬을 거슬러 올라갈수록 변동 폭이 크게 확대되어 수요예측치와 실제 판매량 사이의 차이가 커지게 된다.

① 블랙 스완 효과(black swan effect)
② 밴드 왜건 효과(band wagon effect)
③ 채찍 효과(bullwhip effect)
④ 베블렌 효과(Veblen effect)
⑤ 디드로 효과(Diderot effect)

8. **제품/시장 확장그리드(product/market expansion grid)에서 기존제품을 가지고 새로운 세분시장을 파악해서 진출하는 방식의 기업성장전략으로 가장 옳은 것은?**

① 시장침투전략(market penetration strategy)
② 시장개발전략(market development strategy)
③ 제품개발전략(product development strategy)
④ 다각화전략(diversification strategy)
⑤ 수평적 다각화전략(horizontal diversification strategy)

9. **유통경로에서 발생하는 각종 힘(power)에 관한 설명으로 가장 옳지 않은 것은?**

① 합법력은 법률이나 계약과 같이 정당한 권리에 의해 발생하거나 조직 내의 공식적인 지위에서 발생한다.
② 강제력의 강도는 처벌이 지닌 부정적 효과의 크기에 반비례한다.
③ 정보력은 공급업자가 중요한 정보를 가지고 있다는 인식을 할 경우 발생한다.
④ 준거력은 공급업자에 대해 일체감을 갖는 경우에 발생한다.
⑤ 보상력은 재판매업자가 자신의 보상을 조정할 수 있는 능력을 가지고 있다고 인식할수록 증가한다.

10. **윤리경영에서 이해관계자가 추구하는 가치이념과 취급해야 할 문제들이 옳게 나열되지 않은 것은?**

구분	이해 관계자	추구하는 가치이념	윤리경영에서 취급해야 할 문제들
㉠	지역사회	기업시민	산업재해, 산업공해, 산업폐기물 불법처리 등
㉡	종업원	인간의 존엄성	고용차별, 성차별, 프라이버시 침해, 작업장의 안전성 등
㉢	투자자	공평, 형평	내부자 거래, 인위적 시장조작, 시세조작, 분식결산 등
㉣	고객	성실, 신의	유해상품, 결합상품, 허위 과대광고, 정보은폐, 가짜 상표 등
㉤	경쟁자	기업가치	환경오염, 자연파괴, 산업폐기물 수출입, 지구환경관련 규정 위반 등

① ㉠ ② ㉡
③ ㉢ ④ ㉣
⑤ ㉤

11. **아래 글상자에서 설명하는 유통의 형태로 가장 옳은 것은?**

> - 각 판매지역별로 하나 또는 극소수의 중간상에게 자사제품의 유통에 대한 독점권을 부여하는 것이다.
> - 소비자가 제품 구매를 위해 적극적인 탐색을 하고 쇼핑을 위해 기꺼이 시간과 노력을 아끼지 않는 경우에 적합하다.

① 집중적 유통 ② 개방적 유통
③ 선택적 유통 ④ 전속적 유통
⑤ 중간적 유통

12. **유통산업이 합리화되는 경우에 나타나는 현상으로 가장 옳지 않은 것은?**

① 업무 효율화를 통해 유통업체의 규모가 작아진다.
② 유통 경로상 제조업의 협상력이 축소된다.
③ 법률이나 정부의 규제가 늘어난다.
④ 생산지의 가격과 소비자의 구매가격의 차이가 줄어든다.
⑤ 유통경로가 단축되어 유통비용이 절감된다.

13. **직무기술서와 직무명세서를 비교할 때 직무기술서에 해당되는 내용으로 가장 옳은 것은?**

① 작업자의 특성을 평가하여 조직 전략을 효율적으로 달성하기 위한 것이다.
② 속직적 기준으로 직무의 내용을 요약하고 수행에 필요한 정보를 포함한다.
③ 직무명칭, 직무개요, 직무내용 등의 인적요건을 포함한다.
④ 직무내용보다는 인적요건을 중심으로 정리한다.
⑤ 작업자의 지식, 기능, 능력 등의 요소를 포함한다.

14. **유통경영전략의 수립단계를 순서대로 나열한 것으로 가장 옳은 것은?**

① 사업포트폴리오분석 - 기업의 사명 정의 - 기업의 목표설정 - 성장전략의 수립
② 기업의 목표 설정 - 사업포트폴리오분석 - 성장전략의 수립 - 기업의 사명 정의
③ 사업포트폴리오분석 - 기업의 목표 설정 - 기업의 사명 정의 - 성장전략의 수립
④ 기업의 사명 정의 - 기업의 목표 설정 - 사업포트폴리오분석 - 성장전략의 수립
⑤ 성장전략의 수립 - 기업의 목표 설정 - 사업포트폴리오분석 - 기업의 사명 정의

15. **보관을 위한 각종 창고의 유형에 대한 설명으로 가장 옳지 않은 것은?**

① 자가 창고의 경우 기업이 자신의 목적에 맞게 맞춤형 창고 설계가 가능하다.
② 영업 창고 요금은 창고 이용에 따른 보관료를 기본으로 하며 하역료를 제외한다.
③ 임대 창고는 영업창고업자가 아닌 개인이나 법인 등이 소유하고 있는 창고를 임대료를 받고 제공하는 것이다.
④ 공공 창고는 공익을 목적으로 건설한 창고로 공립창고가 한 예이다.
⑤ 관설상옥은 정부나 지방자치단체가 해상과 육상 연결용 화물 판매용도로 제공하는 창고이다.

16. **아웃소싱을 실시하는 기업이 얻을 수 있는 장점으로 가장 옳지 않은 것은?**

① 다른 채널의 파트너로부터 규모의 경제 효과를 얻을 수 있다.
② 분업의 원리를 통해 이익을 얻을 수 있다.
③ 고정비용은 늘어나지만 변동비용을 줄여서 비용 절감효과를 얻을 수 있다.

④ 아웃소싱 파트너의 혁신적인 혜택을 누릴 수 있다.
⑤ 자사의 기술보다 우월한 기술을 누릴 수 있다.

17. **아래 글상자가 설명하는 합작투자 유형으로 옳은 것은?**

공여기업이 자사의 제조공정, 등록상표, 특허권 등을 수여기업에게 제공하고 로열티 혹은 수수료를 받는 형태이다. 이를 통해, 수여기업은 생산의 전문성 혹은 브랜드를 자체 개발 없이 사용할 수 있다는 이점이 있고, 공여기업은 낮은 위험부담으로 해외시장에 진출할 수 있다는 장점이 있다.

① 계약생산(contract manufacturing)
② 관리계약(management contracting)
③ 라이센싱(licensing)
④ 공동소유(joint ownership)
⑤ 간접수출(indirect exporting)

18. **아래 글상자가 설명하는 리더십의 유형으로 가장 옳은 것은?**

대인관계와 활동을 통하여 규범적으로 적합한 리더의 행동이 구성원들에게 모범으로 작용하며, 상호 간 명확한 도덕적 기준과 의사소통, 공정한 평가 등을 통해 부하들로 하여금 규범에 적합한 행동을 지속하도록 촉진하는 것이다.

① 변혁적 리더십(transformational leadership)
② 참여적 리더십(participative leadership)
③ 지원적 리더십(supportive leadership)
④ 지시적 리더십(directive leadership)
⑤ 윤리적 리더십(ethical leadership)

19. **제품에 대한 소유권을 갖고 제조업자로부터 제품을 취득하여 소매상에게 바로 운송하는 한정기능도매상으로 옳은 것은?**

① 우편주문도매상(mail-order wholesaler)
② 진열도매상(rack jobber)
③ 트럭도매상(truck wholesaler)
④ 직송도매상(drop shipper)
⑤ 현금무배달도매상(cash-and-carry wholesaler)

20. **대리도매상 중 판매대리인(selling agent)과 제조업자의 대리인(manufacture's agent)의 차이로 옳지 않은 것은?**

① 판매대리인은 모든 제품을 취급하지만 제조업자의 대리인은 일부 제품만을 취급한다.
② 판매대리인은 제조업자의 대리인보다 활동범위가 넓고 비교적 자율적인 의사결정이 가능하다.
③ 판매대리인은 제조업자의 시장지배력이 약한 지역에서만 활동하지만 제조업자의 대리인은 모든 지역에서 판매를 한다.
④ 판매대리인은 신용을 제공하지만 제조업자의 대리인은 신용을 제공하지 못한다.
⑤ 판매대리인은 기업의 마케팅 부서와 같은 기능을 수행하는 도매상인 반면 제조업자의 대리인은 장기적인 계약을 통해 제조업자의 제품을 특정 지역에서 판매대행을 하는 도매상을 말한다.

21. **불공정 거래행위에 해당되지 않는 것은?**

① 기존재고상품을 다른 상품으로 교환하면서 기존의 재고상품을 특정매입상품으로 취급하여 반품하는 행위
② 직매입을 특정매입계약으로 전환하면서 기존 재고상품을 특정매입상품으로 취급하여 반품하는 행위
③ 대규모 유통업자가 부당하게 납품업자 등에게 배타적 거래를 하도록 강요하는 경우

④ 정상가격으로 매입한 주문제조상품을 할인행사를 이유로 서류상의 매입가를 낮춰 재매입하고 낮춘 매입원가로 납품대금을 주는 경우
⑤ 직매입 납품업체의 납품과정에서 상품에 훼손이나 하자가 발생한 경우 상품대금을 감액하는 경우

22. 샤인(Schein)이 제시한 조직 문화의 세 가지 수준에서 인식적 수준에 해당되는 것으로 가장 옳은 것은?

① 인지가치와 행위가치로 구분할 수 있는 가치관
② 개개인의 행동이나 관습
③ 인간성
④ 인간관계
⑤ 창작물

23. 공급업자 평가방법 중 각 평가 기준의 중요성을 정확하게 판단할 수 없는 경우에 유용한 평가방법은?

① 가중치 평가방법
② 단일기준 평가방법
③ 최소기준 평가방법
④ 주요기준 평가방법
⑤ 평균지수 평가방법

24. 소비자기본법(법률 제17799호, 2020.12.29., 타법개정)에 따라 국가가 광고의 내용이나 방법에 대한 기준을 제한할 수 있는 항목으로 옳지 않은 것은?

① 용도, 성분, 성능
② 소비자가 오해할 우려가 있는 특정용어나 특정 표현
③ 광고의 매체
④ 광고 시간대
⑤ 광고 비용

25. 상품을 품질수준에 따라 분류하거나 규격화함으로써 거래 및 물류를 원활하게 하는 유통의 기능으로 가장 옳은 것은?

① 보관기능
② 운송기능
③ 정보제공기능
④ 표준화기능
⑤ 위험부담기능

〈제2과목〉 상권분석

26. 지리정보시스템(GIS)을 이용한 상권분석과 관련한 내용 으로 옳지 않은 것은?

① 각 동(洞)별 인구, 토지 용도, 평균지가 등을 겹쳐서 상권의 중첩을 표현할 수 있다.
② 주제도란 GIS소프트웨어를 사용하여 데이터베이스 조회 후 속성정보를 요약해 표현한 지도이다.
③ 버퍼는 점이나 선 또는 면으로부터 특정 거리 이내에 포함되는 영역을 의미한다.
④ 교차는 동일한 경계선을 가진 두 지도레이어를 겹쳐서 형상과 속성을 비교하는 기능이다.
⑤ 위상이란 지리적인 형상을 표현한 지도상의 상대적 위치를 알 수 있는 기능을 부여하는 역할을 한다.

27. 구조적 특성에 의해 상권을 분류할 때 포켓상권에 해당하는 것으로 옳은 것은?

① 상가의 입구를 중심으로 형성된 상권
② 고속도로나 간선도로에 인접한 상권
③ 대형소매점과 인접한 상권
④ 소형소매점들로 구성된 상권
⑤ 도로나 산, 강 등에 둘러싸인 상권

28. 중심지체계나 주변환경 등에 의해 분류할 수 있는 상권의 유형에 대한 설명으로 가장 옳지 않은 것은?

① 도심상권은 중심업무지구(CBD)를 포함하며 상권의 범위가 넓고 소비자들의 평균 체류시간이 길다.
② 근린상권은 점포인근 거주자들이 주요 소비자로 생활밀착형 업종의 점포들이 입지하는 경향이 있다.
③ 부도심상권은 간선도로의 결절점이나 역세권을 중심으로 형성되는 경우가 많으며 도시 전체의 소비자를 유인한다.
④ 역세권상권은 지하철이나 철도역을 중심으로 형성되며 지상과 지하의 입체적 상권으로 고밀도 개발이 이루어지는 경우가 많다.
⑤ 아파트상권은 고정고객의 비중이 높아 안정적인 수요확보가 가능하지만 외부와 단절되는 경우가 많아 외부고객을 유치하는 상권확대가능성이 낮은 편이다.

29. 소매점포의 상권범위나 상권형태는 소매점포를 이용하는 소비자의 공간적 분포를 나타낸다. 이에 대한 설명으로 가장 옳지 않은 것은?

① 소매점포의 면적이 비슷하더라도 업종이나 업태에 따라 개별점포의 상권범위는 차이가 날 수 있다.
② 동일 점포라도 소매전략에 따른 판촉활동 등의 차이에 따라 시기별로 점포의 상권범위는 변화한다.
③ 상권의 형태는 점포를 중심으로 일정한 거리 간격의 동심원 형태로 나타난다.
④ 동일한 지역에 인접하여 입지한 경우에도 점포 규모에 따라 개별점포의 상권범위는 차이가 날 수 있다.
⑤ 동일한 위치에서 입지조건의 변화가 없고 점포의 전략적 변화가 없어도 상권의 범위는 유동적으로 변화하기 마련이다.

30. 상권 내의 경쟁점포 분석에 대한 설명으로 가장 옳지 않은 것은?

① 초점이 되는 조사문제를 중심으로 실시한다.
② 조사목적에 맞는 세부조사항목을 구체적으로 정해서 실시한다.
③ 상품구성분석은 상품구성기본정책, 상품계열구성, 품목구성을 포함한다.
④ 가격은 조사당시 주력상품 특매상황이라도 실제 판매가격을 분석한다.
⑤ 자사점포의 현황과 비교하여 조사결과를 분석한다.

31. 크리스탈러(Christaller, W.)**의 중심지이론에서 말하는 중심지 기능의 최대 도달거리**(the range of goods and services)**가 의미하는 것으로 가장 옳은 것은?**

① 중심지의 유통서비스 기능이 지역거주자에게 제공될 수 있는 한계거리
② 소비자가 도보로 접근할 수 있는 중심지까지의 최대도달거리
③ 전문품 상권과 편의품 상권의 지리적 최대 차이
④ 상위 중심지와 하위 중심지 사이의 거리
⑤ 상업중심지의 정상이윤 확보에 필요한 수요를 충족시키는 상권범위

32. 상권 내 소비자의 소비패턴이나 공간이용실태 등을 조사하기 위해 표본조사를 실시할 때 사용할 수 있는 비확률표본추출 방법에 해당하는 것으로 가장 옳은 것은?

① 층화표본추출법(stratified random sampling)
② 체계적표본추출법(systematic sampling)
③ 단순무작위표본추출법(simple random sampling)
④ 할당표본추출법(quota sampling)
⑤ 군집표본추출법(cluster sampling)

33. 상권의 질(質)에 대한 설명으로 가장 옳지 않은 것은?

① 소매포화지수(IRS: index of retail saturation)와 시장확장잠재력(MEP: market expansion potentials)이 모두 높은 상권은 좋은 상권이다.
② 상권의 질을 평가하는 정량적 요소로는 통행량, 야간 인구, 연령별 인구, 남녀 비율 등이 있다.
③ 상권의 질을 평가하는 정성적 요소로는 통행객의 복장, 소지 물건, 보행 속도, 거리 분위기 등이 있다.
④ 일반적으로 특정 지역에 유사한 단일 목적으로 방문하는 통행객보다는 서로 다른 목적으로 방문하는 통행객이 많을수록 상권의 질은 낮아진다.
⑤ 오피스형 상권은 목적성이 너무 강하므로 통행량이 많더라도 상권의 매력도가 높지 않을 수 있다.

34. 도심으로부터 새로운 교통로가 발달하면 교통로를 축으로 도매, 경공업 지구가 부채꼴 모양으로 확대된다는 공간구조이론으로 가장 옳은 것은?

① 버제스(E.W. Burgess)의 동심원지대이론(concentric zone theory)
② 해리스(C.D. Harris)의 다핵심이론(multiple nuclei theory)
③ 호이트(H. Hoyt)의 선형이론(sector theory)
④ 리카도(D. Ricardo)의 차액지대설(differential rent theory)
⑤ 마르크스(K.H. Marx)의 절대지대설(absolute rent theory)

35. 인구 9만명인 도시 A와 인구 1만명인 도시 B 사이의 거리는 20Km이다. 컨버스의 공식을 적용할 때 도시 B로부터 두 도시(A, B) 간 상권분기점까지의 거리로 옳은 것은?

①5Km ② 10Km
③ 15Km ④ 20Km
⑤ 25km

36. 신규점포의 입지를 결정하는 과정에서 후보입지의 매력도 평가에 활용할 수 있는 회귀분석모형에 관한 설명으로 가장 옳지 않은 것은?

① 종속변수는 독립변수의 영향을 받는 관계이므로 종속변수와 상관관계가 있는 독립변수를 포함시켜야 한다.
② 회귀분석모형에 포함되는 독립변수들은 서로 상관관계가 높지 않고 독립적이어야 한다.
③ 성과에 영향을 미치는 독립변수로는 점포 자체의 입지적 특성과 상권 내 경쟁수준 등을 포함시킬 수 있다.
④ 인구수, 소득수준, 성별, 연령 등 상권 내 소비자들의 특성을 독립변수로 포함시킬 수 있다.
⑤ 2~3개의 표본점포를 사용하면 실무적으로 설명력 있는 회귀모형을 도출하는데 충분하다.

37. 상품 키오스크(merchandise kiosks)에 대한 설명으로서 가장 옳지 않은 것은?

① 쇼핑몰의 공용구역에 설치되는 판매공간이다.
② 쇼핑몰 내 일반점포보다 단위면적당 임대료가 낮다.
③ 쇼핑몰 내 일반점포에 비해 임대차 계약기간이 길다.
④ 디스플레이 공간이 넓어 점포 면적에 비해 충분한 창의성을 발휘할 수 있다.
⑤ 쇼핑몰 내 다른 키오스크들과 경쟁이 심화될 가능성이 높다.

38. **유통산업발전법(법률 제19117호, 2022.12.27., 타법개정)에서는 필요하다고 인정하는 경우 대형마트에 대한 영업시간 제한이나 의무휴업일 지정을 규정하고 있다. 그 내용으로 가장 옳은 것은?**

① 의무휴업일은 공휴일이 아닌 날 중에서 지정하되, 이해당사자와 합의를 거쳐 공휴일을 의무휴업일로 지정할 수 있다.
② 특별자치시장 · 시장 · 군수 · 구청장 등은 매월 하루 이상을 의무휴업일로 지정하여야 한다.
③ 영업시간 제한 및 의무휴업일 지정에 필요한 사항은 해당 지방자치단체장의 명령으로 정한다.
④ 특별자치시장 · 시장 · 군수 · 구청장 등은 오후 11시부터 오전 10시까지의 범위에서 영업시간을 제한할 수 있다.
⑤ 영업시간 제한이나 의무휴업일 지정은 건전한 유통질서확립, 근로자의 건강권 및 대형점포 등과 중소유통업의 상생발전을 위한 것이다.

39. **입지분석은 지역분석, 상권분석, 부지분석 등의 세 가지 수준에서 실시한다. 경쟁분석을 실시하는 분석수준으로서 가장 옳은 것은?**

① 지역분석(regional analysis)
② 부지분석(site analysis)
③ 상권분석(trade area analysis)
④ 지역 및 상권분석(regional and trade area analysis)
⑤ 상권 및 부지분석(trade area and site analysis)

40. **업태에 따른 소매점포의 적절한 입지유형을 설명한 페터(R. M. Fetter)의 공간균배원리를 적용한 것으로 가장 옳지 않은 것은?**

① 편의품점 - 산재성 입지
② 선매품점 - 집재성 입지
③ 부피가 큰 선매품의 소매점 - 국부적집중성 입지
④ 전문품점 - 집재성 입지
⑤ 고급고가품점 - 집심성 입지

41. **소비자가 원하는 시간과 장소에서 상품을 구입할 수 있게 해야 한다는 의미에서의 상품에 대한 소비자들의 물류요구와 취급하는 소매점 숫자의 관계에 대한 기술로 가장 옳은 것은?**

① 물류요구가 높을수록 선택적 유통이 이루어진다.
② 물류요구가 낮을수록 집중적 유통이 이루어진다.
③ 물류요구에 상관없이 전속적 유통이 효율적이다.
④ 물류요구의 크기만으로는 취급하는 소매점 숫자를 알 수 없다.
⑤ 물류요구의 크기는 취급하는 소매점 숫자에 영향을 미치지 않는다.

42. **점포개점을 위한 투자계획의 내용으로서 가장 옳지 않은 것은?**

① 자금조달계획 ② 자금운용계획
③ 수익계획 ④ 비용계획
⑤ 상품계획

43. **도시상권의 매력도에 직접적으로 영향을 미치는 특성으로서 가장 옳지 않은 것은?**

① 인구 ② 교통망
③ 소득수준 ④ 소매단지 분포
⑤ 행정구역 구분

44. 상권분석의 주요한 목적으로 가장 옳지 않은 것은?

① 상권범위 설정 ② 경쟁점포 파악
③ 빅데이터 축적 ④ 예상매출 추정
⑤ 적정임차료 추정

45. 상가건물 임대차보호법(법률 제18675호, 2022. 1.4., 일부 개정) 등의 관련 법규에서는 아래 글상자와 같이 상가임대료의 인상률 상한을 규정하고 있다. 괄호 안에 들어갈 내용으로 옳은 것은?

차임 또는 보증금의 증액청구는 청구당시의 차임 또는 보증금의 100분의 ( )의 금액을 초과하지 못한다.

① 3 ② 4
③ 5 ④ 8
⑤ 10

〈제3과목〉 유통마케팅

46. 통합적 마케팅커뮤니케이션(IMC: integrated marketing communication)에 대한 설명으로 가장 옳지 않은 것은?

① 광고, 판매촉진, PR, 인적판매, 다이렉트 마케팅 등 다양한 촉진믹스들을 활용한다.
② 명확하고 설득력있는 메시지를 일관되게 전달하는 것이 목적이다.
③ 동일한 표적고객에 대한 커뮤니케이션은 서로 동일한 메시지를 전달한다.
④ 서로 다른 촉진믹스들이 수행하는 차별적 커뮤니케이션 역할들을 신중하게 조정한다.
⑤ 모든 마케팅 커뮤니케이션 캠페인들이 동일한 촉진 목표를 달성하도록 관리한다.

47. 점포공간을 구성할 경우, 점포에서의 역할을 고려한 각각의 공간에 대한 설명으로 가장 옳지 않은 것은?

① 서비스 공간은 휴게실, 탈의실 등과 같이 소비자의 편의와 편익을 위해 설치하는 곳이다.
② 진열 판매 공간은 상품을 진열하여 주로 셀프 판매를 유도하는 곳이다.
③ 판매 예비 공간은 소비자에게 상품에 대한 정보를 전달하거나 결제를 도와주는 곳이다.
④ 판촉 공간은 판촉상품을 전시하는 곳이다.
⑤ 인적 판매 공간은 판매원이 소비자에게 상품을 보여주고 상담을 하는 곳이다.

48. 마케팅믹스 요소인 4P 중 유통(place)을 구매자 관점인 4C로 표현한 것으로 가장 옳은 것은?

① 고객맞춤화(customization)
② 커뮤니케이션(communication)
③ 고객문제해결(customer solution)
④ 편의성(convenience)
⑤ 고객비용(customer cost)

49. 온라인광고의 유형에 대한 설명으로 가장 옳지 않은 것은?

① 배너광고(banner advertising)는 웹페이지의 상하좌우 또는 중간에서도 볼 수 있다.
② 삽입광고(insertional advertising)는 웹사이트 화면이 바뀌고 있는 동안에 출현하는 온라인 전시광고이다.
③ 검색관련광고(search-based advertising)는 포털사이트에 검색엔진 결과와 함께 나타나는 링크와 텍스트를 기반으로 하는 광고이다.
④ 리치미디어광고(rich media advertising)는 현재 보고 있는 창 앞에 나타나는 새로운 창에 구현되는 온라인 광고이다.

⑤ 바이럴광고(viral advertising)는 인터넷 상에서 소비자가 직접 입소문을 퍼트리도록 유도하는 광고이다.

50. 브랜드 관리와 관련된 설명으로 가장 옳지 않은 것은?

① 브랜드 자산(brand equity)이란 해당 브랜드를 가졌기 때문에 발생하는 차별적 브랜드 가치를 말한다.
② 브랜드 재인(brand recognition)은 브랜드가 과거에 본인에게 노출된 적이 있음을 알아차리는 것이다.
③ 브랜드 회상(brand recall)이란 브랜드 정보를 기억으로부터 인출하는 것을 말한다.
④ 브랜드 인지도(brand awareness)는 브랜드 이미지의 풍부함을 의미한다.
⑤ 브랜드 로열티(brand loyalty)가 높을수록 브랜드 자산(brand equity)이 증가한다고 볼 수 있다.

51. 상품판매에 대한 설명으로 옳지 않은 것은?

① 인적판매는 개별적이고 심도 있는 쌍방향 커뮤니케이션이 가능한 것이 장점이다.
② 판매는 회사의 궁극적 목적인 수익창출을 실제로 구현하는 기능이다.
③ 전략적 관점에서 고객과의 관계를 형성하는 영업을 중요시하던 과거 방식에 비해 판매기술이 고도화되는 요즘은 판매를 빠르게 달성하는 전술적, 기술적 관점이 더욱 부각되고 있다.
④ 판매는 고객과의 커뮤니케이션을 통해 상품을 판매하고, 고객과의 관계를 구축하고자 하는 활동이다.
⑤ 판매활동은 크게 신규고객을 확보하기 위한 활동과 기존고객을 관리하는 활동으로 나눌 수 있다.

52. 아래 글상자가 설명하는 머천다이징의 종류로 가장 옳은 것은?

> 소매업, 2차상품 제조업자, 가공업자 및 소재메이커가 수직적으로 연합하여 상품계획을 수립하는 머천다이징 방식이다. 이는 시장을 세분화하여 파악한 한정된 세분시장을 타겟고객으로 하여 이들에 알맞은 상품화 전략을 전개하는 것이다.

① 혼합식 머천다이징
② 세그먼트 머천다이징
③ 선별적 머천다이징
④ 계획적 머천다이징
⑤ 상징적 머천다이징

53. 판매서비스는 거래계약의 체결 또는 완결을 지원하는 거래지원서비스 및 구매 과정에서 고객이 지각하는 가치를 향상시키는 가치증진서비스로 구분할 수 있다. 가치증진서비스에 해당되는 것으로 가장 옳은 것은?

① 상품의 구매와 사용 방법에 관한 정보제공
② 충분한 재고 보유와 안전한 배달을 보장하는 주문처리
③ 명료하고 정확하며 이해하기 쉬운 청구서를 발행하는 대금청구
④ 친절한 접객서비스와 쾌적한 점포분위기 제공
⑤ 고객이 단순하고 편리한 방식으로 대금을 납부하게 하는 대금지불

54. 전략과 연계하여 성과를 평가하기 위해 유통기업은 균형점수표(BSC: balanced score card)를 활용하기도 한다. 균형점수표의 균형(balanced)의 의미에 대한 설명으로서 가장 옳지 않은 것은?

① 단기적 성과지표와 장기적 성과지표의 균형
② 과거 성과지표와 현재 성과지표 사이의 균형

③ 선행 성과지표와 후행 성과지표 사이의 균형
④ 내부적 성과지표와 외부적 성과지표 사이의 균형
⑤ 재무적 성과지표와 비재무적 성과지표 사이의 균형

55. **사람들은 신제품이나 혁신을 수용하고 구매하는 성향에서 큰 차이를 갖는다. 자신의 커뮤니티에서 여론주도자이며 신제품이나 혁신을 조기에 수용하지만 매우 신중하게 구매하는 집단으로 가장 옳은 것은?**

① 혁신자(innovator)
② 조기 수용자(early adopter)
③ 조기 다수자(early majority)
④ 후기 다수자(late majority)
⑤ 최후 수용자(laggard)

56. **표적시장을 수정하거나 제품을 수정하거나 마케팅믹스를 수정하는 마케팅전략을 수행해야 하는 제품수명주기 상의 단계로서 가장 옳은 것은?**

① 신제품 출시 이전(以前)
② 도입기
③ 성장기
④ 성숙기
⑤ 쇠퇴기

57. **중고품을 반납하고 신제품을 구매한 고객에게 가격을 할인해 주거나 판매촉진행사에 참여한 거래처에게 구매대금의 일부를 깎아주는 형식의 할인으로 가장 옳은 것은?**

① 기능 할인(functional discount)
② 중간상 할인(trade discount)
③ 공제(allowances)
④ 수량 할인(quantity discount)
⑤ 계절 할인(seasonal discount)

58. **카테고리 매니지먼트에 대한 설명으로 가장 옳지 않은 것은?**

① 특정 제품 카테고리의 매출과 이익을 최대화하기 위한 원료공급부터 유통까지의 공급망에 대한 통합적 관리
② 제조업체와 협력을 통해 특정 제품 카테고리를 공동경영하는 과정
③ 제품 카테고리의 효율 극대화를 위한 전반적인 머천다이징 전략과 계획
④ 소매업체와 벤더, 제조업체를 포함하는 유통경로 구성원들 간에 제품 카테고리에 대한 사전 합의 필요
⑤ 고객니즈 변화에 대한 신속한 대응뿐만 아니라 재고와 점포운영비용의 절감 효과 가능

59. **아래 글상자의 성과측정 지표들 중 머천다이징에서 상품관리 성과를 측정하기 위한 지표들만을 나열한 것으로 옳은 것은?**

㉠ 총자산수익률(return on asset) ㉡ 총재고투자마진수익률(gross margin return on investment) ㉢ 재고회전율(inventory turnover) ㉣ ABC분석(ABC analysis) ㉤ 판매추세분석(sell-through analysis)

① ㉠, ㉡ ② ㉠, ㉡, ㉢
③ ㉡, ㉢, ㉣ ④ ㉢, ㉣, ㉤
⑤ ㉣, ㉤

60. **유통경로에 대한 촉진 전략 중 푸시 전략에 해당하는 것으로 가장 옳지 않은 것은?**

① 소매상과의 협력 광고
② 신제품의 입점 및 진열비 지원
③ 진열과 판매 보조물 제공
④ 매장 내 콘테스트와 경품추첨
⑤ 판매경연대회와 인센티브 제공

61. **아래 글상자에서 제품수명주기에 따른 광고 목표 중 도입기의 광고 목표와 관련된 광고만을 나열한 것으로 가장 옳은 것은?**

> ㉠ 제품 성능 및 이점에 대한 인지도를 높이는 정보제공형광고
> ㉡ 우선적으로 자사 브랜드를 시장에 알리기 위한 인지도 형성 광고
> ㉢ 제품 선호도를 증가시키고 선택적 수요를 증가시키는 설득형 광고
> ㉣ 여러 제품 또는 브랜드 중 자사 제품을 선택해야 하는 이유를 제공하는 비교 광고
> ㉤ 브랜드를 차별화하고 충성도를 높이는 강화 광고
> ㉥ 자사의 브랜드와 특정 모델, 또는 특정 색이나 사물들과의 독특한 연상을 만드는 이미지 광고
> ㉦ 소비자의 기억 속에 제품에 대한 기억이 남아있을 수 있도록 하는 회상 광고

① ㉠, ㉡ ② ㉠, ㉡, ㉤
③ ㉡, ㉢ ④ ㉡, ㉢, ㉣
⑤ ㉤, ㉥, ㉦

62. **기업과의 관계 진화과정에 따라 분류한 고객의 유형으로 가장 옳지 않은 것은?**

① 잠재고객 ② 신규고객
③ 기존고객 ④ 이탈고객
⑤ 불량고객

63. **'주스 한 잔에 00원' 등과 같이 오랫동안 소비자에게 정착되어 있는 가격을 지칭하는 용어로 가장 옳은 것은?**

① 균일가격 ② 단수가격
③ 명성가격 ④ 관습가격
⑤ 단계가격

64. **CRM 전략을 위한 데이터웨어하우스에 대한 설명으로 가장 옳은 것은?**

① 조직 내의 모든 사람이 다양하게 이용할 수 있도록 데이터들을 통합적으로 보관·저장하는 시스템이다.
② 의사결정에 필요한 정보를 생산할 수 있도록 다양한 소스로부터 모아서 임시로 정리한 데이터이다.
③ 의사결정에 필요한 데이터를 분석 가능한 형태로 변환하고 가공하여 저장한 요약형 기록 데이터이다.
④ 데이터의 신속한 입력, 지속적인 갱신, 추적 데이터의 무결성이 중시되는 실시간 상세 데이터이다.
⑤ 일정한 포맷과 형식이 없어 사용자가 원하는 작업을 수행할 수 있는 데이터들의 집합이다.

65. **매장의 상품배치에 관한 제안으로 가장 옳지 않은 것은?**

① 가격 저항이 낮은 상품은 고객의 출입이 잦은 곳에 배치한다.
② 충동구매 성격이 높은 상품은 고객을 유인하기 위해 매장의 안쪽에 배치한다.
③ 고객이 꼭 구매하려고 계획한 상품의 경우 위치와 상관없이 움직이는 경향이 있다.
④ 일반적으로 선매품의 경우 매장 안쪽에 배치한다.
⑤ 매장 입구에서 안쪽으로 들어갈수록 가격이 높은 상품을 배치하면 가격저항감을 줄일 수 있다.

66. **고객 편리성을 높이기 위한 점포구성 방안으로서 가장 옳지 않은 것은?**

① 고객 이동의 정체와 밀집을 막아 이동을 원활하게 하는 레이아웃 구성
② 자유로운 고객 흐름을 방해하지 않게 양방통행 원칙을 준수하여 통로 설계
③ 원스톱 쇼핑을 위해 다종다양의 상품을 제공하기 위한 스크램블드(scrambled) 머천다이징
④ 상품을 빨리 찾을 수 있게 연관성이 높은 상품군별로 모아 놓는 크로스(cross) 진열
⑤ 면적이 넓은 점포의 경우 휴식을 취할 수 있는 휴식시설 설치

67. CRM(customer relationship management) **실행 순서를 나열한 것으로 가장 옳은 것은?**

① 고객니즈분석 – 대상고객선정 – 가치창조 – 가치제안 - 성과평가
② 가치제안 – 가치창조 – 고객니즈분석 – 대상고객선정 - 성과평가
③ 고객니즈분석 – 가치제안 – 대상고객선정 – 가치창조 - 성과평가
④ 가치창조 – 고객니즈분석 – 대상고객선정 – 가치제안 - 성과평가
⑤ 대상고객선정 – 고객니즈분석 – 가치창조 – 가치제안 - 성과평가

68. **마케팅 조사에 대한 설명으로 가장 옳지 않은 것은?**

① 기술조사는 표적모집단이나 시장의 특성에 관한 자료를 수집·분석하고 결과를 기술하는 조사이다.
② 2차 자료는 당면한 조사목적이 아닌 다른 목적을 위해 과거에 수집되어 이미 존재하는 자료이다.
③ 1차 자료는 당면한 조사목적을 달성하기 위하여 조사자가 직접 수집한 자료이다.
④ 마케팅조사에는 정성조사와 정량조사 모두 필수적으로 제시되어야 한다.
⑤ 탐색조사는 조사문제가 불명확할 때 기본적인 통찰과 아이디어를 얻기 위해 실시하는 조사이다.

69. **점포의 비주얼 머천다이징 요소로서 가장 옳지 않은 것은?**

① 점두, 출입구, 건물 외벽 등의 점포 외장
② 매장 및 후방, 고객 동선, 상품배치 등의 레이아웃
③ 매장 인테리어, 조명, 현수막 등의 점포 내부
④ 진열 집기, 트레이, 카운터 등 각종 집기
⑤ 종업원의 복장, 머리카락, 청결 상태 등의 위생

70. **상품진열에 대한 설명으로 가장 옳지 않은 것은?**

① 고객의 오감을 즐겁게 하면서도 찾기 쉽고 선택을 용이하게 하는 진열을 한다.
② 매장 입구에는 구매빈도가 높은 상품위주로 진열한다.
③ 오픈진열을 할 경우 경품 및 행사상품, 고회전상품, 저회전상품 순으로 진열한다.
④ 셀프서비스 판매방식 소매점에서는 소비자가 직접 상품을 선택할 수 있도록 곤돌라 또는 쇼케이스를 이용한 진열방식의 활용이 일반적이다.
⑤ 엔드진열은 신상품, 행사상품의 효율적 소구를 위해 매장의 빈 공간에 독립적으로 진열하는 방식이다.

〈제4과목〉 유통정보

71. 아래 글상자의 괄호 안에 들어갈 용어를 순서대로 바르게 나열한 것으로 가장 옳은 것은?

> 알파고 리(기존 버전 알파고)는 프로 바둑기사들의 기보데이터를 대량으로 입력받아 학습하는 (㉠)이 필요했다. 반면 알파고 제로는 바둑 규칙 이외에 아무런 사전 지식이 없는 상태에서 인공신경망 기술을 활용하여 스스로 대국하며 바둑 이치를 터득해서 이기기 위한 수를 스스로 생성해낸다. 이렇듯 수많은 시행착오를 통해 최적의 행동을 찾아내는 방식을 (㉡)이라 한다.

① ㉠ 지도학습, ㉡ 비지도학습
② ㉠ 지도학습, ㉡ 준지도학습
③ ㉠ 지도학습, ㉡ 강화학습
④ ㉠ 강화학습, ㉡ 지도학습
⑤ ㉠ 강화학습, ㉡ 준지도학습

72. 드론의 구성요인에 대한 설명으로 가장 옳지 않은 것은?

① 드론의 항법센서로는 전자광학센서, 초분광센서, 적외선센서 등이 있다.
② 드론 탑재 컴퓨터는 드론을 운영하는 브레인 역할을 하며 드론의 위치, 모터, 배터리 상태 등을 확인할 수 있게 한다.
③ 드론 모터는 드론의 움직임이 가능하도록 지원하고, 배터리는 모터에 에너지를 제공한다.
④ 드론 임무장비는 드론이 비행을 하면서 특정한 임무를 하도록 장착된 관련 장비를 의미한다.
⑤ 드론 프로펠러 및 프레임은 드론이 비행하도록 프레임워크를 제공한다.

73. 아래 글상자에서 설명하는 용어로 가장 옳은 것은?

> 모든 디바이스가 정보의 뜻을 이해하고 논리적인 추론까지 할 수 있는 지능형 기술로 사람의 머릿속에 있는 언어에 대한 이해를 컴퓨터 언어로 표현하고 이것을 컴퓨터가 사용할 수 있게 만드는 것이다. 이 기술은 웹페이지에 담긴 내용을 이해하고 개인 맞춤형 서비스를 제공받아 지능화된 서비스를 제공하는 웹 3.0의 기반이 된다.

① 고퍼(gopher)
② 냅스터(napster)
③ 시맨틱웹(semantic-web)
④ 오페라(opera)
⑤ 웹클리퍼(web-clipper)

74. 공급사슬의 성과지표들 중 고객서비스의 신뢰성 지표로 가장 옳은 것은?

① 평균 재고 회전율
② 약속 기일 충족률
③ 신제품 및 신서비스 출시 숫자
④ 특별 및 긴급 주문을 처리하는데 걸리는 시간
⑤ 납기를 맞추기 위해 요구되는 긴급주문의 횟수

75. 지식경영에 대한 설명으로 가장 옳지 않은 것은?

① 피터 드러커(Peter Drucker,1954)는 재무지식 뿐만 아니라 비재무 지식을 활용해 경영성과를 측정하는 균형성과표를 제시하였다.
② 위그(Wigg,1986)는 지식경영을 지식 및 지식관련수익을 극대화시키는 경영활동이라고 정의하였다.

③ 노나카(Nonaka,1991)는 지식경영을 형식지와 암묵지의 순환과정을 통해 경쟁력을 확보하는 경영활동이라고 정의하였다.
④ 베크만(Bechman,1997)은 지식경영을 조직의 역량, 업무성과 및 고객가치를 제고하는 경영활동이라고 정의하였다.
⑤ 스베이비(Sveiby,1998)는 지식경영을 무형자산을 통해 가치를 창출하는 경영활동이라고 정의하였다.

76. **웹 2.0을 가능하게 하고 지원하는 기술에 대한 설명으로 가장 옳지 않은 것은?**

① 폭소노미(folksonomy)란 자유롭게 선택된 일종의 태그인키워드를 사용해 구성원들이 함께 정보를 체계화하는 방식이다.
② UCC(user created contents)는 사용자들이 웹 콘텐츠의 생산자인 동시에 소비자로서의 역할을 가능하게 하여 참여와 공유를 지원한다.
③ 매시업(mashup)은 웹 콘텐츠를 소프트웨어가 자동적으로 이해하고 처리할 수 있도록 지원하여 정보와 지식의 공유 및 협력을 촉진한다.
④ API(application programming interface)는 응용 프로그램에서 사용할 수 있도록 컴퓨터 운영체제나 프로그래밍 언어가 제공하는 기능을 제어할 수 있도록 만든 인터페이스이다.
⑤ RSS(rich site summary)란 웹 공간에서 콘텐츠 공유를 촉진하며, 특정 사이트에서 새로운 정보가 있을 때 자동적으로 받아볼 수 있는 콘텐츠 배급방식이다.

77. **스튜워트(W. M. Stewart)가 주장하는 물류의 중요성이 강조되는 이유로 가장 옳지 않은 것은?**

① 재고비용절감을 위해서는 증가된 주문 횟수를 처리할 새로운 시스템의 도입이 필요하다.
② 소비자의 제품가격 인하 요구는 능률적이며 간접적인 제품 분배경로를 필요로 하게 되었다.
③ 기업은 물류 서비스 개선 및 물류비 절감을 통해 고객에 대한 서비스 수준을 높일 수 있으며, 이는 기업에게 새로운 수요 창출의 기회가 된다.
④ 소비자의 제품에 대한 다양한 요구는 재고저장단위수의 증대를 필요로 하며, 이는 다목적 창고 재고유지, 재고 불균형 등의 문제를 발생시킨다.
⑤ 가격결정에 있어 신축성을 부여하기 위해서는 개별시장으로의 운송에 소요되는 실제 분배비용에 의존하기 보다는 전국적인 평균비용의 산출이 필요하게 되었다.

78. **POS(point of sale)시스템 도입에 따른 장점으로 가장 옳지 않은 것은?**

① 매상등록시간이 단축되어 고객 대기시간이 줄며 계산대의 수를 줄일 수 있다.
② 단품관리에 의해 잘 팔리는 상품과 잘 팔리지 않는 상품을 즉각 찾아낼 수 있다.
③ 적정 재고수준의 유지, 물류관리의 합리화, 판촉전략의 과학화 등의 효과를 가져올 수 있다.
④ POS터미널의 도입에 의해 판매원 교육 및 훈련시간이 짧아지고 입력오류를 방지할 수 있다.
⑤ CPFR(collaborative planning, forecasting and replenishment)과 연계하여 신속하고 적절한 구매를 할 수 있다.

79. 빅데이터 분석 기술들 중 아래 글상자에서 설명하는 용어로 가장 옳은 것은?

> 관찰된 연속형 변수들에 대해 두 변수 사이의 모형을 구한 뒤 적합도를 측정해내는 방법으로, 시간에 따라 변화하는 데이터나 변수들의 어떤 영향 및 가설적 실험, 인과관계 모델링 등의 통계적 예측에 이용될 수 있다.

① 감성분석
② 기계학습
③ 회귀분석
④ 텍스트 마이닝(text mining)
⑤ 오피니언 마이닝(opinion mining)

80. EDI(electronic data interchange)에 대한 설명으로 가장 옳지 않은 것은?

① EDI는 기업 간에 교환되는 거래서식을 컴퓨터로 작성하고 통신망을 이용하여 직접 전송하는 정보교환방식을 의미한다.
② EDI가 이루어지기 위해서는 거래업체들 간에 서로 교환할 데이터의 형태와 그 데이터를 어떻게 표현할 것인가에 대한 상호합의가 필요하다.
③ EDI를 이용하면 지금까지 종이형태의 문서에 기록하고 서명한 다음, 우편을 통해 전달되던 각종 주문서, 송장, 지불명세서 등이 데이터통신망을 통해 전자적으로 전송되고 처리된다.
④ EDI는 교환되는 거래문서에 대해 통용될 수 있는 표준양식이 정해져야 하며, 이를 통해 전달되는 데이터의 형식이 통일된 후, 이러한 데이터가 일정한 통신표준에 입각해서 상호 간에 교환될 수 있어야 한다.
⑤ 전자문서의 사설표준은 특정 산업분야에서 채택되어 사용되는 표준을 말하며, 사설표준의 대표적인 것에는 국제상품 코드 관리기관인 EAN(국내의 경우: KAN)이 개발·보급하고 있는 유통부문의 전자문서 국제표준인 EANCOM이 있다.

81. 유통정보혁명의 시대에서 유통업체의 경쟁우위 확보 방안으로 가장 옳지 않은 것은?

① 마케팅 개념측면에서 유통업체는 제품 및 판매자 중심에서 고객 중심으로 변화해야 한다.
② 마케팅 개념측면에서 유통업체는 매스(mass) 마케팅에서 일대일 마케팅으로 변화해야 한다.
③ 마케팅 개념측면에서 유통업체는 기존의 다이렉트(direct) 마케팅에서 푸시(push) 마케팅으로 변화해야 한다.
④ 비즈니스 환경측면에서 유통업체는 전략적 제휴와 글로벌화(globalization)를 추진해야 한다.
⑤ 비즈니스 환경측면에서 유통업체는 제품 및 공정 기술의 보편화로 인해 도래하는 물류 경쟁 시대의 급격한 변화에 대비해야 한다.

82. 유통정보시스템의 개념에 대한 설명으로 가장 옳지 않은 것은?

① 물류비용과 재고비용을 감축하여 채널단계에 참여하는 모두가 이익을 얻을 수 있게 한다.
② 유통정보와 프로세스의 흐름을 확보해 시간차로 발생하는 가시성 문제를 최소화하여 시장수요와 공급을 조절해 주고 각 개인이 원하는 제품과 서비스 공급이 원활하도록 지원한다.
③ 유통정보시스템은 경영자가 유통과 관련된 기업의 목표를 달성하기 위한 효율적이고 효과적인 의사결정을 하는데 필요한 정보제공을 위해 설계되어야 한다.
④ 유통거래를 지원하는 정보시스템으로 관련된 기존 시스템의 정보를 추출, 변환, 저장하는 과정을 거쳐 업무담당자 목적에 맞는 정보만을 모아 관리할 수 있도록 지원해 준다.

⑤ 유통정보시스템은 기업의 유통활동 수행에 필요한 정보의 흐름을 통합하여 전사적 유통을 가능하게 하고 유통계획, 관리, 거래처리 등에 필요한 데이터를 처리하여 유통관련 의사결정에 필요한 정보를 적시에 제공하기 위한 절차, 설비, 인력을 뜻한다.

83. **지식관리시스템에 대한 설명으로 가장 옳지 않은 것은?**

① 기업은 고객에게 지속적이고 일관성 있는 정보를 제공하기 위해서 지식관리시스템을 활용한다.
② 기업은 지식네트워킹을 통해서 새로운 제품을 출시할 수 있고 고객에게 양질의 서비스를 제공할 수 있다.
③ 지식을 보유·활용함으로써 제품 및 서비스 가치를 향상시키고 기업의 지속적인 성장에 기여할 수 있다.
④ 기업들은 동종 산업에 있는 조직들의 우수사례(best practice)를 그들 조직에 활용하여 많은 시간을 절약할 수 있다.
⑤ 지식관리시스템은 지식관리 플랫폼으로 고객지원센터 등 기업 내부 지원을 위해 활용되고 있으며, 챗봇, 디지털 어시스트 등 고객서비스와는 거리가 멀다.

84. **아래 글상자의 괄호 안에 들어갈 용어가 순서대로 바르게 나열된 것은?**

> 오픈AI는 대화형 인공지능 챗봇 서비스인 ChatGPT를 개발하였다. ChatGPT의 등장은 (㉠) 서비스의 대중화를 알리는 첫 시작이라는데 가장 큰 의의가 있다. 기존에는 (㉡) 서비스가 주를 이뤘으나 ChatGPT의 등장으로 이같은 방식의 서비스가 각광받을 것으로 예상된다.

① ㉠ 식별 AI(discriminative AI),
　㉡ 생성 AI(generative AI)
② ㉠ 강한 AI(strong AI),
　㉡ 약한 AI(weak AI)
③ ㉠ 생성 AI(generative AI),
　㉡ 식별 AI(discriminative AI)
④ ㉠ 약한 AI(weak AI),
　㉡ 강한 AI(strong AI)
⑤ ㉠ 논리적 AI(logical AI),
　㉡ 물리적 AI(physical AI)

85. **바코드와 관련된 용어에 대한 설명으로 가장 옳지 않은 것은?**

① ITF-14 바코드는 GS1이 개발한 국제표준 바코드로, 물류 단위에 부여된 식별코드를 기계가 읽을 수 있도록 막대 모양으로 표현한 것이다.
② GS1 DataMatrix는 우리나라 의약품 및 의료기기에 사용되는 유일한 의약품표준바코드로, 다양한 추가정보를 입력하면서도 작은 크기로 인쇄가 가능하다.
③ GS1 응용식별자는 바코드에 입력되는 특수 식별자로 바로 다음에 나오는 데이터의 종류, 예를 들어 GTIN, 일련번호, 유통기한 등을 나타내는 지시자를 의미한다.
④ 내부관리자코드는 GS1 식별코드 중 하나로 특정 목적을 위해 내부(국가, 기업, 산업)용으로 사용되는 코드로 주로 가변규격 상품이나 쿠폰의 식별을 위해 사용된다.
⑤ 국제거래단품식별코드는 국제적으로 거래되는 단품을 식별하기 위해 GS1이 만든 코드로 여기서 거래단품(trade item)이란 공급망 상에서 가격이 매겨지거나 주문 단위가 되는 상품을 지칭한다.

86. IoT(Internet of Things)**에 대한 설명으로 가장 옳지 않은 것은?**

① 오늘날 5G 및 기타 유형의 네트워크 플랫폼이 거의 모든 곳에서 빠르고 안정적으로 대량의 데이터 세트를 처리해 주어 IoT 연결성을 높여 주고 있다.
② 연결상태는 24시간 always-on 방식이다.
③ IoT는 보안 및 개인정보보호 위험, 기술 간 상호운영성, 데이터 과부하, 비용 및 복잡성 등의 이슈가 관리되어야 한다.
④ 서비스 방식은 빠르고 쉽게 찾는 Pull 방식이다.
⑤ ICT 기반으로 주위의 모든 사물에 유무선 네트워크로 연결하여 사람과 사물, 사물과 사물 간에 정보를 교류하고 상호 소통하는 지능적 환경으로 진화하고 있다.

87. **아래 글상자에서 설명하는 용어로 가장 옳은 것은?**

> 이 개념은 의류산업에서 도입되기 시작하였으며, 소비자 위주의 시장환경에 재고부담을 줄이고 신제품 개발에 도움을 준다. 이것의 기본 개념은 시간 기반 경쟁의 장점을 성취하기 위해 빠르게 대응하는 시스템을 개발하는 것이다. 즉, 이것은 생산에서 유통까지 표준화된 전자거래체제를 구축하고, 기업 간의 정보공유를 통한 식속 정확한 납품, 생산/유통기간의 단축, 재고감축, 반품손실 감소 등을 실현하는 정보시스템이다.

① 풀필먼트(fulfillment)
② 신속대응(quick response)
③ 풀서비스(full service)
④ 푸시서비스(push service)
⑤ 최적화(optimization)

88. **스미스, 밀버그, 버크**(Smith, Milberg, Burke)**는 '개인정보 활용에 따른 프라이버시 침해 우려에 대한 연구'를 통해 개인의 프라이버시 침해 우려 프레임워크를 제시하였다. 이 경우 유통업체의 개인정보 활용 증대에 따라 소비자들에게 발생할 수 있는 프라이버시 침해 우려에 대한 설명으로 가장 옳지 않은 것은?**

① 유통업체가 지나치게 많은 개인정보를 수집하는 것에 대한 우려가 나타날 수 있다.
② 유통업체의 정보시스템에 저장된 개인정보에 권한이 없는 부적절한 접근에 대한 우려가 나타날 수 있다.
③ 유통업체에서의 인가받지 못한 개인정보에 대한 이차적 이용에 따른 우려가 나타날 수 있다.
④ 유통업체가 보유하고 있는 개인정보의 의도적 또는 사고적인 오류에 대해 적절하게 보호되고 있는지에 대한 우려가 나타날 수 있다.
⑤ 유통업체가 데이터 3법을 적용하여 개인정보를 활용함에 따라 개인이 자신의 정보에 대한 접근 권한을 차단당하는 상황이 발생할 수 있다는 우려가 나타날 수 있다.

89. **빅데이터는 다양한 유형으로 존재하는 모든 데이터가 대상이 된다. 데이터 유형과 데이터 종류, 그에 따른 수집 기술의 연결이 가장 옳지 않은 것은?**

① 정형데이터 - RDB - ETL
② 정형데이터 - RDB - Open API
③ 반정형데이터 - 비디오 - Open API
④ 비정형데이터 - 이미지 - Crawling
⑤ 비정형데이터 - 소셜데이터 - Crawling

90. 정부는 수산물의 건강한 유통을 위해 수산물 이력제를 시행하고 있다. 이에 대한 설명으로 가장 옳지 않은 것은?

① 수산물을 수확하는 어장에서 시작하여 소비자의 식탁에 이르기까지 수산물의 유통과정에 대한 정보를 관리하고 공개해서 소비자들이 안전하게 수산물을 선택할 수 있도록 도와주는 제도이다.
② 수산물 이력제의 등록표시는 표준화와 일관성을 위해 바코드로 된 이력추적관리번호만 사용한다.
③ 식품안전사고를 대비하기위해 소비자가 구매한 수산물의 유통과정이 투명하게 공개되도록 관리하여 신속한 사고발생 단계 파악 및 조속한 조치가 가능하다.
④ 생산자는 수산물에 대한 품질 및 위생정보를 효과적으로 관리할 수 있고 축적된 정보로 소비패턴 및 니즈파악이 가능하다.
⑤ 수산물 이력제의 활용은 위생 부분의 국제기준을 준수하여 수산물 관리의 국제 경쟁력을 높여 주는 효과가 있다.

유통관리사 2급	
2023년	# 제1회 기출문제 정답 및 해설

〈제1과목〉 유통물류 일반관리

01

정답 ▎ ②

해설 ▎ 일반적으로 생활필수품의 성격을 갖거나, 마땅한 대체재가 없는 경우, 또는 재화의 가격이 가계 소득에서 차지하는 비중이 작을수록 수요의 가격탄력성은 작게 나타난다. 즉, 소득에서 재화의 가격이 차지하는 비중과 가격탄력성은 정비례한다.

02

정답 ▎ ①

해설 ▎ 제품요인의 경우 제품에 대해 직접적인 요소들이 관련되는 것으로 이에는 제품의 부패가능성, 복잡성, 대체율 등을 고려해야 한다. 부패가능성이 클수록 제품이 신속하게 공급되어야 하므로 유통경로의 길이는 짧아져야 하며 판매하려는 제품이 매우 복잡하면 직접유통경로를 이용해 직접 판매해야 한다.

요 인	
시장요인	시장규모 지역적 집중도 구매빈도 평균 주문량
제품요인	크기와 중량 부패성 단위당 가치 제품표준화 제품라인의 폭 제품라인의 길이 기술적 복잡성
기업요인	규모 재무적 능력 경영 전문성 통제에 대한 욕망
경로구성원요인 (중간상요인)	중간상 획득가능성 중간상의 마케팅 수행의지 중간상의 서비스 숫자 중간상의 서비스 품질 구성원 이용비용
환경요인	환경적 고려요인의 수

03

정답 ▎ ⑤

해설 ▎ 유통시스템 내의 자원을 권력의 순서대로 재분배하게 되면 형평성의 문제가 발생하게 되므로 공평하지 못하게 된다.

04

정답 ▎ ④

해설 ▎ 박스 안에 들어갈 내용은 다음과 같다.

유통산업발전법 2조 1항 9호

- "무점포판매"란 상시 운영되는 매장을 가진 점포를 두지 아니하고 상품을 판매하는 것으로서 산업통상자원부령으로 정하는 것을 말한다.

유통산업발전법 2조 1항 10호

- "유통표준코드"란 상품 · 상품포장 · 포장용기 또는 운반용기의 표면에 표준화된 체계에 따라 표기된 숫자와 바코드 등으로서 산업통상자원부령으로 정하는 것을 말한다.

05

정답 ▎ ④

해설 ▎ 100만개의 제품 중 불량품은 3.4개 정도 수준의 품질을 유지하는 것, 다시 말해 시그마 6는 기업에서 제품 생산 시 모든 일에 실수를 최대한으로 적게 하는 것을 의미한다. 즉, 무결점을 추구하는 것을 말한다. CTQ는 고객에게 있어 가장 중요한 품질특성이며 이를 수치로 표현한 것이다. 이를 기반으로 한 6시그마의 실행단계(DMAIC)는 다음과 같다.

㉠ CTQ를 파악하고 개선 프로젝트를 선정한다. - Define(프로젝트의 선정)
㉡ 현재 CTQ 충족정도를 측정한다. - Measure(현 수준파악 및 개선목표의 설정)
㉢ 핵심품질특성(CTQ)과 그에 영향을 주는 요인의 인과관계를 파악한다. - Analyze(분석, 인과관계의 규명)
㉣ CTQ의 충족정도를 높이기 위한 방법, 조건을 찾는다. - Improve(최적의 대안 도출)
㉤ 개선된 상태가 유지될 수 있도록 관리한다. - Control(관리, 사후관리)

06

정답 ▍ ②

해설 ▍ 앨더퍼의 ERG 이론에서 동기부여를 성장, 관계, 존재의 3단계로 구분하여 설명하였으며, 맥클리랜드는 동기부여를 성취욕구, 권력욕구, 친화욕구의 3가지로 구분하여 설명하였다.

07

정답 ▍ ④

해설 ▍ 화인(Shipping Mark)은 상호 간의 식별을 위해 수출품 포장의 외장에 포장번호, 목적항등의 표시를 하는 것을 말한다. 통상적으로 운송 중에 발생할 수 있는 도난, 분실 등의 우려가 있기 때문에 이에 대한 예방을 하며 수하인이 화물을 손쉽게 인수할 수 있도록 포장단위마다 표시하는 것을 말한다.

① 품질 표시(quality mark)는 내용물의 품질을 표시한다.

② 주의 표시(Care Mark)는 화물의 운송 또는 보관 시 취급상의 주의사항을 표시한다.

③ 목적항 표시(destination mark)는 화물의 선적 및 양하작업을 용이하게 하고 화물의 오배송을 방지한다.

④ 수량 표시(case mark)는 송장(Invoice), 적하목록(MF, Manifest), 기타 운송서류와 대조하여 이를 식별, 확인하기 위해 화물의 개수를 표시한다.

⑤ 원산지 표시(Origin Mark)는 당해 화물의 원산지를 표시한다.

08

정답 ▍ ⑤

해설 ▍ 포장표준화는 각종 포장용기의 규격을 검토, 분석하여 표준화 및 규격화함으로써 유통의 합리화를 도모하는데 있는 것으로 이에 대한 내용은 다음과 같다.

① 포장재료의 표준화

② 포장기법의 표준화

③ 포장치수의 표준화

④ 포장강도의 표준화

09

정답 ▍ ③

해설 ▍ 물류비의 지급형태별 분류에는 자가물류비와 위탁물류비가 있다. 자가물류비는 자사의 설비 및 인력으로 물류활동을 수행하면서 지출한 비용으로 조달, 생산, 판매, 반품 등으로 구분하여 재료비, 노무비, 경비, 이자 등의 비용을 말한다. 위탁물류비는 물류활동의 일부 또는 전부를 제3자 물류업체나 자회사에게 위탁하여 지불하는 비용으로 포장, 운송 및 보관 등을 위탁하는데 지불포장비, 지불운임, 지불창고료, 입출고료, 수수료 등을 포함하는 비용을 말한다.

참고 물류비 분류체계

㉠ 영역별 물류비 - 조달물류, 사내물류, 판매물류, 리버스 물류(회수,폐기,반품)로 구분되며 생산물류는 제외된다.

㉡ 기능별 물류비 - 기업의 가치 창출을 위해 반드시 필요한 부가가치가 높은 활동을 의미하며 물자를 이동/보관하는 일련의 부대활동이 해당하는 것으로 이는 운송비, 보관비, 포장비, 하역비, 물류정보 · 관리비 등으로 구분된다.

㉢ 지급형태별 물류비 - 자사가 지불하는 물류비에 대해 물류행위 주체를 자사에서 직접 수행하는가 또는 외부의 물류업체에 위탁하는가에 따라 자가물류비와 위탁물류비로 구분된다.

㉣ 세목별 물류비 - 기본적으로 재료비,노무비, 경비, 이자로 구분한다.

㉤ 관리항목별 물류비 - 중점적으로 물류비 관리를 실시하기 위한 관리대상별(제품별, 지역별, 고객별 등과 특정의 관리단위별)로 물류비를 분류하는 것이다.

㉥ 조업도별 물류비 - 물류비에 관한 계획을 설정하고 통제하기 위해서는 물류비가 물류 조업도에 따라서 어떻게 발생하는가를 파악하는 것이 중요하며, 물류활동에 비례하여 증감하는 물류변동비와 물류량이 증감하여도 일정액이 지불되는 물류고정비로 구분된다.

10

정답 ▍ ④

해설 ▍ 성숙기는 이미 자사가 시장의 최고 정점에 다다르는 시기로 각 제품의 성능 등이 향상된 R&D(연구개발)에 승부수를 띄우는 시기이다. 그렇기에 해당 시장에서 기본 형태의 제품이 아닌 향상된 기능의 제품이 나타나고 있는 시점이다. 기본 형태의 제품을 제공하는 것은 시장에 안착하기 위해 처음 선보이는 제품이 나타나는 시기인 도입기이다.

11

정답 ▌ ④

해설 ▌ ① 생산준비비용 - 생산공정의 변경이나 기계 및 공구의 교환 등으로 인한 비용이다.

② 평가비용 - 제품이나 서비스가 제대로 작동되는지 검사하는 것과 관련된 비용이다. 예 검사, 실험실 실험, 현장 실험 등의 비용

③ 예방비용 - 문제를 피하는 것과 관련된 비용이다. 예 계획, 교육 등

④ 내부실패비용 - 제품을 고객에게 배달하기 전에 문제를 발견하여 수정하는 것과 관련된 비용이다.

예 폐기, 재생산, 라인 정지시간, 품질미달로 인한 염가판매 등의 비용

⑤ 외부실패비용 - 제품이나 서비스가 고객에게 배달된 후에 발견된 문제와 관련된 비용이다.

예 품질보증, 교환비용, 환불, 고객불만 처리 비용, 리콜 등

12

정답 ▌ ⑤

해설 ▌ 소매점에서는 항상 고객의 온 오프라인 커뮤니케이션이 이루어지는 공간이다. 근무 시간 내에서 직원이 고객과의 접객 의무를 방관한 채 직원 개인의 사정에 따른 근무시간을 조정하게 된다면 고객의 입장에서는 여러 피해가 발생할 가능성이 따르게 된다.

13

정답 ▌ ⑤

해설 ▌ 글로벌 유통산업 환경변화는 제한적 형태의 개방, 법적 제재 및 투자 제한 등으로 묶여있던 시장에 긍정적인 영향을 가져다 주게 된다. 유통시장의 개방은 더더욱 빨라지고 있으며, 신규 출점은 증가하고 있으며, 포화되어 가는 시장에 의해 새로운 시장을 찾기 위한 노력이 나타나며 내수에만 의존하지 않고 적극적인 해외시장을 찾게 되는 방향으로 변화하고 있다.

14

정답 ▌ ③

해설 ▌ 기능 조직은 각 기능부서 내에서 심도 있는 훈련 및 기능개발이 가능하기 때문에 해당 기능부서 내에서 규모의 경제를 실현할 수 있다. 그렇기에 업무의 성과에 의한 보수의 산정이 용이하다.

15

정답 ▌ ③

해설 ▌ 모든 종업원은 근무시간 이외의 시간은 자유의사에 따라 어떠한 외부활동도 자유롭게 할 수 있는 권리가 있다.

16

정답 ▌ ⑤

해설 ▌ 도매상의 혁신전략에 대한 내용은 다음과 같다.

- 도매상의 합병과 매수 - 기존시장에서의 지위 확보, 다각화를 위한 전후방 통합
- 자산의 재배치 - 회사의 핵심사업 강화 목적, 조직의 재설계
- 회사의 다각화 – 유통 다각화를 통한 유통라인 개선
- 전방과 후방통합 - 이윤과 시장에서의 지위 강화를 위한 통합
- 자산가치 높은 브랜드의 보유 - 시장에서의 지속적인 경쟁력을 획득하기 위한 전략
- 국제시장으로의 확장 - 합작투자와 전략적 제휴를 통한 해외 진출의 가속화
- 부가가치가 높은 서비스의 개발 – 급행 서비스에서부터 주문 서비스에 이르기까지 가치를 증가시키기 위한 다양한 서비스의 제공
- 시스템 판매 - 종합적인 구매관리 프로그램
- 새로운 게임 전략 - 자신과 경쟁자의 유통관련 변수 고려
- 틈새 전략 - 특정 범위에 특화함으로써 중요한 경쟁적 우위를 얻기 위함
- 복합 마케팅 - 이익률 하락을 막기 위한 방어적 측면, 단기적인 성과를 올리기 위한 공격적 측면
- 유통의 새로운 기술 - 온라인 주문과 발주 시스템, 향상된 재고관리, 창고 자동화

17

정답 ⑤

해설 유통경로의 기능은 다음과 같다.

㉠ 교환과정의 촉진 - 중간상의 개입으로 교환과정을 보다 단순화시킬 수 있으므로 보다 많은 거래를 효율적으로 이루어 낼 수 있다.

㉡ 제품 구색 불일치의 완화 - 제조업자는 소수의 제품라인을 대량생산하고 소비자는 소수의 다양한 제품을 구매하는데, 유통경로의 기능은 양자(제조업자와 소비자)의 욕구 차이에서 발생하는 제품 구색과 생산/구매량의 불일치를 유통경로가 완화 시켜주는 기능을 한다.

㉢ 소비자와 제조업자의 연결 - 제조업자들은 중간상을 이용하면 적은 비용으로 더 많은 잠재고객에 도달할 수 있으며 소비자들의 탐색비용도 절약된다.

㉣ 고객 서비스 제공 - 유통경로는 제조업자를 대신하여 소비자에게 애프터서비스의 제공과 제품의 배달, 설치, 사용 방법의 교육 등의 서비스를 제공한다.

18

정답 ⑤

해설 ① 기능화의 원칙 - 조직구성원의 능력, 신분 등에 의존하지 않고 오히려 해야할 일을 중심으로 조직이 형성되어야 한다.

② 권한위양의 원칙 - 하위자가 상사의 지시나 명령을 받지 않고, 재량권을 가지고 독자적으로 직무를 수행할 수 있도록 상사의 의사결정 권한을 부하들에게 위양하도록 하는 것을 말한다.

③ 명령통일의 원칙 - 명령계통을 명확히 하기 위해 1인의 부하가 2인 이상의 상사로부터 명령을 받아서는 안 된다.

④ 관리한계의 원칙 - 한 사람의 관리자가 관리할 수 있는 부하의 수는 적정해야 한다.

⑤ 조정의 원칙 - 집단 노력 통합, 균형화에 조직의 목적을 강조해야 한다.

19

정답 ③

해설 기업 수준의 전략은 장기적인 수익을 극대화하기 위하여 기업의 발전과 개발 방향을 관리하는 것을 말한다. 이의 수준에서의 역할은 사업의 내용 결정, 경쟁시장의 선택 등이 있다. 유형으로는 단일사업 집중 전략, 수직통합전략, 다각화전략, 글로벌화 전략 등이 있으며 ③의 경우에는 기업 수준의 전략의 하부 구조인 사업 수준의 전략에 해당한다. 사업 수준의 전략에는 저원가 전략, 차별화 전략, 집중화 전략 등이 있다.

20

정답 ⑤

해설 ⑤번은 상호보완재가 아닌 대체재가 되어야 한다.

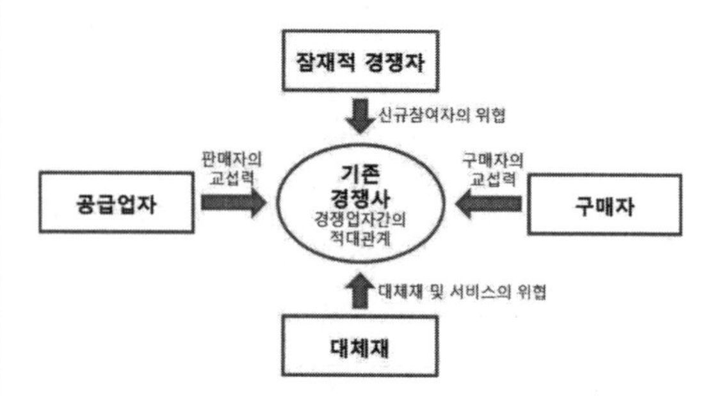

21

정답 ③

해설 보관의 원칙은 다음과 같다.

① 통로 외 보관의 원칙 : 창고 내 입, 출고를 용이하게 하고 원활한 화물 흐름과 활성화를 위하여 통로를 확보 보관한다.

② 높이 쌓기의 원칙 : 보관 물품 등을 평평하게 보관하는 것보다 용적효율이 증가한다.

③ 명료성의 원칙 : 시각에 따라 보관 물품을 용이하게 인식할 수 있도록 보관하는 것이 효율적이다.

④ 회전 대응 보관의 원칙 : 보관 물품의 장소를 입, 출하 빈도의 정도에 따라 보관하는 장소를 결정한다.

⑤ 동일성, 유사성 보관의 원칙 : 동일 품종은 동일 장소에 보관하고 유사품은 근처 가까운 장소에 보관해야 효율적이다.

⑥ 중량특성의 원칙 : 보관물품의 중량에 따라 보관 장소 특히 높낮이를 결정해야 한다.

⑦ 형상 특성의 원칙 : 보관 물품의 형상에 따라 보관 방법을 변경하며, 형상 특성에 부응하여 보관한다.

⑧ 위치 표시의 원칙 : 보관 물품의 장소, 선반 번호 등의 위치를 표시함으로써 업무 효율화를 증대할 수 있다.
⑨ 선입, 선출의 원칙 : (FIFO : First In First Out)이란 먼저 보관한 물품을 먼저 불출하는 원칙을 말한다.
⑩ 네트워크의 원칙 : 관련 물품을 한곳에 모아 보관, 출하 품목의 다양성에 따라 보관상의 곤란을 예상 물품 정리가 용이하도록 보관하는 방식을 말한다.

22

정답 ▎ ③

해설 ▎ 소비자의 주문 수량과 일치하게 되는 재고 보유를 하게 될 경우, 고객의 추가 주문에 대한 대응이 어려워지게 되므로 일정 정도의 충분한 재고 보유를 통해 추가 주문을 하게 되는 고객들에 대한 서비스를 제공해야 한다.

23

정답 ▎ ③

해설 ▎ WT 전략은 일종이 방어적 전략으로, 자사의 약점을 보완하고 외부환경으로부터 위협 요소를 회피하거나 또는 이를 최소화시키려는 전략을 말한다. 예 기업의 원가 절감, 사업의 축소 등
참고로 ③번에서 공격적 전략을 구사하는 것은 SO 전략(강점과 기회) 즉, 기회를 활용해 강점을 더더욱 부각시키는 전략에 해당한다.

24

정답 ▎ ②

해설 ▎ 옵션의 매입자는 특정 상품을 매입 또는 매도할 수 있는 권리를 보유하지만 옵션을 가지고 있기 때문에 발생하게 되는 계약상의 의무는 없다.

25

정답 ▎ ④

해설 ▎ 쇼루밍(Show Rooming)은 소비자가 상품을 오프라인 매장에서 살펴본 후 가격이 저렴한 인터넷 · 모바일 플랫폼에서 구매하는 새로운 소비 트렌드를 말한다. ④번은 역 쇼루밍에 대한 설명이다. 역 쇼루밍은 물건에 대한 정보를 인터넷 등의 온라인에서 취합한 후 최종 구매는 직접 오프라인 매장에서 하는 것을 말한다.

〈제2과목〉 상권분석

26

정답 ▎ ③

해설 ▎ 소매상권의 크기는 판매하는 상품의 종류에 따라 다르게 나타나는데, 가격이 비교적 낮고 구매빈도가 높은 편의품의 상권은 좁은 것이 일반적이며, 가격이 비교적 높으며 수요빈도가 낮은 선매품 · 전문품 · 내구소비재 등의 상권은 일반적으로 넓다.
① 인접한 경쟁점포는 편의품점의 상권을 확장시키지 못한다.
② 인접한 경쟁점포는 편의품점의 매출을 감소시킨다.
④ 집재성입지에 적합한 업종일 때 인접한 경쟁점포는 매출증가에 유리하다.
⑤ 산재성입지에 적합한 업종은 인접한 동일업종 점포가 없어야 유리하다.

27

정답 ▎ ④

해설 ▎ ④ 비용요인에는 생산비, 운송비, 판매비용 등이 포함되며 비용이 상대적으로 저렴할수록 상권은 확대된다.

28

정답 ▎ ②

해설 ▎ 상권은 사회적, 행정적 요인 등의 기준에 의한 확정적 개념이 아니다. 상권범위는 출점하는 업종, 업태와 밀접한 상관관계가 있으며, 고정되어 있는 개념이 아니라 확률적·변동적인 개념이다.

29

정답 ▎ ②

해설 ▎ 유사하거나 상호보완적인 제품, 또는 관계를 가

지고 있는 점포가 인접해 있으면 고객을 공유할 가능성이 높아져 상권을 확장시키는 요인이라고 할 수 있다.

30

정답 Ⅰ ⑤

해설 Ⅰ 상권분석 - 입지선정 - 점포계획 - 소매믹스설계

31

정답 Ⅰ ④

해설 Ⅰ ④ 일방통행 도로 - 가시성과 접근성 면에서 불리함

32

정답 Ⅰ ③

해설 Ⅰ 체크리스트(checklist)법은 상권의 규모에 영향을 미치는 다양한 요인들을 수집하여 이들에 대한 목록을 작성하고 각각에 대한 평가를 통해 시장 잠재력과 상권의 구조를 예측해 보는 방법으로서 가장 적합하지 않다.

33

정답 Ⅰ ⑤

해설 Ⅰ 입지요인은 점포와 관련된 요인이다. 가시성, 접근성, 점포의 위치, 점포 면적 등이 해당된다.

34

정답 Ⅰ ①

해설 Ⅰ 백화점은 의류, 가정용 설비용품, 신변잡화류 등의 각종 상품을 부분별로 구성하여 소비자들이 일괄 구매할 수 있도록 한 대규모 소매점포이다. 고객흡인력이 강하고, 점포주변에 유동인구가 많으며, 계획적으로 개발된 중심상업지역에 입지한다.

35

정답 Ⅰ ①

해설 Ⅰ "전통상업보존구역"에 "준대규모점포"를 개설하려고 할 때 개설등록 기한은 '영업 개시 전까지'이다.

36

정답 Ⅰ ④

해설 Ⅰ $A=\frac{50,000}{4^2}=3,125$, $B=\frac{70,000}{6^2}=1,944$,

$C=\frac{40,000}{3^2}=4,444$

37

정답 Ⅰ ④

해설 Ⅰ 경쟁점이 몰려있으면 상호보완효과가 높아지므로 경쟁력은 서비스, 차별화, 마케팅 능력에 의해 주로 정해진다.

38

정답 Ⅰ ②

해설 Ⅰ ▶ 중심지이론의 전제조건

① 지표 공간은 균질적 표면으로 되어 있다.
② 한 지역 내의 교통수단은 오직 하나이며, 운송비는 거리에 비례한다.
③ 인구는 공간상에 균일하게 분포되어 있다.
④ 주민의 구매력과 소비행태는 동일하다.
⑤ 소비자는 합리적으로 의사결정을 하며, 최소 비용과 최대의 이익을 추구하는 경제인이다.

39

정답 Ⅰ ③

해설 Ⅰ ① 지표(landmark) - 길찾기를 위한 방향성 제공
② 선큰(sunken) - '움푹 들어간, 가라앉은'의 뜻. 기준 지평면보다 낮은 광장을 의미하며, 지하공간의 쾌적성과 접근성을 높임
④ 구역(district) - 공간과 공간을 분리하여 영역성을 부여
⑤ 에지(edge) - 경계선이며 건물에서 꺾이는 부분에 해당

40

정답 Ⅰ ⑤

해설 Ⅰ ⑤는 상권분석의 목적과는 관련이 없다.

41

정답 Ⅰ ④

해설 ▌ 토지대장 - 토지의 소재, 지번, 지목, 면적 등을 확인할 수 있음

42

정답 ▌ ②, ③

해설 ▌ ② 데이터베이스와 함께 활용하기 위해 디지털지도보다는 수치지도가 필요하다.

③ 프레젠테이션 지도작업에 대한 설명이다.

43

정답 ▌ ②

해설 ▌ ② 거리조락현상 또는 거리체감효과라고도 한다. 거리 마찰에 따른 비용과 시간의 증가 때문에 발생한다.

▶ 거리에 따라 효용이 감소하는 현상인 거리조락효과(distance decay effect)는 한 지점에서 다른 지점으로 이동할 때, 이동수단에 따라 이동하고자 하는 의지가 달라짐을 의미한다.

44

정답 ▌ ③

해설 ▌ 부지매입 건물신축에 관한 장단점이다.

45

정답 ▌ ⑤

해설 ▌ Reilly의 소매중력모형은 규범적 모형이다. 레일리의 소매중력법칙은 뉴튼의 만유인력 법칙을 상권이론에 적용한 것이다. 두 중심지 사이에 위치하는 소비자에 대하여 두 중심지가 미치는 영향력의 크기를 설명하는 이론이다.

〈제3과목〉 유통마케팅

46

정답 ▌ ②

해설 ▌ 일정 기간 동안 광고 캠페인의 누적 시청률을 말한다. 하지만, 일반시청률이 아닌 광고에 대한 총 시청률을 중요하게 여기게 된다.

47

정답 ▌ ⑤

해설 ▌ 주된 통로를 중심으로 매장 입구가 연결되어 있어 고객들이 매장들을 손쉽게 둘러 볼 수 있도록 배치된 형태는 경주로형이다.

48

정답 ▌ ③

해설 ▌ CRM은 다음과 같이 고객정보의 활용, 고객충성도 제고, 다양한 채널 사용, 조직 및 프로세스 재구축 등의 4가지 시각으로 정의될 수 있다.

㉠ 고객에 대한 이해를 바탕으로 고개의 정보를 활용하여 고객과의 관계를 유지, 확대, 개선시키는 고객 관련 제반 프로세스 및 활동을 의미한다.

㉡ CRM은 고객관계관리를 통하여 고객만족과 충성도를 제고시킴을 목적으로 한다. 이를 위해 CRM은 과거 데이터베이스 마케팅 기법처럼 단지 조직 내 실무자 중심의 관점이나 접근이 아니라 고객경영 철학, 고객중심의 사고에서 시작하여 고객 가치의 극대화하여야 한다.

㉢ CRM은 다양한 채널을 통한 고객과의 커뮤니케이션으로부터 수집된 정보를 기반으로 고객과의 관계를 유지, 발전하는 과정으로 이해할 수 있다.

㉣ CRM은 고객관계전략을 실행하기 위하여 조직 및 프로세스를 고객 중심으로 재편하고 이를 통합적으로 관리하는 것이다.

이를 종합하면, CRM은 고객을 기업가치의 중심으로 인식하고, 고객에 대한 이해와 지식을 바탕으로 다양한 고객 니즈에 부합하는 차별화된 전략을 수립하고, 이를 실행하기 위한 모든 고객 접점, 프로세스, 조직을 고객 중심으로 재편하고 통합적으로 관리하여 고객과의 지속적이고 우호적인 관계를 유지함으로써 고객의 로열티 형성을 통해 수익을 극대화하는 것이다.

49

정답 ▌ ④

해설 ▌ 최종소비자를 대상으로 영업활동을 하는 것이기 때문에 점포와 같은 물리적인 시설에 비용 투자

를 해야 하는 것은 소매상이다. 참고로, 도매상은 대량의 제품을 제조업자로부터 들여와 이를 가공해 재판매하는 역할을 주로 수행한다.

50

정답 ▌ ②

해설 ▌ 서비스 마케팅 7P's는 다음과 같다.

㉠ 제품(Product) - 단순히 제품이나 서비스를 생산하는 것 이외에 그 제품이 줄 수 있는 종합적인 혜택을 통틀어 이르는 것으로 주로 디자인, 브랜드, 상징, 보증, 이미지 등을 포함하고 그것을 관리하는 전략이다.

㉡ 장소(Place) - 단순히 물건을 파는 장소만을 뜻하는 것이 아닌, 고객과의 접촉이 이루어지는 부분의 전체적인 유통경로를 포함하는데 주로 생산자부터, 도매상, 소매상을 거쳐 소비자에게까지 전달되는 과정을 말한다.

㉢ 판매 촉진(Promotion) - 판매를 촉진시키기 위해 사용하는 구매 유인 기법으로 주로 광고, 홍보(PR), 이벤트, 할인 행사, 인적판매, SNS 홍보, 전단지, 온라인 광고 등 상품을 알리고 판매를 촉진하기 위한 모든 활동을 아우르는 전략을 말한다.

㉣ 가격(Price) - 기업이 특정 물품의 가치를 가장 객관적인 수치로 나타내는 전략을 말한다.

㉤ 사람(People) - 일하는 사람은 제품이나 서비스만큼이나 비즈니스의 가치를 제공하는 주체이기 때문에 회사가 올바른 사람들을 확보하는 것을 말한다.

㉥ 프로세스(Process) - 서비스에서 이를 어떤 과정과 절차를 거쳐 제공하느냐는 서비스 그 자체와 뗄 수 없는 관계이므로 서비스 제공 방식은 소비자가 지불하는 비용의 일부이므로, 어떻게 서비스와 제품을 제공할 것인지 생각해야 하는 것을 말한다.

㉦ 물리적 증거(Physical evidence) - 소비자가 구매하는 서비스가 무형인 경우에도 모든 서비스에는 일부 물리적 요소가 포함되어 있다는 점을 기억해야 하는데 예를 들어 미용실은 고객에게 다듬어진 머리카락을 제공하고, 보험 회사는 고객에게 인쇄물 또는 PDF 문서 같은 물리적 제품을 제공하는 것을 말한다.

51

정답 ▌ ⑤

해설 ▌ 머천다이징은 물리적 공간 및 디지털 플랫폼에서 제품을 판촉하고 판매를 증대시키기 위해 행하는 상품화, 즉 일종의 전략 및 행위를 의미한다. ⑤번의 경우에는 전시된 제품을 보고 구매여부에 대한 소비자들이 판단하게 되는 제품 및 제품성과에 대한 소비자들의 지각과 느낌이므로 소비자의 제품구매행동에 있어 구매한 후에 느끼게 되는 부분들이라 할 수 있다.

52

정답 ▌ ④

해설 ▌ 세분화의 기준변수들로는 인구통계적 변수, 심리분석(심리묘사)적 변수, 구매행동적 변수, 사용상황변수, 추구효익 변수들이 있다. 시장세분화란 비슷한 성향을 가진 사람들을 다른 성향을 가진 사람들의 집단과 분류하여 하나의 집단으로 묶는다는 것이다. 이를 위해 사용될 수 있는 기준에는 인구통계학적 변수, 심리분석(심리묘사)적 변수, 사용상황변수 등이 있다. 인구통계학적 변수들은 연령, 성별, 지역, 소득, 종교 등이 있고, 심리분석(심리묘사)적 변수에는 사회계층, 라이프스타일, 개성 등이 있으며, 구매행동변수에는 사용기회, 사용경험, 사용량, 상표애호도 등이 포함된다.

53

정답 ▌ ①

해설 ▌ ① 제품믹스의 깊이(product mix depth) - 특정한 제품계열 내에 각 제품이 제공하는 제품품목(version)의 수를 말한다.

② 제품믹스의 폭(product mix width) - 회사가 제공하는 전체 제품계열의 수를 말한다. 즉, 서로 다른 제품계열의 수이다.

③ 제품믹스의 일관성(product mix consistency) - 다양한 제품계열이 최종용도 생산시설, 유통경로, 기타 측면에서 얼마나 밀접하게 관련되어 있는가 하는 정도를 말한다.

④ 제품믹스의 길이(product mix length) - 특정 제품계열 내에 있는 제품의 수를 말한다.

⑤ 제품믹스의 구성(product mix composition) - 제품믹스의 구성을 평가하는 일반적 기준을

말한다. 즉, 폭(넓이), 길이, 깊이, 일관성 등을 포함하는 것이다.

54

정답 ▌ ②

해설 ▌ ㉠ 전방통합(forward integration) - 제품생산 및 유통과정에서 소비자 쪽 분야의 기업을 통합하거나 원료공급기업이 생산업체를 통합하거나, 제조사가 유통사를 통합하는 것을 말한다.
㉡ 후방통합(backward integration) - 유통기업이 제조사를 통합하거나, 제조사가 원재료 공급사를 통합하는 것을 말한다.

55

정답 ▌ ③

해설 ▌ ㉡은 두 개 이상의 기업집단이 참여하여 새로운 수평적인 기업집단을 형성하는 경우로 이는 파트너십에 대한 설명이다. ③번은 프랜차이즈 시스템을 설명하고 있다. 하지만 ③번의 경우에는 계약 당시에는 각 주체 간 수평적인 입장을 취하고 있으나 계약체결 이후 프랜차이즈의 경우 본부와 가맹점이 서로 계약을 맺고 진행을 한다 해도 본부의 우월성으로 인해 가맹점은 수직관계를 유지하는 경우가 많다.

56

정답 ▌ ⑤

해설 ▌ 로열티 프로그램은 사용자에게 서비스 이용에 따라 유·무형의 보상을 제공하여 서비스 이용을 늘리고 재구매로의 유도, 충성 고객을 확대하는 모든 마케팅 전략을 말한다. ⑤번은 CSV (Creating Shared Value : 공유가치 창출)에 관한 설명이다.

57

정답 ▌ ⑤

해설 ▌ 비주얼(시각적) 머천다이징(VMD : Visual Merchandising)은 상품의 기획의도, 상품의 잠재적 이윤뿐만 아니라 이와 더불어서 포장형태나 인테리어와의 전체적 조화 등을 중점적으로 고려하여 이루어진다.

58

정답 ▌ ①

해설 ▌ ① 소매아코디언이론(retail accordion theory) - 제품구색이 넓은 소매업태(종합점)에서 전문화된 좁은 제품구색의 소매업태(전문점)로 변화되었다가 다시 넓은 제품구색의 소매업태로 변화되어 간다는 가설을 말한다.
② 소매수명주기이론(retail life cycle theory) - 한 소매점 유형이 초기성장기, 가속성장기, 성숙기, 쇠퇴기의 단계를 거치는 것으로 보는 가설을 말한다.
③ 소매차륜이론(the wheel of retailing theory) - 일종의 소매윤회설을 말한다. 시장진입 초기에는 고객서비스의 최소화, 소박한 쇼핑시설, 저렴한 지대의 입지, 한정된 상품믹스의 제공을 하며 진입하여 시장에서 선두를 얻게 되면 그에 따른 모방기업들의 등장해서 자사는 디스플레이의 개선, 보다 경쟁력 있는 입지확보, 광고비의 증대, 신용, 배달 등 차별화 시도하게 된다. 그 후에 서서히 그 영업의 질을 높여나가는 결과 당초에 내세웠던 소구점이 퇴색, 고가격, 고비용, 고마진의 소매형태로 변화하게 되는 것을 말한다.
④ 변증법적이론(dialectic theory) - 정(正 / thesis) : 백화점에서 반(反 / antithesis) : 할인점의 형태로 진행하다가 합(合 / systhesis) : 할인 백화점의 형태로 진행되는 것을 말한다.
⑤ 진공지대이론(vacuum zone theory) - 소매수레바퀴이론의 결함을 극복, 보다 설득력 있는 설명을 제공하기 위해 시도하는 것을 말한다.

59

정답 ▌ ②

해설 ▌ 통상적으로 편의품은 저렴하고 고객이 최소의 노력으로 구매하고자 하는 제품을 말한다. 그렇기에 편의품 구매 시 제품을 구매하기 위해 여기저기 다니면서 시간을 소비하지 않는 제품들이 주를 이루게 되며 스타일, 디자인 등은 강조하지 않는 것이 일반적이다.

60

정답 ▌ ⑤

해설 ▌ 옴니채널(omni-channel)은 모든 채널을 통합하여 물리적 스토어, 앱 및 웹사이트 전반에서 통일되고 일관된 마케팅 방식의 프로그램을 활용해 브랜드 경험을 제공하는 고객 중심 접근 방식을 말한다.

61

정답 ▍ ④

해설 ▍ 경품추첨 이벤트가 종료된 때에는 응모자로부터 개인정보의 보유·이용기간에 대해 별도의 동의를 얻지 않았다면, 이벤트 종료 후 개인정보가 기재된 경품에 대한 응모신청서를 파기하여야 한다.

62

정답 ▍ ⑤

해설 ▍ ①②③④는 모두 CRM과 e -CRM의 공통점을 설명하고 있다.

참고 오프라인 CRM과 e-CRM의 공통점

오프라인 CRM	e -CRM
• 고객접점과 커뮤니케이션 경로의 활용 중시 • 원투원마케팅, 데이터베이스마케팅 활용 중시 • 고객서비스 개선 및 거래활성화를 위한 고정고객 관리 • 로열티고객 확보와 고객생애가치 증대에 전략적 우선 목표 설정 • 고객 개개인에 대한 차별적 서비스를 실시간으로 제공 • 데이터마이닝 등 고객행동 분석의 전사적 활용 추구	

63

정답 ▍ ③

해설 ▍ 비율척도는 절대적인 기준이 있는 영점이 존재하며 사칙연산이 가능하고, 분류도 가능하고, 차이를 비교할 수 있고 순위를 만들 수 있다.

예 자녀의 수, 거리, 무게, 시간, 숫자로 표현되고 계산이 가능한 척도 등

64

정답 ▍ ④

해설 ▍ 다단계 판매는 기업 차원에서 신문이나 TV를 통한 광고를 지양하는 대신 소비자와 소비자, 판매원과 판매원 간에 입소문을 통해 제품을 광고하며 이는 사람들 간의 소규모 네트워크와 사회적 관계망을 통해 이루어진다.

65

정답 ▍ ①

해설 ▍ 직접제품이익(DPP ; Direct Product Profit)은 소비자들의 입장에서 특정 공급자의 개별 품목 또는 재고관리단위 각각에 대한 평가를 내리는 것을 말한다. 더불어 직접제품이익은 유통경로 상에서 발생되어 비용에 영향을 끼치는 항목들을 모두 원가계산에 반영해 구하는 방식이다.

66

정답 ▍ ①

해설 ▍ 박스 안의 내용은 유통경로갈등의 원인 중 목표불일치에 대한 설명이다. 목표불일치는 경로구성원 간의 행위에 대한 의견의 불일치나 상이한 목표를 추구할 때 나타나는 갈등 유형을 말한다. 문제에 제시된 글상자에서 보면 소비자 가격 책정에 대해 대규모 제조업체와 소규모 소매업자들은 가격 책정에 대해 서로 다른 목표로 갈등을 겪고 있다.

67

정답 ▍ ③

해설 ▍ 원가가산법(cost plus pricing)은 통상적으로 가장 많이 활용하는 원가 지향적 방법으로 단위 당 원가에다 일정률의 이익(margin)을 가산하여 가격을 설정하는 방법을 말한다. 예상판매량에 대한 예측이 가능한 것이 아닌 시장 수요예측의 어려움으로 인해 제품 원가에 표준이익을 가산하여 가격을 설정하는데, 매우 간단하기에 널리 이용되지만 경쟁기업을 고려하지 않고 일정 수요량을 기준으로 가격결정을 하기에 특정 수요량의 달성 여부가 관건이며, 또한 인플레이션 같은 기업 환경변화로 인해 원가를 정확하게 계산할 수 없다는 단점이 있다.

68

정답 ▍ ④

해설 ▍ ① t-검증 - 모집단을 대표하는 표본으로부터 추정된 분산이나 표준편차를 갖고 검정하는 방

법으로 주로 모집단의 분산이나 표준편차를 알지 못할 때 사용한다.

② 분산 분석 - 3개 이상 다수의 집단을 비교할 때 사용하는 가설검정 방법을 말한다.

③ 회귀 분석 - 독립변수(x)로 종속변수(y)를 예측하는 것 즉, 원인과 결과가 서로 연속되는 개념으로 이해하는 것을 말한다.

④ 컨조인트 분석 - 제품의 각 속성에 고객이 부여하는 효용을 추정하여 소비자의 효용분석을 통해 고객이 선택할 제품을 예측하는 기법을 말한다. 어떤 제품 또는 서비스가 가지고 있는 각 속성에 소비자가 부여하는 효용을 추정하여 소비자가 어떤 제품을 선택할지를 예측하는 것으로 응답자의 응답을 활용해 각 속성 및 속성 수준에 대한 반응분석을 통해 효용을 추정함으로써 소비자가 어떤 제품을 선택할지 예측하는 분석방법이다.

⑤ 군집 분석 - 각 데이터의 유사성을 측정하여 다수의 군집으로 나누고 군집 간의 상이성을 확인하는 분석하는 것을 말한다.

69

정답 | ①

해설 | ①은 매장의 외부 환경요소에 해당한다.

70

정답 | ③

해설 | ① 페이스 아웃(face out) - 고객들에게 상품의 전면 디자인이 잘 보이도록 진열하는 방식을 말한다.

② 슬리브 아웃(sleeve out) - 집어 들기 쉽게 상품의 옆면이 잘 보이도록 진열하는 방법을 말한다.

③ 쉘빙(shelving) - 종적인 공간효율을 개선시키고 진열선반의 높이가 낮을 때에는 위에서 아래로 시선을 유도하는 페이싱 방법을 말한다.

④ 행깅(hanging) - 상품을 걸어서 진열하는 것을 말한다.

⑤ 폴디드 아웃(folded out) - 동일한 품목이지만 색상과 원단 패턴이 다양한 상품에 주로 적용되며, 접은 부분이 정면에 보이도록 진열하여 고객이 쉽게 선택할 수 있도록 진열하는 방법을 말한다.

〈제4과목〉 유통정보

71

정답 | ④

해설 | 기존의 일차원 바코드를 향상하여 일본의 덴소웨이브에서 1994년에 개발한 코드 형태를 말한다. 국제 표준(ISO/IEC 18004)이 정립되어 있다.

72

정답 | ⑤

해설 | 챗GPT는 미국의 인공지능 회사인 OpenAI사에서 개발한 대화형 인공지능 서비스이다.

73

정답 | ③

해설 | 문서, 웹문서는 비정형 데이터에 해당한다.

74

정답 | ⑤

해설 | 시스템 다운타임은 관련 없다.

75

정답 | ④

해설 | ㉠ 정보 정정권, ㉡ 정보 삭제권

76

정답 | ⑤

해설 | 1차 산업은 기계장치를 통한 제품생산, 2차 산업은 전기기관의 발명으로 인한 대량생산체제 구축, 3차 산업은 정보통신기술로 인한 생산라인의 자동차, 4차 산업혁명은 AI, 빅데이터, 클라우드 등을 통한 기술융합으로 사람·사물·공간이 초연결되거나 초지능화 되는 것을 의미한다.

77

정답 | ④

해설 | 디지털 전환(Digital Transformation, DX)이란 인공지능, 클라우드, 데이터 등 디지털 기술을 기반으로 기업의 조직 문화, 비즈니스 모델 및 산업

생태계를 혁신하고 고객과 시장의 변화에 대응하여 새로운 가치를 창출할 수 있는 기업으로 변환하는 과정을 의미한다.

78

정답 ❙ ②

해설 ❙ 새로운 공장입지 선정 및 신기술 도입 등과 같은 사항과 관련된 내외부 정보를 주로 다루는 것은 전략적 수준에 해당한다.

79

정답 ❙ ④

해설 ❙ 균형성과표에는 실행 결과를 나타내는 재무측정지표와 이를 보완하면서 미래의 재무성과에 영향을 주는 운영 활동인 고객만족, 내부 프로세스, 조직의 학습 및 성장능력과 관련된 세 가지 운영측정지표가 포함되어 있다.

80

정답 ❙ ②

해설 ❙ 데이터 마트(Data Mart)는 데이터 웨어하우스의 부분집합으로 제품관리자가 항시 확인해야 하는 데이터를 요약하거나 매우 집중화시켜 제품관리자 집단을 위한 개별적인 데이터베이스를 제공한다.

81

정답 ❙ ⑤

해설 ❙ 메타버스(Metaverse)란 가공, 추상을 의미하는 메타(meta)와 현실 세계를 의미하는 유니버스(Universe)의 합성어로 3차원 가상세계를 의미한다.

82

정답 ❙ ④

해설 ❙ 상위 포장(higher levels of packages)인 묶음 포장단위에도 별도로 부여한다.

83

정답 ❙ ④

해설 ❙ 블록체인(block chain) : 블록체인은 관리 대상 데이터를 '블록'이라고 하는 소규모 데이터들이 P2P 방식을 기반으로 생성된 체인 형태의 연결고리 기반 분산 데이터 저장 환경에 저장하여 누구라도 임의로 수정할 수 없고 누구나 변경의 결과를 열람할 수 있는 분산 컴퓨팅 기술 기반의 원장 관리 기술이다.

84

정답 ❙ ③

해설 ❙ 플랫폼이 강력한 권한을 가지게 되는 것은 아니다.

85

정답 ❙ ⑤

해설 ❙ 옵트아웃은 정보주체의 동의를 받지 않고 개인정보를 처리하는 방식이다.

④ 옵트인은 정보주체가 동의를 해야만 개인정보를 처리할 수 있는 방식을 의미한다.

86

정답 ❙ ④

해설 ❙ 데이터 규모(volume), 속도(velocity), 다양성(variety)

87

정답 ❙ ③

해설 ❙ 플랫폼이란 구획된 땅이라는 plat과 형태라는 의미의 form의 합성어로서 경계가 없던 땅이 구획되면서 용도에 따라 다양한 형태로 활용될 수 있는 공간을 의미한다.

- 다양한 상품을 생산하거나 판매하기 위해 공통적으로 사용하는 기본 구조 ▶ 자동차 플랫폼, 전자제품 플랫폼
- 상품 거래나 응용 프로그램을 개발할 수 있는 인프라(Infra) ▶ 온라인 쇼핑몰, 앱 스토어(App Store)

88

정답 ❙ ②

해설 ❙ 분산ID(DID, Decentralized Identity)는 온라인상에서 블록체인과 자기주권 신원모델을 기반으로 사용자가 스스로 신원 및 개인정보 등에 대한 증명관리, 신원정보 제출범위 및 제출대상 등을 통제 · 수행할 수 있도록 하는 '탈중앙화 신원관리체계'이다.

89

정답 Ⅰ ①

해설 Ⅰ 가상현실(VR;Virtual Reality)은 컴퓨터 등을 사용한 인공적인 기술로 만들어낸 실제와 유사하지만 실제가 아닌 어떤 특정한 환경이나 상황 혹은 그 기술 자체를 의미한다.

90

정답 Ⅰ ④

해설 Ⅰ ㉠ 채찍효과(Bullwhip effect)란 공급사슬에서 최종소비자로부터 멀어지는 정보는 정보가 지연되거나 왜곡되어 수요와 재고의 불안정이 확대되는 현상을 말한다.

㉡ 공급망 가시성은 원자재, 제조, 그리고 고객에 이르기까지 제품을 추적하는 것이다. 이러한 가시성을 통해 조직은 공급 및 유통망의 모든 단계에서 제품을 추적하여 오류를 줄이고 고객 만족도를 높일 수 있다.

유통관리사 2급

2023년

제2회 기출문제 정답 및 해설

〈제1과목〉 유통물류 일반관리

01

정답 ③

해설 통상적으로 정량(계량)적 지표를 중심으로 활용하지만, 공공성을 띠는 윤리경영에서는 정성적 지표도 함께 활용해야 한다.

02

정답 ③

해설 생산자의 소품종 대량생산과 소비자의 다품종 소량구매 니즈로 인한 구색 및 수량 불일치를 해소할 수 있기 때문이다.

03

정답 ②

해설 문제에 제시된 글 상자의 개념은 다음과 같다.

- 합작투자 - 2인 혹은 그 이상의 당사자가 특정 목적을 달성하기 위해 공동으로 전개하는 공동 사업체를 말한다.
- 위탁제조 - 일종에 생산에 대해 협력업체에 위탁하는 것을 말한다. 주문자(위탁자)자 제조사(수탁자)에게 특정 제품의 생산을 위탁하면 제조사(수탁자)가 위탁받은 제품에 대한 설계, 디자인 개발 및 생산 등을 모두 책임지고 주문자(위탁자)에게 납품하고, 주문업체(위탁자)는 제품을 유통 · 판매하는 형태이다.
- 전략적 제휴 - 경쟁관계에 있는 기업들이 일부 사업 또는 기능 등에서 일시적인 협력관계를 갖는 것을 말한다.
- 라이선싱 - 라이선서(Licensor)가 보유하고 있는 특허, 노하우, 상표명 또는 등록 상표, 저작권, 디자인, 기술 및 작업 방법 등과 같은 지적 재산과 상업적 자산을 라이선시(Licensee)에게 제공하고 그 대가로 로열티를 받는 계약을 말한다.
- 해외직접투자 - 경영권을 주목적으로 자본을 투자하여 투자기업이 현지 기업을 직접 지배 및 경영하는 것을 말한다.
- 프랜차이징 - 프랜차이징은 라이선싱의 한 형태이나 프랜차이징 하에서 가맹사들은 본부의 정책, 운영 절차 등에 따라야 하기 때문에 라이선싱보다는 가맹사의 운영에 있어서 보다 강력한 통제를 행사한다는 데 그 차이가 있다.

04

정답 ⑤

해설 ① 우루과이라운드 - 관세 무역 일반 협정(GATT)의 문제점을 해결하려는 새로운 다자간 무역 협정을 말한다.

② 부패라운드 - 국제상거래에서 외국의 공무원에게 뇌물을 주는 관행을 없애자는 국제적 합의를 말한다.

③ 블루라운드 - 미국과 유럽국가들이 국제노동기준을 국제통상과 연결시켜 노동기준을 지키지 않는 국가들에 대해 무역상의 불이익을 부과하는 것을 골자로 하는 새로운 통상 협상 관행으로 국제사회가 규정하는 근로조건을 충족시키지 못하는 국가의 상품을 국제간 교역에서 제재하려는 다자간 협상을 말한다.

④ 그린라운드 - 환경문제를 국제 간 협상의 주된 문제로 다룬 것을 말한다.

⑤ 윤리라운드 - 윤리적 행위를 기업 경영활동에 적용하려는 국제적인 시도로서, 경제활동의 윤리적 환경과 조건을 세계 각국 공통으로 표준화하려는 국제적인 움직임을 말한다.

05

정답 ④

해설 경영목표의 달성과 이로 인해 연계되는 효율적인 보상체계의 구축이 이루어져야 한다.

06

정답 ②

해설 (9,9)형은 이상형 또는 팀형으로서, 생산과 인간관계의 유지에 모두 지대한 관심을 보이는 유형으로, 종업원의 자아실현욕구를 만족시켜주는 신뢰와 지원의 분위기를 이루는 동시에 과업달성 역시 강조하는 유형이다.

참고 관리격자이론

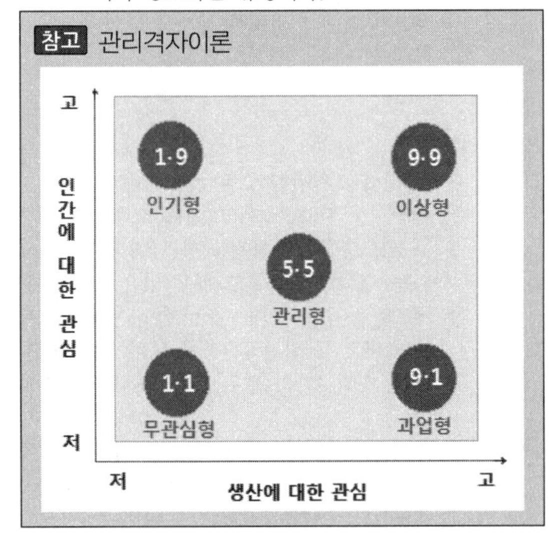

07

정답 Ⅰ ④

해설 Ⅰ 팩토링은 기업이 매출채권을 자금화하는 방법으로, 담보대출과는 구별된다. 팩토링은 판매대금을 미리 지급받기 위한 방법으로, 담보대출은 기업이 돈을 빌리기 위해 자산을 담보로 제공하는 방법이다.

08

정답 Ⅰ ⑤

해설 Ⅰ 직계 · 참모식 조직(line and staff organization)은 라인조직이 갖는 지휘 · 명령계통의 일원성을 유지하면서, 전문화의 이점도 아울러 활용하려는 조직 형태를 말한다. 스태프는 참모로서 라인 부문에 대하여 조언하고 조력하는 권한을 가질 뿐 지휘/명령권은 없다. 따라서 기획이나 기술, 연구 등 전문적인 사항은 스태프 부문이 담당하게 되므로, 라인 부문은 집행기관으로서 상규적인 일에 전념할 수 있게 된다.

09

정답 Ⅰ ④

해설 Ⅰ ① 기업형 VMS - 한 경로구성원이 다른 경로구성원들을 법적으로 소유, 관리하는 경로유형을 말한다. 기업형VMS은 전방통합과 후방통합이 있는데, 전방통합은 제조회사가 도, 소매업체를 소유하거나 도매업체가 소매업체를 소유하는 것이고, 후방통합은 소매상이나 도매상이 제조업자를 소유하거나 제조업자가 공급업자를 소유하는 것이다.

③ 복수유통 VMS - 세분시장마다 서로 다른 유통경로를 활용하는 유통경로 시스템을 말한다.

④ 프랜차이즈 시스템 - 가맹본부(franchisor)가 가맹점(franchisee)에게 계약기간 동안 특정 지역 내에서 자신들의 상표, 사업 운영방식 등을 사용하여 제품 및 서비스를 판매할 권한을 주고, 가맹점은 대가로 초기 가입비와 매출액의 일정 비율(로열티)을 지급하는 경로 유형을 말한다. 프랜차이즈 시스템의 유형으로는 제조업자-소매상 프랜차이즈, 제조업자-도매상 프랜차이즈, 도매상-소매상 프랜차이즈, 서비스회사-소매상 프랜차이즈가 있다.

⑤ 관리형 VMS - 경로구성원들 간에 소유권이나 계약에 의하지 않고 어느 한 경로 구성원의 권력에 의해 조정되는 경로 즉, 파워가 센 경로 리더를 중심으로 비공식적 협력함으로써 공유된 경로 목표를 달성하는 것을 말한다.

10

정답 Ⅰ ④

해설 Ⅰ ① 유통경로 수에 대한 설명이다. 즉, 유통경로에서 제조업자로부터 몇 단계를 거쳐 최종소비자에게 제품이 선달되는가와 관련이 있다.

② 신선도를 유지해야 하는 부패성 제품과 선적거리와 물량 공급의 횟수를 최소화해야 하는 대용량 제품(bulky products)의 경우, 판매에 전문적 기술을 필요로 하는 복잡한 제품의 경우, 다양한 제품계열을 생산하는 기업이 유통비용을 줄이려는 경우에는 직접 마케팅 경로(짧은 경로 길이)를 채택해야 한다.

③ 특정한 지역에서 하나의 중간상을 전속해 활용하는 전략을 전속적 유통(exclusive distribution)이라고 한다.

⑤ 유통경로를 통제하기 위해서는 유통경로에 참여하는 중간상의 수가 적을수록 유리하다. 즉, 유통경로를 통제하고자 하는 통제욕구가 강할수록 유통경로는 짧아지는 경향이 있다.

11

정답 ④

해설 국내 유통산업은 1990년대 후반 유통시장 개방과 자유화 정책 이후 급속히 발전하여 제조업에 이은 거대산업으로 성장하였으나, 규모의 영세성 등 미국 대비 열악한 생산성 및 비효율성은 국내 유통산업의 핵심적 개선과제로 남아 있다.

12

정답 ③

해설 상품의 가치 및 상태를 보호하기 위해 적절한 재료와 용기를 사용하는 것은 포장 기능이다. 유통가공활동은 물자 유통의 과정에 있어 물자에 부가가치를 부여하는 것을 말한다.

> **참고** 물류의 기능
>
> ㉠ 수송기능 - 육해공 수송 수단에 의해 재화를 장소적으로 이동시키는 것을 말한다.
> ㉡ 보관기능 - 일반적으로 물품을 물리적으로 보존하고 관리하는 일을 말한다.
> ㉢ 하역기능 - 보관과 수송의 양면 사이에서 이루어지는 물품의 취급 활동을 말한다.
> ㉣ 포장기능 - 물품을 수송하거나 보관함에 있어서 가치 및 상태를 보호하기 위해 적절한 재료, 용기 등을 물품에 가하는 기술 및 가한 상태를 말한다.
> ㉤ 정보기능 - 물자로서의 정보를 유통시키는 경제활동을 말한다.
> ㉥ 유통가공기능 - 물자유통의 과정에 있어서 물자에 부가가치를 부여하는 것을 말한다.
> ㉦ 물류관리기능 - 물류활동에 전반에 대해 계획, 조정, 통제하는 기능을 말한다.

13

정답 ①

해설 ① 조직문화(organizational culture) - 조직의 구성원들에게 학습되고 공유되는 가치, 아이디어, 태도 및 행동규칙을 말한다.
② 핵심가치(core value) - 미션과 비전을 달성할 수 있도록 조직의 명확한 원칙과 행동지향점을 제시하는 것을 말한다.
③ 사명(mission) - 제품, 시장, 서비스, 고객 등에 있어 다른 조직과 구분되는 특수한 존재이유를 말한다.
④ 비전(vision) - 조직이 목표로 하는 구체적인 미래상, 지향, 열망하는 바를 말한다.
⑤ 조직목표(organizational goals) - 조직이 달성하고자 하는 바람직한 상태를 말한다.

14

정답 ③

해설 유통채널의 진화과정의 발달은 다음과 같다.
① 전통시장 단계 : 제조업체와 소매업체 모두 소규모 형태이고 특정 시장 안에서 차지하고 있는 업체별 점유율도 매우 낮은 수준이다.
② 제조업체 우위 단계 : 소비재 시장의 경우를 보면 미국 등 선진국시장에서는 1960년대 초까지, 우리나라의 경우는 1980년대 후반까지이다.
③ 소매업체 성장과 제조업체 국제화가 동시에 또는 연이어 나타나는 단계이다.
④ 제조업의 국제화가 진전됨에 따라 각 시장의 소매업체들도 연합해 제조업체의 세력과 균형을 이루게 되면서 소매업체가 국제화되는 단계
예 월마트의 성장, 카테고리킬러의 성장 등

15

정답 ③

해설 ㉠ 물적 흐름(possession) - 원자재, 반제품, 부품, 제품 등 물적유통의 대상이 최초의 공급업자로부터 운송기관이나 도소매상을 거쳐 최종 소비자 또는 중간 사용자에게 유통되는 것을 말한다.
㉡ 소유권 흐름 - 제품의 소유권이 하나의 마케팅 기관에서 다른 마케팅 기관으로 실제 전달되는 것을 말한다.
㉣ 정보 흐름 – 유통기관 사이의 정보 흐름
㉤ 촉진 흐름 – 광고, 판촉원 등 판매촉진 활동의 흐름

16

정답 ⑤

해설 기업들이 물류에 대해 높은 관심을 갖는 이유는 다음과 같다.
㉠ 생산 부문의 합리화 즉 생산비의 절감에는 한계가 있다.
㉡ 물류비는 매년 증가하는 경향이 있다.

㉢ 고객의 요구는 다양화, 전문화, 고도화되어 고객서비스 향상이 특히 중요시되고 있다.
㉣ 기업 간 경쟁에서 승리하기 위해 물류 면에서 우위를 확보하여야 한다.
㉤ 기술혁신에 의하여 운송, 보관, 하역, 포장 기술이 발전되었고, 정보 면에서는 그 발전 속도가 현저하게 높아졌다.

17

정답 ▌ ③

해설 ▌ ① 상설할인매장 - 제조업자가 소유 및 운영하는 염가매장으로서, 제조업자의 잉여상품, 단절상품, 기획재고상품을 주로 취급한다.
② 재래시장 - 소상인들이 모여서 갖가지 물건을 직접 판매하는 전통적 구조의 시장을 말한다.
③ 드럭스토어 - 약국+편의점의 형태로써 약품, 화장품, 간단한 음식과 음료를 판매하는 소매점을 말한다.
④ 대중양판점 - 상품구성이 백화점과 슈퍼의 중간이고, 가격은 백화점과 할인점의 중간 정도이며, 중저가의 실용적인 생활용품과 식품들 위주로 구성된 소매점을 말한다.
⑤ 구멍가게 - 슈퍼마켓의 축소판으로 시골 또는 동네 골목길에 위치해 있는 제품을 판매하는 작은 상점을 말한다.

18

정답 ▌ ④

해설 ▌ 소매수명주기이론(retail life cycle theory)의 특징은 다음과 같다.
㉠ 도입기 : 기존 규범에 대한 이탈 현상으로서 새로운 소매기관이 탄생하여 일반대중의 수용력을 확보하면서 매우 급속한 매출 증가를 향유하게 된다.
㉡ 성장기 : 혁신자의 지리적 확장과 모방적 경쟁자의 진입 현상이 전형적으로 나타나면서 판매량, 수익성, 그리고 시장점유율 등이 급격히 증가하게 된다.
㉢ 성숙기 : 과잉팽창의 결과로서 비용상승에 의한 저항을 받게 되어 소매기관의 초기 생존력의 소멸과 새로운 소매 형태의 경쟁적 공세라는 현상이 발생하게 된다.
㉣ 쇠퇴기 : 소매기관의 상대적 취약성이 명백해지면서 시장점유율이 떨어지고, 수익이 감소하여 결국 경쟁에서 뒤처지게 되는 단계이다.

19

정답 ▌ ⑤

해설 ▌ "공동집배송센터"란 여러 유통사업자 또는 제조업자가 공동으로 사용할 수 있도록 집배송시설 및 부대 업무시설이 설치되어 있는 지역 및 시설물을 말한다.

20

정답 ▌ ④

해설 ▌ ④번은 6 시그마에 대한 설명이다. 6 시그마는 기업에서 전략적으로 완벽에 가까운 제품이나 서비스를 개발하고 제공하려는 목적으로 정립된 품질 경영 기법 또는 철학을 말한다. 불량품은 100만 개중에 3.4개 정도만 허용할 정도의 수준을 유지한다.

21

정답 ▌ ④

해설 ▌ 단순이동평균법 $= \frac{(19+21)}{2} = \frac{40}{2} = 20$

22

정답 ▌ ③

해설 ▌ ㉠ 감정적 갈등 - 상대방에 대한 감정이 적대적이거나 또는 긴장된 상태를 말한다.
㉡ 표출된 갈등 - 갈등이 일종의 행동으로써 밖으로 분출(표출)된 갈등을 말한다.

23

정답 ▌ ④

해설 ▌ ① 분업의 원칙 - 경로 기능 즉, 수급 조절, 보관, 위험부담, 정보수집 등을 제조업자가 모두 수행하는 대신 전문성을 갖춘 유통업체에 맡기는 것이 경제적인 것을 말한다.
② 변동비 우위의 원칙 - 유통 분야는 제조분야에 비해 변동비 비중이 상대적으로 크므로 제조와 유통의 통합이 제조와 유통 간의 역할 분담보다 이점을 갖지 않는다는 것을 말한다.
③ 총거래 수 최소의 원칙 - 생산자와 소비자 간의 직접 거래에 비해 거래 빈도의 수 및 이로

인한 거래비용 낮추는 것을 말한다.

④ 집중 준비의 원칙 - 중간상의 개입을 통해 사회 전체 보관(Storage) 총량을 감소시킨다는 것을 말한다.

24

정답 ③

해설 프랜차이즈는 상품을 생산 및 판매하는 제조업자 또는 판매업자가 가맹본부를 구축한 후 독립소매점들을 계약에 의해 일정한 지역 내에서 독점적 영업권을 지닌 자사의 가맹점으로 사업하는 형태로써 상호, 특허, 상표, 기술 등을 보유한 제조업자나 판매업자가 소매점과 계약을 통해 상표의 사용권, 제품의 판매권, 기술 등을 제공하고 그에 따른 대가를 받는 사업시스템이다. 그렇기에 가맹점의 경우 로열티를 제공하고 사업본부에서 제공하는 일관된 경영방식을 따라야 하기 때문에 전체 가맹점들은 자신의 가맹점만이 개선할 수 있는 부분을 활용한 차별점을 검토할 수 없다.

25

정답 ⑤

해설 물류관리의 3S 1L원칙은 필요한 물품을 필요한 때에, 필요한 장소에, 적절한 가격으로 전달한다는 원칙으로 신속성, 정확성, 안정성, 경제성이 모두 고려된 물류의 원칙을 말한다. 이에는 Speedy(신속하게), Surely(확실하게), Safely(안전하게), Low(저렴하게) 등이 있다.

〈제2과목〉 상권분석

26

정답 ④

해설 접근가능성의 원칙 : 어떤 위치에 도달하는데 소요되는 시간적 · 경제적 · 거리적 · 심리적 부담과 관련되는 개념이다. 지리적으로 인접하거나 교통이 편리하면 접근성이 용이해진다.

⑤ 보충가능성의 원칙은 유사하거나 상호보완적인 제품 또는 관계를 가지고 있는 점포가 인접해 있으면 고객을 공유할 가능성이 높아져 고객을 유인할 수 있다는 점을 설명하는 개념이다.

27

정답 ⑤

해설 대중교통의 중심지이고 도보통행량이 많다. 또한 교통이 혼잡하다.

28

정답 ③

해설 이사 이전 = $\frac{1}{2^2}$, 이사 이후 = $\frac{1}{2^2}$

따라서, 4분의 1로 감소

29

정답 ⑤

해설 도시의 낙후된 지역이 중상류층의 유입과 개발로 인해 고급화되면서 기존 원주민들이 밀려나는 현상을 말한다. 젠트리피케이션은 도시의 환경과 경제를 개선하는데 도움은 되지만, 임대료 상승과 사회적 분리 등의 갈등으로 부정적인 영향을 미칠 수 있다.

30

정답 ④

해설 체크리스트(checklist)법은 상권의 규모에 영향을 미치는 다양한 요인들을 수집하여 이들에 대한 목록을 작성하고 각각에 대한 평가를 통해 시장 잠재력과 상권의 구조를 예측해 보는 방법이다.

31

정답 ②

해설
- ▶ 서술적 방법에 의한 상권분석 : 체크리스트법, 유추법
- ▶ 규범적 모형에 의한 상권분석 : 중심지이론, 소매중력(인력)법칙
- ▶ 확률적 모형에 의한 상권분석:허프 모형, MNL(Multinomial Logit) 모형

32

정답 Ⅰ ②

해설 Ⅰ 급측면에서 비용요인이 상대적으로 저렴할수록 상권은 확대된다.

33

정답 Ⅰ ⑤

해설 Ⅰ 고객을 지속적으로 유인하기 위해서는 가격, 홍보, 상품, 서비스 등을 차별화해야 하므로 마케팅 능력이 요구되고 비용이 많이 든다.

34

정답 Ⅰ ⑤

해설 Ⅰ 점포의 예상수요는 입지조건이 아니라 상권분석과 관련 있다.

35

정답 Ⅰ ⑤

해설 Ⅰ ㉢ - ㉤ - ㉠ - ㉣ - ㉡

36

정답 Ⅰ ⑤

해설 Ⅰ ① 적응형입지 - 거리에서 통행하는 유동인구에 의해 영업이 좌우됨

② 산재성입지 - 서로 분산하여 입지해야 유리함

③ 집재성입지 - 동일 업종끼리 모여 있으면 유리함

④ 생활형입지 - 지역 주민들이 주로 이용함

37

정답 Ⅰ ③

해설 Ⅰ ▶ (건축연면적(건물바닥면적의 합)÷대지면적) × 100

용적률은 한마디로 "몇 층 높이까지 건물을 지을 수 있나"를 의미한다. 지하층의 면적, 지상층의 주차용(해당 건축물의 부속용도인 경우만 해당)으로 쓰는 면적, 건축물의 경사지붕 아래에 설치하는 대피공간의 면적, 초고층 건축물과 준초고층 건축물에 설치하는 피난안전구역의 면적은 용적률 산정 시 연면적에서 제외된다.

38

정답 Ⅰ ⑤

해설 Ⅰ 중심성지수는 상업인구를 그 지역의 거주인구로 나눈 값이다. 분모인 지역의 인구가 감소하면 중심성지수는 높아진다.

39

정답 Ⅰ ④

해설 Ⅰ 수정허프(Huff)모델은 허프모델을 개선 보완한 모델이다. 상권을 세부지역(zone)으로 구분하는 절차를 거친다.

40

정답 Ⅰ ⑤

해설 Ⅰ ① 건축선 후퇴(setback)는 상가건물의 가시성이 좋지 않아 부정적인 효과를 가진다.

② 점포 출입구 부근에 단차가 있으면 사람과 물품의 출입이 용이하지 않다.

③ 점포 부지와 점포의 형태는 직사각형에 가까울수록 소비자 흡인에 좋다.

④ 점포규모가 커지면 매출이 증가한다. 이에 따라 관리비용도 커지기 때문에 점포면적이 클수록 좋은 것은 아니다.

41

정답 Ⅰ ①

해설 Ⅰ 임차인이 3기의 차임액에 해당하는 금액에 이르도록 차임을 연체한 사실이 있는 경우

42

정답 Ⅰ ②

해설 Ⅰ 구매력 지수(BPI)=(인구비×0.2)+(소매 매출액비×0.3)+(유효구매 소득비×0.5)

- 인구비 : 총인구 대비 지역의 인구비율
- 소매 매출액비 : 전체 소매매출액 대비 지역의 소매매출액 비율
- 유효구매 소득비 : 지역의 가처분소득 비율

43

정답 Ⅰ ④

해설 Ⅰ 컨버스의 분기점분석은 경쟁도시 간에 소비자가

어느 도시로 구매하러 갈 것인가에 대한 상권분기점을 찾아내는 것으로 상권의 경계를 확정짓는 방법이다.

44

정답 | ②

해설 |

$$IRS = \frac{\text{현재수요}}{\text{특정 업태의 총매장면적}}$$

$$= \frac{\text{지역시장총가구수} \times \text{가구당 특정 업태에 대한 지출비}}{\text{특정 업태 총매장면적}}$$

45

정답 | ⑤

해설 | 지리정보시스템에 기반한 상권분석정보는 주로 대규모점포에 한정하지 않고, 소상공인들이 운영하는 소규모 점포에서도 상권분석, 입지선정, 잠재수요 예측, 매출액 추정에 활용되고 있다.

〈제3과목〉 유통마케팅

46

정답 | ①

해설 | ㉠ 측정가능성 - 시장세분화 후에 각 세분시장의 특성들을 측정할 수 있어야 한다. 동시에 마케터는 세분시장의 인구통계적 특성뿐만 아니라 규모, 구매력 등도 측정할 수 있어야 한다.

㉡ 접근가능성 - 세분시장은 접근 가능해야 한다. 기업은 유통경로나 매체를 통해 소비자에게 접근할 수 있는데, 해당 세분시장의 소비자에게 유통경로를 통해 기업의 제품을 전달할 수 있어야 하며, 매체를 통해 마케팅 커뮤니케이션이 가능해야 한다.

㉢ 실행가능성 - 각 세분시장을 공략할 수 있는 효과적인 마케팅프로그램을 개발할 수 있어야 한다. 만약 효과적으로 세분시장을 구분했더라도 각 세분시장별로 마케팅프로그램을 개발할 수 없는 경우에는 시장세분화가 무의미해진다.

㉣ 규모의 적정성 - 세분시장은 충분한 규모를 가지고 있어야 한다. 세분시장에서 소비자의 수나 매출이 충분하지 않다면 해당 세분시장은 매력적이지 못할 수 있다.

㉤ 차별화 가능성 - 세분시장 간에는 이질적이어야 한다. 만약 분류한 세분시장들이 이질적이지 않다면 굳이 세분시장으로 분류할 필요가 없기 때문이다. 그러므로 이질적이지도 않는 시장을 구분하여 각 시장마다 전부 다른 마케팅전략과 마케팅믹스를 실행한다면 그것은 큰 낭비가 될 수 있다.

47

정답 | ②

해설 | 통상적으로 ABC 분석은 제품의 매출을 중요도에 따라 구분하는 기법으로 A등급(매출의 80% 이상, 고가), B등급(매출의 10~15%, 중간가), C등급(매출의 5%~10%, 저가)으로 구분할 수 있는데, 매출 비중이 높다는 것은 A등급에 해당하는 것을 의미한다. 이러한 A등급의 제품은 가장 많은 관심을 두고 상품을 중요시해야 한다.

48

정답 | ⑤

해설 | ① 자연도태설(adaptive theory) - 환경에 적응하는 소매상만이 생존, 발전하게 된다는 것을 말한다.

② 소매수명주기 이론(retail life cycle theory) - 한 소매점 유형이 초기성장기, 가속성장기, 성숙기, 쇠퇴기의 단계를 거치는 것으로 보는 가설을 말한다.

③ 소매아코디언 이론(retail accordion theory) - 제품구색이 넓은 소매업태(종합점)에서 전문화된 좁은 제품구색의 소매업태(전문점)로 변화되었다가 다시 넓은 제품구색의 소매업태로 변화되어 간다는 가설을 말한다.

④ 변증법적 이론(dialectic theory) - 정(正 / thesis) : 백화점에서 반(反 / antithesis) : 할인점의 형태로 진행하다가 합(合 / systhesis) : 할인 백화점의 형태로 진행되는 것을 말한다.

⑤ 소매업 수레바퀴가설(the wheel of retailing theory) - 일종의 소매윤회설을 말한다. 시장 진입 초기에는 고객서비스의 최소화, 소박한 쇼핑시설, 저렴한 지대의 입지, 한정된 상품

믹스의 제공을 하며 진입하여 시장에서 선두를 얻게 되면 그에 따른 모방기업들의 등장해서 자사는 디스플레이의 개선, 보다 경쟁력 있는 입지확보, 광고비의 증대, 신용, 배달 등 차별화 시도하게 된다. 그 후에 서서히 그 영업의 질을 높여나가는 결과 당초에 내세웠던 소구점이 퇴색, 고가격, 고비용, 고마진의 소매 형태로 변화하게 되는 것을 말한다.

49

정답 ▎ ②

해설 ▎ 소비자가 효과적 제품을 찾고 이를 구입할 수 있는 기능적 편익을 제공해야 한다.

50

정답 ▎ ⑤

해설 ▎ ⑤번은 점포의 생산성을 증대시킨다기 보다는 점포의 이익이 발생하는지의 여부에 대한 설명이다. 즉, 손익분기 매출액과 채산성을 위한 목표 매출액은 매장의 생산성과는 직접적인 관련이 없다.

51

정답 ▎ ③

해설 ▎ 상시저가전략(EDLP: everyday low price)은 소비자들이 항상 제품가격이 저렴하다는 것을 알고 있기 때문에 공급자 입장에서는 행사에 대한 광고 및 운영비 등을 따로 산정해서 집행할 필요가 없다. 반면에 고저가격전략(high-low pricing)은 제품가격이 행사(상황)에 따라 높거나 또는 낮을 수 있으므로 이에 대해 소비자들을 대상으로 광고를 하거나 운영하게 되는 비용이 발생하게 된다.

52

정답 ▎ ③

해설 ▎ 경로 구성원과의 장기적인 협력관계를 맺기 위해서는 지속적인 성과가 난다는 것을 전제하고 있으므로 성과가 좋지 못한 중간상에 대해서는 교체를 해야 한다.

53

정답 ▎ ④

해설 ▎ 서비스품질의 평가모형(SERVQUAL)은 다음과 같다.

구분	내용
유형성 (Tangibles)	외형적 단서 • 최신 장비를 갖추고 있다. • 시각적으로 보기에 좋다 • 직원은 옷차림과 용모가 단정하다. • 적합한 시설과 분위기를 갖추었다.
신뢰성 (Reliability)	정확한 수행 • 시간을 정확히 지킨다. • 고객의 문제를 적극적으로 해결한다. • 믿고 의지할 수 있는 기업이다. • 약속한 시간 내에 서비스를 제공한다. • 업무내용을 정확하게 기록한다.
응답성 (Responsiveness)	즉각적 반응 • 소요시간을 정확히 알려준다. • 즉각적인 서비스를 제공한다. • 자발적, 적극적으로 고객을 돕는다. • 매우 바쁠 때에도, 신속하게 대응한다.
확신성 (Assurance)	제공자 능력 • 고객이 직원을 신뢰할 수 있다. • 편안한 거래를 위해 안전을 제공한다. • 예의가 바르고 공손하다. • 질문에 답변할 충분한 지식이 있다.
공감성 (Empathy)	감정의 수용 • 고객에게 개인별 관심을 보인다. • 영업시간이 고객에게 편리하다. • 맞춤서비스를 제공한다. • 고객의 이익을 진심으로 생각한다. • 직원은 고객의 욕구(필요)를 이해한다.

54

정답 ▎ ①

해설 ▎ ②, ③, ④, ⑤번의 경우에는 기업이 소비자들과의 관계를 만들기 위해 준비하는 관계구축 과정이라고 볼 수 있다. 하지만, ①번의 경우에는 관계구축이라는 일종의 공급자와 소비자 간의 관계 형성을 위한 노력이라기보다는 판매과정에서 행해지게 되는 과정이라 할 수 있다.

55

정답 ▎ ①

해설 ▎ ㉠ 푸시전략(push strategy)은 말 그대로 소비자들을 향해 제품을 밀어내는 것으로 제조업자가 유통업자를 대상으로 주로 판매촉진과 인적판매수단들을 사용하여 촉진활동을 수행하는 것을 말한다.

㉡ 풀 전략(pull strategy)은 제조업자가 최종구매자를 대상으로 광고 등의 촉진활동을 전개하여 자극하고 이들이 유통업자에게 상품을 주문하면 유통업자들이 제조업자에게 주문하도록 유도하는 전략을 말한다.

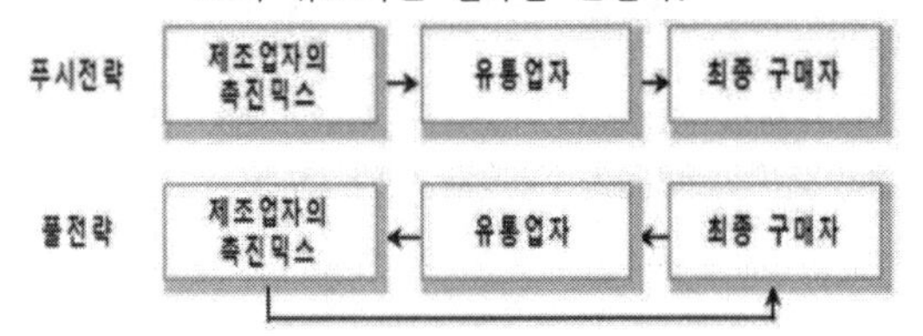

56

정답 ❙ ⑤

해설 ❙ 대체재를 확장된 경쟁군으로 보게 된다면 대체재와 시장매력도의 관계를 빠르게 추론할 수 있다. 즉, 해당 산업을 대체할 수 있는 대체재가 많으면 많을수록 산업의 매력도는 하락하게 되고, 대체재가 적으면 적을수록 산업의 매력도는 높아지게 된다. 예 항공 vs 고속철

57

정답 ❙ ③

해설 ❙ ROI 분석은 단일 지표로서의 한계가 있기 때문에 다른 요소들과 함께 고려되어야 한다.

58

정답 ❙ ③

해설 ❙ 가용예산법(affordable method)은 조직의 자금사정 상 다른 긴급한 비용을 모두 예산에 책정한 다음에 남은 나머지를 가지고 자사의 촉진비용으로 책정하는 비용을 말한다.

59

정답 ❙ ⑤

해설 ❙ CRM을 성공적으로 수행하기 위해서 다양한 채널을 통합적으로 운영해야 한다.

60

정답 ❙ ⑤

해설 ❙ 상품 설명, 쇼핑 상담, 배달 등과 같은 노역 기술제공 등은 서비스는 인적 서비스에 해당한다.

61

정답 ❙ ③

해설 ❙ 각 영업사원은 특정 제품라인을 전담해서 판매하는 것을 말한다. 직원들이 제품에 대한 풍부한 제품지식이 있는 반면에, 한 대형고객이 자사의 서로 다른 제품들을 구매할 경우에 같은 시간대에 회사 내 서로 다른 영업사원들이 동일의 대형고객을 동시에 방문하는 비용(영업비용)에 대한 비효율성이 발생할 수 있다.

62

정답 ❙ ④

해설 ❙ ① 데이터 마이닝(data mining)은 대량의 데이터가 축적되어 있는 데이터베이스로부터 데이터 간의 정보를 분석하고, 유용한 정보 또는 지식을 추출하는 과정을 말한다.

② 데이터웨어하우징(data warehousing)은 데이터의 수집 및 처리에서 도출되는 정보의 활용에 이르는 일련의 프로세스를 말한다.

③ OLTP(online transaction processing)은 온라인 뱅킹, 쇼핑, 주문 입력 또는 텍스트 메시지 전송 등 동시에 발생하는 다수의 트랜잭션을 실행하는 데이터 처리 유형을 말한다.

④ OLAP(online analytical processing)은 의사결정 지원 시스템 중 하나로써, 사용자가 데이터를 다른 관점에서 분석하기 위해 쉽고 선택(상황)적으로 추출하고 조회할 수 있는 방식을 말한다.

⑤ EDI(electronic data interchange)은 독립된 조직 간 정형화된 문서를 표준화된 자료표현양식에 준해 전자적 통신매체를 활용해 서로 간 교환하는 방식을 말한다.

63

정답 ❙ ②

해설 ❙ 격자형(Lattice type, Grid) 레이아웃은 기둥이 많고 기둥 간격이 좁은 상황에서도 설비비용을 절감할 수 있으며, 통로 폭이 동일하기 때문에 건물 전체 필요 면적이 최소화된다는 장점이 있다. 주로 슈퍼마켓에 가장 적합하다.

- 쇼케이스, 진열대, 계산대, 곤돌라 등 진열기구가 직각 상태로 되어 있다.
- 주 통로와 직각으로 보조 통로가 있고, 그 넓이

는 서로 동일하다.
- 비용이 적게 들고, 표준화된 집기 배치가 가능하다.
- 판매공간을 효율적으로 사용한다.
- 셀프서비스 점포에 필요한 일상적이면서 계획된 구매 행동을 촉진한다.
- 재고 및 안전관리가 용이하다.

64

정답 ▌ ③

해설 ▌ 고객 생애 가치(Customer Lifetime Value, CLV)는 고객이 평생 우리 기업에 어느 정도의 가치를 가져올 수 있을지를 나타내는 것을 말한다. 기존의 고객을 장기적으로 유지하는 것이 신규 고객을 유치하는 것보다 훨씬 비용 효율적인데, 이는 기존 고객에게 적절한 보상이나 혜택을 제공함으로써 기존 고객의 이탈을 방지하고 충성도를 확보할 수 있기 때문이다.

65

정답 ▌ ④

해설 ▌ 실제 판매가 이루어지는 장소에 충동구매 상품을 배치하는 것은 PP(Point of sale Presentation)에 해당한다.

66

정답 ▌ ①

해설 ▌ 판매촉진 쿠폰(coupon)은 소비자의 시용구매, 반복구매 유도, 가격할인 효과의 직접적인 전달이 가능하다. 또한, 증서를 가지고 구매하는 것이므로 추후에 나타날 수 있는 수요에게 구매환기를 시키는 역할도 수행한다.

67

정답 ▌ ③

해설 ▌ ① 혼합식 머천다이징(scrambled merchandising)은 제품정책에 따라 제품의 다양성 및 전문성 등을 고려해 양자의 구성을 확대해 나가는 전략을 말한다.

② 선별적 머천다이징(selective merchandising)은 소매업, 2차 상품 제조업자, 가공업자 및 소재 메이커가 수직적으로 연합하여 상품계획을 수립하는 머천다이징 방식인데, 이는 시장세분화를 통해 파악된 한정된 세분시장을 목표 고객으로 하여 이들에 알맞은 상품화 전략을 전개하는 것이다. 이는 흔히 유행상품의 상품화, 즉 패션 머천다이징에 활용된다.

③ 세그먼트 머천다이징(segment merchandising)은 동일한 고객층을 대상으로 하되 경쟁점과는 달리 그들 고객이 가장 희구하는 품종에 중점을 두거나, 가격대에 대응하는 상품이나 품질을 차별화하는 방향으로 전개하는 머천다이징을 말한다. 따라서 이를 중심으로 하는 경쟁전략은 경합점 상호 간에 양립성을 생기게 하여 직접적인 경쟁을 회피할 수 있게 해 준다.

예 동일한 가구점이라고 하더라도 한 점포는 침실 가구 중심, 다른 점포는 주방가구 중심, 또 다른 점포는 거실 가구 중심으로 상품화하여 판매한다면 이 세 점포 간에는 경합보다는 양립성이 생기고 한 곳에 모여서 영업을 함으로써 오히려 집적 효과를 거둘 수도 있기 때문이다.

④ 계획적 머천다이징(programed merchandising)은 대규모 소매업과 선정된 주요 상품 납품회사(key merchandising resources) 사이에 계획을 조정 통합화시켜 머천다이징을 수행하는 것으로 특히 대규모 소매점의 경우에 일반화되고 있는 것을 말한다.

⑤ 상징적 머천다이징(symbol merchandising)은 대형 슈퍼마켓이나 지방의 백화점이 전문점이나 대형 도시 백화점과 차별화하려는 입장에서 양판품목군(volume zone) 중심의 종합적인 구색을 갖추되 그중 일부를 자기 점포의 상징으로서의 구색을 정하여 중점을 두어 갖추면, 이러한 상징 구색은 자기 점포의 주장을 명확히 하여 점포의 매력을 증대시켜 주는 것을 말한다.

68

정답 ▌ ③

해설 ▌
- 선도가격(leader pricing)은 특정시장에서 어떤 기업이 시장가격을 결정·변경하는 선도적 역할을 행하고 나머지 기업은 이 선도기업의 행동에 수동적으로 반응하는 행동양식을 말한다.
- 단수가격(odd pricing)은 상품의 가격을 책정할 때 8,000원이나 10,000원처럼 정확하게 떨

어지는 단위를 사용하는 것이 아니라, 7,900원 이나 9,900원처럼 단위를 끊어 사용하는 것을 말한다.

- 변동가격(dynamic pricing)은 동일한 제품 및 서비스에 대한 가격을 시장 상황에 따라 탄력적으로 변화시키는 가격 전략을 말한다.
- 묶음가격(price bundling)은 두 개 이상의 제품을 묶은 뒤에 단일 제품보다 더 낮은 가격에 판매하는 전략을 말한다.

69

정답 ▎ ④

해설 ▎ POS는 판매시점 정보관리시스템으로 상품의 바코드에 부여된 정보를 판매 시 실시간으로 취합해 관리할 수 있도록 지원하는 시스템을 의미한다. 판매시점에 데이터를 직접 리얼 타임으로 받아들이고 정보처리하는 시스템으로 상품을 판매하는 시점에서 상품에 관련된 모든 정보를 신속 정확하게 수집하여 발주, 매입, 발송, 재고관리 등의 필요한 시점에 정보를 제공하는 시스템이다. 이러한 POS 시스템은 시계열 자료의 분석을 통해 문제점을 극복할 수 있는 의사결정에 대한 정보를 제공해준다.

70

정답 ▎ ①

해설 ▎ 성숙기에는 성숙기는 성장기에 진입한 많은 경쟁자들로 인해서 잠재적으로 그 제품을 사용할 의향이 있었던 대부분 제품을 수용한 상태이다. 그렇기에 이 단계에서의 목표는 이익의 극대화와 경쟁기업에 대해 자사의 시장점유율을 유지시키는 데 있다. 구체적인 마케팅믹스 전략은 제품은 치열한 경쟁에 대응하기 위해 상표와 모델의 다양화로 많은 상표와 다양한 모델을 개발해야 한다. 또한, 가격인하는 필수적이며, 시장점유율을 방어하기 위해서 더욱 광범위한 유통망 구축을 지향하게 된다. 광고는 경쟁상표제품과 자사상표제품과의 차이와 이점을 강조하며, 경쟁제품 사용자의 상표전환을 유도하기 위해서 판촉을 적극적으로 실시한다.

〈제4과목〉 유통정보

71

정답 ▎ ②

해설 ▎ 프론트 오피스(front office) 요소 : 상품검색, 상품리뷰, 상품진열, 회원로그인

② 상품등록은 백 오피스(Back office) 요소이다.

72

정답 ▎ ③

해설 ▎ 소비자간의 대화가 가능하다.

73

정답 ▎ ⑤

해설 ▎ 4차 산업혁명 시대의 생산요소 토지, 노동, 자본 중에서 노동의 가치는 줄어들고 있다. 4차 산업혁명기술이 노동을 대신하기 때문이다.

74

정답 ▎ ②

해설 ▎ QR은 신기술 접목을 통한 상품의 기획, 구매, 생산, 유통과정상의 재고수준 절감 및 소요기간을 단축시킨다. 리드타임 증가가 아니라 리드타임 감소이다.

75

정답 ▎ ⑤

해설 ▎ 블록체인은 공공거래 장부로 불리는 데이터 분산처리 기술로서 네트워크에 참여하는 모든 사용자가 모든 거래 내역 등의 데이터를 분산·저장하는 기술을 지칭한다. 보안성이 높으며 가시성을 확보할 수 있다.

76

정답 ▎ ⑤

해설 ▎ ▶ 비즈니스 모델 캔버스를 구성하는 9가지 요인

<table>
<tr><td rowspan="2">7.핵심 파트너
(Key Partners)</td><td>8.핵심 활동
(Key Activities)</td><td rowspan="2">2.가치 제안
(Value Proposition)</td><td>4.고객 관계
(Customer Relationship)</td><td rowspan="2">1.고객 세분화
(Customer Segment)</td></tr>
<tr><td>6.핵심 자원
(Key Resource)</td><td>3.채널
(Distribution Channel)</td></tr>
<tr><td colspan="3">9.비용 구조
(Cost Structure)</td><td colspan="2">5.수익 흐름
(Revenue Stream)</td></tr>
</table>

77

정답 ❙ ⑤

해설 ❙ 일반화 규칙은 데이터마이닝 기법의 활용에 해당되지 않는다.

78

정답 ❙ ⑤

해설 ❙ 그린워싱(Green-washing)이란 상품의 환경적 속성이나 효능에 관한 표시 · 광고가 허위 또는 과장되어, 친환경 이미지만으로 경제적 이익을 취하는 경우를 의미한다. 그린워시 또는 녹색분칠은 기업이 실제로는 환경에 악영향을 끼치는 제품을 생산하면서도 광고 등을 통해 친환경적인 이미지를 내세우는 행위를 말한다. 그린워싱 제도를 운영하지는 않는다.

79

정답 ❙ ⑤

해설 ❙ 암묵지(tacit knowledge)는 기호로 표시되기가 어렵고 주로 사람이나 조직에 체화되어 있는 지식과 머리 속에 잠재되어 있는 지식을 말한다.

80

정답 ❙ ⑤

해설 ❙ 마이데이터는 정보주체인 개인이 본인의 정보를 적극적으로 관리, 통제하고, 이를 신용관리, 자산관리, 나아가 건강관리까지 개인 생활에 능동적으로 활용하는 일련의 과정이다.

81

정답 ❙ ⑤

해설 ❙ 라스트마일(Last-mile)은 사형수가 형장으로 걸어가는 마지막 길을 뜻하는 그린마일(Green-Mile)과 같은 의미로 쓰이는 말이다. 시점으로는 풀필먼트 이후의 단계다. 통신업계에서는 이를 통신신호를 최종 수요처인 가정이나 회사까지 전달하는 마지막 과정이라는 뜻으로, 물류업계에서는 배송 상품을 고객의 손에 배달하는 순간까지의 모든 과정을 뜻하는 말로 쓰고 있다.

82

정답 ❙ ①

해설 ❙ 멧칼프(Metcalf's Law)의 법칙 : 네트워크의 가치는 해당 네트워크 구성원수의 제곱에 비례한다.
티핑 포인트(Tipping point) : 작은 변화들이 일정 기간 동안 쌓인 상태에서 작은 변화가 하나만 더 일어나도 갑자기 큰 영향을 초래할 수 있는 상태가 되는 단계를 말한다.

83

정답 ❙ ④

해설 ❙ 다이나믹 프라이싱 전략(dynamic pricing strategy)은 동태적 가격전략 또는 가변적 가격전략이라고 한다. 수요에 따라 변하는 가격정책을 의미한다.

84

정답 ❙ ④

해설 ❙ ㉢ 목적 명시의 원칙 - 개인정보는 수집 과정에서 수집 목적을 명시하고, 명시된 목적에 적합하게 이용되어야 한다.
㉥ 공개의 원칙 - 개인정보의 처리 및 보호를 위한 정책 및 관리자에 대한 정보는 공개되어야 한다.

85

정답 ❙ ③

해설 ❙ ㉡ 예측분석(predictive analytics): 애널리틱스를 이용해 미래에 발생할 가능성이 있는 일을 예측함
㉢ 진단분석(diagnostic analytics): 특정한 일이 발생한 이유를 이해하는 데 도움을 제공

86

정답 ❙ ④

해설 ❙ 대체 불가능한 토큰(non-fungible token, NFT)은 블록체인에 저장된 데이터 단위로, 고유하면서 상호 교환할 수 없는 토큰을 뜻한다. 대체 가능(fungible)한 토큰들은 각기 동일한 가치를 지녀 서로 교환이 가능하다.

87

정답 | ④

해설 | GS1에서는 각국 GS1 코드관리기관의 회원업체 정보 데이터베이스를 인터넷을 통해 연결하여 자국 및 타 회원국의 업체 정보를 실시간으로 검색할 수 있게 해주는 글로벌 기업정보 조회서비스(GEPIR: Global Electronic Party Information Registry)를 제공하고 있다.

88

정답 | ②

해설 | ㉠ 무결성(Integrity)이란 전달과정에서 정보가 위변조되지 않았는지 확인하는 것이다.
㉡ 기밀성(Confidentiality) : 전달내용을 제3자가 획득하지 못하도록 하는 것이다. 알 필요성에 근거하여 정당한 권한이 주어진 사용자, 프로세스, 시스템만 접근 가능해야 한다.

89

정답 | ④

해설 | 구매-지불 프로세스 : ㉠-㉡-㉢-㉥-㉣-㉤

90

정답 | ③

해설 | ① OLTP(on-line transaction processiong) : 주 컴퓨터와 통신회선으로 접속되어 있는 복수의 사용자 단말에서 발생한 트랜잭션을 주 컴퓨터에서 처리하여 그 결과를 즉석에서 사용자에게 되돌려 보내 주는 처리형태로서 여러 과정이 하나의 단위 프로세스로 실행되도록 하는 프로세스
② OLAP(on-line analytical processiong) : 다차원으로 이루어진 데이터로부터 통계적인 요약 정보를 제공할 수 있는 기술
④ 정규화(normalization)는 어떤 대상을 일정한 규칙이나 기준에 따르는 '정규적인' 상태로 바꾸는 것을 의미한다. 불필요하거나 중복되는 데이터(data redundancy)들을 제거하고, 이상현상(Anomly)을 방지함으로써 정규화가 가능하다.

유통관리사 2급

2023년

제3회 기출문제 정답 및 해설

〈제1과목〉 유통물류 일반관리

01

정답 Ⅰ ④

해설 Ⅰ ① 대리인(agency) 이론은 기업과 관련된 이해관계자들의 문제는 기업 내의 계약관계에 의해 이루어진다는 이론을 말한다.

② 게임(game) 이론은 다양한 학문에 활용되는 응용 수학의 한 분야로, 참가자들 간의 상호작용에서 변하는 상황을 이해하고, 어떻게 될 것인지 예측하기도 하며, 순간의 의사결정에서 어떻게 결정하는 것이 더 득이 되는지를 수학적으로 계산하는 것을 말한다.

③ 거래비용(transaction cost) 이론은 어떠한 재화 또는 서비스 등을 거래하는 데 수반되는 비용에 관한 것을 말한다.

④ 기능위양(functional spinoff) 이론은 각 유통기관은 비용우위를 갖는 마케팅 기능들만을 수행하며, 기타 마케팅기능은 저렴하게 수행할 수 있는 경로 구성원들에게 위양하는 것을 말한다.

⑤ 연기-투기(postponement speculation)이론은 -경로 구성원들이 경로 활동 수행을 가능한 한 연기(또는 회피)하거나 또는 투기(적극적으로 부담함)를 선택함에 따라 경로길이가 달라진다는 것을 말한다.

02

정답 Ⅰ ①

해설 Ⅰ $\sqrt{2*10{,}000*200}$ /유지비용 = 100

03

정답 Ⅰ ④

해설 Ⅰ 대량 · 고속이라는 철도의 특색과 자동차의 기동성을 결부시켜서 일관된 수송을 하는 방식을 말한다. (철도운송+육상운송)

04

정답 Ⅰ ④

해설 Ⅰ 자본잉여금은 주식발행을 통한 증자 또는 감자 등의 주주와의 거래(자본거래)에서 발생하여 자본을 증가시키는 잉여금을 말하는 것으로 이에는 국고보조금, 공사부담금, 보험차익, 자기주식처분이익 등이 있다.

05

정답 Ⅰ ⑤

해설 Ⅰ ⑤ 구매자와의 직접 접촉을 통해 획득한 데이터를 분석하여, 각 고객들의 니즈를 충족시킬 수 있는 개별화된 서비스 제공이 가능해졌다.

참고 e-SCM효과는 다음과 같다.

㉠ 기업들은 e-SCM의 실행을 통해 거래/투자 비용의 최소화, 재고 감축, 보다 개별화된 고객 서비스 제공, 사이클 타임의 단축, 수평적 확장의 용이 등의 효과를 가져올 수 있다.

㉡ 거래/투자 비용의 최소화 : 전략적 제휴/아웃소싱 등 Virtual Network 형성을 통한 업무수행이 용이해지기 때문에 최소한의 자산 보유만으로도 사업 수행이 가능하다. 또한 Supply Chain을 통합함으로써 공급자 및 구매자 간 정보 이전에 필요한 비용과 시간을 줄일 수 있다.

㉢ 자동 보충을 통한 재고 감축 : 공급자, 구매자 간 정보공유에 의해 공급자들은 구매자의 재고 정보를 실시간으로 파악, 구매자들이 필요로 하는 물량을 자동적으로 보충해 줄 수 있기 때문에 공급자, 구매자 모두 안전 재고 수준을 낮출 수 있다.

㉣ 개별화된 고객 서비스(Customization) 제공 : 구매자와의 직접 접촉을 통해 획득한 데이터를 분석하여 각 고객들의 니즈를 충족시킬 수 있는 개별화된 서비스 제공이 가능하다.

㉤ 사이클 타임 단축 : Supply Chain의 자동화, 중간 유통 업체의 제거를 통해 전체 주문 이행 사이클 타임의 단축이 가능하다. 이를 통해 고객 니즈 변화에 대한 신속한 대응이 가능해지며, 고객 만족도가 증가된다.

㉥ 수평적 확장 용이 : Virtual Network 형성을 통해 현 사업 수행의 인프라 영역 또는 타 산업으로의 진출이 가능하다.

06

정답 ⑤

해설 플랫폼 비즈니스 모델은 플랫폼을 제공하여 공급자와 수요자들의 연결을 시킴으로써 직접적인 수익이나 간접적인 이득을 얻는 기업 모델이다. 이를 위해 플랫폼 사업자는 수요자들과 공급자들이 용이하게 접근할 수 있는 네트워크를 만들고 또 연결한다. 그래서 플랫폼은 참여자들이 서로 소통하며 거래를 용이하게 할 수 있는 공동체와 시장이 되는 것이다.

07

정답 ③

해설
① 블랙 스완 효과(black swan effect)는 불가능하다고 인식된 상황이 실제 발생하는 것' 또는 '예측 불가능한 사건 즉 전혀 일어나지 않을 것 같던 일이 일어나는 현상을 말한다.
② 밴드 왜건 효과(band wagon effect)는 다수의 소비자나 유행을 따라 상품을 구입하는 현상을 말한다.
③ 채찍 효과(bullwhip effect)는 공급망에서 최종소비자의 작은 수요변동이 제조업자에게 전달될 때, 소비자와 제조업자가 각각 미래 수요에 대해 서로 다른 예측을 하게 되면서 발생하는 수요 정보의 왜곡 현상을 말한다.
④ 베블렌 효과(veblen effect)는 제품 가격이 오르는데도 불구하고 오히려 수요가 높아지는 현상 즉, 소비자들이 남들보다 돋보이고 싶은 심리에서 이른바 명품만을 소비하는 것을 말한다.
⑤ 디드로 효과(diderot effect)는 하나의 물건을 사고 나서 그 물건에 어울릴 만한 물건을 계속 구매하며 또 다른 소비로 이어지는 현상을 말한다.

08

정답 ②

해설
① 시장침투전략(market penetration strategy)은 기존시장에서 기존상품으로 시장점유율을 증대시키기 위한 방법을 모색하는 전략을 말한다.
② 시장개발전략(market development strategy)은 기존 상품을 필요로 하는 새로운 시장을 찾아보는 전략을 말한다.
③ 제품개발전략(product development strategy)은 기존시장에 새로운 상품을 개발할 가능성을 모색하는 전략을 말한다.
④ 다각화전략(diversification strategy)은 기존의 주력 제품이 아닌 신제품을 위한 다른 기술 및 지식을 활용하여 새로운 시장에 진입하기 위한 전략을 말한다.
⑤ 수평적 다각화전략(horizontal diversification strategy)은 현재 생산하고 있는 제품을 생산하는데 필요한 기반 기술을 이용하여 동질적이거나 동일한 제품을 가지고 새로운 시장을 개척하는 것을 말한다.

09

정답 ②

해설 ② 경로구성원 A의 영향력 행사에 경로구성원 B가 따르지 않을 때 A가 처벌을 가할 수 있는 능력이므로 강제력의 강도는 처벌이 지닌 부정적 효과의 크기에 비례하게 된다.

10

정답 ⑤

해설 ⑤번은 지구환경에 관한 설명이다.

참고 윤리경영에서 이해관계자가 추구하는 가치이념 및 취급 문제

㉠ 공정한 경쟁 - 입찰 단합, 거래선 제한, 덤핑, 지적재산침해, 기업비밀 침해 등 불공정 경쟁행위를 하지 말아야 한다.
㉡ 고객 - 신의와 성실한 가치이념을 가져야 한다. 즉, 유해상품, 결함상품, 허위 과대광고, 가짜상표, 효능표시 조작 등을 하지 말아야 한다.
㉢ 투자자 - 공평과 형평의 가치이념을 가져야 한다. 윤리경영에서 취급해야 할 문제는 내부자 거래, 시세조작, 분식회계, 기업지배 행위 등을 하지 말아야 한다.
㉣ 종업원 - 인간의 존엄성을 갖도록 한다. 고용차별(인종, 국적, 성별, 장애자 등), 성차별, 프라이버시

침해, 작업장의 안전성 등과 산업평화적 노사관계를 실현시켜야 한다.
ⓜ 지역사회 - 기업 시민의 가치이념은 산업재해 및 유해 물질 침출방지, 소음, 매연, 진동, 산업폐기물 불법 처리 등을 하지 말아야 한다.
ⓗ 정부, 관료, 기업인 등의 구성원 - 뇌물, 부정 정치헌금, 탈세, 허위 보고, 검사방해 등을 하지 말아야 한다.
ⓢ 외국 정부나 기업 - 공정한 협조와 정의로운 협력을 가져야 하며, 부정 돈세탁, 뇌물, 정치개입, 문화파괴, 미비한 법규의 악용 등을 하지 말아야 한다.
ⓞ 지구환경 - 가치이념을 공생관계의 모색에 두어야 한다. 환경오염, 자연파괴, 산업폐기물 수출입, 지구환경 관련규정 위반 등을 하지 말아야 한다.

11

정답 Ⅰ ④

해설 Ⅰ ①② 집중적 유통(=개방적 유통)은 가능한 많은 소매상들로 하여금 자사제품을 취급하도록 함으로써 포괄되는 시장의 범위를 최대화하는 전략을 말한다. 집약적 유통의 장점은 충동구매의 증가, 소비자 인지도의 확대, 편의성의 증가 등을 들 수 있으며, 단점으로는 낮은 마진, 소량주문재고 및 재주문관리의 어려움, 중간상에 대한 통제의 어려움 등이 있다.

③ 선택적 유통은 집약적 유통과 전속적 유통의 중간에 해당되는 전략으로, 판매지역별로 자사 제품을 취급하고자 하는 중간상들 중에서 지격을 갖춘 하나 이상의 소수의 중간상들에게 판매를 허용하는 전략을 말한다. 소비자들이 구매 전에 상표 대안들을 파악하고 이들을 비교, 평가하는 특징을 가진 선매품 구두, 가구, pc등에 적절하다.

④ 전속적 유통은 각 판매지역별로 하나 혹은 극소수의 중간상에게 자사제품의 유통에 대한 독점권을 부여하는 전략을 말한다. 제품구매를 위해 소비자가 적극적인 정보탐색을 하고 그 제품을 취급하는 점포까지 기꺼이 쇼핑여행을 하고자 하는 특성을 가진 전문품에 적절한 전략이다.

⑤ 중간적 유통이라는 것은 없다.

12

정답 Ⅰ ③

해설 Ⅰ 유통산업이 합리화되면 법률 또는 정부의 규제는 완화된다.

13

정답 Ⅰ ②

해설 Ⅰ 직무기술서는 직무 특성이나 작업환경 등 직무에 관한 내용을 알려주는 것을 목적으로 한다. 하지만, 직무명세서는 직무에 요구되는 인적 요건을 주로 기술해 놓은 것을 말한다. ①③④⑤번은 직무명세서에 관한 설명이다.

14

정답 Ⅰ ④

해설 Ⅰ 유통기업의 계획에 있어 전략적 계획 수립과정은 다음과 같다.

㉠ 제1단계 : 사명
㉡ 제2단계 : 목표
㉢ 제3단계 : 시장 위치
㉣ 제4단계 : 기회 분석
㉤ 제5단계 : 기본적인 전략 개발
㉥ 제6단계 : 계획의 통제

15

정답 Ⅰ ②

해설 Ⅰ 영업창고의 요금은 보관료와 하역료로 구분되며 각각이 기본요금, 할증요금과 보관료의 경우 수수료, 하역료의 경우 기타 요금 등으로 이루어진다.

16

정답 Ⅰ ③

해설 Ⅰ 인력을 탄력적으로 운영한다면 고정비용(인건비 등)을 절감할 수 있다. 즉 고정비를 변동비화 할 수 있다.

17

정답 Ⅰ ③

해설 Ⅰ ① 계약생산(contract manufacturing)은 라이센싱과 직접투자의 중간적 성격을 띠고 있지만 지분 참여가 없다는 점에서는 직접투자와 확실히 구분되는 것을 말한다.

② 관리계약(management contracting)은 기업의 소유와 경영을 분리하여 전문경영인에게 기업 경영을 위임하는 형식으로 계약을 통해 현지국 기업의 일상적인 영업활동을 관리할 권한을 부여받고 이러한 경영 서비스를 제공하는데 대한 일정한 대가를 수취하는 방식을 말한다.

③ 라이센싱(licensing)은 기업이 가지고 있는 강력한 경쟁우위 자산으로써 특허나 상표 혹은 기술 등을 해외시장에 파는 방법을 말한다.

④ 공동소유(joint ownership)는 출자한 기업이 지분을 공동으로 소유하는 것을 말한다.

⑤ 간접수출(indirect exporting)은 수출업자, 수출대리점, 수출조합, 수출중개인 등을 통해 수출함으로써 수출국 내에서 요구되는 수출 관련 기능을 제조업체 스스로가 수행하지 않고 제품을 해외에 판매하는 것을 말한다.

18

정답 Ⅰ ⑤

해설 Ⅰ ① 변혁적 리더십(transformational leadership)은 조직 공동의 비전을 추구하는데 있어서 헌신의 내용을 구체화하고, 상호 신뢰 및 신의가 바탕이 되는 환경을 조성하는 것을 말한다.

② 참여적 리더십(participative leadership)은 부하의 정보자료를 많이 활용하고 부하의 의견을 의사결정에 크게 반영하는 것을 말한다.

③ 지원적 리더십(supportive leadership)은 조직 구성원의 복지나 개인적 욕구 충족을 도와주는 데에 관심을 두는 유형의 리더십을 말한다.

④ 지시적 리더십(directive leadership)은 부하들이 어떤 일을 언제 어떻게 해야 하는지에 관하여 구체적인 안내를 하는 것을 말한다.

⑤ 윤리적 리더십(ethical leadership)은 개인 행위와 대인관계를 통해 규범적으로 적절한 행동을 보이고 쌍방적 의사소통, 강화, 의사결정을 통해 부하에게도 그러한 행동을 촉진시키는 것을 말한다.

19

정답 Ⅰ ④

해설 Ⅰ ① 우편주문도매상(mail-order wholesaler)은 소규모의 소매상에게 제품 목록을 통해 판매하는 도매상을 말한다.

② 진열도매상(rack jobber)은 주로 식료와 잡화류를 취급하는 도매상이며 재고수준에 대한 조언, 저장 방법에 대한 아이디어 제공, 선반 진열 업무 등을 소매상을 대신하여 직접 수행하는 도매상을 말한다.

③ 트럭도매상(truck wholesaler)은 소매상에게 직접 제품을 수송하는 역할을 하며 주로 과일, 야채 등 부패성이 강한 식료품을 취급한다.

④ 직송도매상(drop shipper)은 제조업자와 대량구매계약을 하고 구매한 제품을 제조업자 창고에 그대로 두는 형태를 말한다. 주문이 들어오면 직송도매상은 제조업자에게 연락하여 알리고 제조업자는 구매자에게 직접 배달을 해 주며 재고를 직접 관리하지는 않지만 제품에 대한 소유권은 보유하고 있다.

⑤ 현금무배달도매상(cash-and-carry wholesaler)은 현금지불조건으로 거래를 성사하며, 배달은 하지 않고 저렴한 가격으로 공급하는 도매업자를 말한다.

20

정답 Ⅰ ③

해설 Ⅰ 제조업자 대리인은 장기적인 계약을 통해 제조업자의 제품을 특정 지역에서 판매 대행을 한다. 판매대리인은 기업의 마케팅 부서와 같은 기능을 실행하므로 이들의 경우에는 모든 지역에서 판매를 한다.

참고 판매대리인과 제조업자 대리인 차이점

㉠ 판매대리인은 제품의 전량까지도 취급하는 반면, 제조업자 대리인은 일부 제품만 취급한다.

㉡ 판매대리인은 제조업자 대리인보다 활동 범위가 넓고 자율적인 의사결정이 가능하다.

㉢ 판매대리인은 모든 지역에서 판매하는 반면, 제조업자 대리인은 제조업자의 시장지배력이 약한 곳에서만 활동한다.

㉣ 판매대리인은 신용을 제공하는 반면, 제조업자 대리인은 그렇지 못하다.

21

정답 Ⅰ ⑤

해설 Ⅰ ⑤번은 훼손, 하자 등이 발생했을 때 그에 맞게 제품 대금을 감액해주는 것으로 불공정 거래행위라고 볼 수 없다.

> **참고** 다음의 내용은 불공정 거래행위에 해당한다.
> ㉠ 부당한 거래거절 및 차별적 취급행위
> ㉡ 부당한 경쟁사업자 배제행위
> ㉢ 부당한 고객 유인 행위 및 거래강제행위
> ㉣ 거래상 지위 남용행위
> ㉤ 구속 조건부 거래행위 및 다른 사업자 사업 활동 방해행위
> ㉥ 부당한 자금 · 자산 · 인력 지원행위 등

22

정답 Ⅰ ①

해설 Ⅰ 인식적 수준(가치)은 조직 구성원들이 바람직하고 중요하다고 인식하는 것으로, 규범과 관계가 있다. 조직에서의 가치와 이러한 규범은 조직의 일정한 물리적 환경과 조직 구성원들 간에 이뤄지는 사회적 합의를 통해 검증되고 결정된다.

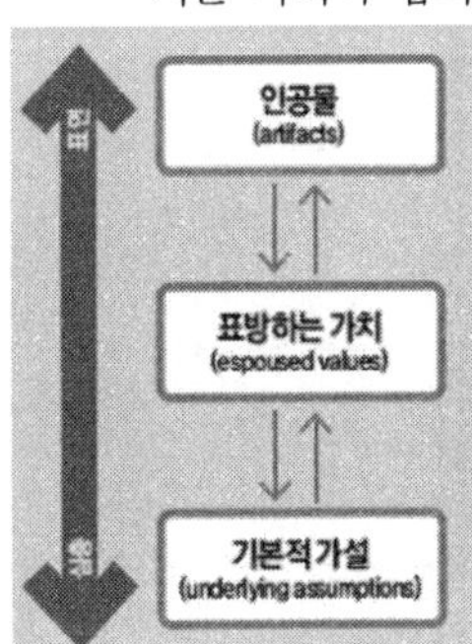

23

정답 Ⅰ ③

해설 Ⅰ 최소기준 평가 방법은 각각의 평가기준 요소의 중요성을 명확하게 판단할 수 없는 경우 평가를 위한 최소의 기준치를 제시하고 이를 평가하는 것을 말한다.

24

정답 Ⅰ ⑤

해설 Ⅰ 소비자 기본법 11조(광고의 기준)에서 국가가 광고의 내용이나 방법에 대한 기준을 제한할 수 있는 항목은 다음과 같이 규정하고 있다.
㉠ 용도 · 성분 · 성능 · 규격 또는 원산지 등을 광고하는 때에 허가 또는 공인된 내용만으로 광고를 제한할 필요가 있거나 특정 내용을 소비자에게 반드시 알릴 필요가 있는 경우
㉡ 소비자가 오해할 우려가 있는 특정 용어 또는 특정 표현의 사용을 제한할 필요가 있는 경우
㉢ 광고의 매체 또는 시간대에 대하여 제한이 필요한 경우

25

정답 Ⅰ ④

해설 Ⅰ ① 보관기능은 생산과 소비의 시간적 불일치를 극복시켜주는 기능을 말한다.
② 운송기능은 생산과 소비 사이의 장소적인 격차를 해소시켜 주는 기능을 말한다.
③ 정보제공기능은 소비자들의 소비심리를 파악해 생산자에게 전달해주는 기능을 말한다.
④ 표준화 기능은 수요와 공급 간의 품질적인 차이를 조절하는 방법으로 거래 단위, 가격 등을 표준화시켜 상품의 사회적 유통을 촉진시키고 상거래의 영역을 확대시키는 기능을 말한다.
⑤ 위험부담기능은 상품이 생산자에서 소비자에게 유통되는 과정에 있어서 물질적 위험이나 경제적 위험이 발생할 때 이러한 위험은 생산자와 소비자가 아닌 상업기관인 보험회사가 부담하게 되는 등의 기능을 말한다.

〈제2과목〉 상권분석

26

정답 Ⅰ ④

해설 Ⅰ 중첩은 공간적으로 동일한 경계선을 가진 두 지도 레이어들에 대해 하나의 레이어에 다른 레이어를 겹쳐 놓고 지도 형상과 속성들을 비교 하는 기능이다.

27

정답 Ⅰ ⑤

해설 Ⅰ 배후수요 및 유효수요가 주머니 속에서 맴도는 것에서 포켓상권으로 불리고 있다. 항아리 상권

이라고도 하며, 유동인가 타 지역으로 빠져나가기 힘든 상권을 말합니다

28

정답 ③

해설 부도심상권은 보통 간선도로의 결절점이나 역세권을 중심으로 형성되는바, 도시 전체의 소비자를 유인하지는 못하는 경우가 많다.

29

정답 ③

해설 상권의 형태는 동심원 형태부터 아메바 형태까지 다양하다.

30

정답 ④

해설 가격조사 시 당시 판매가격을 분석해야 한다.

31

정답 ①

해설 최대 도달거리는 중심지가 수행하는 상업적 기능이 배후지에 제공될 수 있는 최대·한계거리를 말한다.

32

정답 ④

해설 비확률적 표본추출 방법은 조사대상이 표본으로 추출될 확률을 모르는 상태에서 표본이 선정되는 방법으로서, 추출된 표본이 모집단을 얼마나 잘 대표하는지를 알지 못하므로 분석결과를 일반화시키는 데 한계가 있다. 편의표본추출, 판단표본추출, 할당표본추출 등이 있다.

33

정답 ④

해설 특정 지역에 유사한 단일 목적으로 방문하는 통행객보다는 서로 다른 목적으로 방문하는 통행객이 많을수록 상권의 질은 높아진다.

34

정답 ③

해설 호이트의 선형이론 : 도심으로부터 새로운 교통로가 발달하면 교통로를 축으로 도매·경공업 지구가 부채꼴 모양으로 확대된다. 그리고 인접하여 사회 계층이 다른 주민들의 주거 지역이 저급 → 중급 → 고급 순으로 발달함으로써 도시 교통의 축이 거주지 분화를 유도한다고 보는 것이다.

① 버제스의 동심원지대이론 : 도시의 구조를 ㉠ 중심 비즈니스지대, ㉡ 추이지대, ㉢ 자립근로자 거주지대, ㉣ 중산층 거주지대, ㉤ 통근자 거주지대의 5종으로 분류하고, 이들 지대는 동심원적 구조를 이루어 제각기 외측에 인접한 지대를 잠식하면서 팽창해가는 것이다.

35

정답 ①

해설 $D_b = \dfrac{D_{ab}}{1+\sqrt{\dfrac{P_a}{P_b}}}$, 공식에 대입하면

$$D_b = \frac{20km}{1+\sqrt{\dfrac{90,000}{10,000}}} = 5km$$

36

정답 ⑤

해설 2~3개의 표본점포를 사용한다고 실무적으로 설명력 있는 회귀모형을 도출하는데 충분하지 않다.

37

정답 ③

해설 키오스크란 원래 옥외에 설치된 대형 천막 등을 뜻하는 말로 간이 판매대나 소형 매점을 의미하기도 한다. 쇼핑몰 내 일반점포에 비해 임대차 계약기간이 길다고 할 수 없다. 일반점포는 계약기간이 정해지지만, 키오스크의 경우 효과가 없다면 단기간에라도 처분할 수 있다.

38

정답 ⑤

39

정답 ▌ ③

해설 ▌ 경쟁분석을 실시하는 분석수준은 상권분석이다.

40

정답 ▌ ④

해설 ▌ 전문품점 - 집심성 입지

41

정답 ▌ ④

해설 ▌ 물류요구의 크기만으로 취급하는 소매점 숫자를 알 수 없다.

42

정답 ▌ ⑤

해설 ▌ 상품계획은 점포출점전략이다.

43

정답 ▌ ⑤

해설 ▌ 행정구역은 상권의 계층성과 관련 있다. 지역상권과 지구상권은 행정구역으로 구분한다.

44

정답 ▌ ③

해설 ▌ 빅데이터 분석은 상권분석의 주요한 목적으로 볼 수 없다.

45

정답 ▌ ③

해설 ▌ 대통령령인 상가건물임대차보호법 시행령 4조는 "차임 또는 보증금의 증액청구는 청구 당시의 차임 또는 보증금의 100분의 5의 금액을 초과하지 못한다"고 규정하고 있다.

〈제3과목〉 유통마케팅

46

정답 ▌ ⑤

해설 ▌ IMC는 다양한 커뮤니케이션 도구를 고려하는 것으로 IMC는 다양한 커뮤니케이션 도구(PR, 광고, 인적판매, 판매촉진 등)를 통합하는 것이다. 즉 IMC는 모든 수단들이 동일하게 진행되는 것이 아닌 총괄적인 기획을 토대로 각 커뮤니케이션 수단(PR, 광고, 인적판매, 판매촉진 등)의 전략적 역할을 할당하는 것이다.

47

정답 ▌ ③

해설 ▌ 판매예비공간은 실질적으로 소비자들에게 제품을 판매함에 있어 상품의 진열, 재고품의 관리 등 판매에서 발생하게 되는 부분들에 대한 준비공간으로 볼 수 있다.

48

정답 ▌ ④

해설 ▌ 마케팅믹스 4C's를 표현하면 다음과 같다.

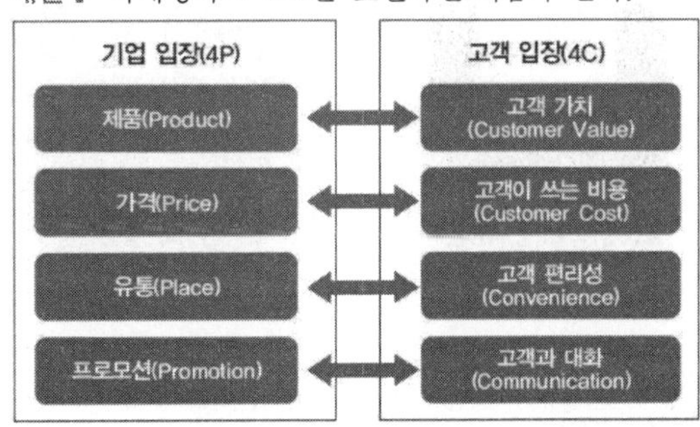

㉠ 제품(product)의 개념은 고객의 입장에서 바라보게 되면 구입하고자 하는 제품이 '나에게 어떠한 가치가 있을까?' 하는 "고객가치(customer value)"의 개념으로 바뀐 것이다.

㉡ 가격(price)의 개념은 "비용(cost)"의 개념으로 바뀌었다. 기업은 제품에 가격을 매기지만 소비자는 제품을 구입함에 있어 돈이라는 지불수단을 활용하기 때문이다.

㉢ 유통(place)의 개념은 "편리성(convenience)"의 개념으로 바뀌었다. 기업은 경로장소를 고

민하는 것이지만 소비자들은 얼마나 편하게 가서 제품을 구입할 수 있을까 라는 즉, '접근성'의 개념으로 볼 수 있다.

㉣ 촉진(promotion)의 개념은 "소통(communication)"의 개념으로 바뀌었다. 광고, 이벤트 등 기업의 프로모션 활동에 대해 일방적으로 노출되던 수동적 입장의 소비자들은 스스로의 상황에 따라 능동적으로 받아들이게 되며, 이는 곧 한쪽 일방의 보내는 메시지가 아닌 서로 간 쌍방향적으로 기업과 소비자가 서로 소통하기를 바라는 것이다.

49

정답 ▌ ④

해설 ▌ 리치 미디어 광고(rich media advertising)는 배너광고의 한 형태로 비디오, 오디오, 애니메이션 효과 등 멀티미디어 기술을 배너에 적용시킨 광고를 말하는 것으로 잠재고객들의 흥미를 유도하는데 용이하다.

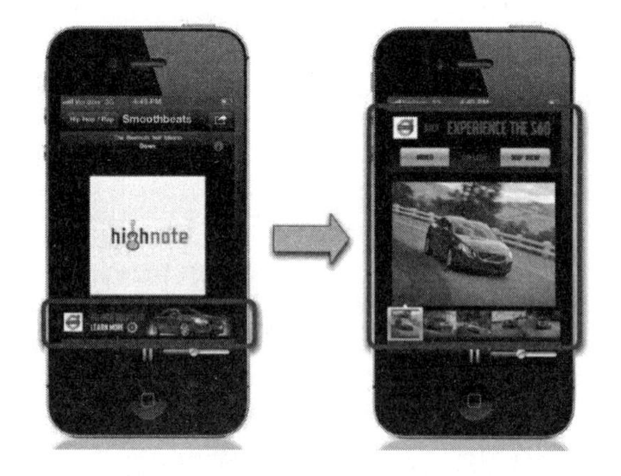

50

정답 ▌ ④

해설 ▌ 소비자가 특정 브랜드에 느끼는 익숙함의 정도를 말한다. 이러한 브랜드 인지도는 소비자가 브랜드의 로고, 이름, 상품, 기타 자산을 얼마나 잘 인식하는지에 따라 측정된다. 참고로, 브랜드 이미지는 제품 또는 제조사에 대한 이미지나 제품 자체에 대해서 좋은 점 및 나쁜 점이 모두 포함된 일종의 "브랜드 평판"을 의미하는 것으로, 제품 브랜드 자체에 대한 인지여부과 관련이 있는 브랜드 인지도와는 그 개념이 구분된다.

51

정답 ▌ ③

해설 ▌ 상품판매를 함에 있어 한 번의 빠른 판매로 끝나는 것이 아닌 지속적인 고객과의 관계(CRM)를 더더욱 중요시하고 있다.

52

정답 ▌ ③

해설 ▌ ① 혼합식 머천다이징은 소매점이 상품의 구색, 즉 구성을 확대하여 가는 유형의 상품화를 말한다.

② 세그먼트 머천다이징은 세분시장 대응 머천다이징인데, 이는 동일한 고객층을 대상으로 하되 경쟁점과는 달리 그들 고객이 가장 희구하는 품종에 중점을 두거나, 가격대에 대응하는 상품이나 품질을 차별화하는 방향으로 전개하는 머천다이징을 말한다. 이를 기반으로 하는 경쟁전략은 경합점 상호 간에 양립성을 생기게 하여 직접적인 경쟁을 회피할 수 있게 하여 준다.

③ 선별적 머천다이징은 소매업, 2차 상품 제조업자, 가공업자 및 소재 메이커가 수직적으로 연합하여 상품계획을 수립하는 머천다이징 방식인데, 이는 시장 세분화를 통해 파악된 한정된 세분시장을 목표고객으로 하여 이들에 알맞은 상품화 전략을 전개하는 것이다. 이는 흔히 유행상품의 상품화, 즉 패션 머천다이징(fashion merchandising)에 이용된다.

④ 계획적 머천다이징은 대규모 소매업과 선정된 주요 상품 납품회사사이에 계획을 조정 통합화시켜 머천다이징을 수행하는 것으로 특히 대규모 소매점의 경우에 일반화되고 있다. 이때에는 소매점과 납품회사의 최고 경영자가 공통으로 머천다이징 계획을 입안하고 문서화하는데, 그 내용은 상품계획, 촉진 프로그램, 판매 훈련, 책임과 납품기한 등을 포함하여 광범위하여, 아주 구체적이다. 이 방법에 따르면 점포가 선호하는 납품업자에 구매가 집중되어 납품업자가 생산일정, 생산 소요량 및 판매에 대한 계획을 보다 잘 짤 수 있다는 이점이 있다.

⑤ 상징적 머천다이징은 대형 슈퍼마켓이나 지방의 백화점이 전문점이나 대형 도시 백화점과 차별화하려는 입장에서 양판품목군(volume zone)

중심의 종합적인 구색을 갖추되 그중의 일부를 자기 점포의 상징으로서의 구색을 정하여 중점을 두어 갖추면, 이러한 상징 구색은 자기 점포의 주장을 명확히 하여 점포의 매력을 증대시켜 준다. 이러한 구색은 경우에 따라 전문점이나 대도시형 백화점과 비슷한 가격 수준을 가질 수 있게 하여 주기도 하며, 다른 상품에도 개성적인 이미지가 파급되게 된다.

53

정답 ▌ ④

해설 ▌ 가치증진서비스는 제품구매 과정에 있어 소비자가 느끼는 가치를 말하는 것으로 친절한 접객서비스, 쾌적한 점포 분위기, 고객의 요구 및 상황에 맞는 조언과 자문의 제공 등이 있다. ①②③⑤번은 거래계약의 체결 또는 완결을 지원하는 거래서비스에 해당한다.

54

정답 ▌ ②

해설 ▌ 균형성과표 BSC(Balanced Scorecard)는 기업의 목표 달성을 위해 조직 내부와 외부에 핵심 성공요인과 핵심 성공지표를 계량화하여 지속적으로 관리하는 것을 말하는 것이다. 여기에서의 균형은 재무적 지표 및 비재무적 지표, 단기적 지표 및 장기적 지표, 후속지표 및 선행지표 간, 내부적 성과 및 외부적 성과지표 등이 있다.

55

정답 ▌ ②

해설 ▌ 신제품 수용자의 유형은 다음과 같다.

혁신자 (innovators)	초기 수용자 (early adopters)	전기 다수 (early majority)	후기 다수 (late majority)	래거드 (laggards)
• 전체 구매자의 초기 2.5%에 해당 • 고소득, 고학력 • 범세계적 성향, 가정 외에서 활발함 • 집단 규범에 의존하지 않음 • 정보의 원천은 전문적, 적은 수의 잡지	• 혁신자 이후 구매하는 13.5%의 고객 • 집단 규범에 의존함, 범우주적 성향 적음 • 사회 지향성이 높음 • 의견선도자일 가능성이 높음 • 많은 구전을 함	• 초기 수용자 이후 34%의 고객 • 구매를 조심스럽게 고려함 • 정보 수집이 많음 • 많은 수의 대안을 평가함 • 제품의 구매 기간이 김	• 전기 다수 이후의 34%의 고객 • 신제품에 대하여 매우 회의적인 태도 • 노년층 고객, 평균 이하의 소득과 교육 • 집단의 규범이나 가치에 의존적임 • 집단이나 사회의 압력에 의하여 구매	• 마지막 16%의 고객 • 집단의 규범에 의존하지 않음 • 전통적인 가치관 • 신제품에 대하여 매우 의심적은 태도 • 사회로부터 소외된 계층, 기술의 발달을 도외시함

56

정답 ▌ ④

해설 ▌ 제품수명주기 단계별 마케팅전략은 다음과 같다.

마케팅전략	도입기	성장기	성숙기	쇠퇴기
제품전략		차별화	신용도 개발	
가격전략	고가격	시장침투가격	경쟁대응가격	가격인하
유통전략	전속/선택적 유통	전속/선택적 유통	개방적 유통경로	경로의 축소
광고전략	조기수용자와 취급점의 제품인지 형성	대중시장에서의 인지와 관심의 형성(자사의 장점 부각)	독창성강조하고 상표전환을 유도하기 위한 판촉의 증대	제품존재의 상기
전반적인 마케팅전략	제품의 인지와 사용의 증대	시장점유율의 확대	이익의 극대화 및 점유율의 방어	철수 및 수확

57

정답 ▌ ③

해설 ▌ ①② 기능 할인(functional discount) 또는 중간상 할인(trade discount)은 마케팅을 위하여 생산자가 수행해야 하는 기능 중 일부를 중간상(또는 고객)이 대신 수행하는 데 대하여 제공하는 할인을 말한다.

③ 공제(allowances)는 기존 상품을 새 상품과 교환 시 기존 상품가격을 적절히 책정해 신상품의 가격에서 공제해 주거나, 제조업자의 광고나 판매촉진 프로그램에 참여한 유통업자에게 보상책으로 가격을 할인해 주거나 일정금액을 지급하는 것을 말한다.

④ 수량 할인(quantity discount)은 대량으로 구매하는 소비자에게 가격을 할인해 주는 것을 말한다.

⑤ 계절 할인(seasonal discount)은 계절이 지난 상품을 구매하는 소비자에 대해 할인해 주는 것을 말한다. 예 12월에 에어컨 구입, 8월에 밍크코트 구입 등

58

정답 ▌ ①

해설 ▌ 원료공급부터 유통까지의 공급망에 대한 통합적 관리는 SCM이다. SCM(Supply Chain Management)은 원료 수송과 조달, 생산·납품에서 고객에 도달하기까지의 전 과정을 통합적으로 관리하여 기업 경쟁력 향상에 기여할 수 있는 새로운 기업 경영 패러다임을 말한다.

59

정답 ▌ ②

해설 ▌ ㉠㉡㉢은 머천다이징 상품관리 성과측정 지표에

해당하며, ㉣㉤은 상품성과의 측정법에 해당한다.

참고 용어 해설

㉠ 총자산수익률(ROA ; Return on Assets) - 특정 기업이 총자산을 수익창출활동에 얼마나 효율적으로 운용했는지를 나타내는 수익성 지표를 말한다.
㉡ 총재고투자마진수익률(GMROI ; Gross Margin Return on Inventory Investment) - 특정 소매업체의 전체적인 수익성 지표가 된다.
㉢ 재고회전율(Inventory Turnover) - 일정 기간 상품이 몇 회 회전했는지의 속도를 나타내는 지표를 말한다.
㉣ ABC 분석은 소매업에서 상품의 중점관리를 하기 위한 분석기법을 말한다. 매출액에서 70%의 비중을 차지하는 A그룹, 20%의 비중을 차지하는 B그룹, 10%를 차지하는 C그룹으로 나뉜다.
㉤ 판매추세분석은 고객의 수요에 부응하기 위해 가격 인하가 필요한지 또는 상품을 더 구입해야 하는 것인지를 결정하기 위한 실제 매출과 매출목표를 비교하는 방법을 말한다. 하지만 이러한 방법의 경우 바이어의 경험 및 주관적 판단에 의해 의존하게 되는 단점이 있다.

60

정답 ❙ ④

해설 ❙ 푸시전략은 제조업자가 중간상을 대상으로 적극적인 촉진 전략을 사용하여 도매상, 소매상들이 자사의 제품을 소비자에게 적극적으로 판매하도록 유도하는 방법을 말한다. 이러한 경우에는 일반 고객에게 직접적인 프로모션을 전개하기보다는 유통업체를 대상으로 프로모션을 전개하는 것이 효과적이다. ①②③⑤번은 중간상들을 자극해서 동기부여를 하게 되는 푸시전략에 해당한다.

61

정답 ❙ ①

해설 ❙ 도입기에서의 광고목표는 인지도를 높이고 잠재적인 구매자의 구매 고려도를 증가시키는 데 집중하게 된다. 이 시기의 핵심 마케팅 전략은 제품에 대한 인지도의 생성에 있다.

62

정답 ❙ ⑤

해설 ❙ 기업과의 관계진화과정에 따라 분류한 고객 유형은 잠재고객, 신규고객, 기존고객, 핵심고객, 이탈고객으로 구분된다.

참고 기업과의 관계진화과정에 따라 분류한 고객 유형

㉠ 잠재고객 - 자사의 제품이나 서비스를 구매하지 않은 사람들 중 추후 자사의 고객이 될 수 있는 잠재력을 가지고 있는 집단을 의미한다.
㉡ 신규고객 - 처음으로 구매하고 난 후의 고객그룹을 말한다.
㉢ 기존고객 - 신규고객 중 2회 이상의 반복 구매를 한 고객들은 어느 정도 안정화 단계에 들어선 고객을 말한다.
㉣ 핵심고객 - 제품 또는 서비스를 반복적으로 구매하게 되는 고객을 말한다.
㉤ 이탈고객 - 더 이상 자사의 제품 또는 서비스를 이용하지 않는 고객군을 말한다.

63

정답 ❙ ④

해설 ❙ ① 균일가격은 각종 상품에 공통된 균일가격을 설정해 판매하는 것을 말한다.
② 단수가격은 제품의 가격 책정 시 100원, 1,000원 등으로 하지 않고 95원, 989원 등의 단수를 붙여 판매하는 것을 말한다.
③ 명성가격은 가격이 높으면 품질이 좋다고 판단하는 경향을 이용하여 가격을 높게 책정하는 것을 말한다.
④ 관습가격은 구매빈도가 잦은 일용품의 경우와 같이 사회적 관습으로 가격이 어느 정도 확정되어 있는 경우 원가가 증가하더라도 가격 인상은 거의 불가능하므로, 함량이나 품질수준으로 가격을 조정하게 되는 방법을 말한다.

64

정답 ❙ ③

해설 ❙ 데이터 웨어하우스(data warehouse)는 사용자의 의사결정에 도움을 주기 위하여, 기간 시스템의 데이터베이스에 축적된 데이터를 공통의 형식으로 변환해서 관리하는 데이터베이스를 말한다.

65

정답 ▌ ②

해설 ▌ 충동구매의 성격이 짙은 상품의 경우 고객을 유인하기 위해 매장 안쪽이 아닌 매장의 출입구 등에 배치하면 소비자들의 경우 궁금증을 가지고 매장 안으로 방문하게 되는 효과를 얻을 수 있다.

66

정답 ▌ ②

해설 ▌ 양방통행은 한 길에서 둘 이상의 통행자가 서로 마주보며 반대 방향으로 갈 수 있는 형태를 말하는데 이렇게 되는 경우 자유로운 고객 흐름을 진행하다가 상대편에서 오는 고객과 부딪히거나 하는 등의 불편함이 발생할 수 있다.

67

정답 ▌ ⑤

해설 ▌ CRM은 결국에는 누구와의 관계를 유지하는 것이 중요하게 된다. 즉, 고객들과의 관계를 말하는 것이다. 그러므로 '대상 고객 선정 - 고객 니즈 분석 - 가치창조 - 가치제안 - 성과평가'의 순서로 이루어지게 된다.

68

정답 ▌ ④

해설 ▌ 마케팅조사는 정량조사, 정성조사로 구분되는데 각각의 집근법은 고객사의 니즈(조사 배경, 목적, 필요 정보, 결과 활용 등)에 따라 그에 맞는 최적의 조사 방법을 제시하고 사용하면 된다. 즉, 반드시 필수적으로 제시될 필요는 없다.

69

정답 ▌ ②

해설 ▌ 비주얼 머천다이징 요소는 제품의 형태, 색상, 포장 그리고 브랜드 등 시각적 요소뿐만 아니라 구매 시점에서의 물리적 환경, 디스플레이(display), 집기류, 점포 분위기를 포함한다.

70

정답 ▌ ⑤

해설 ▌ 엔드 진열은 최하단이 전방으로 돌출되어 있어 소비자들에게 진열된 상품에 대한 노출도가 가장 크다. 생활 제안 및 계절 행사 등을 통해서 소비자들에게 상당히 매력적인 점포라고 인식을 심어줄 수 있다. 매장의 빈공간에 독립적으로 진열하는 것은 섬 진열(Island Display)이다. 섬 진열은 매장내 독립적으로 존재하는 평대에 진열하는 방법으로 소비자들이 사방에서 제품을 볼 수 있도록 진열되며 점포 매장의 빈 공간에 박스 등의 진열 용구를 활용해서 이를 마치 섬과 비슷한 형태로 다량 진열하는 방식이다. 특히, 이 방식은 신제품의 소개 등의 행사 시 효과를 발휘할 수 있으며, 더불어 무인판매의 수단으로 활용된다.

〈제4과목〉 유통정보

71

정답 ▌ ③

해설 ▌ 지도학습(Supervised Learning)은 정답을 알려주며 학습시키는 것이다. 비지도학습(Unsupervised Learning)은 정답을 따로 알려주지 않고(label이 없다), 비슷한 데이터들을 군집화 하는 것으로서 일종의 그룹핑 알고리즘이다.

강화학습(Reinforcement Learning)은 분류할 수 있는 데이터가 존재하는 것도 아니고, 데이터가 있어도 정답 ▌이 따로 정해져 있지 않으며, 자신이 한 행동에 대해 보상(reward)을 받으며 학습하는 것을 말한다.

72

정답 ▌ ①

해설 ▌ 드론의 구조는 드론과 지상의 원격조정자가 각종 데이터를 주고받는 '통신부', 드론의 비행을 조정하는 '제어부', 드론을 날아가게 구동시키는 '구동부', 그리고 카메라 등 각종 탑재 장비들로 구성된 '페이로드'의 네 부분으로 나뉜다.

전자 광학 센서(Electro-Optica)는 빛이나 빛의 변화를 전자 신호로 변환할 수 있는 전자 감지기이다.

73

정답 | ③

해설 | 시맨틱 웹은 컴퓨터가 사람을 대신하여 정보를 읽고 이해하고 가공하여 새로운 정보를 만들어 낼 수 있도록, 이해하기 쉬운 의미를 가진 차세대 지능형 웹이다. 예를 들면, 휴가 계획을 세우기 위하여 웹상에 있는 여행 정보를 일일이 직접 찾아서 비행기와 호텔을 예약하는 대신에 자동화된 프로그램에 대략적 휴가일정과 개인의 선호도만을 알려주면 자료의 의미가 포함된 웹상의 정보를 해독하여 손쉽게 세부 일정과 여행에 필요한 예약이 이루어지는 것과 같은 원리이다.

74

정답 | ②

해설 | 공급망 관리에서 가장 표준이 되는 지표로는 SCOR 모델에서 제시한 성과측정 지표를 들 수 있다. 즉 산업에 관계없이 공급망 측면에서 널리 활용되고 있기 때문이다.
고객측면에서의 신뢰성에는 완전주문 충족과, 약속기일 충족률 등이 있다.

75

정답 | ①

해설 | ①은 BSC에 관한 내용이다.

76

정답 | ③

해설 | 매시업은 무수한 여러 가지 요소들이 하나로 결합되면서 완전히 새로운 개념을 만들어내는 것을 의미한다. 이 같은 매시업은 이미 웹 서비스 분야뿐 아니라 기술이나 디자인, 문화, 라이프스타일 등 사람들의 삶이 연결된 수많은 분야에서 이뤄지고 있다.

77

정답 | ⑤

해설 | 전국적인 평균비용의 산출보다는 개별시장으로의 운송에 소요되는 실제 분배비용이 필요하게 되었다.

78

정답 | ⑤

해설 | CPFR은 소매업자 및 도매업자와 제조업자가 고객서비스를 향상하고 업자들간에 유통총공급망(SCM)에서의 정보의 흐름을 가속화하여 재고를 감소시키는 경영전략이자 기술이다.

79

정답 | ③

해설 | 회귀분석(regression)은 가장 넓은 의미로는 독립변수(x)로 종속변수(y)를 예측하는 것을 의미한다.
① 감성분석 : 감성분석은 단어와 문맥을 분석하여 텍스트의 감정을 파악하는 기술이다. 감성분석은 SNS, 상품 후기, 영화평, 뉴스 기사 등 다양한 데이터에 적용되고 있으며, 사회이슈 찬반 분석과 장소 선호도 분석 등 다양한 연구에서 사용되었다.

80

정답 | ⑤

해설 | 적용범위에 따라 전용표준(사설표준) 또는 공통표준으로 구분할 수 있다. 전용표준은 특정 개별 기업만이 활용할 수 있는 표준을 말한다. 공통표준은 기업과 산업, 국가단위가 사용할 수 있도록 개발된 표준을 말한다. EANCOM은 전자적으로 전송된 정보를 상품의 물리적 흐름과 통합하는 GS1 EDI 표준의 한 종류이다.

81

정답 | ③

해설 | 유통업체는 푸시(push)마케팅에서 다이렉트(direct) 마케팅으로 변화해야 한다.

82

정답 | ④

해설 | 유통과정에서 발생하는 다양한 의사결정을 지원하기 위해 구축되는 정보시스템이다.

83

정답 | ⑤

해설 | 챗봇, 디지털 어시스트 등 고객서비스와 관련 있

다. 챗봇(chatbot) 혹은 채터봇(chatterbot)은 음성이나 문자를 통한 인간과의 대화를 통해서 특정한 작업을 수행하도록 제작된 컴퓨터 프로그램이다.

84

정답 ▌ ③

해설 ▌ 생성형 AI는 대규모 데이터 세트를 기반으로 훈련된 딥러닝 모델을 사용하여 새로운 콘텐츠를 생성하는 일종의 인공지능 기술이다. 생성 AI 등장 이전의 AI는 흔히 '판별 AI(Discriminative AI)'라 불리운다. 판별 AI는 그림에서 개과와 고양이과 동물을 식별해 내는 것 같이 입력된 데이터를 특정 기준에 따라 분류하는 역량이 뛰어나다.

※ GPT : Generative Pre-trained Transformer (사전 훈련된 생성 변환기)

85

정답 ▌ ②

해설 ▌ RSS(Reduced Space Symbology ; 축소형 바코드)는 정상 크기의 바코드를 인쇄할 만한 공간이 없는 전자, 통신, 의료(의약품) 등의 소형 상품에 부착할 목적으로 개발한 축소형 바코드이다.

86

정답 ▌ ④

해설 ▌ 내가 원하는 무언가를 내가 찾는 것이 아니다. 내가 원하는 무언가를 주변에 있는 것들이 알아서 찾아준다. 나에게 필요한 정보를 적시에 넣어주는 방식, 즉 '푸시(Push)' 방식이다.

87

정답 ▌ ②

해설 ▌ QR에 관한 설명이다.

88

정답 ▌ ⑤

해설 ▌ ⑤의 경우 소비자들에게 발생할 수 있는 프라이버시 침해 우려라고 볼 수 없다.

89

정답 ▌ ③

해설 ▌ 반정형 데이터(semi-structured data)는 구조에 따라 저장된 데이터이지만 데이터 내용 안에 구조에 대한 설명이 함께 존재하고, 구조를 파악하는 파싱(parsing) 과정이 필요하며, 보통 파일 형태로 저장한다. 비디오는 비정형데이터에 해당한다.

90

정답 ▌ ②

해설 ▌ 수산물이력제(Seafood Traceability System)라 함은 어장에서 식탁에 이르기까지 수산물의 이력정보를 기록, 관리하여 소비자에게 공개함으로써 수산물을 안심하고 선택할 수 있도록 도와주는 제도이다. 수산물이력제 상품은 수산물이력제 로고와 13자리 이력번호 및 바코드가 포장재에 인쇄되어 있거나, 스티커가 부착되어 있다.

유통관리사 한권으로 끝내기

저　　자 : 이동근, 김대윤
제작 유통 : 메인에듀(주)
초판발행 : 2024. 05. 01
초판인쇄 : 2024. 05. 01
마 케 팅 : 메인에듀(주)
주　　소 : 서울시 강동구 성안로 115(성내동), 3층 304호
전　　화 : 1544-8513
정　　가 : 36,000원
I S B N : 979-11-89357-64-1